Vahlens Handbücher
der Wirtschafts- und Sozialwissenschaften

# Finanzwissenschaft

## Eine Einführung in die Staatsfinanzen

von

Prof. Dr. Dr. h.c. Horst Zimmermann

Prof. Dr. Klaus-Dirk Henke

Prof. Dr. habil. Michael Broer

12., neu gestaltete und überarbeitete Auflage

Verlag Franz Vahlen München

**Horst Zimmermann** ist (em.) Professor für Finanzwissenschaft an der Philipps-Universität Marburg und Mitglied des Wissenschaftlichen Beirats beim Bundesministerium der Finanzen.

**Klaus-Dirk Henke** ist (em.) Professor für Finanzwissenschaft und Gesundheitsökonomie im freien Dienstverhältnis am Institut für Volkswirtschaftslehre und Wirtschaftsrecht an der Technischen Universität Berlin (TU) und Mitglied des Wissenschaftlichen Beirats beim Bundesministerium der Finanzen.

**Michael Broer** ist Professor für Volkswirtschaftslehre an der Ostfalia Hochschule für angewandte Wissenschaften in Wolfsburg.

ISBN 978 3 8006 5353 9

© 2017 Verlag Franz Vahlen GmbH, Wilhelmstr. 9, 80801 München
Satz: Fotosatz Buck
Zweikirchener Str. 7, 84036 Kumhausen
Druck und Bindung: BELTZ Bad Langensalza GmbH
Neustädter Straße 1–4, 99947 Bad Langensalza
Umschlaggestaltung: Druckerei C. H. Beck Nördlingen
Gedruckt auf säurefreiem, alterungsbeständigem Papier
(hergestellt aus chlorfrei gebleichtem Zellstoff)

# Vorwort zur 12. Auflage

Die neugestaltete Auflage des Lehrbuchs „Zimmermann/Henke/Broer" erscheint in stark gekürzter Form und konzentriert sich auf drei große Teile. Im ersten Teil geht es um die Ziele, Träger und Instrumente der Finanzpolitik sowie um die Staatsausgaben und den Staatsanteil. Im zweiten Teil stehen die Staatseinnahmen im Vordergrund. Zunächst geht es um die Erwerbseinkünfte, Gebühren, Beiträge und Sozialabgaben, also um die Einnahmenarten mit einer Nähe zum Äquivalenzprinzip. Bei der Besteuerung der Einkommensentstehung, der Einkommensverwendung und des Vermögens steht das Leistungsfähigkeitsprinzip im Vordergrund. Bei der öffentlichen Verschuldung wird auch ihre (polit-ökonomische) Berechtigung hinterfragt. Im dritten Teil geht es um die staatsinterne Organisation. Behandelt werden die öffentlichen Haushalte mit ihren Aufgaben, ihrer Nachhaltigkeit sowie entsprechende Vorschläge zu ihrer Verbesserung. Zudem werden die finanziellen Beziehungen zwischen öffentlichen Körperschaften in einem Bundesstaat dargestellt. Last but not least geht es um die Finanzen der Europäischen Union und die Verschuldungsprobleme in einer Währungsunion und der EU generell.

In allen Kapiteln wurden inhaltliche Neuerungen und Vertiefungen eingefügt. So wird auf neuere wissenschaftliche Entwicklungen bei meritorischen bzw. paternalistischen Eingriffen des Staates (Stichwort: Nudging) ebenso eingegangen wie auf die Einführung von „Spending Reviews" oder die Neuregelung zu den föderalen Finanzbeziehungen ab 2020. Im Abschnitt über die Einnahmen werden auch Überlegungen zur Bestimmung der Einnahmenstruktur angestellt. Und in dem zentralen Kapitel über die Besteuerung werden neben der Steuerwirkungslehre auch internationale Aspekte der Besteuerung behandelt. Neu aufgenommen wurde ein Unterkapitel zur Niedrigzinspolitik im Kontext der öffentlichen Verschuldung und der Eurozone im Kapitel über die Finanzen der Europäischen Union.

Zusammen mit Vahlens Online-Materialien und der Variante als eBook steht ein Gesamtpaket zur Finanzwissenschaft zur Verfügung, das nach unseren Erfahrungen in einer ein- bis zweisemestrigen Veranstaltung motivierend und anregend bewältigt werden kann. Auch für eine weniger akademisch ausgerichtete Leserschaft eignet sich die 12. Auflage des Lehrbuchs „Zimmermann, Henke, Broer" in seinem neuen Format mit den verschiedenen Modulen.

Wer etwas über die Verwendung der öffentlichen Finanzen für die von den Fachpolitiken an die Finanzpolitik herangetragenen, also ihr vorgegebenen Ziele, wie Einkommensumverteilung oder Konjunkturstabilisierung erfahren will, kann auf die vorherige (11.) Auflage zurückgreifen. Auch zur Finanzpolitik im Dienste der Wachstums- und Strukturpolitik sowie der Eindämmung von Umweltschäden gibt es dort gesonderte Kapitel.

Im April 2017

*Horst Zimmermann*
*Klaus-Dirk Henke*
*Michael Broer*

# Inhaltsübersicht

## Teil I:  Öffentliche Aufgaben und Ausgaben

### 1. Kapitel:  Ziele, Träger und Instrumente der Finanzpolitik

### 2. Kapitel:  Staatsausgaben und Staatsanteil

## Teil II:  Finanzierung

### 3. Kapitel:  Äquivalenzprinzip: Entgelte und Sozialabgaben

### 4. Kapitel:  Leistungsfähigkeitsprinzip: Steuern

### 5. Kapitel:  Die öffentliche Verschuldung

### 6. Kapitel: Zur Bestimmung der Einnahmenstruktur: Rückblick und Ausblick

### Teil III: Staatsinterne Organisation

### 7. Kapitel: Der öffentliche Haushalt – Planungs- und Handlungsgrundlagen für die öffentliche Finanzwirtschaft

### 8. Kapitel: Der Finanzausgleich im Bundesstaat

### 9. Kapitel: Die Finanzen der Europäischen Union (EU)

# Inhaltsverzeichnis

### 5. Kapitel: Die öffentliche Verschuldung

### 6. Kapitel: Zur Bestimmung der Einnahmenstruktur: Rückblick und Ausblick

### Teil III: Staatsinterne Organisation

### 7. Kapitel: Der öffentliche Haushalt – Planungs- und Handlungsgrundlagen für die öffentliche Finanzwirtschaft

## 8. Kapitel: Der Finanzausgleich im Bundesstaat

## 9. Kapitel: Die Finanzen der Europäischen Union (EU)

# Abbildungsverzeichnis

# Schemataverzeichnis

# Tabellenverzeichnis

# Abkürzungsverzeichnis

AfA . . . . . . Absetzung für Abnutzung
AG . . . . . . . Aktiengesellschaft
BEZ . . . . . . Bundesergänzungszuweisung
BGBl. . . . . . Bundesgesetzblatt
BHO. . . . . . Bundeshaushaltsordnung
BIP . . . . . . . Bruttoinlandsprodukt
BMAS . . . . Bundesministerium für Arbeit und Soziales
BMF . . . . . . Bundesministerium der Finanzen
BNE . . . . . . Bruttonationaleinkommen
CCCTB . . . Common Consolidated Corporate Tax Base
DBA . . . . . . Doppelbesteuerungsabkommen
DIW . . . . . . Deutsches Institut für Wirtschaftsforschung
DM. . . . . . . Deutsche Mark
EFSF. . . . . . European Financial Stability Facility
EFSM. . . . . European Financial Stabilisation Mechanism
EFTA . . . . . European Free Trade Area
EG . . . . . . . Europäische Gemeinschaften
ERP . . . . . . European Recovery Program (Europäisches Wiederaufbaupro-
            gramm)
ESM . . . . . . Europäischer Stabilitätsmechanismus (European Stability Mecha-
            nism)
ESt . . . . . . . Einkommensteuer
EStG. . . . . . Einkommensteuergesetz
ESVG . . . . . Europäisches System Volkswirtschaftlicher Gesamtrechnungen
EU . . . . . . . Europäische Union
EWG . . . . . Europäische Wirtschaftsgemeinschaft
EWR . . . . . Europäischer Wirtschaftsraum
EZB . . . . . . Europäische Zentralbank
FAG . . . . . . Gesetz über den Finanzausgleich zwischen Bund und Ländern
GASP. . . . . Gemeinsame Außen- und Sicherheitspolitik der EU
GATT. . . . . General Agreement on Tariffs and Trade
GG . . . . . . . Grundgesetz für die Bundesrepublik Deutschland
GKV. . . . . . Gesetzliche Krankenversicherung
GmbH . . . . Gesellschaft mit beschränkter Haftung
Gv . . . . . . . Gemeindeverbände
HGrG. . . . . Haushaltsgrundsätzegesetz (Gesetz über die Grundsätze des Haus-
            haltsrechts des Bundes und der Länder)
HWWA . . . Hamburgisches Welt-Wirtschafts-Archiv
IWF . . . . . . Internationaler Währungsfonds
LFA . . . . . . Länderfinanzausgleich

# Ausgewählte Statistiken, Berichte und Gesetze zur öffentlichen Finanzwirtschaft in der Bundesrepublik Deutschland

**Das Studium der Finanzwissenschaft umfasst auch den Umgang mit Statistiken, Berichten und einschlägigen Gesetzestexten. Er ist unverzichtbar für eine auch empirisch ausgerichtete Wissenschaft und unerlässlich für die spätere Berufsausübung.**

Bundeshaushaltsplan für das Haushaltsjahr 2016 = Anlage zum „Gesetz über die Feststellung des Bundeshaushaltsplans für das Haushaltsjahr 2016" (Haushaltsgesetz 2016) vom 21. Dezember 2015, erscheint jährlich; dementsprechend auch die Haushaltspläne der Bundesländer und Gemeinden.

*Bundesministerium der Finanzen*, Hrsg., Finanzbericht 2017, Stand und voraussichtliche Entwicklung der Finanzwirtschaft im gesamtwirtschaftlichen Zusammenhang, Berlin 2016 (erscheint jährlich).

*Statistisches Bundesamt*, Hrsg., Fachserie 14: Finanzen und Steuern, Fachserie 18: Volkswirtschaftliche Gesamtrechnungen.

*Statistisches Bundesamt*, Hrsg., Statistisches Jahrbuch 2016 für die Bundesrepublik Deutschland, Wiesbaden 2016, Teil 8 und 9 (erscheint jährlich).

*Deutscher Städtetag*, Hrsg., Statistisches Jahrbuch Deutscher Gemeinden, 103. Jg., Köln 2016 (erscheint jährlich; nur noch elektronisch).

Monatsberichte der *Deutschen Bundesbank* – darin statistische Teile zu den öffentlichen Finanzen.

Monatsberichte des *Bundesministeriums der Finanzen* – darin statistische Teile zur finanzwirtschaftlichen Entwicklung.

Jahresgutachten 2016/2017 des *Sachverständigenrates zur Begutachtung der gesamtwirtschaftlichen Entwicklung*, Wiesbaden 2016, darin Teile zur Finanzpolitik (erscheint jährlich).

*Bundesministerium der Finanzen*, Hrsg., Das System der öffentlichen Haushalte, Berlin 2015.

*Bundesministerium der Finanzen*, Hrsg., Steuern von A–Z, Ausgabe 2016, Berlin.

*Bundesministerium der Finanzen*, Hrsg., 25. Subventionsbericht der Bundesregierung, Berlin 2015 (erscheint zweijährlich).

*Bundesministerium für Wirtschaft und Technologie*, Hrsg., Jahreswirtschaftsbericht, Berlin 2016 bzw. 2017.

*Piduch, E. A.*, Bundeshaushaltsrecht, Kommentar, Lose-Blatt-Sammlung, 2. Auflage, Stand: Februar 2015 (wird regelmäßig ergänzt).

# Einige Lehrbücher und Übersichtsartikel zur Finanzwissenschaft

Bei den folgenden Lehrbüchern und Übersichtsartikeln handelt es sich um mehr oder weniger umfassende Gesamtdarstellungen des finanzwissenschaftlichen Lehrstoffs. Sie sollten bei Bedarf und zum besseren Verständnis herangezogen werden. Es erübrigt sich daher in den Literaturangaben zu den einzelnen Kapiteln der regelmäßige Verweis auf sie.

*Andel, N.*, Finanzwissenschaft, 4. Auflage, Tübingen 1998.

*Auerbach, A.*, u.a., Hrsg., Handbook of Public Economics, Vol. 5, Oxford 2013.

*Bach, S.*, und *Wiegard, W.*, Finanzwissenschaft, in: Zimmermann, K. F., Hrsg., Neue Entwicklungen in der Wirtschaftswissenschaft, Heidelberg 2002, S. 43 ff.

*Backhaus, J.*, und *Wagner, R. E.*, Hrsg., Handbook of Public Finance, Boston u.a. O. 2004.

*Blankart, C. B.*, Öffentliche Finanzen in der Demokratie. Eine Einführung in die Finanzwissenschaft, 9. Auflage, München 2017.

*Brümmerhoff, D.*, und *Büttner, T.*, Finanzwissenschaft, 11. Auflage, München-Wien 2015.

*Caesar, R.*, u.a., Finanzwissenschaft: Fragen und Anregungen, in: Schulz, G., u.a., Hrsg., Sozial- und Wirtschaftsgeschichte. Arbeitsgebiete – Probleme – Perspektiven, Vierteljahrschrift für Sozial- und Wirtschaftsgeschichte, Beihefte, Nr. 169, 2005, S. 599 ff.

*Cansier, D.*, und *Bayer, S.*, Einführung in die Finanzwissenschaft, München 2003.

*Corneo, G.*, Öffentliche Finanzen: Ausgabenpolitik, 4. Auflage, Tübingen 2012.

*Döring, T.*, Öffentliche Finanzen und Verhaltensökonomie, Wiesbaden 2015.

*Dickertmann, D.*, und *Gelbhaar, S.*, Finanzwissenschaft: Eine Einführung in die Institutionen, Instrumente und ökonomischen Ziele der öffentlichen Finanzwirtschaft, Herne-Berlin 2000.

*Graf, G.*, Grundlagen der Finanzwissenschaft, 2. Auflage, Heidelberg 2005.

*Grossekettler, H.*, Öffentliche Finanzen, in: Vahlens Kompendium der Wirtschaftstheorie und Wirtschaftspolitik, Bd. 1, 9. Auflage, München 2007, S. 561 ff.

*Hillman, A. L.*, Public Finance and Public Policy: Responsibilities and Limitations of Government, 2. Auflage, Cambridge 2009.

*Keuschnigg, C.*, Öffentliche Finanzen: Einnahmenpolitik, Tübingen 2005.

*Konrad, K. A.*, und *Zschäpitz, H.*, Schulden ohne Sühne?: Warum der Absturz der Staatsfinanzen uns alle trifft, 2. Auflage, München 2010.

*Musgrave, R. A.,* und *Musgrave, P. B.,* Public Finance in Theory and Practice, 5. Auflage, New York 1989; auf deutsch als *Musgrave, R. A. , Musgrave, P. B.,* und *Kullmer, L.,* Die öffentlichen Finanzen in Theorie und Praxis, Bd. 1, 6. Auflage, Tübingen 1994; Bd. 2, 5. Auflage, Tübingen 1993; Bd. 3, 4. Auflage, Tübingen 1992.

*Nowotny, E.,* und *Zagler, M.,* Der öffentliche Sektor: Einführung in die Finanzwissenschaft, 5. Auflage, Berlin u. a. 2009.

*Peffekoven, R.,* Einführung in die Grundbegriffe der Finanzwissenschaft, 3. Auflage, Darmstadt 1996.

*Rose, M.,* Hrsg., Integriertes Steuer- und Sozialsystem, Heidelberg 2003.

*Rosen, H. S.,* und *Gayer, T.,* Public Finance, 10. Auflage, New York 2014.

*Rürup, B.,* und *Körner, H.,* Finanzwissenschaft. Grundlagen der öffentlichen Finanzwirtschaft, Neuauflage, Düsseldorf 2000.

*Scherf, W.,* Öffentliche Finanzen, 2. Auflage, Stuttgart 2011.

*Stiglitz, J. E.,* Economics of the Public Sector, 4. Auflage, New York 2015.

*Stiglitz, J. E.,* und *Schönfelder, B.,* Finanzwissenschaft, 2. deutschsprachige Auflage, München-Wien 2000.

*Wellisch, D.,* Finanzwissenschaft I-III, 3 Bände, München 2000.

*Wigger, B. U.,* Grundzüge der Finanzwissenschaft, 2. Auflage, Berlin 2006.

# Teil I
# Öffentliche Aufgaben und Ausgaben

# 1. Kapitel:
# Ziele, Träger und Instrumente der Finanzpolitik

# A. Zur Notwendigkeit und zu den Zielen finanzwirtschaftlicher Staatstätigkeit

## I. Zur Notwendigkeit finanzwirtschaftlicher Staatstätigkeit

Das Fach **Finanzwissenschaft** wird häufig als **die Lehre von der öffentlichen Finanzwirtschaft**, d. h. die Lehre von den Einnahmen und Ausgaben der Gebietskörperschaften und Sozialversicherungsträger, definiert. Die öffentliche Finanzwirtschaft steht im Vordergrund der wirtschaftspolitischen Auseinandersetzung, wenn etwa Steuern erhöht werden sollen, der Abbau von Subventionen gefordert wird, die öffentlichen Haushalte als wachstumshemmend angesehen werden, ein Steuerreformvorschlag vorgelegt wird, die Höhe des Staatsanteils oder die demographische Herausforderung zur Diskussion stehen, die europäische Staatsschuldenkrise auf der Agenda steht und neuerdings die Situation mit den Flüchtlingen und Migranten zu bewältigen ist. Darüber hinaus scheint es jedoch wenig reizvoll zu sein, sich mit dem Zustandekommen und der Aussagekraft der Zahlen zu befassen, die jahraus, jahrein in dem mehrere tausend Seiten umfassenden Bundeshaushaltsplan, den Haushaltsplänen der Bundesländer und denen der Gemeinden sowie der Sozialversicherungsträger abgedruckt sind. Diese Materie wirkt eher trocken und die öffentliche Finanzwirtschaft in ihren ganz überwiegend öffentlich-rechtlichen Trägerstrukturen nicht gerade anziehend.

Um sich jedoch die lebensnahen Bezüge und die Notwendigkeit der finanzwirtschaftlichen Aktivitäten des Staates, wie sie sich in den Haushaltszahlen ausdrücken, noch über die bereits genannten finanzpolitischen Tagesfragen hinaus vor Augen zu führen, bietet sich ein **Gedankenexperiment** an. Es könnte gefragt werden, wie die wirtschaftliche Realität aussähe, wenn die öffentliche Tätigkeit, soweit sie sich in Einnahmen und Ausgaben niederschlägt, deutlich verringert würde oder gar entfiele. In einer solchen fiktiven Situation würden einerseits die Bürger sich über die entfallende Steuerlast freuen und die Unternehmen sich vielleicht wegen der geringeren Steuerlast und entfallenden Regulierungen größere Wachstumschancen erhoffen. Andererseits könnten die im öffentlichen Dienst beschäftigten Arbeitnehmer nicht mehr entlohnt werden, und die entfallenden öffentlichen Aufträge in Höhe von mehreren Milliarden Euro riefen – jedenfalls kurzfristig – Arbeitslosigkeit in den Betrieben der Staatslieferanten hervor. Vor allem aber entfielen die öffentlichen Infrastrukturleistungen. Die Bürger würden die Ausbildung der Kinder als gefährdet ansehen, die Stilllegung des öffentlichen Nahverkehrs beklagen und sich über den nicht abgeholten Müll beschweren. Die Sozialleistungsempfänger müssten in ihrem Lebensstandard starke Einschränkungen hinnehmen, das Angebot der Gesundheits- und Bildungseinrichtungen verringerte sich drastisch, und die öffentlich finanzierte Grundlagenforschung würde möglicherweise eingestellt.

Mit diesen Beispielen lässt sich nicht nur die **Bedeutung finanzwirtschaftlicher Staatstätigkeit** charakterisieren, sondern zugleich auch ihre **Notwendigkeit** aufzeigen. Zwar würden zahlreiche der bisher öffentlich wahrgenommenen Aufgaben über die Zeit privat erfüllt werden: An die Stelle der öffentlichen Müllabfuhr träte eine private Müllbeseitigung, der öffentliche Nahverkehr würde weitgehend durch private Autobusunternehmen ersetzt, und im Bildungssektor nähmen die Privatschulen einen neuen Aufschwung. Diese **Substitution von öffentlicher durch private Aktivität** ließe sich einerseits noch erweitern, ist jedoch andererseits in Abhängigkeit von politischen Mehrheitsverhältnissen und historischen Ereignissen, wie z. B. der Deutschen Einheit im Jahr 1990, der globalen Finanz-, Wirtschafts- und Staatsschuldenkrise seit 2008 und der Flüchtlingsproblematik sehr begrenzt.

Durch die öffentlichen Einnahmen und Ausgaben aller öffentlichen Haushalte wird auch das **Ziel der Einkommensumverteilung** berührt, denn bei privater Erfüllung der Aufgaben würden für wohlhabende Bürger die Vorteile aus der entfallenden Besteuerung größer sein als der Nachteil aus den nicht mehr zur Verfügung stehenden öffentlichen Leistungen. Die umgekehrte Überlegung gilt für die Bürger am unteren Ende der Einkommensskala. Für sie bedeutete der Fortfall der Besteuerung einen geringeren oder gar keinen Vorteil, während der Verlust der öffentlichen Leistungen, vor allem der Sozialleistungen, für sie besonders hoch ausfiele. Soweit also für Bezieher hoher Einkommen der Finanzierungsbeitrag über dem Leistungsempfang liegt und umgekehrt für Bezieher niedriger Einkommen, findet eine Umverteilung von oben nach unten durch die öffentlichen Einnahmen und Ausgaben statt.

Auch mit Blick auf die **konjunktur- und wachstumspolitischen Erfordernisse** – gerade vor dem Hintergrund des massiven Konjunktureinbruchs in den Jahren 2008/2009 und der stabilisierenden Wirkung der damaligen öffentlichen Ausgabenprogramme – geht es um die Rolle der öffentlichen Finanzwirtschaft und eine Ausbalancierung zwischen Staat und Markt, wohl wissend, dass es nicht nur Situationen gibt, in denen der Markt nicht funktioniert, sondern auch Fälle von Staatsversagen immer wieder auftreten.

Aus diesen Vorüberlegungen ergibt sich, dass nicht alle derzeit wahrgenommenen öffentlichen Aufgaben vom privaten Sektor erfüllt werden können und dass nicht alle vom Markt übernommenen Funktionen zu wünschenswerten Ergebnissen führen. Daher stehen für die Begründung und Behandlung der finanzwirtschaftlichen Staatstätigkeit die **Ziele der finanzwirtschaftlichen Aktivität** im Mittelpunkt.

## II. Ziele finanzwirtschaftlicher Staatstätigkeit

### a) Fiskalische Ziele und staatsinterne Effizienz als abgeleitete Ziele

Die meisten Aufgabenbereiche, die durch die Bundesregierung oder eine Landesregierung politisch vertreten werden, lassen sich durch ihre **fachspezifischen Ziele** definieren. So sucht die Verkehrspolitik die Erreichbarkeit der Regionen des Staatsgebietes und die Mobilität der Bevölkerung zu verbessern, die Verteidigungspolitik ist für die Sicherheit nach außen und für die Friedenssicherung verantwortlich, und durch die Gesundheitspolitik soll die Gesundheit der Bevölkerung verbessert werden. Wenn dann gefragt wird, welches spezifische Ziel die Finanzpolitik in diesem Zusammenhang verfolgt, so lautet die Antwort, dass durch sie in erster Linie die Einnahmen zu beschaffen sind, die für die Ausgaben der genannten und anderer Politikbereiche mit ihren jeweiligen Aufgaben erforderlich sind. Dieses zentrale **fiskalische Ziel** dient also „lediglich" der Erfüllung der fachspezifischen Ziele und ist mithin von ihnen **abgeleitet** bzw. durch sie bestimmt.

Die Frage, welchen „eigenen" Zwecken die öffentliche Finanzwirtschaft dient, lässt sich vorwiegend mit dem Hinweis auf dieses **fiskalische Ziel** beantworten. Damit ist auf der Einnahmenseite die Aufgabe der Finanzpolitik gemeint, für die von den Einzelressorts angemeldeten Ausgaben die notwendigen *Einnahmen bereitzustellen.* Dieser Aufgabe entspricht auf der Ausgabenseite das Ziel der *sparsamen Mittelverwendung,* so dass man das abgeleitete fiskalische Ziel auf die Einnahmen und Ausgaben aller Haushalte beziehen kann. Natürlich lässt sich das Sparsamkeitsziel auch auf die Einnahmenseite beziehen, denn die Mittelaufbringung des Staates mit seinen Gebietskörperschaften und Sozialversicherungsträgern kann ganz unterschiedlich effizient erfolgen, und eine Verschwendung von Mitteln ist ein Zeichen von Ineffizienz.

Das wichtige fiskalische Ziel der Einnahmenbeschaffung dient also der Erfüllung der spezifischen Ziele der übrigen Politikbereiche und den hierdurch vorgegebenen Zielen der öffentlichen Finanzwirtschaft. Die fiskalische Zielsetzung steht mithin nicht gleichberechtigt neben den Zielsetzungen der einzelnen Ressorts. Während deren Tätigkeiten unmittelbar den Individuen bzw. einer Gruppe von Staatsbürgern zugutekommen, ist das fiskalische Ziel bei isolierter Betrachtung sinnlos, da es nur darin bestehen würde, Finanzmittel einzusammeln, ohne dass über deren Aufbringung und Verwendung mehr gesagt wäre, als dass sie sparsam erfolgen soll. Das fiskalische Ziel soll daher als ein **abgeleitetes, spezifisch finanzwirtschaftliches Ziel** bezeichnet werden, und man könnte auch sagen, das fiskalische Ziel sei eine notwendige, aber keine hinreichende Bedingung für die Erfüllung der staatlichen Aufgaben.

Eine andere „abgeleitete" Aufgabe der öffentlichen Finanzwirtschaft ist ihr Aufbau und ihre Organisation sowie die Koordination des organisatorischen Ablaufs *(staatsinterne Effizienz).* Dazu gehört zunächst die administrative oder Managementeffizienz jeder einzelnen öffentlichen Einrichtung. In einem föderalistischen System mit seiner Vielzahl von Trägern der Politik muss im Gegensatz zu einem unitarischen System darüber hinaus die Aufgabenverteilung nicht nur für jeden einzelnen Träger festgelegt werden, z. B. die Zuordnung von Aufgaben auf den Bund, sondern sie muss auch für das Verhältnis der Gebietskörperschaften untereinander und in Hinblick auf die Rolle der Sozialversicherung mit ihren unterschiedlichen Zweigen gelöst sein. Dabei muss entschieden werden, ob die soziale Sicherung im Alter, bei Krankheit, Pflege, Unfall oder bei Arbeitslosigkeit über die öffentlichen Gebietskörperschaften oder über autonome Träger einer Sozialversicherung wahrgenommen werden soll. Es ist also auch zu klären, welcher Träger öffentlicher Aktivität für die Ausgaben verantwortlich sein soll und wie die öffentlichen Einnahmen (Steuern, Beiträge, Gebühren, Sozialversicherungsbeiträge usw.) nach welchen Schlüsseln verteilt werden sollen *(Finanzausgleich)*.

Für den **einzelnen Träger der Finanzpolitik** muss weiterhin über ein zielgerechtes Verfahren bei der Aufstellung, Beratung und Kontrolle des Budgets entschieden werden. Auch ist ein Anreizsystem für die Beschäftigten im öffentlichen Dienst zu schaffen; diesem Ziel dienen beispielsweise die neueren Bemühungen der Gemeinden, ihre Leistungen noch stärker an den Präferenzen der Bürger auszurichten und ihre Leistungen kostengünstiger zu erstellen und anzubieten.

## b) Ordnungsrahmen, Allokations-, Distributions-, Konjunktur-, Wachstums- und Umweltziele als vorgegebene Ziele

### 1 Ordnungsrahmen

Art, Umfang und Struktur öffentlicher Aktivität werden insbesondere in der **Ordnungstheorie** und der Lehre von den Wirtschaftssystemen behandelt, in denen u. a. der Zusammenhang zwischen der Wirtschaftsordnung und der Staatstätigkeit, also der *Ordnungsrahmen,* untersucht wird. In dem Extremfall einer reinen Zentralverwaltungswirtschaft ist die öffentliche Wirtschaft nahezu identisch mit der gesamten ökonomischen Aktivität. In einer ausgeprägt dezentralen Marktwirtschaft erfolgt die Plankoordination der Wirtschaftssubjekte weitgehend über deren Preis- und Mengenreaktionen, und die staatliche Aktivität ist auf die unverzichtbaren Ordnungs- und Kontrollfunktionen beschränkt. Es geht also nicht um Markt oder Staat, sondern darum, dass marktliche Kräfte der Ergänzung und Aufsicht durch einen starken Staat bedürfen.

In der Realität ist der Umfang des öffentlichen Sektors zum Teil das Ergebnis einer politischen Vorentscheidung über die Wirtschaftsordnung, die in Deutschland nach dem Zweiten Weltkrieg im östlichen und westlichen Teil Deutschlands verschieden ausfiel. Durch die Wiedervereinigung Deutschlands im Jahre 1990 löste sich das zentralverwaltungswirtschaftliche System in der DDR auf. Auch der Umbau der vormals sozialistischen Länder Osteuropas und Russlands zeigt, dass die politischen Entscheidungen zugunsten einer sozialen Marktwirtschaft die langfristig tragfähigere Grundlage bilden.

### 2 Allokationsziel

Die theoretischen Begründungen für oder gegen eine bestimmte Wirtschaftsordnung gehen auf die unterschiedliche Interpretation und Gewichtung von Zielen wie Freiheit des Individuums, Privateigentum, Verteilungsgerechtigkeit und Effizienz zurück. Die Entscheidung über eine Wirtschaftsordnung wird auch für die **Begründung einzelner öffentlicher Aktivitäten** herangezogen. Dies gilt insbesondere für das *Allokationsziel,* also den **kosteneffizienten und bedarfsgerechten**, d. h. an den Präferenzen orientierten **Einsatz der Produktionsfaktoren** zur Herstellung von Gütern und Dienstleistungen. Soweit dieses Ziel zu konkurrierenden Zielen wie dem Wachstums- oder Beschäftigungsziel in Konflikt gerät oder vom Marktmechanismus etwa aufgrund von Wettbewerbsbeschränkungen nur unzureichend verwirklicht wird, bedarf es allerdings der öffentlichen Aktivität. Angesichts der Vielfalt ihrer Erscheinungsformen (hoheitliche Anordnungen durch Gesetze, Rechtsverordnungen und Verwaltungsakte; Zahlung von Übertragungseinkommen; Bereitstellung von Infrastrukturleistungen usf.) wird deutlich, dass die öffentliche Finanzwirtschaft mit ihren finanzpolitischen Maßnahmen nur einen Ausschnitt der gesamten öffentlichen Aktivität darstellt, um die es beim Allokationsziel geht.

Die vordringliche allokationspolitische Aufgabe des Staates in einer Marktwirtschaft besteht darin, die Funktionsfähigkeit eines wohlfahrtsfördernden **Wettbewerbs zu sichern**. Zu Abweichungen zwischen dem Anspruch einer Wettbewerbswirtschaft und ihren Ergebnissen in den real existierenden Marktwirtschaften kommt es, wenn die Bedingungen eines allgemeinen Konkurrenzgleichgewichts auf bestimmten Faktor- und Gütermärkten nicht ausreichend erfüllt sind. Eine konsequente Wettbewerbspolitik gehört zwar zur Allokationspolitik, jedoch nicht unmittelbar zum Gegenstand der Finanzwissenschaft. Allerdings gilt es beispielsweise, die Auswirkungen der Besteuerung oder der Subventionsvergabe auf den Wettbewerb jeweils einzubeziehen.

Fragen der Finanzwissenschaft sind hingegen unmittelbar angesprochen, wenn ein anderer Bereich der Allokationspolitik, die **Bereitstellung öffentlicher Güter**, also Güter, die der Markt überhaupt nicht oder nur in unzureichendem Umfang anbietet, zur Rechtfertigung finanzwirtschaftlicher Aktivitäten herangezogen wird. Diese Güter weisen Merkmale bei der Produktion und/oder dem Konsum auf, die einer effizienten Allokation durch den Markt entgegenstehen und daher staatliche Eingriffe rechtfertigen (siehe 2. Kapitel). Zu den Gütern, die nicht allein über den Markt bereitgestellt werden, gehören neben der Außen- und Sicherheitspolitik auch die Umweltgüter, wie z.B. reine Luft und sauberes Wasser.

Aus der Summe der für die Erfüllung der Staatsaufgaben erforderlichen Ausgaben oder der dazu erforderlichen Einnahmen ergibt sich in Abhängigkeit von der historischen, wirtschaftlichen und politischen Entwicklung und den Gegebenheiten eines Landes der **Staatsanteil**, dessen Höhe und Struktur einer gesonderten Bewertung unterzogen werden.

## 3　Distributionsziel

Neben der allokationspolitischen Begründung werden *distributionspolitische Ziele* zur Rechtfertigung finanzwirtschaftlicher Aktivitäten herangezogen. Im Vordergrund steht dabei die personale Einkommensverteilung, d.h. die Verteilung des Einkommens auf Individuen bzw. auf private Haushalte. Sie lässt sich aus der funktionalen Einkommensverteilung ableiten, indem die Entgelte für die Leistungen der eingesetzten Faktoren (Arbeit, Boden und Kapital) den privaten Haushalten zugerechnet werden. Die am Markt zustande kommende Einkommensverteilung ergibt sich aufgrund des Faktorangebots und der Faktorpreise und wird auch als **primäre Einkommensverteilung** bezeichnet. Die öffentlichen Eingriffe können darauf gerichtet sein, Mindesteinkommen (z.B. mittels Mindestlohn) und bestimmte Versorgungsstandards zu sichern. Analytisch gesehen entsteht im Zuge der Besteuerung und durch das staatliche Übertragungseinkommen eine neue

Einkommenssituation, die häufig als **sekundäre Einkommensverteilung** bezeichnet wird. Neben der Einkommens- ist auch die Vermögensverteilung Gegenstand staatlicher Politik. Die politisch gewünschte Umverteilung kann in Konflikt mit den Erfordernissen des Konjunktur- und Wachstumsziels stehen.

## 4 Konjunktur-, Wachstums- und Umweltziele

Soweit sich konjunkturelle *Stabilität (hoher Beschäftigungsstand, Preisniveaustabilität, außenwirtschaftliches Gleichgewicht) und Wirtschaftswachstum* im Rahmen der marktwirtschaftlichen Allokation nicht automatisch einstellen, lässt sich die öffentliche Finanzwirtschaft in den Dienst dieser in ihrer Fristigkeit unterschiedlichen Ziele stellen. Je nach theoretischer Lehrmeinung werden die konjunktur- und wachstumspolitischen Aktivitäten nach Art und Umfang allerdings unterschiedlich eingeschätzt. So beschränken sich im Rahmen der sog. monetaristischen Sicht die finanzpolitischen Aktivitäten des Staates weitgehend auf seine eher langfristige Allokations- und Verteilungsfunktion, während bei einer keynesianischen Argumentation die öffentlichen Haushalte als das zentrale konjunkturpolitische Steuerungsinstrument angesehen werden, das kurzfristig eingesetzt wird. Unabhängig davon stehen in der Realität die am meisten verletzten Ziele im Vordergrund, in der Regel die Arbeitslosigkeit, das zu geringe Wachstum, die Bekämpfung von Umweltschäden und insbesondere des Klimawandels sowie vielfältige allokative Verzerrungen in den Strukturen des wirtschaftlichen Leistungsgeschehens.

# B. Träger und Instrumente der Finanzpolitik

## I. Träger der Finanzpolitik

Die genannten Ziele der finanzwirtschaftlichen Staatstätigkeit sind von den Trägern der Finanzpolitik, also den für die Finanzpolitik verantwortlichen Institutionen zu verfolgen. Dies sind in erster Linie die *Gebietskörperschaften* (Bund, Länder, Gemeinden und Gemeindeverbände). Sie sind in einem föderativen Staat wie der Bundesrepublik Deutschland in mehr Ebenen (Ebene der Länder, der Gemeinden usw.) organisiert als in einem unitarisch aufgebauten Staatswesen. Jede einzelne Gebietskörperschaft, also ein Land oder eine Gemeinde, ist dann nochmals in die legislative, exekutive und – bei Bund und Land – judikative Gewalt geteilt. Mit der *Europäischen Union* ist eine neue Ebene hinzugetreten, die am Anfang des 21. Jahrhunderts ihre verfassungsmäßige Identität sucht. Alle diese Institutionen sind eindeutig als Träger öffentlicher Aktivität und – da sie Einnahmen und Ausgaben tätigen – als Träger der Finanzpolitik identifizierbar.

Im Gegensatz dazu ist die Zuordnung für zahlreiche und an Bedeutung gewinnende Institutionen, die zwischen privaten Haushalten und Unternehmen als dem Kernbereich des Privatsektors und Gebietskörperschaften als dem Kernbereich des öffentlichen Sektors stehen und ebenfalls gesonderte Budgets führen, weniger leicht möglich. Aus diesem Zwischenbereich werden einige Institutionen als Parafisci bezeichnet und können eher dem Staatssektor zugerechnet werden.

Bei den *„Parafisci"* (parafiskalische oder quasistaatliche Gebilde, intermediäre Finanzgewalten) handelt es sich um einen Sammelnamen für solche öffentlichen Institutionen, die zwar nicht Teil der Gebietskörperschaften und ihrer Haushalte sind, aber eher zum staatlichen Bereich zu zählen sind. Einen Parafiskus erkennt man vorwiegend an zwei *Merkmalen:*

(1) Erfüllung **öffentlicher Aufgaben**. Durch sie unterscheidet sich die Tätigkeit eines Parafiskus von privatwirtschaftlichen Aktivitäten. Ob es sich um die Erfüllung einer öffentlichen Aufgabe handelt, würde sich herausstellen, wenn es mit seiner Abschaffung automatisch zu der Übernahme seiner Aufgaben durch die Gebietskörperschaften käme.

(2) **Eigene Finanzquellen mit Zwangscharakter**. Sie geben den Parafisci die Möglichkeit, in gewisser, meist gesetzlich eingeschränkter Bewegungsfreiheit unabhängig von den Gebietskörperschaften Aufgaben zu erfüllen. In dem Recht, Zwangsabgaben zu erheben, drückt sich in besonderem Maße „Staatlichkeit" aus. Dieses Merkmal der Zwangsabgabe oder der Pflichtbeiträge führt dazu, dass zahlreiche Institutionen dem staatlichen Bereich zugeordnet werden.

Zu den ergänzenden Merkmalen gehören die **beamtenähnliche Stellung ihrer Beschäftigten** und die **selbstständige Rechnungslegung**.

In Schema 1.1 werden Parafisci und *weitere Institutionen* mit öffentlichen Aufgaben aufgeführt, die sich in Deutschland zwischen den Gebietskörperschaften und dem privaten Sektor befinden.[1] Alle erfüllen zumindest auch öffentliche Aufgaben und sind daher für die Finanzpolitik bedeutsam.

(1) Die *Parafisci* selbst bilden die erste Gruppe; nur sie finanzieren sich über Zwangsabgaben. Eindeutig dazu zählen die **„Sozialfisci"**, d. h. die Träger der Sozialversicherung (in Deutschland derzeit also die Gesetzliche Renten-, Kranken-, Unfall-, Arbeitslosen- und Pflegeversicherung). Sie finanzieren sich vorwiegend aus staatlich sanktionierten Zwangs- bzw. Pflichtbeiträgen (Sozialversicherungsbeiträge der Arbeitgeber und Arbeitnehmer) und erfüllen Aufgaben der Daseinsvorsorge, die ihnen zugewiesen sind. – Berufsvertretungen als Kammern (**„Berufsfisci"**), z. B. Handwerkskammern, Industrie- und Handelskammern, Landwirtschaftskammern, werden, soweit sie öffentliche Aufgaben wahrnehmen und sich aus Zwangsbeiträgen finanzieren, ebenfalls zu den Parafisci gezählt.

(2) Die *Hilfsfisci* sind Einrichtungen der Finanzwirtschaft der Gebietskörperschaften, die vornehmlich aus organisatorischen Gründen ausgelagert wurden. Zu ihnen gehören vor allem die **Kreditfonds** (ERP-Sondervermögen des Bundes[2]; Erblastentilgungsfonds) oder andere aus öffentlichen Mitteln finanzierte Sonderfonds. Hingegen werden Konjunkturkredite über die bankähnliche Kreditanstalt für Wiederaufbau verwaltet. Kreditfonds erfüllen zwar öffentliche Aufgaben, erheben aber keine eigenen Zwangsabgaben und zählen daher nicht zu den Parafisci.

(3) *Unternehmensähnliche Einrichtungen der öffentlichen Hand*, deren Einnahmen- und Ausgabengebarung nur teilweise erwerbswirtschaftlich ausgerichtet ist, z. B. Versorgungsbetriebe der Kommunen, tendieren zum öffentlichen Sektor, wenn die Gebühren bzw. Preise im Wege eines politischen Genehmigungsverfahrens festgesetzt werden. Überwiegt jedoch das erwerbswirtschaftliche Prinzip mit der gewinnbezogenen Orientierung an Marktdaten, so ist es – je nach Trägerstellung – sinnvoller, die Einrichtung dem privaten Sektor zuzuordnen, wie dies in der Volkswirtschaftlichen Gesamtrechnung auch geschieht. Auch die Rundfunk- und Fernsehanstalten sind hier zu nennen, die sich über Gebühren finanzieren.

(4) Sog. *Nonprofit-Organisationen* gehören ebenfalls zur Sphäre zwischen Markt und Staat. Viele von ihnen erfüllen neben privaten auch öffentliche Aufgaben und sind insoweit hier aufzuführen. So ist die Zuordnung der **Kirchen** und ihrer Einrichtungen (z. B. kirchliche Kindergärten, Schulen, Krankenhäuser) zum

---

[1] Siehe hierzu im Einzelnen Zimmermann, H., und Krenzer, M., „Intermediäre" Institutionen in der Perspektive neuer ökonomischer Theorieansätze, in: Wirtschaftswissenschaftliches Studium, 30. Jg., 2001, S. 265 ff.

[2] Das ERP-Vermögen entstand aus dem European Recovery Program (ERP) der USA nach 1947 dadurch, dass die amerikanischen Lieferungen von den USA subventioniert wurden und von den deutschen Importeuren nicht in Dollar an die amerikanischen Exporteure, sondern in DM an das ERP-Vermögen eingezahlt werden mussten. Seit Beendigung der Wiederaufbauphase wird das Sondervermögen überwiegend zur Förderung der deutschen Wirtschaft sowie für Zwecke der Entwicklungshilfe und Exportfinanzierung verwendet und von der **Kreditanstalt für Wiederaufbau** verwaltet. Die auch heute noch zur Verfügung stehenden Mittel stammen aus Zinsen und Tilgungen aus früher gewährten Krediten.

öffentlichen oder privaten Bereich strittig, und man spricht gelegentlich auch von „Kirchenfisci". Die Kirchensteuer wird zwar vom Staat eingezogen, aber durch die Möglichkeit des Kirchenaustritts weist sie keinen Zwangscharakter auf. Daher sind die Kirchen auch nicht den Parafisci zuzuordnen. Sie werden jedoch in starkem Maße im Sozialbereich tätig und insoweit den Nonprofit-Organisationen zugerechnet. – **Gewerkschaften und Arbeitgeberverbände** erfüllen die Aufgabe, im Rahmen der grundgesetzlich garantierten Tarifautonomie Tarifverträge auszuhandeln. Diese Funktion wird überwiegend als privates Anliegen der beiden Gruppen angesehen; vor allem aber fehlt beiden Organisationen das Recht zur Erhebung von Zwangsabgaben. – Auch **andere private Verbände und Stiftungen**, wie beispielsweise das Deutsche Rote Kreuz oder der Stifterverband für die deutsche Wissenschaft, erfüllen – oft partiell – öffentliche Aufgaben. Sie finanzieren sich aber ausnahmslos nicht durch Zwangsabgaben bzw. Pflichtbeiträge. Andere Institutionen hingegen sind eher privater Natur, wie etwa die meisten gemeinnützigen Vereine, und werden daher im Schema 1.1 nicht aufgeführt. Allerdings erfüllen auch sie, wie der Begriff der Gemeinnützigkeit andeutet, über Privatgüter hinausgehende Aufgaben, beispielsweise in der Jugendarbeit[3].

Unter den zahlreichen in Schema 1.1 aufgeführten Institutionen weisen die Sozialfisci und Hilfsfisci die größte Nähe zu den Gebietskörperschaften und damit dem zentralen Gegenstand der Finanzwissenschaft auf. Insbesondere die fünf Zweige der gesetzlichen Sozialversicherung stehen schon allein aufgrund ihrer quantitativen Entwicklung und ihrer Bedeutung für die Absicherung von Lebensrisiken und die Sicherung von Alterseinkünften im Vordergrund der Finanzpolitik.

Die *Anlässe für die Entstehung von Parafisci* waren verschiedenartig. Gelegentlich wurden privaten (unternehmerischen oder gemeinnützigen) Institutionen im Laufe der Geschichte öffentliche Aufgaben übertragen (Handwerkskammern usw.) oder neue Aufgaben wurden als öffentlich angesehen (Schaffung der Sozialversicherung durch Bismarck). Für die Hilfsfisci waren die Anlässe oft technischer Art. So sind z. B. Kreditprogramme im allgemeinen Haushalt schwierig zu behandeln, weil Verausgabung und Rückfluss zeitlich oft schwer abzuschätzen sind; sie werden daher häufig ausgegliedert.

Die *Bedeutung* der Parafisci im Rahmen der Finanzwissenschaft liegt auf verschiedenen Gebieten. Zunächst ist für die Aussagekraft des Staatsanteils und seine internationale Vergleichbarkeit wichtig, ob beispielsweise die umfangreichen Sozialfisci einbezogen oder herausgelassen werden. So sind sie im Gegensatz zu Deutschland in einigen Ländern, z. B. in Großbritannien oder in den nordischen Staaten, in den Haushalt der Zentralregierung integriert und damit automatisch im Staatsanteil enthalten und werden überwiegend über Steuern finanziert. Geht es um Fragen der wirtschafts- bzw. finanzpolitischen Willensbildung, sei es in der Konjunktur- oder Verteilungspolitik, sei es bei der Festlegung einer längerfristig orientierten Finanzpolitik, so sind die Parafisci als zusätzliche Träger der Finanzpolitik stets in die Überlegungen einzubeziehen. Da Parafisci häufig geschaffen

---

[3] Vgl. hierzu Wissenschaftlicher Beirat beim Bundesministerium der Finanzen, Die abgabenrechtliche Privilegierung gemeinnütziger Zwecke auf dem Prüfstand, Schriftenreihe des Bundesministeriums der Finanzen, Bd. 80, Berlin 2006.

*Schema 1.1: Parafisci und weitere Institutionen mit öffentlichen Aufgaben*

| Merkmale — Typ und Beispiele | Öffentliche Aufgaben | Zwangsabgaben, Pflichtbeiträge |
|---|---|---|
| (1) *Parafisci* Sozialfisci | | |
| Gesetzliche Krankenversicherung | überwiegend | ja |
| Gesetzliche Rentenversicherung | überwiegend | ja |
| Gesetzliche Unfallversicherung | überwiegend | ja |
| Gesetzliche Arbeitslosenversicherung | überwiegend | ja |
| Gesetzliche Pflegeversicherung | überwiegend | ja |
| Berufsfisci (berufsständische Kammern) z.B. Handwerkskammer, Industrie- und Handelskammer, Landwirtschaftskammer, Kammern freier Berufe | überwiegend | ja |
| (2) *Hilfsfisci* (Kreditfonds, z.B. ERP-Sondervermögen, Sonderfonds Finanzmarktstabilisierung, Kreditanstalt für Wiederaufbau) | überwiegend | nein |
| (3) *Unternehmensähnliche Einrichtungen der öffentlichen Hand* Öffentliche Unternehmen, z.B. Versorgungsunternehmen (Gas, Wasser, Wärme), Verkehrsunternehmen, Krankenhäuser, Banken mit speziellen Aufgaben | partiell | nein |
| Sonstige, z.B. Rundfunk- und Fernsehanstalten | partiell | nein |
| (4) *Nonprofit-Organisationen* Kirchen | partiell | nein |
| Gewerkschaften und Arbeitgeberverbände | partiell | nein |
| Stiftungen | partiell | nein |
| Freie Berufsverbände | partiell | nein |
| Sonstige, z.B. Deutsches Rotes Kreuz, ADAC, Greenpeace | partiell | nein |

wurden, um Bereiche öffentlicher Aktivität zumindest partiell aus der laufenden parlamentarischen Willensbildung herauszuhalten, bringen sie zwangsläufig zusätzliche Probleme der Koordination und Kontrolle mit sich.

Diese institutionelle Sonderstellung geht in der Regel mit einer gewissen **Selbstverwaltung** einher. Das Bundesgesundheitsministerium schreibt dazu: „Die Selbstverwaltung ist eines der tragenden Prinzipien unseres Sozialsystems. An der Wahrnehmung der sozialen Aufgaben der gesetzlichen Krankenversicherung sollen diejenigen Personen gemeinsam und eigenverantwortlich mitwirken, die als Versicherte, Beitragszahler und Leistungserbringer betroffen sind. Die gesetzlich angeordnete Selbstverwaltung stellt zwar hohe Anforderungen an die Einigungs- und Konsensbereitschaft der Beteiligten, trägt aber auch maßgeblich zur Sozialpartnerschaft, zum Interessenausgleich und zum sozialen Frieden bei", und führt dann Beispiele und Verfahrensweisen aus dem Gesundheitswesen hinzu[4]. Selbstverwaltung ähnlicher Art gibt es aber beispielsweise auch im Wirtschaftsleben mit den Kammern. Dieses – gesetzlich angeordnete – Selbstverwaltungssystem steht neben dem System der repräsentativen Demokratie auf Bundes-, Landes- und Kommunalebene. Es trägt zwar sicherlich zu den genannten Zielen bei, mit Blick auf seinen inzwischen erreichten Umfang hat das Bundesverfassungsgericht in einem Urteil aber bereits interveniert mit der Frage, ob das alles in eine parlamentarische Demokratie passt[5]. Anfang 2017 ist ein „GKV-Selbstverwaltungsstärkungsgesetz" in Kraft getreten[6], das allerdings auf erhebliche Kritik stößt, weil es die Selbstverwaltung eher schwäche[7].

An der Existenz von Hilfsfisci lassen sich gut die Verstöße gegen den **Haushaltsgrundsatz der Einheit** verdeutlichen[8]. Im Interesse einer besseren Erfassung aller Ausgaben und Einnahmen einer Gebietskörperschaft und um parlamentarisch gleichzeitig über alle Ausgaben und Einnahmen mit der Möglichkeit der Prioritätenänderung entscheiden zu können, wird gefordert, alle Einnahmen und Ausgaben innerhalb eines einzigen Etats aufzuführen[9]. Mit dieser Vorschrift sollen Sonder- bzw. Nebenhaushalte vermieden werden, und deren Einrichtung muss daher gesondert begründet und gesetzlich fixiert werden. So lassen sich Sozialversicherungen mit ihren zahlreichen individuellen Konten für die Versicherten nicht in den allgemeinen Bundeshaushalt integrieren.

Zusammenfassend zeigt der Blick auf alle Träger der Finanzpolitik, dass, ähnlich wie bei den Zielen, auch mit ihrer Hilfe die finanzwirtschaftliche Staatstätigkeit nicht hinreichend und abschließend bestimmt werden kann. Gebietskörperschaften und Parafisci sind nämlich nicht nur für finanzwirtschaftliche Aktivitäten, sondern auch für die staatlichen Tätigkeiten insgesamt zuständig und wirken daher auf vielfältige Weise auf den Wirtschaftsprozess ein. Angesichts der demographischen Herausforderungen und der damit verbundenen Finanzierungsnöte rücken unter ihnen die Sozialfisci immer stärker in den Mittelpunkt der öffentlichen Finanzwirtschaft.

## II. Instrumente der Finanzpolitik

Als drittes Merkmal zur Definition der öffentlichen Finanzwirtschaft verbleiben nach der Erörterung ihrer Ziele und Träger die Instrumente der Finanzpolitik, d. h. die öffentlichen Einnahmen und Ausgaben. Diese stehen den Trägern der Finanzpolitik als Manövriermasse zur Verwirklichung ihrer ganz unterschiedlichen fachspezifischen Ziele zur Verfügung.

---

[4] Download 11.11.2016: http://www.bundesgesundheitsministerium.de/themen/gesundheitswesen/selbstverwaltung/selbstverwaltung-im-ueberblick.html

[5] Bundesverfassungsgericht, Beschluss des Ersten Senats vom 10. November 2015 – 1 BvR 2056/12 – Rn. (1–25), http://www.bverfg.de/e/rs20151110_1bvr205612.html.

[6] Beschluss des Bundesrates, Drucksache 55/17 vom 10.2.2017.

[7] MetaForum e.V., Hrsg,. Gesundheit neu denken – Politische Handlungsempfehlungen für die 19. Legislaturperiode, Fraunhofer Verlag, Berlin 2016, S. 21 ff.

[8] Die Bedeutung der Haushaltsgrundsätze wird im 7. Kapitel erläutert.

[9] In §11 Bundeshaushaltsordnung (BHO) und §8 Haushaltsgrundsätzegesetz (HGrG) sowie in Art. 110 Abs. 1 Grundgesetz (GG) wird nur von „dem" Haushaltsplan gesprochen.

## a) Gliederung der finanzpolitischen Instrumente

### 1 Die öffentlichen Aufgaben und Ausgaben

#### 1.1 Gliederung nach Aufgabenbereichen

Diese *Darstellung nach Aufgabenbereichen* der öffentlichen Finanzwirtschaft steht in der Regel am Anfang, da die **Aufgabenerfüllung** sich am stärksten im Sachzweck der öffentlichen **Ausgaben** ausdrückt, so wie er z.B. in der Gliederung nach Aufgabenbereichen (Verteidigung; Schulen, Hochschulen und übriges Bildungswesen; soziale Sicherung; Verkehrs- und Nachrichtenwesen usw.) in Tab.1.1 zum Ausdruck kommt. Dabei handelt es sich nur um eine von vielen Möglichkeiten, die Vielfalt öffentlicher Ausgaben zu strukturieren. Bei dieser Perspektive fällt auf, dass der Anteil der sozialen Sicherung deutlich über 50 % liegt.

Die Wahl der jeweiligen **Gruppierung der Ausgaben** wird durch ihren **Zweck** bzw. die jeweilige **Fragestellung** bestimmt. Eines der frühesten Ziele einer Einteilung der öffentlichen Ausgaben, das zudem bis heute wichtig geblieben ist, besteht darin, die *Verausgabung nach Ressorts* sichtbar zu machen. Zu diesem Zweck gliedert man die Ausgaben nach den verantwortlichen Behörden, z.B. den Ministerien (sog. Ministerialprinzip oder Ressortprinzip). Diese Einteilung liegt den öffentlichen Haushaltsplänen als Hauptgliederung zugrunde. Auf die Ressortgliederung wird kaum jemals verzichtet werden können, weil feststellbar sein muss, welcher Minister für welchen Einzelhaushalt und die damit verbundenen Ausgaben politisch verantwortlich ist.

Da manche dieser Ressorts im Laufe der Zeit Aufgaben an sich gezogen haben, die bei einer strengen Trennung der Aufgaben in einem anderen Ressort erfüllt werden müssten, bereinigt man häufig diese Ressorteinteilung und spricht dann von einer *Gliederung nach dem Funktionalprinzip* (Gliederung nach der Aufgabenerfüllung), die man auch als eine Gliederung nach bereinigten Aufgabenbereichen bezeichnen kann[10]. Für sie ist Tab.1.1 beispielhaft. Auch längerfristige Finanzpläne sind in aller Regel nach diesen bereinigten Aufgabenbereichen gegliedert[11]. Nicht zuletzt dient diese Ausgabeneinteilung dazu, die volkswirtschaftlichen Wirkungen zu untersuchen. So werden z.B. Ausgaben für Verkehr und Nachrichtenwesen oder für Wissenschaft, Forschung und Entwicklung (siehe Tab.1.1) oft in ihren Effekten auf das Wirtschaftswachstum analysiert.

Neben der Zuordnung und Kontrolle der Aufgabenerfüllung im politischen Bereich dient die Gliederung nach Aufgabenbereichen auch der politischen Grundsatzdiskussion. Sie stellt Daten über die bisherige Aufgabenerfüllung bereit, soweit sie sich im Budget niederschlägt, und dient der Wiedergabe zukünftiger Prioritäten der Aufgabenerfüllung in politischen Programmen.

---

[10] Für den Bund schreibt § 14 BHO vor, dass dem nach Ressorts geordneten Haushalt eine „Funktionenübersicht" als Anlage beigegeben wird.

[11] Vgl. etwa: Finanzplan des Bundes 2016–20, Bundestagsdrucksache Drucksache 18/9201 vom 12.8.2016, S. 10 ff.

*Tab. 1.1: Öffentliche Ausgaben nach Aufgabenbereichen,*
*Bundesrepublik Deutschland, 2011*

| Aufgabenbereich | Mio. € | % |
|---|---|---|
| Politische Führung und zentrale Verwaltung | 35.600 | 3,2 |
| Verteidigung | 27.095 | 2,4 |
| Öffentliche Sicherheit und Ordnung | 25.952 | 2,3 |
| Schulen, Hochschulen, übriges Bildungswesen | 94.832 | 8,5 |
| Wissenschaft, Forschung und Entwicklung außerhalb der Hochschulen | 13.427 | 1,2 |
| Soziale Sicherung | 624.915 | 56,3 |
| Gesundheit, Sport und Erholung | 15.137 | 1,4 |
| Wohnungswesen und Raumordnung[1] | 19.792 | 1,8 |
| Wirtschaftsförderung[2] | 29.451 | 2,7 |
| Verkehr und Nachrichtenwesen | 20.475 | 1,8 |
| Sonstige Aufgabenbereiche | 203.489 | 18,3 |
| **Ausgaben insgesamt** | **1.110.165** | **100,0** |

[1]  Einschl. Städtebauförderung sowie kommunaler Gemeinschaftsdienste.
[2]  Ernährung, Landwirtschaft und Forsten, Energie- und Wasserwirtschaft, Gewerbe, Dienstleistungen.

*Quelle:* Statistisches Bundesamt, Fachserie 14 „Finanzen und Steuern", Reihe 3.1, Rechnungsergebnisse der öffentlichen Haushalte, Tabelle 2, Ausgaben der öffentlichen Haushalte nach Aufgabenbereichen und Arten 2011, Wiesbaden 2014.

## 1.2  Gliederung nach Ausgabenarten

Die neben der Gliederung nach Aufgabenbereichen oft verwendete Gruppierung der öffentlichen Ausgaben nach Ausgabenarten soll helfen, weitere Auswirkungen der öffentlichen Ausgaben auf den gesamtwirtschaftlichen Produktions- und Verteilungsprozess zu analysieren. Der Anstoß für die Einteilung der öffentlichen Ausgaben nach Arten geht auf **G. Colm** und **A. C. Pigou** zurück. Colm trennte die staatlichen Verwaltungsleistungen, deren Kosten er in Personal- und Sachkosten aufteilte, von den Geldleistungen[12], während Pigou unter dem Blickwinkel des unterschiedlichen Einflusses der Ausgaben auf das Volkseinkommen den ‚non-transfer expenditures' die ‚transfer expenditures' gegenüberstellte[13].

Das Unterscheidungsmerkmal dieser Ausgabeneinteilung (siehe Schema 1.2) besteht darin, dass bei den ‚non-transfer expenditures' die staatliche Zahlung auf Grund einer Gegenleistung am Faktor- oder Gütermarkt erfolgt, weshalb man sie auch als **Leistungsentgelte** bezeichnet. Bei *Transferausgaben* (‚transfer expenditures') hingegen wird in der Regel nur Kaufkraft vom Steuerzahler auf den Transferempfänger umgelenkt und kein zusätzliches (Faktor-) Einkommen geschaffen. Vielmehr handelt es sich hier um sog. **Übertragungseinkommen**, in Tab. 1.2 vor allem die „Renten und Unterstützungen". Diese Transfers werden ihrerseits oft nach Zahlungen an Unternehmen (Subventionen) und Zahlungen an private Haushalte (insbesondere Sozialausgaben, Sozialtransfers) unterschieden.

---

[12]  Colm, G., Volkswirtschaftliche Theorie der Staatsausgaben, Tübingen 1927, S. 34 ff.
[13]  Pigou, A. C., A Study in Public Finance, 3. Aufl., London 1951, Neudruck 1962, S. 19 ff.

*Schema 1.2: Gliederung der Ausgaben nach Ausgabenarten*

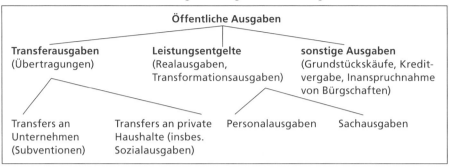

Die Grenze zwischen *Leistungsentgelten* und Transfers verliert an Schärfe, wenn Transfers mit Auflagen vergeben werden, die dazu führen, dass der Transferempfänger ein bestimmtes Gut (z. B. Nahrungsmittel, landwirtschaftliche Maschinen, Autos) kaufen muss, um eine Vergünstigung zu erhalten. Im Extremfall ist der Unterschied nur noch formaler Art, da ein solcher mit Verwendungsauflagen versehener Transfer dem Vorgang gleicht, dass die öffentliche Hand das betreffende Gut kauft und es dann dem zu Begünstigenden übereignet. Die Leistungsentgelte (Transformationsausgaben, Realausgaben, 'exhaustive expenditures') werden in der Regel in Personalausgaben und Sachausgaben (laufende Sachausgaben und Sachinvestitionen) unterteilt[14]. Letztere führen in ihrer Verwendung als **materielle Infrastruktur** zusammen mit anderen Ausgaben, insbesondere den Personalausgaben, zu einem Leistungsangebot, beispielsweise dem Bildungs- oder Gesundheitsangebot.

Bei der Frage, ob diese Ausgabeneinteilung alle öffentlichen Ausgaben einschließt, ergeben sich Lücken. Beispielsweise werden Grundstückskäufe der öffentlichen Hand nicht erfasst; sie erhöhen das volkswirtschaftliche Einkommen nicht, sondern führen lediglich zu einem Wechsel der Vermögenseigentümer. Die *Kreditvergabe* des Staates und die *Bürgschaften,* die der Staat übernimmt, bleiben bei dieser Ausgabeneinteilung ebenfalls unberücksichtigt. Bürgschaften werden nur im Ausnahmefall zu Zahlungen und erscheinen auch nur dann im Haushalt als Ausgaben. Vielmehr werden Angaben zu Umfang und Struktur der Bürgschaftsverpflichtungen des Staates dem Haushaltsplan nachrichtlich in Form des sog. „Bürgschaftsrahmens" angefügt. Sie spielten im Zusammenhang mit der Finanz-, Wirtschafts- und Staatsschuldenkrise 2008/09 eine große Rolle.[15]

Die größte Aussagekraft kommt dieser Ausgabeneinteilung, die im oberen Teil der Tab. 1.2 in angenäherter Form wiedergegeben ist, im **konjunkturpolitischen Zusammenhang** zu. Ohne auf Einzelheiten einzugehen, leuchtet es ein, dass für eine Politik, mit deren Hilfe Unternehmen und private Haushalte getrennt beeinflusst werden sollen, eine Unterteilung nach **Subventionen und Sachausgaben** (Unternehmen als Zahlungsempfänger) sowie **Sozial- und Personalausgaben** (private

---

[14] Für den Bundeshaushalt schreiben §§ 13 und 14 BHO vor, dass dem Haushalt eine „Gruppierungsübersicht" beizufügen ist, deren einzelne Positionen weitgehend den Kategorien der Einteilung von Colm und Pigou entsprechen.

[15] Zimmermann, H., Finanz- und Wirtschaftskrise –Was kosten die Maßnahmen wirklich?, in: Wirtschaftsdienst, 89. Jg., 2009, S. 306 ff.

Haushalte als Zahlungsempfänger) hilfreich ist. So zeigt sich in der Tabelle, dass die Renten- und Unterstützungszahlungen, Personal- und Zinsausgaben fast 60 % der Gesamtausgaben ausmachen, während die konjunkturpolitisch besonders wichtigen Sachausgaben nur bei 28 % liegen.

Wenn sich die Fragestellung von der Konjunktur- zur **Verteilungspolitik** verlagert, ist die Einteilung so lange sinnvoll, wie sie sich auf die Zahlungssphäre bezieht. Dem verteilungs- und auch **wachstumspolitisch** bedeutsamen Sachverhalt, dass die Leistungsentgelte dem Zweck dienen, bestimmte öffentliche Leistungen bereitzustellen, trägt die Einteilung nur formal Rechnung, da sie zwar die für die Erstellung erforderlichen „Transformations"-Ausgaben hervorhebt, das geschaffene Leistungsangebot und seine Inanspruchnahme durch private Haushalte und Unternehmen aber nicht berücksichtigt. Hier ist das Anknüpfen an die einzelnen Aufgabenbereiche und die dort jeweils erstellten und angebotenen Leistungen hilfreicher.

*Tab. 1.2: Öffentliche Ausgaben und Einnahmen nach Arten,[1]*
*Bundesrepublik Deutschland, 2011[2]*

|  | Mio. € | % |
|---|---|---|
| **Ausgaben** | | |
| Personalausgaben | 211.423 | 19,0 |
| Sachausgaben (einschl. Baumaßnahmen) | 311.008 | 28,0 |
| Renten und Unterstützungen | 371.816 | 33,5 |
| Zinsausgaben | 56.978 | 5,1 |
| Vermögensübertragungen | 24.558 | 1,2 |
| Sonstige Ausgaben | 134.382 | 12,1 |
| Ausgaben[3] | 1.110.165 | 100,0 |
| **Einnahmen** | | |
| Steuern und steuerähnliche Abgaben (insbes. Sozialabgaben) | 984.632 | 89,2 |
| Gebühren, sonstige Entgelte | 31.102 | 2,8 |
| Einnahmen aus wirtschaftlicher Tätigkeit | 20.599 | 1,9 |
| Einnahmen der Kapitalrechnung | 33.610 | 3,0 |
| Sonstige Einnahmen (ohne Kreditaufnahme) | 33.919 | 3,1 |
| Einnahmen[3] | 1.103.862 | 100,0 |
| Finanzierungssaldo[4] | 6.303 | – |

[1] Bund, Extrahaushalte des Bundes, EU-Anteile, Sozialversicherung, Länder, Gemeinden/Gv., Zweckverbände.
[2] Ohne Krankenhäuser und Hochschulkliniken mit kaufmännischem Rechnungswesen sowie ohne Zusatzversorgungskassen der Sozialversicherung.
[3] Ohne besondere Finanzierungsvorgänge. Sie verursachen die Differenz zwischen Einnahmen und Ausgaben.
[4] Entspricht der Nettokreditaufnahme.

*Quelle:* Statistisches Bundesamt, Fachserie 14 „Finanzen und Steuern", Reihe 3.1, Rechnungsergebnisse der öffentlichen Haushalte, Tabelle 4.1, Ausgaben und Einnahmen der öffentlichen Haushalte nach Arten 2011, Wiesbaden 2014.

## 2 Die öffentlichen Einnahmen

Die Einnahmen ermöglichen die erforderliche Finanzierung der Ausgaben und erfüllen damit indirekt die öffentlichen Aufgaben. Neben dieser **fiskalischen Funktion** fallen den Einnahmen aber auch **nichtfiskalische Aufgaben** zu. Hierzu gehören die Verwirklichung von Zielen der Wirtschaftspolitik, wie etwa Preisniveaustabilität oder Vollbeschäftigung, und Aufgaben wie etwa eine qualitative Verbrauchslenkung, etwa durch die Tabaksteuer, oder die Vermeidung von Umweltschäden.

Die Praxis der öffentlichen Einnahmenerzielung ergibt das in Tab. 1.2, unterer Teil, wiedergegebene Bild. Neben Steuern und steuerähnlichen Abgaben (vor allem Sozialversicherungsbeiträge) finanziert sich die öffentliche Hand noch über eine Reihe anderer Einnahmenarten, unter denen vom Volumen her die Gebühren und sonstigen Entgelte sowie die gesondert im Finanzierungssaldo ausgewiesene Nettokreditaufnahme hervortreten. Dieses Einnahmenspektrum lässt sich ebenfalls nach verschiedenen Kriterien und Fragestellungen ordnen, wobei allerdings auffällt, dass die Unterscheidungsversuche, z.B. nach dem verbleibenden Autonomiegrad des Zahlers, in diesem Bereich der Instrumente seltener sind als bei den Ausgaben.

Von Interesse ist zunächst, wodurch sich die *Steuern und* steuerähnlichen Abgaben (insbes. Sozialabgaben) als die mit etwa 90% weitaus bedeutendste Einnahmenkategorie von den übrigen Einnahmenarten unterscheiden. Steuern und Sozialabgaben weisen **Zwangscharakter** auf, zumal sie wie im Falle der Lohnsteuer und der Sozialabgaben auch gegen den Willen des Steuer- und Abgabepflichtigen geleistet werden müssen.

Bei den Steuern selbst handelt es sich zudem um eine öffentliche Abgabe ohne Anspruch auf eine Gegenleistung. De facto mögen dem steuerzahlenden Bürger zwar durchaus öffentliche Leistungen zugutekommen, einen Anspruch auf sie erwirbt er jedoch als Einwohner, nicht als Steuerzahler. **Steuern** kann man mithin als **Zwangsabgaben** charakterisieren, **deren Zahlung keinen Anspruch auf Gegenleistung begründet.** Innerhalb der Vielfalt von Steuern gibt es verschiedene Untergliederungen. Für wirtschaftspolitische Zwecke steht häufig ihre Einteilung nach der Besteuerung der Einkommensentstehung (Faktorsteuern), Einkommensverwendung (Gütersteuern) und des Vermögens im Vordergrund. Diese Dreiteilung macht zugleich unterschiedliche Anknüpfungspunkte der Besteuerung deutlich.

Die wichtigsten steuerähnlichen Abgaben sind die **Sozialversicherungsbeiträge (Sozialabgaben)**. Bei ihnen handelt es sich weitgehend um Zwangsabgaben bzw. Pflichtbeiträge, die zur individuellen Steuerlast hinzutreten. Mit den Sozialabgaben erwirbt der Beitragszahler im Gegensatz zur Besteuerung jedoch einen Anspruch auf Gegenleistung. Es handelt sich um zweckgebundene Einnahmen der Sozialversicherungshaushalte zur Finanzierung gesetzlich festgelegter Aufgaben.

Durch die beiden Merkmale „Zwangscharakter" und „fehlender Anspruch auf eine Gegenleistung" unterscheiden sich die Steuern von der *öffentlichen Verschuldung.* Die Zeichnung öffentlicher Schuldtitel erfolgt in der Regel freiwillig und nur gegen Verzinsung und Rückzahlung[16] und führt somit im Gegensatz zu den üb-

---

[16] Allerdings könnte der Staat auch auf eine marktübliche Verzinsung und Rückzahlung verzichten und zugleich einen Kaufzwang ausüben, wie im Falle einer sog. **Zwangsanleihe.**

rigen Einnahmeninstrumenten nur zu einer temporären Liquiditätsverbesserung bei der öffentlichen Hand.

Im Gegensatz zu vielen Steuern kann man sich der Zahlung von *Gebühren und Beiträgen* häufig entziehen (z. B. bei einer Maut). Selbst dann, wenn diese Entgelte bezahlt werden müssen, z. B. im Falle des Anliegerbeitrags eines Grundstückseigentümers, besteht im Vergleich zur Besteuerung der Anspruch auf eine Gegenleistung der öffentlichen Hand. Die Entgelte spielen in Form von Beiträgen und Gebühren vor allem im kommunalen Bereich eine Rolle.

Bei *Erwerbseinkünften* (Einnahmen aus wirtschaftlicher Tätigkeit) handelt es sich um Einnahmen des Staates, die ihm aus eigenen Betrieben und Unternehmen, Beteiligungen an privaten Unternehmen und Grundvermögen zufließen. Diese Einnahmen entstehen durch seine **Teilnahme am Marktprozess** und ergeben sich **weniger aus der Ausübung hoheitlicher Funktionen**.

Die öffentlichen Einnahmen fließen mit oder ohne Gegenleistung vom privaten zum öffentlichen Sektor. Die *Transaktionen zwischen staatlichen Körperschaften* bleiben dagegen verborgen. Aus der Sicht der einzelnen staatlichen Körperschaft, z. B. einer Gemeinde, ergibt sich nämlich ein differenzierteres Bild als das in Tab. 1.2. Im Rahmen des Finanzausgleichs tritt neben die bisher dort genannten Einnahmenarten ein – zum Teil nur schwer durchschaubares – Zuweisungs- und Erstattungssystem zwischen öffentlichen Körperschaften, z. B. zwischen Ländern und Gemeinden. Es führt ebenfalls zu Einnahmen einer einzelnen Körperschaft, allerdings liegt diesen im Gegensatz zu den anderen Einnahmenarten ein innerstaatlicher Umverteilungsprozess zugrunde. Zusammenfassend und im Überblick lassen sich die Einnahmen in ihrer Struktur und Zuordnung dem Schema 1.3 entnehmen.

*Schema 1.3: Gliederung der Einnahmen nach Einnahmenarten*

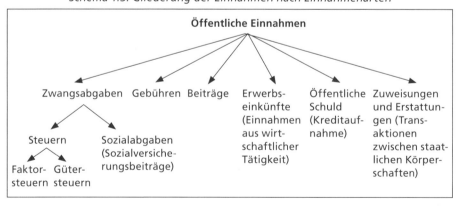

## b)   Die finanzpolitischen Instrumente der Wirtschaftspolitik

Um die Ziele der Wirtschaftspolitik zu verwirklichen, werden neben den zuvor skizzierten finanzpolitischen Instrumenten auch zahlreiche nicht-finanzpolitische Instrumente eingesetzt. Beide Gruppen sind zum einen auf die Ordnung und zum anderen auf den Ablauf der wirtschaftlichen Entwicklung gerichtet, im Falle der Finanzpolitik also auf die Finanzverfassung bzw. auf die Prozesspolitik. Die **prozesspolitischen Instrumente** (z. B. der Steuerpolitik) zielen überwiegend auf den kurzfristigen Ablauf des Wirtschaftsprozesses, während mit den **ordnungspolitischen Instrumenten** (z. B. der **Finanzverfassung**) eher die langfristig gültigen Rahmendaten gesetzt werden.

Das gesamte wirtschaftspolitische Instrumentarium lässt sich auch in Maßnahmen unterteilen, die den Einsatz monetärer Ströme erfordern, und in solche, die das Verhalten der Wirtschaftssubjekte unter weitgehendem Verzicht auf Geldströme beeinflussen sollen. Zu der ersten Gruppe gehören die skizzierten **finanzpolitischen Maßnahmen** sowie verschiedene Mittel der **Geldpolitik**. Bei den Maßnahmen der Geld- und Finanzpolitik, bei deren Einsatz nicht unmittelbar monetäre Ströme Verwendung finden, handelt es sich um **unmittelbare Verhaltensvorschriften** oder **direkte Kontrollen**. Zu diesen verhaltensändernden Eingriffen der Wirtschaftspolitik gehören auch Lohn- und Preiskontrollen oder Kapitalverkehrskontrollen sowie Vorschriften, die sich aus der laufenden Kartellrechtsprechung oder aus Urteilen der Gerichte ergeben.

Schließlich kann man die wirtschaftspolitischen **Instrumente** insgesamt auch **nach dem Freiheitsgrad**, den sie dem Adressaten belassen, in Instrumente der **Verhaltensanweisung**, der **Verhaltensinduzierung** und der bloßen **Verhaltensabstimmung** einteilen. Dabei würden viele der finanzpolitischen Instrumente den verhaltensinduzierenden Instrumenten zugeordnet werden können. – Zwischen diesen Kategorien gibt es Übergänge. So sind einige der verhaltensinduzierenden geld- und finanzpolitischen Instrumente auch durch Verhaltensvorschriften gekennzeichnet, z. B. Steuererhöhungen oder Veränderungen der Mindestreservesätze, und durch unmittelbare Verhaltensvorschriften können monetäre Ströme hervorgerufen werden.

# C. Gegenstand der Finanzwissenschaft und Aufbau des Buches

## I. Was ist Finanzwissenschaft?

Dieses Kapitel begann mit einer knappen Umschreibung des Faches Finanzwissenschaft, da einer unvermittelt vorgenommenen Definition und Abgrenzung nur wenig Anschauung zugrunde gelegen hätte. Vielmehr dienten erst die Gegenüberstellung von Staatstätigkeit und öffentlicher **Finanzwirtschaft** sowie dann der Überblick über **Ziele**, **Träger** und **Instrumente** der Finanzpolitik der genaueren Kennzeichnung des **Objektbereichs der Finanzwissenschaft**.

Die Gesamtheit von Einnahmen und Ausgaben, die in Haushaltsplänen zusammengefasst und in einem föderalistischen System mit seiner Vielzahl von Haushalten verschiedener Gebietskörperschaften und Parafisci in einem Finanzausgleichssystem geordnet ist, bildet das *Objekt der Finanzwissenschaft*. Die Gebietskörperschaften und die Sozialversicherungen stehen dabei im Vordergrund. Dieser Teil der öffentlichen Aktivität wird von dem weiten Gebiet der Volkswirtschaftslehre abgetrennt gesondert behandelt, weil er so viele lösungsbedürftige Fragen enthält, dass sich eine getrennte Behandlung aus Gründen der wissenschaftlichen Arbeitsteilung als zweckmäßig erwiesen hat.

Innerhalb der Finanzwissenschaft bildet die *Theorie der Finanzpolitik* nochmals einen Schwerpunkt. Trotz der nur skizzenhaften Umschreibung hat sich gezeigt, dass zwar nicht die Ziele und die Träger spezifisch für die Finanzpolitik sind, da sie in anderen Politikbereichen gleichermaßen zu finden sind, dass aber die öffentlichen Finanzen aufgrund der von ihnen ausgehenden Wirkungen instrumentell eingesetzt werden können. Die **Instrumente** aus dem Bereich der öffentlichen Finanzwirtschaft sind also **das Charakteristische an der Finanzpolitik**. Ein weiteres Merkmal zur Charakterisierung der öffentlichen Finanzwirtschaft ist der **Entscheidungsmechanismus**, der ihr zugrunde liegt. Während die private Wirtschaftstätigkeit am Marktgeschehen orientiert ist, unterliegt das finanzwirtschaftliche Handeln, ebenso wie die übrige Staatstätigkeit, der **politischen Willensbildung**. Hinzu kommt, dass ein Haushaltsplan im öffentlichen Sektor vollzugsverbindlich ist, während die Wirtschaftspläne der privaten Haushalte und Unternehmen eine größere Flexibilität bei der Durchführung aufweisen.

Mit Hilfe einzelner in der Finanzwissenschaft angewandter **Erkenntnismethoden** lässt sich ihr Gegenstand kaum zusätzlich präzisieren. Anders als etwa in den Fächern Statistik und Ökonometrie, in denen sich das Fachgebiet weitgehend durch die angewandte Methodik charakterisieren lässt, mit deren Hilfe Erkenntnisse gewonnen werden, zeichnet sich die Finanzwissenschaft gerade dadurch aus, dass zur Lösung ihrer Probleme nahezu alle Erkenntnismethoden der Wirtschaftswissenschaften herangezogen werden. Das gilt für die mikro- und makroökonomische Analyse (z. B. in der Steuerüberwälzungslehre) genauso wie für wohlfahrtstheoretische Ansätze (z. B. bei der Bestimmung des optimalen Staatsanteils) und die Vorgehensweise der Neuen Politischen Ökonomie bzw. der Public-Choice-Theorie (z. B. bei der Behandlung der öffentlichen Verschuldung). Auch werden die empirische Sozialforschung und die historische Betrachtungsweise ebenso herangezogen wie Methoden der Statistik und der Ökonometrie.

Es scheint sich fast zu erübrigen, zum Abschluss darauf zu verweisen, dass es bei dem Versuch, das Fach Finanzwissenschaft zu kennzeichnen, nicht um eine endgültige Definition oder gar um die Erfassung des „Wesens" dieser Wissenschaft geht. Beabsichtigt ist lediglich eine zweckmäßige Beschreibung des Objektbereichs, die im wissenschaftlichen Sprachgebrauch ausreicht, die Schwerpunkte im finanzwissenschaftlichen Studium und in der Tätigkeit des „Finanzwissenschaftlers" anzugeben.

Eine Klärung erscheint schließlich auch deshalb erforderlich, weil der Begriff „Finanzwissenschaft" im Zeitablauf Wandlungen unterworfen war. Auch die heutige Verwendung des Begriffes ist nicht dem Wortsinn zu entnehmen und wird deswegen immer häufiger durch die Bezeichnung „öffentliche Finanzen" ersetzt.

Die *Entstehung des Begriffs „Finanzwissenschaft".* – „Der aus dem Mittellateinischen stammende Ausdruck Finanz, Finanzen, der anfangs durch richterliches Urteil festgesetzte Zahlungen (engl. fine) und später überhaupt Geldzahlungen und -geschäfte bezeichnet, wurde im Deutschen zunächst mit der üblen Nebenbedeutung von Wucher und Betrug gebraucht; „wüchse der Leib und das Gras als Untreu, Finanz, Neid und Hass, so hätten die Schafe und Rinder heuer das Jahr guten Winter" (Geiler von Kaysersberg, 1445–1510). Auch Luther nennt Finantzer (fynantzer) und Wucherer in einem Atem; in Basilius Fabers ‚Thesaurus eruditionis scholasticae' von 1680 ist ein Finantzer ein „Landbetrieger, der die Leute umbs Geld bescheisset".

In Frankreich kommen schon im 15. Jahrhundert die Bezeichnungen hommes de finance und financiers für die Steuerpächter und -eintreiber des Königs auf; der Plural Finanzen wird etwa in diesem Wortsinne später auch in die deutsche Sprache übernommen und verliert damit zugleich allmählich die anfängliche böse Nebenbedeutung (Grimms Wörterbuch).

Die in Deutschland und Österreich lange vor der französischen Physiokratie und der englischen Klassik entwickelte Kameralwissenschaft, für die der preußische König Friedrich Wilhelm I. in Halle und Frankfurt/O. 1727 die ersten Universitätslehrstühle errichtete, befasste sich mit der Haushaltswirtschaft der Länder und Territorien und der Wirtschafts- und Außenhandelspolitik, die für die fürstliche Schatzkammer möglichst einträglich sein sollte; ihr Kern war die ‚eigentliche Cameral- und Finanzwissenschaft' (v. Justi), die in Deutschland neben der seit Adam Smith aufkommenden Nationalökonomie gepflegt wurde und vor allem in der zweiten Hälfte des 19. Jahrhunderts zu hoher Blüte gelangte (Lorenz v. Stein, Albert Schäffle, Adolph Wagner u. a.)"[17].

Heute wird das Wort „Finanz" unglücklicherweise in drei Bereichen benutzt. In der Betriebswirtschaftslehre gehört die Finanzwirtschaft zu den klassischen Aufgabenbereichen. Dort spricht man von der betrieblichen Finanzierung und der Finanzpolitik der **Unternehmen**. In jüngster Zeit, insbesondere seit der „Finanzmarkt"-Krise 2008/2009, spricht man gelegentlich sogar mit Bezug zu den privaten Finanzmärkten von Finanzwissenschaft und von Finanzwissenschaftlern. Ferner kommt das Wort im Bereich des privaten Haushalts vor und bezieht sich dort in der Regel auf die mehr individuellen geldlichen Angelegenheiten. Ist jetzt auch im **öffentlichen Sektor** von den Finanzen die Rede, so liegen Missverständnisse mithin nur allzu nahe. Die Möglichkeit der Verwechslung mit Finanztransaktionen im privaten Sektor tritt im ausländischen Sprachgebrauch nicht auf, da man „Finanzwissenschaft" im Englischen mit ‚public finance' und im Französischen mit ‚finances publiques' bezeichnet.

---

[17] Schmölders, G., Finanz- und Steuerpsychologie, Rowohlts Deutsche Enzyklopädie, Bd. 100, Hamburg 1970, S. 7.

Im Deutschen wäre die Bezeichnung „Öffentliche Finanzen" daher auch eindeutiger und allgemeinverständlich.

## II. Zum Aufbau des Buches

Der **Teil I** dieses Buches ist den Aufgaben und Ausgaben gewidmet, weil sie die Begründung für eine öffentliche Finanzwirtschaft bilden. Dazu wurde im Kapitel 1 der Gegenstand des Faches mit Hilfe der Ziele, der Instrumente und der Träger charakterisiert. Mit dem weiteren Aufbau dieses Buches ist beabsichtigt, den finanzwissenschaftlichen Lehrstoff so aufzubereiten, dass die Bedeutung der wissenschaftlichen Ergebnisse im Hinblick auf die Erfüllung der Aufgaben der öffentlichen Finanzwirtschaft sichtbar wird. Im Kapitel 2 geht es dann um die statistische Erfassung des Staatsanteils, die positive Erklärung der Entwicklung seines Volumens und der Struktur in der Vergangenheit sowie mögliche zukünftige Entwicklungen. Zudem wird eine normative Bestimmung eines optimalen Staatsanteils abgeleitet. Dazu gehören auch die Fragen nach seiner wünschenswerten Höhe und ihrer Einschätzung aus allokativer Sicht.

Im **Teil II** mit seinen vier Kapiteln geht es um die zentralen Fragen der Staatsfinanzierung. Die Entgeltfinanzierung mit ihren Gebühren und Beiträgen bildet mit Kapitel 3 den Einstieg aus der Sicht des Äquivalenzprinzips. Die Sozialversicherungsbeiträge bilden einen größeren Abschnitt in diesem Kapitel. Ihnen fällt im Zusammenhang mit der Finanzierung der Daseinsvorsorge eine große Rolle zu. Bei der Besteuerung im Kapitel 4 steht das Leistungsfähigkeitsprinzip im Vordergrund, das sich auf die verschiedenen Steuerarten unterschiedlich gut anwenden lässt. Die Steuertariflehre und die daran anschließende Frage nach der Steuerinzidenz werden dort ebenfalls behandelt. Zudem werden ausgewählte Aspekte der internationalen Besteuerung angesprochen. Last but not least gehört die Staatsverschuldung als Finanzierungsform im Kapitel 5 zu den Staatseinnahmen. Die Anlässe für die Verschuldung, ihre Gläubigerstruktur und die Schuldenarten, aber auch die Entwicklung und die Grenzen der Staatsverschuldung spielen hier eine besondere Rolle. Abgeschlossen wird dieser Abschnitt II mit der Frage nach einer wünschenswerten Struktur der öffentlichen Einnahmen, die im Kapitel 6 behandelt wird.

Der **Teil III** ist der staatsinternen Organisation gewidmet. Im Kapitel 7 steht der öffentliche Haushalt im Vordergrund. Er ist die gesetzlich bestimmte Handlungsgrundlage für die öffentliche Finanzwirtschaft mit ihrer Trägervielfalt, d.h. der Gebietskörperschaften und gesetzlichen Sozialversicherung. Im Kapitel 8 steht der Finanzausgleich, also die Zuordnung von öffentlichen Aufgaben, Ausgaben und Einnahmen im Staatsaufbau, im Mittelpunkt. Dort geht es zunächst allgemein um die Sinnhaftigkeit eines föderativen Aufbaus des Staates mit seinen vertikalen und horizontalen Strukturen. Zentralisierung und Verflechtung, aber auch wettbewerbliche Strukturen werden dort auf ihre Zweckmäßigkeit hin untersucht. Neben dieser theoretischen Herangehensweise wird noch beispielhaft für einen föderalen Staat in den Grundzügen das deutsche System des Finanzausgleichs analysiert und kritisiert. Das 9. und letzte Kapitel wendet sich den Finanzen der

Europäischen Union (EU) zu, die mehr und mehr in die Diskussion geraten. Dieses Kapitel hat einen starken Bezug zum vorherigen Kapitel. Mit Hilfe der Theorie des Föderalismus können die Aufgaben abgeleitet werden, die idealtypisch von der EU zu übernehmen sind, und sie können mit dem tatsächlichen Aufgabenschwerpunkt verglichen werden. Es geht ferner zum einen um die Finanzierung des europäischen Haushalts in dem dazugehörigen mehrjährigen Finanzrahmen der EU und um die Wünschbarkeit einer Europasteuer und zum anderen um Fragen einer Neuausrichtung des europäischen Haushalts und um die Rolle des europäischen Parlaments. Im Mittelpunkt steht jedoch die europäische Staatsschuldenkrise mit den gewichtigen Maßnahmen zur Überwindung der übermäßigen Staatsschulden in einigen Ländern der Eurozone. Das Kapitel klingt aus mit der Frage, ob sich Europa auf dem Wege in eine Transferunion befindet.

Wegen der Konzentration auf die Staatsfinanzierung wurde in diese Auflage die Nutzung der öffentlichen Finanzen für die Ziele der Verteilungs-, Konjunktur-, Wachstums- und Umweltpolitik nicht aufgenommen. Wer diesen Fragen nachgehen will, sei auf die 11. Auflage verwiesen[18].

## Fragen zum 1. Kapitel

1. Was würde geschehen, wenn man die öffentliche Finanzwirtschaft nach Art und Umfang erheblich reduzierte?
2. Nennen Sie die Unterschiede zwischen den vorgegebenen und abgeleiteten Zielen der finanzwirtschaftlichen Staatstätigkeit.
3. Was versteht man unter der staatsinternen Effizienz?
4. Mit Hilfe welcher Kriterien lässt sich entscheiden, ob eine Institution als Parafiskus anzusehen ist?
5. Welche finanzpolitischen Probleme werfen Parafisci auf?
6. Welchen Bezug gibt es zwischen den Parafisci und der Selbstverwaltung?
7. Welche Einteilungen und Gliederungen der finanzpolitischen Instrumente werden unterschieden?
8. Welche Bedeutung kommt der Unterteilung der Ausgaben in Leistungsentgelte und Transferausgaben zu?
9. Geben Sie eine finanzwissenschaftliche Definition der Steuer. Wodurch unterscheiden sich die Steuern von den Sozialversicherungsbeiträgen?
10. Wie lässt sich der Gegenstand der Finanzwissenschaft umschreiben?

## Literatur zum 1. Kapitel

Backhaus, J. G., und Wagner, R. E., Society, State, and Public Finance: Setting the Analytical Stage, in: Backhaus, J. G., und Wagner, R. E., Hrsg., Handbook of Public Finance, Boston u. a. 2004, S. 1 ff.
Berg, H., Cassel, D., und Hartwig, K.-H., Theorie der Wirtschaftspolitik, in: Vahlens Kompendium der Wirtschaftstheorie und Wirtschaftspolitik, Bd. 2, 9. Aufl., München 2007, S. 243 ff.

---

[18] Zimmermann, H., Henke, K.-D., und Broer, M., Finanzwissenschaft. Eine Einführung in die Lehre von der öffentlichen Finanzwirtschaft, 11. Aufl., München 2012.

Blankart, C. B., Wie viel Staat brauchen wir?, in: Institut der Deutschen Wirtschaft, Hrsg., Wege zu einem effizienten Staat, Köln 2004, S. 96 ff.

Bundesministerium für Wirtschaft und Technologie, Aktuelle Formen des Korporatismus, Dokumentation Nr. 479, Bornheim 2000.

Fritsch, M., Marktversagen und Wirtschaftspolitik, 9. Aufl., München 2014.

Grimm, D., Hrsg., Staatsaufgaben, Frankfurt am Main 1996.

Issing, O., Hrsg., Allgemeine Wirtschaftspolitik, 3. Aufl., München 1993.

Kerber, W., Wettbewerbspolitik, in: Vahlens Kompendium der Wirtschaftstheorie und Wirtschaftspolitik, Bd. 2, 9. Aufl., München 2007, S. 369 ff.

Kirchhof, P., Hrsg., Gemeinwohl und Wettbewerb, Heidelberg 2005.

Meyer, D., „Gratisressourcen" im sozialen Dienstleistungssektor. Eine Bewertung aus volkswirtschaftlicher Sicht, in: Schmollers Jahrbuch, Bd. 122, 2002, S. 579 ff.

Richter, W. F., und Wiegard, W., Zwanzig Jahre „Neue Finanzwissenschaft", in: Zeitschrift für Wirtschafts- und Sozialwissenschaften, Bd. 113, 1993, S. 169 ff. und 337 ff.; Erwiderung zu den Kommentaren von C. B. Blankart und F. Söllner, in: Zeitschrift für Wirtschafts- und Sozialwissenschaften, Bd. 114, 1994, S. 255 ff.

Schuppert, G. F., Verwaltungswissenschaft, Baden-Baden 2000.

Wissenschaftlicher Beirat beim Bundesministerium der Finanzen, Die abgabenrechtliche Privilegierung gemeinnütziger Zwecke auf dem Prüfstand, Schriftenreihe des Bundesministeriums der Finanzen, Bd. 80, Berlin 2006.

Zimmermann, H., Finanz- und Wirtschaftskrise –Was kosten die Maßnahmen wirklich?, in: Wirtschaftsdienst, 92. Jg., 2009, S. 306 ff.

# 2. Kapitel:
# Staatsausgaben und Staatsanteil

# A. Bestimmungsgrößen finanzwirtschaftlicher Staatstätigkeit

## I. Erfassung und Messung der finanzwirtschaftlichen Staatstätigkeit

### a) Ziele einer Messung des Staatsanteils

Das Interesse an einer Messung und an der Entwicklung des Staatsanteils besteht aus unterschiedlichen Gründen. So erscheint je nach der politischen Position des Betrachters der Staat eher als die Kollektivgewalt, die den Freiheitsspielraum des Einzelnen einengt, oder eher als das wünschenswerte Gegengewicht gegen die Handlungsspielräume der Privaten. Für den Fall, dass aus ordnungspolitischer Sicht der gesamte **Staatseinfluss** interessiert, ist offenkundig, dass verhältnismäßig einfach zu messende Größen wie die öffentlichen Ausgaben oder Einnahmen nicht ausreichen, um den staatlichen Einfluss auch nur annähernd zu erfassen. Nur wenn die staatliche Tätigkeit in allen ihren Erscheinungsformen erfasst, gemessen und der privaten Aktivität gegenübergestellt werden könnte, wäre es denkbar, im zeitlichen Vergleich dieser Angaben ein komplettes Bild für die Veränderung eines Wirtschaftssystems unter ordnungspolitischen Gesichtspunkten zu gewinnen.

Den **historischen Anlass** für die Beschäftigung mit dem Staatsanteil kann man in einer klassischen finanzwissenschaftlichen These sehen, derzufolge „geschichtliche (zeitliche) und räumliche, verschiedene Länder umfassende Vergleiche zeigen, dass bei fortschreitenden Culturvölkern … regelmäßig eine Ausdehnung der Staatsthätigkeiten und der gesamten öffentlichen, durch die Selbstverwaltungskörper neben dem Staate ausgeführten Thätigkeiten erfolgt"[1]. Damit formuliert Ende des 19. Jahrhunderts A. Wagner das nach ihm benannte „**Gesetz der wachsenden Staatstätigkeit**"[2]. Für den Bereich der öffentlichen Finanzwirtschaft folgerte er daraus das „**Gesetz der wachsenden Ausdehnung des Finanzbedarfs**, sowohl des Staats als in der Regel (und öfters noch mehr) auch der Selbstverwaltungskörper bei entsprechender Decentralisation der Verwaltung und ordentlicher Organisation der Selbstverwaltung"[3]. Insoweit unterschied Wagner Staatstätigkeit und finanzwirtschaftliche Tätigkeit. Die **gesamte Staatstätigkeit** wird zunehmen, so lautete seine zentrale Aussage, und im Zusammenhang damit nähmen auch die öffentlichen Finanzströme zu. Sowohl die Gründe, die Wagner in späteren Ar-

---

[1] Wagner, A., Grundlegung der politischen Oekonomie, 3. Aufl., 1. Theil, Leipzig 1892, S. 893.

[2] Genauer: „(Volkswirtschaftliches) Gesetz der wachsenden Ausdehnung der öffentlichen und speciell der Staatsthätigkeiten", ebenda, S. 895.

[3] Wagner, A., Finanzwissenschaft, 3. Aufl., 1. Theil, Leipzig und Heidelberg 1883, S. 76 (Hervorhebung durch die Verfasser).

beiten für seine Prognose über die Staatstätigkeit nennt[4], als auch die bis heute fortdauernde Diskussion über das Wagnersche Gesetz konzentrieren sich jedoch auf die Entwicklung der öffentlichen **Ausgaben**.

Die Intensität, mit der dieses „Gesetz" diskutiert worden ist, und die zahlreichen Versuche seiner statistischen Prüfung deuten darauf hin, dass es nicht nur als zutreffende Einschätzung eines historischen Vorgangs angesehen wurde. Vielmehr erfüllen die Überprüfungsversuche auch den Zweck, Hypothesen zur *Erklärung der Staatstätigkeit* zu entwickeln und den beobachteten Sachverhalt, nämlich die Zunahme der (an den Ausgaben gemessenen) Staatstätigkeit in Zusammenhang insbesondere mit wirtschaftspolitischen Zielen zu bringen.

So wird die Frage gestellt, wie die Höhe des Staatsanteils auf das Wachstumsziel einwirkt. Neuere Analysen zeigen, dass weltweit die Höhe des Staatsanteils tendenziell einen negativen Effekt auf das Wachstum ausübt[5]. Allerdings sind bei der Interpretation für das einzelne Land weitere Faktoren, wie Entwicklungsstand und institutionelle Rahmenbedingungen, zu berücksichtigen.

Zu diesen Einflüssen des Staatsanteils auf das Wachstum zählt nicht zuletzt die Qualität der öffentlichen Ausgaben, z. B. ob es sich um eher investive oder eher konsumtive Ausgaben handelt. Aus diesem Grunde betrachtet man **neben der Höhe des Staatsanteils auch dessen Struktur** und fragt nach der **Qualität der öffentlichen Ausgaben** (siehe Abschnitt A IV). Aus dieser Perspektive sind Begründung und Höhe der Sozialausgaben von besonderer Bedeutung. Sie sind der mit Abstand am schnellsten gewachsene Ausschnitt der öffentlichen Ausgaben und Einnahmen, und sie werden gelegentlich auch als Kosten des Wohlfahrtsstaats angesehen, zu deren – begrenzten – Rückführung in Deutschland immer wieder Anstrengungen unternommen werden. Ein großer Teil dieser Ausgaben erfolgt durch die Gesetzliche **Sozialversicherung** mit ihren verschiedenen Zweigen und nicht über die Gebietskörperschaften. Bei seiner Prognose über die Staatstätigkeit hatte A. Wagner diese und andere von ihm so genannte „Selbstverwaltungskörper" aber bereits eingeschlossen.

Neben das ordnungspolitische Interesse an einer Messung des Staatsanteils treten weitere Ziele. So interessiert sich z. B. der *Staatsbürger als Steuerzahler* für die Entwicklung der Steuer- bzw. Abgabenquote, um sie den Vorteilen aus den öffentlichen Ausgaben und Leistungen gegenüberstellen zu können. Auch für die *Unternehmen* kann die Entwicklung der Steuerquote aufschlussreich sein, etwa um sie mit der in anderen Ländern zu vergleichen und Schlüsse für Standortentscheidungen zu ziehen.

## b) Erfassung der finanzwirtschaftlichen Staatstätigkeit

Um überhaupt einen **Bezug zwischen** einem **weit definierten „Staatseinfluss"** und den häufig verwendeten „**Staatsquoten**" in Form des Anteils der öffentlichen Aus-

---

[4] Vgl. Wagner, A., Das Gesetz der zunehmenden Staatstätigkeit, abgedruckt in: Recktenwald, H. C., Hrsg., Finanztheorie, Köln-Berlin 1970, S. 241 ff.

[5] Afonso, A., und Jalles J. T., Economic performance and government size, European Central Bank, Working Paper Series, No. 1399, Frankfurt/M November, 2011.

gaben oder der Steuern und Sozialabgaben am Sozialprodukt herzustellen, sind drei Vorfragen zu klären:

(1) Inwieweit erfassen Zahlen über die öffentliche Finanzwirtschaft die **Staatstätigkeit i. w. S.**?
(2) Wie weit ist der **Kreis der** zu berücksichtigenden finanzwirtschaftlichen **Institutionen** bzw. Träger der Finanzpolitik zu ziehen?
(3) **Welche Finanzströme** sollen für jede dieser Institutionen bzw. Träger zugrunde gelegt werden?

Die öffentliche Finanzwirtschaft stellt nur einen Ausschnitt der staatlichen Aktivitäten dar. Das wird deutlich, wenn man sich die Instrumente vor Augen führt, die der Staat heranzieht, um seine allokations-, distributions- und stabilitätspolitischen Aufgaben wahrzunehmen.

Die *Erscheinungsformen staatlicher Tätigkeit* reichen von der hoheitlichen Anordnung über die Bereitstellung von Infrastrukturleistungen bis zur Zahlung von Transfers an private Haushalte und Unternehmen. Da also öffentliche **Aufgaben** nicht nur mit Hilfe von **Ausgaben**, wie etwa im Falle von Subventionen und Sozialausgaben, erfüllt werden, sondern auch durch staatliche Normsetzung bzw. Verordnungen (Gesetze, Rechtsverordnungen, Verwaltungsakte usw.), wird die **Aussagekraft der** öffentlichen **Ausgaben als Indikator der Staatstätigkeit beeinträchtigt.** Dies wird besonders deutlich, wenn man versucht, die **Erscheinungsformen** bzw. Instrumente **staatlichen Handelns** nach ihrem Niederschlag im Budget (**Budgetwirksamkeit**) zu trennen. Gesetze und Verordnungen schlagen im Budget nur mit den Verwaltungskosten zu Buche. So lassen sich die Verwirklichung von wettbewerbs- und außenpolitischen Zielen sowie von Reformen im Bereich des Strafrechts oder des Eherechts an der Entwicklung der öffentlichen Ausgaben nicht ablesen. Dagegen entspricht bei „**ausgabenintensiven**" Staatstätigkeiten die Zielerfüllung eher dem Ausmaß der in Anspruch genommenen Ströme, z. B. der Subventionen, Personalausgaben oder Sozialausgaben[6]. Es wäre aber falsch, aus der Tatsache, dass im Falle von Subventionen, Sozialausgaben oder öffentlichen Investitionen in die Infrastruktur die öffentliche Aktivität über die Ausgaben besser erfassbar scheint, zu schließen, dass ausgaben- oder budgetwirksame Staatstätigkeit immer stärker auf den privaten Sektor und die gesamtwirtschaftliche Entwicklung einwirken müsste, als die weniger budgetwirksame Verordnungstätigkeit. So kann z. B. ein Einfuhrverbot der Europäischen Union für bestimmte Produkte und die damit entfallende Konkurrenz mehr Gewinn für die inländischen Unternehmen bringen als eine umfangreiche Subventionierung. Das Entgeltfortzahlungsgesetz ist ein Beispiel dafür, dass durch einen wenig staatsausgabenintensiven Gesetzesakt die Unternehmen zu Lohnfortzahlungen an die Arbeitnehmer verpflichtet werden konnten. Zuvor erfolgten die Ausgaben für die Lohnfortzahlung von Anfang an über einen öffentlichen Haushalt, nämlich den der Gesetzlichen Krankenversicherung, seither erst nach Ablauf von sechs Wochen Lohnfortzahlung durch den Arbeitgeber.

---

[6] Zusätzlich ist zu erwähnen, dass viele Ziele der Staatstätigkeit auch durch spezielle Ausgestaltung der öffentlichen Einnahmen, insbesondere der **Steuern**, verfolgt werden. Ein einleuchtendes Beispiel sind Steuervergünstigungen, die an Stelle von (offenen) Subventionen eingesetzt und deshalb auch als **Steuersubventionen** (tax expenditures) bezeichnet werden.

Bei der Lohnfortzahlung im Krankheitsfall, bei Produktionsauflagen im Rahmen der Umweltschutzgesetzgebung usw. handelt es sich um eine **Kostenverlagerung in den privaten Sektor**, da Ausgaben, die andernfalls direkt vom Steuer- oder Beitragszahler aufzubringen gewesen wären, nunmehr indirekt anfallen, indem sie in den genannten Beispielen die privaten Unternehmen belasten.

Staatstätigkeit liegt auch dann noch vor, wenn die Zahlungsströme der öffentlichen Hand auf ihren **nichtmonetären Leistungscharakter** hin untersucht werden. Besonders klar lässt er sich am Beispiel der sog. Transformationsausgaben (Personal- und Sachausgaben) zeigen. Mittels dieser Ausgaben erfolgt die Erstellung von öffentlich angebotenen Sachgütern und Leistungen. Dabei handelt es sich u. a. um das Angebot von öffentlichen Einrichtungen, z. B. im Bildungs-, Kultur- oder Gesundheitswesen. Art, Umfang und Struktur sowie die regionale Streuung dieser Infrastruktureinrichtungen sind ebenfalls Indikatoren staatlicher Aktivität. Hinzu treten die **tatsächliche Inanspruchnahme** (Nutzung) dieser Einrichtungen und Dienste und der sog. **Optionsnutzen** (z. B. der Feuerwehr oder der Krankenhäuser), d. h. der Nutzen, der durch die Option entsteht, das Gut konsumieren zu können; beide Nutzen werden über die Höhe der öffentlichen Ausgaben nicht erfasst.

Soll die staatliche Aktivität an Budgetströmen gemessen werden, müssen die Budgets aller *Träger öffentlicher Tätigkeit* berücksichtigt werden. Eine derartige Abgrenzung dessen, was „der Staat" bzw. „die öffentliche Hand" umfasst, ist schwierig zu treffen, weil es, wie erwähnt, neben den Haushalten der Gebietskörperschaften in der Bundesrepublik Deutschland auch solche der **Parafisci** (siehe 1. Kapitel, Schema 1.1) gibt. Sofern man nur die Gebietskörperschaften heranzieht, könnte die Entwicklung der Staatstätigkeit, etwa der letzten 60–70 Jahre, ein falsches Bild ergeben. Gerade in dieser Zeit haben sich zwischen die privaten Haushalte und privaten Unternehmen als dem „Privatsektor" auf der einen Seite und die Gebietskörperschaften als dem „öffentlichen Sektor" auf der anderen Seite eine Reihe von Institutionen geschoben, die teils mehr zum einen, teils mehr zum anderen Sektor tendieren und somit die Messung des Staatsanteils erschweren. Soweit es sich um Parafisci handelt und sie zum öffentlichen Bereich gerechnet werden, bedeutet ihre Zunahme eine Ausdehnung des öffentlichen Sektors. Besonders wichtig sind in diesem Zusammenhang die verschiedenen Zweige der Sozialversicherung, deren zunehmendes Gewicht im Vergleich der Abgabenquote mit der Steuerquote sichtbar wird (siehe Tab. 2.2).

Wenn die Frage entschieden ist, welche Träger der öffentlichen Finanzwirtschaft bei der Abgrenzung des Staatsanteils einbezogen werden sollen, ergeben sich Probleme bei der *Erfassung der Finanzströme.*

(1) Ein gutes Beispiel für die dabei auftretenden Schwierigkeiten ist gegeben, wenn man die erwähnten **Subventionsausgaben** und **Steuervergünstigungen** als alternativ einsetzbare Instrumente betrachtet, um branchenpolitische Ziele zu erreichen. Während eine Subvention das Budgetvolumen und den daran gemessenen Staatsanteil in genau erfassbarem Umfang erhöht, bewirken Steuervergünstigungen (**Steuersubventionen, tax expenditures**) Mindereinnahmen und damit ein vergleichsweise kleineres Budgetvolumen.

(2) Der Staat kann sich im Wege der Anordnung Ausgaben ersparen, indem er mit Hilfe von Verwaltungsrichtlinien und gesetzlichen Regelungen unentgelt-

liche Leistungen (Naturalleistungen in Form von Dienstleistungen) von seinen Bürgern verlangt. Zu diesem „**versteckten öffentlichen Bedarf**" gehören die Tätigkeit als Schöffe sowie die Mitwirkung der Steuerzahler bei der Ermittlung und Veranlagung ihres Einkommens oder Umsatzes für das Finanzamt.

(3) Auch der **Vermögensbestand des öffentlichen Sektors,** etwa in Form von Krankenhäusern, Schulen, Straßen und Verwaltungsgebäuden, übt im Wege der Leistungsabgabe Wirkungen aus, die nicht erfasst werden, wenn man lediglich die Vermögenszugänge und -abgänge als Ausgaben und Einnahmen rechnerisch festhält und auf die Kalkulation von Abschreibungen verzichtet. Quantität und Qualität dieser infrastrukturellen Einrichtungen, die beim Neuen Steuerungsmodell erfasst werden (siehe 7. Kapitel, Abschnitt B II b), bleiben beim Vergleich von Staatsquoten stets ausgeklammert.

(4) Darüber hinaus ist auf Reformvorgänge hinzuweisen, die nicht die Höhe, sondern die **Struktur der Einnahmen oder Ausgaben** verändern wie z. B. im Falle einer Steuerreform, die das Steueraufkommen nicht verändert („aufkommensneutrale Steuerreform").

(5) Wenn die Staatstätigkeit mit Hilfe des Anteils der Steuern am Sozialprodukt gemessen wird (**gesamtwirtschaftliche Steuerquote**), kommt in dieser Größe nicht der Staatsanteil an der Gesamtwirtschaft zum Ausdruck. Die **übrigen Einnahmenarten,** also die Sozialversicherungsbeiträge, Gebühren und Beiträge (Entgelte), Erwerbseinkünfte oder die Kreditaufnahme, müssten in einer Staatseinnahmenquote ebenfalls berücksichtigt werden.

Zusätzlich zu diesen Schwierigkeiten, die zum Teil durch eine entsprechende Ergänzung der Ausgaben oder Einnahmen gelöst werden können, sind bei der Erfassung der öffentlichen Einnahmen und Ausgaben *statistische Probleme* zu beachten. So muss z. B. gewährleistet sein, dass keine Doppelzählungen oder durch die Haushaltstechnik bedingte Auslassungen vorkommen.

Die *Doppelzählungen* betreffen insbesondere die öffentlichen Einnahmen und Ausgaben, deren Geber bzw. Empfänger unterschiedliche öffentliche Körperschaften sind. Wenn mit dem Staatsanteil die Einwirkung der öffentlichen Hand auf den Privatsektor erfasst werden soll, sind solche „durchlaufenden Posten" innerhalb des öffentlichen Bereichs uninteressant und würden den Staatsanteil zu hoch erscheinen lassen. Das Budgetvolumen ist als Indikator also nur bedingt geeignet. Wenn z. B. die Einnahmen eines Gemeindehaushalts zu 30 % aus Landeszuweisungen gedeckt werden, kann man das Haushaltsvolumen nur zur Charakterisierung der gemeindlichen Tätigkeit verwenden. Wenn aber mit Gemeinden und Ländern zusammengefasst argumentiert wird, dürfen die Zuweisungen von den Ländern bei der Erfassung der Finanzströme nur bei den Ländern oder den Gemeinden berücksichtigt werden. Eine **Addition der Budgetsummen aller Gebietskörperschaften** würde zu Doppelzählungen führen.

*Auslassungen* können vor allem durch **Nettobudgetierung** verursacht werden. Eine Auslassung ergibt sich, wenn beispielsweise eine Gemeinde in ihrem Haushalt die Finanzströme eines untergeordneten Haushalts nur mit dem Nettobetrag ausweist. Dann wäre dem Haupthaushalt nur der Überschuss oder das Defizit des untergeordneten Haushalts, z. B. der Müllabfuhr oder des Schlachthofes, zu entnehmen. Ist dieser Unterhaushalt in einer Gemeinde ausgeglichen, so entfällt er bei der am Haupthaushalt orientierten Messung der öffentlichen Ausgaben völlig.

## c) Die Konstruktion von Maßzahlen

Um den Staatsanteil zu einem gegebenen Zeitpunkt zu messen und die These, dass er im Zeitablauf zunimmt, zu überprüfen, sind Maßzahlen erforderlich. Zumeist werden die Haushaltszahlen, insbesondere die öffentlichen Ausgaben, als Prozentsatz des Sozialprodukts (Nationaleinkommen) ausgedrückt. Dadurch wird der Effekt der **Geldentwertung** auf die Höhe der Quote weitgehend neutralisiert, weil diese im Zähler und Nenner zugleich – wenn auch unterschiedlich stark – wirksam ist. Deshalb kann man solche Staatsquoten auch zwischen Staaten mit verschiedener Inflationsrate vergleichen. Wenn man die Frage – im Zeitvergleich oder international – beantworten will, was die budgetwirksame Staatstätigkeit für den Einzelnen bedeutet, so wird man die Staatsausgaben auf die Bevölkerung beziehen (z. B. Pro-Kopf-Ausgaben).

In der Statistik bzw. in der Literatur werden je nach Untersuchungsziel verschiedene Maßgrößen, wie beispielsweise allgemeine und spezielle *Staatsausgabenquoten* verwendet. So wird bei der Beurteilung der Höhe des Staatsanteils mit Ausgaben- und Steuerquoten argumentiert. Von einer **allgemeinen Staatsquote**, der in diesem Zusammenhang wohl wichtigsten Maßzahl, wird gesprochen, wenn alle öffentlichen Ausgaben oder Einnahmen auf eine Sozialproduktgröße bezogen werden. Hingegen liegt eine **spezielle Staatsquote** vor, wenn einzelne Finanzströme, z. B. die vom Staat gezahlten Faktorentgelte (z. B. Personalausgaben), Ausgaben für bestimmte Aufgaben (Gesundheits-, Bildungsquote) oder Unterstützungszahlungen an private Haushalte (z. B. Sozialausgaben), in Prozent des Sozialprodukts ausgedrückt werden. So wird der Anteil der Sozialausgaben am Sozialprodukt gelegentlich zur Definition des Wohlfahrtsstaates verwendet[7]. Seltener als spezielle Ausgabenquoten werden spezielle Steuerquoten verwendet; sie spielen eine Rolle bei der Analyse nationaler Steuersysteme, etwa wenn die zeitliche Entwicklung des Anteils des Umsatzsteueraufkommens oder einzelner Verbrauchsteuern am Sozialprodukt oder am Steueraufkommen interpretiert wird.

Bei der Wahl der Bezugsgröße bzw. bei der Quotenbildung kann die Teilmenge, die zum Sozialprodukt in Bezug gesetzt wird, vollständig oder nur unvollständig in der Bezugsgröße enthalten sein. Um **echte Quoten** handelt es sich, wenn Ausgaben oder Steuern im Zähler stehen, die im vollen Umfang zugleich Bestandteile der Nennergröße sind. **Unechte Quoten** sind dadurch gekennzeichnet, dass die Teilmengen des Zählers nicht oder nicht vollständig in der Gesamtmenge des Nenners enthalten sind. So ist die bekannteste Staatsquote „gesamte öffentliche Ausgaben in % des Bruttoinlandsprodukts" eine unechte Quote, da beispielsweise die Transferausgaben des Staates zwar in den öffentlichen Ausgaben enthalten sind, aber nicht in die Berechnung des Bruttonationaleinkommens eingehen, da sie gesamtwirtschaftlich keine Wertschöpfung bedeuten. Die Verwendung unechter Quoten lässt folglich den gesamten Staatssektor oder Teile davon als zu groß erscheinen; denn diese „Quoten" können theoretisch über 100 % hinausgehen.

---

[7] Siehe etwa Barr, N., Economic Theory and the Welfare State. A Survey and Interpretation, in: Journal of Economic Literature, Bd. 30, 1992, S. 742 ff.

## II. Die Zunahme der Staatsausgaben

Die *langfristige Entwicklung der öffentlichen Ausgaben,* gemessen am Sozialprodukt, hat für entwickelte Industriegesellschaften des marktwirtschaftlichen Typs die **Wagnersche These bestätigt** (siehe Tab. 2.1). Die Steigerungsraten sind zwar nicht gleich, was z. T. an den unterschiedlichen Berechnungsweisen liegen kann, aber die generell steigende Tendenz der so gemessenen Staatstätigkeit ist langfristig unverkennbar. Diese Aussage gilt beispielsweise für die Zeit vom Ersten bzw. Zweiten Weltkrieg bis in die 1950er Jahre (dritte Spalte) und wird bestätigt, wenn die Angaben für das Jahr 1990 hinzugenommen werden. Für Belgien, Dänemark und Schweden ergibt sich sogar in etwa eine nochmalige Verdoppelung der Staatsquote. Seither ist keine einheitliche Entwicklung mehr festzustellen, da es sowohl Länder mit einem Anstieg als auch solche mit einem Rückgang der Staatsquote gibt, wie in Tab. 2.1 der Vergleich der Zahlen für 1990 und 2014.

Von der langfristigen Betrachtung ist die *Analyse mittel- bis kurzfristiger Änderungen des Staatsanteils* zu unterscheiden. Aus der Tab. 2.2 ist zu entnehmen, dass sich die allgemeine Staatsquote, d. h. der prozentuale Anteil der öffentlichen Ausgaben am BIP, in der Bundesrepublik Deutschland von 1970 bis 2015 von 38,5 % auf 44,0 % erhöht hat. Insbesondere die Ausgabenentwicklungen in allen Zweigen der Sozialversicherung sind es, die den Staatsanteil in Deutschland ansteigen ließen, wie der Vergleich der spiegelbildlich die Einnahmenseite beleuchtenden

*Tab. 2.1: Die langfristige Zunahme der Staatsquote in ausgewählten Ländern*

| Land | Zeitraum | Zunahme der Staatsquote | Staatsquote 1990[9] | Staatsquote 2014[9] |
|---|---|---|---|---|
| USA | 1913–1957[1] | von 6,0 % auf 26,0 % | 37,0 % | 38,3 % |
| Großbrit. | 1920–1950[1] | von 26,0 % auf 39,0 % | 42,2 % | 44,0 % |
| Kanada | 1929–1954[2] | von 15,0 % auf 27,4 % | 48,8 % | 39,4 % |
| Deutschland | 1913–1954[3] | von 15,7 % auf 41,0 % | 44,5 % | 43,8 % |
| Dänemark | 1870/79–1947/50[4] | von 8,4 % auf 23,3 % | 57,0 % | 57,2 % |
| Norwegen | 1938–1950/53[5] | von 17,0 % auf 32,6 % | 54,0 % | 45,7 % |
| Schweiz | 1938–1952[6] | von 19,1 % auf 21,2 % | 30,0 % | 33,4 % |
| Belgien | 1912–1956[7] | von 7,3 % auf 22,2 % | 53,4 % | 54,4 % |
| Schweden | 1938/39–1950[8] | von 21,0 % auf 31,3 % | 63,5 % | 52,9 % |

[1] „Government expenditures": „Gross national product".
[2] Öffentliche Ausgaben: Bruttosozialprodukt.
[3] Eigenausgaben von Reich (Bund), Ländern, Gemeinden: Volkseinkommen.
[4] Steuern pro Kopf: Nettonationalprodukt; Jahresdurchschnitt.
[5] Steuern pro Kopf: Nettosozialprodukt; Jahresdurchschnitt.
[6] Öffentliche Ausgaben: Volkseinkommen.
[7] „Dépenses courantes du pouvoir central"; „revenu national".
[8] Öffentliche Haushalte: Gesamtbetrag der im Inland verfügbaren Güter und Dienste.
[9] Teilweise andere Abgrenzung, daher mit vorherigen Spalten nur bedingt vergleichbar.

*Quelle:* Timm, H., Das Gesetz der wachsenden Staatsausgaben, in: Finanzarchiv, NF Bd. 21, 1961, S. 244 f. – Werte für 1990 aus: OECD Economic Outlook 76 database, Anhang Tabelle 25. Werte für 2014 aus: Economic Outlook 100 database, Anhang Tabelle 25.

*Tab. 2.2: Entwicklung der allgemeinen Staatsquote, der allgemeinen Steuerquote und der Abgabenquote, Bundesrepublik Deutschland, 1970–2015*

| Jahr | Bruttoinlandsprodukt Mrd. Euro | Staatsquote[1] in % | Steuerquote[2] in % | Abgabenquote[3] in % |
|---|---|---|---|---|
| 1970 | 360,60 | 38,5 | 21,9 | 34,9 |
| 1980 | 788,52 | 46,9 | 23,7 | 40,3 |
| 1990 | 1.306,68 | 43,6 | 21,6 | 38,1 |
| 1995[4, 5] | 1.848,45 | 54,9 | 22,6 | 40,2 |
| 2000 | 2.047,50 | 45,1 | 22,8 | 41,7 |
| 2005 | 2.224,40 | 46,9 | 20,3 | 38,6 |
| 2010 | 2.476,80 | 47,9 | 21,4 | 38,4 |
| 2013 | 2.820,80 | 44,5 | 22,6 | 39,1 |
| 2014 | 2.915,70 | 44,3 | 22,6 | 39,2 |
| 2015 | 3.025,90 | 44,0 | 22,9 | 39,4 |

[1] Ausgaben in Relation zum Bruttoinlandsprodukt in jeweiligen Preisen.
[2] Steuern in Relation zum Bruttoinlandsprodukt in jeweiligen Preisen.
[3] Steuern sowie tatsächliche Sozialbeiträge in Relation zum Bruttoinlandsprodukt in jeweiligen Preisen.
[4] Ab 1991: Bundesgebiet einschließlich Beitrittsgebiet.
[5] Einmaliger Effekt durch die Übernahme der Schulden der Treuhandanstalt und eines Teils der Altschulden der ostdeutschen Wohnungswirtschaft in den öffentlichen Sektor.

*Quelle:* Eigene Berechnung auf der Basis von: Sachverständigenrat zur Begutachtung der gesamtwirtschaftlichen Entwicklung: Verantwortung für Europa wahrnehmen, Jahresgutachten 2011/12, Bundestagsdrucksache 17/7710, vom 11. 11. 2011 Statistischer Anhang, Tabellen 11, 18 und 21. Für die Jahre 2013 bis 2015: Statistisches Jahrbuch 2016, Tabellen 12,4: Gesamtwirtschaftliche Kennzahlen und Tabelle 12.15: Einnahmen und Ausgaben sowie Finanzierungssaldo des Staates.

Steuer- und Abgabenquote zeigt. Während die allgemeine Steuerquote, die die gesamten Steuereinnahmen als Anteil des BIP misst, in etwa gleich blieb, stieg die Abgabenquote, die zusätzlich die Sozialversicherungsabgaben berücksichtigt, von 34,9 % auf 39,4 % an.

Wenn sich die **nominale Staatsausgabenquote** verändert hat, so bedeutet das nicht, dass auch die **reale Staatsausgabenquote** gleichen Veränderungen unterliegt. Vielmehr kann es sein, dass die Preise für die Güter, die vom Staat zur Bereitstellung öffentlicher Leistungen nachgefragt werden, stärker als die Preise der privat nachgefragten Güter steigen und die Produktivitäten unterschiedlich verlaufen (siehe auch 2. Kapitel, Abschnitt A III d). Dann wäre eine überproportionale nominale Erhöhung des Staatsanteils erforderlich, um die gleiche reale Staatsquote zu erhalten.

Bei der Interpretation der nominalen Staatsausgabenquote ist außerdem der **Konjunkturverlauf** zu berücksichtigen. Wenn z. B. in einer Rezession die Ausgaben aus konjunkturpolitischen Gründen erhöht werden und das Bruttoinlandsprodukt zugleich langsamer wächst, steigt die Staatsausgabenquote. Sie wird bei erfolgreicher Wirtschaftspolitik dementsprechend im Boom wieder sinken und möglicherweise langfristig konstant bleiben. Diese Entwicklung ist in Deutschland für die Finanz- und Wirtschaftskrise der Jahre 2008/2009 und die folgenden Jahre feststellbar.

Eine detailliertere Analyse der Entwicklung der Gesamtausgaben muss **strukturelle Veränderungen** innerhalb der Staatsquoten ebenfalls erfassen. Als Strukturmerkmale ließen sich zum einen die Ausgabenarten (z. B. Investitions-, Personal- sowie Sozialausgaben und Subventionen) und die Aufgabenbereiche (z. B. Umwelt, Bildung, Gesundheit, Verteidigung) heranziehen.[8] Dies geschieht in neueren Analysen zur Qualität der öffentlichen Ausgaben (siehe Abschnitt A IV). Zum anderen kann man die Untergliederungen nach Bund, Ländern und Gemeinden sowie anderen Trägern der öffentlichen Finanzwirtschaft heranziehen (z. B. einzelne Träger der Sozialversicherung.

## III. Zu den Ursachen der zunehmenden Staatsausgaben

Angesichts der starken Zunahme der Staatsausgaben vor allem bis in die 1990er Jahre stellt sich die Frage nach den Ursachen dieser Entwicklung. **Monokausale Begründungen** werden sicherlich **nicht möglich** sein und in sich geschlossene empirisch haltbare Theorien der Staatsausgabenexpansion gibt es bisher nicht. Für die über etwa 100 Jahre zunehmenden Staatsausgaben gibt es vielfältige Bestimmungsgründe, von denen einige aufgeführt werden sollen. Bei der Interpretation ist jedoch, wie in den letzten beiden Spalten in Tab. 2.1 ersichtlich, zu berücksichtigen, dass die langfristige Entwicklung seit Beginn der 1990er Jahre in einigen der ausgewählten Länder stagniert oder sogar rückläufig ist.

### a)   Der Funktionswandel staatlicher Aktivität

In der Mitte des 19. Jahrhunderts wurde der liberale Staat als Nachtwächterstaat verspottet, „dessen ganze Funktion darin bestand, Raub und Einbruch zu verhüten" (F. Lassalle). Wenn es sich bei dieser Formulierung auch um eine polemische Überspitzung handelt, so ist doch nicht zu leugnen, dass im klassischen Liberalismus die staatlichen Lenkungsmaßnahmen und Korrekturen auf die Bereitstellung und Garantie der als erforderlich angesehenen Rahmenordnungen zum Schutz von Wettbewerb, Freihandel, Gewerbe und Eigentum beschränkt waren. Dieses **Mindestmaß an staatlicher Aktivität**, zu dem auch die Rechtspflege und Landesverteidigung zählten, bedeutete eine nur geringe Inanspruchnahme der volkswirtschaftlichen Produktivkräfte durch den Staat, von dem seinerzeit viele Ökonomen glaubten, sein Handeln sei unproduktiv und würde zudem die im freien Spiel der Kräfte entstehende Harmonie der individuellen Interessen nur stören.

Die Popularität des auf den Ideen von A. Smith beruhenden liberalen Selbstverständnisses jener Zeit war so gewaltig, dass oft übersehen wurde und z. T. auch heute noch außer Acht gelassen wird, dass die **naive Theorie vom Nachtwächterstaat** sich nicht mit den Vorstellungen deckte, die der Begründer der klassischen Volkswirtschaftslehre über die Rolle des Staates im Wirtschaftsleben entwickelt hatte. Von dem Grundsatz, dass der Staat den **Preis- bzw. Marktmechanismus nach**

---

[8] Allerdings ist zu beachten, dass in der Vergangenheit beispielsweise die Personalausgaben durch **Outsourcing** gesenkt wurden. So wurde vielleicht die Berechnung der Statik für einen Bauantrag bisher von einer öffentlichen Verwaltung geprüft. Wenn diese Aufgabe dann als Auftrag an ein privates Ingenieurbüro „ausgelagert" wird, so fällt dieser Auftrag statt unter Personalausgaben nunmehr unter Sachausgaben. Solche Effekte sind bei der Beurteilung der Struktur der öffentlichen Ausgaben zu berücksichtigen.

**Möglichkeit ungestört** wirken lassen sollte, sah Smith nämlich eine Reihe von wesentlichen Ausnahmen vor. Neben der Landesverteidigung, dem Schutz des Individuums und den Ausgaben zur Sicherung der staatlichen Existenz obliegt seiner Ansicht nach dem Staat insbesondere die Erstellung und Unterhaltung jener Leistungen, die von privater Seite überhaupt nicht oder nicht in gewünschtem Umfang erbracht werden können und die heute Gegenstand der Theorie der öffentlichen Güter sind (siehe Abschnitt B I d).

Vergleicht man die öffentlichen Aufgaben, die dem Staat entsprechend der naiven Theorie vom Nachtwächterstaat zukommen, mit dem Spektrum an Aufgaben, die er heute wahrnimmt, so ist eine **Funktionsanhäufung** unverkennbar. Im historischen Zeitablauf fielen dem Staat immer **neue Aufgaben** zu, die in aller Regel nicht an die Stelle wegfallender Tätigkeiten traten, sondern zusätzlich von ihm zu bewältigen waren. Die staatlichen Eingriffe im Bereich der Wettbewerbs- und Stabilitätspolitik sowie der Sozial- und Umweltpolitik belegen diese Zunahme an öffentlichen Aufgaben ebenso deutlich wie die Aktivitäten der öffentlichen Hand in den Sektoren Gesundheit, Bildung, Energie und Verkehr, in denen die *materielle Infrastruktur* besonderes Gewicht hat.

Zur Erklärung der zunehmenden Staatsausgaben kann also einerseits darauf hingewiesen werden, dass die vom Staat schon früher erfüllten Aufgaben mit der Zeit verstärkt wahrgenommen wurden, und andererseits festgestellt werden, dass neue, im Sinne von neu hinzugekommen, Aufgaben zu ihrem Wachstum beigetragen haben. Der mit dieser Entwicklung verbundene **Übergang vom „Ordnungsstaat zum Leistungsstaat"**[9] wurde bereits von **A. Wagner** prognostiziert. Zu seiner Erklärung der zunehmenden Staatsausgaben verwendete er die Einteilung der Staatstätigkeiten in „**Rechts- und Machtzwecke**" und „**Cultur- und Wohlfahrtszwecke**"[10]. Im Bereich der Rechts- und Machtfunktion des Staates (Justiz, Polizei, Militär, diplomatische Dienste usw.) sah er neue Aufgaben auf den Staat zukommen. Aus der „immer weitergehenden nationalen und internationalen Arbeitsteilung", dem „System der freien Concurrenz" und der „größeren Bevölkerung und Volksdichtigkeit" resultieren „immer compliciertere Verkehrs- und Rechtsverhältnisse". Diese „vermehrte Reibung" führt dazu, dass die „repressive und präventive Thätigkeit des Staates zur Verwirklichung des Rechtszweckes"[11] anwächst. – In den zweiten Tätigkeitsbereich des Staates fallen in seiner Sicht die Ausgaben für die neueren Bereiche der Produktion öffentlicher Leistungen, etwa das Gesundheitswesen, die soziale Fürsorge, Unterricht und Bildung usw. Hier sprach Wagner von einer festzustellenden überproportionalen Ausdehnung der Staatstätigkeit. „Der Staat fortschreitender culturfähiger Völker, so namentlich der modernen, hört immer mehr auf, einseitig Rechtsstaat, im Sinne der möglichst alleinigen Verwirklichung des Rechts- und Machtzweckes, zu sein und wird immer mehr Cultur- und Wohlfahrtsstaat (sic!), in dem Sinne, dass gerade seine Leistungen auf dem Gebiet des

---

[9] Vgl. zur Gegenüberstellung etwa Pernthaler, P., Allgemeine Staatslehre und Verfassungslehre, 2. Aufl., 1996, S. 145.

[10] Siehe Wagner, A., Grundlegung der politischen Oekonomie, 3. Aufl., 1. Theil, a. a. O., S. 885 ff.

[11] Ebenda, S. 899.

Cultur- und Wohlfahrtszweckes sich beständig mehr ausdehnen und einen reicheren und mannigfaltigeren Inhalt gewinnen"[12].

Die Erfüllung dieser in den zweiten Tätigkeitsbereich des Staates fallenden Aufgaben ist in aller Regel ausgabenintensiver als die Verwirklichung der Rechts- und Machtfunktionen, d. h. sie spiegelt sich stärker im Budget und damit in den Ausgaben wider. Dass der von Wagner prognostizierte **Übergang zum ausgabenintensiven Wohlfahrtsstaat** weitgehend eingetroffen ist, mag auch an der Überwindung einer „ideologischen Verzögerung" gelegen haben. Damit ist das liberale Postulat eines **staatlichen Minimalbudgets** gemeint, welches insbesondere in der zweiten Hälfte des 19. Jahrhunderts jede Ausdehnung der Staatstätigkeit als störend empfand. Am Ende des 20. Jahrhunderts führte die starke Abgabenbelastung des Wohlfahrtsstaates zusammen mit einer Rückbesinnung auf liberale Grundsätze dazu, dass in zahlreichen Ländern der Staatsanteil stagnierte oder leicht zurückging (Tab. 2.1, letzte zwei Spalten).

In einem anderen Erklärungsansatz wurden beobachtete Schübe in der langfristigen Entwicklung der Gesamtausgaben bzw. einzelner Ausgabengruppen zur Erklärung für den langfristigen Trend der Gesamtausgaben herangezogen. Dieser sog. **Niveauverschiebungseffekt** („displacement effect"), der in einigen Ländern für den Einfluss der beiden Weltkriege beobachtet worden war, wurde auf eine einfache finanzsoziologische Art erklärt[13]. Da Regierungen, die in aller Regel zu höheren Ausgaben neigen, Rücksicht auf ihre Wähler nehmen müssen, die wiederum nur ungern höhere Steuern zahlen, wird in normalen Zeiten ein überproportionaler Ausgabenanstieg verhindert. Lediglich in Krisenzeiten lässt sich der **Steuerwiderstand überwinden** und die Steuerquote erhöhen. Das erreichte höhere Niveau des Staatsanteils, an das sich die Steuerzahler allmählich gewöhnen, bleibt dann auch nach Überwindung der Krise bestehen, bis sich der beschriebene Prozess wiederholt. Doch weil diese Theorie nur wenige Abschnitte dieser langfristigen Entwicklung und diese nur unvollständig erklären konnte, müssen andere Erklärungsansätze herangezogen werden, die wiederum auf eine stetige Wirksamkeit abstellen.

## b)    Die Einkommenselastizität der Nachfrage nach öffentlichen Leistungen

Die kontinuierliche Zunahme des privaten Einkommens wird als eine wichtige Bestimmungsgröße für die Entwicklung der öffentlichen Ausgaben angesehen. So wird behauptet, dass mit zunehmendem Einkommen bzw. Lebensstandard der Bevölkerung die Nachfrage nach öffentlichen Leistungen zunimmt. Das im Vergleich zum privaten Sektor zu verzeichnende relativ stärkere Wachstum der Staatsausgaben wäre demnach damit zu erklären, dass die **Einkommenselastizität der Nachfrage nach öffentlichen Gütern höher** ist, **als** die **nach privaten Gütern**. Zu dieser Entwicklung kann es kommen, wenn die Grundbedürfnisse, z. B. nach

---

[12] Ebenda, S. 888.
[13] Peacock, A. T., und Wiseman, J., The Growth of Public Expenditure in the United Kingdom, 2. Aufl., Princeton 1967, S. XXXIV ff.

Nahrung, Wohnung und Kleidung, gedeckt sind und die Nachfrage nach mehr Bildung, höherem Gesundheitsstand oder besserer Verkehrsleistung zunimmt und nicht oder nicht voll über den privaten Markt befriedigt wird. Öffentliche Leistungen werden zwar auch schon in früheren Entwicklungsstadien als wünschenswert angesehen, aber die elementaren Bedürfnisse sind in diesen Zeiten vergleichsweise noch stärker.

Man kann hier einen Bezug zur Theorie der im Zeitablauf **kumulativ auftretenden Bedürfnisse** sehen, die **A. H. Maslow** aufgestellt hat[14]. Die am Anfang der „Bedürfnishierarchie" stehenden „physiologischen" Bedürfnisse lassen sich, sieht man von Ausnahmesituationen einmal ab, weitgehend privat befriedigen. Das ihm folgende „Bedürfnis nach Sicherheit" führt auf eine alte öffentliche Aktivität zurück: Sicherheit nach innen und außen. Die in der Hierarchie oben stehenden Bedürfnisse nach „Zugehörigkeit und Liebe" und „Selbstverwirklichung" können dann neuere Entwicklungen der öffentlichen Ausgaben erklären helfen, soweit sie etwa durch die Erweiterung der sozialen Dienste, die nicht allein berufsbezogene Differenzierung des Bildungssystems oder die stärkere Teilnahme der Bürger an Willensbildungsprozessen verursacht sind.

Diese veränderte Struktur der Nachfrage nach öffentlichen Leistungen, insbesondere die entsprechende Zunahme der Sozialausgaben, deckt sich mit der allgemeinen Tendenz, dass mit steigendem Einkommen Dienstleistungen verstärkt nachgefragt werden. Die steigende relative Bedeutung des tertiären oder **Dienstleistungssektors** findet also in diesem Wachstum der Staatsleistungen ihre Entsprechung.

## c)   Der Einfluss der Bevölkerungsdichte

Die räumliche Konzentration der Bevölkerung wurde von **A. Brecht** in dem von ihm so bezeichneten „**Gesetz der progressiven Parallelität zwischen Ausgaben und Bevölkerungsmassierung**"[15] als Grund für den Ausgabenanstieg hervorgehoben. Diesem „Gesetz" zufolge müssten die Gemeindeausgaben pro Kopf durchgehend mit zunehmender Ortsgröße und Bevölkerungsdichte steigen, ein Sachverhalt, der besonders für die Ausgestaltung des **Finanzausgleichs** und die **Regionalpolitik** bedeutsam ist. Eine Verbindung zwischen der Brechtschen Behauptung und der Höhe des Staatsanteils ergibt sich, soweit tatsächlich eine zunehmende regionale „Bevölkerungsmassierung" zu zusätzlichen öffentlichen Lasten führt. Wenn die regionale Konzentration der Bevölkerung nicht gleichzeitig auch eine mindestens gleich hohe Sozialproduktsteigerung in dieser Region bewirkt, steigt der Staatsanteil, gemessen als Anteil der Ausgaben in dieser Region am regionalisierten Sozialprodukt. Im nationalen bzw. internationalen Vergleich ist dann in einem

---

[14] Maslow, A. H., Motivation und Persönlichkeit, Reinbek 1981, S. 62 ff. Das jeweils nächste Bedürfnis war zwar vorher auch schon vorhanden und wurde in gewissem Maße befriedigt, rückt aber mit weitgehender Befriedigung des vorangegangenen Bedürfnisses relativ weiter nach vorn.

[15] Brecht, A., Internationaler Vergleich der öffentlichen Ausgaben, Leipzig und Berlin 1932, S. 6.

*Abb. 2.1: Kosten des öffentlichen Angebots bei zunehmender Ortsgröße*

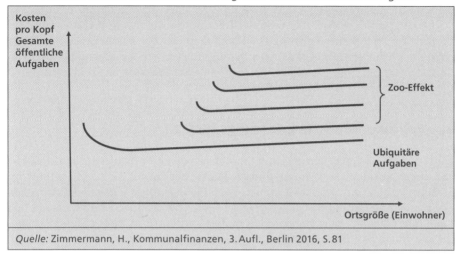

Kosten
pro Kopf
Gesamte
öffentliche
Aufgaben

Zoo-Effekt

Ubiquitäre
Aufgaben

Ortsgröße (Einwohner)

*Quelle:* Zimmermann, H., Kommunalfinanzen, 3. Aufl., Berlin 2016, S. 81

Bundesland bzw. Staat mit hohem Agglomerationsgrad, ausgedrückt als Anteil der Bevölkerung in Ballungsräumen, ein höherer Staatsanteil zu vermuten.

Empirische Analysen zum Brechtschen „Gesetz" haben zu differenzierten Ergebnissen geführt. Auch sehr kleine Orte in dünn besiedelten Regionen haben überdurchschnittlich hohe Kosten, beispielsweise bei der **netzförmigen Infrastruktur** (Gas, Wasser, Abwasser, usw.). In Abb. 2.1 ist dies in der unteren Kurve dadurch angedeutet, dass sie unten nach links ansteigt. Wichtiger ist aber, dass in größeren Orten zusätzliche Aufgaben hinzutreten. Oates hat dies den Zoo-Effekt genannt (Abb. 2.1), weil nur große Städte einen Zoo aufweisen. Das bedeutet für den kommunalen Finanzausgleich, dass der unterstellte Ausgabenbedarf mit der Ortsgröße steigt[16].

## d) Die niedrige Produktivität öffentlicher Dienstleistungen

Oft wird auch die sog. „**Produktivitätslücke**" zwischen dem warenproduzierenden und dem öffentlichen (bzw. privaten) Dienstleistungssektor zur Erklärung des Staatsausgabenwachstums herangezogen. Technologisch bedingt verläuft die Produktivitätsentwicklung im Bereich öffentlicher Dienstleistungen sehr langsam und kann oft auch nicht oder nur schwer beschleunigt werden (z. B. personalintensive Bildungs-, Pflege- oder Gesundheitsleistungen). Wird eine vergleichbare Lohnentwicklung in allen Branchen unterstellt, ohne die es zur Abwanderung aus dem schlechter entlohnenden öffentlichen Dienstleistungsbereich in die privatwirtschaftliche Industrie käme, so nehmen die Kosten der öffentlichen Dienstleistungen überproportional zu. Diese **Baumolsche „Kostenkrankheit"** des öffent-

---

[16] Wissenschaftlicher Beirat beim Bundesfinanzministerium, Reform des bundesstaatlichen Finanzausgleichs, Berlin 2015, S. 31 ff.

lichen Dienstleistungssektors[17] kann zu einem Teil durch Anreize kompensiert werden, die technologische und strukturelle Neuerungen auch im öffentlichen Sektor herbeiführen. Zu einem weiteren Teil kann sie durch eine **Privatisierung** der Produktion öffentlicher Leistungen aufgefangen werden, sofern private Anbieter effizienter arbeiten. Für eine Entstaatlichung finden sich zahlreiche Beispiele im Bereich etwa der kommunalen Dienste, des Gesundheitswesens und auch durch Leistungen ehrenamtlich tätiger Personen[18].

## e) Politökonomische Erklärungsansätze

Die bisher erörterten Erklärungsansätze könnten den Eindruck erwecken, dass nur von außen auf den Staat einwirkende Faktoren der Grund für die Zunahme der Staatsausgaben und des Staatsanteils seien. Neuere Ansätze aus der Politischen Ökonomie und der Public-Choice-Theorie stellen den politischen Prozess mit den **Eigeninteressen der** dort **Handelnden** in den Vordergrund. Neben den Faktoren, die die Nachfrage nach öffentlichen Leistungen bestimmen, wird nunmehr die Art und Weise, in der deren **Angebot** zustande kommt, berücksichtigt. Als eine neuere Kategorie von Bestimmungsgründen, die auf die Höhe der Staatsausgaben einwirken, wird daher auf **politisch-soziologische Faktoren** verwiesen, auch wenn sie **nicht immer einzelnen Ausgabenarten zuzuordnen** sind.

So ist beispielsweise das sog. „**Beharrungsvermögen" der Exekutive**, das in der **Bürokratietheorie** erörtert wird, ein stetig wirksamer Einfluss, der den Wegfall von weniger dringlich werdenden Ausgaben verhindert. Dieses Beharrungsvermögen äußert sich z. B. darin, einmal bewilligte Ausgabenposten in zukünftigen Etatentwürfen zugrunde zu legen und weder ihrer Art, noch ihrem Umfang oder ihrer Struktur nach in Frage zu stellen, nicht zuletzt auch deshalb, weil die jeweiligen Behörden das Ausgabenvolumen als Gradmesser ihrer Bedeutung ansehen. Zusätzlich begünstigt wird dies durch die Art und Weise, in der das Budget zustande kommt. Wie erstmalig von A. Wildavsky für die USA untersucht[19], machen es die Komplexität des Haushalts und der enge Zeitplan des Budgetprozesses unmöglich, jedes Jahr einen gänzlich neuen Budgetplan auszuarbeiten. Vielmehr wird das letztjährige Budget als Basis genommen, um dann an mancher Stelle aufzustocken und an anderen, mit den entsprechenden Widerständen, zu kürzen. Kombiniert man dieses Beharrungsvermögen der Bürokratie mit der häufig kritisierten **Ausgabenfreudigkeit der Parlamente**, die insbesondere vor Wahlterminen deutlich auf die Höhe der Staatsausgaben einwirkt, so entsteht eine Tendenz zu einem dauerhaften Ausgabenwachstum, das häufig als nicht funktionsgerecht angesehen wird.

Einen weiteren wichtigen Erklärungsfaktor stellt der **Wettbewerb der organisierten Interessengruppen** dar. Sie wollen ihren Mitgliedern Sondervorteile verschaffen und gehen dazu mit anderen Gruppen Verteilungskoalitionen ein, die nach einer These von M. Olson nur schwer rückgängig gemacht werden und daher sogar zum

---

[17] Baumol, W. J., Macroeconomics of Unbalanced Growth: The Anatomy of Urban Crisis, in: American Economic Review, Bd. LVII, 1967, S. 415 ff.

[18] Schneider, M., et.al. Gesundheitswirtschaftliche Gesamtrechnung 2000–2014, Baden-Baden 2016, S: 186 ff.

[19] Wildavsky, A., The new politics of the budgetary process, Glenview, Ill. u. a. O., 1988.

Niedergang von Nationen führen können[20]. Um das Ausmaß zu verdeutlichen, in dem Interessengruppen inzwischen Einfluss auf die Gesetzgebung nehmen, spricht man auch vom „**Verbändestaat**" (siehe 7. Kapitel, Abschnitt A III).[21]

Die politischen Akteure machen sich zur Durchsetzung ihrer Interessen eine Besonderheit im Kostenbewusstsein der Staatsbürger zunutze, das von der **Art der Finanzierung** der Staatsausgaben mitbestimmt wird. In Ländern mit zunehmender Staatstätigkeit steigt auch der Anteil derjenigen Leistungen, die dem Staatsbürger zufließen, ohne dass er die (vollen) Kosten dieser öffentlichen Leistungen kennt, so z. B. im Bildungs- oder Gesundheitswesen. Es ist ungewiss, ob er die Leistungen auch dann in Anspruch nehmen würde, müsste er die Kosten in direkter Form tragen. Damit kann eine sog. **Finanzierungsillusion (fiscal illusion)** auftreten, zu der es kommt, wenn der Zusammenhang zwischen den Leistungen und den durch sie verursachten Kosten für den Staatsbürger verloren geht. Diese Finanzierungsillusion bzw. mangelnde fiskalische Äquivalenz kann mit Blick auf eine erwünschte Wiederwahl dazu führen, dass der Politiker die merklichen Leistungen ausweitet, um Wählerstimmen zu gewinnen. Die Finanzierungsillusion ist besonders stark, wenn der Politiker diese Leistungen, um keine Wähler zu verlieren, mit wenig merklichen Einnahmenarten wie bestimmten Verbrauchsteuern oder gar durch **Schuldaufnahme** finanziert, mit der er die **Schuldenillusion** nutzt. Damit kommt es zu der Hypothese, dass ein steigender Staatsanteil oft nur unter Ausnutzung von Finanzierungsillusionen der Bürger durchgesetzt werden kann.

Mittels dieser Hypothese kann man aber zugleich auch zeigen, wo **Grenzen für das Wachsen des Staatsanteils** liegen. Wenn dem Bürger die zusätzliche Abgabenlast größer erscheint als der Vorteil aus den zusätzlichen Ausgaben, so wird er für den Politiker stimmen, der den Staatsanteil senkt (siehe Abb. 2.6). Das würde dann erklären helfen, warum, wie in Tab. 2.1 ersichtlich, in einigen Ländern der Staatsanteil neuerdings zurückgegangen ist.

Kann der Bürger mittels Volksentscheiden über größere Ausgaben, insbesondere Investitionen, bestimmen, so ist in kleinen Regionen mit gewichtigen Elementen der **direkten Demokratie** der Staatsanteil niedriger, als wenn die Regierungen zwischen den Wahlterminen allein entscheiden können[22].

Die bis hierhin erörterten Ansätze zur Erklärung der Zunahme der Staatsausgaben[23] waren eher übergreifender Art und wiesen nur gelegentlich einen Bezug zu einzelnen Ausgabenarten auf. Wenn man die Entwicklung genauer analysieren will, ist es daher erforderlich, deren Bestimmungsfaktoren heranzuziehen, also

---

[20] Olson, M., Aufstieg und Niedergang von Nationen, 2. Aufl., Tübingen 1991.

[21] Der Bundestag veröffentlicht regelmäßig eine Liste der beim Bundestag registrierten Verbände und deren Vertreter. Vgl. Bekanntmachung der öffentlichen Liste über die Registrierung von Verbänden und deren Vertretern vom 2. Mai 2016, in: BAnz AT 19.05.2016 B1.

[22] Ein neuerer Überblick findet sich in Funk, P., und Gathmann, C., Does direct democracy reduce the size of government? New evidence from historical data, 1890–2000, in: The Economic Journal, Bd. 121, 2011, S. 1252 ff. – Zu den Erfahrungen in der Schweiz siehe Feld, L. P., und Matsusaka, J. G., Budget referendums and government spending: Evicence from Swiss cantons, in: Journal of Public Economics, Bd. 87, 2003, S. 2703 ff.

[23] Als neuere vergleichende Analyse aus Sicht der Public-Choice-Theorie siehe Congleton, R. D., The Politics of Government Growth, in: Shugart, W. F., und Razzolini, L., Hrsg., The Elgar Compendium to Public Choice, Cheltenham-Northampton 2001, S. 457 ff.

beispielsweise für den Verlauf der Verteidigungsausgaben, für die Entwicklung einzelner Sozialausgaben, z. B. anhand bestimmter Gesundheits- und Bildungsleistungen, oder für die neuere Entwicklung der Ausgaben im Zusammenhang mit der Flüchtlingspolitik.

## IV. Zur Struktur und Qualität der Staatsausgaben

Wenn die Sozialausgaben in Deutschland, aber auch in anderen Industrieländern, in den letzten Jahrzehnten stark gestiegen und die öffentlichen Investitionen in der gleichen Zeit deutlich gesunken sind, so ist das an der Höhe der allgemeinen Staatsquote bzw. der Entwicklung des Staatsanteils nicht abzulesen. Die Frage danach, was sich hinter einem hohen Staatsanteil verbirgt und **welche Struktur der öffentlichen Ausgaben für ein Land besser oder schlechter ist**, wird unter dem Begriff der Qualität der öffentlichen Finanzen diskutiert. Dabei stehen die öffentlichen Ausgaben im Vordergrund[24], auch wenn im Zusammenhang mit der Qualität häufig auch die Steuerstruktur und die Höhe der Staatsverschuldung einbezogen werden (vgl. dazu 4. Kapitel sowie 5. Kapitel). Im Vordergrund der bisherigen Analysen zur Qualität der öffentlichen Ausgaben steht das Wachstumsziel[25]. Als wachstumsfördernd gelten insbesondere Ausgaben für Forschung und Entwicklung, Bildung und Infrastruktur. Mit Blick auf das Wachstumsziel wird auch argumentiert, dass die Änderung der Ausgabenstruktur zugunsten vermehrter Sozialausgaben bei gleichzeitig angespannter Haushaltslage dazu geführt haben dürfte, dass die wachstumsfördernden Ausgaben, insbesondere im Bildungsbereich, nicht so stark zunehmen konnten wie gewünscht. Abb. 2.2 zeigt die Struktur der Bundesausgaben im Zeitraum von 1965 bis 2015. Der Anteil der investiven Ausgaben[26] hat sich in den 50 Jahren um mehr als 40 % vermindert (9,9 % statt 17,3 %), während im gleichen Zeitraum die Ausgaben für Zinsen sich von 2,8 % auf 7,0 % erhöht haben, was trotz des aktuell niedrigen Zinsniveaus einer Erhöhung um 150 % entspricht. Die Ausgaben für Soziales[27] wiederum, die auch die Zuschüsse an die Sozialversicherungen enthalten, sind um über 80 % gestiegen (45,5 % statt 24,8 %). Insofern ist zu konstatieren, dass die Struktur der Bundesausgaben ein Indiz dafür ist, dass das Ziel der Umverteilung politisch als wichtiger

---

[24] Zum Folgenden siehe als Überblick Kastrop, C., Qualität der öffentlichen Finanzen – eine umfassende finanzpolitische Strategie für die Zukunft, in: Bundesministerium der Finanzen, Monatsbericht Januar 2008, S. 37 ff.

[25] Hierzu und zu detaillierten Literaturangaben zur Qualität der öffentlichen Finanzen allgemein siehe Afonso, A., u. a., Quality of Public Finances and Growth, European Central Bank, Working Paper, No. 438, Frankfurt/M. 2008. Siehe auch Pitlik, H., und Schratzenstaller, M., Growth implications of structure and size of public sectors, Österreichisches Institut für Wirtschaftsforschung (WIFO), Working Papers, Issue 404/2011.

[26] Dies sind Sachinvestitionen, Zuweisungen und Zuschüsse für Investitionen sowie Darlehensgewährung, Erwerb von Beteiligungen und Kapitaleinlagen.

[27] Hierunter fallen aus den Ausgabearten „Laufende Zuweisungen und Zuschüsse" die Positionen „an die Sozialversicherung" sowie „Renten, Unterstützungen an natürliche Personen". Sonstige Ausgaben beinhalten alle Ausgaben, die nicht unter die vier explizit genannten Ausgabearten (Personal, Zinsen, Investitionen, Soziales) subsumiert sind, z. B. militärische Beschaffungen.

*Abb. 2.2: Struktur der Bundesausgaben im Zeitablauf*

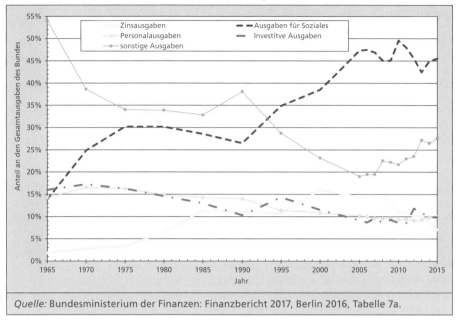

*Quelle:* Bundesministerium der Finanzen: Finanzbericht 2017, Berlin 2016, Tabelle 7a.

angesehen wird als das Wachstumsziel. Die dargestellte Entwicklung dürfte vor dem Hintergrund der demographischen Herausforderung nicht unproblematisch sein, zumal stimmenmaximierende Politiker zukünftig in noch stärkerem Maße auf die wachsende Zahl der Rentner Rücksicht nehmen dürften, welche aufgrund des verkürzten Zeithorizonts eher ein Interesse an Sozialausgaben als an Investitionen haben dürften. Allerdings ist auch zu beachten, dass bestimmte Sozialausgaben, z. B. im Gesundheitsbereich, volkswirtschaftlich als Investitionen und nicht nur als Konsum angesehen werden. Zusammen mit der Bildung gilt das sog. Humanvermögen als eine wesentliche Wachstumsdeterminante[28].

Damit spielt **Zielgewichtung in der Qualitätsbeurteilung eine besondere Rolle.** Wachstums- und Verteilungsziele stehen in gewissem Gegensatz zueinander, weil viele der Sozialausgaben nicht wachstumsfördernd sind und manche sogar, wie die Reform der Arbeitslosenunterstützung und Sozialhilfe gezeigt hat, durch falsche Anreize wachstumshemmend wirkten. Bei der Ermittlung der Qualität der öffentlichen Ausgaben steht somit die Wirkung konkreter Ausgabenkategorien im Vordergrund[29].

Die Qualität ist aber nicht nur unter dem Aspekt der Erreichung eines Ziels (Effektivität) zu analysieren. Vielmehr kann auch bei gegebener Zielerreichung gefragt werden, ob die gegebene **Zieleinheit** nicht **mit geringeren** als den bisherigen

---

[28] Barrios, S., und Schaechter, A., The quality of public finances and economic growth, European Economy. Economic Papers 337, September 2008.
[29] Soweit diese Analysen international vergleichend quantitativ durchgeführt werden sollen, sind sie auf vergleichbare Datensätze angewiesen, auf deren Erstellung derzeit in der EU hingearbeitet wird.

**Mitteln** erreicht werden kann (Effizienz). Diese Möglichkeit geht verloren, wenn in Analysen, vor allem aber im politischen Prozess, häufig nur mit Input-Werten gearbeitet wird, also beispielsweise ein bestimmter Prozentsatz der Bildungsausgaben am Sozialprodukt, mithin eine spezielle Staatsquote, gefordert wird. So wurde im Bildungsbereich gezeigt, dass sich „die möglichen Effizienzgewinne aufgrund von Inputreduktion (gleiche Ergebnisse bei geringerem Mitteleinsatz) […] auf bis zu 25 %" belaufen, und ähnliche Ergebnisse gibt es für den Gesundheitsbereich[30].

Wenn man sich ein **wünschenswertes Ergebnis** der angestrebten Analysen zur Qualität der öffentlichen Ausgaben vorstellt, so hätte es **mehrere Dimensionen**. Auf einer Ebene erscheinen die Zielbeiträge, und sie wären insbesondere für die Diskussion der Wachstumsdeterminanten im öffentlichen Budget wichtig. Auf einer zweiten Ebene erschiene dann für jede der konkreten Ausgabenkategorien der Effizienzgrad, aus dem die Verschwendung öffentlicher Mittel ermittelt werden kann. Wenn auch eine solche umfassende makroökonomische Wirtschaftlichkeitsanalyse in Reinform vielleicht nicht geleistet werden kann, so ist doch die Befassung mit der Struktur der öffentlichen Ausgaben bei gleichbleibendem (oder sogar sinkendem) Staatsanteil ein Beitrag zu einer besseren politischen Entscheidungsfindung und zur Mobilisierung von Wirtschaftlichkeitsreserven. Ein weiterer Weg, über den diese Qualitätsdiskussion in der Praxis befördert werden kann, ist die Umstellung des öffentlichen Haushalts weg von bloßen Inputkategorien und hin zu einer vom Output oder Ergebnis (Outcome) her gestalteten Haushaltsstruktur. Um diese Ergebnisverbesserung geht es bei der zukünftigen Entwicklung der Staatsausgaben und ihrer Nachhaltigkeit.

## V. Zur zukünftigen Entwicklung der Staatsausgaben

Wird abschließend gefragt, ob der jüngste Rückgang des Staatsanteils in vielen Ländern anhält oder die frühere Expansionstendenz wieder einsetzt, so lässt sich **keine eindeutige Antwort** finden. Am ehesten ist es hilfreich, **Prognosen über die Entwicklung der unabhängigen Variablen** aufzustellen, also etwa über die demographischen Herausforderungen, die Entwicklung der Einkommen, des technischen Fortschritts oder der Parteienlandschaft, über die Belastbarkeit der privaten Haushalte und Unternehmen mit Steuern und Sozialabgaben und darüber, wie sich weltpolitische Entwicklungen auf die Verteidigungsausgaben auswirken.

Denkbar ist auch **Prognosen getrennt nach einzelnen Ausgabenarten**, z.B. isoliert für Bildungsausgaben, aufzustellen. Zu diesem Zweck würde man die Bestimmungsgrößen der Schulausgaben, etwa anhand der zukünftigen Entwicklung der Schülerzahl, der Klassendichte und/oder der Stundenzahl, ermitteln und daraus die Ausgabenentwicklung prognostizieren.

Angesichts der vorhersehbaren Entwicklung der Bevölkerung kommt dem **demographischen Faktor** besondere Bedeutung zu. So ist abzusehen, dass die Gesamtbevölkerung auf lange Sicht nicht nur rückläufig sein wird, sondern dass sich auch

---

[30] Zitiert nach Kastrop, C., Qualität der öffentlichen Finanzen – eine umfassende finanzpolitische Strategie für die Zukunft, a.a.O., S. 43.

Tab. 2.3: Belastungsquotienten der Bevölkerung, 2013–2060,
Bundesrepublik Deutschland

| Jahr | 2013 | 2020 | 2030 | 2040 | 2050 | 2060 |
|---|---|---|---|---|---|---|
| Jugendquotient[1] | 27,3 | 27,7 | 29,6 | 29,5 | 29 | 30,5 |
| Altenquotient[2] | 35,2 | 39,8 | 53,3 | 60,1 | 63 | 66,4 |
| Gesamtlastquotient[3] | 62,5 | 67,5 | 82,9 | 89,6 | 92 | 96,9 |
| Bevölkerung (in Mio.) | 80,8 | 81,4 | 79,2 | 76 | 71,9 | 67,6 |

[1] Anteil der unter 20-Jährigen an den 20- bis unter 65-Jährigen.
[2] Anteil der 65-Jährigen und älteren an den 20- bis unter 65-Jährigen.
[3] Summe aus Jugend- und Altenquotient.

*Quelle:* Statistisches Bundesamt, Bevölkerungsentwicklung in den Bundesländern bis 2060, Ergebnisse der 13. koordinierten Bevölkerungsvorausberechnung, Variante 1 Länder und Variante 1 Länder AG, verfügbar unter: https://www.destatis.de/DE/Publikationen/Thematisch/Bevoelkerung/VorausberechnungBevoelkerung/BevoelkerungBundeslaender2060_5124205159005.xlsx?__blob=publicationFile, zuletzt geprüft am 29.12.2016.

die Altersstruktur erheblich ändert. Der Tab. 2.3 lässt sich entnehmen, wie sich verschiedene Belastungsquotienten von 2013 bis zum Jahr 2060 entwickeln werden. Zu erkennen ist eine deutliche Zunahme des Alten- und des Gesamtlastquotienten, in dem – grob vereinfacht – die nicht erwerbstätigen auf die erwerbstätigen Personen zwischen 20 und unter 65 Jahren bezogen werden.

Diese absehbare demographische Entwicklung, die sich auch durch aktuelle Entwicklungen bei der Zuwanderung nicht grundsätzlich ändert, wird gelegentlich zu Entlastungen, per Saldo aber zu Belastungen in den Haushalten der Gebietskörperschaften und der Sozialversicherungsträger führen. Derartige (Status-quo-) Prognosen werden heute beispielsweise auf kommunaler und Landesebene, etwa im Hinblick auf die Auslastung der gemeindlichen Infrastruktur und auf die Pensionslasten der Gemeinde- und Landeshaushalte, und bei der Gesetzlichen Renten- und Krankenversicherung wegen des Verhältnisses von Beitragszahlern zu Leistungsempfängern und der davon mitbestimmten Finanzlage der Sozialversicherung angestellt. Die Prognosen helfen nicht nur, die zukünftige Ausgabenentwicklung zu erkennen, sondern auch abzuschätzen, in welchen Bereichen mit Einsparungen zu rechnen ist und wo sich abzeichnende Finanzierungsprobleme gelöst werden müssen. Bei übergreifender Betrachtung gilt es, die tendenziell ausgabenerhöhend wirkende Entwicklung der Altersstruktur mit der tendenziell ausgabeneinsparenden Schrumpfung der Bevölkerungszahl zu vergleichen.

Ein Instrument, um die Gesamtheit solcher zukünftigen fiskalischen Be- und Entlastungen quantitativ abzuschätzen, stellt das **Generational Accounting** dar. Mit seiner Hilfe werden die zukünftigen Belastungen, etwa aus heutiger Schuldaufnahme oder der derzeitigen Ausgestaltung der Sozialversicherungssysteme, den zukünftigen Entlastungen gegenübergestellt (siehe auch 7. Kapitel, Abschnitt B II a). Auf dieser Grundlage kann dann ein Belastungsvergleich zwischen gegenwärtigen und zukünftigen Generationen vorgenommen werden, um intergenerationale Ungleichgewichte aufzudecken und die **Nachhaltigkeitslücke** zu berechnen. Diese zeigt an, in welchem Maße die öffentlichen Haushalte konsolidiert werden müssten, damit eine gleichmäßige Lastverteilung zwischen den Generationen, zumindest für vorhersehbare Belastungen, gesichert wäre.[31]

Schließlich werden der zukünftigen Entwicklung der Staatsausgaben das vorhersehbare Aufkommen aus Steuern und Sozialversicherungsbeiträgen und die Entwicklung anderer Einnahmenarten gegenübergestellt werden müssen, um die Finanzierbarkeit der Staatstätigkeit besser abzuschätzen.

---

[31] Zu empirischen Ergebnissen und dem Vergleich mit anderen Messkonzepten siehe Wissenschaftlicher Beirat beim Bundesministerium der Finanzen, Nachhaltigkeit in der Finanzpolitik – Konzepte für eine langfristige Orientierung öffentlicher Haushalte, Schriftenreihe des Bundesministeriums der Finanzen, Heft 71, Berlin 2001 sowie Bundesministerium der Finanzen, Vierter Bericht zur Tragfähigkeit der öffentlichen Finanzen, Berlin 2016, S. 20.

# B. Normative Bestimmung eines optimalen Staatsanteils

Mit der vorangegangenen eher erklärenden (positiven) Vorgehensweise wurde die faktische Entwicklung der Staatstätigkeit untersucht und nach den Bestimmungsgründen der finanzwirtschaftlichen Staatstätigkeit gefragt, wobei die Ausgaben nach Art, Höhe und Struktur im Vordergrund standen. Im Rahmen der normativen Theorie wird versucht, aus übergeordneten Zielen, z. B. der Allokation, Kriterien zur Bestimmung eines optimalen Staatsanteils abzuleiten. Die **normative Theorie des Staatsanteils umfasst** im Folgenden zwei Fragen. Dabei geht es zum einen um die Theorie des Markt- und Staatsversagens sowie zum anderen um die Theorie des optimalen Budgets. In beiden Fällen stehen wiederum die öffentlichen Ausgaben im Vordergrund.

## I. Marktversagen und Staatsversagen

Die Analyse der Bedingungen, unter denen die marktwirtschaftliche Produktion zu einer optimalen Allokation der Produktionsfaktoren führt, zeigt, dass es Fälle gibt, in denen der Preismechanismus nicht befriedigend funktioniert. Wird dieser Mangel nicht akzeptiert, muss die öffentliche Hand eingreifen. Sie kann durch Anordnungen und Verbote ihre Ziele zu erreichen versuchen oder die öffentlichen Finanzen instrumentell einsetzen, um diese fehlende Effizienz des „freien Spiels der Kräfte" auszugleichen. Die wichtigsten Fälle dieser Art werden im Folgenden erörtert.

### a) Marktmacht

Ordnungspolitische Eingriffe des Staates erscheinen angebracht, wenn der Wettbewerb durch **Monopole** und **Oligopole** ausgeschaltet und der freie Zugang zum Markt nicht mehr gewährleistet ist. Monopol- und Fusionskontrollen sowie andere wettbewerbspolitische Maßnahmen in den verschiedenen Ländern zeigen, wie der Staat diese Unzulänglichkeiten des Marktes durch geeignete Rahmenbedingungen zu korrigieren versucht. **Regulierende Eingriffe** („**regulations**") werden darüber hinaus benutzt, um unvermeidbar erscheinende Monopole („**natürliche**" **Monopole**), wie sie beispielsweise bei **Leitungsnetz-Angeboten** wie Elektrizitäts-, Gas-, Wasser- oder Pipelinenetzen vorliegen, zu wünschenswertem Angebotsverhalten zu bewegen. Auf diese Weise kann die private Produktion erhalten werden, und die Monopole müssen nicht in öffentliches Eigentum überführt werden. Eine solche Regulierung findet etwa in Deutschland im Bereich der Telekommunikation und der Post statt. In beiden Branchen werden die Preise und Tarife durch Regulierungsbehörden mitbestimmt.

## b) Externe Effekte

Produktion und Konsumtion in der Privatwirtschaft führen zu erheblichen Umweltschäden durch Abgase, Abwasser oder Lärm, aber auch zu Umweltverbesserungen wie die Offenhaltung der Landschaft durch die Landwirtschaft. Gemeinsam ist diesen sog. **externen Effekten** (externe Kosten und externe Erträge)[32], dass sie ex definitione nicht als Kosten bzw. Erlöse oder „Nachteile" bzw. „Vorteile" in den Wirtschaftsrechnungen der privaten Haushalte und Unternehmen erscheinen. Folglich besitzen die Wirtschaftssubjekte einen Anreiz, Produktion und Konsum mit hohen externen Kosten auszudehnen und solche mit externen Erträgen gering zu halten. Da dieses Verhalten eine **volkswirtschaftlich optimale Güterversorgung** verhindert, kann eine Minderung oder Ausweitung von Produktion bzw. Konsum aus gesamtwirtschaftlichen Erwägungen angezeigt sein (siehe Schema 2.1).

*Schema 2.1: Öffentliche Aktivitäten zur Beeinflussung externer Effekte*

| Ansatzpunkte öffentlicher Aktivität ——— Externe Effekte privater Aktivitäten | beim Verursacher | beim Betroffenen |
|---|---|---|
| Externe Kosten | Belastungen | Entschädigungen |
| Externe Erträge | Begünstigungen | Belastungen |

Fallen bei der privaten Aktivität gewichtige externe Erträge (Nutzen) an, so kann die öffentliche Hand diese Aktivität durch Begünstigungen (Zuschüsse, Steuervergünstigungen) subventionieren und zu ihrer Ausdehnung beitragen. Sind die externen Kosten privater Aktivitäten unerwünscht hoch, wie zumeist im Umweltbereich, kann der Staat versuchen, die bisher von der Gesamtheit getragenen Kosten den Verursachern anzulasten (Verursacherprinzip; Internalisierung externer Kosten). Darüber, ob und ggf. wie weitgehend der Staat eingreifen soll, gibt es unterschiedliche Auffassungen, die in der Beurteilung der externen Effekte liegen und oft schlagwortartig mit den Namen „Coase versus Pigou" umschrieben werden.

Nach **R. Coase** legt der Staat zunächst nur Eigentumsrechte an den Umweltgütern fest. Dann soll, soweit möglich, durch direkte Verhandlungen zwischen Schädigern und Geschädigten das Ausmaß der Umweltbeeinträchtigungen festgelegt, d.h. über die genannte Nutzungs-

---

[32] Im Deutschen werden entweder die Ausdrücke negative und positive externe Effekte sowie externe Kosten und externe Erträge verwendet oder die englischen Ausdrücke benutzt. Im Englischen spricht man von ‚external costs (diseconomies)' und ‚external benefits (economies)', häufig aber auch von ‚spillover costs' und ‚spillover benefits'.

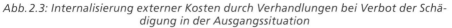

Abb. 2.3: Internalisierung externer Kosten durch Verhandlungen bei Verbot der Schädigung in der Ausgangssituation

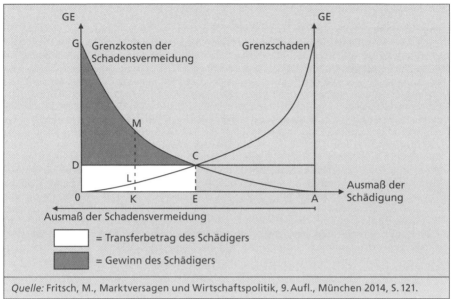

Quelle: Fritsch, M., Marktversagen und Wirtschaftspolitik, 9. Aufl., München 2014, S. 121.

konkurrenz entschieden werden. Abb. 2.3 zeigt, wie sich der zu zahlende Transfer durch den Schädiger, also der Vorteil für den Geschädigten, und der Gewinn des Schädigers zueinander verhalten. Der Grenzschaden des Geschädigten nimmt mit zunehmendem Ausmaß des Schadens zu. Den Schädiger betreffende Grenzkosten der Vermeidung sind von rechts nach links zu lesen. Die erste ab der Schadensmenge A zu reduzierende Einheit kann noch durch relativ einfache, kostengünstige Maßnahmen reduziert werden. Bei einer stärkeren Reduzierung steigen die Grenzkosten an. Nach Coase können die Eigentumsrechte an dem betreffenden Umweltgut dem Geschädigten zugesprochen werden, aber alternativ auch dem Schädiger. Die Schadensreduzierung, die sich nach den Verhandlungen einstellt, wird in beiden Fällen gleich sein. Der Unterschied liegt lediglich in der Verteilung der Kosten. In Abb. 2.3 ist der Fall dargestellt, bei dem der Geschädigte die Eigentumsrechte zugesprochen bekommt und damit vom Schädiger eine Reduzierung des Schadens auf Null verlangen könnte. Der Schädiger wird dem Geschädigten dann in Verhandlungen einen Ausgleich für eine geringere Reduzierung anbieten. Dies zu akzeptieren lohnt sich für den Geschädigten so lange, wie der ihm angebotene Transfer über seiner durch den Grenzschaden festgelegten Mindestforderung für eine Entschädigung liegt. Die Zahlungsbereitschaft des Schädigers ist demgegenüber durch die Grenzkosten der Schadensvermeidung festgelegt. Die Verhandlungen pendeln sich mit dieser Ausgangslage bei dem Punkt ein, an dem sich Mindestforderung und Zahlungsbereitschaft treffen. Der Geschädigte erhält einen Transfer in Höhe der durch die Punkte 0ECD bezeichneten Fläche, während der Schädiger im Vergleich zu einer gänzlichen Vermeidung des Schadens Mittel in Höhe der Fläche DCG einspart. Hätte der Schädiger das Eigentumsrecht an dem Umweltgut und mithin das Recht, unbegrenzt zu verschmutzen, erhalten, führten Verhandlungen in dieser Modellwelt ebenfalls zu einer Reduktion des Schadens bis zum Punkt E. In diesem Fall müsste jedoch der Geschädigte spiegelbildlich einen Transfer an den Schädiger als Kompensation für die Schadensvermeidung leisten. Ebenso könnte der Geschädigte spiegelbildlich einen Gewinn durch die Reduktion seines Schadens im Vergleich zu einer Verschmutzung bis zum Punkt A realisieren. Allerdings sind Coase-Lösungen wegen der hohen Transaktionskosten nur bei einer kleinen Zahl von Beteiligten sinnvoll.

**C. Pigou** hingegen betont allein die wirtschaftliche Tätigkeit als den hauptsächlichen Ansatzpunkt und die von ihr ausgehenden externen Effekte. Um die externen Effekte zu vermeiden, soll sie der Staat internalisieren, insbesondere durch Steuern, die an den externen Effekten und folglich **an den verursachten volkswirtschaftlichen Belastungen ausgerichtet** sind[33]. Die **grundsätzliche Wirkung** einer solchen „Pigou-Steuer" lässt sich in Abb. 2.4 anhand eines üblichen Mengen-Preis-Diagramms für einen Markt bei vollständiger Konkurrenz und mittleren Elastizitäten darstellen, auf dem ein Gut angeboten wird, dessen Herstellung mit Umweltbelastungen verbunden ist. In der Angebotskurve $A_1$ sind die privaten Grenzkosten der Produktion dieses Gutes enthalten (z. B. Löhne, Mieten). Die Umweltbelastungen führen zu technologischen negativen externen Effekten (GKext) und sind als soziale Zusatzbelastungen dazuzurechnen. Die **sozialen Grenzkosten** dieser Produktion (Kurve $GK_{soz}$) ergeben sich somit aus dem privaten Teil des Ressourcenverzehrs ($A_1$), den die Produktion einer Einheit dieses Gutes verursacht, sowie den als externe Kosten von Dritten getragenen Teil (GKext), der in der Inanspruchnahme der öffentlichen (Umwelt-) Güter besteht. Die Nachfragekurve N gibt die Zahlungsbereitschaft der Konsumenten für die zusätzliche Einheit des Gutes wieder. Ohne staatliche Eingriffe würde der Preis $P_1$ realisiert und die Produktion $M_1$ betragen, da nur die privaten Kosten entsprechend $A_1$ in die Rechnung eingingen. Berücksichtigt man zusätzlich noch die externen Kosten und damit $GK_{soz}$ statt $A_1$, so läge die volkswirtschaftlich wünschenswerte Produktion bei $M_2$ zum Preis $P_2$, denn im Punkt D entsprechen die sozialen Kosten $GK_{soz}$ der Zahlungsbereitschaft[34]. Um diesen Punkt zu realisieren, kann der Staat eine **Mengensteuer** in der Höhe von t erheben, die in Folge der Anpassungsreaktionen der Anbieter zur Angebotskurve $A_2$ und damit dem gewünschten neuen Gleichgewicht bei $P_2$ und $M_2$ führt.

*Abb. 2.4: Wirkung einer Pigou-Steuer*

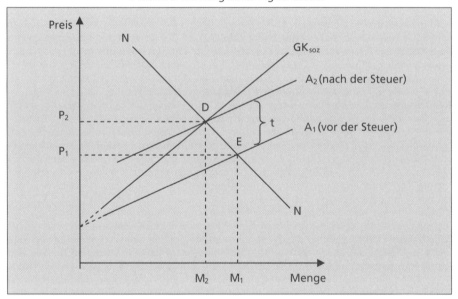

---

[33] Pigou, A. C., The Economics of Welfare, London 1920, 4th ed., (Neudruck), London 1950, S. 223 f.

[34] Die externen Effekte entsprechen also der Fläche zwischen $A_1$ und $GK_{soz}$.

## c) Informationsasymmetrien

Zu Ineffizienz auf Märkten kann es auch kommen, wenn Informationen sehr ungleich zwischen Anbietern und Nachfragern verteilt sind. Insbesondere auf Versicherungsmärkten treten Probleme auf, wenn eine Seite besser über die vertragsrelevanten Aspekte informiert ist. Funktionieren diese Märkte perfekt (Informationssymmetrie), wird jeder Versicherungsnehmer mit einer Prämie belegt, die seiner Schadenswahrscheinlichkeit entspricht. Gibt es über diese keine vollständige Transparenz, besteht für die Nachfrager mit hoher Schadenswahrscheinlichkeit ein Anreiz, ihr Risiko herunterzuspielen. So können beispielsweise Nachfrager auf dem privaten Krankenversicherungsmarkt ihren schlechten Gesundheitszustand verschweigen, um eine geringere Versicherungsprämie zahlen zu müssen. Diese sich mit der Einstufung „schlechter Risiken" als „gute Risiken ergebende" **adverse Selektion** führt langfristig aufgrund der zu geringen Versicherungsprämien zu Verlusten der Versicherungsunternehmen. Um sich davor zu schützen, werden die Versicherungen ihre Prämien erhöhen und auch „guten Risiken" nur noch Verträge zu für diese Nachfrager überhöhten Prämien anbieten. Personen mit niedriger Schadenswahrscheinlichkeit werden auf dem Markt also keine Verträge zu für sie fairen Prämien mehr abschließen können und sich möglicherweise sogar entscheiden, aus dem Markt auszuscheiden. Es kommt zu einer Verdrängung „guter Risiken" durch „schlechte Risiken". Um das Ausmaß dieser Ineffizienz zu reduzieren, kann der Staat mittels einer gesetzlich vorgeschriebenen Pflichtversicherung eine Risikopoolung vornehmen, die beide Gruppen besser stellt. Für die „guten Risiken" wird die Rationierung ihres Versicherungsschutzes gelockert. „Schlechte Risiken" profitieren davon, dass sie von „guten Risiken" subventioniert werden.

Auch nach Vertragsabschluss spielen asymmetrische Informationen eine Rolle. Versicherte könnten dazu neigen, sich weniger vorsichtig zu verhalten, wenn sie wissen, dass die Kosten im Schadensfall übernommen werden. Kann der Versicherungsnehmer die Eintrittswahrscheinlichkeit eines Schadensfalles durch sein Verhalten beeinflussen, muss der Versicherer zusätzlich ein **moralisches Risiko (moral hazard)** tragen.[35] Durch Selbstbehalte und Aufklärung der Versicherten kann versucht werden, dieses Risiko zu verringern.

Grund für diese Probleme ist die Schwierigkeit, dass man nicht alle möglichen Reaktionen der Beteiligten im Vertrag regeln kann. Das gilt hier für das Beispiel der Versicherten, ist aber ebenso wichtig für den Arbeitgeber, der dem Arbeitnehmer im Arbeitsvertrag nicht in allen Details die zu erbringenden Leistungen vorgeben kann. Dies hat die **Theorie der unvollständigen Verträge** herausgearbeitet, die 2016 Gegenstand des Nobelpreises für Wirtschaftswissenschaften war.[36]

---

[35] Siehe hierzu im einzelnen Wissenschaftlicher Beirat beim Bundesministerium der Finanzen, Freizügigkeit und soziale Sicherung in Europa, Schriftenreihe des Bundesministeriums der Finanzen, Heft 69, Berlin 2000, S. 62 ff.

[36] Schmidt, K., Vertragstheorie: Ökonomie-Nobelpreis 2016 für Oliver Hart und Bengt Holmström, in: Wirtschaftsdienst, 96. Jg., H 12, S. 926 ff.

## d) Öffentliche Güter

Die weitaus meisten Leistungen, für die individuelle Präferenzen bestehen, werden in einem gemischtwirtschaftlichen System wie dem Deutschlands durch den Markt befriedigt. Die Leistung des Marktes besteht darin, dass im Rahmen des marktlichen Interaktionsprozesses knappe Güter auf Nachfrager verteilt werden. Dazu bedarf es auf der Angebotsseite der Definition und der **Anerkennung von „Eigentumsrechten"** an dem angebotenen Gut. Andernfalls kann der Anbieter für die Übertragung des Gutes kein Entgelt fordern. Auf der Nachfrageseite ist die Zahlung eines Preises Voraussetzung dafür, dass einzelne Nachfrager zum Zuge kommen und andere nicht. Das Wirken des Marktmechanismus setzt also individuelle Eigentumsrechte und Preise voraus. Es lässt sich allerdings zeigen, dass es Aktivitäten gibt, bei denen der Marktmechanismus nicht wirksam werden kann, weil die anzubietenden Güter bzw. Leistungen besondere Merkmale aufweisen.

Ein **erstes (angebotsseitiges) Merkmal** für die marktliche Allokation von Gütern ist die **Möglichkeit für den Produzenten, die Konsumenten zur Zahlung eines Preises heranzuziehen.** Gelingt ihm das nicht, wird er zwar Interessenten für sein Gut finden, von ihnen aber keine zumindest kostendeckenden Preise fordern können. Deswegen wird er das betreffende Gut nicht anbieten. Das sog. *Ausschlussprinzip,* d.h. die Möglichkeit, Zahlungsunwillige vom Konsum eines Gutes auszuschließen, *ist nicht anwendbar.*

Der Fall, dass ein Gut zu einem gegebenen Preis keine Abnehmer findet, kommt alltäglich vor, nämlich immer dann, wenn den Nachfragern der geforderte Preis zu hoch ist. Charakteristisch für die Nichtanwendbarkeit des Ausschlussprinzips ist aber, dass die Höhe des Preises bzw. des Kostenanteils für die fehlende Nachfrageartikulation nicht allein verantwortlich ist, sondern ein **strategisches Verhalten der Nachfrager**: Das Ausschlussprinzip versagt, wenn Konsumenten auch ohne Zahlung des Marktpreises ein Gut konsumieren können bzw. der Nutzungsausschluss für den Produzenten zu teuer würde.

Der beschriebene Sachverhalt lässt sich durch ein Beispiel veranschaulichen. In manchen Städten stellen die Mieter größerer Wohnhäuser Wächter bzw. Sicherheitskräfte ein. Die von ihnen ausgehende Sicherheit für die Mieter, die sie bezahlen, kommt auch den nichtzahlenden Bewohnern der Nachbarhäuser zugute. Die zahlenden Mieter müssen das **„Mitkonsumieren" des Gutes** „Sicherheit" durch die Nachbarschaft hinnehmen, weil sich keine Möglichkeit findet, den Mitkonsumenten einen Preis abzufordern; das Ausschlussprinzip versagt also. Obwohl also auch die Nachbarn das Gut der zusätzlichen Sicherheit erhalten, kommt es nicht zur Zahlung, soweit die Mitkonsumenten sich **strategisch** geschickt **verhalten**. Sobald sie die **Unteilbarkeit** der geschaffenen Leistung überblicken, d.h. einsehen, dass auch ihnen die Leistung zugutekommen muss, wenn sie überhaupt in der Nachbarschaft angeboten wird, können sie nämlich bei der Bitte um Kostenbeteiligung vorgeben, sie hätten kein Interesse an der Leistung. Dieser Sachverhalt, dass jemand, der seinen individuellen Nutzen zu maximieren trachtet, seine Präferenzen für ein Gut nicht kundtut, von dem er glaubt, es werde auch ohne seine artikulierte Nachfrage produziert und finanziert, wird auch als **„free-rider"-(Freifahrer-** oder **Trittbrettfahrer-)Haltung** oder **Schwarzfahrerhaltung** bezeichnet. Finden sich nicht genügend **Zahlungswillige**, um überhaupt einen Wächter zu finanzieren, so scheitert häufig die private Bereitstellung eines öffentlichen Gutes. In diesem Fall muss die öffentliche Hand abwägen, ob sie das Gut „Sicherheit" in diesem Stadtviertel öffentlich bereitstellen will. Sie kann dann alle mutmaßlichen Nutznießer zwangsweise zur Finanzierung heranziehen, etwa indem sie eine örtliche (Quartiers-)Abgabe erhebt.

An diesem Beispiel lässt sich zugleich zeigen, dass ein **öffentliches Angebot** eines Gutes **nicht mit seiner öffentlichen Produktion** einhergehen muss. Das öffentliche Angebot (d. h. die Sorge dafür, dass ein Angebot zustande kommt) war in diesem Fall bereits erfolgt, als die Anordnung an die privaten Haushalte erging, für die entsprechende Häusergruppe oder den Stadtteil eine Bewachung bzw. einen Gebäudeschutz einzurichten. Die Produktion dieses Gutes „Bewachung" kann dann zum einen privat erfolgen, etwa durch abwechselnde Wachgänge der Bewohner, Einstellung eines Wächters usw., zum anderen öffentlich, also etwa durch Einstellung eines Polizisten. Wenn der Staat sich auf diesem wie auch auf anderen Feldern auf die Sicherung des öffentlichen Angebots – bei weitgehend privater Produktion des öffentlichen Gutes – beschränkt, wird auch vom **Gewährleistungsstaat** gesprochen, der einen Spezialfall des oben erwähnten Ordnungsstaates darstellt. Dagegen produziert der **Versorgungsstaat** (als Spezialfall des Leistungsstaates) die öffentlichen Güter zumeist auch selbst.

Ein **zweites (nachfrageseitiges) Merkmal für Güter,** das die marktliche Allokation erschwert, liegt darin, dass der Konsum dieser Güter durch einen Bürger die Konsummöglichkeit für die anderen Nachfrager nicht schmälert. Ohne gegenseitige Beeinträchtigung können mehrere Konsumenten das gleiche Gut nutzen, wie im Falle von Verteidigungsleistungen, der Nutzung eines Leuchtturms oder das Hören einer Radiosendung oder – allerdings unter Einschränkung – auch die Nutzung einer Autobahn. Man spricht in diesem Fall von Gütern mit *nicht-rivalisierendem Konsum* (non-rival consumption). Solche Güter und Leistungen stehen zur Verfügung, ohne dass ein zusätzlicher Konsument zusätzliche Kosten verursacht, d. h. ihre Inanspruchnahme durch zusätzliche Konsumenten verursacht **Grenzkosten von Null**.

Die Abb. 2.5 zeigt, worin die Unterschiede zwischen öffentlichen und privaten Gütern bei einer optimalen Bereitstellung liegen. Dargestellt sind zwei Gruppen, die jeweils aus homogenen Individuen bestehen, bzw. zwei Individuen. Die Angebotskurve ist die Summe der Grenzkostenkurven der Unternehmen ($GK_{pr}$ bzw. $GK_{ö}$). Im linken Teil zeigen die beiden Nachfragekurven NA und NB die in Abhängigkeit vom Preis nachgefragte Menge eines privaten Gutes auf. Die Gesamtnachfrage nach dem Gut $X_{pr}$ ergibt sich für jeden Preis durch horizontale Aggregation von NA und NB. So wird etwa beim Preis $p_{pr}$ von A die Menge $X_{pr,1}$ nachgefragt, da dann der Grenznutzen dem Preis entspricht, und von B die Menge $X_{pr,2}$. Die Gesamtnachfrage ergibt sich aus der Addition dieser beiden Mengen und beträgt $X_{pr,3}$. Beim Preis $p_{pr}$ entspricht auch die angebotene Menge $X_{pr,3}$, das Marktgleichgewicht ist erreicht. Es ist dadurch gekennzeichnet, dass jeder Nachfrager den gleichen Preis pro Gut zahlt, aber unterschiedliche Mengen des Gutes konsumiert. Der Preis wiederum entspricht dem Grenznutzen, den dieses Gut dem einzelnen Konsumenten verschafft. Auch beim öffentlichen Gut (rechts) muss der Preis des Gutes dem dadurch hervorgerufenen Grenznutzen oder der marginalen Zahlungsbereitschaft (MZB) entsprechen. Allerdings ist wegen des Kollektivkonsums (beide Konsumenten müssen die gleiche Menge des Gutes, z. B. innere Sicherheit, konsumieren) der Grenznutzen aller Konsumenten des Gutes dem Preis und somit den Grenzkosten gegenüberzustellen ($GK_{ö}$). Aus diesem Grund sind die MZB-Kurven von A und B vertikal zu addieren, um die Gesamtnachfrage zu ermitteln. Sollte also das öffentliche Gut im Umfang von $X_{ö}$ bereitgestellt werden, so wäre A bereit, dafür $P_{ö}A$ zu bezahlen. B hat ein größeres Interesse an diesem Gut und wäre bereit, $P_{ö}B$ zu entrichten. Die Summe aus diesen beiden Beträgen wäre die in Preisen ausgedrückte Wertschätzung der Konsumenten für das Gut. Diese gesamte Wertschätzung ist wiederum den Grenzkosten der Produktion gegenüberzustellen, um die optimale Menge zu ermitteln. Sind – wie hier unterstellt – die MZB-Kurven bekannt, kann die optimale Menge bereitgestellt werden. Das Problem bei öffentlichen Gütern besteht nun aber darin, dass aufgrund der fehlenden

*Abb. 2.5: Vergleich der optimalen Bereitstellung bei privaten und bei öffentlichen Gütern*

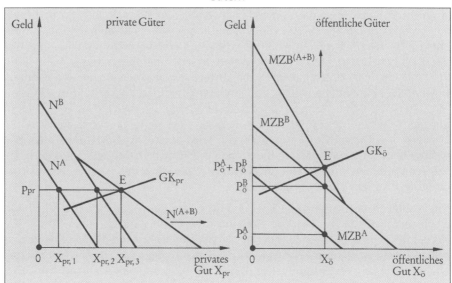

Ausschließbarkeit vom Konsum die Präferenzen und damit die MZB-Kurven der Nachfrager nicht direkt ermittelt werden. Aufgrund der unbekannten Präferenzen ist die Bestimmung des Bereitstellungsumfangs nicht ohne weiteres möglich. In Demokratien wird der Umfang der bereitzustellenden öffentlichen Güter meist im politischen Prozess bestimmt, wobei Abstimmungen und Wahlen der Präferenzoffenbarung dienen.

Treffen bei einem Gut die beiden Merkmale der fehlenden Ausschlussmöglichkeit und der Nichtrivalität im Konsum in vollem Maße zu, wie es etwa für Wissen aus der Grundlagenforschung gilt, so spricht man von einem *(reinen) öffentlichen Gut*. Ist dagegen der Ausschluss perfekt möglich und liegt Rivalität beim Konsum vor, handelt es sich um ein *(rein) privates Gut*, wobei diese **polaren Fälle**, wie häufig, nur zur **Abgrenzung** des Untersuchungsfeldes dienen. Oft liegen Güter aber zwischen diesen beiden Extremen (vgl. dazu Schema 2.2, das das Spektrum der verschiedenen Möglichkeiten wiedergibt). Ist das **Ausschlussprinzip anwendbar**, **funktioniert prinzipiell eine Marktlösung**. Bei *Clubgütern*, die durch Nichtrivalität im Konsum und die Möglichkeit des Ausschlusses gekennzeichnet sind, steht z. B. im Fall des Kabelfernsehens einem privaten Angebot nichts im Wege. Dennoch unterliegen Clubgüter oft einer staatlichen Regulierung, da es sich in vielen Fällen um Güter handelt, etwa aus dem Bereich der Versorgungsnetze, deren Produktion zu den erwähnten natürlichen Monopolen führt. Umweltgüter wie Fischbestände in internationalen Gewässern unterliegen zwar oft der Rivalität im Konsum, sind aber unbegrenzt zugänglich. Eine mögliche Lösung für die bei solchen *Quasi-Kollektivgütern* (**Allmendegütern**) auftretende Übernutzung ist die Definition von Eigentumsrechten.

Als Beispiel für ein *Mischgut* kann der Impfschutz gegen eine ansteckende Krankheit (vgl. Schema 2.2) verwendet werden. Wer sich impfen lässt, ist selbst gegen die Krankheit geschützt und erhält insoweit ein privates Gut, das er am Markt

*Schema 2.2: Private Güter, Quasi-Kollektivgüter, Mischgüter, Clubgüter und öffentliche Güter bei vorhandenen Präferenzen*

| Ausschluss-prinzip<br><br>Rivalität<br>beim Konsum | anwendbar | nicht anwendbar |
|---|---|---|
| 1. Güter mit Rivalität beim Konsum | **Private Güter** | **Quasi-Kollektivgüter (Allmendegüter)** |
| | Autos | Fischbestände in internationalen Gewässern |
| 2. Güter mit teilweiser Rivalität beim Konsum | **Mischgüter** | |
| | Impfschutz für Geimpfte | Schutzwirkung der Impfung für Nichtgeimpfte |
| 3. Güter mit Nichtrivalität beim Konsum | **Clubgüter** | **Reine öffentliche Güter** |
| | Kabelfernsehen | Wissen aus der Grundlagenforschung |

kaufen kann (**Individualgutkomponente**). Zugleich sinkt mit der zunehmenden Zahl der Geimpften auch die Gefahr der Ansteckung Nichtgeimpfter oder gar des Ausbruchs einer Epidemie. Im Maße dieser Schutzwirkung auf Nichtgeimpfte, also soweit positive externe Effekte vorliegen, handelt es sich um ein öffentliches oder Kollektivgut. Wegen der **Kollektivgutkomponente** kann eine Subventionierung der Impfkosten und/oder eine Impfpflicht (mit/ohne private Kostenanlastung) angezeigt sein, je nachdem, wie wichtig diese externen Effekte für die Bevölkerung eingeschätzt werden.

Fragt man abschließend nach dem *Erklärungswert der* in ihren Grundzügen wiedergegebenen *Theorie der öffentlichen Güter,* so ist eine Antwort nicht eindeutig. Sicherlich liefert die Theorie der öffentlichen Güter keine präzisen normativen Vorgaben für eine eindeutige Aufteilung in öffentliche und private Güter. Der politische Streit über Art und Umfang der öffentlichen Aktivität lässt sich mit ihrer Hilfe nicht schlichten. Die Theorie gibt aber immerhin Anhaltspunkte darüber, ob sich z.B. bei einer neuen Aufgabe tendenziell eine eher öffentliche oder eine eher private Lösung eignet. Auf die Frage, welche **einzelnen Aufgaben** der Staat übernehmen soll, ließe sich mit Hilfe der Theorie des Marktversagens also nur ansatzweise eine Antwort geben. Aber selbst eine genaue Bestimmung der Art der öffentlich zu erfüllenden Einzelaufgaben würde nicht ausreichen, um einen wünschenswerten **Gesamtumfang der finanzwirtschaftlichen Staatstätigkeit** und damit die Höhe des Staatsanteils festzulegen. Zusätzlich müsste man nämlich wissen, in welchem Ausmaß die der öffentlichen Hand zugewiesenen Aufgaben erfüllt werden sollen. Erst dann – und bei Einbeziehung der Finanzierungsseite – bestünde Klarheit über die Höhe des erforderlichen Finanzvolumens und den Staatsanteil. Folglich ist dann das Budget in seiner Gesamtheit zu betrachten (siehe Abschnitt II).

## e) Meritorische Eingriffe

Bisher wurde angenommen, dass der Staatsbürger die zur Diskussion stehenden Güter auch wünscht, mit anderen Worten dass diese Güter nach Art und Umfang in seinen Präferenzen enthalten sind. In alten Staatstheorien und in der neueren Demokratiediskussion werden aber immer wieder Bedürfnisse diskutiert, deren Befriedigung aus der Sicht des „weitblickenden und wohlmeinenden Landesvaters" oder Staatsmannes, vor allem aber auch aus der Sicht des vom Volk gewählten Parlaments wünschenswert ist, die aber von den Individuen zu einem bestimmten Zeitpunkt nicht, noch nicht bzw. nur unvollkommen empfunden werden, weil die **Präferenzen der Individuen** „verzerrt" seien. Grund für diese verzerrten Präferenzen können **fehlende Informationen** oder **Irrationalität** etwa bei der Einschätzung von zukünftigen Ereignissen sein. So wurde lange Zeit bestritten, dass Zigaretten gesundheitsschädlich sind. Durch Informationskampagnen kann diese Einschätzung beseitigt bzw. gemindert werden. Häufig schätzen Konsumenten die Eintrittswahrscheinlichkeit zukünftiger Ereignisse falsch ein und verzichten darauf, entsprechende Vorkehrungen zu treffen. So hat sich die Wahrscheinlichkeit, im Alter ein Pflegefall zu werden, durch die gestiegene Lebenserwartung in den letzten Jahrzehnten deutlich erhöht. Zum Abschluss privater Pflegeversicherungen ist es aber kaum gekommen. Deshalb wurde eine Pflegeversicherungspflicht 1995 eingeführt.

Diesen Bereich der Bedürfnisbefriedigung durch den Staat versieht man häufig in Anlehnung an Musgrave mit dem Etikett „meritorisch", was in diesem Zusammenhang vielleicht mit verdienstvoll bzw. mit einem **verdienstvollen oder wünschenswerten Eingriff des Staates** gleichgesetzt werden kann. Das Unterscheidungsmerkmal zwischen öffentlichen und meritorischen Gütern ist die Verzerrung der individuellen Präferenzen, die der Staat durch seinen meritorischen **Eingriff in die Konsumentensouveränität** zu korrigieren sucht.

Wenn der Staat in dieser Weise in die Konsumentensouveränität eingreift, erhebt sich die Frage, wer nach welchen Kriterien über die Art der meritorischen Güter, ihre Art, ihren Umfang und ihre Zumessung auf die Individuen usw. bestimmen soll. War es bei den **öffentlichen Gütern** nur um die **Aufdeckung** und Bündelung **vorhandener Präferenzen** gegangen, so muss das **meritorische Gut** erst definiert, d. h. die Ergänzungs- bzw. **Korrekturbedürftigkeit der individuellen Nachfrageentscheidung, die aufgrund gegebener Präferenzen getroffen worden wäre,** bestimmt werden. Die meritorisch begründeten Eingriffe erfolgen überwiegend im Hinblick auf private Güter, etwa dann, wenn die Anschnallpflicht beim Autofahren vorgeschrieben ist, die Werbung für das Rauchen verboten wird oder ein Schulfrühstück für Kinder obligatorisch ist. Die meisten Begründungen für solche Eingriffe sind darauf zurückzuführen, dass Konsumenten in gewissem Maße vor sich selbst geschützt werden sollen: Kinder vor dem „Schule schwänzen" oder Erwachsene vor dem Risiko späterer Krankheit oder Arbeitslosigkeit.

Die meritorischen Güter sind umstritten, vor allem weil das Argument der verzerrten Präferenz bzw. der Irrationalität als Einfallstor für Staatseingriffe in die Präferenzen der Bürger dienen kann. Der Widerspruch des meritorischen Eingriffs zeigt sich darin, dass einerseits der Konsument und Wähler der Souverän ist, der in Demokratien mittels Wahlen Vertreter bestimmt. Andererseits stellen diese gewählten Vertreter später fest, dass die Wähler und Konsumenten falsche Entscheidungen treffen, die korrigiert werden müssen, wodurch auch die Wahlentscheidung in den Verdacht einer zu korrigierenden Entscheidung gerät, weil auch bei dieser Entscheidung die Präferenzen der Bürger verzerrt gewesen sein könnten.

Die Kritik wird zumeist auch dann aufrechterhalten, wenn der Staat das meritorische Gut nicht durch Eingriffe schafft, wie im Fall der Pflegeversicherung. Vielmehr wird oft auch ein Vorgehen diskutiert, das als **Nudging** bezeichnet wird, was man als „sanft anschubsen", „leicht in die Rippen stoßen" usw. interpretieren kann[37]. Als Beispiel sei der vieldiskutierte Organspendeausweis angeführt. Die Organspende wird im Prinzip weitgehend befürwortet, aber nur Wenige tragen einen Spenderausweis mit sich. Statt daraus eine Pflicht zu machen, wird derzeit jeder Bürger pflichtmäßig informiert. Ein nächster Schritt wäre eine Widerspruchspflicht (Personen müssen explizit erklären, dass kein Ausweis gewünscht wird), und erst eine letzte Stufe bestünde dann in der Ausweispflicht.

## II. Zur Theorie des optimalen Budgets

Mit Hilfe der Theorie des Marktversagens konnte die Höhe des Staatsanteils nicht bestimmt werden, so dass das Problem einer bestmöglichen Aufteilung der Ressourcen auf die Produktion öffentlicher und privater Güter weiterhin einer Lösung bedarf. Im Rahmen der normativen Betrachtung soll abschließend mit Hilfe der Wohlfahrtsökonomik versucht werden, eine Antwort zu finden. Im 7. Kapitel werden dann weitere positive Ansätze dargestellt, wenn die unmittelbaren Akteure der Finanzpolitik (Politiker, Bürokraten, Verbandsfunktionäre) mit ihrem Eigennutzstreben untersucht werden, um ihren Einfluss auf die finanzwirtschaftliche Aktivität des Staates zu bestimmen.

### a) Die Unbestimmtheit der Aufteilung der Ressourcen auf private und öffentliche Güter

Bei der Allokation der volkswirtschaftlichen Ressourcen auf die verschiedenen Verwendungszwecke gibt es

- weder für die Bestimmung des Anteils öffentlich bzw. privat anzubietender Güter
- noch für die Entscheidung über die Zusammensetzung des Bündels öffentlich angebotener Güter (z. B. nach Aufgabenbereichen, siehe 1. Kapitel, Tab. 1.1)

einen automatisch wirkenden Mechanismus, wie ihn für das Angebot privater Güter ein funktionsfähiger Markt darstellt. Daher muss eine Entscheidung in anderer Weise herbeigeführt werden. Eine wichtige *Norm*, die in marktwirtschaftlichen

---

[37] Stark befürwortend Thaler, R. H., und Sunstein, C. R., Nudge -Wie man kluge Entscheidungen anstößt, Berlin 2009. Kritisch dazu Zimmer, D., Weniger Politik!: Plädoyer für eine freiheitsorientierte Konzeption von Staat und Recht, München 2013, S. 85 ff.

Systemen und Theorien für diese Entscheidung zugrunde gelegt wird, ergibt sich aus den **Präferenzen des Individuums,** die in möglichst unverfälschter Form **in die** übergreifende **Allokationsentscheidung eingehen sollen.** Deshalb wird zunächst unterstellt, dass die *Individuen selbst über das öffentliche Budget bestimmen,* also etwa durch Kauf gegen Entgelt oder durch Abstimmung in der direkten Demokratie.

Um die Präferenzen des Individuums genau zu berücksichtigen, könnte man ein *Verfahren* einführen, bei dem gewährleistet ist, dass kein Individuum gegen seinen Willen zur Finanzierung einer Ausgabe herangezogen wird, die ihm den „**Steuerpreis**" („**Lindahl-Preis**") nicht wert ist. Damit würde die Betrachtung über die wünschenswerte Höhe des Budgets an der Entscheidungssituation des einzelnen Bürgers orientiert[38]. Er ist es schließlich, dem die Ausgabe in den meisten Fällen zugutekommen soll und der die entsprechende Finanzierungslast tragen muss (fiskalische Äquivalenz). Um eine gewisse Analogie zu Angebot und Nachfrage auf dem Markt herzustellen, könnte man daran denken, den Staat als Anbieter von Leistungen anzusehen, für die er Preise festsetzt. Dann könnten die Bürger prüfen, ob ihnen das Gut diesen Preis im Vergleich zum Preis privater Güter „wert" ist. Liegt dann nach ihrer Vorstellung der „Grenznutzen" der nachgefragten Staatsleistung über dem (Steuer-)Preis, werden sie kaufen bzw. die Leistung in Anspruch nehmen. Ginge man über eine solche Fiktion hinaus und ließe den Staat tatsächlich alle oder die meisten seiner Leistungen gegen – spezielle oder pauschalierte – Entgelte abgeben, so würde ein solches **freiwilliges Beitragsverfahren** die Wahlfreiheit der Individuen sichern. **Im internationalen Wettbewerb** um Standorte von Unternehmen und um Wohnorte hochqualifizierter Arbeitskräfte sind solche Lindahl-Preise durchaus wirksam. Unternehmer und Arbeitnehmer wägen ab, welches Land ihnen das günstigste Verhältnis zwischen zu zahlenden Steuern und Beiträgen und den verfügbaren öffentlichen Leistungen bietet. Gegen ein generalisiertes freiwilliges Beitragsverfahren stehen die Erkenntnisse aus der Theorie des Marktversagens. Danach besteht für Güter, für die die Anwendbarkeit des Ausschlussprinzips gegeben ist, in einem funktionierenden marktwirtschaftlichen System kaum eine Notwendigkeit eines staatlichen Angebots. Lässt sich das Ausschlussprinzip nicht anwenden, so ist auch ein freiwilliges Beitragsverfahren technisch nicht möglich, denn es bewirkt das strategische Verhalten, d.h. die Bürger werden ihre Präferenzen nicht bekannt geben, um nicht zur Finanzierung beitragen zu müssen („**free-rider**"-**Problem**). Selbst wenn jeder einzelne eine Vorstellung über das wünschenswerte Volumen von öffentlichen und privaten Gütern besäße, käme es nicht zu ihrer Artikulation und damit zu **keiner tragfähigen Lösung** des Problems einer optimalen Allokation der Produktivkräfte auf den privaten und öffentlichen Sektor.

Eine Annäherung an das freiwillige Beitragsverfahren, mit dem auch das Free-rider-Problem gelöst werden könnte, kann man in **Volksabstimmungen** (**-entscheiden, Referenden**) sehen, wenn sie zugleich mit den Mehrausgaben die hierfür erforderlichen Mehreinnahmen berücksichtigen. So werden etwa in Gemeinden der Schweiz Investitionsprojekte in Kenntnis der jeweiligen **Erhöhung des Steuersatzes** oder der Schuldaufnahme zur Abstimmung gestellt. Der Bürger entscheidet

---

[38] Wicksell, K., Finanztheoretische Untersuchungen nebst Darstellung und Kritik des Steuerwesens Schwedens, Jena 1896, Neudruck Aalen 1969.

dann über jedes einzelne Projekt in Abwägung mit der auf ihn zukommenden zusätzlichen Belastung (fiskalische Äquivalenz), so dass ein Free-rider-Verhalten nicht möglich ist.

Das Problem der optimalen Aufteilung der Ressourcen wäre noch vergleichsweise einfach zu lösen, wenn man davon ausgehen könnte, dass alle Staatsbürger die gleiche Vorstellung von der wünschenswerten Höhe des Staatsanteils hätten. Gesucht ist jenes Güterbündel aus öffentlichen und privaten Gütern, das gemäß den Konsumentenpräferenzen den optimalen Nutzen stiftet. Man muss aber realistischerweise von unterschiedlichen Staatsauffassungen ausgehen. Da zudem die Präferenzen unbekannt sind, kommt es ohne Absprache der Wirtschaftssubjekte **nicht zu einer einzigen bestmöglichen Aufteilung von privaten und öffentlichen Gütern**. Das Angebot an öffentlichen Gütern muss somit in einem **anderen Entscheidungsverfahren** entschieden werden **als dem, das bei privaten Gütern üblich ist**.

## b) Die wünschenswerte Höhe des Budgets

Der Grundgedanke des zuvor erörterten – **individualistischen** – Ansatzes, eine **unmittelbare Ableitung** des Budgets **aus den Präferenzen** der einzelnen Staatsbürger (als den Adressaten der Budgetpolitik) vorzunehmen, musste also schon in der Theorie und damit auch in der Praxis **als nicht durchführbar aufgegeben** werden. Man kann nun versuchen, ohne Blick auf die Unterschiede in den Präferenzen der Individuen und Gruppen nach der wünschenswerten Höhe des gesamten Budgets und damit des Staatsanteils zu fragen. Man käme dann zu einer gesamthaften Abwägung zwischen dem Vorteil, der durch öffentliche Ausgaben bzw. Leistungen bei den Staatsbürgern geschaffen wird, und dem Nachteil, der durch die Kürzung ihrer Einnahmen hervorgerufen wird. In den Kategorien der *Wohlfahrtsökonomik* ausgedrückt, wäre die gesellschaftliche Wohlfahrt bei derjenigen Budgethöhe maximiert, bei der der zusätzliche gesellschaftliche Nutzen der letzten Ausgabeneinheit gerade so hoch ist, wie der Nutzenentgang durch die hierfür an den Staat zu zahlende Abgabe. Eine **Begrenzung des Budgetvolumens** ergäbe sich aus der **Bereitschaft der Steuerzahler**, auf die private Verwendung von Teilen ihres Einkommens zugunsten der Verwendung durch den Staat zu verzichten.

Dieser Sachverhalt, der auf einer Vorstellung von der Gesellschaft als einer Gesamtheit (etwa der Steuerzahler) beruht, lässt sich anhand der Abb. 2.6 veranschaulichen. Dazu trägt man die Höhe des Budgetvolumens auf der Abszisse ab. Auf der Ordinate werden der immer negative Grenznutzen der Besteuerung und der immer positive Grenznutzen der Verausgabung bei steigendem Budgetvolumen wiedergegeben. Da der Grenznutzen der zusätzlichen öffentlichen Ausgaben und der Grenznutzen der zusätzlichen Steuern bei steigendem Budgetvolumen sinken, fallen die Grenznutzenkurven *aa* (der zusätzlichen Ausgaben) und *ee* (der zusätzlichen Steuern) von links nach rechts. Subtrahiert man die Kurven voneinander, so erhält man die **Nettonutzenkurve** *nn*. Die optimale Budgetgröße ist durch *0M* gegeben, denn bei *M* ist der marginale Nettonutzen gleich Null. Da die Kurven *aa* und *ee* empirisch jedoch nicht ermittelbar sind, kann dieses **wohlfahrtstheoretische Budgetprinzip** „marginaler Nutzenzugang durch Staatsausgaben gleich margina-

*Abb. 2.6: Nutzenzuwächse und -einbußen bei Veränderung des Umfangs finanzwirtschaftlicher Aktivität*

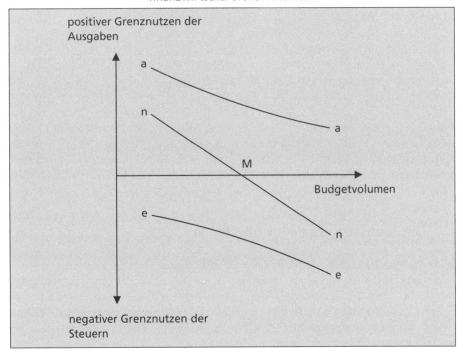

ler Nutzenentgang durch Besteuerung" nicht in einer unmittelbaren quantitativen Weise in die Finanzpolitik umgesetzt werden. Es hilft aber vielleicht, **politökonomisch zu erklären**, warum Staaten mit hohem Staatsanteil an zunehmende Widerstände bei seiner weiteren Erhöhung stoßen. Die Punkte unterhalb von M auf der Kurve *nn* kann man dann für das jeweilige Land als die Situationen bezeichnen, in denen dem durchschnittlichen Bürger, dem Politiker und der öffentlichen Meinung die Last der gerade zur Diskussion stehenden Steuererhöhung höher erscheint als der Vorteil aus den zusätzlichen mit diesen Steuern zu finanzierenden Ausgaben Ein Budgetvolumen jenseits von M kann dann auch erklären helfen, warum in einigen Staaten der zuvor sehr hohe Staatsanteil wieder zurückgegangen ist (siehe Tab. 2.1).

Mit der Abb. 2.6 wird der genannte individualistische Ansatz verlassen. An seine Stelle treten positive Theorieansätze, in denen das Wechselspiel zwischen Wählern, Gewählten und den Trägern der politischen Willensbildung einbezogen wird. Eine Theorie des optimalen Budgets umfasst notwendigerweise auch die Diskussion über Einigungsverfahren der Wirtschaftssubjekte im Hinblick auf das Angebot und die Finanzierung öffentlicher Güter. Einige Ansätze, die solche finanzpolitischen Willensbildungs- und Entscheidungsprozesse bewusst einbeziehen, werden im 7. Kapitel behandelt.

# Fragen zum 2. Kapitel

*Zu Teil A:*

1. Nennen Sie die Gründe für eine Messung der Staatstätigkeit.
2. Wie wirkt sich die Höhe des Staatsanteils auf das Wachstumsziel aus?
3. Was versteht man unter dem Optionsnutzen?
4. Wie hat sich der Staatsanteil im Zeitablauf verändert?
5. Welche Bereiche staatlicher Aktivität werden ausgeklammert, wenn Staatstätigkeiten und öffentliche Ausgaben gleichgesetzt werden?
6. Welche Interpretationsmöglichkeiten ergeben sich, wenn die Pro-Kopf-Ausgaben über einen längeren Zeitraum gestiegen sind?
7. Welchen Einfluss hat die Geldentwertung auf die Interpretation der Staatsausgabenquote?
8. Erläutern Sie die kurz- und langfristige Entwicklung des Staatsanteils.
9. Welche Bedeutung kommt ihrer Meinung nach einer Analyse von Wachstum und Struktur der öffentlichen Ausgaben zu?
10. Inwiefern beeinflusst die Einkommenselastizität der Nachfrage nach öffentlichen Leistungen den Staatsanteil?
11. Welcher Zusammenhang besteht zwischen Finanzierungsart und Kostenbewusstsein?
12. Diskutieren Sie die These, dass mit zunehmender räumlicher Konzentration der Bevölkerung in den Ballungsräumen steigende Gemeindeausgaben pro Kopf einhergehen.
13. Wie wirkt es sich auf den Staatsanteil aus, wenn eine staatliche Förderung mittels Subventionen oder Steuervergünstigungen erfolgt?
14. Was versteht man unter der Qualität der öffentlichen Ausgaben?
15. Erläutern Sie die Struktur der Bundesausgaben im Zeitablauf.
16. Erläutern Sie die langfristigen Belastungsquotienten der Bevölkerung.
17. Welcher Zusammenhang könnte zwischen der Ausgabenstruktur des Bundes und der demographischen Entwicklung bestehen? Ergeben sich daraus Probleme für die zukünftigen Wachstumschancen Deutschlands?

*Zu Teil B:*

1. Begründen Sie die Notwendigkeit staatlicher Eingriffe in den Marktmechanismus.
2. Erläutern Sie das Ausschlussprinzip und die Nicht-Rivalität beim Konsum.
3. Was sind externe Effekte und auf welche öffentlichen Aktivitäten zu ihrer Beeinflussung stehen zur Verfügung?
4. Zeigen Sie graphisch die Wirkung einer sog. Pigou-Steuer, und beschreiben Sie den Wirkungsverlauf einer Steuer auf die Emission von Schadstoffen.
5. Zeigen Sie graphisch, dass es nach der Vergabe von Eigentumsrechten aus allokativer Sicht keine Rolle spielt, wer die Eigentumsrechte hat (Schädiger oder Geschädigter).
6. Wodurch sind die sog. meritorischen Güter gekennzeichnet, und weswegen wird dieses Konzept häufig abgelehnt?
7. Was versteht man unter „nudging", und wie beurteilen Sie dieses Konzept?
8. Woran scheitert eine an den individuellen Präferenzen orientierte Bestimmung des optimalen Budgets?

9. Wann wäre aus wohlfahrtstheoretischer Sicht das optimale Budgetvolumen erreicht?

## Literatur zum 2. Kapitel

*Zu Teil A:*

Afonso, A., und Jalles J. T., Economic performance and government size, European Central Bank, Working Paper Series, No. 1399, Frankfurt/M November 2011.

Berg, H., Cassel, D., und Hartwig, K.-H., Theorie der Wirtschaftspolitik, in: Bender, D. u. a., Hrsg., Vahlens Kompendium der Wirtschaftstheorie und Wirtschaftspolitik, Bd. 2, 9. Aufl., München 2007, S. 243 ff.

Büttner, T. et al, Berechnung der BIP-Elastizitäten öffentlicher Ausgaben und Einnahmen zu Prognosezwecken und Diskussion iharer Volatilität, Ifo Institut, München 2006

Deutsche Bundesbank, Gemeindefinanzen: Entwicklung und ausgewählte Aspekte, Monatsbericht Oktober 2016.

Feld, L. P., Ordnungstheoretische Erkenntnisse und Politikerverhalten, in: Aufderheide, D., und Dabrowski, M., Hrsg., Wirtschaftsethik und Moralökonomik, Berlin 1997, S. 299 ff.

Funk, P., und Gathmann, C., Does direct democracy reduce the size of government? New evidence from historical data, 1890–2000, in: The Economic Journal, Bd. 121, 2011, S. 1252 ff.

Kirchgässner, G., und Pommerehne, W. W., Die Entwicklung der öffentlichen Finanzen in föderativen Systemen, Osnabrück 1990.

Oates, W. E., On the measurement of congestion in the provision of local public goods, in: Journal of Urban Economics, Bd. 24, 1988, S. 85 ff.

Pitlik, H., und Schratzenstaller, M., Growth implications of structure and size of public sectors, Österreichisches Institut für Wirtschaftsforschung, WIFO Working Paper 404/2011, Wien 2011.

Pommerehne, W. W., und Kirchgässner, G., Neuere Ansätze zur Erklärung der langfristigen Entwicklung der Staatsausgaben, in: Wirtschaftswissenschaftliches Studium, 20. Jg., 1991, S. 451 ff.

Sachverständigenkommission 5. Altenbericht (2006): Fünfter Bericht zur Lage der älteren Generation in der Bundesrepublik Deutschland. Potenziale des Alters in Wirtschaft und Gesellschaft – der Beitrag älterer Menschen zum Zusammenhalt der Generationen [und] Stellungnahme der Bundesregierung. Berlin: Bundesministerium für Familie Senioren Frauen und Jugend (Drucksache / Deutscher Bundestag, 13. Wahlperiode, 16/2190).

Schaltegger, Chr., und Feld, L. P., Do Large Cabinets Favor Large Governments? Evidence from Swiss Sub-federal Jurisdictions, CESifo Working Paper Series No. 1294, Oktober 2004.

Zweifel, P., und Eisen, R., Versicherungsökonomie, 2. Aufl., Berlin u. a. O. 2002.

*Zu Teil B:*

Andel, N., Zum Konzept der meritorischen Güter, in: Finanzarchiv, NF Bd. 42, 1984, S. 630 ff.

Arnold, V., Theorie der Kollektivgüter, München 1992.

Brennan, G., und Walsh, C., Rationality, Individualism and Public Policy, Canberra 1990.

Fritsch, M. (2014): Marktversagen und Wirtschaftspolitik. Mikroökonomische Grundlagen staatlichen Handelns. 9. Aufl. München.

Henke, K.-D., Wer steuert das deutsche Gesundheitswesen?, in: Jahrbuch der Göttinger Akademie der Wissenschaften. Band 2012, Heft 2, S. 161–175, Göttingen 2013 unter http://dx.doi.org/10.1515/jbg-2012-0012

Henke, K.-D., Die Allokation der stets zu knappen Ressourcen im Gesundheitswesen aus volkswirtschaftlicher Sicht, in: Zeitschrift für medizinische Ethik, Heft 55, 2009, S. 61 ff.

Thaler, R. H., und Sunstein, C. R., Nudge, Wie man kluge Entscheidungen anstößt, Berlin 2009.

Tietzel, M., und Müller, C., Noch mehr zur Meritorik, in: Zeitschrift für Wirtschafts- und Sozialwissenschaften, 118. Jg., 1998, S. 87 ff.

Weimann, J. (2009): Wirtschaftspolitik. Allokation und kollektive Entscheidung. 5. Aufl. Berlin

# Teil II
# Finanzierung

# 3. Kapitel:
# Äquivalenzprinzip: Entgelte und Sozialabgaben

# A. Finanzierung nach dem Entgeltprinzip

## I. Für und Wider einer Entgeltfinanzierung

Wenn öffentliche Ausgaben zu finanzieren sind und für die Erhebung der benötigten Einnahmen Kriterien gesucht werden, so liegt es nahe, danach zu fragen, wem diese Ausgaben zugutekommen und ob die Finanzierung sich nicht am Vorteilsempfang orientieren lässt. Leistungen sollen in einem marktwirtschaftlichen System zunächst über den Markt bereitgestellt werden, auf dem eine volle Kostenanlastung über den Preis üblich ist. Auch bei öffentlicher Bereitstellung eines Gutes sollte im Regelfall ein kostendeckender Preis gefordert werden, um ein Abwägen von Nutzen und Kosten zu erleichtern. Schließlich erfolgt auch die Allokation der Ressourcen durch den Markt nach diesem Prinzip der Zahlung nach dem empfangenen Vorteil. Die öffentliche Hand sollte in einem marktwirtschaftlichen System ohnehin nur insoweit tätig werden, wie die Marktergebnisse als korrektur- oder ergänzungsbedürftig angesehen werden und eine Verbesserung der Situation durch Staatseingriffe zu erwarten ist (siehe 2. Kapitel, Abschnitt B I). Kommt es zum Eingriff in den Markt, so sollte dieser möglichst marktkonform sein. Aus diesem Grund sollte z. B. vom Entgeltprinzip zur Erzielung öffentlicher Einnahmen nur dann abgewichen werden, wenn es anderen Zielen entgegensteht. Soweit Aufgaben sich also technisch für eine Entgeltfinanzierung eignen, sollten öffentliche Ausgaben durch die Erhebung von Entgelten oder entgeltähnlichen Abgaben finanziert werden. Insoweit findet das **Äquivalenzprinzip**, das auch als **Vorteils- oder Nutzenprinzip** („**benefit principle**") bezeichnet werden kann, als Maßstab der staatlichen Abgabenbemessung Anwendung. Aus allokativer Sicht sollte sich die Höhe des Entgelts dann nach den Kosten der durch den Staatsbürger oder von Unternehmen in Anspruch genommenen staatlichen Leistungen richten.

Die Möglichkeit, sich bei der Einnahmenerzielung an der Entgeltfähigkeit der Aufgaben zu orientieren, ist allerdings begrenzt. Auch deswegen sind im Jahre 2015 in der Bundesrepublik Deutschland von allen öffentlichen Einnahmen (ohne Schuldaufnahme und ohne Sozialversicherungsbeiträge) weniger als 5 % aus Gebühren, sonstigen Entgelten und Einnahmen aus wirtschaftlicher Tätigkeit und damit auf dem Entgeltwege erzielt worden (siehe 1. Kapitel, Tab. 1.2). Folglich muss für den steuerfinanzierten Teil der öffentlichen Ausgaben nach einem Abgabenprinzip verfahren werden, das vom Finanzierungsgegenstand unabhängig ist. Hierzu dient das Leistungsfähigkeitsprinzip (siehe 4. Kapitel).

Die Entgeltfinanzierung sollte unter allokativen Aspekten stets dann angestrebt werden, wenn sich ein Nutzen nachweisen lässt, der bestimmten Individuen, Gruppen oder Regionen zufließt. Die Abgaben könnten also am Vorteilszufluss anknüpfen, wie dies auf Märkten geschieht, oder an den Kosten, die dem Staat entstehen.

Eine Entscheidung zugunsten der Entgeltfinanzierung kann auch davon bestimmt sein, dass *Steuerwiderstand vermieden* werden soll. Der Steuerwiderstand der einzelnen Staatsbürger, d. h. der Versuch, die Steuerlast durch Steuervermeidung, Steuerüberwälzung (siehe Schema 4.1) oder durch Einflussnahme auf die finanzpolitische Willensbildung abzuwehren, wird mitbestimmt durch die Höhe der allgemeinen Steuerquote und durch die tarifliche (Grenz-)Belastung jeder einzelnen Steuerart einschließlich der Sozialversicherungsbeiträge.

Unabhängig von seinen unmittelbaren Finanzierungsaufgaben kann sich der Staat der *Entgelte* auch *als Instrument der Nachfragedämpfung* bedienen. Es gibt öffentliche Leistungen, deren Angebotsumfang nicht oder nur mit unverhältnismäßig großem Aufwand ausgedehnt werden kann. So ist z. B. Parkraum im Zentrum von Großstädten knapp und lässt sich oftmals nicht mehr erweitern. In einem solchen Leistungsbereich wird mit Hilfe der Entgelte eine zu hohe Nachfrage auf das vorhandene Angebot zurückgedrängt. Entscheidend für die Wirksamkeit ist die **Preisempfindlichkeit der Nachfrage**.

Den Unterschied zwischen einer solchen Steuerung über den Preis und einer mengenmäßigen Zuteilung kann man am Beispiel der angesprochenen innerstädtischen Parkraumregelung zeigen. Durch Parkscheiben wird die Parkberechtigung insofern zeitlich und mengenmäßig zugeteilt, als sich ihre Nutzung durch die Reihenfolge (und die zulässige Parkzeit) der Nachfrager bestimmt. Im Gegensatz dazu ist man mit Hilfe eines Parkgebührensystems, das die einzelnen Parkflächen nach ihrer Begehrtheit zuteilt, in der Lage, den dringlichen vom weniger dringlichen Bedarf zu trennen, soweit sich diese Dringlichkeit in der Zahlungsbereitschaft ausdrückt. Im Bereich der öffentlichen Wasser- und Stromversorgung oder bei Umweltgütern kann die Nachfrageregulierung über die Entgelte ebenfalls eine Rolle spielen. So führt die **kostenlose Abgabe** dieser Güter oft zur **Verschwendung**. Je nach der Preisempfindlichkeit der Nachfrage wird hier durch Entgelte eine übermäßige Inanspruchnahme vermieden. Immer dann, wenn die Inanspruchnahme auch bei höheren Entgelten nicht zurückgedrängt werden kann, kommt es zu zusätzlichen Einnahmen. Im kommunalen Bereich sind Parkgebühren mittlerweile zu einer stetigen Einnahmenquelle geworden.

Über die Grenzen der Anwendbarkeit einer Entgeltfinanzierung bestimmen technische Gründe und politische Entscheidungen. Während es grundsätzlich möglich ist, alle Staatsaufgaben über Steuern zu finanzieren, sind nicht alle öffentlichen Aufgaben auch „entgeltfähig". Die absolute Obergrenze für die „Entgeltfähigkeit" der einzelnen öffentlichen Leistung ergibt sich aufgrund ihrer bereits aus der Theorie der öffentlichen Güter bekannten Merkmale **der Nichtrivalität im Konsum** und **der Nichtanwendbarkeit des Ausschlussprinzips**. Gemäß dieser Theorie sind viele staatliche Leistungen, z. B. äußere oder innere Sicherheit, als öffentliche Güter zu charakterisieren, so dass eine äquivalenztheoretisch begründete Entgeltfinanzierung weitestgehend ausscheidet.

Trotz der Entgeltfähigkeit bestimmter öffentlicher Leistungen wird immer wieder auf die Erhebung von Gebühren verzichtet. Dies ist etwa der Fall, wenn eine stärkere Nachfrage nach den Leistungen erwünscht ist, als sie sich bei kostendeckender Entgeltfinanzierung ergeben würde. Dafür können allokative und distributive Ziele sprechen.

Bei manchen öffentlichen Leistungen ist es aus **allokativen Überlegungen wünschenswert**, dass sie von möglichst vielen Bürgern in Anspruch genommen werden. Dies gilt insbesondere für Leistungen, deren Nichtinanspruchnahme externe Kosten mit sich bringt und die mithin, obwohl individuell zuteilbar, eine starke Kollektivgutkomponente aufweisen (Mischgüter). Wer z. B. eine Schutzimpfung gegen eine ansteckende Krankheit unterlässt, gefährdet nicht nur sich selbst, sondern auch andere Bürger, die nicht geimpft wurden. In solchen Fällen wird man kein oder kein kostendeckendes Entgelt verlangen und unter Umständen Werbemaßnahmen mit dem Ziel vermehrter Nachfrage ergreifen. Gegebenenfalls kann man bei sehr hohen externen Effekten (epidemische Krankheiten) die Inanspruchnahme sogar vorschreiben, wobei ein solcher Benutzerzwang eine (partielle) Entgeltfinanzierung nicht ausschließen muss (siehe 2. Kapitel, Abschnitt B I d).

Einen anderen Anwendungsfall bietet der öffentliche Nahverkehr. Auch hier könnte der **Nulltarif** (Herabsetzung des Entgelts auf Null) mit dem Argument der Nachfragelenkung begründet werden, wenn eine Eindämmung des Individualverkehrs zugunsten des öffentlichen Personennahverkehrs wünschenswert ist und die Senkung des Tarifs genügend zusätzliche Fahrgäste anlockt. Eine solche Maßnahme ist allerdings bei den öffentlichen Verkehrsbetrieben im Extremfall des Nulltarifs mit völligem Einnahmenausfall verbunden, der folglich aus allgemeinen Deckungsmitteln, also überwiegend aus Steuern, ausgeglichen werden müsste.

Die vorangehenden Ausführungen zum Für und Wider des Entgeltprinzips führten nicht zu exakten Maßstäben darüber, ob bzw. wieweit dieses Abgabeprinzip anzuwenden ist. Im Rahmen eines marktwirtschaftlich-dezentralen Wirtschaftssystems wären die entgeltfähigen Leistungen grundsätzlich über Entgelte zu finanzieren. Neben dieser allokativen Grundorientierung erfolgt die Entgeltfinanzierung darüber hinaus mit Blick auf den Einzelfall und unter Zugrundelegung der jeweiligen Zielsetzungen.

## II. Formen der Entgeltfinanzierung

Wenn die Finanzierungsentscheidung zugunsten des Äquivalenzprinzips gefallen ist, bieten sich mehrere Möglichkeiten zur konkreten Ausgestaltung der Abgaben. So könnte der marktwirtschaftliche Preisbildungsprozess für private Güter auf die Versorgung des Bürgers mit öffentlichen Leistungen übertragen werden. In diesem Fall würden Umfang und Struktur der öffentlichen Leistungen durch die individuelle Nachfrage bzw. Zahlungsbereitschaft und nicht durch den politischen Willensbildungsprozess bestimmt werden. Mag diese Idee zunächst auch überzeugend erscheinen, so ist ihre Realisierung doch mit unüberwindbaren Schwierigkeiten verbunden. Offensichtlich ist z. B. bei nicht versicherungsfähigen Sozialleistungen, dass eine solche *„marktmäßige Äquivalenz"* nicht angewendet werden kann. Die Ausgestaltung dieser Sozialleistungen nach dem Äquivalenzprinzip würde bedeuten, dass ein Bürger die ihm zugedachte Sozialleistung selbst finanziert. Soweit die marktmäßige Äquivalenz bei einem einzelnen öffentlich bereitgestellten Gut sinnvoll ist, wird es sich um ein Gut handeln, dessen Produktion auch privat erfolgen könnte, so dass hier ohnehin eine Privatisierung anzustreben ist. Die Bedeutung der marktmäßigen Äquivalenz ist für die Ausgestaltung der öffentlichen Einnahmen der Gebietskörperschaften in einem marktwirtschaftlichen System gering, da der Staat den Markt nur ergänzen und nicht ersetzen soll.

Weiter reicht hingegen die Anwendung einer *„kostenmäßigen Äquivalenz"* (Haller). Als Hauptargument werden hierfür die erwähnten Sondervorteile angeführt, die Individuen, Gruppen oder Regionen zufließen und diesen auch angelastet werden sollten. In diesem Falle wird eine fiskalische Äquivalenz zwischen den Kosten der öffentlichen Leistungen und den zu erhebenden Abgaben angestrebt, d. h. der Staat wird versuchen, wie z. B. bei der Müllabfuhr, über **Entgelte** eine **Kostendeckung** zu erreichen.

Die gebührenbezogenen Kostendeckungsgrade kommunaler Einrichtungen unterscheiden sich stark. Während bei der Abfall- und bei der Abwasserbeseitigung die Kostendeckungsgrade durch Gebühren bei 90 % oder darüber liegen, sind es bei Büchereien oder Museen knapp 7 %.[1] Auch die Leistungen vieler Theater werden in ähnlich hohem Umfang subventioniert.

Eine verteilungspolitisch begründete Abmilderung der Kostendeckung kann durch **sozial gestaffelte Entgelte**, z. B. nach dem Einkommen der Benutzer, erreicht werden. Häufig werden dann zur Deckung des Defizits Entgelte in anderen Bereichen oberhalb der Kostendeckung festgesetzt, etwa wenn Stadtwerke das Defizit im öffentlichen Personennahverkehr oder der Bäderbetriebe aus den Überschüssen bei den Gas-, Wasser- und Elektrizitätswerken decken (**Quersubventionierung**). Eine derartige Preisdifferenzierung führt zu einer Umverteilung unter den Benutzern, und zwar von denjenigen, die einen über den Kosten ihrer Inanspruchnahme liegenden Preis entrichten, zu denjenigen, die nichtkostendeckende Entgelte zu bezahlen haben. Die Zahlung eines Entgelts entspricht nur bis zur Höhe der Nutzungskosten der empfangenen Gegenleistung, während der darüber hinausgehende Betrag einer speziellen Verbrauchsteuer auf die Inanspruchnahme dieser Leistung gleichkommt. Über die Berechtigung dieser Form der Entgeltpolitik bestehen daher Zweifel. Insbesondere wird darauf hingewiesen, dass die ungedeckten Kosten, die aus der Abgabe von aus sozialen Gründen verbilligten Leistungen resultieren, der Allgemeinheit, z. B. in Form von Steuern, aufgebürdet werden müssten und nicht denjenigen, die bereit sind, für eine öffentliche Leistung auch mehr als den kostendeckenden Preis zu zahlen.

Eine Quersubventionierung könnte dadurch vermieden werden, dass die „Normalempfänger" von zurechenbaren öffentlichen Leistungen kostendeckende Entgelte zu entrichten haben, während den „sozial schwachen" Empfängern direkte Ermäßigungen gewährt bzw. die Entgelte gänzlich erlassen werden, wobei der Einnahmenausfall dann von der Allgemeinheit aufgebracht werden müsste. Die Quersubventionierung, insbesondere innerhalb der kommunalen Stadtwerke, war, ebenso wie die grundsätzliche Frage der öffentlichen Bereitstellung von Gütern der sog. **Daseinsvorsorge** (Wasser, Elektrizität, öffentlicher Personennahverkehr usw.), von der EU-Kommission lange Zeit kritisch gesehen worden. Nicht zuletzt deshalb hatte die Privatisierung in diesen Aufgabenbereichen zugenommen. Der steuerliche Querverbund, vor allem zwischen defizitären Bäderbetrieben und

---

[1] Karrenberg, H., und Münstermann, E., Gemeindefinanzbericht 2006 im Detail, in: der Städtetag, 2006, S. 21.

gewinnstarken kommunalen Wasserversorgern, ist in Deutschland nach einem Schwenk der EU-Kommission aber weiterhin zulässig.

Eine spezielle Form der kostenmäßigen Äquivalenz kann man in Steuern sehen, deren Ausgestaltung von Ort zu Ort oder von Bundesland zu Bundesland variiert und durch deren unterschiedliche Ausgestaltung bewirkt werden soll, dass die in den einzelnen Regionen bestehenden Abweichungen in den öffentlichen Leistungen auch in der unterschiedlichen Belastung der Bürger zum Ausdruck kommen. Wenn eine Gemeinde mehr Infrastruktur als andere Gemeinden zur Verfügung stellt, könnte sie mit gewissem Recht eine höhere Gemeindesteuer verlangen (*„lokale kostenmäßige Äquivalenz"* nach Haller). Eine solche Steuer könnte bei entsprechender Ausgestaltung der Bemessungsgrundlage (z. B. Nutzung von Verkehrswerten) die Grundsteuer sein. Erhöhte sich z. B. in Folge einer guten Infrastruktur der Wert der Grundstücke, muss der Grundstücksnutzer einen höheren „Preis" in Form der gestiegenen Grundsteuer zahlen.

## III. Entgeltabgaben in der finanzwirtschaftlichen Praxis

Wirft man nach diesen Überlegungen einen Blick auf den **praktischen Anwendungsbereich des Äquivalenzprinzips**, so ist es nicht einfach, eindeutige Beispiele für die sog. marktmäßige oder kostenmäßige Äquivalenz zu finden. Die Praxis der entgeltähnlichen Einnahmen ist so vielfältig, dass theoretisch herausgearbeitete Unterschiede in der Realität häufig nicht mehr zu erkennen sind.

Die *Erwerbseinkünfte* werden als eine Einnahmenart angesehen, die den Merkmalen der marktmäßigen Äquivalenz am ehesten genügt. Definiert man sie weit als „Einnahmen, die die öffentliche Hand durch Beteiligung an der Wertschöpfung der Volkswirtschaft erzielt, ohne sich dabei ihrer Hoheitsgewalt zu bedienen"[2], so wird die Betonung gerade darauf gelegt, dass die **Preisbildung auf der Grundlage von Markt- bzw. Kostengrößen** erfolgt. Die Erwerbseinkünfte fallen mithin im Prozess der marktwirtschaftlichen Aktivität an. **Öffentliche Unternehmen** zum Beispiel, die nach dem erwerbswirtschaftlichen Prinzip arbeiten, unterscheiden sich von den im Privatbesitz befindlichen Unternehmen oft nur dadurch, dass sich das Kapital in öffentlichem Besitz befindet. Andere Beispiele für marktwirtschaftliche Tauschvorgänge finden sich etwa in der **Vermögenssphäre des öffentlichen Bereichs** (Vermietung oder Verpachtung öffentlicher Grundstücke, Gebäude usw.).

Der Übergang zwischen Erwerbseinkünften, Gebühren und Beiträgen ist fließend. Bei Gebühren und Beiträgen, denen vor allem im Gemeindebereich eine besondere Bedeutung zukommt, handelt es sich um Entgelte, die von der öffentlichen Hand für die Inanspruchnahme ihrer Leistungen erhoben werden. Ihre Erhebung setzt also voraus, dass das Ausschlussprinzip zumindest in Grenzen anwendbar ist. Eine Unterscheidung zwischen den beiden Formen der Entgelte ergibt sich dadurch, dass die Gebühr meist für eine Staatshandlung erhoben wird, die nur auf einen Bürger oder ein Unternehmen zugeschnitten ist, während der Beitrag

---

[2] Kullmer, L., Artikel „Öffentliche Erwerbseinkünfte", in: Handwörterbuch der Wirtschaftswissenschaft, 5. Bd., Stuttgart u. a. 1980, S. 412.

oft den Charakter einer Umlage für eine Leistung aufweist, die bestimmten Leistungsempfängern Vorteile bringt.

*Gebühren* können darüber hinaus nach ihrem „Zwangscharakter" bzw. nach der Art der durch sie finanzierten öffentlichen Leistungen unterschieden werden in[3]:

– **„preisähnliche Benutzungsgebühren"** (z. B. Straßengebühren, Marktstandgebühren, Studiengebühren, Müllabfuhr) und

– **„steuerähnliche Verwaltungsgebühren"** (z. B. für Auskünfte und Amtshandlungen, Gerichtsgebühren, Grundbuchgebühren, Personalausweis, Führerschein).

Dass die Benutzungsgebühren Preisen ähnlich sind, zeigt sich in Deutschland am Beispiel der Autobahnmaut für LKW oder der Gebühr für die Müllabfuhr, denn diese Gebühren lassen dem Benutzer einen **Spielraum hinsichtlich der Inanspruchnahme** der öffentlichen Leistung. Eine solche freie Entscheidung, ob und wie oft „nachgefragt" wird, ist aber bei vielen öffentlichen Verwaltungsleistungen nicht gegeben. Beurkundungen auf dem Standesamt oder Eintragungen im Grundbuch sind staatliche Leistungen, auf die der Staatsbürger kaum oder gar nicht verzichten kann. Und eine „gebührenpflichtige" Verwarnung kann nicht abgelehnt werden. Wird ihm für solche Leistungen eine Gebühr abverlangt, so hat sie keinen Preischarakter mehr in dem Sinne, dass der Bürger seine Nachfrage aufgrund dieses Preises variieren könnte. Damit rücken diese Abgaben **in die Nähe einer Zwangsabgabe auf ein nachfrageunelastisches Gut.** Ein Unterschied zu den preisähnlichen Gebühren liegt zudem darin, dass die Zumessung der Kosten in diesen Fällen oft schwierig ist und nur schematisch erfolgen kann, was sich am Beispiel der „Kosten" einer Beurkundung zeigt.

Einen speziellen Fall von **Entgelten mit geringem Freiheitsgrad** für den Bürger bilden die *Beiträge.* Man kann sie gut am Beispiel der Anliegerbeiträge erläutern, die von den Anliegern einer Straße für den Bau der Kanalisation, die Anlage der Straßenbeleuchtung usw. gezahlt werden müssen. Im Gegensatz zur Gebühr liegt hier eine Umlage für eine in der Regel kostspielige Investition vor, deren Nutzung nach Schlüsseln (laufende Meter Straßenfront, Fläche des Grundstücks usw.) bemessen wird. Viele dieser Investitionen wären allein durch private Initiative nicht zustande gekommen. Während nichtzahlende potentielle Benutzer im Falle der Kanalisation noch ausgeschlossen werden können, indem man ihnen keinen Anschluss gewährt, ist die Straßenbeleuchtung ein typischer Fall, in dem nichtzahlende Mitbenutzer („free-rider") nicht ausgeschlossen werden können. Hier kann **öffentliche Aktivität mit anschließender – zwangsweiser – Umlage auf dem Beitragswege** eine politisch als richtig erkannte Aufgabe erfüllen helfen.

Eine Kategorie von Abgaben mit Entgeltcharakter, bei denen der Zwangscharakter noch deutlicher zum Ausdruck kommt, bilden alle die Fälle, in denen **ohne direkten Bezug zur einzelnen Inanspruchnahme** einer öffentlichen Leistung eine **Abgabe** erhoben wird. Ein Beispiel für solche *„Sonder- oder Äquivalenzsteuern"* böte eine Verwendung des Aufkommens der Mineralölsteuer als Substitut für eine Entgeltabgabe zur Finanzierung des Straßenbaus. Einer solchen Finanzierung liegt die Überlegung zugrunde, dass der Kraftstoffverbrauch und damit auch die

---

[3] Schmölders, G., Finanzpolitik, 3. Aufl., Berlin u. a. O. 1970 (Nachdruck 2007, Berlin), S. 299 (Hervorhebung durch die Verfasser).

Steuerzahlung mit der Straßennutzung korrelieren. Dieser Besteuerung kann man nur dadurch ausweichen, dass man das Fahrzeug weniger oder überhaupt nicht benutzt.

Auch die *Sozialversicherungsbeiträge* können in diesem Zusammenhang als Zwangs-abgaben mit Entgeltcharakter genannt werden. Ihnen steht ein Anspruch der Beitragszahler auf Gegenleistung gegenüber. Bei den Sozialabgaben werden die Leistungsausgaben in aller Regel durch die Beiträge des gleichen Jahres finanziert. Das Umlageverfahren entspricht insofern einer kostenmäßigen gruppenmäßigen Äquivalenz (nach Haller). Im Rahmen einer intergenerationalen Äquivalenz wurde lange Zeit ein Generationsausgleich versucht, der angesichts des demographischen Wandels allerdings nicht mehr funktioniert. Außerdem ist der jeweils zugrunde liegende Versicherungsgedanke bei den verschiedenen Leistungen (gesetzliche Renten-, Pflege-, Unfall- oder Krankenversicherung etc.) unterschiedlich ausge-prägt[4].

---

[4] Siehe hierzu Gutachten des Wissenschaftlichen Beirats beim Bundesministerium der Finanzen, Nachhaltige Finanzierung der Renten- und Krankenversicherung, Bd. 77 der Schriftenreihe des BMF, Berlin 2004.

# B. Finanzierung über Sozialabgaben

## I. Sozialabgaben als Finanzierungsform der Daseinsvorsorge

In Deutschland gibt es, ebenso wie in anderen Ländern (z. B. in den „Beneluxstaaten"), eine gesetzliche Sozialversicherung, deren Haushalte weitestgehend getrennt von den Haushalten der Gebietskörperschaften finanziert und geführt werden (siehe 1. Kapitel, Abschnitt B I zu den Parafisci und 8. Kapitel zum parafiskalischen Finanzausgleich). **Aufgabe dieser Sozialversicherung** (Sozialfisci) ist es, die Bevölkerung beim Eintreten bestimmter Lebensrisiken (z. B. Arbeitslosigkeit, Unfall, Krankheit, Pflegebedürftigkeit), zu schützen und für die (Renten-) Einkommen der nicht mehr erwerbstätigen Bevölkerung im Alter zu sorgen.

Die Sozialversicherungen stellen nur einen Ausschnitt der Daseinsvorsorge dar, die darüber hinaus weitere Bereiche, etwa kommunale Aufgaben einschließlich der kommunalen Wirtschaftstätigkeit, umfasst (siehe Abschnitt A III). Die Finanzierung der Sozialleistungen im weitesten Sinne kann grundsätzlich in drei Formen erfolgen, von denen an dieser Stelle nur eine der finanzwissenschaftlichen Erörterung bedarf.

Die *Besteuerung* stellt eine erste Möglichkeit dar, die Ausgaben der Daseinsvorsorge zu bestreiten. Unabhängig von individuellen Risiken und einem individuellen Beitragsaufkommen würde die Sozialversicherung ihre Aufgaben bzw. Ausgaben aus allgemeinen Deckungsmitteln, also insbesondere den Steuern, finanzieren. Bei einer vollen Finanzierung dieser Art (sog. Beveridge-Systeme) können diese Ausgaben auch in das allgemeine Budget integriert werden; eine institutionelle Trennung von den Haushalten der Gebietskörperschaften ließe sich bei dieser Finanzierungsform aus technischer bzw. aus organisatorischer Sicht weniger gut rechtfertigen als bei einer gesonderten Beitragsfinanzierung. Hinsichtlich der Finanzierung der Sozialversicherung bestünde dann kein Unterschied zu den heutigen Sozialausgaben der Gebietskörperschaften (z. B. Sozialhilfe, Wohngeld oder Ausbildungsförderung), da auch diese aus allgemeinen Deckungsmitteln, also überwiegend aus Steuern, finanziert werden; Großbritannien und die skandinavischen Länder sind hierfür Beispiele, d. h. das Leistungsfähigkeitsprinzip (4. Kapitel) kommt zum Zuge. Eine gesonderte Behandlung dieses ersten Finanzierungsweges ist daher an dieser Stelle nicht erforderlich. In Deutschland spielt die Steuerfinanzierung in der Sozialversicherung eine vergleichsweise geringe Rolle. Eine Finanzierung aus allgemeinen Deckungsmitteln gibt es nur in Form der Überweisungen des Bundes an einzelne Sozialversicherungshaushalte, die entweder als Zuschüsse (z. B. an die Rentenversicherung) oder als Erstattungen (z. B. für bestimmte Ausgaben der Gesetzlichen Krankenversicherung) gewährt werden.

Eine grundsätzlich andere Form der finanziellen Vorsorge für das Alter und gegen die genannten Lebensrisiken besteht im Abschluss privater Versicherungen mit ihrer Finanzierung über *risikoproportionale Prämien*. In dieser der Steuerfinanzierung entgegengesetzten Alternative erfolgt die Abdeckung der individuellen Risiken nach dem **versicherungstechnischen Äquivalenzprinzip**, d.h. die Prämien bzw. Beiträge entsprechen dem Erwartungswert der Leistungen für den individuellen Versicherungsnehmer. Nach diesem Prinzip sind die Tarife der privaten Lebens- oder Krankenversicherungen gestaltet. Bei einer reinen Marktlösung wäre weder eine öffentliche Pflichtversicherung erforderlich noch überhaupt ein Zwang für die Bevölkerung, sich einer Versicherung anzuschließen (Versicherungspflicht). Am Markt bildete sich eine Vielfalt von Tarifen heraus, die im Wettbewerb durchgesetzt werden müssen und sich an der Nachfrage orientieren. Eine Umverteilung zwischen den Einkommensgrößenklassen entfiele bzw. beschränkte sich auf versicherungsimmanente Umverteilungsvorgänge, die sich aus der risikobedingten Streuung der Kosten ergeben. Eine derartige privatwirtschaftliche Lösung, die sozialpolitische Eingriffe des Staates (z.B. in Form einer Versicherungspflicht) nicht ausschließen muss, erfordert ebenfalls keine gesonderte Behandlung in einem finanzwissenschaftlichen Lehrbuch. In Deutschland bestehen private Kranken-, Lebens- und Pflegeversicherungen, in denen sich die Bevölkerung zum Teil freiwillig versichern kann. Die privaten Versicherungsunternehmen unterliegen der **öffentlichen Versicherungsaufsicht**, müssen also ihre Tarife genehmigen lassen. Abgesehen von dieser öffentlichen Aufsicht entspricht diese Finanzierungsform in der Regel dem Prinzip der marktmäßigen Äquivalenz (siehe Abschnitt A II).

Die im Folgenden im Vordergrund stehenden *Sozialabgaben* (**Sozialversicherungsbeiträge, social security contributions, payroll taxes**) müssen vom Aufkommen her die Ausgaben finanzieren, die nicht durch Zuschüsse, Erstattungen und sonstige Einnahmen der Sozialversicherungshaushalte gedeckt werden. Diese **Zwangsabgaben** in den sog. Bismarck-Systemen treten in aller Regel zu der individuellen Steuerlast hinzu; daher wird auch von „Steuern und steuerähnlichen Abgaben" gesprochen (siehe 1. Kapitel, Tab. 1.2).

Sozialabgaben sind mit einem Anteil von rd. 65% das vorherrschende Einnahmeninstrument der Sozialversicherungshaushalte bzw. des Sozialbudgets in der Bundesrepublik Deutschland (siehe Tab. 3.1) und werden im Rahmen eines **Quellenabzugs** (Inkasso) von den Pflichtmitgliedern und freiwilligen Mitgliedern der Sozialversicherung einbehalten, um die den Sozialfisci per Gesetz (z.B. im Sozialgesetzbuch) zugewiesenen Aufgaben zweckgebunden zu finanzieren.

Als Bemessungsgrundlage der Beitragsberechnung dient das versicherungspflichtige Arbeitseinkommen der Mitglieder bis zu einer bestimmten Einkommenshöhe (sog. Beitragsbemessungsgrenze), die der Einkommensentwicklung jährlich angepasst wird. Abgabepflichtig sind die Pflichtmitglieder, deren Abgrenzung im Einzelnen im Sozialgesetzbuch vorgenommen wird. Die Aufbringung der Sozialabgaben erfolgt nur in der Krankenversicherung nicht im Verhältnis 1:1 durch die sog. Arbeitgeberbeiträge und Arbeitnehmerbeiträge[5]. Am 1.1.2017 betrugen die Sätze für die **Arbeitnehmerbeiträge**, bezogen auf das beitragspflichtige Einkommen, 9,35% in der Rentenversicherung der Arbeiter und Angestell-

---

[5] Siehe hierzu Richter, W., Zurück zur paritätischen Finanzierung der Gesetzlichen Krankenversicherung, in: Gesundheit und Sozialpolitik, Heft 6/2016, S.70ff.

*Tab. 3.1: Finanzierung des Sozialbudgets nach Einnahmenarten, -quellen und Trägern der Sozialversicherung, Bundesrepublik Deutschland, 1980, 1990 und 2015*

| | 1980 | | 1990 | | 2015[3] | |
|---|---|---|---|---|---|---|
| | Mio. € | % | Mio. € | % | Mio. € | % |
| **I. Einnahmenarten** | | | | | | |
| Sozialbeiträge | 146.725 | 61,1 | 242.383 | 66,3 | 606.086 | 64,8 |
| – der Versicherten | 52.872 | 22,0 | 95.320 | 26,1 | 283.772 | 30,3 |
| – Arbeitnehmer | 46.658 | 19,4 | 78.185 | 21,4 | 213.406 | 22,8 |
| – Selbstständige | 2.538 | 1,1 | 4.248 | 1,2 | 16.568 | 1,8 |
| – Rentner/Eigenbeiträge v. Empf. Soz. Leist. | 281 | 0,1 | 6.739 | 1,8 | 35.638 | 3,8 |
| – sonstige Personen | 3.393 | 1,4 | 6.148 | 1,7 | 18.160 | 1,9 |
| der Arbeitgeber | 93.852 | 39,1 | 147.063 | 40,2 | 322.314 | 34,5 |
| – tatsächliche Beiträge | 56.168 | 23,4 | 92.265 | 25,3 | 243.662 | 26 |
| – unterstellte Beiträge[1] | 37.684 | 15,7 | 54.798 | 15,0 | 78.652 | 8,4 |
| Zuweisungen[4] | 90.131 | 37,5 | 116.766 | 32,0 | 313.007 | 33,5 |
| aus öffentlichen Mitteln | 84.105 | 35,0 | 109.966 | 30,1 | | |
| sonstige Zuweisungen | 6.026 | 2,5 | 6.800 | 1,9 | | |
| Sonstige Einnahmen | 3.284 | 1,4 | 6.247 | 1,7 | 16.387 | 1,8 |
| **Sozialbudget insgesamt** | **240.140** | **100,0** | **365.395** | **100,0** | **935.480** | **100,0** |
| **II. Quellen der Einnahmen** | | | | | | |
| Unternehmen | 79.834 | 33,2 | 123.527 | 33,8 | 252.421 | 28,0 |
| Bund | 56.165 | 23,4 | 69.764 | 19,1 | 198.996 | 23,3 |
| Länder | 28.150 | 11,7 | 37.610 | 10,3 | 84.378 | 8,5 |
| Gemeinden | 18.680 | 7,8 | 31.142 | 8,5 | 92.766 | 9,5 |
| Private Haushalte | 53.755 | 22,4 | 96.923 | 26,5 | 288.953 | 28,8 |
| Sonstige | 3.557 | 1,5 | 6.429 | 1,8 | 17.965 | 1,9 |
| **Sozialbudget insgesamt** | **240.140** | **100,0** | **365.395** | **100,0** | **935.479** | **100,0** |
| **III. Leistungen nach Trägern** | | | | | | |
| Gesetzl. Rentenvers. (einschl. Knappschaft) | 73.860 | 30,8 | 115.613 | 31,6 | 281.716 | 30,1 |
| Private Altersvorsorge | | | | | 14.290 | 1,5 |
| Gesetzl. Krankenvers. | 44.348 | 18,5 | 75.099 | 20,6 | 209.489 | 22,4 |
| Gesetzl. Pflegevers. | | | | | 30.636 | 3,3 |
| Gesetzl. Unfallvers. | 5.520 | 2,3 | 7.681 | 2,1 | 13.702 | 1,5 |
| Arbeitsförderung | 11.438 | 4,8 | 25.450 | 7,0 | 32.052 | 3,4 |
| Übrige (Sondersysteme, Systeme d. öfftl. Dienstes und der Arbeitgeber, Entschädigungs-, Förder- und Fürsorgesysteme, indirekte Leistungen) | 115.750 | 48,2 | 156.216 | 42,8 | 353.594 | 37,8 |
| **Sozialbudget insgesamt[2]** | **240.140** | **100,0** | **365.395** | **100,0** | **935.479** | **100,0** |

[1] Bei unterstellten Beiträgen der Arbeitgeber handelt es sich um Finanzierungsmittel, die von privaten und öffentlichen Arbeitgebern für gesetzliche, vertragliche und freiwillige Leistungen aufgebracht werden, z. B. die Lohnfortzahlung.

[2] Bei der Summenbildung heben sich Zahlungen der Institutionen untereinander (Verrechnungen) auf.

[3] Werte für 2015 sind Schätzwerte

*Quelle:* BMAS, Hrsg., Sozialbudget 2006 – Tabellenauszug aus dem Sozialbudget 2006,Bonn 2007, S. 27 (Tab. II-4); BMAS, Hrsg., Sozialbudget 2007 – Tabellenauszug aus dem Sozialbudget 2007, Bonn 2008, S. 11–12 (Tab. III); Bundesminister für Arbeit und Sozialordnung, Hrsg., Sozialbudget 2001, Bonn 2002, Tab. I-5, I-6, II-4 sowie BMAS, Hrsg., Sozialbudget 2015 – Tabellenauszug aus dem Sozialbudget 2015, Bonn 2011, S. 13, 20 (Tab II & Tab. III-1).

ten, 1,5 % für die Arbeitslosenversicherung und 1,275 % (bzw. 1,525 % für Kinderlose) für die Pflegeversicherung sowie durchschnittlich 8,4 % für die Gesetzliche Krankenversicherung.[6]

Die Höhe der Arbeitnehmerbeiträge beläuft sich mithin am 1. Januar 2017 für kinderlose Beitragszahler auf durchschnittlich 20,775 %. Sie beziehen sich zudem auf eine Bemessungsgrundlage, die breiter definiert ist als die des Lohnes in der Lohnsteuer, wo z. B. Werbungskosten bei der Ermittlung des zu versteuernden Einkommens abgezogen werden können. Hinzu treten die **Arbeitgeberbeiträge**[7], die als **Lohnnebenkosten** die internationale **Wettbewerbsfähigkeit** der deutschen Wirtschaft **beeinflussen** und daher oft Gegenstand gesonderter Reformvorschläge sind.[8]

Vernachlässigt wird bei der Diskussion um die Höhe der Sozialversicherungsbeiträge häufig, dass die Zahlungen an die Sozialversicherungen bei vielen Arbeitnehmern höher sind als die Einkommensteuer inkl. Solidaritätszuschlag. Dieser Aspekt ist der Abb. 3.1 zu entnehmen. Es zeigt sich dabei, dass im Jahr 2017 bei einem nach der Grundtabelle besteuerten Arbeitnehmer ohne Kind bis zu einem geschätzten Jahresbruttolohn von rd. € 51.000 die Sozialversicherungsbeiträge zu einer höheren Belastung führen als die Einkommensteuer inkl. Solidaritätszuschlag; das durchschnittliche Bruttoarbeitsentgelt aller Versicherten ist im Jahr 2017 mit rd. € 37.000 deutlich geringer. Vor diesem Hintergrund überrascht es, dass im Wahlkampf sehr oft auf Steuersenkungen gesetzt wird, obwohl für die Mehrzahl der Wähler eine Senkung der Sozialversicherungsbeiträge zu einer höheren Entlastung führen würde.[9]

Die einkommensproportionalen Sozialabgaben lassen sich a priori weder dem Äquivalenz- noch dem Leistungsfähigkeitsprinzip zuordnen, so dass die gesonderte Beschäftigung mit dieser – im Übrigen auch quantitativ erheblich ins Gewicht fallenden – Einnahmenkategorie gerechtfertigt erscheint. Einerseits stehen die am Arbeitseinkommen und nicht am individuellen Risiko orientierten Beiträge im klaren Gegensatz zum versicherungswirtschaftlichen Äquivalenzprinzip, wie es privaten Versicherungen zugrunde liegt. Andererseits handelt es sich um zweckgebundene Abgaben, die anders als die allgemeinen Deckungsmittel nur von bestimmten Gruppen der Bevölkerung aufgebracht werden und im Rahmen einer fiskalischen Äquivalenz nur für bestimmte Aufgaben bzw. Leistungen verwendet werden dürfen (siehe Abschnitt II).

Aus Tab. 3.1 zum **Sozialbudget** sind Höhe und Struktur der Sozialbeiträge im Vergleich zu den Zuweisungen und sonstigen Einnahmen in den Jahren 1980, 1990 und 2015 zu ersehen. Es zeigt sich in der Betrachtung der Finanzierung nach Einnahmenarten (I), dass fast 65 % der im sog. Sozialbudget zusammengefassten Sozialausgaben über Sozialbeiträge gedeckt werden. Ihre Höhe betrug im Jahr 2015 € 606 Mrd. und lag damit etwa € 67 Mrd. unter dem

---

[6] Der durchschnittliche Zusatzbeitrag für Arbeitnehmer zur Krankenversicherung belief sich am 1.1.2017 auf 1,1 % und ändert sich entsprechend der unterschiedlichen Zusatzbeiträge, die die mehr als 100 Gesetzlichen Krankenkassen erheben.

[7] In der gesetzlichen Unfallversicherung übernehmen die Arbeitgeber die gesamten Beiträge, die in diesem Zweig der sozialen Sicherung risikoproportional, d. h. in diesem Fall entsprechend den Risiken am Arbeitsplatz, erhoben werden.

[8] Entsprechende internationale Vergleiche zur Belastung der Arbeitskosten stellt die OECD jährlich an. OECD, Taxing wages 2016, Paris 2016.

[9] Broer, M., Kalte Progression in der Einkommensbesteuerung, in Wirtschaftsdienst, 91. Jg., H 10, S. 694 ff.

*Abb. 3.1: Steuer- und Abgabenbelastung bei allein veranlagten Arbeitnehmern ohne Kinder im Jahr 2017¹*

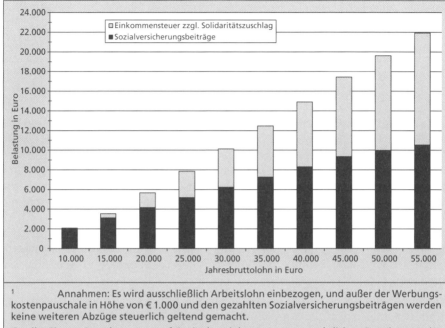

¹ Annahmen: Es wird ausschließlich Arbeitslohn einbezogen, und außer der Werbungs-kostenpauschale in Höhe von € 1.000 und den gezahlten Sozialversicherungsbeiträgen werden keine weiteren Abzüge steuerlich geltend gemacht.
*Quelle:* Eigene Berechnungen auf Basis der einkommensteuerrechtlichen Regelungen des Jahres 2017.

gesamten Steueraufkommen von Bund, Ländern und Gemeinden.[10] Der mit 33,5 % hohe Anteil der öffentlichen Mittel könnte als Indiz für eine Aufweichung der „gruppenmäßigen kostenmäßigen Äquivalenz" in der Sozialversicherung angesehen werden. Tatsächlich sollen diese Zahlungen aber die sog. versicherungsfremden Elemente in den Sozialversicherungen abdecken. Dabei handelt es sich um Leistungen, die von allen Bürgern zu finanzieren sind (also auch von nicht sozialversicherungspflichtigen Personen), aber, nicht zuletzt aus verwaltungstechnischen Gründen, von den Sozialversicherungen finanziert werden. Die Betrachtung der Finanzierung nach Einnahmequellen (II) zeigt, welche Wirtschaftssubjekte in welchem Umfang die Mittel an die Träger der Sozialversicherung abführen. Unternehmen und private Haushalte bringen zusammen knapp 57 % auf. Der Rest stammt überwiegend von Gebietskörperschaften, also aus allgemeinen Deckungsmitteln (siehe 4. Kapitel). Werden die Einnahmen des Sozialbudgets nach den Trägern aufgeteilt (III), entfällt im Jahre 2015 der größte Einnahmenposten mit etwa 30 % auf die Gesetzliche Rentenversicherung und ein Anteil von 22 % auf die Gesetzliche Krankenversicherung (siehe im Einzelnen Tab. 3.1).[11]

---

[10] Das Steueraufkommen in der Bundesrepublik Deutschland belief sich 2015 auf € 673,3 Mrd. (Finanzbericht 2017, Berlin 2016, S. 327).
[11] Zum Vergleich sei darauf hingewiesen, dass die investiven Ausgaben des Bundes im Jahr 2016 31,5 Mrd. Euro. betrugen, siehe Finanzbericht 2017 des Bundes, Berlin 2016, S. 62.

## II. Gestaltungsprinzipien der Risikovorsorge und Beurteilungskriterien der Sozialabgaben

### a) Sozialabgaben unter den Gestaltungs- und Finanzierungsprinzipien für die Absicherung von Lebensrisiken

Um die Vielzahl möglicher und praktizierter Finanzierungsalternativen (aus Abschnitt I) besser einordnen und beurteilen zu können, ist eine Rückbesinnung auf die grundsätzlichen Gestaltungs- und Finanzierungsprinzipien für die Absicherung von Lebensrisiken zweckmäßig, wie sie in der Sozialpolitik als gesondertem Zweig der Wirtschaftswissenschaften entwickelt wurden.[12] Sie haben ähnlich wie die Grundsätze der Besteuerung eine lange Tradition und dienen vor allem der sozial- und ordnungspolitischen Auseinandersetzung über Ziele und Formen der Daseinsvorsorge und damit auch der Diskussion über die Aufgaben einer Sozialversicherung und ihre laufenden Reformen.

Folgt man dem Schema 3.1, das diese Gestaltungs- und Finanzierungsprinzipien enthält, so lassen sich zunächst das Individualprinzip und das Sozialprinzip einander gegenüberstellen. Die freiwillige individuelle Vorsorge erfolgt über Ersparnisbildung und über den Abschluss von privaten Versicherungen, für die **risikoorientierte Beitragszahlungen** (Prämien) zu leisten sind. Diese Form der Eigenvorsorge entspricht der marktmäßigen Äquivalenz (siehe Abschnitt A II).

Im Fall der gesetzlich verfügten staatlichen Vorsorge werden das Fürsorge-, das Versorgungs- und das Versicherungsprinzip als die drei Gestaltungsprinzipien unterschieden, denen sich jeweils bestimmte Finanzierungsformen mit den beiden dahinter stehenden finanzwissenschaftlichen Abgabeprinzipien, dem Äquivalenzprinzip (siehe Abschnitt A I) und dem Leistungsfähigkeitsprinzip (siehe 4. Kapitel, Abschnitt A I), zuordnen lassen.

Dem *Fürsorgeprinzip* folgend wird dem bedürftigen Individuum nur in einer Notlage und erst nach Ausschöpfung aller anderen Möglichkeiten Hilfe gewährt. Es liegt dem System der Sozialversicherung grundsätzlich nicht zugrunde, sondern kommt nur bei einigen Sozialausgaben der Gebietskörperschaften, z. B. bei HARTZ IV, zum Tragen. Die Hilfeleistungen im Rahmen des Fürsorgeprinzips sind dementsprechend von Beitragszahlungen irgendwelcher Art unabhängig und werden aus den allgemeinen Deckungsmitteln, also überwiegend aus Steuern, finanziert. Das Fürsorgeprinzip kann daher hinsichtlich der finanzwissenschaftlichen Abgabeprinzipien am ehesten mit der Finanzierung nach dem Leistungsfähigkeitsprinzip in Zusammenhang gebracht werden und folglich an dieser Stelle im Weiteren unbehandelt bleiben.

Das *Versorgungsprinzip* ist ähnlich wie das Fürsorgeprinzip dadurch gekennzeichnet, dass ein „do ut des" zwischen Leistungen und Beiträgen nicht vorliegt. Erlittene Nachteile bzw. Schäden (z. B. durch Kriege verursacht) begründen die

---

[12] Zu den Prinzipien der sozialen Sicherung siehe im Einzelnen die Lehrbücher der Sozialpolitik, z. B. Lampert, H., und Althammer, J., Lehrbuch der Sozialpolitik, 9. Aufl., Berlin u. a., 2014.

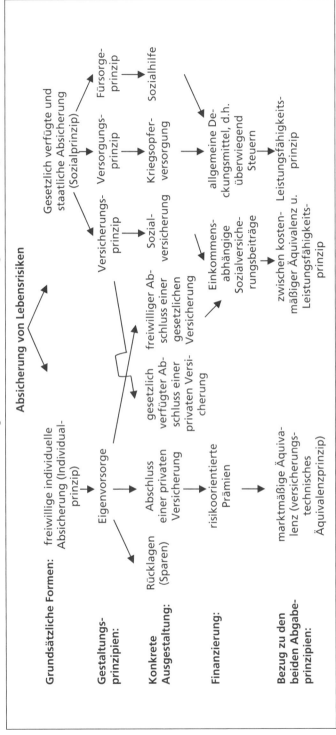

*Schema 3.1: Die Absicherung von Lebensrisiken: Gestaltung und Finanzierung*

Versorgungsleistungen; ihre Finanzierung erfolgt aus den allgemeinen Deckungsmitteln, also wiederum vorwiegend aus Steuermitteln. Während in Deutschland z. B. die Ausgaben für den **Lastenausgleich** und die **Kriegsopferversorgung** dem Versorgungsprinzip folgen, finanzieren, wie erwähnt, andere Länder auch die Aufgaben einer Sozialversicherung nach diesem Prinzip (z. B. Großbritannien und die skandinavischen Länder). Dementsprechend würde allen Staatsbürgern aus Steuermitteln eine Sicherung im Alter oder bei Krankheit gewährt, was der Finanzierung entsprechend Konsequenzen für die Einkommensverteilung und das Wirtschaftswachstum hätte. Da diese Finanzierungsform – genau wie die Finanzierung im Rahmen des Fürsorgeprinzips – über die allgemeinen Deckungsmittel erfolgt, ist auch hier der Bezug zur Finanzierung nach dem Leistungsfähigkeitsprinzip gegeben (siehe 4. Kapitel, Abschnitt A I). Würden also beispielsweise die Bundeszuschüsse an einzelne Zweige der Sozialversicherung erhöht, ohne dass diese der Finanzierung versicherungsfremder Elemente dienten, so führte das zu einer erweiterten Anwendung des Versorgungsprinzips.

Der größte Teil des Systems der sozialen Sicherung in der Bundesrepublik Deutschland ist dem sog. *Versicherungsprinzip* zuzuordnen, wobei es nicht immer einfach ist, das Versicherungsprinzip in der Sozialversicherung vom Versicherungsprinzip in der Individualversicherung abzugrenzen.

Das privatwirtschaftliche Versicherungsprinzip wurde von Beginn der Sozialversicherungsgesetzgebung an durchbrochen. Grund dafür waren insbesondere sog. Sicherungs- und Solidarziele, die ebenfalls mit Hilfe der Gesetzlichen Sozialversicherung verwirklicht werden sollten und die in der privaten Versicherung keine vergleichbare Rolle spielen. Zu den Elementen, die einen **Solidarausgleich** unter den Mitgliedern der Sozialversicherung herbeiführen und mit deren Hilfe eine Abgrenzung zwischen Individual- und Sozialversicherung vorgenommen werden kann, zählen u. a.

- der Zwangscharakter der Sozialversicherung,
- die Einschränkung in der Mitgliedschaft,
- Umverteilungsaufgaben (z. B. Familienleistungsausgleich) und
- der Bruttoarbeitslohn als Bemessungsgrundlage.

Obwohl über Art, Richtung und Umfang der durch die Elemente des Solidarausgleichs hervorgerufenen Verteilungswirkungen Unklarheit besteht, sind sie kennzeichnend für die Ausgestaltung der Gesetzlichen Sozialversicherung. Wie schwierig die Zuordnung der Finanzierungsformen der Daseinsvorsorge auf bestimmte Prinzipien ist, zeigt sich bei einer **Versicherungspflicht**, also dem gesetzlich verfügten Abschluss einer privaten Versicherung (siehe Schema 3.1). Staatliche und marktliche Lösungen lassen sich in diesem Fall, wie es für die finanzielle Absicherung des Pflegerisikos zum Teil gilt und für die obligatorische Kraftfahrzeughaftpflichtversicherung praktiziert wird, nicht klar voneinander trennen. Bei einer Versicherungspflicht können je nach Versicherungszweig im Falle von Arbeitslosigkeit oder Armut die Beiträge vom Staat übernommen werden, um den erforderlichen sozialen Ausgleich vorzunehmen. – Mit der Lohnfortzahlung liegt ein weiterer Sonderfall vor. Durch die Pflicht zur Lohnfortzahlung durch den Arbeitgeber im Krankheitsfall des Arbeitnehmers zeigt sich, wie eine staatlich verfügte Kostenverlagerung in den privaten Sektor erfolgen kann.

Sind nun – wie es in der Bundesrepublik Deutschland der Fall ist – die **Sozialabgaben (Sozialbeiträge)** das **kennzeichnende Finanzierungsinstrument** einer historisch gewachsenen Gesetzlichen Sozialversicherung, so bleibt die Frage nach dem Bezug dieser Finanzierungsform zu den beiden finanzwissenschaftlichen Abgabeprinzipien (siehe Schema 3.1.).

Dem Prinzip der *kostenmäßigen Äquivalenz* (siehe Abschnitt A II) genügen die Sozialabgaben insoweit, wie die Ausgaben der Sozialversicherung gruppenspezifisch über Beitragszahlungen im Rahmen einer Umlage aufgebracht und für die Gruppen wieder zweckgebunden verwendet werden. Diese „gruppenmäßige kostenmäßige Äquivalenz" lässt sich zeitlich auf ein Jahr beziehen und auch intergenerational interpretieren. Auch ein räumlicher Bezug kann gegeben sein, wenn man z. B. an regional abgegrenzte Gesetzliche Krankenkassen denkt. Die Äquivalenzelemente bestehen darin, dass in aller Regel keine Leistungen in Anspruch genommen werden können, ohne dass früher Zahlungen oder laufende Beiträge geleistet wurden. In der Gesetzlichen Rentenversicherung geht es so weit, dass beispielsweise auch Umfang und Dauer der während der Erwerbstätigkeit geleisteten Beiträge zu den Bestimmungsgrößen für die Höhe der späteren Rentenzahlungen gehören. Die Höhe dieser Beitragsäquivalenz spielt daher auch in der Diskussion über die Gesetzliche Rentenversicherung stets eine zentrale Rolle.[13] Auch in der Arbeitslosenversicherung besteht eine Äquivalenz zwischen der monatlichen Belastung und der Höhe des Arbeitslosengelds. Hingegen liegt es in der Natur der Sache, dass die individuell erbrachten Leistungen in der Gesetzlichen Kranken- und Pflegeversicherung weitestgehend unabhängig von der Höhe der geleisteten Beiträge sind und somit dieser Äquivalenzbezug schwach ausgeprägt ist. Lediglich die Umlagefinanzierung kann, wie bereits ausgeführt, als gruppenmäßige kostenmäßige Äquivalenz angesehen werden.

Elemente des *Leistungsfähigkeitsprinzips* treten bei den Sozialabgaben dadurch auf, dass das Einkommen als Bemessungsgrundlage dient. Die Abgrenzung des versicherungspflichtigen Einkommens und die Bestimmung der **Beitragsbemessungsgrenzen** sind dann Beispiele, an denen eine mehr oder weniger starke Berücksichtigung der finanziellen Leistungsfähigkeit der Beitragszahler aufgezeigt werden kann. So wird unter Leistungsfähigkeitsaspekten gelegentlich eine Ausweitung des Einkommensbegriffs und damit auch der Bemessungsgrundlage, z. B. um Kapitaleinkünfte oder Mieterträge, zu dem des Einkommensteuerrechts mit dem zu versteuernden Einkommen als Bemessungsgrundlage gefordert. Außerdem wird eine Anpassung der Beitragsbemessungsgrenze der Gesetzlichen Kranken- und Pflegeversicherung an die der Renten- und Arbeitslosenversicherung diskutiert.

Entscheidend für die finanzwissenschaftliche Beurteilung der Finanzierungsformen der Daseinsvorsorge ist nicht allein die möglichst genaue Einordnung des

---

[13] Die Beitragsäquivalenz der Leistungen steht bei der privaten Alterssicherung über Lebensversicherungen oder private Rentenversicherungen im Vordergrund. Das aus der privaten Lebensversicherung bekannte Anwartschaftsdeckungsverfahren ist dadurch gekennzeichnet, dass von jedem Versicherungsnehmer die späteren Rentenansprüche individuell aufgebracht werden müssen. Siehe im Einzelnen: Wissenschaftlicher Beirat beim Bundesministerium der Finanzen, Nachhaltige Finanzierung der Renten- und Krankenversicherung, Schriftenreihe des Bundesministerium der Finanzen, Heft 77, Berlin 2004.

gegenwärtigen Finanzierungssystems der Sozialversicherung in die nicht immer einheitlich abgegrenzten und definierten Gestaltungs- und Finanzierungsprinzipien, sondern auch die Frage nach den Erscheinungsformen staatlichen Handelns in der Risikovorsorge (b) und die Berücksichtigung weiterer Beurteilungskriterien im Falle von geplanten Veränderungen im derzeitigen Finanzierungssystem (c). Natürlich gibt es durch die lange historische Entwicklung der Systeme auch eine gewisse und oft nur schwer veränderbare Pfadabhängigkeit.

## b)  Alternative Interventionsformen in der Risikovorsorge

Die vorangegangenen Ausführungen haben gezeigt, dass auch die private Versicherung für die meisten Lebensrisiken eine finanzielle Absicherung bietet. Daher stellt sich die Frage, ob und ggf. welche Eingriffe der öffentlichen Hand überhaupt erforderlich sind.

In einem marktwirtschaftlich-dezentralen Wirtschaftssystem ist ein Abweichen vom Prinzip der marktwirtschaftlichen Äquivalenz dann geboten, wenn als schwerwiegend angesehen angebots- und/oder nachfrageseitige Mängel in der marktlichen Allokation auftreten (siehe 2. Kapitel, Abschnitt B I). So kann es z.B. bei der Produktion bzw. dem Angebot von Versicherungsleistungen leicht zu unvollkommenen Markt- und Preisstrukturen sowie zu einer unerwünschten Risikoauslese (z.B. durch Leistungsausschlüsse in der privaten Krankenversicherung) kommen. Auf der Nachfrageseite gibt es möglicherweise verzerrte oder gar nicht vorhandene Präferenzen der Wirtschaftssubjekte. Mangelhafte bzw. asymmetrische Informationen können zu einer Unterschätzung zukünftiger Risiken beitragen und damit zu Kosten in der Zukunft führen, die die Gesellschaft zu tragen hat, wenn sie den Bürger nicht seiner dann ungünstigen Situation überlassen will. Die gleiche Überlegung gilt bei vorliegender Unfähigkeit zu eigenen Entscheidungen sowie bei fahrlässigem Verhalten. Auch hier divergieren individuelle und kollektive Vorstellungen über den wünschenswerten Versicherungsschutz, was zu öffentlichen Hilfeleistungen oder meritorischen Eingriffen führen kann. Angebots- und nachfrageseitige Mängel in der marktlichen Allokation sowie positive externe Effekte durch die Vermeidung existentieller Not können also staatliche Eingriffe rechtfertigen, die die Allokationseffizienz erhöhen und – wenn politisch gewünscht – auch zu mehr Gerechtigkeit im Sinne der erwähnten Sicherungs- und Sozialziele beitragen.

Aus dem sich ergebenden Handlungsbedarf des Staates lässt sich jedoch keine Begründung eines bestimmten Systems der sozialen Sicherung ableiten (siehe Schema 3.1). Vielmehr scheint eher eine Vielfalt von Erscheinungsformen öffentlicher Aktivität mit dem verbundenen Wettbewerb dazu geeignet zu sein, die Markergebnisse zu verbessern:

(1)  So kann beispielsweise der Abschluss von privaten Versicherungen steuerlich begünstigt werden, Leistungsausschlüsse können verboten werden („**Kontrahierungszwang**"), und eine strenge Rechtsaufsicht kann darauf achten, dass der Wettbewerb durch bestimmte Rahmenbedingungen gesichert wird. So ist der Wettbewerb in der privaten Krankenversicherung zwischen den einzelnen Ver-

sicherungsanbietern dadurch intensiviert worden, dass die als sog. Altersrückstellungen angesparten Beiträge der Versicherten im Falle eines Wechsels der Krankenkasse portabel wurden.

(2) Werden diese Handlungsformen des Staates nicht als ausreichend angesehen, ist als nächster Schritt auch eine **Versicherungspflicht** denkbar, die z. B. den Abschluss einer allgemeinen Grundsicherung vorschreibt. Eine solche Vorschrift muss Marktlösungen mit freier Preisbildung noch nicht oder nicht erheblich beeinträchtigen.[14] Eine gesetzlich verfügte Grundsicherung, verbunden mit individuellen Zusatzversicherungen, könnte zu einem dualen System der sozialen Sicherung führen, wie es in der sozialpolitischen Diskussion oft für die Renten-, Kranken- und Pflegeversicherung gefordert wird[15] und teilweise auch umgesetzt wurde.

(3) Der nächste Schritt führt zu einer Gesetzlichen Sozialversicherung, für deren einzelne Zweige (Rentenversicherung, Krankenversicherung u. a.) der Staat genaue Vorschriften im Sozialgesetzbuch erlässt.[16]

(4) Schließlich ist es denkbar, dass die Daseinsvorsorge über die allgemeinen Deckungsmittel, also nicht mehr nur über Beiträge bzw. Sozialabgaben, finanziert wird. Das Aufgehen der Sozialversicherung in den Ausgaben der Gebietskörperschaften wäre ein Endpunkt auf der **Skala** der **Eingriffsintensität des Staates** und führt zum sog. **Versorgungsstaat**.

Die Vielzahl der Interventionsformen des Staates ergibt ein breites Spektrum zwischen privaten und öffentlich verfügten Lösungen der Daseinsvorsorge. Die relativ starke Rolle der öffentlichen Hand im gegenwärtigen System der Sozialversicherung in der Bundesrepublik Deutschland lässt sich überwiegend historisch erklären; aus ökonomischer Sicht ist die derzeitige Rolle des Staates in der Daseinsvorsorge in Verbindung mit der sozialen Selbstverwaltung nur eine unter vielen denkbaren Gestaltungsmöglichkeiten. Eine stärkere Anwendung des Äquivalenz- oder Entgeltprinzips hat gegenüber dem Leistungsfähigkeitsprinzip insbesondere allokative Vorteile und würde die Selbststeuerungsfähigkeit des Systems und den Versicherungsgedanken in der sozialen Sicherung eher stärken.

### c) Weitere Beurteilungskriterien für die Finanzierung über Sozialabgaben

Die vorherigen Überlegungen waren stark vom Gedanken einer ordnungspolitischen Systemgerechtigkeit unterschiedlicher Finanzierungssysteme geprägt. Wie in anderen Bereichen der öffentlichen Finanzwirtschaft sind aber auch die übrigen

---

[14] Dies zeigt sich am Beispiel der Kraftfahrzeughaftpflichtversicherung, die zwar jeder Autohalter bei einer privaten Versicherung abschließen muss, wobei er aber zwischen zahlreichen Anbietern mit unterschiedlichen Konditionen wählen kann.

[15] Eine derartige Erscheinungsform öffentlicher Aktivität stellt beispielsweise das Krankenversicherungssystem der Schweiz dar: In der Schweiz ansässige Menschen sind einerseits dazu verpflichtet, eine Grundversicherung („Obligatorium", „Bürgerversicherung") abzuschließen und können andererseits die Versicherung frei wählen. Darüber hinausgehende Bedürfnisse werden mit freiwilligen Zusatzversicherungen befriedigt.

[16] Sie sind für die Bundesrepublik im sog. Leistungs-, Mitgliedschafts- und Beitragsrecht des Sozialgesetzbuchs, getrennt nach den Trägern der Sozialversicherung, kodifiziert.

Ziele der Wirtschaftspolitik heranzuziehen, insbesondere wenn im Rahmen des bestehenden Systems Veränderungen diskutiert werden. Hierzu zählen vor allem die Wirkungen unterschiedlicher Finanzierungs- (und Leistungs-)regelungen auf

- die Beschäftigung, das Preisniveau und den Arbeitsmarkt,
- die Konjunktur, das Wachstum und den Wettbewerb,
- die Einkommens- und Vermögensverteilung
- die demographischen Herausforderungen
- die finanzielle Ergiebigkeit,
- die Praktikabilität, Transparenz und Autonomie sowie das Vertrauen in die Selbstverwaltung.

Dieser Kanon von Zielen, der in ähnlicher Form auch den Beurteilungskriterien der Besteuerung (siehe 4 Kapitel, Abschnitt B II b) zugrunde liegt und neuerdings durch die Forderung nach mehr Nachhaltigkeit noch ergänzt wird, kann zur Beurteilung des gesamten Finanzierungssystems oder auch nur von **Veränderungen der Finanzierungsregeln** herangezogen werden. Änderungen in der Abgrenzung des versicherungspflichtigen Arbeitsentgelts, in dem Aufbringungsverhältnis von Arbeitgeber- und Arbeitnehmerbeiträgen, in der Höhe der Versicherungspflicht- und Beitragsbemessungsgrenze sowie Änderungen in der Besteuerung von Renten können vor dem Hintergrund der übergreifenden Gestaltungsprinzipien (siehe Abschnitt B II a) und auch anhand der anderen Beurteilungsgesichtspunkte geprüft werden.

Als Beispiel für eine Veränderung des Finanzierungssystems zur Absicherung des Krankheitsrisikos kann der Vorschlag einer „**Bürgerversicherung**" anstelle der bestehenden privaten und Gesetzlichen Krankenversicherungen angesehen werden. Mit der Erweiterung des einzubeziehenden Bevölkerungskreises (Selbstständige, Beamte, freiwillig Versicherte in der Gesetzlichen Krankenversicherung) soll die gesamte Bevölkerung in der Gesetzlichen Krankenversicherung pflichtversichert sein. Gleichzeitig soll die Bemessungsgrundlage über Löhne und Gehälter hinaus um Mieterträge und Kapitaleinkünfte, also in Richtung der Summe der Einkünfte (i. S. des § 2 EStG), erweitert werden.

Mit dem Gegenvorschlag einer „**Kopfprämie**" soll der Versicherungsgedanke gestärkt und die Versicherungsaufgabe von der Umverteilungsaufgabe stärker getrennt werden. Bei einer Mindestversicherungspflicht für alle, jedoch bei durchaus verschiedenen Trägern der Krankenversicherung, ähnelt dieses Modell einer Autohaftpflichtversicherung. Im Grunde handelt es sich hier um eine Versicherung, bei der der erforderliche Sozialausgleich über das Steuersystem erfolgt, während der andere Vorschlag einer zweckgebundenen proportionalen Einkommensteuer ähnelt.[17]

---

[17] Sachverständigenrat zur Begutachtung der gesamtwirtschaftlichen Entwicklung, Jahresgutachten 2003/04, Wiesbaden 2003, Tz. 306 ff.

## Fragen zum 3. Kapitel

*Zu Teil A:*

1. Wie beurteilen Sie die Anwendungsmöglichkeiten einer totalen marktmäßigen Äquivalenz?
2. Welche Argumente sprechen für eine verstärkte Anwendung der Entgeltfinanzierung?
3. Wodurch unterscheiden sich Benutzungsgebühren und Verwaltungsgebühren?
4. Was spricht für das Abgabeprinzip der kostenmäßigen Äquivalenz der Finanzierung öffentlicher Ausgaben?
5. Inwiefern können auch öffentliche Erwerbseinkünfte den Charakter von Gebühren oder Beiträgen annehmen?
6. Wie würden Sie die als zu stark angesehene Benutzung eines Sees mit Motorbooten über Entgelte beeinflussen?

*Zu Teil B:*

1. Welche Rolle spielen die Sozialabgaben in der Bundesrepublik Deutschland?
2. Welche Bedeutung kommt der öffentlichen Aktivität innerhalb der verschiedenen Ordnungs- und Gestaltungsprinzipien der Risikovorsorge zu?
3. Diskutieren Sie alternative Bemessungsgrundlagen von Sozialabgaben.
4. Erörtern Sie die Möglichkeiten einer finanziellen Absicherung des Pflegerisikos.
5. Vergleichen und beurteilen Sie die steuerfinanzierte mit der beitragsfinanzierten Sozialversicherung.
6. Wodurch unterscheidet sich die sog. Bürgerversicherung von der „Kopfprämie"?

## Literatur zum 3. Kapitel

Bach, S., und Thiemann, A., Hohes Aufkommenspotential bei Wiedererhebung der Vermögensteuer, DIW-Wochenbericht Nr. 4, Berlin 2016.

Boeckh, J., u. a., Sozialpolitik in Deutschland. Eine systematische Einführung, Berlin 2016.

Deutsches Steuerzahlerinstitut des Bundes der Steuerzahler e.V., Hrsg., Nichtsteuerliche Abgaben – Sonderproblem Quasi-Steuern, Berlin 2016

Hansjürgens , B., Äquivalenzprinzip und Staatsfinanzierung, Berlin 2001.

2001, S. 363 ff.

IGES, BertelsmannStiftung, Hrsg., Krankenversicherungspflicht für Beamte und Selbstständige, Teilbericht Beamte, Gütersloh 2017

Kolmar, M., A theory of user fee competition, in: Journal of Public Economics, Bd. 91, 2007, S. 497 ff.

Knieps, F., Reiners, H., Gesundheitsreformen in Deutschland – Geschichte- Intentionen – Kontroversen, Bern 2015

OECD, Health at a Glance, Europe 2016, OECD, Paris 2016; www.oecd-ilibrary.org/social-issues-migration-health/health-at-a-glance-europe_23056088

Pollak, H., Steuertarife, in: Handbuch der Finanzwissenschaft, 2. Bd., 3. Aufl., Tübingen 1980, S. 239 ff.

Rehm, H., Kommunale Preispolitik – Befund, Probleme, Perspektiven, in: Zeitschrift für öffentliche und gemeinwirtschaftliche Unternehmen, Bd. 27, Heft 3, 2004, S. 261 ff.

Boeri, T., u. a., Pensions: More Information, Less Ideology – Assessing the Long-term Sustainability of European Pension Systems: Data Requirements, Analysis and Evaluations, London 2007.

Börsch-Supan, A., und Miegel, M., Pension Reform in Six Countries, Berlin 2001.

Feld, L. P., Kirchgässner, G., und Savioz, M. R., Financing Social Security in the Future: The Swiss Pension System as an Example, in: Baslé, M., Hrsg., Politique sociale et territoire en Europe, Rennes 1996, S. 917 ff.

Fetzer, S., und Raffelhüschen, B., Zur Wiederbelebung des Generationenvertrags in der gesetzlichen Krankenversicherung – Die Freiburger Agenda, in: Perspektiven der Wirtschaftspolitik, Bd. 6, 2005, S. 255 ff.

Henke, K.-D., Hrsg., Gesundheitsökonomische Forschung in Deutschland, Jahrbücher für Nationalökonomie und Statistik, Bd. 227, Heft 5 + 6, Stuttgart 2007.

Henke, K.-D., Friesdorf, W., Bungenstock, J. M., und Podtschaske, B., Mehr Qualität und Wirtschaftlichkeit im Gesundheitswesen durch genossenschaftliche Kooperation, Baden-Baden 2008.

Henke, K.-D., Was ist uns die Gesundheit wert? Probleme der nächsten Gesundheitsreformen und ihre Lösungsansätze, in: Perspektiven der Wirtschaftspolitik, Bd. 6, Heft 1, 2005, S. 95 ff.

Konrad, K. A., und Richter, W. F., Zur Berücksichtigung von Kindern bei umlagefinanzierter Alterssicherung, in: Perspektiven der Wirtschaftspolitik, Bd. 6, 2005, S. 115 ff.

Lampert, H., und Althammer, J., Lehrbuch der Sozialpolitik, 9. Aufl., Berlin u. a. 2014.

Welti, F., und Igl, G., Sozialrecht, 8. Aufl., Düsseldorf 2007.

Wissenschaftlicher Beirat beim Bundesministerium der Finanzen, Freizügigkeit und soziale Sicherung in Europa, Schriftenreihe des Bundesministeriums der Finanzen, Heft 69, Berlin 2000.

Wissenschaftlicher Beirat beim Bundesministerium der Finanzen, Nachhaltige Finanzierung der Renten- und Krankenversicherung, Schriftenreihe des Bundesministeriums der Finanzen, Heft 77, Berlin 2004.

# 4. Kapitel:
# Leistungsfähigkeitsprinzip: Steuern

# A. Finanzierung nach dem Leistungsfähigkeitsprinzip

## I. Das Konzept der Besteuerung nach der Leistungsfähigkeit

Das Äquivalenzprinzip kann auf die meisten öffentlichen Leistungen der Gebietskörperschaften nicht angewendet werden. Sie kommen wegen mangelnder Ausschließbarkeit oder aus anderen allokativen oder distributiven Erwägungen für eine Finanzierung im Wege der Entgeltabgabe nicht in Frage (siehe 3. Kapitel). In diesen Fällen muss nach **Finanzierungsprinzipien** gesucht werden, die **nicht aus dem Finanzierungsgegenstand bzw. der Art der öffentlichen Ausgaben abgeleitet** werden.

Bei der Suche nach einem Aufbringungsmodus für die erforderlichen Einnahmen könnte man auf die einfache Möglichkeit verfallen, den Finanzbedarf durch eine Umlage auf alle Bürger zu verteilen, so dass jeder den gleichen absoluten Betrag zu zahlen hätte. Die ungünstige Wirkung einer solchen einfachen **Kopfsteuer oder Kopfpauschale** auf die **Einkommensverteilung** ist jedoch sofort einsichtig, da die Bezieher der höchsten wie der niedrigsten Einkommen den gleichen absoluten Steuerbetrag zahlen müssten. Auch die Empfänger von Sozialleistungen würden bei konsequenter Handhabung der Kopfsteuer mit dem gleichen Betrag wie alle anderen herangezogen und trügen folglich, bezogen auf ihr Einkommen, besonders stark zur Finanzierung der öffentlichen Leistungen bei. Eine Kopfsteuer zur Finanzierung aller Staatsausgaben wird daher als „ungerecht" angesehen und in unmodifizierter Form in aller Regel abgelehnt. In der steuerpolitischen Praxis gilt eine Steuer dann als gerecht, wenn Unterschiede in der wirtschaftlichen und sozialen Situation der einzelnen Staatsbürger berücksichtigt werden und Personen in gleichen Umständen gleich (**horizontale Gerechtigkeit**), Personen in ungleichen Umständen nicht gleich behandelt (**vertikale Gerechtigkeit**) werden. Woher soll jedoch ein Maßstab stammen, mit dessen Hilfe beispielsweise der Tarifverlauf einer Einkommensteuer bestimmt werden soll?

## II. Indikatoren der Leistungsfähigkeit

Der wichtigste Vorschlag besteht darin, die **Steuer nach der individuellen Leistungsfähigkeit** („**ability to pay**") des Besteuerten (Zensiten) zu bemessen. Da die Staatseinnahmen monetärer Art sein sollen und damit für den Zensiten einen Verlust an Zahlungsmitteln bedeuten, kann damit nur die **finanzielle Leistungsfähigkeit** gemeint sein. In dieser Sicht steht das Einkommen als das nutzenstiftende

Gut im Vordergrund. Das Einkommen ist aber sicherlich nicht die einzige Form, in der sich Bedürfnisbefriedigungsmöglichkeiten bzw. deren Nutzen ausdrücken.

Historisch gesehen war das *Vermögen,* insbesondere das Grundvermögen, ein schon sehr früh benutzter Indikator für die individuelle finanzielle Leistungsfähigkeit. Es hat den Vorzug der leichteren Erfassbarkeit, der insbesondere dann bedeutsam ist, wenn das Steuerwesen noch nicht gut ausgebaut ist. Heutigen Gerechtigkeitsvorstellungen hätte ein solches System allerdings, nicht zuletzt wegen der zahlreichen Steuerprivilegien (Kirche, Adel), nicht genügt. Auch berührt eine Vermögensbesteuerung nur wenige Bevölkerungsgruppen, und ihre fiskalische Ergiebigkeit reichte heute auch bei hohen Steuerzahlungen des Einzelnen nicht mehr aus, um die steigenden Staatsausgaben zu finanzieren. Wäre das Aufkommen aus Lohn- und veranlagter Einkommensteuer des Jahres 2015 in Höhe von rund € 227 Mrd. durch eine Vermögensteuer aufgebracht worden, hätte der Steuersatz bei einem persönlichen Freibetrag von € 1,0 Mio. und einem für Betriebsvermögen von € 5,0 Mio. bei rund 15,2 % liegen müssen.[1] Da eine regelmäßige Rendite des Vermögens in dieser Höhe nicht erwirtschaftet werden kann, wäre ein Substanzverzehr des Vermögens unvermeidbar.

Im Laufe der Zeit erzielten aber mehr und mehr Bürger ein für die Besteuerung ergiebiges Einkommen. Schließlich wurde auch die Finanzverwaltung soweit verbessert, dass auch unter diesem Gesichtspunkt an die sehr viel schwierigere Einkommensbesteuerung zu denken war. Aus diesen Gründen trat das *Einkommen* als Indikator für die finanzielle Leistungsfähigkeit und als zu besteuernde Größe zunehmend in den Vordergrund. Dafür spricht auch, dass mit dem Einkommen eine **wiederkehrende Art von Leistungsfähigkeit** erfasst wird, denn das Einkommen verschafft seinen Beziehern von Periode zu Periode erneut die Möglichkeit, Nachfrage zu entfalten, und ist insofern als eine geeignete Bestimmungsgröße des Umfangs der Bedürfnisbefriedigung und der Dispositionskraft über Güter und Dienstleistungen anzusehen. Das Einkommen als Steuergegenstand ist allerdings eine Größe, die steuertechnisch nicht immer einfach als Bemessungsgrundlage umzusetzen ist.

So wäre der **Einkommensbegriff** als Grundlage der Leistungsfähigkeitsbesteuerung sehr eng, wenn man mit ihm nur diejenigen monetären Einkünfte (und die marktwerten Naturalleistungen, z.B. Boni oder Dienstwagen) berücksichtigen würde, die aus bestimmten Quellen mit Regelmäßigkeit fließen, wie es von den Vertretern der sog. **Quellentheorie** der Einkommensbesteuerung vorgeschlagen wurde.[2] Solche „Quellen" sind z.B. Löhne und Gehälter und Mieteinnahmen, nicht aber z.B. Spekulationsgeschäfte oder Erbschaften.

Diese Ungleichbehandlung, die in der Nichteinbeziehung bestimmter zufließender Mittel aus dem Einkommensbegriff entsteht, wird vermieden, wenn man der Definition des Einkommens die sog. **Reinvermögenszugangstheorie** zugrunde legt. Gemäß dieser auf **G. von Schanz** zurückgehenden Auffassung fällt unter Einkommen alles, was einer Person in einem Zeitabschnitt an „Reinvermögen" zufließt.

---

[1] Eigene Berechnungen nach Bach, S., und Thiemann, A., Hohes Aufkommenspotential bei Wiedererhebung der Vermögensteuer, DIW-Wochenbericht Nr. 4, Berlin 2016, S. 83.

[2] Der bekannteste Vertreter dieser Auffassung war Fuisting (Fuisting, B., Grundzüge der Steuerlehre, Berlin 1902, vgl. z. B. S. 110).

Dazu gehören „alle Reinerträge und Nutzungen, geldwerte Leistungen Dritter, alle Geschenke, Erbschaften, Legate, Lotteriegewinne, Versicherungskapitalien, Versicherungsrenten, Konjunkturgewinne jeder Art". Hingegen müssen „alle Schuldzinsen und Vermögensverluste" abgerechnet werden, um den „Reinvermögenszugang" zu erhalten[3].

Zur Erläuterung und Erweiterung der Schanzschen Liste sei auf weitere Arten von Einkommen hingewiesen, die in diesem Zusammenhang für die Leistungsfähigkeit des Besteuerten bedeutsam sind: Selbstverbrauch in der Landwirtschaft, Naturaleinkommen, Vermögenseinkommen, Nutzung von eigenen Wohngebäuden, zusätzliches Realeinkommen durch gemeinsame Haushaltsführung, häusliche Arbeiten oder andere geldwerte Vorteile. Man könnte sogar fragen, ob nicht das Leben in sauberer Umwelt und die Nutzung der öffentlichen Infrastrukturleistungen in einen weiten Begriff des Einkommens einzubeziehen sind, z.B. die Möglichkeit, dass Kinder eine für den privaten Haushalt weitgehend kostenlose öffentliche Schule statt einer Kosten verursachenden Privatschule besuchen können. Auch die Einbeziehung des Freizeitnutzens wird diskutiert. Spätestens bei einem so weiten Begriff des Einkommens ergeben sich erhebliche Abgrenzungs-, **Erfassungs- und Bewertungsschwierigkeiten**, die dazu führen, dass viele der genannten Einkommensbestandteile in der steuerlichen Praxis bisher nicht berücksichtigt werden. Insoweit entspricht die heutige Einkommensteuer eher der Quellentheorie.

Alternativ oder ergänzend werden aber auch andere Indikatoren diskutiert. So haben die Schwierigkeiten bei der Bestimmung eines steuerlichen Einkommensbegriffs zusammen mit der z.B. von **N. Kaldor** vertretenen grundsätzlichen Auffassung, im Konsum bringe ein Individuum seine Leistungsfähigkeit besser zum Ausdruck als über das Einkommen, zu dem Vorschlag geführt, den **Konsum als Indikator** der steuerlichen Leistungsfähigkeit zu verwenden. An die Stelle der Einkommensteuererklärung träte dann eine Konsumsteuererklärung. Statt der potentiellen Leistungsfähigkeit des regelmäßig wiederkehrenden Einkommens wird dann die tatsächliche Bedürfnisbefriedigung in Form des Konsums als aussagekräftiger Indikator angesehen. Allerdings kann auch das Sparen, das bei einer ausschließlichen Konsumbesteuerung unbelastet bliebe, als eine Form der Bedürfnisbefriedigung angesehen werden, vorausgesetzt es erfolgt freiwillig. Im Übrigen wird die Konsumsteuer in Gegenüberstellung zur Einkommensteuer auch in der **Theorie der optimalen Besteuerung** erörtert[4].

Ein Problem bei der Besteuerung nach der Leistungsfähigkeit ergibt sich daraus, dass manche Einkommen auf **mehrere Personen** aufgeteilt werden müssen, z.B. wenn in einem Haushalt mit mehreren Personen nur eine Person Einkommen bezieht. Aus dieser Versorgungspflicht ergeben sich u.a. die steuerpolitischen Probleme des sog. **Familienlasten-** bzw. **Familienleistungsausgleichs**. Aus Sicht des Gesetzgebers wäre es ein Verstoß gegen die Gerechtigkeitsprinzipien, wenn etwa ein Ehepaar mit Kindern der gleichen Steuerbelastung unterliegt wie eine für sich allein sorgende, das gleiche Einkommen erzielende ledige Person.

Im Rahmen der hier diskutierten Besteuerung nach der Leistungsfähigkeit kann eine Lösung darin gesehen werden, dass das Gesamteinkommen eines Haushalts

---

[3] Schanz, G. v., Der Einkommensbegriff und die Einkommensteuergesetze, in: Finanzarchiv, 13. Jg., 1. Bd., 1896, S. 24.

[4] Zur Gegenüberstellung siehe einführend Richter, W. F., und Wiegard, W., Zwanzig Jahre „Neue Finanzwissenschaft", Teil II: Steuern und Staatsverschuldung, in: Zeitschrift für Wirtschafts- und Sozialwissenschaften, Bd. 113, 1993, S. 338 ff.

durch die Anzahl der zu versorgenden Personen, d. h. auch der Kinder, geteilt wird. Für den gesamten Haushalt ergibt sich die Steuer als Summe der Steuern, die sich für die einzelnen Personen aufgrund ihrer anteiligen niedrigeren Einkommen errechnen (sog. **Vollsplitting**).[5] Nicht so weit geht das häufig angewandte sog. **Ehegattensplitting**, bei dem nur die Einkommen der Ehegatten dem beschriebenen Verfahren unterzogen werden. Die Minderung der finanziellen Leistungsfähigkeit durch Kinder wird auf andere Art berücksichtigt, wie z. B. in Deutschland durch Kinderfreibeträge. Eine steuerliche Entlastung kann sich durch das Splitting nur bei einem **progressiven Tarif ergeben**, wenn sich also die relative Steuerbelastung mit steigendem Einkommen erhöht (siehe Abschnitt III).

Grundsätzlich können Ehepaare auf drei Arten besteuert werden:

(1) Individualbesteuerung: Jeder Ehepartner wird individuell entsprechend seines Einkommens besteuert.

(2) Haushaltsbesteuerung: Die Einkünfte der beiden Ehepartner werden addiert und darauf wird der Tarif angewendet.

(3) Ehegattensplitting: Die Einkünfte beider Partner werden addiert, und dann gleichmäßig auf beide Partner aufgeteilt und besteuert. Die Gesamtsteuer ergibt sich aus der Addition der beiden Beträge.

In Deutschland gibt es verfassungsrechtliche Vorgaben bei der Ehegattenbesteuerung. Danach darf die Höhe der Steuerzahlung nicht davon abhängen, welchen Anteil die beiden Ehepartner zum Gesamteinkommen beitragen. Relevant ist jeweils nur die Gesamthöhe. Weiterhin dürfen Ehepaare steuerlich nicht schlechter gestellt werden als unverheiratete Paare, wohl aber besser.

Beide verfassungsrechtlichen Vorgaben können bei einem direkt-progressiven Tarif, wie ihn die Einkommensteuer in Deutschland aufweist, nur durch das Ehegattensplitting erfüllt werden. Bei der Individualbesteuerung führen unterschiedliche Anteile am Gesamteinkommen bei gleichem Gesamteinkommen zu unterschiedlichen Steuerzahlungen, was verfassungswidrig wäre. Bei der Haushaltsbesteuerung käme es immer dann im Vergleich zu Individualbesteuerung zu einer höheren Belastung, wenn jeweils beide Partner ein positives Einkommen erzielten.[6]

Trotz der Schwierigkeiten bei der Durchführung einer Einkommensbesteuerung – wie der genannten Probleme der Abgrenzung des steuerlichen Einkommensbegriffs und eines Familienlastenausgleichs – besteht über die Zweckmäßigkeit, für die Bestimmung der Leistungsfähigkeit vorwiegend den Indikator Einkommen zu verwenden, weitgehend Übereinstimmung. Letztlich ist der genaue Verlauf des Einkommensteuertarifs aber eine politische Entscheidung. Die Parteien treten mit unterschiedlichen Tarifvorschlägen an und die Wähler haben die Möglichkeit, zwischen diesen verschiedenen Ansätzen auszuwählen. Insofern hilft eine detaillierte Analyse des politischen Willensbildungsprozesses im Hinblick auf die steuerpolitischen Handlungsparameter (siehe 7. Kapitel). Zudem werden bei der Bemessung der Einkommensteuerlast auch Vorstellungen über die Belastung durch andere Steuern eingehen. So wird gelegentlich die Progression der Einkom-

---

[5] In Frankreich wird ein Familiensplitting derart praktiziert, dass dem ersten und dem zweiten Kind ein Faktor unter eins zugerechnet wird (siehe Steiner, V., und Wrohlich, K., Familiensplitting begünstigt einkommensstarke Familien, geringe Auswirkungen auf das Arbeitsangebot, Wochenbericht des DIW Berlin, Nr. 31/2006, S. 441 ff.).

[6] Zur analytischen Herleitung siehe: Homburg, S., Allgemeine Steuerlehre, 7. Aufl., München 2015, S. 81 ff.

mensteuer auch als Kompensation für die regressive Wirkung der Umsatz- und einzelner Verbrauchsteuern gesehen.

Die Gestaltung der Besteuerung nach dem Leistungsfähigkeitsprinzip, die auch durch die steuerrechtliche Literatur und die Rechtsprechung des Bundesverfassungsgerichts geprägt wird, lässt sich aus finanzwissenschaftlicher Sicht aber dadurch relativieren, dass dem **Äquivalenzprinzip** wieder größeres Gewicht beigemessen wird.[7] Den Anstoß gibt die im 7. Kapitel diskutierte Beobachtung, dass Parlament, Bürokratie und Politiker stark ihr eigenes Wohl im Auge haben. Dazu finanzieren sie Ausgaben am liebsten über breite unmerkliche Steuern, um den Steuerwiderstand der Bürger zu mildern oder zu vermeiden. Wenn ihnen dann mehr Äquivalenzfinanzierung vorgeschrieben wird, kann der Bürger besser abschätzen, ob ihm die zusätzlich angebotene Leistung die zusätzlich zu leistende Abgabe wert ist, und er kann daraufhin eine **bessere politische Kontrolle, wie es z.B. in der Schweiz** aufgrund des **hohen Stellenwertes der direkten Demokratie** der Fall ist, ausüben (siehe 7. Kapitel).

## III. Exkurs: Überblick über die steuerliche Tariflehre

### a) Grundbegriffe der Besteuerung

In den bisherigen Ausführungen wurde von Besteuerung in einem allgemeinen Sinn gesprochen. Eine detailliertere Behandlung ist jedoch auf Kenntnisse der Steuertechnik angewiesen. Allein die Einkommensteuer kann eine Fülle von Tarifformen annehmen. Darüber hinaus wird ein Steuersystem kaum aus nur einer einzigen Steuer bestehen, so dass sich aus dem **Nebeneinander verschiedener Steuern** mit unterschiedlicher Ausgestaltung zusätzliche Probleme der Steuertechnik ergeben können. Daher ist es erforderlich, sich mit **Grundfragen der Steuertechnik**, d.h. insbesondere den **Grundbegriffen der Steuertariflehre und der Tariftypen**, vertraut zu machen. Folgende Elemente gehören zur Steuertariflehre:

(1) Der Geld- oder Güterstrom oder der entsprechende Bestand, dem die Steuerleistung entstammt, wird als **Steuerquelle** bezeichnet.

(2) Das Einkommen, das eine Person bezieht, oder das Vermögen, das sie besitzt, war zuvor als ein Indikator der steuerlichen Leistungsfähigkeit bezeichnet worden. Aber auch das Halten eines Kraftfahrzeugs, der Eigentumswechsel eines Grundstücks oder der Konsum könnte einer Besteuerung unterworfen werden, und sei es nur, um ohne Rücksicht auf Gerechtigkeitsvorstellungen Einnahmen zu erzielen. „Die Sache, die Geldsumme, die wirtschaftliche Handlung oder die rechtlich-ökonomische Transaktion, an die die Besteuerung im konkreten Falle anknüpft",[8] wird als **Steuergegenstand oder -objekt** bezeichnet.

---

[7] Hansjürgens, B., Äquivalenzprinzip und Staatsfinanzierung, Berlin 2001.
[8] Neumark, F., Artikel „Steuern I: Grundlagen", in: Handwörterbuch der Wirtschaftswissenschaft, 7. Bd., Stuttgart u.a. 1977, S. 298.

(3) Die Festlegung eines Steuerobjekts reicht aber für die Konstruktion einer Steuer nicht aus. Das „Halten eines Kraftfahrzeugs" ist eine Umschreibung, die bestenfalls für eine pauschale Steuer ausreichen würde (€ 100 jährlich für jedes zugelassene Kraftfahrzeug). Daher ist es zusätzlich erforderlich, eine mengen- oder wertmäßige Größe zu bestimmen, die der Ermittlung des Steuerbetrags und damit der individuellen Steuerschuld zugrunde gelegt wird. Als **Steuerbemessungsgrundlage** bietet sich z. B. bei dem Steuergegenstand „Halten eines Kraftfahrzeugs" der Hubraum des Motors, der $CO_2$-Ausstoß usw. an, dagegen bei der Grunderwerbsteuer der „Eigentumswechsel auf dem Grundstücksmarkt" und damit die Höhe des Kaufpreises des betreffenden Grundstücks.

Während die Wahl der Steuerobjekte eher Gegenstand von Grundsatzdiskussionen über Art und Umfang der Steuern in einem Steuersystem ist (siehe Abschnitt B II), bildet eine brauchbare Bemessungsgrundlage eine unerlässliche technische Voraussetzung für ein wirksames Steuergesetz, in dem der „Steuergedanke in die Tat umgesetzt" (F. Meisel) wird.

Um die Kosten der Erhebung und Entrichtung der Steuer gering und damit die Nettoergiebigkeit hoch zu halten, gibt es bei einigen Steuern eine **Freigrenze** für die Steuerbemessungsgrundlage. Solange die Bemessungsgrundlage nicht größer als der Betrag der Freigrenze ist, wird von der Besteuerung abgesehen. So beträgt z. B. bei der Grunderwerbsteuer die Freigrenze € 2.500. Beim **Freibetrag** hingegen wird die Bemessungsgrundlage grundsätzlich um den Wert des Freibetrags gekürzt, er wirkt also auch dann, wenn die Steuerbemessungsgrundlage größer als der Freibetrag ist. Eine solche Regelung gibt es z. B. bei der 25 %igen Abgeltungsteuer auf Zinserträge, wo nur der über € 801 liegende Wert der Bemessungsgrundlage besteuert wird.

(4) Um eine Steuer erheben zu können, muss die Steuerpflicht festgelegt werden. Als **Steuerschuldner** (**Steuerpflichtiger, Steuersubjekt**) wird derjenige bezeichnet, an den sich der Staat (**Steuergläubiger**) zwecks Zahlung der Steuer rechtsverbindlich wenden kann.

(5) Wegen der Möglichkeiten der Steuerüberwälzung ist der Steuerschuldner nicht unbedingt mit dem **Steuerträger** identisch (siehe Abschnitt B III). Steuerträger ist diejenige Person, die die Steuer letztlich aufzubringen hat und somit eine Einkommens- bzw. Nutzeneinbuße erleidet; **Steuerdestinatar** ist der vom Gesetzgeber vorgesehene Steuerträger.

(6) Weiterhin ist die Höhe der **Steuerschuld** festzusetzen. Das Ausmaß dieser steuerlichen Belastung wird durch den sog. Steuertarif angegeben. Mit Hilfe des **Steuertarifs** wird festgelegt, welcher **Steuerbetrag** (Steuerschuld) bei einer bestimmten Höhe der Steuerbemessungsgrundlage zu entrichten ist. Dazu wird für jede **Besteuerungseinheit** (Einheit der Bemessungsgrundlage), z. B. Euro oder kg, ein zu zahlender Steuerbetrag für einen bestimmten **Besteuerungszeitraum** festgesetzt. Dabei kann man zwei Verfahrensweisen unterscheiden:

– die Steuerschuld wird auf die Besteuerungseinheit in absoluten Geldbeträgen bezogen (**Steuerbetragstarif**). Beispiel: € 2 je kg Kaffee,[9]
– die Steuerschuld wird auf die Besteuerungseinheit in Prozent bezogen (**Steuersatztarif**). Beispiel: 19 % vom steuerpflichtigen Umsatz. Häufig wird ein Steuersatztarif auch mit einem Freibetrag verknüpft. So lautet etwa die Tarifformel des Steuertarifs bei der Abgeltungsteuer auf Zinsen (X – € 801) • 25 %, wobei X für die Bemessungsgrundlage sowie € 801 für den Sparer-Pauschbetrag stehen und der Steuersatz 25 % beträgt.

(7) Um eine Aussage über die Steuerbelastung zu erhalten, wie sie insbesondere für die Verteilungsdiskussion erforderlich ist, kann man für jede Größe der Bemessungsgrundlage den **Durchschnittssteuersatz**, d. h. das Verhältnis von Steuerbetrag $T$ zur Höhe der Bemessungsgrundlage $X$, bilden. Dieses Verhältnis $T/X$ (Durchschnittssteuersatz) kann sich

– auf eine in Mengengrößen ausgedrückte Bemessungsgrundlage beziehen, wie z. B. $cm^3$ Hubraum (bei 1.000 $cm^3$ = € 150 Steuer; $T/X = 0{,}15$) (**Mengensteuer**) oder
– auf eine in Wertgrößen bezeichnete Bemessungsgrundlage (bei € 40.000 zu versteuerndem Einkommen = € 8.000 Steuer; $T/X = 0{,}2$ oder 20 %) beziehen (**Wertsteuer**). Nur bei Wertgrößen ist ein Prozentsatz und damit die Vorstellung der „prozentualen Belastung" sinnvoll, da Zähler und Nenner in der gleichen Dimension ausgedrückt sind. Dementsprechend ist auch nur bei einer Wertsteuer ein Steuersatztarif anwendbar.

(8) In vielen Tarifen ist dieser Durchschnittssteuersatz nicht für jede Höhe der Bemessungsgrundlage gleich. Als Beispiel diene:

Ein zu versteuerndes Einkommen in Höhe von € 100.000 ergebe eine einkommensteuerliche Belastung von € 50.000, d. h. $T/X = 0{,}50$ oder 50 %.

Ein zu versteuerndes Einkommen in Höhe von € 101.000 ergibt eine steuerliche Belastung im Rahmen der Einkommensteuer von € 50.600, d. h. $T/X = 0{,}501 = 50{,}1 \%$.

In einem solchen Falle, bei dem der Durchschnittssteuersatz mit zunehmendem Einkommen ansteigt, interessiert den Besteuerten die Frage, wie viel Einkommensteuer er auf ein zusätzliches Einkommen, z. B. in Höhe von € 1.000, gezahlt hat. Im Beispiel sind es € 600, und im Verhältnis zu € 1.000 ergibt sich ein **Grenzsteuersatz** (**marginaler Steuersatz**) von $\Delta T/\Delta X$[10] oder 60 %. Ein Grenzsteuersatz von 100 % hätte sich ergeben, wenn beim Einkommen von € 101.000 die Einkommensteuerschuld auf € 51.000, also ebenfalls um € 1.000, gestiegen wäre. Dann könnte es für einen Steuerzahler, der seinen marginalen Steuersatz (Grenzsteuersatz) kennt, als nicht mehr lohnend erscheinen, zusätzliches Einkommen zu erzielen, obwohl sein Durchschnittssteuersatz nur von 50,0 % auf 50,5 % gestiegen ist.

---

[9] Die einfachste funktionale Beziehung zwischen Besteuerungseinheit und Steuerbetrag bildet also die Steuerbetragsfunktion $T = T (X)$, die die absolute Steuerschuld $T$ zur Steuerbemessungsgrundlage $X$ in Beziehung setzt. Sie drückt aus, welche Summe z. B. an Kaffeesteuer vom Importeur an den Fiskus abgeführt werden muss, wenn eine bestimmte Menge Kaffee importiert worden ist, oder welcher Steuerbetrag bei einem bestimmten Einkommen zu zahlen ist.
[10] Die Berechnung eines „Grenz"-Steuersatzes wird durch eine Differentialgleichung, nämlich durch die erste Ableitung der Steuerbetragsfunktion $dT/dX = dT (X)/dX$, besser dargestellt als durch eine Differenzengleichung.

Das hört sich kompliziert an, ist aber insbesondere für unternehmerische Entscheidungen sehr wichtig. Die beiden entscheidenden Größen, Durchschnittssteuersatz und Grenzsteuersatz, sind in Tabellen aufgeführt leicht erhältlich[11]. Wenn ein Einzelunternehmer, für den diese Tabelle zutrifft, eine Investition tätigen will, muss er wissen, wieviel vom zukünftigen Gewinn wegen der Steuer herunterzurechnen ist, um die Rentabilität des Vorhabens zu ermitteln. Dann macht es schon einen Unterschied, ob er mit dem Durchschnittssteuersatz rechnet, den er aus seinem Steuerbescheid ermitteln kann, oder mit dem Grenzsteuersatz aus der Tabelle. Bei einem unverheirateten Unternehmer, z.B. einem Startup, mit einem steuerpflichtigen Einkommen von € 55.000 liegt der Grenzsteuersatz mit 42 % um 6,4 Prozentpunkte höher als der Durchschnittssteuersatz mit 35,6 %, und das kann mehr als die gesamte erwartete Rendite sein.

(9) Sollen Belastungen der Steuerpflichtigen bei der Besteuerung mindernd berücksichtigt werden, so kann dies über einen **Abzug von der Steuerbemessungsgrundlage** oder von der **Steuerschuld** erfolgen. Steuersystematisch richtig ist ein Abzug von der Steuerbemessungsgrundlage immer dann, wenn die Leistungsfähigkeit etwa durch Zwangsbeiträge (Sozialversicherung) gemindert wird. Ein Abzug von der Steuerschuld ist hingegen angebracht, wenn vom Gesetzgeber freiwillige Ausgabenverwendungen (z.B. Spenden) steuerlich begünstigt werden sollen. Die Verteilungswirkung der beiden Ansätze wird nachfolgend gezeigt. Dem Vergleich liegt ein Bruttoeinkommen in Höhe von € 100.000 (Steuerzahler I) und eines in Höhe von € 30.000 (Steuerzahler II) und entsprechend unterschiedlichen Grenzsteuersätzen (50 bzw. 30 %) zugrunde (siehe Tab. 4.1). Außerdem wird unterstellt, dass die tatsächlichen Ausgaben von Steuerzahler I € 2.000 und von Steuerzahler II € 1.000 betragen.

(a) Eine steuerliche Vorschrift kann gestatten, dass eine private **Ausgabe**, die auf eine Minderung der finanziellen Leistungsfähigkeit hindeutet (etwa die Kosten einer außergewöhnlichen Belastung, z.B. im Zusammenhang mit einer schweren Krankheit), **in unbeschränkter Höhe** vom Bruttoeinkommen **absetzbar ist** (Fall A). Dann ergibt sich eine Steuerminderung für Steuerzahler I in Höhe von € 1.000 und für Steuerzahler II von € 300. Je Euro, der von der Bemessungsgrundlage abgezogen wird, spart der „Reichere" € 0,50 und der „Ärmere" € 0,30. Diese für den „Reicheren" positive Wirkung der Progression auf seine Abzugsmöglichkeiten entspricht genau der für ihn negativen Wirkung der Progression auf sein hohes Einkommen und wird daher häufig als die unter dem Aspekt der Besteuerung nach der **Leistungsfähigkeit** als **steuersystematisch** gebotene **adäquate** Form der **Abzugsmöglichkeit** angesehen (z.B. Werbungskosten).

(b) Um eine Umverteilungswirkung zu erzielen, kann man vorsehen (Fall B), dass solche Kosten nur **bis zu einem Höchstbetrag**, hier € 1.000, **abgezogen** werden dürfen. Damit werden im vorliegenden Beispiel zwar die abzugsfähigen Beträge ausgeglichen, aber auf sie wird immer noch der unterschiedliche Grenzsteuersatz angewendet. Immerhin hat sich der Unterschied in der Steuerersparnis insgesamt von € 700 (€ 1.000 zu € 300) (Fall A) auf € 200 (€ 500 zu € 300) (Fall B)

---

[11] Siehe beispielsweise Datev, Tabellen und Informationen für den steuerlichen Berater 2014, Nürnberg 2014, S. 10–13, hier S. 10.

reduziert. Ein Beispiel sind Unterhaltsleistungen an geschiedene Ehegatten, die der Höhe nach auf jährlich max. € 13.805 begrenzt sind.

(c) Eine grundsätzlich andere dritte Form, solche Belastungen steuerlich zu begünstigen, besteht darin, ihren Abzug von der Steuerschuld und nicht von der Bemessungsgrundlage vorzusehen. Zu diesem Zweck könnte man im angegebenen Beispiel vorsehen, dass beispielsweise 25 %, maximal aber € 250 von der Steuerschuld abgezogen werden dürfen (Steuererlass), in diesem Fall also bei jedem Steuerpflichtigen der gleiche Betrag. Dieser auch als Steuerkredit bezeichnete Abzug führt jedoch nur bei steuerzahlenden Wirtschaftssubjekten zu einem Vorteil. Er weist in Tab. 4.1 den höchsten Umverteilungsgrad auf, denn beide Steuerzahler haben einen absolut gleichen Vorteil (z. B. steuerliche Abzugsfähigkeit der Lohnkosten bei Handwerkerrechnungen).

*Tab. 4.1: Wirkungen der verschiedenen Abzugsmöglichkeiten bei der Einkommensteuer*

| I. Abzug von der Bemessungsgrundlage | Steuer-zahler I | Steuer-zahler II |
|---|---|---|
| Ausgangslage | | |
|   Bruttoeinkommen | € 100.000 | € 30.000 |
|   Grenzsteuersatz | 50 % | 30 % |
|   tatsächliche Ausgaben | € 2.000 | € 1.000 |
| Steuerliche Vorschrift | | |
|   Fall A: Ausgaben vollständig abzugsfähig | € 2.000 | € 1.000 |
|   Fall B: bis € 1.000 (Höchstbetrag) abzugsfähig | € 1.000 | € 1.000 |
| Steuerersparnis | | |
|   Fall A: Ausgaben vollständig abzugsfähig | € 1.000 | € 300 |
|   Fall B: bis € 1.000 (Höchstbetrag) abzugsfähig | € 500 | € 300 |
| Steuerersparnis je € Ausgabenabzug | € 0,50 | € 0,30 |
|   Fall A und B | (50 %) | (30 %) |
| **II. Abzug von der Steuerschuld** | | |
| Ausgangslage: wie oben | | |
| Steuerliche Vorschrift (hier = Steuererlass i.H.v. 25 % der Ausgaben, max. € 250) | € 250 | € 250 |
| Steuerersparnis | € 250 | € 250 |

## b) Tariftypen

(1) Der Durchschnittssteuersatz dient zugleich zur Unterscheidung zwischen den bekannten Typen des proportionalen und progressiven (bzw. regressiven) Tarifs. Von einem **proportionalen Tarif** spricht man, wenn für jede Höhe der Bemessungsgrundlage $X$ derselbe durchschnittliche Steuersatz $T/X$ vorliegt (siehe Abb. 4.1). Für eine solche Steuer kann die Körperschaftsteuer als Beispiel dienen, denn unabhängig von der Höhe des Gewinns fallen für jeden Euro 15 % Steuern an. Durchschnittlicher und marginaler Steuersatz sind bei einem proportionalen Tarif gleich.

*Abb. 4.1: Tariftypen*

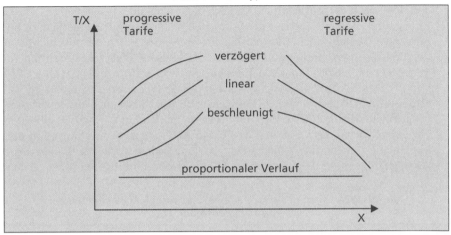

Steigt der Durchschnittssatz $T/X$ mit steigender Bemessungsgrundlage, spricht man von einem **progressiven**, fällt er, von einem **regressiven Steuertarif**. Die Veränderung kann sich linear, verzögert oder beschleunigt vollziehen (siehe Abb. 4.1). Kennzeichnend für eine Progression oder Regression ist in jedem Fall eine Differenz zwischen durchschnittlichem und Grenzsteuersatz: Bei progressiven Tarifen ist der Grenzsteuersatz höher, bei regressiven Tarifen kleiner als der Durchschnittssatz.

Das vorherige Beispiel zur Einkommensteuer zeigte einen progressiven Tarifverlauf (steigender Durchschnittssatz). Ein progressiver Tarif und damit eine mit der Bemessungsgrundlage steigende Durchschnittsbelastung kann auf zwei Arten erreicht werden. So führt ein mit der Bemessungsgrundlage steigender Grenzsteuertarif zu einer progressiven Belastung (direkte Progression). Die gleiche Wirkung kann auch durch eine Kombination aus einem konstanten Grenzsteuersatz und einem Freibetrag erreicht werden (indirekte Progression). Über die Art der Progression (linear, verzögert, beschleunigt; direkt oder indirekt) lässt sich bei nur zwei bekannten Punkten der Steuerfunktion keine Aussage machen.

In Abb. 4.2 sind die **Tarifverläufe der deutschen Einkommensteuer mit ihrer Grenz- und Durchschnittsbelastung für das Jahr 2017** wiedergegeben. Weiterhin sind noch die Grenzbelastungen für Kapitaleinkünfte, die seit dem 1.1.2009 einer 25%igen Abgeltungsteuer mit Veranlagungsoption unterliegen, aufgeführt. Auf der Abszisse ist das zu versteuernde Einkommen abgetragen, also die nach Berücksichtigung von unbesteuerten Einkommensteilen, Freibeträgen usw. sich ergebende Größe, auf die der Steuertarif angewendet wird. Zum „zu versteuernden Einkommen" zählt auch der sog. **Grundfreibetrag**, der in den Tarif eingearbeitet ist. Auf der Ordinate findet sich die tarifliche Steuerbelastung in v. H. Die gestrichelt gezeichnete Kurve gibt die Durchschnittsbelastung, nach der die Progression definiert ist, an. Der Einkommensteuertarif 2017 für die Besteuerung Alleinstehender beginnt mit dem erwähnten Grundfreibetrag von € 8.820, bis zu dem keine Besteuerung stattfindet. Hierauf folgen zwei linear-progressive Zonen. Die erste reicht von € 8.821 bis € 13.669 und die zweite von € 13.670 bis € 54.057. Der Grenzsteuersatz beginnt

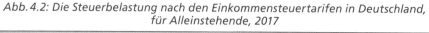

*Abb. 4.2: Die Steuerbelastung nach den Einkommensteuertarifen in Deutschland, für Alleinstehende, 2017*

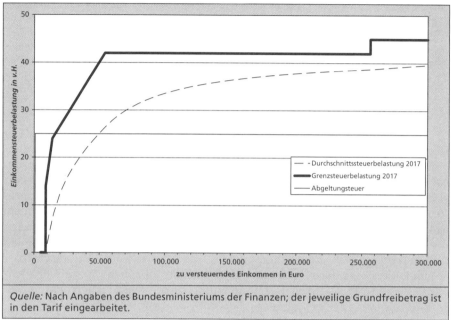

*Quelle:* Nach Angaben des Bundesministeriums der Finanzen; der jeweilige Grundfreibetrag ist in den Tarif eingearbeitet.

oberhalb des Grundfreibetrages mit 14 % und beträgt bei € 54.057 42 %. Ab € 54.058 beginnt dann ein Bereich der indirekten Progression. Er ist durch den linearen Verlauf des Grenzsteuersatzes von 42 % bei weiterhin steigendem Durchschnittssteuersatz gekennzeichnet (Abb. 4.2)[12]. Seit 2007 gibt es einen zweiten Bereich mit einem linear verlaufenden Grenzsteuersatz in Höhe von 45 %; er beginnt bei € 256.304. Diesen höchsten Grenzsteuersatz nennt man auch **Spitzensteuersatz**.

Unterliegen das gesamte Einkommen und damit alle Einkunftsarten einem einheitlichen Tarif, so wird von einer **synthetischen Einkommensteuer** gesprochen. Der Vorteil einer solchen Steuer wurde lange Zeit darin gesehen, dass die Gesamtsteuerbelastung nicht durch Umdeklarierung einer der sieben Einkunftsarten[13] in eine andere verändert werden kann und somit eine gewisse Neutralität gegeben ist. Diese Art der Besteuerung galt auch in Deutschland viele Jahrzehnte als ein steuerpolitisches Ordnungskriterium. Gelten für einzelne Einkunftsarten gesonderte Steuersätze, handelt es sich um eine **analytische Einkommensteuer** oder **Schedulensteuer**. Eine solche Schedulenbesteuerung gibt es in Deutschland seit 2009, da z. B. für Einkünfte aus Kapitalvermögen (z. B. Dividenden und Zinsen) seither ein proportionaler Steuersatz in Höhe von 25 % gilt, alle übrigen Einkünfte unterliegen dem progressiven Tarif. Begründet wurde diese sog. Abgeltungsteuer auch damit, dass eine ermäßigte Besteuerung dieser mobilen Bemessungsgrundlage den Anreiz

---

[12] Der häufig benutzte Begriff der „oberen Proportionalzone" für diesen Abschnitt ist insofern irreführend, als der Durchschnittssteuersatz, der wie erwähnt als Maß für Proportionalität bzw. Progressivität eines Tarifs gilt, in diesem Bereich steigt, d. h. es liegt auch hier ein progressiver Tarif vor.

[13] Einkünfte aus Land- und Forstwirtschaft, Gewerbebetrieb, selbstständiger Arbeit, nichtselbstständiger Arbeit, Kapitalvermögen, Vermietung und Verpachtung sowie sonstige Einkünfte.

zur Steuerflucht verringert.[14] Es ergibt sich aufgrund der Abgeltungsteuer die Situation, dass Steuerpflichtige mit einem Einkommen gleicher Höhe, welches aber unterschiedlichen Einkunftsquellen zuzuordnen ist, unterschiedlich hoch besteuert werden. Da Einkünfte aus Kapitalvermögen progressiv verteilt sind, profitieren gerade Steuerpflichtige mit sehr hohen Einkünften von dem Sondertarif, was verteilungspolitischen Erwägungen zuwider läuft.[15]

Die Erhebung der Einkommensteuer kann auf unterschiedliche Art erfolgen. Diese **Steuererhebung** erfolgt aus administrativen und auch aus fiskalischen Gründen z. B. bei Löhnen als Quellenbesteuerung. Der Arbeitgeber behält die Steuer ein und führt sie direkt an das Finanzamt ab. Sie gilt als Steuervorauszahlung und wird am Jahresende mit der übrigen anfallenden Einkommensteuer verrechnet, die sich durch andere Einkünfte (z. B. Vermietung und Verpachtung) ergibt.

(2) Die Begriffe „Progression" und „Regression" können sich sowohl auf den bisher erörterten Tarifverlauf (**Tarifprogression**) als auch auf die Belastung durch die Steuer beziehen (**Belastungsprogression**). Der Tarif von Verbrauchsteuern ist oft proportional, d. h. für jede Einheit des besteuerten Gutes ist der gleiche Steuerbetrag zu zahlen (z. B. Mineralölsteuer). Um die Belastung der Konsumenten durch die Verbrauchsteuer zu ermitteln, wird dieser Betrag auf die seine Leistungsfähigkeit bestimmende Größe, i. d. R. eine Einkommensgröße, bezogen. Die Belastung der Verbraucher in den verschiedenen Einkommensklassen erweist sich dann zumeist als regressiv, denn mit steigendem Einkommen sinkt der Anteil der gezahlten Verbrauchsteuer am Einkommen, so auch eine neuere Untersuchung zu einigen spezifischen Verbrauchsteuern (Tabak-, Alkohol- Rennwett- und Lotteriesteuer).[16] Ein proportionaler Tarif führt somit zu einer regressiven Belastung der privaten Haushalte.

Den einzigen Fall, in dem Tarif- und Belastungsprogression weitgehend identisch sind, bildet die Einkommensteuer, da die Bemessungsgrundlage „Einkommen" zugleich die bei der Belastungsuntersuchung zugrunde gelegte Größe ist.

## c) Das Problem der kalten Progression in der Einkommensbesteuerung

Werden zwei Individuen mit unterschiedlichem Einkommen betrachtet, so weist ceteris paribus die Person mit dem höheren Einkommen eine höhere Leistungsfähigkeit auf. Bei progressiven Tarifen (siehe Abschnitt b) führt diese höhere Steuerbemessungsgrundlage dann für diese Person zu einer höheren Steuerzahlung. Erhöht sich bei einer Person im Zeitablauf bei unverändertem Steuertarif inflationsbedingt allein das Nominaleinkommen, dann steigt auch die Steuerbelastung, obwohl die Leistungsfähigkeit dieses Steuerpflichtigen gleichgeblieben ist, denn er kann nur die gleichen Gütermengen wie zuvor konsumieren. Dieser Sachverhalt wird als „kalte Progression" bezeichnet. Zudem erhöht sich gleichzeitig das Steueraufkommen des Staates.[17]

---

[14] Bundesregierung, Entwurf eines Unternehmensteuerreformgesetzes, Bundesratsdrucksache 220/07 vom 30.03.2007, S. 52.

[15] Broer, M., Distributive Effekte der deutschen Abgeltungsteuer auf Kapitaleinkünfte, in: Schmollers Jahrbuch, Bd. 127, 2007 , S. 297 ff.

[16] Bergs, C., u. a., Zusammenhang zwischen Steuerlast und Einkommensverteilung. Forschungsprojekt für das Bundesministerium für Arbeit und Soziales, Essen 2007, S. 117.

[17] Vernachlässigt wird bei der Diskussion, dass der Staat auch inflationsbedingte Mindereinnahmen bei den speziellen Verbrauchsteuern erleidet. Broer, M., Gibt es staatliche

Im folgenden Beispiel der kalten Progression einer Einkommensteuer wird der individuelle Belastungseffekt dargestellt, wobei neben den nominalen auch reale Größen betrachtet werden, um die Wirkung der Inflation beim intertemporären Vergleich zu verdeutlichen.

In Tab. 4.2 wird ein indirekt-progressiver Tarif mit einem Freibetrag von € 10.000 und einem Steuersatz von 25 % unterstellt, wie er ähnlich vom Wissenschaftlichen Beirat beim Bundesministerium der Finanzen vorgeschlagen wurde.[18] Im Jahr $t_0$ sind nominales und reales zu versteuerndes Einkommen identisch. Somit beträgt das zu versteuernde Einkommen (real und nominal) € 20.000, und folglich, bei dem Freibetrag von € 10.000, macht die Steuerzahlung € 2.500 aus. Der Durchschnittssteuersatz, der die steuerliche Belastung wiedergibt (siehe oben), beträgt 12,5 %.[19] Nun soll für $t_1$ aufgrund einer Inflation allein das nominale Einkommen um 100 % auf € 40.000 steigen, das reale Einkommen bleibt konstant. Bei unverändertem Tarif ergibt sich nun eine Steuerzahlung von € 7.500, und der Durchschnittssteuersatz des Steuerpflichtigen steigt von 12,5 % auf 18,75 %.[20] Im Beispiel könnte das Problem der kalten Progression für $t_1$ gelöst werden, indem der Tarif an die Inflationsrate angepasst wird. Bei einer Erhöhung des Freibetrags entsprechend der Inflationsrate (hier Verdopplung von € 10.000 auf € 20.000) würde die Steuerzahlung von € 2.500 in $t_0$ nur auf € 5.000 in $t_1$ steigen und der Durchschnittssteuersatz unverändert bei 12,5 % bleiben. Auf diese Weise zeigt Tab. 4.2 die Wirkung der sog. kalten Progression auf die Steuerzahlung und den Durchschnittssteuersatz, bei alleiniger Erhöhung des nominalen Einkommens in Folge einer Inflation. Obwohl der Steuerpflichtige in beiden Perioden die gleiche Leistungsfähigkeit aufweist, denn sein Realeinkommen beträgt in beiden Perioden € 20.000, haben sich der Durchschnittssteuersatz und die reale Steuerbelastung erhöht. Zudem wird eine Lösung des Problems der kalten Progression dargelegt, nämlich die entsprechende Anpassung des Steuertarifs.

Tab. 4.2: Wirkung der kalten Progression einer Einkommensteuer auf die durchschnittliche Steuerbelastung

| Zeit | Tarif | zu versteuerndes Einkommen | | Steuer-zahlung (nominal) | Durch-schnitts-steuersatz |
|------|-------|------------|------|------|------|
| | | nominal | real | | |
| $t_0$ | (X – € 10.000) 25 % | € 20.000 | | € 2.500 | 12,50 % |
| $t_1$ | | € 40.000 | € 20.000 | € 7.500 | 18,75 % |
| $t_1$ | (X – € 20.000) 25 % | € 40.000 | | € 5.000 | 12,50 % |

Um das Problem der kalten Progression zu verringern, wird in Deutschland das steuerfreie Existenzminimum aufgrund verfassungsrechtlicher Vorgaben regelmäßig überprüft und werden die Ergebnisse im sog. Existenzminimumbericht der Bundesregierung veröffent-

---

Inflationsverluste bei den Einnahmen aus speziellen Verbrauchsteuern?, in: Deutsche Steuer-Zeitschrift, 101. Jg., 2013, S. 551 ff.

[18] Wissenschaftlicher Beirat beim Bundesministerium der Finanzen, Flat Tax oder Duale Einkommensteuer? Zwei Entwürfe zur Reform der deutschen Einkommensbesteuerung, Schriftenreihe des Bundesministeriums der Finanzen, Heft 76, Berlin 2004.

[19] (€ 20.000 – € 10.000) · 25 % = € 2.500. Der Durchschnittssteuersatz ergibt sich aus: 2.500 / 20.000 = 12,5 %.

[20] (€ 40.000 – € 10.000) · 25 % = € 7.500. Damit beträgt der Durchschnittssteuersatz 18,75 % (7.500 / 40.000).

licht.[21] Auf Basis dieser Ergebnisse werden entsprechende Erhöhungen des Grundfreibetrags bzw. der Kinderfreibeträge vorgenommen, durch die das Existenzminimum von Erwachsenen bzw. Kindern steuerlich freigestellt werden soll. Allerdings reicht eine Anpassung des Grundfreibetrags allein nicht aus, um das Problem der kalten Progression zu beseitigen, es muss der gesamte Tarif verschoben werden. Um den Bedarf der Tarifanpassungen zu ermitteln, legt die Bundesregierung einen sog. Progressionsbericht vor.[22]

Neben diesem Ansatz, den Steuertarif durch die Regierung und das Parlament in unregelmäßigen Abständen anzupassen, wird in einigen EU-Staaten ein anderer Weg begangen, um den beschriebenen Effekt der kalten Progression zu vermeiden.[23] Dort wird der Tarif „indexiert", d. h. es wird eine automatische Senkung der Sätze im Maß der Inflationsrate vorgenommen. Da es dort entsprechende gesetzliche Regelungen zur automatischen Berücksichtigung der Inflationsentwicklung gibt, werden auch in Deutschland immer wieder Forderungen in diese Richtung erhoben und wird ein sog. „Tarif auf Rädern" angemahnt.[24] Als Argument gegen einen solchen Automatismus könnte man vermuten, dass in Deutschland die Politik der jeweils neuen Steuersenkungen für die Wiederwahlchancen der Politiker eine große Rolle spielt und aus diesem Grund eben nicht automatische Tarifentlastungen vorgesehen sind, sondern im wahltaktisch richtigen Moment diskretionäre Entlastungen entschieden werden.

Als Indikatoren für das Ausmaß der kalten Progression eignen sich sowohl die zeitliche Entwicklung des Durchschnittssteuersatzes (zur Definition siehe oben) für verschiedene Höhen des zu versteuernden Einkommens als auch die sog. Einkommensteuerquote (Relation vom Einkommensteueraufkommen zum BIP) und deren Veränderung im Zeitablauf. Längerfristig steigende Werte bei beiden Indikatoren würden darauf hindeuten, dass die kalte Progression wirkt und nicht bekämpft wurde. Für den Zeitraum 1996 bis 2010 konnte gezeigt werden, dass die diskretionäre Anpassungspolitik das Problem der kalten Progression entschärft hat. So betrug im Jahr 1996 z. B. der Durchschnittssteuersatz für ein zu versteuerndes Einkommen in Höhe von € 10.000 (€ 100.000) 10,2 % (41,3 %). Bei allein nominaler Erhöhung des Einkommens, also konstantem Realeinkommen, hätte sich der Durchschnittssteuersatz bis zum Jahr 2010 aufgrund der vom Gesetzgeber vorgenommenen Tarifreformen auf 6,2 % (35,4 %) gemindert.[25] Auch bei Betrachtung der Einkommensteuerquote zeigt sich kein Anstieg; die Quote liegt seit dem Jahre 1996 zwischen 5,6 % (2005) und 8,4 % (2016). Dauerhafte Steigerungen sind nicht festzustellen.

Zusammenfassend zeigt sich die finanzpolitische Bedeutung des Konzepts einer Besteuerung nach der Leistungsfähigkeit. Auch in der Zukunft wird immer wieder nach den „richtigen" Indikatoren der Leistungsfähigkeit gefragt werden und nach dem Ausmaß der Steuerprogression. Bei all diesen Fragen müssen die unterschiedlichen Formen der Besteuerung und die damit verbundene Wirkung betrachtet und im Zusammenhang beurteilt werden.

---

[21] Unterrichtung durch die Bundesregierung: Bericht über die Höhe des steuerfrei zu stellenden Existenzminimums von Erwachsenen und Kindern für das Jahr 2018 (11. Existenzminimumbericht), Bundestagsdrucksache 18/10220 vom 02.11.2016.

[22] Unterrichtung durch die Bundesregierung: Bericht über die Wirkung der kalten Progression im Verlauf des Einkommensteuertarifs für die Jahre 2016 und 2017 (Zweiter Steuerprogressionsbericht), Bundestagsdrucksache 18/10221 vom 02.11.2016

[23] Kucsera, D. und Lorenz, H., Möglichkeiten zur Kompensation der kalten Progression: Wirkung in Österreich, in: Wirtschaftsdienst, 2016, H 10, S. 748 ff. Antwort der Bundesregierung auf die Kleine Anfrage der Abgeordneten Dr. Volker Wissing, Frank Schäffler, Dr. Hermann Otto Solms, weiterer Abgeordneter und der Fraktion der FDP – Drucksache 16/8104 – Kalte Progression und soziale Gerechtigkeit, Bundestagsdrucksache 16/8346 vom 03.03.2008, S. 7.

[24] Karl Bräuer Institut: Die Mitte verliert. Nach der Tarifkorrektur 2010 erhöhter Nachholbedarf bei Entlastung mittlerer Einkommen, Sonderinformation 57, 2009.

[25] Broer, M., Kalte Progression in der Einkommensbesteuerung. Ist ein Tarif auf Rädern der diskretionären Anpassungspolitik in Deutschland überlegen?, in Wirtschaftsdienst, 91. Jg., 2011, S. 697, sowie Sachverständigenrat zur Begutachtung der gesamtwirtschaftlichen Entwicklung, Jahresgutachten 2011/2012, 2011, Tz. 344 ff.

# B. Formen der Besteuerung und ihre Beurteilung

## I. Anknüpfungspunkte der Besteuerung

Wenn das Einkommen als wichtiger Indikator der finanziellen Leistungsfähigkeit angesehen wird, bedeutet das keineswegs, dass – insbesondere unter fiskalischen Gesichtspunkten – nur die Erhebung einer Einkommensteuer sinnvoll ist. So ist zu fragen, was überhaupt geeignete Anknüpfungspunkte der Besteuerung sind und welche Formen der Besteuerung theoretisch möglich wären. Erst daraus ergeben sich die Zugriffsmöglichkeiten für den Staat, Teile der Einkommensentstehung und Einkommensverwendung sowie des Vermögens für seine fiskalischen Zwecke zu besteuern.

### a) Besteuerung der Einkommensentstehung

Die bisherigen Beispiele entstammten vorwiegend der *Besteuerung des Einkommens,* das der einzelne Erwerbstätige erzielt. In einem Kreislaufschema mit Vermögensbildung (Abb. 4.3) würde die Steuer also an dem Punkt erhoben, an dem das Einkommen dem Bürger aus verschiedenen Quellen zufließt. Zusätzlich zu den sieben in § 2 EStG genannten Einkunftsarten können auch Erbschaften und Schenkungen darunter gefasst werden.

In der Abb. 4.3 wird sichtbar, dass die Einkommensbesteuerung beim einzelnen Einkommensbezieher (1) einen Spezialfall darstellt, nämlich die Erfassung der Einkommensentstehung dort, wo das Einkommen dem privaten Haushalt zufließt. Diese Art der Einkommensbesteuerung liegt z. B. bei der veranlagten Einkommensteuer vor.

Eine zweite Möglichkeit besteht darin, Einkommen an der Stelle seiner Entstehung zu besteuern. Der Steuerzahler führt dann die Steuer anders als bei der veranlagten Einkommensteuer nicht selbst an das Finanzamt ab. Hier gibt es wiederum zahlreiche Varianten. Die Lohnsteuer wird in Deutschland in Form des **Quellenabzugsverfahrens** vom Unternehmen, in dem Löhne und Gehälter entstehen, direkt an das Finanzamt abgeführt. Der Haushalt erhält nur sein Nettoeinkommen. Das gleiche gilt für die bei Kapitalgesellschaften (z. B. AG oder GmbH) entstandenen Einkommen (Gewinne). Dieses Einkommen unterliegt der Körperschaftsteuer und fließt den Haushalten (**ausgeschüttete Gewinne,** 2a) oder den Unternehmen (**einbehaltene Gewinne,** 2b) nach Besteuerung zu.

In Deutschland werden diese einbehaltenen Gewinne der Körperschaften (**2b**) zusätzlich zur Körperschaftsteuer noch mit dem **Solidaritätszuschlag** und der kommunalen Gewerbesteuer belastet, deren Steuersatz sich von Gemeinde zu Gemeinde unterscheidet.[26] Die Gesamtbelastung der Kapitalgesellschaften, die sich additiv aus Gewerbe- und Kör-

---

[26] Broer, M., Steuerstandort Deutschland – attraktive Bandbreite der Unternehmensteuerbelastung für Kapitalgesellschaften in deutschen Gemeinden, in: BMF-Monatsbericht, Dezember 2008, S. 50.

*Abb. 4.3: Anknüpfungspunkte der Besteuerung*

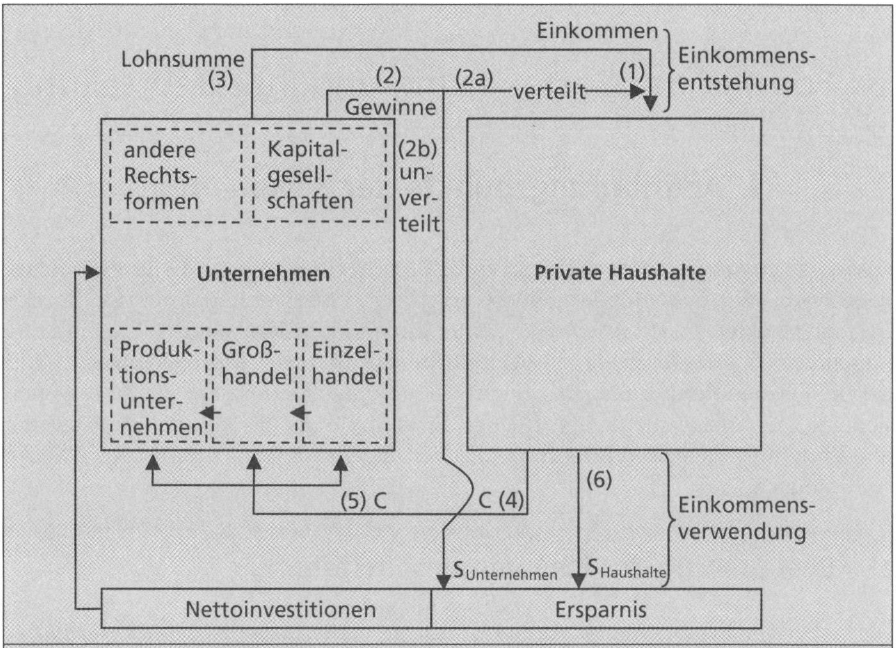

Die Pfeilrichtung zeigt die monetären Ströme (also die Ausgaben bzw. Einnahmen). Die realen Faktor- und Güterströme verlaufen in umgekehrter Richtung.

perschaftsteuer sowie Solidaritätszuschlag ergibt, liegt zwischen 22,83 % und 35,08 %. Die Gewinnausschüttungen aller Kapitalgesellschaften (**2a**) unterliegen seit 2009 einer Abgeltungsteuer zzgl. Solidaritätszuschlag.

So wie der Körperschaftsteuer der betriebliche Tatbestand des Gewinns als Anknüpfungspunkt der Steuer zugrunde liegt, können auch andere betriebliche Merkmale hierfür herangezogen werden, wobei nicht mehr nach Kapitalgesellschaften und anderen Rechtsformen unterschieden wird. Steuergegenstand kann auch der **Ertrag eines Produktionsfaktors** sein; man spricht dann von **Ertragsteuern im finanzwissenschaftlichen Sinn**[27]. Eine Steuer auf die Lohnsumme eines Betriebs liegt z. B. auf dem Entgelt des Faktors Arbeit (3), erfasst die Einkommensentstehung also in einer früheren Phase. Wenn alle entstehenden Einkommen von einer einzigen Steuer erfasst würden, dann entspräche sie einer Wertschöpfungsteuer, die alle Faktorentgelte (Löhne, Gehälter, Gewinne) umfasst.

Rückblickend kann angesichts der Schwierigkeit, Körperschaftsteuer und Einkommensteuer aufeinander abzustimmen, u. a. auch mit dem Ziel einer Rechtsformneutralität der Unternehmensbesteuerung, grundsätzlich gefragt werden, ob es sinnvoll ist, neben einer Besteuerung der privaten Haushalte die Unternehmen bzw. Körperschaften überhaupt zum Gegenstand der Besteuerung zu machen. Die **Rechtfertigung einer Körperschaftsteuer ergibt sich** vor allem **aus äquivalenz-**

---

[27] In der betriebswirtschaftlichen und der juristischen Steuerlehre wird der Begriff der Ertragsteuer oft hingegen synonym mit dem der Gewinnsteuer verwendet.

**theoretischen Überlegungen**, soweit diese Besteuerung als pauschale Abgeltung unternehmensspezifischer öffentlicher Leistungen angesehen werden kann. Bei den Körperschaften ergibt sich eine zusätzliche Rechtfertigung daraus, dass eine Körperschaft Vorteile durch die rechtlich fixierte Sonderstellung erworben hat, z. B. durch Haftungsbeschränkung oder erleichterte Kapitalbeschaffung. Aus diesen Begründungen folgt aber nicht zwangsläufig, dass die Bemessungsgrundlage der Körperschaftsteuer gewinnabhängig sein muss. Als Hauptgrund für eine Körperschaftsteuer gelten **verteilungspolitische Argumente**. Die Körperschaftsteuer wird als Ergänzungssteuer zur Einkommensteuer angesehen. Mit ihr soll u. a. verhindert werden, dass Zinserträge auf Wertpapiere, die in einer Kapitalgesellschaft gehalten werden, unbesteuert bleiben, während die gleichen Zinserträge bei natürlichen Personen der Einkommensteuer unterliegen.

## b) Besteuerung der Einkommensverwendung

### 1 Verschiedene Formen dieser Besteuerung im Überblick

Wenn alle Einkommen ausgegeben werden, dann ist es mit Blick auf den Kreislauf und unter dem Aspekt der fiskalischen Ergiebigkeit gleichgültig, ob bei der Einkommensentstehung oder -verwendung besteuert wird, so lange jeweils die gleiche Steueraufkommenshöhe erzielt wird. In jedem Fall wird ein Strom von gleichem Umfang steuerlich erfasst. Eine solche aufkommensneutrale Umstellung hätte aber sicherlich vielfältige andere Wirkungen im Kontext von Wachstum und Verteilung.

Wie bei der Besteuerung der Einkommensentstehung kann man auch bei der Besteuerung der Einkommensverwendung eine den gesamten Verwendungsstrom erfassende Steuer, analog einer umfassenden Einkommensteuer, und Steuern auf einzelne Teilströme unterscheiden (siehe Abb. 4.3). Betrachtet man zunächst Besteuerungsformen, mit denen der Verwendungsstrom in seiner Gesamtheit erfasst werden soll, so können sie **direkt beim privaten Haushalt anknüpfen** (Ausgabenbesteuerung, [4]) **oder am Kaufvorgang** (Konsumbesteuerung, [5]). Erfasst die Besteuerung den Konsumakt, so kann zum einen die Gesamtheit aller Verbrauchsgüter besteuert (Umsatzsteuer) und/oder es können zum anderen einzelne Verbrauchsgüter mit einer speziellen oder (Einzel-)Verbrauchsteuer belegt werden. Knüpft die Besteuerung der Einkommensverwendung direkt beim privaten Haushalt an (4), so kann man von einer Konsumsteuer in Form einer „**persönlichen allgemeinen Ausgabensteuer**" sprechen. In diesem Fall, der in ausgebauter Form bisher nicht vorliegt, wird die Steuer auf den für den einzelnen privaten Haushalt in einer Periode ermittelten Konsum gelegt, der mit einer „Konsumerklärung" festgestellt werden müsste. Da es schwierig für die Steuerverwaltung sein dürfte, alle Konsumausgaben der Steuerpflichtigen zu ermitteln, müsste dies indirekt erfolgen. Im Rahmen der Ermittlung des zu versteuernden Konsums können ebenso wie bei der Ermittlung des zu versteuernden Einkommens persönliche Merkmale berücksichtigt werden, und der zu versteuernde Konsum könnte progressiv besteuert werden.[28]

---

[28] Eine solche „expenditure tax" hat N. Kaldor vorgeschlagen. Vgl. Kaldor, N., An Expenditure Tax, London 1955; siehe auch Peffekoven, R., Persönliche allgemeine Ausgabensteuer, in: Handbuch der Finanzwissenschaft, 2. Bd., 3. Aufl., Tübingen 1980, S. 418 ff.

## 2 Formen der Umsatzbesteuerung

In der steuerpolitischen Praxis knüpft man aus technischen Gründen am Kaufvorgang an (5). Eine *Umsatzbesteuerung* ist dadurch gekennzeichnet, dass bei ihr in der Regel ohne Unterscheidung nach einzelnen Käufern jeder Umsatzakt Anlass für eine Besteuerung ist, d. h. der Umsatz eines Gutes wird herangezogen, ohne genau zu fragen, welche Person das Gut kauft. Hierfür haben sich in Theorie und Praxis ganz unterschiedliche Formen herausgebildet, die hier systematisch analysiert werden (zum Überblick siehe Tab. 4.3).

Um die verschiedenen Formen der Umsatzbesteuerung voneinander unterscheiden zu können, sei zunächst ein Güterkreislauf von der Produktion zum Konsum verfolgt, wobei auf die Lagerhaltung nicht eingegangen wird. In Tab. 4.3 beginne die Produktion im rohstoffabbauenden Unternehmen R. Es zahlt nur Faktorentgelte (z. B. Löhne und Pachten) in Höhe von 100 wenn vereinfachend unterstellt wird, dass es von anderen Unternehmen keine Vorleistungen bezieht. Es verkauft seine Rohstoffe im Wert von 100 an das Unternehmen HF, das hieraus Halbfertigfabrikate herstellt. Dabei fallen wiederum Faktorentgelte in Höhe von 30 an, so dass Erlöse in Höhe von 130 beim Verkauf der Halbfertigfabrikate erzielt werden. Mit Hilfe von Faktorleistungen in Höhe von 50 verarbeitet das Unternehmen K die Halbfertigware zu verbrauchsreifen Konsumgütern, die für 180 an die privaten Haushalte verkauft werden.

Fasst man in Tab. 4.3 vertikal für jedes einzelne Unternehmen seine Einkäufe bei anderen Unternehmen und die gezahlten Faktorentgelte zusammen, so erhält man den Produktionswert (100, 130, 180), der in diesem Beispiel zu Erlösen bzw. Umsätzen in der Höhe der drei Produktionswerte (410) führt. Wichtig ist, dass man die gezahlten Faktorentgelte (100, 30, 50), die hier die Wertschöpfung (180) ausmachen, als Differenz zwischen Produktionswert (410) und bezogenen Vorleistungen (230) ausdrückt. Die einzelnen Zeilen geben, jeweils für alle Unternehmen zusammen, mögliche Bemessungsgrundlagen einer Umsatzsteuer an. Die erste Zeile gibt die Einzelumsätze des genannten Unternehmensbereiches, also aller drei Unternehmen wieder, die zweite Zeile enthält die gesamte Wertschöpfung, d. h. das, was produziert, aber nicht zugekauft wurde, und die dritte Zeile enthält alle insgesamt getätigten Umsätze.

*Tab. 4.3: Produktionsstufen eines Konsumgutes und Umsatzbesteuerung*

| | Unternehmen | | | | Ansatzpunkte für eine Umsatzbesteuerung |
|---|---|---|---|---|---|
| | R | HF | K | Σ | |
| Käufe von anderen Unternehmen (Vorleistungen) | 0 | 100 | 130 | 230 | Einzelumsätze |
| Faktorentgelte | 100 | 30 | 50 | 180 | Wertschöpfung/Mehrwert |
| Produktionswert der Unternehmen | 100 | 130 | 180 | 410 | Umsatz/Erlöse |

Im Rahmen der Umsatzbesteuerung lassen sich zwei grundsätzlich verschiedene Möglichkeiten voneinander trennen: Einmal kann die Steuer auf die gesamten Umsätze (im Beispiel also auf 100, auf 130 und auf 180) bezogen werden (**Bruttoumsatzsteuer**) und zum Zweiten lediglich auf die jeweilige Wertschöpfung (100, 30 und 50) der einzelnen Produktionsstufen (**Nettoumsatzsteuer, Wertschöpfungsteuer, Mehrwertsteuer**).

Innerhalb der Umsatzbesteuerung kann man weiter nach der Zahl der Produktions- bzw. Wirtschaftsstufen (Phasen) unterscheiden, auf denen besteuert wird (im Beispiel also drei Produktionsstufen). Dementsprechend gibt es Allphasen-, Mehrphasen- und Einphasen-Umsatzsteuern.

Bei der *Bruttobesteuerung* kommt es, wenn mehr als eine Phase besteuert wird, wegen des mehrfachen Steueraufschlages zu einer sog. **Kumulativwirkung**. Im Beispiel würde auf die von R, HF und K erzielten Erlöse Umsatzsteuer entfallen. Mit jedem Umsatz „kumuliert" die Steuer auf das Gut, es ist **„Steuer auf die Steuer"** zu entrichten. Geht man z. B. von einem Steuersatz von 5 % aus, so müsste das Unternehmen *HF* auf die Erlöse des Unternehmens *R* in Höhe von € 100 eine Steuer von € 5 zahlen. Das Unternehmen *HF* wälzt diese Steuer, wie vom Gesetzgeber vorgesehen, weiter, indem es das Halbfertigprodukt nicht für € 130, sondern für € 135 an Unternehmen *K* veräußert. Das Unternehmen *K* zahlt jetzt 5 % Steuer auf € 135, d. h. € 6,75. Damit hat es auch auf die zuvor gezahlten € 5 Steuern nochmals 5 % Steuer entrichtet. Da mit der Fusion z. B. der Unternehmen *R* und *HF* eine Steuerzahlung entfällt (die zwischen *R* und *HF* fällig geworden wäre) und sich damit die Gewinnchance erhöht, bietet die Mehrphasenbruttobesteuerung einen Anreiz zur vertikalen Konzentration von aufeinander folgenden Produktionsstufen.

Das System der *Nettoumsatzsteuer* (Mehrwertsteuer) ist aus der Kritik an den negativen Nebenwirkungen der Bruttoumsatzsteuer heraus entwickelt worden. Die Beschränkung auf die Wertschöpfung (Mehrwert) als Bemessungsgrundlage nimmt den **Konzentrationsanreiz** insoweit aus dem Steuersystem heraus, weil sich eine wirtschaftlich nicht vorteilhafte Konzentration jetzt aus steuerlichen Gründen allein nicht mehr lohnt. Zwar wird auch die Nettoumsatzsteuer bei Gelegenheit des Verkaufs erhoben, aber nicht mehr nach Maßgabe des Verkaufspreises. Vielmehr können bei dem in Deutschland üblichen **Verfahren des Vorsteuerabzugs** von der nach dem Verkaufspreis berechneten Steuer die auf die **Vorleistungen** gezahlten Steuern abgezogen werden, so dass die Steuer nur noch auf die Wertschöpfung bezogen wird.[29]

Bei einer 5 %igen Steuer muss Unternehmen *HF* an das Unternehmen *R* € 100 + € 5 Steuer zahlen. Von diesem Betrag führt Unternehmen *R* € 5 an das Finanzamt ab. Unternehmen *HF* verkauft das erstellte Halbfertigprodukt nun für € 130 + € 6,5 Steuer und überweist € 1,5 an das Finanzamt, € 5 behält es selbst. Somit ist Unternehmen *HF* nicht steuerlich belastet. Unternehmen *K* verkauft das Endprodukt für € 180 + € 9 Steuer an den Endverbraucher und führt selbst € 2,5 (€ 9 – € 6,5) an das Finanzamt ab. Der Endverbraucher ist mit € 9 belastet. Dieser Wert ergibt sich rein rechnerisch aus der Tab. 4.3, wenn die Wertschöpfung von € 180 in Zeile 2 mit dem Steuersatz von 5 % multipliziert wird. Die Unternehmen hingegen werden gar nicht durch die Steuer belastet.

---

[29] Stattdessen ist auch ein Verfahren des Vorumsatzabzugs möglich. Hierbei wird der Bruttoumsatz minus Vorumsatz mit dem Steuersatz belegt.

Die Nettoumsatzsteuer ist also nicht mehr Preisbestandteil, sondern läuft gewissermaßen neben dem vom Unternehmer „netto" kalkulierten Warenpreis her und wird in der Regel auch offen ausgewiesen. **Die Steuer wird** damit rechnerisch **zum durchlaufenden Posten** und macht sich, volle Überwälzung vorausgesetzt, wirtschaftlich erst beim Übergang auf den Verbraucher bemerkbar. In ihrer Wirkung entspricht eine lückenlose einheitliche Nettoumsatzsteuer also einer Steuer, die mit demselben Steuersatz auf alle Konsumgüter gelegt wird. In Tab. 4.3 entspricht die Summe der zweiten Zeile, die Wertschöpfung, in Höhe von 180 der Spaltensumme von $K$, also den abgesetzten Konsumgütern bzw. dem Produktionswert, weil das Einkommen annahmegemäß voll für Konsumzwecke verausgabt wird.

Die deutsche Umsatzbesteuerung wurde am 1.1.1968 von der Brutto-Allphasen-Umsatzsteuer auf eine Umsatzsteuer mit Vorsteuerabzug umgestellt, die damit einer Mehrwertsteuer nahe kommt. Erst dadurch sind die Umsetzung des Bestimmungslandprinzips in der EU und der dafür notwendige Grenzausgleich möglich geworden (siehe Abschnitt IV). Die Steuer wird auf jeder Stufe der Wertschöpfung abgeführt, indem der Steuersatz auf den Bruttoumsatz berechnet und die bereits gezahlte Umsatzsteuer abgezogen wird. Die Bemessungsgrundlage der geltenden Umsatzsteuer ist für alle Mitgliedsländer der EU weitgehend harmonisiert; der mehrwertsteuerpflichtige Umsatz gilt in harmonisierter Form auch als Berechnungsgrundlage für die Beiträge der Mitgliedsländer an die EU (siehe 9. Kapitel, Abschnitt B II b).

In den letzten Jahren ist die Kritik am derzeitigen Umsatzsteuerverfahren gestiegen, da es den Steuerbetrug erleichtert. Der Steuerbetrug wird dadurch ermöglicht, dass die Vorsteuererstattung an den Käufer unabhängig von der tatsächlichen Zahlung der ihr zu Grunde liegenden Ausgangssteuer durch den Verkäufer erfolgt. Der Käufer ließ sich also die angeblich gezahlte Vorsteuer vom Finanzamt erstatten, bevor der Verkäufer die einbehaltene Umsatzsteuer an das Finanzamt abgeführt hat. Beide Unternehmen verschwanden vom Markt, so dass der Staat nur die gezahlte Vorsteuer erstattete, ohne tatsächlich Einnahmen zu erzielen. Erleichtert wurde diese Art des Umsatzsteuerbetrugs dadurch, dass bei Geschäften über die Grenze hinweg in andere EU-Staaten ein entsprechender Datenaustausch zwischen den EU-Staaten noch unterentwickelt ist. Dabei ist es auch zu sog. Karussellgeschäften gekommen, in denen Waren immer wieder zwischen Unternehmen in verschiedenen EU-Ländern weiter verkauft wurden.[30] Nach einem Bericht der EU-Kommission ergeben sich bei der Umsatzsteuer in der EU Mindereinnahmen in Folge von Betrugsfällen in Höhe von € 177 Mrd. oder 16 % des möglichen Aufkommens.[31]

Unabhängig davon, auf wie vielen Stufen die Umsatzsteuer erhoben wird, kann es wünschenswert sein, einen Teil der Konsumausgaben noch einmal zusätzlich zu besteuern, sei es aus **sozialpolitischen Gründen** (um höhere Einkommen stärker zu erfassen, etwa durch eine Besteuerung von Luxusgütern), aus **gesundheitspolitischen Gründen** (Verteuerung von Tabak und Alkohol mit dem Ziel der Konsumeinschränkung bzw. einer Art „Sündenbesteuerung") oder aus **umwelt-** und **energiepolitischen Gründen** (Verteuerung des Mineralöls). Diesen und anderen Zwecken dienen die *speziellen Verbrauch- und Aufwandsteuern,* die ebenfalls bei den Unternehmen ((5) in Abb. 4.3), in der Regel auf der Produktionsstufe (z. B. Branntweinsteuer), erhoben werden.

---

[30] Bundesrechnungshof, Bemerkungen 2000 zur Haushalts- und Wirtschaftsführung des Bundes, Bonn 2000, S. 217 ff.
[31] European Commission, Study to quantify and analyse the VAT Gap in the EU Member States 2015 Report TAXUD/201 3/DE/321, S. 17.

Zu beachten ist, dass die **private Ersparnis der Haushalte und Unternehmen** (((6) in Abb. 4.3) bei der Einkommensverwendung im derzeit geltenden Steuersystem der Bundesrepublik Deutschland als Besteuerungsgegenstand in direkter Form weitestgehend ausgeklammert bleibt. Bei der Besteuerung der Einkommensentstehung ist sie hingegen automatisch einbezogen.

## c) Besteuerung des Vermögens

Bei der Besteuerung von Einkommensentstehung und Einkommensverwendung werden überwiegend Stromgrößen berücksichtigt. Zu ihnen zählen auch die *Einkünfte aus Vermögen*. Soweit sie, wie in Deutschland, im Rahmen der Einkommensbesteuerung erfasst werden, sind also bereits Steuerobjekte aus dem Vermögensbereich einbezogen worden.

Bei einer Einbeziehung des Vermögens kann sich die Besteuerung darüber hinaus

– auf den Bestand,
– auf den Zuwachs und
– auf Vermögensumschichtungen

beziehen.

Im Rahmen einer Besteuerung des *Vermögensbestandes* kommt es leicht zu einem **Substanzverzehr**, insbesondere dann, wenn die Vermögensteuer aus den laufenden Erträgen nicht aufgebracht werden kann. Ein zentrales Problem jeder Vermögensbesteuerung ist neben der **Abgrenzung des Begriffs „Vermögen"** die **Bewertung** der einzelnen Vermögensteile. Dabei stellt sich insbesondere die Frage, ob bzw. wieweit nicht-realisierte Wertsteigerungen, z. B. bei Grundstücks- oder Wertpapierbesitz, zur Besteuerung herangezogen werden sollen. Diese **nicht-realisierten Wertzuwächse** können Gegenstand einer gesonderten *Wertzuwachsbesteuerung* (Vermögenszuwachssteuer) sein. Während **realisierte Wertzuwächse**, wie sie z. B. beim Verkauf eines Grundstücks sichtbar werden, leicht in eine Vermögensteuer oder in die Einkommensteuer einbezogen werden können, ist dies bei den nicht-realisierten Zuwächsen nicht der Fall. Die Frage der Wertzuwachsbesteuerung wird aktuell, wenn der Wert von Vermögensobjekten aufgrund bestimmter Entwicklungen (z. B. Einführung neuer Technologien, Expansion der Städte, Entdeckung von Bodenschätzen) steigt und seinen Eigentümern „unverdiente" Vorteile bringt. Dass eine Besteuerung solcher Wertzuwächse, die sich nicht in einem monetären Zufluss zum Vermögen niedergeschlagen haben, problematisch sein kann, mag ein Beispiel zeigen. Wenn eine Vermögensbesteuerung eines am Rande der Großstadt gelegenen Bauernhofs bedingungslos nach dem gestiegenen Marktwert bemessen würde, der sich z. B. aus der potentiellen Nutzung als Baugrund für ein Hochhaus herleitet, so müsste der Landwirt wahrscheinlich Teile seines Bodens verkaufen, um diese Steuer zahlen zu können, obwohl er den Boden nur landwirtschaftlich nutzt.

Schließlich kann die Steuer im Vermögensbereich in der Weise eingesetzt werden, dass *Vermögensumschichtungen* besteuert werden (Vermögensverkehrsteuern). Hierzu eignet sich einmal der Eigentumswechsel, etwa beim Grunderwerb oder im Kredit- und Kapitalverkehr. Die deutsche Grunderwerbsteuer ist hierfür ein

Beispiel. Auch die **Erbschaft** könnte man unter die Vermögensumschichtungen zählen, insbesondere wenn die Steuer den Nachlass insgesamt erfasst (**Nachlasssteuer**). Hingegen stellt die in Deutschland geltende Besteuerung beim einzelnen Erben (**Erbanfallsteuer**) eher eine Steuer auf eine einzelne Form des Vermögenszuwachses dar, wenn man sie nicht überhaupt als eine Form des Einkommens des Erben ansehen will, weshalb sie ja auch in der oben erwähnten Liste von Schanz auftaucht.

Fast alle zuvor aufgeführten Formen der Vermögensbesteuerung erlauben eine Verbindung zum Leistungsfähigkeitsgedanken. Vermögensstand, -ertrag und -zuwachs stellen grundsätzlich Indikatoren der finanziellen Leistungsfähigkeit dar und können ergänzend zum Einkommen herangezogen werden.[32]

## II. Die Kombination der Steuern im Steuersystem

### a) Beurteilungsmaßstäbe für die Wahl einer Steuer

Bei der Erörterung der einzelnen Anknüpfungspunkte für eine Steuer, spätestens aber bei einem Blick in die steuerpolitische Wirklichkeit und damit auf das „System" bestehender Steuern in Deutschland (siehe Anhang), stellt sich die Frage, ob diese Ansammlung von Steuern irgendwelchen „Prinzipien" gehorcht außer dem Grundsatz, Einnahmen für die öffentliche Hand bereitzustellen. Handelt es sich beim Steuersystem eher um eine unsystematische Ansammlung, also ein Konglomerat von Einzelregelungen, oder handelt es sich um eine sinnvolle Kombination von Einzelsteuern?

Im 1. Kapitel wurde bereits deutlich, dass alle Teilbereiche der öffentlichen Finanzwirtschaft auf ihren Beitrag zur Verwirklichung der ihnen vorgegebenen wirtschaftspolitischen Ziele sowie der sog. abgeleiteten Ziele untersucht werden können (siehe 1. Kapitel, Abschnitt A II). Auch im vorliegenden Zusammenhang können daher die **Steuern** auf ihre **Zieladäquanz** geprüft werden. Solche Normen, nach denen sich Umfang und Ausgestaltung der Einzelsteuern ausrichten lassen, werden meist in die Form von **Grundsätzen der Besteuerung** gekleidet.[33] Sie können als Anforderungen verstanden werden, die sich aus den jeweils als vorherrschend angesehenen politischen Zielen und aus theoretisch wünschenswerten Steuerwirkungen ableiten lassen.

---

[32] Zur Diskussion um die Vermögensbesteuerung in Deutschland siehe etwa: Wissenschaftlicher Beirat beim Bundesministerium der Finanzen, Besteuerung des Vermögens – Eine finanzwissenschaftliche Analyse, Berlin 2013, sowie Scholz, B., und Truger, A., Vermögensbesteuerung in Deutschland, Kurzgutachten zu Optionen einer Reform der Vermögensteuer in Deutschland, erstellt im Auftrag des Wirtschafts- und Sozialwissenschaftlichen Instituts (WSI) in der Hans-Böckler-Stiftung, Berlin 2013.

[33] Diese Tradition reicht von A. Smith bis zu Neumark, F., Grundsätze gerechter und ökonomisch rationaler Steuerpolitik, a. a. O., S. 2 f. und 28 ff. Siehe auch Sachverständigenrat zur Begutachtung der gesamtwirtschaftlichen Entwicklung, Jahresgutachten 2003/04, Bundestagsdrucksache 15/2000 vom 14.11.2003, 5. Kapitel, I. Steuerpolitik: Vom Chaos zum System, S. 308 ff.

Im Rahmen der *fiskalischen Zielsetzung* ist zunächst erforderlich, dass die Steuereinnahmen insgesamt ausreichend hoch sind, um die Ausgaben zu decken, die nicht durch andere Einnahmenarten finanziert werden. Da die Ergiebigkeit einer Steuer ceteris paribus bei niedrigen **Erhebungskosten** am höchsten ist, sollte bei jeder Steuer auf eine hohe „**Nettoergiebigkeit**" (Bruttoaufkommen abzüglich Erhebungskosten) geachtet werden. Aus der fiskalischen Zielsetzung lässt sich also die Forderung nach **Erhebungsbilligkeit** ableiten. In diesem Zusammenhang ist auch zu erwähnen, dass der Aufwand, der dem Besteuerten durch die Ermittlung der Bemessungsgrundlage und die Abführung der Steuerschuld entsteht, möglichst niedrig sein soll (Forderung nach **Entrichtungsbilligkeit**).[34] Für Deutschland können sich aus einer veränderten Steuerverwaltung – Ersetzung der Landes- durch eine Bundessteuerverwaltung – Effizienzgewinne von jährlich bis zu € 11,5 Mrd. erzielen.[35]

Wenn Steuern Einfluss auf Konjunktur und Wachstum ausüben, muss jede Steuer auf ihre *konjunktur- und wachstumspolitische Brauchbarkeit* überprüft werden. So ist es z. B. vorteilhaft, wenn von ihr keine investitionshemmenden Wirkungen ausgehen. Auch die Möglichkeit ihres gezielten konjunktur- und wachstumspolitischen Einsatzes ist von großer Bedeutung.

Schließlich wird gefordert, dass eine Steuer *verteilungspolitisch einsetzbar* sein soll. Am Beispiel der Einkommensteuer und der Diskussion der Leistungsfähigkeitsbesteuerung wurde deutlich, dass die Besteuerung die Verteilungsposition der Einkommensempfänger entscheidend beeinflussen kann. Entsprechend der Bedeutung der verteilungspolitischen Ziele kann zunächst gefragt werden, ob alle Steuerpflichtigen nach gleichem Recht besteuert werden sollen. Diese Frage stellte sich insbesondere beim Übergang von einem Staat mit **ständischen Steuerprivilegien** (z. B. für Adel und Kirche) zu einem Staat, in dem die **Allgemeinheit und Gleichmäßigkeit der Steuer** im Sinne der Beseitigung von Steuerbefreiungen und von Ungleichbehandlungen bei gleichen Verhältnissen typisch sein soll (**Grundsatz der horizontalen Gleichheit**). Eine „gerechte" Behandlung bei ungleichen Verhältnissen wird postuliert, wenn durch die Besteuerung eine Umverteilung zugunsten der unteren Einkommensklassen angestrebt wird (**Grundsatz der vertikalen Gleichheit**).

Die Grundsätze bzw. Ziele der Besteuerung stehen zueinander häufig in *Konflikt*. So sind z. B. die Grundsätze der Allgemeinheit und Gleichmäßigkeit als eher subsidiär anzusehen, d. h. sie treten hinter explizit formulierte Ziele, die eine Einschränkung von Allgemeinheit und Gleichmäßigkeit zweckmäßig erscheinen lassen, zurück und dienen folglich eher der Vermeidung unbeabsichtigter oder jedenfalls nicht expliziter Änderungen in der Verteilungsposition. Sofern zwischen expliziten Zielen bzw. davon abgeleiteten Grundsätzen Konflikte bestehen, müssen sie **politisch gelöst werden**. Dabei wird zugleich deutlich, dass **ein konkretes „rati-**

---

[34] Bundesministerium der Finanzen, Kosten der Besteuerung in Deutschland, BMF-Monatsbericht, Juli 2003, S. 81 ff.

[35] Bundesministerium der Finanzen, Quantifizierung der Effizienzpotentiale alternativer Organisationsformen der Steuerverwaltung, BMF-Monatsbericht, März 2007, S. 75 ff.

onales" Steuersystem wissenschaftlich nicht abgeleitet werden kann.[36] Ihm liegen Wertungen u. a. über die wünschenswerte Einkommensverteilung und das Maß der Wachstumsförderung zugrunde. Daher können hier nur einzelne Bemerkungen zur Rationalität eines Steuersystems folgen.

## b) Die Beurteilung einzelner Steuerarten und der Steuerstruktur

Der Überblick über Besteuerungsgrundsätze lässt vermuten, dass alle Anforderungen an die Besteuerung kaum von einer einzelnen Steuer erfüllt werden können.

Vorschläge für eine **Alleinsteuer** gehen daher auch meist von der Verabsolutierung eines einzelnen Ziels aus, oder sie basieren auf einem zu einfachen Wirkungsmechanismus. Der berühmte „impôt unique" des französischen Physiokraten **F. Quesnay** beispielsweise beruhte auf der unrealistischen Annahme, dass alle Wertschöpfung aus dem Ertrag des Bodens stamme, wiewohl diese Annahme für die damalige Agrargesellschaft sicherlich stärker galt als für eine moderne Industrie- bzw. Dienstleistungsgesellschaft. Die vorgeschlagene Steuer auf den Bodenertrag erfasste nach dem Verständnis der Physiokraten also die gesamte volkswirtschaftliche Leistung eines Landes. – Heute ist am ehesten zu fragen, wieweit eine Einkommensteuer in der Lage wäre, die Funktion einer Alleinsteuer zu übernehmen, da sie ein hohes Aufkommen erbringt und zur Realisierung verschiedener wirtschafts- und sozialpolitischer Ziele beitragen kann.

In der Regel werden mehrere Steuern gemeinsam erhoben, so dass sich die Frage stellt, welche Steuern als **Zentralsteuern** dienen könnten. Zunächst kann man die Auswahlmöglichkeiten etwas einschränken. Die historisch oft im Mittelpunkt stehende Vermögensteuer kommt heute als Zentralsteuer nicht mehr in Frage, weil schon im Hinblick auf das erforderliche Steueraufkommen der Hauptteil der Einnahmen sicherlich dem quantitativ ergiebigsten Strom der Einkommensentstehung und -verwendung entstammen muss. Ebenso würde eine Ertragsteuer, wie z. B. die Grundsteuer, als Zentralsteuer als unzulänglich angesehen werden. Sie knüpft im Kreislauf an einer Stelle an, die kaum eine Orientierung an der Leistungsfähigkeit des einzelnen Steuerzahlers erlaubt, so dass auch das Verteilungsziel nicht hinreichend berücksichtigt werden kann.

Die Tatsache, dass eine einzige Steuer unter heutigen Zielvorstellungen nicht als Zentralsteuer akzeptiert wird, schließt nicht aus, dass solche Steuern im Zentrum **historischer Steuersysteme** gestanden haben, da zu anderen Zeiten andere Anforderungen an eine Steuer gestellt wurden.[37] In einer Zeit, in der der Finanzbedarf vergleichsweise gering und der Wunsch nach Umverteilung wenig ausgeprägt war, konnten Verbrauch- und Ertragsteuern weitgehend ausreichen, zumal ihre einfache Erhebung einem wenig ausgebauten Erhebungssystem entsprach. So war das 19. Jahrhundert stark durch **Ertragsteuersysteme** gekennzeichnet. Als das Ziel der Einkommensverteilung stärker in den Vordergrund rückte, nahm das Gewicht der **Einkommensteuern** im Steuersystem zu. Stieg darüber hinaus der Finanzbedarf stark an, wurden die **Steuern auf die Einkommensverwendung** ausgebaut.

---

[36] Ein solches Vorgehen entspricht letztlich der Position Max Webers im so genannten Werturteilsstreit; siehe Weber, M., Die „Objektivität" sozialwissenschaftlicher und sozialpolitischer Erkenntnis, in: Archiv für Sozialwissenschaft und Sozialpolitik, 19. Bd., 1904, S. 22 ff., wieder abgedruckt in: Gesammelte Aufsätze zur Wissenschaftslehre, 7. Aufl., Tübingen 1988.

[37] Zum Überblick über die sich im Zeitablauf wandelnden steuerpolitischen Vorstellungen siehe Mann, F. K., Steuerpolitische Ideale, Jena 1937 (Nachdruck mit Nachwort des Verfassers, Darmstadt 1977).

Zum 1. April 1999 trat das Gesetz zum Einstieg in die **ökologische Steuerreform** in Kraft. Hierbei handelt es sich um eine kombinierte Primär- und Sekundärenergiesteuer. Die bestehenden Steuern auf die Primärenergieträger Mineralöl, Heizöl und Erdgas wurden erhöht und eine neue Steuer auf den Sekundärenergieträger Strom wurde eingeführt. Die Landwirtschaft erhält wie das produzierende Gewerbe eine Ermäßigung auf die Heizöl-, Erdgas- und Stromsteuer von bis zu 25 % des normalen Steuersatzes.

Die Diskussion einer einzigen möglichen Zentralsteuer kann sich daher auf die Fälle der Einkommensbesteuerung und der Umsatz- und Verbrauchsbesteuerung beschränken. Es wurde bereits gezeigt, dass der Zugriff einer *Einkommensbesteuerung* sich auf die von **natürlichen und juristischen Personen** empfangenen Einkommen richtet (siehe Abschnitt B I a). Insbesondere kann mit Hilfe der Einkommensteuer die unterschiedliche Leistungsfähigkeit der Steuerzahler berücksichtigt werden. Diese Steuer ermöglicht es, den Familienstand, die Kinderzahl und das Alter im Rahmen einer politisch gewünschten Verteilungspolitik zu berücksichtigen (siehe Abschnitt A II). Auch **konjunkturpolitisch ist** eine Einkommensteuer vorwiegend **positiv** zu beurteilen. Sie besitzt automatische Stabilisierungsqualitäten und kann bei entsprechender Ausgestaltung auch zu diskretionären Eingriffen genutzt werden (siehe dazu 8. Kapitel der 11. Aufl.).

Eine **Grenze der Einkommensbesteuerung** ergibt sich, wenn durch sie ein sehr hoher Finanzbedarf gedeckt werden soll. Zu diesem Zweck müssten die **Sätze** dieser Steuer **angehoben oder die Grundfreibeiträge gesenkt** werden. Überschreitet die Besteuerung jedoch ein gewisses Ausmaß, so ist zu erwarten, dass sich negative Auswirkungen auf **Investitions- und Arbeitsbereitschaft** ergeben und damit das **Wachstum beeinträchtigt** wird. Hingegen bestehen zumindest so lange keine verfassungsrechtlichen Bedenken, wie es nicht zu einer Erdrosselung der wirtschaftlichen Aktivitäten kommt. Eine solche Erdrosselungswirkung wurde bisher durch das Bundesverfassungsgericht in der Einkommensteuer noch nicht festgestellt, auch nicht, als der maximale Grenzsteuersatz in der Einkommensteuer bei 56 % lag. Für die Wirkung auf Investition und Arbeitsbereitschaft ist aber wahrscheinlich nicht die tatsächliche Belastung eines privaten Haushalts oder Unternehmens entscheidend, sondern nur der Teil der Belastung, der wahrgenommen wird und in die ökonomischen Entscheidungen eingeht. – Eine weitere Möglichkeit, das Aufkommen zu erhöhen, besteht in der **Ausdehnung der Steuerpflicht** etwa durch Besteuerung derzeit steuerfreier Einkünfte (Arbeitslosengeld, Trinkgeld). Dann erhöhen sich jedoch die **Erhebungskosten**. Die Erfassung aller denkbaren Steuerfälle verstößt leicht gegen das Ziel der Erhebungsbilligkeit.

Wenn für die Zukunft mit hohem Finanzbedarf gerechnet wird, werden die *Umsatz- und Einzelverbrauchsteuern* weiterhin einen bedeutenden Platz einnehmen. Die Möglichkeit der Generierung weiterer Einnahmen durch Abbau von Ausnahmetatbeständen besteht nämlich nicht nur bei der Einkommen-, sondern auch bei der Umsatzsteuer. Die dort bestehenden zahlreichen Befreiungen der sozialen Institutionen (z. B. Sozialversicherungsträger, Krankenhäuser, Altersheime, Wohlfahrts- und Jugendverbände), der kulturellen Einrichtungen (z. B. Theater, Orchester, Volkshochschulen, Akademien) und die Befreiung ganzer Wirtschaftssektoren (z. B. Vermietungs- und Verpachtungsumsätze, Umsätze im Geld- und Kapitalverkehr) ergeben hohe Mindereinnahmen und führen zu der verschiedentlich vertretenen Ansicht, dass die Umsatzsteuer gegen den Grundsatz der Allgemeinheit der Besteuerung verstoße. Insofern ist hier Reformbedarf absehbar[38]. Der relative Anteil der *Umsatz- und Einzelverbrauchsteuern* schwankt, wie Tab. 4.4 zeigt, im Zeitablauf. Dies ist u. a. darauf zurückzuführen, dass der Einkommensteuertarif zum Ausgleich der „**kalten Progression**" (siehe dazu Abschnitt A III c) regelmäßig gesenkt wird (1986–1999 und 1999–2005 sowie 2009–2014) und die Umsatzsteuersätze erhöht werden (1993, 1998 und 2007).

*Tab. 4.4: Anteile der Steuerarten in der Bundesrepublik Deutschland am Gesamtaufkommen der Steuern, in %*

| Steuerart | 1960 | 1970 | 1980 | 1990[1] | 2000 | 2010 | 2015 |
|---|---|---|---|---|---|---|---|
| Steuern auf Einkommen und Vermögen sowie Vermögensverkehr | 54,9 | 54,7 | 59,4 | 58,0 | 53,3 | 49,2 | 54,3 |
| Einkommensverwendung | 45,1 | 45,3 | 40,6 | 42,1 | 46,8 | 50,8 | 45,7 |
| **Steueraufkommen insgesamt** | **100,0** | **100,0** | **100,0** | **100,0** | **100,0** | **100,0** | **100,0** |

[1] Gebietsstand der Bundesrepublik Deutschland (einschl. Berlin [West]) vor dem 03.10.1990.

*Quelle:* Finanzbericht 1970, Bonn 1970, S. 35; Finanzbericht 1980, Bonn 1979, S. 31; Finanzbericht 1992, Bonn 1991, S. 95; Finanzbericht 2000, Bonn 1999, S. 134; Finanzbericht 2017, Berlin 2016, S. 155.

Unter den Umsatzsteuern steht die Nettoumsatzsteuer im Vordergrund. Dem Konsumenten ist diese indirekte Steuerbelastung oft nicht bewusst, was zu **wachstumspolitischen Vorteilen** führen kann (**geringe „Merklichkeit"** der indirekten Besteuerung). Gleichzeitig ergeben sich unter Umständen negative Implikationen für die optimale Höhe der Staatsausgaben, da den Politikern die Möglichkeit eröffnet wird, Wahlgeschenke auf diese Art, also unmerklich zu finanzieren. Unstrittig sind jedoch die **verteilungspolitischen Schwächen** der indirekten Besteuerung. Lediglich durch eine Staffelung der Steuersätze nach dem Charakter der Güter (lebensnotwendiger Bedarf gegenüber Luxusgütern) können unter bestimmten Bedingungen soziale Forderungen verwirklicht werden. Merkmale, die jedoch die unmittelbare individuelle Leistungsfähigkeit betreffen, können bei der Umsatzbesteuerung in aller Regel nicht berücksichtigt werden.

Gegen ein Steuersystem, das vorwiegend auf wenigen *speziellen Verbrauchsteuern* beruht, werden sowohl unter dem Aspekt der Gleichmäßigkeit und der fiskalischen Ergiebigkeit, aber auch unter konjunktur- und verteilungspolitischen Zielen Bedenken erhoben. Problematisch sind die Verbrauchsteuern auf einzelne Güter auch deshalb, weil **Sonderbegründungen oft** nur **vorgeschoben** werden, um das gewünschte **fiskalische Ziel** zu erreichen.

Ein gutes Beispiel bildet die Besteuerung von Genussmitteln wie Tabak und Alkohol, die u. a. mit dem **gesundheitspolitisch motivierten Ziel der Verbrauchseinschränkung (Len-**

---

[38] Siehe hierzu im einzelnen Peffekoven, R., Zur Reform der Mehrwertsteuer. Gutachten im Auftrag der Stiftung Neue Soziale Marktwirtschaft, Berlin 2010.

**kungssteuer)** vorgenommen wird. Empirische Arbeiten zeigen, dass selbst von Zeit zu Zeit durchgeführte Steuererhöhungen die gewünschten Verbrauchseinschränkungen nicht immer bewirken, wohl aber das Aufkommen erhöhen.

Eine vorwiegende Verbrauchs-, insbesondere Umsatzbesteuerung wird also, soll sie fiskalisch ergiebig und gerecht sein, die Form einer möglichst weitgehenden Belastung des gesamten Verbrauchs in Form der Wertschöpfungsteuer annehmen müssen.

Auch die **konjunkturpolitische Effektivität** der Umsatzsteuer und der speziellen Verbrauchsteuern ist strittig. Soll beispielsweise die wirtschaftliche Aktivität in einem Land angeregt werden, so liegt es nahe, Verbrauchsteuern zu senken. Bei einer Senkung dieser Steuern ist aber nicht ohne weiteres gewährleistet, dass es dann zu der erwünschten Belebung von Konsum und Produktion kommt; die Produzenten und Händler könnten die Steuersenkung zu einer relativen Preiserhöhung nutzen und dem Konsumenten weiterhin den gleichen Endpreis abfordern. Sollte hingegen tatsächlich die Verringerung des Steuersatzes im vollen Umfang zu einer Preissenkung führen, so ist nicht auszuschließen, dass die Konsumenten einen erheblichen Teil der steuerlichen Entlastung sparen. Ein Nachfrageanstieg bliebe aus.

In der EU wurde 1999 zunächst nur für eine Übergangszeit, später aber ohne Befristung, die Einführung ermäßigter Umsatzsteuersätze für arbeitsintensive Dienstleistungen erlaubt. Ein Bericht der EU-Kommission, der die Ergebnisse der Erfahrungsberichte einzelner Länder bündelt, kommt zu dem Ergebnis, „dass die MwSt-Ermäßigung – wenn überhaupt – allenfalls zum Teil auf die Verbraucherpreise übertragen wird. Die MwSt-Ermäßigung führt nur zu geringen Preissenkungen, die sich letztendlich nicht als nachhaltig erwiesen haben, weshalb der wirtschaftliche Mechanismus – die Steigerung der Nachfrage durch eine wesentliche Senkung der Preise – nicht im Sinne der Richtlinie funktionieren kann".[39] Ähnliche Ergebnisse zeigte auch die Einführung des ermäßigten Umsatzsteuersatzes für Übernachtungen in Deutschland.[40]

Mehrwert- und Einzelverbrauchsteuern sind administrativ wenig aufwendig und werden wegen ihrer fiskalischen Ergiebigkeit häufig zum Zuge kommen, wenn Ziele wie Einkommensumverteilung, Konjunkturstabilisierung und Wachstumsförderung (siehe dazu 9. Kapitel der 11. Aufl.) mit anderen Steuern oder mit Hilfe der Staatsausgaben verwirklicht werden.

Als dritte Gruppe kann, vorwiegend aus verteilungspolitischen Gründen, eine *Vermögensbesteuerung* hinzutreten. Zwar ist es denkbar, die Erfassung der Vermögenserträge, der Erbschaften und auch des Vermögens[41] in die Einkommensbe-

---

[39] Europäische Kommission, Bericht der Kommission an den Rat und das Europäische Parlament, Erfahrungen mit der Anwendung eines ermäßigten MwSt-Satzes auf bestimmte arbeitsintensive Dienstleistungen, KOM(2003) 309 endgültig.

[40] Antwort der Bundesregierung auf die Kleine Anfrage der Abgeordneten Kornelia Möller, Dr. Ilja Seifert, Jörn Wunderlich, weiterer Abgeordneter und der Fraktion DIE LINKE. – Drucksache 17/2360 – Erkenntnisse über Auswirkungen des Wachstumsbeschleunigungsgesetzes durch Absenkung der Mehrwertsteuer für die Hotellerie, Bundestagsdrucksache 17/2598 vom 19.07.2010.

[41] So besteuern die Niederlande nicht reale, sondern fiktive Kapitalerträge im Rahmen der Einkommensteuer. Es wird ein Ertrag von 4 % des Reinvermögens als Kapitalertrag unterstellt und mit 30 % besteuert. Dies entspricht einer Reinvermögensbelastung von

steuerung einzubauen (siehe Abschnitt B I c), doch werden in der Praxis separate Steuern auf Vermögensbestand und Erbschaften erhoben, um etwa bei Erbschaften auch das Verwandtschaftsverhältnis berücksichtigen zu können. Eine Vermögensteuer zum Zwecke der Umverteilung wird nur in wenigen Staaten erhoben, sie ist auch mit einer Vielzahl von Nachteilen verbunden.[42] Eine Umverteilung des Vermögens durch die Erbschaftsteuer wird einerseits sozialpolitisch positiv bewertet, insbesondere auch wegen der mit ihr verbundenen Herbeiführung von gleichmäßigen Startchancen im Wirtschaftsleben[43]. Andererseits hemmt eine zu hohe Besteuerung den Anreiz zur Vermögensbildung und damit u. U. das Wachstum.

## III. Wirkungen der Besteuerung

Die wirtschaftspolitische Bedeutung der Steuer- und Abgabenlast ist angesichts der Höhe der Besteuerung und der Sozialversicherungsbeiträge offenkundig (siehe 2. Kapitel, Tab. 2.2). Ebenso einsichtig ist es, dass viele Steuerzahler versuchen werden, sich der Besteuerung zu entziehen, um ihre finanzielle Situation zu verbessern. Die **Kenntnis der steuerlich bedingten Verhaltensänderungen** gehört daher zu den Voraussetzungen für eine zielgerechte Steuerpolitik. Der Erfolg von Steuerreformen hängt nicht zuletzt davon ab, wie zutreffend die Anpassungsreaktionen der Zensiten (Steuerzahler) auf Änderungen der Steuerpolitik prognostiziert wurden. Die möglichen Anpassungen an die Besteuerung werden zunächst in einem Überblick erörtert (Abschnitt III a 1). Im Anschluss an eine kurze Zusammenstellung einiger Bestimmungsfaktoren der Verhaltensänderungen (Abschnitt III a 2) werden ausgewählte Anpassungsprozesse behandelt (Abschnitt III b).

## a) Der Anpassungsprozess und seine Analyse im Überblick

### 1 Die Anpassung an die Besteuerung (Überwälzung i. w. S.)

#### 1.1 Die Anpassungsformen in ihrer Gesamtheit

Die Ursache für die steuerlich bedingten Anpassungen liegt in der Veränderung der Besteuerung, dem sog. „**Steueranstoß**" („impact"). Bei einer schon seit langem bestehenden Steuer kommt es zum Steueranstoß häufig erst durch die Steuerzahlung selbst. Wird eine Steuer hingegen neu eingeführt oder verändert, kann sie bereits vor der Zahlung Anlass zu Überlegungen sein, wie der aus dieser Steuer resultierenden Belastung begegnet werden soll.

---

1,2 %. Siehe Bundesministerium der Finanzen: Die wichtigsten Steuern im internationalen Vergleich 2015, Berlin 2016, S. 38.

[42] Siehe hierzu im Einzelnen: Wissenschaftlicher Beirat beim Bundesministerium der Finanzen, Besteuerung des Vermögens – Eine finanzwissenschaftliche Analyse, Berlin 2013.

[43] Siehe hierzu im Einzelnen: Gutachten des Wissenschaftlichen Beirats beim Bundesministerium der Finanzen: Die Begünstigung des Unternehmensvermögens in der Erbschaftsteuer, Berlin 2012.

Werden sämtliche Anpassungsvorgänge vom Augenblick des Steueranstoßes bis zum gedachten Endpunkt aller Anpassungen an die Besteuerung betrachtet, so spricht man von **Überwälzung i. w. S.** Grundsätzlich lassen sich bei den Verhaltensanpassungen, die durch die Steueränderungen verursacht werden, drei Möglichkeiten unterscheiden (vgl. zum Folgenden Schema 4.1). Einmal kann das Unternehmen oder der private Haushalt versuchen, die anstehenden Steuerzahlungen ganz oder teilweise zu vermeiden. Diese **legale Steuerausweichung,** die von der hier nicht behandelten **illegalen Steuerhinterziehung** zu unterscheiden ist, führt

*Schema 4.1: Möglichkeiten der Anpassung an Steueränderungen (Steuerüberwälzung i. w. S.)*

dazu, dass der Staat seine geplanten Steuereinnahmen nicht oder nicht im vollen Umfang erhält.

Das umfangreiche Gebiet der **Steuerhinterziehung** und seiner vielfältigen Bestimmungsgründe wird hier nicht weiter verfolgt[44]. So hat sich in jüngster Zeit gezeigt, dass das Aus-

---

[44] Siehe dazu Hagedorn, R., Theorie der Steuerhinterziehung, in: Wirtschaftswissenschaftliches Studium, 20. Jg., 1991, S. 523 ff., und Slemrod, J., und Yitzhaki, S., Tax Avoidance,

maß der Steuerhinterziehung nicht nur von der Höhe der Steuersätze und von der Art der Steuer (z. B. direkte oder indirekte Steuer) abhängt, sondern auch von der Art, wie sich der Steuerzahler von der Steuerbehörde behandelt fühlt.[45]

Für die **Steuerausweichung** oder **Steuervermeidung** bietet sich zunächst eine Fülle von Möglichkeiten an, die alle darauf hinauslaufen, das Eintreten des rechtlichen Tatbestandes, an den das Gesetz die Steuerpflicht knüpft, zu vermeiden (Abschnitt 1.2.1). Die zweite Form der Steueranpassung besteht darin, die Zahlung zwar zu leisten, aber zugleich die Belastung (**Überwälzung i. e. S.**) „weiterzugeben" (Abschnitt 1.2.2). Bei der dritten Form der Anpassung reagiert der Steuerzahler auf die tatsächlich erfolgte **steuerliche Belastung**, indem er z. B. mehr arbeitet (**Steuereinholung**). Im Falle der Belastung eines Unternehmens kann es, wie bei anderen Kostensteigerungen auch, zu verstärkten Rationalisierungsanstrengungen kommen (Abschnitt 1.2.3).

## 1.2 Die Anpassungsformen im Einzelnen

### 1.2.1 Anpassung durch Steuerausweichung

Private Haushalte und Unternehmen versuchen, den steuerlichen Tatbestand zu vermeiden oder zu vermindern. Mit Blick auf diese rechtlich zulässige Steuervermeidung können im Bereich der **privaten Haushalte**, aber auch im Hinblick auf die **Unternehmensbesteuerung**, **vier Formen der Steuerausweichung** unterschieden werden (siehe Schema 4.1). Der steuerliche Tatbestand kann dadurch vermieden werden, dass der potentielle Steuerzahler

– den besteuerten Tatbestand durch unbesteuerte substituiert, indem er z. B. den Kauf eines besteuerten Gutes vermeidet (**sachliche Anpassung**),
– einer vorgesehenen Erhöhung einer Steuer vorübergehend z. B. dadurch ausweicht, dass er auf Vorrat kauft (**zeitliche Anpassung**),
– den steuerlichen Tatbestand in ein Gebiet verlagert, in dem dieser nicht oder in geringerem Maße steuerpflichtig ist (**räumliche Anpassung**), oder
– durch Übertragung der Bemessungsgrundlage auf andere Personen personenbezogene Freibeträge nutzt (**personelle Anpassung**).

Als ein Beispiel, an dem die drei zuerst genannten Anpassungen sichtbar werden, kann die Reaktion des Konsumenten auf eine spürbare Erhöhung der Branntweinbesteuerung gelten. Der Verbraucher kann vom Trinkbranntwein auf den in Deutschland nicht besteuerten Wein ausweichen, eine beträchtliche Menge Branntwein vor Inkrafttreten einer Steuererhöhung einkaufen oder darauf vertrauen, dass er Gelegenheit haben wird, kleinere Mengen aus dem Nachbarland zu beziehen, das eine niedrigere oder gar keine Branntweinsteuer erhebt.

Die *sachliche Anpassung*, die vorwiegend für die Besteuerung einzelner Güter Bedeutung hat, steht privaten Haushalten und auch Unternehmen offen, gilt also

---

Evasion and Administration, in: Auerbach, A. J., und Feldstein, U., Hrsg., Handbook of Public Economics, Bd. 3, Amsterdam 2002, S. 1423 ff., sowie Schneider, F., The Size of the Shadow Economies of 145 Countries all over the World: First Results over the Period 1999 to 2003, IZA Discussion Paper No. 1431, December 2004.

[45] Vgl. Frey, B. S., und Feld, L. P., Deterrence and Morale in Taxation: An Empirical Analysis, CESifo Working Paper Series No. 760, München 2002.

für die Besteuerung von Einkommensentstehung und Einkommensverwendung bzw. von Investitions- und Konsumgütern gleichermaßen. Allerdings handelt es sich nicht um eine „kostenlose" Anpassung, denn jede Verhaltensänderung bedeutet eine Verminderung des bisherigen Nutzens und/oder Gewinns, wenn man unterstellt, dass sich die privaten Haushalte und Unternehmen zuvor rational verhalten haben.

Dem Unternehmen steht mit der Wahl bzw. **Änderung der Rechtsform** eine spezielle Ausweichmöglichkeit zur Verfügung. Werden etwa Gewinne in Unternehmen mit einer bestimmten Rechtsform besonders hoch besteuert, kann sich der Übergang zu einer anderen, weniger hoch besteuerten Rechtsform lohnen. Wurden z. B. bei der Unternehmensgründung die Gewinne unabhängig von der Rechtsform besteuert, so wurde die ursprüngliche Rechtsform aufgrund nichtsteuerlicher Kriterien gewählt, etwa indem die Haftungsbeschränkung von Kapitalgesellschaften (z. B. GmbH) gegen die größere Kreditfähigkeit der Personengesellschaft (z. B. OHG) abgewogen wurde. Wird später eine Rechtsform steuerlich bevorzugt und wechseln gleichzeitig viele Unternehmen zu dieser Rechtsform, so wird ceteris paribus von der ursprünglichen Wahl allein aufgrund steuerlicher Gesichtspunkte abgewichen, d. h. der Steuervorteil überkompensiert eine nach den nichtsteuerlichen Kriterien ungünstigere Lage. Es liegt somit der eindeutige Fall einer steuerlich bedingten **Verzerrung** vor, die auch als **Zusatzlast** bezeichnet wird (siehe unten).

Von Bedeutung sind auch einseitige Belastungen des Faktors Arbeit oder des Faktors Kapital. Sie führen zu Faktorsubstitutionen zugunsten des unbesteuerten Faktors, soweit es die Produktionsverhältnisse zulassen.

**Zur Vermeidung der sachlichen Substitution** werden häufig sog. **Ausgleich- oder Folgesteuern** erhoben, um die Einnahmenverluste des Staates zu kompensieren. So „folgt" oft einer Besteuerung von Erbschaften die Schenkungsteuer und einer Besteuerung des Kaffees die des Tees und anderer Substitute. Es gibt jedoch auch Fälle, in denen eine steuerlich bedingte Substitution das Ziel einer Verbrauchsteuer ist. So wird z. B. die Erhebung der Tabak- und Branntweinsteuer in den meisten Ländern mit der Unerwünschtheit des Alkoholkonsums und Nikotinverbrauchs begründet (siehe 2. Kapitel, Abschnitt B I e) und die Einführung der Ökosteuer mit der Eindämmung von Umweltschäden durch Senkung des Energieverbrauchs **(Lenkungssteuern)**. Die gewünschte Verhaltensänderung durch eine „Lenkungs- oder Sündenbesteuerung" **(sin taxes)**, die Mindereinnahmen für den Staat bedeuten würde, tritt jedoch trotz mehrmaliger Steuererhöhungen nicht immer im gewünschten Umfang ein, was man mit der geringen Preiselastizität der Nachfrage dieser Güter erklären kann. Als ein Beispiel für die Lenkungswirkung kann die in Deutschland seit 2005 erhobene Alkopopsteuer angesehen werden, deren Aufkommen sich von rd. € 10 Mio. (2005) auf € 2 Mio. (2015) verringert hat.

*Zeitliche Anpassungen* können von privaten Haushalten und von Unternehmen vorgenommen werden. Die bekanntesten Beispiele im Haushaltsbereich sind die erwähnten **Vorratskäufe bei** angekündigten **Erhöhungen spezieller Verbrauchsteuern**. Die steuerlich bedeutsameren, weil regelmäßig stattfindenden zeitlichen Anpassungen sind jedoch in Unternehmen zu beobachten. Jede von der Steuerpolitik zugelassene **vorzeitige Abschreibung** eines Wirtschaftsgutes bedeutet, dass die Steuerbelastung aus dem betreffenden Jahr in die folgenden Jahre verschoben werden kann, da die Abschreibungen steuerlich gesehen Aufwand darstellen und den Ertrag der betreffenden Periode mindern. Diese Abschreibungsbeträge können dann in den zukünftigen Perioden nicht mehr geltend gemacht werden; insofern ist die **Steuerersparnis** nur **vorübergehender** Art, kommt aber in der Wirkung der Aufnahme eines zinslosen Kredits gleich. Solche zeitlichen Verschiebungen sind manchmal wirtschaftspolitisch beabsichtigt, z. B. als Mittel der Investitionsförderung. In anderen Fällen können sie unbeabsichtigt entstehen, weil es sehr schwierig ist, den betriebswirtschaftlich „richtigen" Abschreibungssatz zu ermitteln.

*Räumliche Anpassungen* schließlich sind besonders durch ihre internationale Variante bekannt, sei es als Flucht in die sog. Steueroasen oder sei es, allgemeiner, als **internationale Steuerausweichung** (siehe Abschnitt B IV). Es ist, wie bei vielen Formen der Steuerausweichung, illegales und legales Vorgehen zu unterscheiden. Ein Fall der illegalen Steuerhinterziehung liegt vor, wenn ausländische Gewinn- oder Einkommensteile trotz einer diesbezüglichen Vorschrift bei der inländischen Steuererklärung nicht angegeben werden. Die legale Ausweichung der Haushalte und Unternehmen ist dadurch gekennzeichnet, dass Teile der Steuerbemessungsgrundlage in Staaten mit niedrigerer Steuerbelastung verlegt werden. Eine solche Verlagerung wird im Rahmen der internationalen Arbeitsteilung in aller Regel als erwünscht angesehen, so dass nur ein Missbrauch zu verhindern wäre. Um gewünschte räumliche Anpassungen nicht zu behindern, muss eine mögliche Doppelbesteuerung desselben steuerlichen Tatbestandes durch verschiedene Länder vermieden werden[46].

**Räumliche Anpassungen innerhalb einer Volkswirtschaft** können als Folge von räumlichen Unterschieden in der Steuerbelastung auftreten, die aus der Besteuerungshoheit untergeordneter Gebietskörperschaften stammen. In Deutschland können die Gemeinden z. B. die Hebesätze der Grund- und Gewerbesteuer variieren und damit auf die Attraktivität von Standorten einwirken.

Durch Verlagerung des Unternehmensstandortes in eine Gemeinde mit einem niedrigeren Gewerbesteuerhebesatz kann die Steuerschuld des Unternehmens gesenkt werden. Die Gewerbesteuerbelastung liegt in Deutschland in Abhängigkeit vom Hebesatz zwischen 7 % (Hebesatz: 200 %) und 19,25 % (Hebesatz: 550 %).[47] Für Kapitalgesellschaften kommt noch eine bundeseinheitliche Belastung von 15,83 % aus Körperschaftsteuer inkl. Solidaritätszuschlag hinzu.

*Personelle Anpassungen* sind dann möglich, wenn das Steuerrecht personenbezogene Steuerfreibeträge oder -freigrenzen vorsieht. Liegt bei einem Steuerpflichtigen A die Steuerbemessungsgrundlage über dem Freibetrag und bei einem Steuerpflichtigen B darunter, so kann die Steuerbelastung gemindert werden, indem die Bemessungsgrundlage von Person A zu Person B umgeleitet wird. Ein Beispiel wäre der Sparer-Pauschbetrag in der Einkommensteuer in Höhe von € 801, der jedem Steuerpflichtigen zusteht. Eltern können durch Übertragung von Kapital auf ihre Kinder auch deren Sparer-Pauschbetrag ausnutzen. Eine weitere Möglichkeit ergibt sich bei der Gewerbesteuer. Personenunternehmen steht dort ein Freibetrag in Höhe von € 24.500 zur Verfügung. Durch Gründung mehrerer Betriebe kann ein Steuerpflichtiger den Freibetrag mehrfach nutzen.

---

[46] Vgl. dazu die Ausführungen zu Doppelbesteuerungsabkommen und Steueroasen in Abschnitt B IV.

[47] Statistisches Bundesamt, Realsteuervergleich – Realsteuern, kommunale Einkommen- und Umsatzsteuerbeteiligungen – 2015, Fachserie 14, Reihe 10.1, Wiesbaden 2016, Tab. 6.4 und Tab. 7.1.

## 1.2.2 Anpassung durch Weitergabe der Zahllast (Überwälzung i. e. S.)

Die Betrachtung der verschiedenen Ausweichmöglichkeiten war unter der Annahme erfolgt, dass der Unternehmer oder private Haushalt versucht, die Steuerzahlung zu vermeiden oder in ihrer Höhe zu vermindern. Demgegenüber sind jetzt **Anpassungen** zu betrachten, **denen eine erfolgte oder zu erwartende Steuerzahlung zugrunde liegt.** Die **Steuerzahlung** ist also das Merkmal, das im Schema 4.1 den ersten Typ der Anpassung (linker Teil) vom zweiten (mittlerer Teil) trennt. Diese **Anpassungen** an die Steuerzahlung kann man daher als **Weitergabe der Zahllast (Überwälzung i. e. S.)** bezeichnen, d. h. der Steuerzahler versucht, die Last der gezahlten oder zu zahlenden Steuer von sich auf andere Wirtschaftssubjekte abzuwälzen, um selbst nicht Steuerträger zu sein.

Das Überwälzen der Last einer gezahlten Steuer kann in verschiedene Richtungen erfolgen. Man kann es danach unterscheiden, ob der Steuerzahler auf dem Markt, auf dem er die Überwälzung versucht, als Anbieter von Gütern bzw. von Produktionsfaktoren auftritt oder ob er diese nachfragt.

Versucht ein Unternehmen, die Steuerzahllast auf die Nachfrager zu überwälzen, so spricht man von *Vorwälzung* einer Steuer. Sie liegt dann vor, wenn es gelingt, die steuerliche Belastung ganz oder zum Teil in Form einer **Erhöhung der Güterpreise** oder einer Verschlechterung der Qualität und damit einer indirekten Preiserhöhung weiterzugeben. Ein Spezialfall ergibt sich, wenn die auf einem bestimmten Gut liegende Steuer durch eine Preiserhöhung (Qualitätsverschlechterung) nicht bei diesem, sondern bei einem anderen Gut weitergegeben wird (sog. **schräge Überwälzung**), wie es mit der Mischkalkulation möglich ist.

Versucht ein Unternehmen als Nachfrager von Produktionsgütern und Arbeitsleistungen (Vorleistungen) eine Überwälzung, so spricht man von der *Rückwälzung* einer Steuer. Sie liegt z. B. dann vor, wenn das Unternehmen die Steuerbelastung in Form einer **Senkung der** gezahlten **Entgelte** (z. B. Löhne, Einkaufspreise) weiterzugeben versucht.

Zu beachten ist bei Fragen der Steuerinzidenz, dass juristische Personen (z. B. Kapitalgesellschaften) selbst nie durch eine Steuer belastet werden, sondern letztlich immer nur natürliche Personen. Je nach Art und Richtung der Überwälzung sind es z. B. die Nachfrager, die Zulieferer oder, falls keine Vor- oder Rücküberwälzung möglich ist, die Kapitalgeber (Aktionäre) eines besteuerten Unternehmens.

## 1.2.3 Anpassung an die erfolgte Belastung

Unter dieser Form der Anpassung an die Besteuerung werden nur noch die Reaktionen verstanden, die weder auf die Steuervermeidung oder Steuerverminderung noch auf die Möglichkeiten der Steuerüberwälzung gerichtet sind. Eine solche **Situation der endgültigen Belastung durch eine Steuer** muss keineswegs erst nach zahlreichen Ausweich- und Überwälzungsprozessen auftreten, sondern kann sich schon einstellen, wenn ein Steuerschuldner die von ihm zu zahlende Steuer weder vermeiden noch in irgendeiner Form vor- oder rückwälzen kann. Eine empirisch eindeutige Abgrenzung, wie sie in Schema 4.1 die Steuerzahlung zwischen den ersten beiden Typen von Anpassungen darstellt, gibt es zum letzten Typ (rechter Teil des Schemas) daher nicht.

Ist es im Zuge der Besteuerung zu einer endgültigen Belastung gekommen, so verbleiben dem Haushalt oder Unternehmen nur noch zwei grundsätzliche Anpassungsmöglichkeiten. Sie bestehen darin, den Verlust an ökonomischer Verfügungsmöglichkeit

– durch erhöhte Aktivität ganz oder teilweise auszugleichen (**Steuereinholung als aktive Form der Anpassung**) oder
– ihn hinzunehmen (**passive** Form der **Anpassung**).

Wenn im Bereich der privaten Haushalte die erfolgte Einkommensminderung zu vermehrter Arbeit führt und bei den Unternehmen zu Bemühungen, Kosten zu senken, um die Situation vor der Belastung durch die Besteuerung ganz oder teilweise wiederherzustellen, kann von *Steuereinholung* gesprochen werden, die je nach Steuer unter Umständen auch zu erhöhten Steuereinnahmen führen kann.

Wenn die Steuer angefallen und eine Steuereinholung nicht möglich ist oder die Belastung akzeptiert wird, ergibt sich eine Verminderung des persönlich verfügbaren Einkommens eines privaten Haushalts oder der Liquidität eines Unternehmens, auf die sich der Belastete einzustellen hat *(passive Form der Anpassung)*. Der besteuerte **Haushalt** wird seinen Konsum oder sein Sparen einschränken oder aber Kredit aufnehmen. Im **Unternehmen** wird eine Kürzung der Investitionen, eine Verminderung der Eigenkapitalverzinsung oder vielleicht eine höhere Verschuldung die Folge sein; die Kenntnis dieser Wirkungen ist insbesondere für wachstumsorientierte Steuerreformen wichtig.

Abschließend sei zum Gesamtbereich der individuellen und unternehmerischen Anpassung an die Besteuerung noch einmal vermerkt, dass die hier unterschiedenen **Formen der Anpassung** (siehe Schema 4.1) **in der Wirklichkeit meist kombiniert** auftreten. So können sich z. B. Haushalte und Unternehmen an eine Steuerveränderung dadurch anpassen, dass sie einen Teil durch Substitution zu vermeiden, einen anderen Teil zu überwälzen und schließlich durch Steuereinholung die verbleibende erfolgte Belastung auszugleichen versuchen. Weiterhin handelt es sich bei den diskutierten Verhaltensänderungen um Reaktionen, die nicht nur im Zusammenhang mit der Besteuerung, sondern auch in Verbindung mit anderen Kostensteigerungen auftreten.

## 2 Überblick über Bestimmungsfaktoren der Steuerüberwälzung i. w. S.

Nachdem bekannt ist, welche Anpassungsformen im Zuge der Besteuerung bei den privaten Wirtschaftssubjekten auftreten können, stellt sich die Frage, wovon es abhängt, ob die privaten Haushalte und Unternehmen Anpassungsspielräume tatsächlich besitzen und ggf. ausnutzen. Diesen Bestimmungsfaktoren der Steuerüberwälzung kommt auch deswegen Bedeutung zu, weil sie individuelle und unternehmensspezifische Anpassungsvorgänge erklären helfen.

Ein wichtiger Bestimmungsfaktor der Steuerüberwälzung ist der *Anknüpfungspunkt der Besteuerung* im Einkommenskreislauf (siehe Abb. 4.3), also die *Steuerart*. Bei den sog. **Faktorsteuern**, die in der erwähnten Abb. 4.3 zu den Steuern auf die Einkommensentstehung gehören und die auf den Einsatz und/oder die Erträge der Faktoren (Arbeit, Kapital, Boden) gerichtet sind, ist es für die Überwälzung entscheidend, ob Faktorsubstitutionen zwischen den besteuerten und unbesteuerten Faktoren auftreten. Folglich sind bei diesen (direkten) Steuern das Verhalten des besteuerten und unbesteuerten Faktorangebots (Arbeit, Kapital) und seine (primären) Auswirkungen auf die Haushaltseinkommen für die Anpassungsvorgänge entscheidend. Die **Faktormobilität**, z. B. in räumlicher Hinsicht, und die **Substituierbarkeit** von besteuerten durch unbesteuerte Faktoren werden damit zu Bestimmungsgrößen der Steuerüberwälzung.

Ähnliche Überlegungen gelten im Falle von **Gütersteuern** (oder Steuern auf die Einkommensverwendung), bei denen es sich um die allgemeine und spezielle Verbrauchsbesteuerung handelt. Bei diesen indirekten Steuern sind es die primären Wirkungen auf die Preise und Mengen der besteuerten und unbesteuerten Güter sowie der (schichtenspezifische) Verbrauch, die als Bestimmungsfaktoren der Überwälzung angesehen werden können.

Die Reaktionen im Bereich der Faktorsteuern wie der Gütersteuern hängen auch vom *Umfang des Steuerzugriffs* sowie der *steuertechnischen Ausgestaltung* ab. Je breiter die Steuerbemessungsgrundlage definiert ist, desto schwieriger wird es ceteris paribus, sich dem steuerlichen Zugriff zu entziehen.

Neben die Steuerart, die Breite der Steuerpflicht und die Steuertechnik tritt insbesondere die *Marktform* als weitere Bestimmungsgröße der Steuerüberwälzung. Die Wirkung der Besteuerung auf Konkurrenzmärkten weicht von jener auf unvollkommenen Märkten (Oligopol, Monopol) ab, und in allen Marktformen ist die *Elastizität des Angebots und der Nachfrage* entscheidend für die Anpassung an die Besteuerung. Lebensnotwendiger Bedarf kann nicht dauerhaft substituiert werden, und produktionstechnische Erfordernisse lassen sich oft gar nicht, nur langfristig oder nur unter erheblichem Kostendruck, z. B. im Zuge des technischen Fortschritts, verändern.

Schließlich wird die Belastung durch die Besteuerung vom *Zeitraum der Anpassung* bestimmt. Bei kurzfristiger oder langfristiger Betrachtung ergeben sich jeweils unterschiedliche Wirkungen auf die Faktoren und Produktpreise. Mit der Fristigkeit wird in diesem Zusammenhang nur indirekt die zeitliche Dauer angesprochen. Vielmehr geht es um unterschiedliche Typen von Anpassungen vor allem auf der Angebotsseite. **Bei kurzfristiger Betrachtungsweise** wird mit **gegebenen Kapazitäten** argumentiert; im Falle einer sehr kurzen Periode (market period) wird das Angebot sogar nur durch die bereits produzierten Güter bestimmt, während in der üblicherweise als kurzfristig bezeichneten Betrachtung noch die Güter hinzutreten können, die bei Vollauslastung gegebener Kapazitäten produziert werden können. Bei **langfristiger Betrachtung** werden demgegenüber **Kapazitätsanpassungen** zugelassen, die auch Produktionsverlagerungen von einer besteuerten zu einer unbesteuerten Branche umfassen können.

## b) Ausgewählte Fälle der theoretischen Analyse der Steuerwirkung

### 1 Kombination der Analysemöglichkeiten und Auswahl der zu untersuchenden Fälle

Wie bei allen lösungsbedürftigen wirtschaftspolitischen Problemen ist auch für die Analyse der Steuerwirkungen zu entscheiden, welche Methoden hierbei angewandt werden sollen. Die in den einzelnen Untersuchungen zugrunde gelegten Modelle können durch die einbezogenen Bestimmungsfaktoren und durch die Art des analytischen Vorgehens gekennzeichnet werden. Die *Bestimmungsfaktoren* der Steuerüberwälzung, wie etwa

- Steuerart,
- Umfang der Bemessungsgrundlage (Steuerpflicht),
- Steuertechnik,
- Marktform (vollständige Konkurrenz, Oligopol, Monopol),
- Preiselastizität des Angebots und der Nachfrage sowie
- Dauer des Anpassungszeitraums,

sind bereits im Abschnitt a 2 dargestellt worden.

Bei den *Analyseverfahren* handelt es sich insbesondere um

- Partial- oder Totalanalyse (Anzahl und Verbundenheit der einzubeziehenden Märkte) und
- mikroökonomische oder makroökonomische Betrachtung (Anzahl der einzubeziehenden Wirtschaftssubjekte: einzelne Unternehmen bzw. Haushalte, Sektoren oder die Gesamtwirtschaft).

### 2 Inzidenz der Besteuerung bei der Einkommensverwendung

Aus dem Schema über die Anknüpfungspunkte der Besteuerung (Abb. 4.3) lassen sich die Bemessungsgrundlagen der Verbrauchsbesteuerung entnehmen. Da die Besteuerung des Sparens dort ausgeklammert bleibt, geht es im Wesentlichen um die Inzidenz einer allgemeinen Umsatzsteuer und die Inzidenz spezieller Verbrauchsteuern.

### 2.1 Partialanalytische Untersuchung der Mengensteuer auf ein Gut

Im Mittelpunkt der folgenden Diskussion steht die partialanalytische Betrachtung einer Mengensteuer auf ein einzelnes Gut bei unterschiedlichen Marktformen und verschiedenen Preiselastizitäten der Nachfrage und des Angebots.

Bei der Besteuerung sollen die Marktformen

(1) der vollständigen Konkurrenz,
(2) des Angebotsmonopols sowie
(3) des Angebotsoligopols

im Vordergrund stehen. Um die Bedeutung der Nachfrage- und Angebotselastizitäten für Richtung und Umfang der Überwälzung hervorzuheben, werden

z. T. verschiedene Elastizitäten bei derselben Marktform gegenübergestellt. Als Beispiele könnten Steuern auf Spirituosen oder Mineralöl dienen.

(1) Vollständige Konkurrenz

Geht man von dem relativ wirklichkeitsnahen Fall aus, in dem weder Angebot noch Nachfrage vollkommen elastisch oder starr sind, so ergibt sich – im Falle einer Mengensteuer – die in Abb. 4.4 wiedergegebene Situation.

$0P_1$ bezeichnet den Gleichgewichtspreis und $0M_1$ die Gleichgewichtsmenge vor Einführung oder Erhöhung der Mengensteuer. Es sei angenommen, dass nach der Einführung bzw. Erhöhung der Steuer in Höhe von $t$ jeder Anbieter (Produzent) versucht, die steuerliche Belastung vorzuwälzen, d. h. der geforderte Verkaufspreis wird um $t$ auf $0P_3$ erhöht. Dadurch verlagert sich die Angebotskurve um $t$ nach oben ($A_2$). In diesem Fall ($G$) ist aber das Angebot größer als die Nachfrage. Folglich wird die Produktionsmenge $M_1$ so lange verringert, bis Angebot und Nachfrage wieder übereinstimmen ($M_2$). Der neue Gleichgewichtspreis liegt dann bei $0P_2$, die dazugehörige Absatzmenge bei $0M_2$. Fragt man jetzt, in welchem Ausmaß die Mengensteuer von Anbietern oder Nachfragern getragen wird, so ist zu klären, wie sich das Steueraufkommen $0M_2 \cdot t$ bzw. $FBDP_2$ aufteilt. Während auf die Nachfrager $P_1P_2 \cdot 0M_2 = P_1CDP_2$ abgewälzt wird (dunkle Fläche), tragen die Anbieter $FP_1 \cdot 0M_2 = FBCP_1$ (helle Fläche).

Wenn die öffentliche Hand sich aufgrund der bisher von den Anbietern abgesetzten Menge $0M_1$ bei einer Steuererhöhung um $t$ ein Steueraufkommen $0M_1 \cdot t = P_1EGP_3$ erhoffte, muss sie nun erfahren, dass eine gewisse Steuerausweichung im Maße $(0M_1 - 0M_2) \cdot t = CEGH$ stattgefunden hat. Es zeigt sich also, dass Steuerausweichung und Steuerüberwälzung i. e. S. gleichzeitig stattgefunden haben.

*Abb. 4.4: Mengensteuer bei vollständiger Konkurrenz und mittlerer Elastizität*

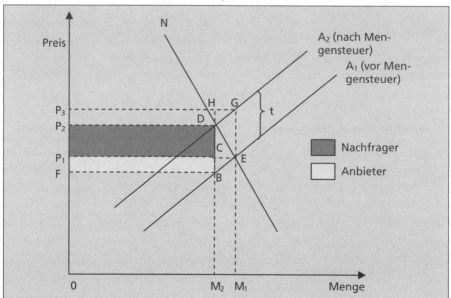

Das **Ausmaß der** zu erwartenden **Steuerausweichung** ist bei gegebener Angebotskurve **durch die Steigung der Nachfragekurve gegeben.** Das zeigt sich auch, wenn man nunmehr den Extremfall einer vollkommen elastischen Nachfrage annimmt und fragt, in welchem Umfang für die Anbieter die Überwälzung möglich ist. Dann ergibt sich die in Abb. 4.5 wiedergegebene Situation. Die Angebotskurve $A_1$ verschiebt sich um die Steuer $t$ auf $A_2$. Der Gleichgewichtspreis bleibt unverändert ($0P_1 = 0P_2$), und die nachgefragte Menge geht von $0M_1$ auf $0M_2$ zurück. Die Anbieter tragen die abzuführende Steuer $t \cdot 0M_2$ in vollem Umfang, d. h. es findet keine Überwälzung statt.

Der andere Extremfall beim Verlauf der Nachfragekurve, bei dem die Nachfrage völlig preisunempfindlich (unelastisch) ist, führt zu dem entgegengesetzten Ergebnis (Abb. 4.6). Der Gleichgewichtspreis steigt um $t$ von $0P_1$ auf $0P_2$. Die Steuererhöhung wird voll auf die Nachfrager (Käufer) abgewälzt.

In den Abb. 4.4 bis 4.6 wurden bei gegebener Angebotskurve Nachfragekurven mit unterschiedlichen Elastizitäten analysiert. Nun können aber auch beim Angebot extreme Verläufe angenommen werden. In Abb. 4.7 wird eine vollkommen elastische Angebotskurve unterstellt, etwa weil alle Anbieter mit gleichen konstanten Stückkosten produzieren. Vor der Besteuerung liegt das Gleichgewicht bei der

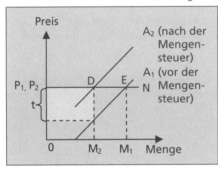

*Abb. 4.5: Mengensteuer bei vollständiger Konkurrenz und vollkommen elastischer Nachfrage*

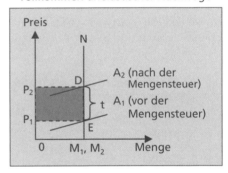

*Abb. 4.6: Mengensteuer bei vollständiger Konkurrenz und vollkommen unelastischer Nachfrage*

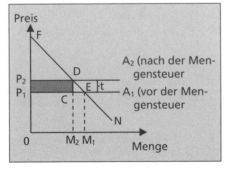

*Abb. 4.7: Mengensteuer bei vollständiger Konkurrenz und vollkommen elastischem Angebot*

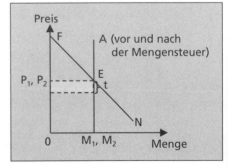

*Abb. 4.8: Mengensteuer bei vollständiger Konkurrenz und vollkommen unelastischem Angebot*

Menge $0M_1$ und dem Preis $0P_1$. Nach der Besteuerung steigt der Preis auf $0P_2$, und die Menge geht auf $0M_2$ zurück. Das Steueraufkommen $P_1CDP_2$ wird voll von den Konsumenten getragen. Schließt man noch den Fall ein, dass die Produktion unter den Bedingungen einer vollkommen unelastischen Angebotskurve erfolgt, also die Produzenten ihre Angebotsmenge bei Preisänderungen nicht variieren können oder wollen, so ergibt sich die in Abb. 4.8 wiedergegebene Situation. Preis und Menge bleiben auch nach der Besteuerung auf $0P_1$ bzw. $0M_1$. Eine Verbrauchsteuer muss in diesem Fall voll vom Anbieter getragen werden und senkt somit die Erträge des Unternehmens in Höhe des Steueraufkommens $t \cdot 0M_1$. Die Steuerüberwälzung tritt also desto stärker auf, je preiselastischer das Angebot und je preisunelastischer die Nachfrage sich verhalten. Generell trägt die Marktseite mit der geringeren Preiselastizität den größeren Teil der Steuerlast.

(2) Angebotsmonopol

Die für den Fall der vollständigen Konkurrenz ermittelten Ergebnisse reichen über diese Marktform hinaus. Vor allem gilt auch für andere Marktformen, dass die Überwälzungsmöglichkeit von den Angebots- und Nachfrageelastizitäten abhängt. So gilt bei Vorliegen eines Angebotsmonopols mit gegebenen Kostenverläufen ebenso die Regel, dass die Steuer desto weniger im Preis überwälzbar ist, je elastischer die erwartete Preis-Absatz-Beziehung ist.

Der Abb. 4.9 sind die Mengen- und Preiswirkungen einer Mengensteuer im Monopolfall zu entnehmen. Die Grenzkostenkurve $K'_1$ schneidet die Grenzerlöskurve $E'$ im Punkt $A$, dessen Lot auf die Preis-Absatz-Funktion *(PAF)* den gewinnmaximalen Cournot'schen Punkt $C_1$ ergibt. Die gewinnmaximale Menge entspricht $0M_1$, der Preis beträgt $0P_1$. Eine Mengensteuer mit dem Steuersatz $t$ führt zu einer Erhöhung der Grenzkosten und zu einer Verschiebung der Kurve um $t$ nach $K'_2$

*Abb. 4.9: Mengensteuer bei Angebotsmonopol mit Preis-Absatz-Kurve mittlerer Elastizität*

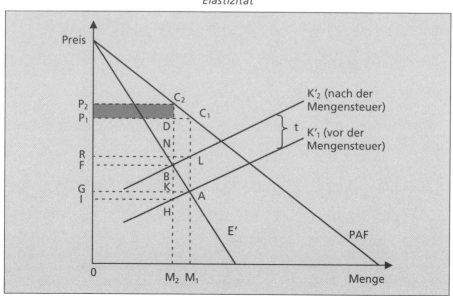

und damit zu einem neuen Gleichgewicht, in dem die ausgebrachte Menge auf $0M_2$ sinkt und der Preis auf $0P_2$ ansteigt. Das Steueraufkommen $0M_2 \cdot t$ beträgt $IHBF$, wobei der Anteil $P_1DC_2P_2$ auf die Konsumenten im Preis überwälzt wird und die Anbieter die Differenz der Flächen $IHBF$ und $P_1DC_2P_2$ tragen. Die Steuerausweichung, d.h. die Differenz zwischen erwartetem und tatsächlichem Steueraufkommen, beträgt GALR – IHBF (= KALN).

(3) Angebotsoligopol

Die **empirisch bedeutsameren Marktformen** liegen zwischen der vollständigen Konkurrenz und dem Monopol. Aus diesem Zwischenbereich sei das Angebotsoligopol herausgegriffen, dessen Bedeutung erkennbar wird, wenn man sich Zahl und Gewicht der Märkte vor Augen führt, auf denen nur wenige Anbieter vorhanden sind. Aus den theoretischen Ansätzen sei in Abb. 4.10 der Fall der einmal geknickten Preis-Absatz-Kurve (PAF) angeführt. Dort wird davon ausgegangen, dass der Anbieter sich in der Nähe des Knickpunktes bewegen wird, da er bei einer Preissenkung zu viele Nachahmer findet und ihm bei einer Preiserhöhung keiner seiner Konkurrenten folgen wird. In beiden Fällen müsste der Oligopolist also mit starkem Umsatzrückgang rechnen. Damit bezieht dieser Fall den Sachverhalt ein, dass auf vielen Oligopolmärkten Preisbewegungen kaum auftreten.

Wird in einer Situation wie in Abb. 4.10 eine Mengensteuer erhoben, so verschiebt sich, wie zuvor, die Grenzkostenkurve nach oben. Für die Überwälzungschance ist nun bedeutsam, ob die verschobene Grenzkostenkurve die Grenzerlöskurve $E'$ im unstetigen Bereich (senkrechter Verlauf) schneidet, darüber oder darunter.

*Abb. 4.10: Mengensteuer bei Angebotsoligopol mit geknickter Preis-Absatz-Kurve*

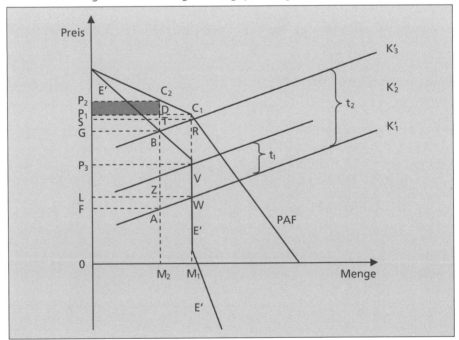

Im ersten Fall (von $K'_1$ zu $K'_2$) bleibt $M_1$ die gewinnmaximale Menge, und der Anbieter trägt die Steuer in Höhe von $0M_1 \cdot t_1$ in vollem Umfang selbst (LWVP$_3$). Beträgt die Steuer dagegen $t_2$, so verschiebt sie die Grenzkostenkurve von $K'_1$ nach $K'_3$. Der neue Schnittpunkt mit der Grenzerlöskurve $E'$ liegt bei $B$ und führt zum erhöhten Preis $0P_2$. Jetzt ähnelt der Fall dem des Monopols, denn der Nachfrager trägt $P_1DC_2P_2$ und der Anbieter die Differenz zwischen dem Steuerbetrag $FABG$ und dem auf die Konsumenten abgewälzten Anteil in Höhe von $P_1DC_2P_2$. Die Steuerausweichung beträgt LWRS – FABG (= ZWRT).

In den Abb. 4.4 bis 4.10 wurde jeweils gefragt, wie sich das Steueraufkommen zwischen Nachfragern (Käufern) und Anbietern (Produzenten) im Zuge der Anpassung aufteilt. Die dem Steueraufkommen entsprechende Steuerlast und ihre Aufteilung auf Konsumenten und Verkäufer wurden in allen behandelten Marktformen durch die Preiselastizität von Angebot und Nachfrage bestimmt. Bei unelastischer Nachfrage und elastischem Angebot tragen tendenziell die Käufer die Last, während es im Falle einer elastischen Nachfrage und eines unelastischen Angebots tendenziell umgekehrt ist und die Verkäufer den Steuerbetrag tragen müssen.

## 2.2  Die Zusatzlast am Beispiel der Verbrauchsbesteuerung

Es lässt sich zeigen, dass die Steuerlast größer sein kann als das in Abb. 4.4 bis 4.8 ausgewiesene und von Nachfragern bzw. Anbietern getragene Steueraufkommen. Die im Folgenden zunächst behandelte **These** lautet also, dass die **Gesamtbelastung einer Volkswirtschaft** bzw. der Käufer und Verkäufer **höher** sein kann, **als** es dem **Steueraufkommen** entspricht.

In Abb. 4.7 fällt in Höhe von $P_1EF$ eine Konsumentenrente an, die nach der Besteuerung auf $P_2DF$ zurückgeht. Die Differenz beträgt für den Käufer $P_1EF – P_2DF$ $= P_1CDP_2 + CED$, *wobei* $P_1CDP_2$ dem Steueraufkommen entspricht, während das Dreieck $CED$ eine über das Steueraufkommen hinausgehende „**Zusatzlast**" für die Volkswirtschaft (sog. „**excess burden**") bedeutet.

Von Interesse ist nun, in welchem Zusammenhang das Steueraufkommen bei einer speziellen Verbrauchsteuer (z. B. Mineralölsteuer) und die dadurch induzierte Zusatzlast der Besteuerung stehen. Die Abb. 4.11 zeigt diesen Zusammenhang für eine Mengensteuer im Wettbewerbsfall. Bei gegebener Nachfrage N und der Angebotskurve A$_0$ stellt sich ein Gleichgewicht E ein mit einem Preis P$_0$ und einer Menge M$_0$. Wird jetzt eine Steuer mit einem Steuersatz t eingeführt, so stellt sich ein neues Gleichgewicht (F) mit verminderter Menge (M$_1$) und gestiegenem Preis (P$_1$) ein. Die Zusatzlast der Besteuerung liegt bei DFE. Wird hingegen ein Steuersatz in Höhe von 2 t erhoben, so beträgt die Zusatzlast der Besteuerung HGE. Bei einer Verdopplung des Stücksteuersatzes kommt es somit zu einer Vervierfachung der Zusatzlast. Der Effizienzverlust steigt im Quadrat des Steuersatzes bei linearen Nachfragefunktionen. Daraus kann abgeleitet werden, dass es zur Minderung des durch die Besteuerung hervorgerufenen Wohlfahrtsverlustes sinnvoller ist, statt einer mit einem sehr hohen Steuersatz mehrere spezielle Verbrauchsteuern mit jeweils geringen Steuersätzen zu erheben. Ein besonders eingängiges Beispiel für die Zusatzlast der Besteuerung ist die in Großbritannien bis ins 19. Jahrhundert

*Abb. 4.11: Zusammenhang zwischen Steueraufkommen und Zusatzlast der Besteuerung*

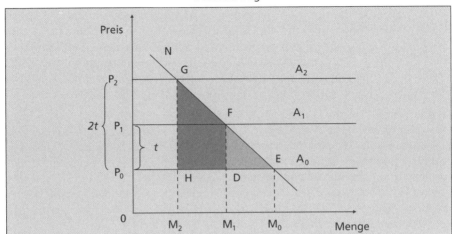

geltende Fenstersteuer, die dazu führte, dass die Zahl der Fenster in den Häusern deutlich verringert wurde, um der Steuer auszuweichen.[48]

Will man sich ein genaueres Bild von diesem Wohlfahrtsverlust machen[49], so benötigt man einen Maßstab, in diesem Fall also beispielsweise eine Steuer, die über ihr Aufkommen hinaus zu keinen Verzerrungen bzw. zu keinen zusätzlichen Verhaltensänderungen führt. Als eine solche Steuer gilt die sog. **Kopfsteuer** (**Pauschalsteuer**), die von jedem Bürger eines Landes in gleicher Höhe (absolut gleicher Betrag) zu zahlen wäre (siehe Abschnitt A I). Diese Steuer knüpft in ihrer rechtlichen Ausgestaltung in keiner Weise an wirtschaftliche Tatbestände des Steuerpflichtigen an. Insofern kann sie auch nicht Kraft ihrer Ausgestaltung einen Einfluss auf die ökonomischen Tatbestände beim Steuerpflichtigen ausüben und Substitutionseffekte auslösen. Weil von dieser Steuer über die finanzielle Belastung des Zensiten (Einkommenseffekt) hinaus keine Verhaltensänderungen ausgehen, eignet sie sich als Maßstab im Rahmen einer differentiellen Betrachtungsweise. Da sie wegen der negativen Verteilungswirkungen in der Realität nicht vorkommt, benutzt man für die jeweilige Argumentation gelegentlich solche Steuern als Referenzgröße, die für den behandelten Anwendungsfall auch keine oder nur geringe Verhaltensänderungen auslösen, aber zugleich wirklichkeitsnäher sind.

So genügt es beispielsweise für das Aufzeigen bestimmter Wohlfahrtsverluste bei Einzelverbrauchsteuern, wenn eine **allgemeine Verbrauchsteuer** zum Vergleich herangezogen wird. Auf diese Weise kann die Zusatzlast mit Hilfe von Abb. 4.12 sichtbar gemacht werden. Wenn durch die Gerade *AB* mögliche Konsum- oder Produktionskombinationen der Güter *X* und *Y* gegeben sind und mit den Indiffe-

---

[48] Oates, W. E., und Schwab, R. M., The Window Tax: A Case Study in Excess Burden, in: Journal of Economic Perspectives, 29(1), 2015, S. 163 ff.

[49] Vgl. etwa Homburg, S., Allgemeine Steuerlehre, 7. Aufl., München 2015, S. 141 ff., sowie Pindyck, R. S., und Rubinfeld, D. L., Mikroökonomie, 8. Aufl., München 2015, S. 469 ff.

*Abb. 4.12: Anpassung an eine allgemeine und an eine spezielle Verbrauchsteuer*

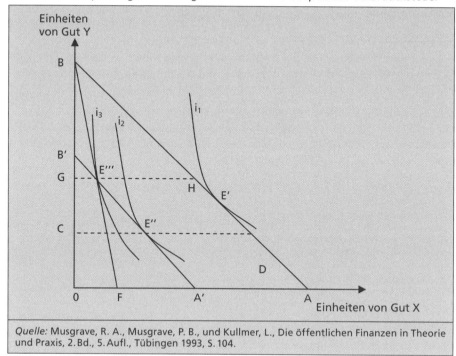

*Quelle:* Musgrave, R. A., Musgrave, P. B., und Kullmer, L., Die öffentlichen Finanzen in Theorie und Praxis, 2. Bd., 5. Aufl., Tübingen 1993, S. 104.

renzkurven $i_1$ bis $i_3$ die Präferenzstruktur eines Wirtschaftssubjekts dargestellt ist, so gibt $E'$ die Situation des mikroökonomischen Gleichgewichts wieder.

Erhebt nun der Staat eine allgemeine Verbrauchsteuer mit einem Aufkommen von $AA'$ (ausgedrückt in Gütereinheiten von $X$), so verschiebt sich lediglich die Gerade $AB$ parallel (nunmehr $A'B'$), d. h. der Bürger kann insgesamt weniger von Gut $X$ und $Y$ konsumieren. Es erhöhen sich zwar die absoluten Preise, aber weil die Steuer kein Gut diskriminiert, bleiben die relativen Preise gleich ($A'B'$ verläuft parallel zu $AB$). Nun stellt $E''$ das neue Gleichgewicht dar, und von Gut $Y$ wird die Menge $0C$ und von Gut $X$ die Menge $CE''$ nachgefragt.

Die Situation ändert sich jedoch, wenn der Staat ein **gleich hohes Steueraufkommen** dadurch erzielen will, dass er ausschließlich das Gut $X$ besteuert. Für den Bürger ergibt sich dann als neue Preisgerade $BF$, und die für ihn bestmögliche Situation ist in $E'''$ gegeben, wo die Preisgerade die höchstmögliche Indifferenzkurve tangiert. Diese Steuer erbringt ein gleich hohes Aufkommen wie im vorherigen Falle, denn $E'''H$ entspricht $A'A$.

Nach der Besteuerung bleiben dem Bürger $0G$ Einheiten von $Y$ und $GE'''$ Einheiten von $X$. Die Zusatzlast der speziellen im Vergleich zur allgemeinen Verbrauchsteuer (oder einer Kopfsteuer) kommt in Abb. 4.12 darin zum Ausdruck, dass statt der Indifferenzkurve $i_2$ nunmehr (bei gleicher Höhe des Steueraufkommens) nur noch die Indifferenzkurve $i_3$ und damit ein niedrigeres Wohlfahrtsniveau erreichbar ist. Während im Falle der allgemeinen Verbrauchsteuer nur **Einkommenseffekte** auftreten, kommt es bei einer selektiven Verbrauchsteuer mit gleich hohem Steueraufkommen auch zu einem die Wohlfahrt mindernden **Substitutionseffekt**. Daher sind bei dieser Sichtweise allgemeine Verbrauchsteuern speziellen Verbrauchsteuern überlegen. Wie in den Fällen in Abb. 4.6 und 4.8 bei einer Mengensteuer bei vollständiger Konkurrenz und vollkommen unelastischer Nachfrage und vollkommen unelastischem Angebot treten über das Steueraufkommen hinaus keine zusätzlichen Belastungen im Sinne eines Wohlfahrtsverlustes (excess burden) auf.

Von einer Zusatzlast der speziellen Verbrauchsteuer kann allerdings nur gesprochen werden, wenn man allein die autonomen individuellen Präferenzen als Wertmaßstab gelten lässt. Der Sachverhalt erscheint in einem anderen Licht, wenn mit einer speziellen Verbrauchsteuer meritorische Aufgaben des Staates erfüllt werden sollen und die Verhaltensänderung, beispielsweise ein geringerer Alkohol-/Tabakkonsum oder Energieverbrauch, Ziel des Eingriffs war.

In föderativen Staaten kann es aufgrund der unterschiedlichen Ertragshoheit bei spezieller und allgemeiner Verbrauchsteuer allein aus fiskalischen Erwägungen sinnvoll sein, eine spezielle Verbrauchsteuer zu erhöhen. So fließt in Deutschland dem Bund das Aufkommen aus der Tabaksteuer in voller Höhe zu, während er vom Umsatzsteueraufkommen nur knapp die Hälfte erhält. Soll die Bevölkerung – etwa aus politischen Erwägungen – nur um € 0,5 Mrd. belastet werden, würde der Bund unter Ausschluss wohlfahrtstheoretischer Erwägungen die Tabaksteuer erhöhen, da deren Einnahmen ihm vollständig zufließen. Auch diese rein fiskalisch motivierten Eingriffe lösen bei elastischer Nachfrage einen excess burden aus.

Statt der Konsumentscheidungen können steuerliche Diskriminierungen auch die Wahl zwischen Einkommenserzielung und Freizeit oder zwischen Gegenwarts- und Zukunftskonsum, also zwischen Konsum oder Sparen beeinflussen und auf diese Weise ebenfalls eine Zusatzlast herbeiführen.

Das Vorhandensein der differentiellen „Zusatzlast" einer Steuer und die Überlegenheit einer Kopfsteuer unter Effizienzaspekten gaben die Anstöße für die Entwicklung der **Theorie der optimalen Besteuerung** (optimal taxation).[50] Es handelt sich um eine theoretische Betrachtung der Besteuerung, in der u. a. Aussagen darüber abgeleitet werden, durch welche Steuerarten und durch welche spezifische Ausgestaltung der Steuern Effizienzverluste in Form der Zusatzlast minimiert werden können. Von Seiten der Befürworter des Systems der **Optimalbesteuerung** wird gefordert, auf jegliche Berücksichtigung von Besteuerungsprinzipien (siehe Abschnitt B II a) zu verzichten[51] und stattdessen die Besteuerung primär danach auszurichten, dass sie keine oder möglichst geringe Verhaltensänderungen der Besteuerten auslöse. Werden durch die Besteuerung nicht alle Tätigkeiten gleich belastet, so dass sich eine Veränderung der relativen Preise ergibt, tritt zu dem unvermeidlichen Einkommenseffekt, also der Kürzung des privaten Einkommens um den Steuerbetrag, noch ein Substitutionseffekt, also die Substitution einer Tätigkeit

---

[50] Zur Einführung in das Gebiet siehe etwa Stiglitz, J. E., und Schönfelder, B., Finanzwissenschaft, 2. Aufl., München-Wien 2000, sowie Richter, W. F., und Wiegard, W., Zwanzig Jahre „Neue Finanzwissenschaft" – Teil 2: Steuern und Staatsverschuldung, in: Zeitschrift für Wirtschafts- und Sozialwissenschaften, Bd. 113, 1993, S. 337 ff.

[51] Homburg, S., The Optimal Income Tax: Restatement and Extensions, in: Finanzarchiv, Bd. 58, 2001, S. 363 ff., und Richter, W. F. und Wiegard, W., Zwanzig Jahre „Neue Finanzwissenschaft", Teil I, in: Zeitschrift für Wirtschafts- und Sozialwissenschaften, Bd. 113, 1993, S. 177.

durch eine andere, hinzu. Solche steuerlich bedingten Anpassungen beinhalten jedoch eine wohlfahrtsmindernde Zusatzlast (**excess burden**) der Besteuerung, die die Vertreter der Optimalbesteuerung möglichst gering halten wollen. So wird u. a. die Umverteilung mittels Steuern darauf untersucht, wie sie mit dem geringsten Effizienzverlust erfolgen kann (optimale Umverteilung). In methodischer Hinsicht handelt es sich überwiegend um eine neoklassische Analyse, in der nicht die Partialanalyse, sondern die Totalanalyse im Vordergrund steht. Bestimmte empirische Situationen (Basisjahr) werden als allgemeines Gleichgewicht approximiert und als Referenz für die wohlfahrtstheoretischen Überlegungen verwendet. Diese als allgemeine Gleichgewichtsmodelle bezeichneten Ansätze werden auch in der politischen Analyse verwendet.[52] Allerdings können die so gewonnenen Ergebnisse aufgrund der meist sehr restriktiven Modellannahmen nur grundsätzliche Handlungshinweise geben. Immerhin wendet sich die Theorie der optimalen Besteuerung auf ihrer Suche nach wohlfahrtsverbessernden Änderungen bestehender Steuersysteme zunehmend Fragen der Rechtsform- oder Standortneutralität, der Tarifgestaltung sowie der intertemporalen Gerechtigkeit zu.

Wie eingangs dieses Teils zu den Wirkungen der Besteuerung ausgeführt, konzentriert sich diese Einführung auf einen Ausschnitt, nämlich die Besteuerung eines Gutes, um zu zeigen, wie differenziert Steuerwirkungen sind. Immerhin ließ sich schon hier das Problem der Zusatzlast anschaulich darstellen. Ganz andere Steuerwirkungen treten auf, wenn man die Steuern bei der Einkommensentstehung betrachtet (siehe Abb. 4.3 zu den Anknüpfungspunkten der Besteuerung). Insbesondere die Gewinnsteuer wirft schwierige Ermittlungsprobleme auf, wenn man der Frage nachgeht, wer die Last der Körperschaftsteuer, der Einkommensteuer der Personenunternehmen und der Gewerbesteuer trägt. Dies würde aber über den Rahmen dieser Einführung hinausgehen. Dagegen wird hier noch der Blick über die nationalen Grenzen hinaus gewählt.

## IV. Steuern im internationalen Zusammenhang

### a) Anforderungen an eine Besteuerung grenzüberschreitender Güter- und Einkommensströme

Steuersysteme entwickeln sich länderspezifisch, weil die verschiedenen Ziele, die mit der Gestaltung einer Steuer zusammenhängen, überwiegend der nationalen Politik entstammen. Wenn Staaten ohne Blick auf die außenwirtschaftlichen Verflechtungen und ohne Absprache miteinander ihre Besteuerung durchsetzen würden, käme es zur Doppelbesteuerung. Eine Flasche amerikanischen Whiskys würde beim amerikanischen Produzenten mit einer Alkoholsteuer belegt, und der deutsche Fiskus würde nochmals eine Alkoholsteuer erheben, so dass kaum ein amerikanischer Pro-

---

[52] So ein im Auftrag des Bundesministeriums der Finanzen erstelltes Gutachten über die Wirkung des ermäßigten Umsatzsteuersatzes: Böhringer, C. u. a., Allokative und distributive Effekte einer Abschaffung des ermäßigten Umsatzsteuersatzes, Zentrum für Europäische Wirtschaftsforschung, Mannheim 2004.

duzent nach Deutschland exportieren würde. Ein belgischer Arbeitnehmer, der als Grenzpendler in Deutschland mit Lohnsteuer belastet wird und in seinem Wohnsitzland nochmals der dortigen Einkommensteuer unterläge, würde unter diesen Bedingungen sicherlich nicht in Deutschland arbeiten. Die bei mangelnder Abstimmung erfolgende Doppelbesteuerung und die entsprechende Wettbewerbsverzerrung können, wie beide Beispiele zeigen, mithin sowohl Güter- als auch Faktorströme treffen.

Denkbar ist auch, dass es zu gar keiner Besteuerung bestimmter Einkünfte kommt. Dies wäre z. B. der Fall, wenn Staaten bestimmte Einkünfte von Unternehmen nicht als Gewinne ansehen und sie deshalb unbesteuert lassen (sog. weiße Einkünfte).

Dass eine zweifache Besteuerung ebenso wie eine völlige Steuerfreiheit verhindert werden muss, erscheint zur Vermeidung von Wettbewerbsverzerrungen plausibel und bedarf damit keiner besonderen Begründung. Im Zuge der fortschreitenden Globalisierung werden die im Folgenden dargestellten Maßnahmen aber immer wichtiger. Zum einen fördern sie den internationalen Austausch von Gütern und Produktionsfaktoren und damit den Wohlstand der beteiligten Staaten. Zum anderen verschlechtert ein einzelnes Land, wenn es die Maßnahmen nicht ergreift, seine Position im internationalen Wettbewerb. Sollen grenzüberschreitende Leistungsströme (Güter und Einkommen) wettbewerbsneutral besteuert werden, so ist zunächst zu klären, was unter Wettbewerbsneutralität verstanden werden soll. Erst danach kann festgelegt werden, welches das zur Zielerreichung geeignete Besteuerungsverfahren ist. Hier werden drei Konzepte unterschieden, die als **allokationspolitische**, **zahlungsbilanzpolitische und fiskalische Wettbewerbsneutralität** bezeichnet werden. Das erste Konzept fordert, dass von der Besteuerung kein Einfluss auf die weltweite Faktorverteilung ausgeht (ein vorstellbares weltwirtschaftliches Pareto-Optimum sozusagen nicht gestört wird). Analog dazu verlangt das zweite Konzept eine Besteuerung, die die internationalen Leistungsströme nicht beeinflusst. Neben diesen auf unverzerrte Marktkräfte zielenden Postulaten wird im dritten Konzept die Forderung erhoben, dass die beteiligten Staaten am Aufkommen aus der Besteuerung grenzüberschreitender Leistungsströme „angemessen" beteiligt werden. Während sich das allokations- und das zahlungsbilanzpolitische Konzept der Wettbewerbsneutralität am ehesten dazu eignen, eine Besteuerung zu beurteilen, spielt in der politischen Auseinandersetzung immer mehr auch die fiskalische Wettbewerbsneutralität eine Rolle.

Da grenzüberschreitende Güter- und Faktorströme unterschiedliche Probleme bei der wünschenswerten Koordination zur Vermeidung der wettbewerbsverzerrenden Wirkungen aufwerfen, werden sie im Folgenden getrennt beurteilt.

## b)    Steuern auf Güter: Ursprungs- versus Bestimmungslandprinzip

Güter (Waren und Dienstleistungen) unterliegen im Inland der Umsatz- und Verbrauchsbesteuerung. Bleibt diese Besteuerung beim Import oder Export bestehen, wird dadurch ihr internationaler Handel beeinflusst. Es ist daher zu klären, welche Art der Besteuerung den Handel möglichst wenig stört. Außerdem haben die beteiligten Staaten das verständliche Interesse, ihre nationalen Besteuerungsziele zu erreichen. Neben der Absicht des Gesetzgebers, Umsatz oder Konsum im eigenen Land in einer bestimmten Höhe zu belasten, steht das fiskalische Ziel, dass jedes Land einen angemessenen Anteil am gesamten Aufkommen aus der Verbrauchsbesteuerung erhalten will.

Diese Ziele können auf unterschiedliche Weise verfolgt werden. Das sog. *Ursprungslandprinzip* legt fest, dass Güter nur in dem Land, dem sie entstammen, besteuert werden. Mit der Steuerbelastung des Ursprungslandes treten sie dann in den Wettbewerb des Bestimmungslandes ein, in das sie exportiert worden sind. Dieses Prinzip gilt selbstverständlich auch innerhalb eines Landes, z. B. wenn in Deutschland von einem Bundesland in ein anderes „exportiert" wird.[53] Eine solche Vorgehensweise ist im internationalen Handel hingegen nicht selbstverständlich. Da jeder Staat seine Bürger nach eigenen steuerpolitischen Zielen besteuert, kommt es international zu unterschiedlichen Steuersätzen. Beispielsweise sind in den skandinavischen Ländern die Alkoholsteuern höher als in Deutschland. Aus dem Ursprungslandprinzip folgte, dass der Alkoholimport in Skandinavien steigt und dort ein niedrigeres Aufkommen aus diesen Steuern anfällt, obwohl die Bürger einen vergleichsweise hohen Konsum aufweisen; Deutschland als nunmehr exportstarkes Land würde hingegen ein höheres Steueraufkommen erzielen. Auch werden – bei unterschiedlichen Steuersätzen im Export- und im Importland – das einheimische und das importierte Gut im Bestimmungsland steuerlich unterschiedlich belastet. Somit verstößt eine Besteuerung nach dem Ursprungslandprinzip sowohl fiskalisch als auch zahlungsbilanzpolitisch gegen Wettbewerbsneutralität.

Aus diesen Gründen ist in der internationalen Steuerkoordination für Umsatz- und Verbrauchsteuern das sog. *Bestimmungslandprinzip* festgelegt worden (Regelung im GATT[54]). Danach werden die importierten Güter im Bestimmungsland genauso besteuert wie dessen einheimische Güter. Auf diese Weise sollen dem Bestimmungsland die Steuern im Maße des Konsums seiner Bürger zufließen, so wie dies der Besteuerungsidee einer Umsatz- bzw. Verbrauchsteuer entspricht.

Um das Bestimmungslandprinzip zu realisieren, bedarf es eines sog. **Grenzausgleichs**.[55] Da Umsatz- und Verbrauchsteuern auf allen Produktionsstufen erhoben werden (und nicht allein auf der Endverbrauchstufe), muss das exportierende Ursprungsland die Steuer auf das Exportgut erlassen, ehe es beim Import in das Bestimmungsland mit der dort geltenden Steuer belastet wird.[56] Jetzt unterliegen im Bestimmungsland einheimische und importierte Güter der gleichen Umsatz- und Verbrauchsbesteuerung. Außerdem wird der inländische Konsum unabhän-

---

[53] Dies könnte etwa dann der Fall sein, wenn die Grundsteuer A, die landwirtschaftlich genutzten Grund und Boden belastet und deren Steuersatz gemeindeindividuell differiert, durch eine Erhöhung des Getreidepreises überwälzt wird.

[54] Die Regelungen des GATT bilden den materiellen Kern der 1995 errichteten Welthandelsorganisation (WTO). Vgl. hierzu Deutsche Bundesbank, Weltweite Organisationen und Gremien im Bereich Währung und Wirtschaft, Frankfurt am Main 2003, S. 154 ff.

[55] Dieser Grenzausgleich hat, wegen administrativer Unzulänglichkeiten, die in diesem Jahrzehnt feststellbare Umsatzsteuerhinterziehung in Deutschland und anderen EU-Staaten erleichtert (siehe Abschnitt B I b).

[56] Dies ist z. B. bei einer Brutto-Allphasen-Umsatzsteuer nicht möglich, da die Steuerbelastung von der Zahl der durchlaufenen Stufen abhängt (siehe Abschnitt B I b). Auch aus diesem Grund wurde eine Umsatzsteuer mit Vorsteuerabzug in Deutschland eingeführt.

gig davon, ob die Güter aus dem Ausland oder Inland stammen, mit der gleichen Steuer belastet, so dass nicht nach der Herkunft der Güter diskriminiert wird, sondern der Konsum als solcher der Besteuerung unterliegt. Insofern wird das Bestimmungslandprinzip der fiskalischen Wettbewerbsneutralität gerecht.

Mit dem Grenzausgleich wäre ein einigermaßen befriedigendes Ergebnis auch im Hinblick auf die zahlungsbilanzpolitische Wettbewerbsneutralität sichergestellt, wenn der Grenzausgleich tatsächlich der Höhe der marktwirksamen Steuerbelastung entsprechen würde. Es ist aber nicht auszuschließen, dass auch andere Steuern auf diesen Gütern liegen, beispielsweise Gewinnsteuern, wie z. B. die Körperschaft- und die Gewerbesteuer. Sie sind zwar nach dem Willen des Gesetzgebers nicht dafür gedacht, die Güterströme zu belasten, aber die Unternehmen, die diese Steuern zu zahlen haben, werden versuchen, sie durch Erhöhung der Güterpreise (Vorwälzung, siehe Abschnitt B III) an ihre Abnehmer weiterzugeben. Das Gleiche versuchen sie mit den Umsatz- und Verbrauchsteuern. Das Ergebnis hängt dann vom Anteil dieser Steuern in den Steuersystemen der beiden Länder und vom unterstellten Überwälzungsgrad ab. Da diese Überwälzungsthesen ökonomisch umstritten und analytisch kompliziert zu zeigen sind, soll dieser Fall hier nicht weiterverfolgt werden.

## c) Steuern auf Einkommen: Doppelbesteuerungsabkommen

Bei Einkommen-, Lohn- und Gewinnsteuern sowie bei der Erbschaftsteuer treten im internationalen Austausch ebenfalls Verzerrungen auf, allerdings liegen sie auf einem anderen Gebiet und sind kaum geringer anzusetzen als bei den Steuern auf Güter.

Auf Einkünften liegen in jedem Land Lohn-, Einkommen- oder Körperschaftsteuer. Entstehen Einkommen im Ausland, z. B. als Gewinne von Tochterunternehmen oder als Zinserträge von ausländischen Wertpapieren, dann haben sowohl das Wohnsitzland des steuerpflichtigen Einkommensbeziehers als auch das ausländische Quellenland, in dem das Einkommen entstanden ist, ein verständliches Interesse an der Besteuerung. Während die Besteuerung grenzüberschreitender Güterströme von den GATT-Regelungen international grundsätzlich einheitlich festgelegt worden ist, existieren bisher keine vergleichbar grundsätzlichen Abkommen zur Besteuerung grenzüberschreitender Einkommensströme.[57] Außerdem hat im Falle von Gütern jedes einzelne Land ein Interesse daran, seinen Export von Steuern zu entlasten, und umgekehrt jeder importierende Staat das Bedürfnis, seine eigenen entsprechenden Steuern dem Import aufzuerlegen, so dass im Ergebnis ein gemeinsames, wenngleich ungeplantes Vorgehen das Bestimmungslandprinzip hervorbringen würde. Dagegen fehlt im Falle von Löhnen oder Gewinnen, die ganz oder zum Teil im Ausland erwirtschaftet worden sind, ein gleichgerichtetes Interesse zwischen Wohnsitzland und Quellenland, auf eine Besteuerung zu verzichten. Unkoordiniertes Vorgehen führt hier in aller Regel

---

[57] Die OECD hat für ihre Mitgliedstaaten ein sog. Musterabkommen entwickelt, welches eine Grundlage für DBA-Verhandlungen sein kann. Daneben haben auch die Vereinten Nationen ein DBA-Modellabkommen entwickelt.

zu einer Doppelbesteuerung mit der Folge, dass der Prozess der internationalen Arbeitsteilung beeinträchtigt wird, woran letztlich keinem der beteiligten Länder gelegen sein kann.

Eine Lösung des Problems kann nicht darin liegen, dass der Quellenstaat auf die Besteuerung verzichtet oder umgekehrt jede beliebige Besteuerung des Quellenstaates vom Wohnsitzstaat als steuermindernd anerkannt wird. Beides ist unter dem Aspekt der erwähnten fiskalischen Wettbewerbsneutralität, aber auch mit Blick auf die Besteuerung nach der Leistungsfähigkeit (siehe Abschnitt A I) nicht akzeptabel.

Die bilateralen **Doppelbesteuerungsabkommen (DBA)**, die mangels einer weltweiten Regelung geschlossen werden, um **Doppelbesteuerung** zu **vermeiden**, gehen daher unterschiedliche Wege, die man nur begrenzt bestimmten Prinzipien zuordnen kann. Vom Grundtyp her kommen jedoch zwei Verfahren zur Anwendung:[58]

– Nach dem **Anrechnungsverfahren** wird das Gesamteinkommen (Welteinkommen) am Wohnsitz des Steuerpflichtigen veranlagt. Auf die errechnete Steuerschuld wird die bereits im Quellenland gezahlte Steuer angerechnet. Diese Methode führt dazu, dass die Erträge sowohl aus inländischen als auch aus ausländischen Investitionen im Inland der gleichen nominalen Steuerbelastung unterliegen (sog. Kapitalexportneutralität). Die Anrechnung erfolgt aber zumeist nur bis zu einem **Höchstbetrag**. Andernfalls könnte der Quellenstaat den Wohnsitzstaat fiskalisch „ausbeuten", denn er könnte hohe Quellensteuern erheben, die ihm hohe Einnahmen erbringen und dennoch den Steuerzahler nicht belasten, weil dieser den Betrag im Wohnsitzstaat voll angerechnet bekommt und ggf. sogar noch Erstattungen erhält.

– Nach dem **Freistellungsverfahren** wird im Wohnsitzstaat die ausländische Bemessungsgrundlage bei der Ermittlung des steuerpflichtigen Gesamteinkommens nicht einbezogen. Weil sich dadurch aber bei einer progressiven Steuer der Durchschnittssteuersatz (siehe Abschnitt A III b) reduziert, wird oft ein **Progressionsvorbehalt** vereinbart. Er sieht vor, dass die ausländischen Einkünfte zwar zur Ermittlung des Durchschnittssteuersatzes herangezogen werden, dass letzterer dann aber nur auf die inländischen Einkünfte angewendet wird. Durch das Freistellungsverfahren wird erreicht, dass die in einem Land erwirtschafteten Gewinne unabhängig vom Land des Unternehmenssitzes besteuert werden. Miteinander konkurrierende Unternehmen aus verschiedenen Ländern unterliegen somit vor Ort der gleichen Steuerbelastung (sog. Kapitalimportneutralität).

## d)  Legale und illegale internationale Steuerausweichung

Zur internationalen Koordination der Steuern auf Einkommen gehört auch die Behandlung von Steueroasen. Bei der Flucht in die sog. „**Steueroasen**" oder, allgemeiner, bei der internationalen Steuerausweichung ist, wie bei vielen Formen der Steuerausweichung (siehe Schema 4.1), illegales und legales Verhalten zu unter-

---

[58] Bundesministerium der Finanzen, Doppelbesteuerungsabkommen: Eine Einführung, in: BMF-Monatsbericht, Januar 2004, S. 65 ff.

scheiden. Für Deutschland und viele andere Staaten gilt z. B., dass alle Einkünfte, die eine natürliche Person – mit Wohnsitz oder ständigem Aufenthalt in Deutschland – erwirtschaftet, im Wohnsitzland deklariert und ggf. versteuert werden müssen (sog. Welteinkommensprinzip). Ein Fall der Steuerhinterziehung liegt somit in Deutschland dann vor, wenn ein Inländer ausländische Gewinn- oder Einkommensteile bei der inländischen Steuererklärung nicht deklariert. Hierzu gehören z. B. Zinserträge natürlicher Personen, die aus einer Kapitalanlage im Ausland entstammen.

Um innerhalb der EU die grenzüberschreitende Steuerflucht vor allem bei der Hinterziehung von Zinsen auf privates Kapital wirksamer zu bekämpfen, wurde zum 1.7.2005 die sog. Zinsbesteuerungsrichtlinie eingeführt. Danach senden die EU-Staaten und weitere beteiligte Länder entweder Kontrollmitteilungen über die gezahlten Zinsen an den Wohnsitzstaat des Anlegers oder sie erheben eine Abgeltungsteuer (zuletzt 35 %), von deren Aufkommen sie 75 % dem Wohnsitzstaat überweisen und 25 % behalten. Zur besseren Bekämpfung der grenzüberschreitenden Steuerflucht gilt vom 1.1.2017 an ein Informationsaustausch zwischen den EU-Mitgliedstaaten.[59] Damit werden in der EU von der OECD und den G20 initiierte Ansätze gegen „Aushöhlung der Steuerbasis und die Gewinnverlagerung" aufgegriffen.[60]

Die legale Steuerausweichung privater Haushalte ist z. B. in Deutschland aufgrund des sog. Welteinkommensprinzips nur mittels der Verlagerung des Wohnsitzes ins Ausland möglich. Im Bereich der Unternehmensbesteuerung kann eine legale Steuerausweichung etwa durch die Verlagerung des Standortes der Kapitalgesellschaft ins niedriger besteuernde Ausland erfolgen. In diesem Fall entstehen die Gewinne im Ausland und werden dort versteuert. Zudem kann auch durch Standortverlagerungen innerhalb Deutschlands die Steuerbelastung bei Unternehmen legal vermindert werden.[61] So schwankt 2015 die nominale Steuerbelastung erwirtschafteter Gewinne von Kapitalgesellschaften (Gewerbe- und Körperschaftsteuer sowie Solidaritätszuschlag) aufgrund der unterschiedlichen Hebesätze der Gemeinden bei der Gewerbesteuer zwischen 35,08 % (z. B. Oberhausen) und 22,83 % (z. B. Zossen). Viele derartige Verlagerungen werden im Rahmen der nationalen und internationalen Arbeitsteilung als erwünscht angesehen, beispielsweise die Verlagerung einer Produktion in (Bundes-) Länder mit niedrigeren Kosten, wobei auch die Steuerbelastung als Kostenfaktor angesehen werden kann. So liegen z. B. die Gewerbesteuerhebesätze der Kommunen in Ostdeutschland meist unter denen in Westdeutschland. Folglich ist nur ein Missbrauch zu verhindern.

Aus Sicht eines Landes kann Missbrauch etwa dann gegeben sein, wenn verbundene Unternehmen Gewinne, die im hoch besteuernden Inland erwirtschaftet wurden, ins niedriger besteuernde Ausland verlagern und dort versteuern. Eine Gewinnverlagerung kann z. B. durch die Art der Festlegung von internen Ver-

---

[59] Unterrichtung durch die Europäische Kommission: Vorschlag für eine Richtlinie des Rates zur Änderung der Richtlinie 2011/16/EU bezüglich der Verpflichtung zum automatischen Austausch von Informationen im Bereich der Besteuerung COM(2016) 25 final, Bundesratsdrucksache 47/16 vom 28.01.2016.

[60] OECD, Base Erosion and Profit Shifting Projekt, http://www.oecd.org/fr/ctp/beps-expose-des-actions-2015.pdf.

[61] Broer, M., Intranationale Gewinnverlagerungen – eine empirische Untersuchung von steuerlichen Anreizen und Aufkommenseffekten am Beispiel Deutschlands, in: Steuer und Wirtschaft, H 2, 2010, S. 115 ff.

rechnungspreisen für Warenlieferungen oder Dienstleistungen zwischen Muttergesellschaft und Tochterunternehmen erreicht werden. Erwirtschaftet z. B. die Kapitalgesellschaft $B_1$ Gewinne im hoch besteuernden Land A und bezieht dieses Unternehmen Dienstleistungen (z. B. für Marketing) von der Kapitalgesellschaft $B_2$, welche im niedrig besteuernden Land C ansässig ist, so besteht ein beiderseitiges Interesse daran, dass die Kapitalgesellschaft $B_2$ möglichst hohe Preise für die Marketingdienstleistungen verlangt. Diese Aufwendungen für Marketing vermindern den Gewinn des im hoch besteuernden Land A ansässigen Unternehmens $B_1$ und erhöhen den Gewinn des im niedrig besteuernden Land C ansässigen Unternehmens $B_2$. Bei Gesamtbetrachtung beider Unternehmen führt ein solches Vorgehen zur Verringerung der aggregierten Steuerschuld. Andere Stellgrößen sind die Höhe der Gebühren für Lizenzen oder der Zinsen für Kredite, wobei anzumerken ist, dass die Ermittlung der „richtigen" Preise sich für die Finanzverwaltung nicht einfach gestaltet.[62] Mit dem von der EU-Kommission im Jahr 2016 neuerlich eingebrachten Vorschlag für eine „Gemeinsame konsolidierte Körperschaftsteuer-Bemessungsgrundlage" soll es möglich sein, die Erträge von international operierenden Unternehmen dort zu besteuern, wo die Wertschöpfung anfällt, so dass die Wirkung der zuvor genannten Steuergestaltungen eingedämmt werden kann.[63]

Um wirtschaftlich gewünschte räumliche Anpassungen nicht zu behindern, muss eine mögliche Doppelbesteuerung desselben steuerlichen Tatbestandes durch verschiedene Länder vermieden werden, und dies geschieht durch die erwähnten DBA. Länder, die als sog. Steueroasen bezeichnet werden, beteiligen sich jedoch meist nicht an diesen Abkommen. Bei **Steueroasen** handelt es sich oft um sehr kleine Länder, die von der Steuerflucht in Form der Verlagerung von Bemessungsgrundlagen profitieren wollen und keine Abkommen dieser Art zu schließen bereit sind. Dann helfen nur spezielle Bestimmungen im Außensteuerrecht des benachteiligten Landes, mit denen der Missbrauch der aus ökonomischer Sicht grundsätzlich wünschenswerten Mobilität von Personen, Gütern und Finanzströmen verhindert wird.[64]

## Fragen zum 4. Kapitel

*Zu Teil A:*

1. Erklären Sie den Zusammenhang zwischen dem Umfang der Bedürfnisbefriedigungsmöglichkeiten und der finanziellen Leistungsfähigkeit.

2. Halten Sie das Einkommen für einen geeigneten Indikator der steuerlichen Leistungsfähigkeit?

---

[62] Endres, D., Ausmaß internationaler Steuerplanung – aggressiv oder moderat, in: Kahle, H. u. a., Hrsg., Kernfragen der Unternehmensbesteuerung, Symposium für Ulrich Schreiber zum 65. Geburtstag, Wiesbaden 2017, S. 59 ff.

[63] Commission of the European Communities, Proposal for a COUNCIL DIRECTIVE on a Common Consolidated Corporate Tax Base (CCCTB), {SWD(2016) 341 final}{SWD(2016) 342 final} COM(2016) 683 final, S. 2.

[64] In Deutschland finden sich entsprechende Vorschriften vor allem im Außensteuergesetz.

3. Welches ist der Grundgedanke des Familienlastenausgleichs, und wie sieht das sog. Vollsplitting aus?
4. Wie beurteilen Sie die „Leistungsfähigkeit des Leistungsfähigkeitsprinzips"?
5. Welche drei grundsätzlichen Möglichkeiten der Ehegattenbesteuerung gibt es?
6. Worin liegt der Unterschied zwischen einem Freibetrag und einer Freigrenze?

*Zu Teil B:*

1. Welche Möglichkeiten einer Besteuerung lassen sich im Bereich der Einkommensentstehung unterscheiden?
2. Inwiefern lässt sich eine besondere Besteuerung von Kapitalgesellschaften rechtfertigen?
3. Wodurch unterscheidet sich eine persönliche Ausgabensteuer von einer Umsatzsteuer?
4. Erklären Sie an der Tab. 4.3 die Wirkungsweise einer Brutto- und einer Nettoumsatzsteuer.
5. Skizzieren Sie die Möglichkeiten einer Vermögensbesteuerung.
6. Welche Grenzen sind einer Erhöhung der Einkommensteuer gesetzt?
7. Anhand welcher Kriterien würden Sie einen Vergleich zwischen der Einkommens- und Verbrauchsbesteuerung vornehmen?
8. Worin unterscheidet sich eine Flat-Tax von einem direkt progressiven Tarif?
9. Wie ist eine Flat-Tax unter Gerechtigkeitsaspekten zu beurteilen?
10. Erläutern Sie mittels eines Beispiels das Problem der sog. kalten Progression. Wie kann dieses Problem gelöst werden?
11. Was ist damit gemeint, wenn bestimmte Einnahmen (z. B. ausländische Einkünfte) steuerfrei sind, aber dem Progressionsvorbehalt unterliegen?
12. In welchen Fällen der Anpassung an die Besteuerung ergeben sich keine Einnahmen für den Staat?
13. Zeigen Sie anhand einer Verbrauchsteuererhöhung das Zusammenwirken von Einkommens- und Substitutionseffekt.
14. Welche Möglichkeiten ergeben sich für Unternehmen, Steuerzahlungen in eine spätere Periode zu verschieben?
15. Zeigen Sie am Beispiel einer Mengensteuer auf einem Konkurrenzmarkt, welche Bedeutung die Preiselastizität der Nachfrage für das Ausmaß der Überwälzung hat.
16. Weisen Sie die anscheinend größeren Überwälzungsmöglichkeiten bei hoher Einkommenselastizität nach, indem Sie in Abb. 4.4 bei unveränderten Angebotskurven die Nachfragekurve parallel nach außen verschieben.
17. Wodurch erklärt es sich, dass es Fälle gibt, in denen eine Mengensteuer bei Vorliegen eines Angebotsoligopols mit geknickter Preis-Absatz-Kurve voll vom Anbieter getragen wird?
18. Was versteht man unter der „Zusatzlast" der Besteuerung, und wie kann sie graphisch dargestellt werden?
19. Unter welchen Umständen tritt bei einer Mengensteuer keine Zusatzlast bei der Besteuerung auf? Welche negativen distributiven Effekte können in diesem Fall auftreten?
20. Zeigen Sie für eine Mengensteuer graphisch den Zusammenhang zwischen der Zusatzlast der Besteuerung und dem erzielten Steueraufkommen auf.

21. Erläutern Sie, warum es unter Effizienzgesichtspunkten sinnvoll sein kann, ein gewünschtes Steueraufkommen durch mehrere Mengensteuern statt durch eine Mengensteuer zu erzielen.
22. Welche Anpassungsmöglichkeiten verbleiben, wenn die Überwälzung einer Steuer nicht mehr möglich ist?
23. Warum ergeben sich die erwünschten Effekte des Bestimmungslandprinzips bei der Besteuerung von Gütern auch ohne Abstimmung zwischen Staaten, und warum tritt die unerwünschte Doppelbesteuerung von Einkommen auf?
24. Nennen Sie ein Beispiel für die Doppelbesteuerung von Einkommen und gehen Sie kurz auf die damit verbundenen negativen volkswirtschaftlichen Aspekte ein.
25. Welche beiden grundsätzlichen Ansätze zur Vermeidung der Doppelbesteuerung von Einkommen gibt es?
26. Warum helfen Doppelbesteuerungsabkommen im Fall der sog. Steueroasen nicht?

## Literatur zum 4. Kapitel

*Zu Teil A:*

Bach, S., und Thiemann, A., Hohes Aufkommenspotential bei Wiedererhebung der Vermögensteuer, DIW-Wochenbericht Nr. 4, Berlin 2016.
Homburg, S., The Optimal Income Tax: Restatement and Extensions, in: Finanz-Archiv, Bd. 58, 2001, S. 363 ff.
Homburg, S., Allgemeine Steuerlehre, 7. Aufl., München 2015.
Pollak, H., Steuertarife, in: Neumark, F., Andel, N., und Haller, H., Hrsg., Handbuch der Finanzwissenschaft, 2. Bd., 3. Aufl., Tübingen 1980, S. 239 ff.

*Zu Teil B:*

Bergs, C., u. a., Zusammenhang zwischen Steuerlast und Einkommensverteilung. Forschungsprojekt für das Bundesministerium für Arbeit und Soziales, Essen 2007
Böhringer, C., u. a., Allokative und distributive Effekte einer Abschaffung des ermäßigten Umsatzsteuersatzes, Zentrum für Europäische Wirtschaftsforschung, Mannheim 2004.
Broer, M., Wirkungen des kommunalen Zuschlags zur Einkommen- und Körperschaftsteuer, in: Wirtschaftsdienst, 83. Jg, 2003, S. 599 ff.
Broer, M., Distributive Effekte der deutschen Abgeltungssteuer auf Kapitaleinkünfte, in: Schmollers Jahrbuch, Bd. 127, 2007, S. 297 ff.
Broer, M., Steuerstandort Deutschland – attraktive Bandbreite der Unternehmenssteuerbelastung für Kapitalgesellschaften in deutschen Gemeinden, in: BMF-Monatsbericht, Dezember 2008, S. 50 ff.
Broer, M., Intranationale Gewinnverlagerungen – eine empirische Untersuchung von steuerlichen Anreizen und Aufkommenseffekten am Beispiel Deutschlands, in: Steuer und Wirtschaft, Heft 2, 2010, S. 115 ff.
Broer, M., Gibt es staatliche Inflationsverluste bei den Einnahmen aus speziellen Verbrauchsteuern?, in: Deutsche Steuer-Zeitschrift, 101. Jg., 2013, S. 551 ff.
Bundesministerium der Finanzen, Hrsg., Datensammlung zur Steuerpolitik, Berlin 2016.
Bundesministerium der Finanzen, Hrsg., Steuern von A bis Z, Berlin 2016.
Büttner, T., und Schwager, R., Länderautonomie in der Einkommensteuer: Konsequenzen eines Zuschlagsmodells, in: Jahrbücher für Nationalökonomie und Statistik, Bd. 223, 2003, S. 532 ff.
Commission of the European Communities, Proposal for a COUNCIL DIRECTIVE on a Common Consolidated Corporate Tax Base (CCCTB), {SWD(2016) 341 final}{SWD(2016) 342 final} COM(2016) 683 final

Döring, T., und Feld, L. P., Reform der Gewerbesteuer: Wie es Euch gefällt? – Eine Nachlese, in: Perspektiven der Wirtschaftspolitik, Bd. 6, 2005, S. 207 ff.

Eggert, W., und Weichenrieder, A. J., Steuerreform und Unternehmensfinanzierung, in: Jahrbücher für Nationalökonomie und Statistik, Bd. 222, 2002, S. 531 ff.

Frey, B. S., und Feld, L. P., Deterrence and Morale in Taxation: An Empirical Analysis, CESifo Working Paper Series No. 760, München 2002.

Fuest, C., und Huber, B., Can Corporate-Personal Tax Integration Survive in Open Economies? Lessons from the German Tax Reform, in: Finanzarchiv, Bd. 57, 2000, S. 514 ff.

Hagedorn, R., Theorie der Steuerhinterziehung, in: Wirtschaftswissenschaftliches Studium, 20. Jg., 1991, S. 523 ff.

Hettich, F., und Schmidt, C., Die deutsche Steuerbelastung im internationalen Vergleich: Warum Deutschland (k)eine Steuerreform braucht, in: Perspektiven der Wirtschaftspolitik, Bd. 2, 2001, S. 45 ff.

Homburg, S., The Optimal Income Tax: Restatement and Extensions, in: Finanzarchiv, Bd. 58, 2001, S. 363 ff.

Kommission zur Reform der Unternehmensbesteuerung, Brühler Empfehlungen zur Reform der Unternehmensbesteuerung, Schriftenreihe des Bundesministeriums der Finanzen, Heft 66, Bonn 1999.

Kucsera, D. und Lorenz, H., Möglichkeiten zur Kompensation der kalten Progression: Wirkung in Österreich, in: Wirtschaftsdienst, 2016, Heft 10, S. 748 ff.

Oates, W. E., und Schwab, R. M., The Window Tax: A Case Study in Excess Burden, in: Journal of Economic Perspectives, 29(1), 2015, S, 163 ff.

Peffekoven, R., Bemerkungen zur Reform der Gewerbesteuer, in: Milbradt, G., und Deubel, I., Hrsg., Ordnungspolitische Beiträge zur Finanz- und Wirtschaftspolitik, Festschrift für Heinz Grossekettler, Berlin 2004, S. 144 ff.

Petersen, H.-G., und Rose, M., Zu einer Fundamentalreform der deutschen Einkommensteuer: Die Einfachsteuer des „Heidelberger Steuerkreises", in: Heilemann, U., und Henke, K.-D., Hrsg., Was ist zu tun? Wirtschaftspolitische Agenda für die Legislaturperiode 2002 bis 2006, RWI, Schriften, Heft 72, Berlin 2004, 51 ff.

Pindyck, R. S., und Rubinfeld, D. L., Microeconomics, 6. Aufl., Upper Saddle River 2005

Reding, K., und Müller, W., Einführung in die allgemeine Steuerlehre, München 1999.

Richter, W. F. und Wiegard, W., Zwanzig Jahre „Neue Finanzwissenschaft", Teil I, in: Zeitschrift für Wirtschafts- und Sozialwissenschaften, Bd. 113, 1993, S. 177.

Richter, W. F., und Wiegard, W., Zwanzig Jahre „Neue Finanzwissenschaft" – Teil 2: Steuern und Staatsverschuldung, in: Zeitschrift für Wirtschafts- und Sozialwissenschaften, Bd. 113, 1993, S. 337 ff.

Sachverständigenrat zur Begutachtung der gesamtwirtschaftlichen Entwicklung, Jahresgutachten 2003/04, Bundestagsdrucksache 15/2000 vom 14.11.2003.

Sachverständigenrat zur Begutachtung der gesamtwirtschaftlichen Entwicklung, Reform der Einkommens- und Unternehmensbesteuerung durch die Duale Einkommensteuer. Expertise im Auftrag der Bundesminister der Finanzen und für Wirtschaft und Arbeit vom 23. Februar 2005, Wiesbaden 2006.

Schneider, F., The Size of the Shadow Economies of 145 Countries all over the World: First Results over the Period 1999 to 2003, IZA Discussion Paper No. 1431, December 2004.

Scholz, B. und Truger, A., Vermögensbesteuerung in Deutschland, Kurzgutachten zu Optionen einer Reform der Vermögensteuer in Deutschland, erstellt im Auftrag des Wirtschafts- und Sozialwissenschaftlichen Instituts (WSI) in der Hans-Böckler-Stiftung, Berlin 2013.

Schultz, U., Hrsg., Mit dem Zehnten fing es an. Eine Kulturgeschichte der Steuer, 3. Aufl., München 1986.

Siegel, T., und Bareis, P., Strukturen der Besteuerung, Arbeitsbuch Steuerrecht, 4. Aufl., München 2004.

Slemrod, J., und Yitzhaki, S., Tax Avoidance, Evasion and Administration, in: Auerbach, A. J., und Feldstein, U., Hrsg., Handbook of Public Economics, Bd. 3, Amsterdam 2002, S. 1423 ff.

Spengel, C., und Wiegard, W., Duale Einkommensteuer: Die pragmatische Variante einer grundlegenden Steuerreform, in: Wirtschaftsdienst, 84. Jg., 2004, S. 71 ff.

Stiglitz, J. E., und Schönfelder, B., Finanzwissenschaft, 2. Aufl., München-Wien 2000.

Wissenschaftlicher Beirat beim Bundesministerium der Finanzen, Die Einheitsbewertung in der Bundesrepublik Deutschland, Mängel und Alternativen, Schriftenreihe des Bundesministeriums der Finanzen, Heft 41, Bonn 1989.

Wissenschaftlicher Beirat beim Bundesministerium der Finanzen, Gutachten zur Reform der Unternehmensbesteuerung, Schriftenreihe des Bundesministeriums der Finanzen, Heft 43, Bonn 1990.

Wissenschaftlicher Beirat beim Bundesministerium der Finanzen, Reform der internationalen Kapitaleinkommensbesteuerung, Schriftenreihe des Bundesministeriums der Finanzen, Heft 65, Bonn 1999.

Wissenschaftlicher Beirat beim Bundesministerium der Finanzen, Flat Tax oder Duale Einkommensteuer? Zwei Entwürfe zur Reform der deutschen Einkommensbesteuerung, Schriftenreihe des Bundesministeriums der Finanzen, Heft 76, Berlin 2004.

Wissenschaftlicher Beirat beim Bundesministerium der Finanzen, Die Begünstigung des Unternehmensvermögens in der Erbschaftsteuer, Berlin 2012.

Wissenschaftlicher Beirat beim Bundesministerium der Finanzen, Besteuerung des Vermögens – Eine finanzwissenschaftliche Analyse, Berlin 2013.

# 5. Kapitel:
# Die öffentliche Verschuldung

# A. Anlässe für öffentliche Schuldaufnahme

## I. Besonderheiten dieser Einnahmenart als Hintergrund

Wenn die öffentliche Hand Schulden aufnimmt, so kann dies zunächst zwei verschiedene Gründe haben, die unterschiedlich zu bewerten sind. Trotz sorgfältiger Planung der öffentlichen Ausgaben und Einnahmen ergibt sich in der haushaltspolitischen Praxis **im Verlauf des Haushaltsjahres** häufig ein **Kassendefizit**, wenn die Zahlungsmitteleingänge und -ausgänge des Staates sich zwar aufs Jahr bezogen entsprechen, zeitlich aber nicht synchron verlaufen. Hier sind **kurzfristige Überbrückungskredite (Kassenkredite)** erforderlich, denn es wäre nicht sinnvoll, diese Lücke durch eine – ebenso schnell wieder zurückzunehmende – Steuererhöhung oder Ausgabensenkung auszugleichen. Kassenkredite dienen also nicht der vorweg im Haushaltsplan vorgesehenen Ausgabenfinanzierung und erscheinen daher in allen Haushaltsplänen lediglich nachrichtlich. Weil sie nur vorübergehender Natur sind, wird hier auch gelegentlich von „**schwebender**" Schuld gesprochen. Leider wird sie von deutschen Gemeinden häufig als dauerhafte Verschuldung missbraucht.

Hierzu im Gegensatz steht der zweite, wichtigere und daher im Folgenden allein zu behandelnde Grund für eine Schuldaufnahme: Sie wird in aller Regel im Voraus für die Deckung von Ausgaben im Haushalt vorgesehen und daher **als Einnahme im Haushaltsplan veranschlagt** („**fundierte**" Schuld). Auf diese Verschuldung richtet sich die Kritik, insbesondere dann, wenn es sich um eine kontinuierliche, auf Dauer geplante Schuldaufnahme handelt, wie sie für Bund, Länder und Gemeinden typisch ist.

Diese Verschuldung widerspricht dem **Haushaltsgrundsatz der Ausgeglichenheit**. Er soll die Bildung von Defiziten verhindern, die dann über Schuldaufnahme am Kapitalmarkt oder gar durch Notenbankfinanzierung gedeckt werden müssten. Die traditionelle Finanzierung beschränkte sich daher auf Entgelte und Steuern; Schuldaufnahme sollte nur für besondere nicht-konjunkturelle Anlässe und mit dementsprechend gesonderter Rechtfertigung zulässig sein.

Sicher ist, dass sich eine lediglich fiskalisch begründete Verschuldung mit Ausnahme der Kassenkredite wissenschaftlich nicht rechtfertigen lässt, denn der heutigen Entlastung, etwa einer vermiedenen Steuererhöhung oder nicht realisierten Ausgabensenkung, stehen später nicht nur die erforderlichen Tilgungsleistungen, sondern zusätzlich die Zinsausgaben gegenüber. Erfolgt sie trotzdem, so zumeist deshalb, weil der Steuerzahler die sich aus der Verzinsung ergebende zukünftige Belastung durch die Verschuldung möglicherweise nicht erkennt. Im Falle einer **Schuldenillusion handelt es sich um** eine spezielle Form der sog. **Finanzierungsillusion (fiscal illusion)** (siehe 2. Kapitel, Abschnitt A III e), die nach der **Neuen Politischen Ökonomie** der eigennutzmaximierende Politiker für seine Ziele nutzen kann (siehe auch 7. Kapitel, Abschnitt A I b), indem er merkliche Ausgaben unmerklich finanziert, um sich so Wählerstimmen zu sichern. Die im nachfolgenden Abschnitt aufgeführten eher neoklassischen Argumente zugunsten einer Schuldaufnahme können die empirisch beobachtete hohe Verschuldung aller Ebenen nicht vollständig erklären. Das hat in dem bekannten Aufsatz „Zwanzig Jahre 'Neue Finanzwissenschaft'" von Richter und Wiegard zu dem eigenartigen Ergebnis geführt, dass dort nur für die Schuldaufnahme polit-ökonomisch argumentiert wurde[1]. Auch der Sachverständigenrat zur Begutachtung der gesamtwirtschaftlichen Entwicklung betont die Relevanz polit-ökonomischer Erklärungsansätze[2]. Die Schuldenillusion ist einer der Gründe dafür, dass diese Einnahmenart weitaus umstrittener ist als Gebühren, Beiträge, Sozialabgaben oder Steuern.

Eine Möglichkeit, die Verführbarkeit des Politikers im Hinblick auf die Nutzung der Staatsverschuldung einzudämmen, scheint das **Referendum** zu sein (zum Referendum allgemein siehe 2. Kapitel). Voraussetzung ist, dass das Referendum mit einer bindenden und ausreichenden Finanzierungsbedingung formuliert wird, sei es eine Steuer- oder Gebührenerhöhung oder eine zusätzliche Schuldaufnahme. Schweizerische Erfahrungen sprechen dafür, dass auf diese Weise Budgetdefizite reduziert werden[3]. In Deutschland besteht diese Möglichkeit kaum, weil die Einkommensteuer bisher kein Hebesatzrecht für Länder und Gemeinden, auf deren Ebenen im Gegensatz zum Bund Referenden möglich sind, vorsieht.

Ohne an dieser Stelle auf die *wachstumspolitische Bedeutung* der öffentlichen Schuld im Einzelnen einzugehen (siehe dazu 9. Kapitel der 11. Aufl.), sei nur vermerkt, dass Aufnahme und Rückzahlung der öffentlichen Schuld bei den Zeichnern der Schuldtitel monetäre Entzugs- und Zuführungswirkungen zur Folge haben, derer sich die öffentliche Hand instrumentell bedienen kann. Weil von der Schuldaufnahme und der Besteuerung unterschiedliche Auswirkungen auf private Konsum- und Sparentscheidungen sowie auf die private Investitionstätigkeit ausgehen, wird das Verhältnis zwischen Steuern und öffentlicher Verschuldung als wachstumspolitisch relevant angesehen.

Verglichen mit dem fiskalischen und dem wachstums- sowie dem konjunkturpolitischen Ziel (siehe dazu 8. Kapitel der 11. Aufl.) wird das *verteilungspolitische Ziel* bei der Rechtfertigung und Ausgestaltung der öffentlichen Schuld seltener angeführt. Sollte sie als Instrument der Einkommens- und Vermögenspolitik eingesetzt werden, müsste ein qualitativer und quantitativer Zusammenhang zwischen Schuldaufnahme, Verzinsung und Rückzahlung und der politisch erwünschten Umverteilung von Einkommen und Vermögen herstellbar sein. Ein solcher Zusammenhang zwischen öffentlicher Schuld und Einkommens- bzw. Vermögensverteilung wird im sog. Transferansatz behauptet (siehe dazu 7. Kapitel der 11. Aufl.)

Wegen der genannten Besonderheiten und der ungewöhnlichen Höhe der Verschuldung als Einnahmenart in den meisten Ländern der EU müssten es schon stichhaltige Gründe sein, wenn trotzdem Schulden aufgenommen werden. Die Begründungen dazu sind auf zwei unterschiedliche Verschuldungsanlässe zurückzuführen[4], die in den beiden nächsten Abschnitten betrachtet werden.

---

[1] Richter, W. F., und Wiegard, W., 1993, Zwanzig Jahre „Neue Finanzwissenschaft", in: Zeitschrift für Wirtschafts- und Sozialwissenschaften, Bd. 113, S. 169 ff. und 337 ff.

[2] Sachverständigenrat zur Begutachtung der gesamtwirtschaftlichen Entwicklung, 2007, Staatsverschuldung wirksam begrenzen, Expertise im Auftrag des Bundesministers für Wirtschaft und Technologie, Wiesbaden, Tz. 73–75.

[3] Feld, L. P., und Kirchgässner, G., 2001, Does direct democracy reduce public debt? Evidence from Swiss municipalities, in: Public Choice, Bd. 109, S. 347 ff.

[4] Siehe hierzu Zimmermann, H., Ökonomische Rechtfertigung einer kontinuierlichen Staatsverschuldung?, in Henke, K.-D., Hrsg., Zur Zukunft der Staatsfinanzierung, Baden-

## II. Argumente für eine zeitlich befristete Schuldaufnahme

### a) Verschuldung zur Glättung aperiodischer Ausgaben (tax-smoothing)

Die Finanzwissenschaft kannte den Begriff der **aperiodischen oder außergewöhnlichen Ausgaben** (z.B. Großinvestitionen wie für Flughäfen), zu deren Finanzierung es nicht sinnvoll sei, Steuersätze kurzfristig heraufzusetzen, um sie bald wieder auf das Ausgangsniveau vor Eintritt dieser außergewöhnlichen Finanzierungssituation zu senken. In jüngerer Zeit wurde dieses Argument unter dem Begriff des **„tax-smoothing"** verallgemeinert mit dem Hinweis darauf, dass durch eine solche temporäre Steuerfinanzierung besonders hohe Steuersätze angewendet werden müssen, die besonders hohe **Zusatzlasten** mit sich bringen[5]. Im Gemeindebereich kommt hinzu, dass, jedenfalls in Deutschland, die Gemeinden sich bei ihren Sparkassen sehr günstig verschulden können, so dass die **Opportunitätskosten der Vermeidung hoher Steuersätze** hier besonders niedrig liegen. Durch die Niedrigzinsphase wird dies naturgemäß verstärkt.

Sicherlich ist auf den ersten Blick bei Gemeinden diese Situation einer aperiodischen großen Ausgabe eher gegeben als bei einem großen Budget der übergeordneten Gebietskörperschaften. In Relation zum Volumen des Gemeindehaushalts können Sondereinflüsse wie beispielsweise eine einmalige große Investition usf. eher auftreten. Allerdings ist auch auf der Gemeindeebene zu prüfen, ob sie nicht die Pflicht haben, für solche absehbaren größeren Projekte **Rücklagen** zu bilden. In Großstädten bilden hohe Investitionskosten (z.B. Schulneubau bzw. -sanierung) ohnehin den Normalfall, so dass hier keine aperiodische Ausgabe vorliegt. Anders dürfte die Situation aber bei kleineren Städten und Gemeinden sein, die den Großteil der Kommunen stellen.

### b) Öffentliche Schuldaufnahme aus konjunkturpolitischen Gründen

Einer staatlichen Kreditaufnahme zum Ausgleich konjunktureller Schwankungen wird vor allem in der keynesianisch geprägten Diskussion um die Rahmenbedingungen einer erfolgreichen Konjunkturpolitik eine zentrale Bedeutung beigemessen. Wenn dann bei einer starken **Rezession** wie 2008/2009 im Rahmen der Finanzkrise gesamtwirtschaftlich eine erhebliche Schuldaufnahme angezeigt ist **(Deficit spending)**, so sollte dazu u.a. auch den Ländern – wie in Deutschland der Fall (siehe Abschnitt C) – die Möglichkeit zur konjunkturellen Verschuldung gegeben werden, um eine krisenverschärfende Parallelpolitik zu vermeiden. Zudem

---

Baden 1999, S.157 ff., sowie Sachverständigenrat zur Begutachtung der gesamtwirtschaftlichen Entwicklung, Staatsverschuldung wirksam begrenzen, a.a.O., S.31 ff. Eine neuere Zusammenstellung der Argumente zur öffentlichen Schuld findet sich in Holtfrerich, C.-L., u.a., Staatsschulden: Ursachen, Wirkungen und Grenzen, Berlin 2015.

[5] Barro, R. J., On the determination of public debt, in: Journal of Political Economy, Bd. 87, 1979, S.940 ff.

können Bund und Länder etwa in Form von **Investitionszuweisungen** mit enger zeitlicher Begrenzung (um den Mitnahmeeffekt einzuschränken) und erheblicher kommunaler Mitfinanzierung oder im Wege von **Schuldendiensthilfen** die Kommunen in die Konjunkturpolitik einbeziehen. Investitionen sind unter allen Arten öffentlicher Ausgaben diejenigen mit dem höchsten Multiplikator zur Stimulierung der Nachfrage, und die Gemeinden tätigen mehr als 56 % der öffentlichen Sachinvestitionen.[6]

Zur richtig verstandenen keynesianischen Schuldaufnahme gehört aber auch die **Rückzahlung in Zeiten des Booms**. Darauf wurde aber in der Vergangenheit oft verzichtet, um die verfügbaren Steuereinnahmen für wahlwirksame Ausgaben zu verwenden. Deutschland hat es allerdings geschafft, recht bald nach der Rezession 2008/09 die Schuldaufnahme so weit zu begrenzen, bis die sog. „schwarze Null" erreicht war, was auch als Folge der Schuldenbremse in Art. 115 GG n. F. anzusehen ist (siehe Abschnitt C). Diese Fälle einer „symmetrischen" konjunkturellen Verschuldung sind auch international eher die Ausnahme geblieben.

## II. Lässt sich eine dauerhafte Schuldaufnahme rechtfertigen?

### a) Die intergenerationale Sicht der Staatsverschuldung als Argument?

Bei der Frage nach den Wirkungen der öffentlichen Verschuldung wurde seit langem immer ein Aspekt diskutiert, der bei den anderen Finanzierungswegen keine große Rolle spielt: Welche Wirkungen übt die Staatsverschuldung auf kommende Generationen aus? Dazu wird die Staatsverschuldung mit der Steuerfinanzierung verglichen. In diesem Zusammenhang zweier Finanzierungsalternativen wurde die These aufgestellt, dass es möglich sei, mit Hilfe der Schuldfinanzierung die **„Last" der** heute zu leistenden **Infrastrukturausgaben auf zukünftige Generationen zu verlagern**. Die These wurde mit dem Hinweis darauf begründet, dass es im Falle der privaten Verschuldung (z. B. Autokauf auf Kredit) auch möglich sei, die Last der Ausgaben zeitlich zu verschieben. Bis zum Jahre 2008 war diese Diskussion, die im Folgenden beschrieben wird, mehr oder weniger von rein akademischer Bedeutung. Die enormen Konjunkturprogramme der Jahre 2008/2009 machten die Frage aber unabweisbar, ob hierdurch nicht kommende Generationen unzumutbar belastet werden. Die Frage wurde nicht zuletzt deshalb so wichtig, weil es bei diesen Programmen nicht um einen planvollen Ausbau der Infrastruktur ging, denn dieser ist allenfalls ein erfreulicher Zusatzeffekt. Vielmehr war Zweck der Konjunkturprogramme (siehe 8. Kapitel der 11. Aufl.) die kurzfristige Stärkung der Nachfrage. Damit steht der zukünftigen Belastung durch den Schuldendienst u. U. keine sichere Nutzung der Infrastruktur gegenüber. Im Folgenden wird aber, wie in der Literatur üblich, die These am gängigen Infrastrukturbeispiel erörtert.

---

[6] Statistisches Bundesamt, Fachserie 14, Reihe 3.1, Rechnungsergebnisse der öffentlichen Haushalte 2011, Wiesbaden 2014, S. 28 f.

Die Diskussion um die Chance einer *zeitlichen Lastverschiebung* mit Hilfe staatlicher Schuldaufnahme lässt sich anhand mehrerer Ansätze gliedern, die sich dadurch unterscheiden, dass in ihnen jeweils ein anderer Begriff von der zu verschiebenden „**Last**" öffentlicher Ausgaben verwendet wird. Ihnen liegt in der Regel die Annahme der Vollbeschäftigung zugrunde; außerdem wird ein gegebenes Budgetvolumen unterstellt.

(1) Eine These lautet, dass heute aufgenommene und von späteren Generationen zurückgezahlte Staatsschuld insofern eine Verschiebung der „Last" bedeute, als diejenige Generation die Last zurückzahle, die auch den Nutzen aus der materiellen Infrastruktur ziehe. Da mit der Verschuldung aber auch die ihr entsprechenden Vermögenstitel in die Zukunft vererbt werden, d. h. nicht nur eine Last, sondern auch ein Vorteil weitergegeben wird, kommt es bei der Rückzahlung in der Zukunft nur noch zu einem **innergenerationalen Vermögenstransfer** zwischen Gläubiger und Schuldner. Eine intergenerationale Lastverschiebung ist insoweit nicht gegeben. Außerdem erwies sich diese „**zahlungstechnische**" **Sicht** der Schuldfinanzierung auch mit Blick auf den Ressourcenverbrauch als irreführend; denn unabhängig davon, ob die Investition über Steuern oder Schuldaufnahme finanziert wird, müssen die Ressourcen (z. B. zum Bau eines Staudamms) in der Periode, in der die Investition getätigt wird, auch aufgebracht werden. Sieht man mithin *Last als „Entzug von Ressourcen aus privater Verwendung"* an, *so kommt es nicht zu ihrer Verlagerung in die Zukunft*.

(2) Zu dem entgegengesetzten Ergebnis kommt **J. M. Buchanan**, wenn er den Begriff der *Last als individuelle Nutzeneinbuße* interpretiert. Sofern die **Anleihezeichnung freiwillig** vorgenommen wird, kommt es in der Gegenwart zu keinem Wohlfahrtsverlust. Eine Belastung entsteht erst in der Zukunft, wenn die Anleihe zurückgezahlt werden muss und zu diesem Zweck die Besteuerung erhöht wird. Die Belastung liegt dann im **Zwangscharakter der Besteuerung**. Im Falle der Anleihefinanzierung kommt es also erst bei den zukünftigen Steuerzahlern, die den Schuldendienst aufbringen, zu einer Wohlfahrtseinbuße. Allerdings bliebe zu prüfen, ob sich das „Belastungsgefühl" der Anleihezeichner erhöhen würde, wenn sie nicht der **sog. Schuldenillusion** unterlägen. So ist nicht auszuschließen, dass die Kenntnis der zukünftigen Steuererhöhung für die Rückzahlung der Kredite die heutige Zeichnungsbereitschaft herabsetzen würde.

(3) Differenzierter fällt das Ergebnis im Rahmen des dritten Ansatzes aus, in dem die *Last als Wachstumseinbuße* interpretiert wird. Die Vertreter dieses Ansatzes gehen von dem unvermeidbaren Tatbestand aus, dass die vom Staat beanspruchten Ressourcen entweder auf Kosten des privaten Konsums oder der privaten Investition gehen, und fragen nach der Höhe des privaten Investitionsvolumens bei Steuer- gegenüber Kreditfinanzierung bei gegebenem Staatsanteil.

Wenn der private Konsum in der Gegenwart stark eingeschränkt wird und damit vermehrt private Investitionen ermöglicht werden, so ist der vererbte Kapitalstock besonders hoch. Dies ist z. B. bei der Besteuerung der Fall, sofern sie, etwa in der Form der Umsatz- und Verbrauchsbesteuerung, den Konsum zurückdrängt. Damit würde der Gegenwartskonsum niedrig gehalten, und ein hoher privater Kapitalstock könnte gebildet und weitergegeben werden. Die „Last" läge dann bei der gegenwärtigen Generation in Form des Konsumverzichts.

Wählt man dagegen die Anleihefinanzierung, wie es beispielsweise bei der Finanzierung der deutschen Einheit der Fall war, und geht davon aus, dass sie den Konsum weniger stark trifft, als es bei der Steuerfinanzierung der Fall wäre, so ergibt sich ein vergleichsweise höherer Gegenwartskonsum, und es würde ein vergleichsweise niedrigerer privater Kapitalstock vererbt.

Beim Vergleich der beiden Finanzierungsinstrumente, also der Besteuerung oder der Kreditaufnahme, ergibt sich unter den hier gewählten Wirkungshypothesen ein Wachstumseffekt, der in unterschiedlichen Volumina des in die Zukunft weitergegebenen privaten Kapitalstocks besteht. Die Last liegt bei diesem dritten Ansatz im Konsumverzicht, und eine Lastverschiebung in die Zukunft findet statt, wenn es gelingt, der folgenden Generation über die Anleihefinanzierung einen geringeren privaten Kapitalstock zu vererben, d. h. den Konsumverzicht in der Zukunft stattfinden zu lassen.

Ob es im Rahmen der dritten Sichtweise tatsächlich zu einer Lastverschiebung kommt, hängt also von der Hypothese über die jeweilige Wirkung der beiden Finanzierungsalternativen auf Konsum und Investition ab. Da aber über die Effekte einzelner Steuer- und Schuldarten auf Konsum und Investition wenig bekannt ist und das Ziel einer intergenerationalen Lastverteilung bisher nicht konkretisiert wurde, erscheint eine gezielte wachstumsorientierte Steuerung der intergenerationalen Lastverteilung bisher kaum möglich.

Hinzu tritt eine Überlegung, die auch für den Fall gilt, dass eine intergenerationale Lastverschiebung durch Schuldaufnahme als möglich und zugleich mit Blick auf die Langfristwirkungen der Infrastruktur als wünschenswert erscheint: die Diskussion zur **Nachhaltigkeit der Finanzpolitik**. Hier ist zusätzlich auf den Unterschied zwischen der bisher genannten **expliziten Staatsschuld** und der **impliziten Staatsschuld** zu verweisen, die auf anderen Gebieten, beispielsweise in der Rentenversicherung, bereits erhebliche Lasten anderer Art in die Zukunft verschiebt (siehe Abschnitt C). Mit der Methode des **Generational Accounting** wird ermittelt, welche zahlungsmäßigen Belastungen (oder auch Entlastungen) die öffentliche Hand, zusammengefasst für beide Schuldtypen, heute für die Altersgruppen von morgen verursacht[7]. Für Deutschland jedenfalls verbietet es sich angesichts der Dimensionen dieser umfassend verstandenen Staatsverschuldung auf absehbare Zeit, eine zusätzliche Schuldaufnahme mit der Möglichkeit einer intergenerationalen Lastverschiebung zu begründen.

---

[7] Zur Methodik vgl. Auerbach, A. J., Gokhale, J., und Kotlikoff, L. J., Generational Accounting: A Meaningful Way to Evaluate Fiscal Policy, in: Journal of Economic Perspectives, Bd. 8, 1994, S. 73 ff. – Ergebnisse für Deutschland finden sich in: Deutsche Bundesbank, Die fiskalische Belastung zukünftiger Generationen – eine Analyse mit Hilfe des Generational Accounting, in: Monatsberichte, 49. Jg., 1997, S. 17 ff. – Zur konkurrierenden OECD/Blanchard-Methode und ihrer Anwendung auf die explizite Staatsverschuldung in Deutschland siehe Wissenschaftlicher Beirat beim Bundesministerium der Finanzen, Nachhaltigkeit in der Finanzpolitik. Konzepte für eine langfristige Orientierung öffentlicher Haushalte, a. a. O.; siehe hierzu auch 7. Kapitel, Abschnitt B II a 2.

## b)  Einzelwirtschaftliche Rentabilität des Objekts als Argument

Das zweite Argument – neben der zeitlichen Lastverschiebung – zur Begründung einer regelmäßigen Verschuldung ist anderer Art. Die ältere Finanzwissenschaft hatte die Verschuldung generell überwiegend objektorientiert begründet. Der letzte dieser sog. klassischen Deckungsgrundsätze besagte, dass ein sich selbst finanzierendes Objekt, das einzelwirtschaftlich zurechenbare öffentliche Einnahmen in Form von Entgelten erbringt, über Schuldaufnahme finanziert werden dürfe. Zur Begründung einer Regelverschuldung kann dieses Argument insofern dienen, wie solche sich selbst finanzierenden Objekte zu den permanenten Aufgaben staatlicher Tätigkeit zu rechnen sind. Dies gilt in besonderem Maße im gemeindlichen Bereich, weil dort zahlreiche Aufgaben entgeltfähig sind und dies eine Voraussetzung für diese Rechtfertigung einer Schuldaufnahme darstellt.

Allerdings sollte unter ordnungspolitischen Gesichtspunkten immer zuerst geprüft werden, ob nicht eine Privatisierung möglich ist. Wenn das nicht angezeigt ist, dürfte eine Verschuldung der Gemeinde sogar geboten sein. Zum einen können durch anfängliche Schuldfinanzierung und spätere Gebührenzahlungen die sonst erforderlichen kurz- bis mittelfristig höheren Steuersätze mit ihrer höheren Zusatzlast (siehe 4. Kapitel, Abschnitt B III b) vermieden werden. Zum anderen wird das Äquivalenzprinzip gestärkt, denn es kommt bei den so finanzierten Objekten zu einer stärkeren Verknüpfung von öffentlichen Ausgaben und ihnen gegenüberstehenden Entgelteinnahmen, als wenn die Steuerfinanzierung gewählt worden wäre.

Voraussetzung für eine Verschuldung aus dieser Sicht ist allerdings, dass diese Fälle sich selbst tragender öffentlicher Finanzierungsprojekte genau eingegrenzt werden. Es müssen kostendeckende und politisch gesicherte spezifische Einnahmen vorliegen, und sie müssen im Wege der Zweckbindung vorweg der Verzinsung und Rückzahlung der aufgenommenen Schuld vorbehalten sein und dürfen nicht zwecks Finanzierung des allgemeinen Haushalts weitergeleitet werden.

## c)  Säkulare Stagnation als Verschuldungsgrund?

In der Diskussion um die Niedrigzinspolitik in Verbindung mit der Staatsverschuldung (siehe dazu Abschnitt D) wird gefordert, eine höhere Neuverschuldung regelmäßig zuzulassen, um angesichts einer vermuteten „säkularen Stagnation" eine dauerhafte Wachstumsschwäche zu überwinden[8].

Wegen des säkularen Charakters kann diese Begründung nicht in die Nähe einer konjunkturpolitischen Schuldaufnahme gerückt und damit unter die Begründungen für eine nur temporäre Schuldaufnahme eingeordnet werden. Das hat Konsequenzen für den langfristigen Schuldenstand. Er erhöht sich bei temporärer Schuldaufnahme nicht notwendigerweise. Das hat das deutsche Beispiel mit der Reduzierung der Schuldaufnahme bald nach Überwindung der Krise 2008/2009

---

[8] Siehe hierzu neuerdings Weizsäcker, C. C. von, Europas Mitte, in: Perspektiven der Wirtschaftspolitik, Bd. 17, 2016, S. 383 ff.

gezeigt (siehe Abb. 5.1). Wenn es sich aber um ein säkulares Phänomen handelt – und darum dreht sich die weiter hinten wiedergegebene Diskussion in erheblichem Maße (siehe 9. Kapitel) – und wenn das Problem immer wieder durch Schuldaufnahme bekämpft werden soll, dann ist eine längerfristige deutliche Erhöhung des Schuldenstandes in den Ländern nicht zu vermeiden, die diese Strategie wählen.

Die hier gewählte Einteilung in zeitlich befristete und kontinuierliche bzw. dauerhafte Schuldaufnahme ist offensichtlich hilfreich bei der Einschätzung der in den Jahren 2016/2017 geführten finanzpolitischen Diskussion. Hinsichtlich einer Beurteilung der kontinuierlichen Staatsverschuldung gehen die Ansichten der Ökonomen und anderer Experten weit auseinander. Ein Blick auf die Gläubigerstruktur und die Vielzahl der Schuldarten erleichtert zusätzlich die Bewertung dieser in den letzten Jahren in vielen Ländern aus dem Ruder gelaufenen Einnahmenart.

Auf dieser Grundlage fallen dann auch Antworten auf die europäische Staatsschuldenkrise leichter (siehe 9. Kapitel, Abschnitt D).

## B. Gläubigerstruktur und Schuldarten in Deutschland

Im Gegensatz zur Besteuerung ist es bei der öffentlichen Verschuldung nicht üblich, von „Anknüpfungspunkten" zu sprechen. Vielmehr hilft bei dieser Einnahmenart ein Blick auf die möglichen Zeichner (Gläubiger), um zu erkennen, wo der Staat grundsätzlich Kredit aufnehmen, d. h. sich verschulden kann (siehe Schema 5.1). Die dort für die Inlandsverschuldung vorgenommene Unterscheidung gilt natürlich auch im Falle der Auslandsverschuldung; hier tritt noch die Möglichkeit hinzu, dass ein Staat sich bei einem anderen verschuldet, die Bundesrepublik Deutschland also beispielsweise in einem anderen Land Kredit aufnimmt.

*Schema 5.1: Mögliche Gläubiger des Staates*

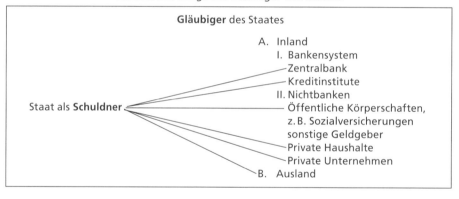

Führt man sich die Anlagepräferenzen der verschiedenen *Gläubiger* vor Augen, so ist es offensichtlich, dass ihre Interessen nicht homogen sind. So sind z. B. Versicherungen in aller Regel an einer langfristigen Anlage stärker interessiert als die Kreditinstitute, die die **Liquidität** ihrer Anlage oft einer dauerhaften Anlage vorziehen. Ähnliche Überlegungen gelten für die **Rentabilität** und **Sicherheit** der Schuldtitel; auch hier unterscheiden sich die Wünsche der Anleger. Es verwundert daher nicht, dass in der schuldenpolitischen Praxis eine Vielfalt von Schuldarten besteht (siehe Tab. 5.1). Sie zeugt von dem Versuch einer **marktkonformen Verschuldungspolitik**, in deren Rahmen der öffentliche Kreditnehmer versucht, die Schuldtitel entsprechend den Zeichnerwünschen auszugestalten. Denkbar sind jedoch auch **marktfremde Anleihemodalitäten**, z. B. ein Zeichnungszwang, durch den die öffentliche Schuld steuerähnliche Züge annehmen kann (**sog. Zwangsanleihe**[9]).

---

[9] W. F. Richter, Deleveraging mit Zwangsanleihen, in: ifo-Schnelldienst, 65. Jg., 2012, S. 3 ff.

Die *Gläubigerstruktur* der öffentlichen Schuld in der Bundesrepublik Deutschland ist dem unteren Drittel der Tab. 5.1 zu entnehmen. Sie ist bei der inländischen Verschuldung durch einen hohen Anteil der Kreditinstitute gekennzeichnet, der zum Ausdruck bringt, dass in Deutschland die inländische **Staatsschuld noch immer überwiegend ein Bankenkredit** ist.[10] Diese Aussage ist nicht nur für die genannten Zeitpunkte, sondern für die gesamte Nachkriegszeit – z. T. im Gegensatz zu anderen Ländern – typisch.

Weiterhin ist die Zunahme der Auslandsverschuldung hervorzuheben, die 2014 mit 62,2 % die inländische Kreditaufnahme im Bankensektor (23,3 %) übersteigt. Die Probleme, welche mit einer Verschuldung im Ausland verbunden sein können, zeigen sich seit einigen Jahren insbesondere in Griechenland (siehe 9. Kapitel, Abschnitt C III). Die Kenntnis der Gläubigerstruktur, vor allem die Unterscheidung zwischen den von den Kreditinstituten, Bausparkassen, Pensionsfonds und privaten Haushalten gehaltenen Schuldtiteln des Staates, ist für die Einschätzung der Auswirkungen der Staatsschuld auf die ökonomische Aktivität von Bedeutung. Damit käme in erster Linie dem Verhältnis zwischen dem von den Kreditinstituten gehaltenen und dem Anteil der Verschuldung, der unter „Sonstige" (private Haushalte, Unternehmen) ausgewiesen ist, instrumentelle Bedeutung zu.

Aus der Tab. 5.1 (Mitte) ist zu entnehmen, welcher unterschiedlichen Schuldarten sich die öffentlichen Kreditnehmer bedienen, wobei – was aus der Tabelle nicht zu ersehen ist – nicht alle Schuldarten für alle Gebietskörperschaften gleichermaßen typisch sind. Der größte Einzelposten lag im Jahr 2014 mit 38,7 % bei den öffentlichen **Anleihen**, die an der Börse gehandelt werden.

**Kassenobligationen** haben eine Laufzeit von bis zu 5 Jahren. Für ihre Begebung wird, ebenso wie für Schatzanweisungen, häufig ein spezielles Emissionsverfahren gewählt. Anders als bei den anderen Schuldarten setzt der Kreditnehmer bei ihrer Emission oft neben den übrigen Konditionen nur einen Mindestkurs fest und ruft die Kreditgeber zu einem Zeichnungsangebot auf. Die Kreditangebote werden dann entsprechend ihrer Vorteilhaftigkeit durch den öffentlichen Schuldner angenommen (sog. **Tenderverfahren**). Bei den zum 01.01.2013 abgeschafften **Bundesschatzbriefen** handelte es sich schließlich um fortwährend angebotene mittelfristige Titel für private Haushalte.

Ohne an dieser Stelle eine detailliertere Beschreibung der in Tab. 5.1 aufgeführten Schuldarten vorzunehmen, sei zusammenfassend noch darauf hingewiesen, dass sich die Schuldarten hinsichtlich **ihrer wertpapierrechtlich-formalen Ausgestaltung** (Buch- oder Briefschuld), **Verzinsung** (einschl. des Ausgabekurses), **Zinszahlungsmodalitäten**, **Tilgungsbedingungen**, **Emissionsverfahren** oder **steuerlichen Behandlung** unterscheiden und dass es sich bei diesen Anleihemodalitäten nicht nur um – unverzichtbare – Ausstattungsmerkmale bei der Emission unterschiedlicher Schuldtitel handelt, sondern durchaus um finanz- und schuldenpolitische Instrumente. Wieweit dabei neben fiskalischen Interessen auch wirtschaftspoliti-

---

[10] Aufgrund der negativen Erfahrungen in der Vergangenheit (Inflationen nach jedem der beiden Weltkriege) war die direkte langfristige Verschuldung des Staates bei der Deutschen Bundesbank nie erlaubt und ist die Aufnahme von Kassenkrediten seit 1993 verboten.

sche Zielvorstellungen verwirklicht werden können, hängt u. a. auch von der Höhe der Staatsverschuldung ab.

*Tab. 5.1: Stand der öffentlichen Verschuldung[1] nach Kreditnehmern, Schuldarten und Gläubigern, Bundesrepublik Deutschland, 1981 und 2014*

| | Stand Ende 1981 | | Stand Ende 2014[2] | |
|---|---|---|---|---|
| | Mio. € | % | Mio. € | % |
| **I. Kreditnehmer** | | | | |
| 1. Bund[3] | 139.641 | 50,1 | 1.130.128 | 62,0 |
| 2. ERP-Sondervermögen | 2.410 | 0,9 | 0 | 0,0 |
| 3. Länder | 84.440 | 30,3 | 550.200 | 30,2 |
| 4. Gemeinden | 52.478 | 18,8 | 142.456 | 7,8 |
| | **278.970** | **100,0[4]** | **1.822.784** | **100,0** |
| **II. Schuldarten** | | | | |
| 1. Buchkredite der Bundesbank | 2.426 | 0,9 | | |
| 2. Unverzinsliche Schatzanweisungen | 4.656 | 1,7 | 27.951 | 1,5 |
| 3. Obligationen/Schatzanweisungen | 6.254 | 2,2 | 429.633 | 23,6 |
| 4. Bundesobligationen | 10.251 | 3,7 | 259.186 | 14,2 |
| 5. Bundesschatzbriefe | 7.077 | 2,5 | 2.375 | 0,1 |
| 6. Anleihen | 28.383 | 10,2 | 704.999 | 38,7 |
| 7. Direktausleihungen der Kreditinstitute | 193.686 | 69,4 | 282.492 | 15,5 |
| 8. Darlehen von Sozialversicherungen | 5.466 | 2,0 | 42 | 0,0 |
| 9. Sonstige Darlehen | 12.187 | 4,4 | 111.664 | 6,1 |
| 10. Ausgleichsforderungen | 8.489 | 3,0 | 4.440 | 0,2 |
| 11. Sonstige Altschulden | 96 | 0,0 | 2 | 0,0 |
| | **27.970** | **100,0** | **1.822.784** | **100,0** |
| **III. Gläubiger** | | | | |
| 1. Bankensystem | | | | |
| a) Bundesbank | 8.047 | 2,9 | 4.440 | 0,2 |
| b) Kreditinstitute | 186.622 | 66,9 | 425.300 | 23,3 |
| 2. Inländische Nichtbanken | | | | |
| a) Sozialversicherungen | 5.471 | 2,0 | 42 | 0,0 |
| b) Sonstige (priv. Haushalte, Unternehmen) | 44.216 | 15,8 | 258.602 | 14,2 |
| 3. Ausland | 34.154 | 12,2 | 1.134.400 | 62,2 |
| **Insgesamt** | **278.970** | **100,0** | **1.822.784** | **100,0** |

[1] Ohne Verschuldung der öffentlichen Haushalte untereinander.
[2] Teilweise geschätzte Zahlen.
[3] Der Bund hat 1980 die Schulden des Lastenausgleichsfonds und zum 1. Juli 1999 die Schulden des Erblastentilgungsfonds, des Bundeseisenbahnvermögens sowie des Ausgleichsfonds Steinkohleneinsatz übernommen, die seither zusammen mit der Bundesschuld nachgewiesen werden.
[4] Abweichungen aufgrund von Rundungsdifferenzen.

*Quelle:* 1981: Monatsbericht der Dt. Bundesbank, 34. Jg., Nr. 12, Dezember 1982, S. 64 – 2014: Monatsbericht der Dt. Bundesbank, 67. Jg. Nr. 10, Dezember 2015, S. 63*f.

Die Struktur der *Kreditnehmer* hat sich langfristig stark geändert. Im Jahre 1965 hatte der Bund einen Anteil von 38,7%, die Länder von 20,9% und die Gemeinden von 31,9% an der öffentlichen Verschuldung.[11] Im Jahre 1981 machte die Bundesverschuldung ziemlich genau die Hälfte aus (oberer Teil der Tab. 5.1), so dass schon damals die weitaus größte Verantwortung für eine angemessene Schuldenpolitik beim Bund lag. Diese Tendenz verstärkte sich noch im Zuge der Deutschen Einheit durch die Übernahme der Schulden der Treuhandanstalt durch den Bund[12]. Im Jahr 2014 liegt der Anteil des Bundes bei über 60%. Der Anteil der Länder ist gegenüber 1981 unverändert geblieben, jener der Gemeinden ist deutlich gesunken (von 18,8% auf 7,8%). Gleichwohl ist die absolute Verschuldung für alle Ebenen gestiegen.

Neben die Schuldaufnahme und die Rückzahlung sowie Verzinsung tritt als ein dritter Bestandteil von Schuldtransaktionen die Veränderung der **Schuldenstruktur**. Sie kann auch bei gegebenem Schuldenvolumen vorgenommen werden und bezieht sich auf die gezielte Beeinflussung der Struktur der Verzinsung, also der Laufzeit, der Schuldarten oder der Gläubiger (sog. **Debt Management**). Im letzten Jahrzehnt wurde z.B. die Struktur der Ursprungslaufzeit der Kreditmarktmittel des Bundes zunächst merklich in Richtung kurzfristigere Laufzeiten verändert. Während zum 31.12.2002 bei 9,1% der Kreditmarktmittel die Ursprungslaufzeit bei unter zwei Jahren lag, waren es zum 31.12.2010 18,9%; diese Tendenz hat sich aber aufgrund der Niedrigzinsphase der letzten Jahre umgekehrt, so dass im Jahr 2014 der Anteil der Kreditmarktmittel mit einer Ursprungslaufzeit von unter zwei Jahren bei nur noch 11,1% lag.[13] Dieses Debt Management hat sich in den letzten Jahren als vorteilhaft erwiesen. So sind die Zinszahlungen von € 39,9 Mrd. (2000) auf € 21,1 Mrd. (2015) gesunken, obwohl im gleichen Zeitraum der Schuldenstand des Bundes um fast € 280 Mrd. (36%) gewachsen ist (siehe Tab. 5.2). Die finanzielle Entlastung, die sich für den Bund im Zeitraum

Tab. 5.2: Schuldenstand, Zinszahlung und Kreditzins des Bundes im Zeitablauf in Mrd. €

| Jahr | Schuldenstand | Zinszahlung | Kreditzins (= Zinszahlung/ Schuldenstand) |
|------|---------------|-------------|-------------------------------------------|
| 1990 | 306 | 17,5 | 5,72% |
| 1995 | 657 | 40,2 | 6,12% |
| 2000 | 774 | 39,9 | 5,16% |
| 2005 | 888 | 37,4 | 4,21% |
| 2010 | 1.023 | 33,1 | 3,24% |
| 2011 | 1.037 | 32,8 | 3,16% |
| 2012 | 1.054 | 30,5 | 2,89% |
| 2013 | 1.068 | 31,3 | 2,93% |
| 2014 | 1.069 | 25,9 | 2,42% |
| 2015 | 1.050 | 21,1 | 2,01% |

*Quelle:* Bundesministerium der Finanzen, Finanzbericht 2009, Berlin 2008, S.42 sowie Finanzbericht 2017, Berlin 2016, S.19 und 49.

---

[11] Finanzbericht 1967, Bonn 1966, S.535 (ohne Schulden für Gebietskörperschaften).

[12] Siehe hierzu im einzelnen Jahresgutachten 1992/93 des Sachverständigenrates zur Begutachtung der gesamtwirtschaftlichen Entwicklung, Bundestagsdrucksache 12/3774 vom 19.11.1992, Tz. 196ff.

[13] Siehe Bundesministerium der Finanzen, Schuldenbericht 2002, Bonn 2003, Anhang 8.4, Bericht des Bundesministeriums der Finanzen über die Kreditaufnahme des Bundes im Jahr 2010, Berlin 2011, S.56, sowie Bericht des Bundesministeriums der Finanzen über die Kreditaufnahme des Bundes im Jahr 2014, Berlin 2015, S.54.

2008 bis 2014 in Folge der Niedrigzinspolitik der EZB ergeben hat, liegt nach Berechnungen des Bundesministeriums der Finanzen bei € 94 Mrd.[14]

Im Jahre 2015 lag zwar die Nettokreditaufnahme des Bundes bei Null, Veränderungen der Kreditzinsen wirken sich aber trotzdem auf die Zinsbelastung des Bundes aus. Zu beachten ist in diesem Zusammenhang die Unterscheidung zwischen Brutto- und Nettokreditaufnahme. Letztere zeigt die unter Berücksichtigung der Tilgungsleistungen vorgenommene tatsächliche (Netto)Kreditaufnahme (Tab. 5.3). Der erste Wert hingegen ist dann relevant, wenn es um die Auswirkungen von Änderungen der Kreditzinsen auf die zu leistenden Zinszahlungen geht. So betrug die Nettokreditaufnahme des Bundes z. B. im Jahr 2000 € 23,8 Mrd. bei einer Bruttokreditaufnahme von € 149,7 Mrd. Im Jahr 2008 lag die Nettokreditaufnahme bei nur € 11,5 Mrd., die Bruttokreditaufnahme hingegen bei € 229,6 Mrd. Auch im Jahr 2015 gibt es eine Bruttokreditaufnahme, sie beträgt € 170,2 Mrd. Wäre es in der Vergangenheit zu einem Zinsanstieg von 1 %-Punkt bei den Kreditzinsen gekommen, so hätten sich die Zinszahlungen im Jahr 2000 in Folge der Bruttokreditaufnahme von € 149,7 Mrd. nur um rund € 1,5 Mrd. erhöht, im Jahr 2008 hingegen aufgrund der höheren Bruttokreditaufnahme um € 2,3 Mrd. Aus diesen Werten ist ersichtlich, weshalb steigende Kreditzinsen, wie sie einige EURO-Staaten erleben (z. B. Griechenland, Portugal, siehe 9. Kapitel, Abschnitt D), auch für den Bund problematisch werden können.

*Tab. 5.3: Brutto- und Nettokreditaufnahme sowie jährliche Tilgungen des Bundes im Zeitablauf, in Mrd. €[15]*

| Jahr | Bruttokreditaufnahme | Tilgung | Nettokreditaufnahme |
|------|---------------------|---------|---------------------|
| 1990 | 65,7 | 41,8 | 23,9 |
| 1995 | 86,1 | 60,5 | 25,6 |
| 2000 | 149,7 | 125,9 | 23,8 |
| 2005 | 224,2 | 193,0 | 31,2 |
| 2010 | 289,0 | 239,2 | 44,0 |
| 2011 | 277,3 | 260,0 | 17,3 |
| 2012 | 245,2 | 232,6 | 22,5 |
| 2013 | 243,2 | 224,2 | 22,1 |
| 2014 | 200,3 | 200,3 | 0 |
| 2015 | 169,9 | 188,7 | 0 |

*Quelle:* Bundesministerium der Finanzen, Finanzbericht 2017, Berlin 2016, S. 227 ff.

---

[14] http://docs.dpaq.de/8881-antwort_kampeter.pdf [01.09.2016].
[15] Für einige Jahre ergibt die Bruttokreditaufnahme abzüglich geleisteter Tilgungen nicht den Wert für die Nettokreditaufnahme, weil noch „Sonstige Einnahmen und haushalterische Umbuchungen" auftreten, so z. B. 2015 in Höhe von € 18,5 Mrd.

# C. Entwicklung und Grenzen der öffentlichen Verschuldung

Die Höhe des Schuldenstandes und eine hohe Steigerungsrate reichen zu einer Beurteilung ihrer ökonomischen Auswirkungen und wirtschaftspolitischen Bedeutung nicht aus. Daher werden zur Beurteilung der *Grenzen der Staatsverschuldung* bestimmte Indikatoren gebildet.[16] Aus Tab. 5.4 lassen sich für den **Bund** die entsprechenden Werte für die Jahre 1975 bis 2015 entnehmen. Für die Jahre 1975 bis 2000 zeigen die **Zins-Steuer-Quote** (Zinsausgaben : Steueraufkommen) und die **Zins-Ausgaben-Quote** (Zinsausgaben : Gesamtausgaben) einen nahezu kontinuierlichen Anstieg des Anteils der Zinsausgaben an den Ausgaben und Steuern; kurz vor der Deutschen Einheit waren sie leicht rückläufig, um danach wieder stark anzusteigen. Erst Ende der 1990er Jahre gelang eine Stabilisierung. Seit 2010 sinken die beiden Quoten drastisch und nähern sich den Werten Mitte der 1980er Jahren an. Diese Entwicklung spielt haushaltspolitisch eine wichtige Rolle, da sich in ihr die **Flexibilität in den öffentlichen Haushalten** widerspiegelt. Es gibt Gemeinden, die ihre Ausgabenverpflichtungen zeitweilig nicht mehr erfüllen konnten oder ihre freiwilligen Leistungen drastisch reduzieren mussten, um den Zins- und Tilgungszahlungen nachkommen zu können. Aus theoretischer Sicht lassen sich zwar Ausgaben jederzeit kürzen und/oder Steuereinnahmen erhöhen, doch sind diesen Strategien politische und haushaltspolitische Grenzen gesetzt, oder sie lassen sich aus den Zwängen des föderalistischen Systems heraus nicht immer verwirklichen (z. B. wegen begrenzter Steuerautonomie der Bundesländer). Der Zinsausgabenanteil nach öffentlichen Ebenen differiert u. a. wegen der unterschiedlichen Zunahme der Staatsverschuldung im Zuge der Deutschen Einheit, von deren Finanzierung der Bund besonders stark betroffen war (siehe Tab. 5.4).

Die **Kreditfinanzierungsquote** (Nettokreditaufnahme : Gesamtausgaben), die insbesondere im konjunkturpolitischen Zusammenhang verwendet wird, zeigt, zu welchem Anteil die öffentlichen Ausgaben über Kreditaufnahme finanziert werden. Sie fiel seit 1975, stieg aber im Zuge der Finanzierung der deutschen Einheit kurzfristig wieder an. In Folge der Finanz- und Wirtschaftskrise 2008/09 und der damit verbundenen Konjunkturprogramme stieg der Wert stark an (2010: 14,5 %) und weist in den Jahren 2014 und 2015 mit Null den geringsten Wert im hier dargestellten Zeitraum auf. – Die **Neuverschuldungsquote** (Nettokreditaufnahme : BNE) hatte sich nach einem rezessionsbedingten Anstieg zwischen 1974 und 1976 kurzfristig auf ein höheres Niveau als Anfang der 70er Jahre eingependelt und lag 1988 und 1989 wieder auf dem Niveau von vor 1975. Zwischenzeitlich ist sie als Folge der Wiedervereinigung Deutschlands erneut angestiegen und lag 1990 bei 1,8 %, um bis 2008 auf 0,5 % zu sinken. Auch sie ist im Zusammenhang mit der

---

[16] Für sie hat sich die Bezeichnung „Quote" eingebürgert. Meist handelt es sich um unechte Quoten (siehe 2. Kapitel, Abschnitt A I c).

*Tab. 5.4: Indikatoren der Staatsverschuldung, Bundesebene, 1975–2015, in %*

| Jahr | Zins-Steuer-Quote | Zins-Ausgaben-Quote | Kreditfi-nanzie-rungsquote | Neuver-schuldungs-quote | Schulden-stands-quote | Zins-BIP-quote |
|------|------|------|------|------|------|------|
| 1975 | 4,4  | 3,4  | 19,1 | 2,8  | 9,9  | 0,5 |
| 1980 | 7,9  | 6,4  | 12,6 | 1,8  | 15,1 | 0,9 |
| 1985 | 14,1 | 11,3 | 8,7  | 1,2  | 20,6 | 1,5 |
| 1990 | 13,2 | 9,0  | 12,3 | 1,8  | 23,2 | 1,3 |
| 1995 | 13,6 | 10,7 | 10,8 | 1,4  | 35,8 | 1,4 |
| 2000 | 19,7 | 16,0 | 9,7  | 1,2  | 37,9 | 1,9 |
| 2005 | 19,7 | 14,4 | 12,0 | 1,4  | 40,6 | 1,7 |
| 2010 | 14,6 | 10,9 | 14,5 | 1,7  | 51,9 | 1,3 |
| 2011 | 13,2 | 11,1 | 5,8  | 0,6  | 47,3 | 1,2 |
| 2012 | 11,9 | 9,9  | 7,3  | 0,8  | 46,7 | 1,1 |
| 2013 | 12,0 | 10,2 | 7,2  | 0,8  | 45,4 | 1,1 |
| 2014 | 9,6  | 8,8  | 0,0  | 0,0  | 44,1 | 0,9 |
| 2015 | 7,5  | 7,0  | 0,0  | 0,0  | 41,7 | 0,7 |

*Quellen:* Monatsbericht des BMF, Dezember 2008, S. 104 ff. (Tab. 6 Gesamtübersicht über die Entwicklung des Bundeshaushalts 1969 bis 2009); Destatis: Inlandsproduktsberechnung – Lange Reihen ab 1970 – Fachserie 18, Reihe 1.5 – 2007 (Stand: Nov 2008) für BNE und BIP.

*Quelle:* Monatsbericht des BMF, Dezember 2011, S. 82 ff. (Tab. 6 Gesamtübersicht über die Entwicklung des Bundeshaushalts 1969 bis 2011).

Destatis: Inlandsproduktsberechnung – Lange Reihen ab 1970 – Fachserie 18, Reihe 1.5 – 2010, S. 14 ff. (Stand: August 2011) für BNE und BIP.

Finanz- und Wirtschaftskrise gestiegen, um ebenfalls in den Jahren 2014 und 2015 bei Null zu liegen. Die Neuverschuldungsquote gibt einen anschaulichen Eindruck über die quantitative Bedeutung der Nettokreditaufnahme. Beide Quoten werden herangezogen, um die fiskalischen Probleme aufzuzeigen, die sich aus einer zunehmenden Staatsverschuldung ergeben können. Die **Schuldenstandsquote** (Schuldenstand : BIP) schließlich gibt eine Vorstellung vom Gewicht der Schuldenhöhe und spielt im internationalen Vergleich sowie als Kriterium für den Zutritt zur Europäischen Währungsunion eine Rolle.[17]

Das Bundesverfassungsgericht stellte in einem Urteil zur Beurteilung der Haushaltssituation von Bundesländern aus dem Jahre 1992 nur die **Zins-Steuer-Quote** und Kreditfinanzierungsquote in den Vordergrund, die wegen ihres ausschließlichen Haushaltbezugs zur Beurteilung der Staatsverschuldung aber nicht ausreichen. Der Bezug zur Wirtschaftskraft eines Landes (BIP und BNE) darf nicht fehlen. Daher gehören z. B. die Schuldenstandsquote und der Anteil der Zinsausgaben am Bruttoinlandsprodukt (**Zins-BIP-Quote**) bei der Einschätzung einer Verschuldungssituation dazu. Letztere liegt 2015 in der Nähe des Wertes aus dem Jahr 1970.

Die Gefahr einer Schuldendienstunfähigkeit, also einer **ökonomischen Grenze** der Verschuldung, ist volkswirtschaftlich gesehen so lange nicht gegeben, wie über

---

[17] Seit dem Jahre 2000 wird die Gewinnabführung der Bundesbank wesentlich durch die Geldpolitik der Europäischen Zentralbank (EZB) beeinflusst. Der **Bundesbankgewinn** wird – abgesehen von monetären Einkünften und Zinserträgen aus den bei der Bundesbank verbleibenden Währungsreserven – durch die Gewinnabführung der EZB weitgehend ersetzt. Siehe hierzu: Bundesministerium der Finanzen, Hrsg., Finanzbericht 1999, Bonn 1998, S. 54.

ein ausreichendes Wachstum genügend Steuermehreinnahmen erzielt werden, um den zusätzlichen Schuldendienst zu finanzieren und – bei entsprechender Konjunkturlage – Schulden vorzeitig zu tilgen. Für Deutschland ist derzeit zu konstatieren, dass durch die extrem niedrigen Zinsen – Folge der EZB-Politik – die ökonomische Grenze nochmals deutlich hinausgeschoben wurde.

Neben den ökonomischen Grenzen, die sich auch in der Zeichnungsunwilligkeit der potentiellen Kreditgeber dokumentieren können, sind insbesondere die **rechtlich-institutionellen Grenzen** von praktischer Bedeutung. Eine globale Begrenzung der Kreditaufnahme gab es bis zur Föderalismusreform im Jahr 2009 im Art. 115 GG a. F., in dem die Forderung enthalten war, dass „die Einnahmen aus Krediten […] die Summe der im Haushaltsplan veranschlagten Ausgaben für Investitionen nicht überschreiten" dürfen. Ausnahmen von dieser Vorschrift waren jedoch „zur Abwehr einer Störung des gesamtwirtschaftlichen Gleichgewichts" und für Sondervermögen des Bundes (siehe Tab. 5.1) zulässig. Diese Regelungen wurden aber im Gefolge der Föderalismusreformkommission II im Jahr 2009 aufgehoben, da sie nicht zu einer dauerhaften Begrenzung der Staatsverschuldung geführt hatten. Artikel 115 GG n. F. sieht keine am Investitionsvolumen orientierte Verschuldung mehr vor. Dafür darf der Bund (inkl. Sozialversicherungen) ab 2016 noch jährlich Kredite in Höhe von maximal 0,35 % des Bruttoinlandsproduktes aufnehmen. Diese strukturelle Komponente steht den Ländern nicht zur Verfügung. Hingegen ist eine Verschuldung zur Finanzierung einer antizyklischen Fiskalpolitik weiterhin für Bund und Länder erlaubt. Mit der neuen sog. Schuldenbremse in Art. 115 GG n. F. soll erreicht werden, dass die Verschuldung, die in konjunkturellen Krisensituationen aufgrund des „deficit spending" zur Stabilisierung erhöht wird, nach der Krise auch wieder zurückgeführt wird.[18] Diese Vorgabe für ein symmetrisches Ausgabenverhalten fehlte bisher in der Verfassung. So ist es nun verpflichtend, dass die Bundes- oder Landesregierung zeitgleich mit der konjunkturell bedingten Verschuldung einen verbindlichen Tilgungsplan erstellt. Durch weitere Regelungen soll gesichert werden, dass in konjunkturell normalen Zeiten Überschüsse zu erwirtschaften sind, um den weiteren Anstieg des Schuldenstandes zu vermeiden.[19] Auf diese Weise soll zugleich vermieden werden, dass es wieder zu Haushaltsnotlagen einzelner Bundesländer wie vor der Reform kommt, also zu einer Situation, in der ein Land so stark verschuldet ist, dass es sich nicht mehr aus eigener Kraft aus dieser Lage befreien kann[20]. Derzeit erhalten Bremen und das Saarland noch immer sog. Sanierungsbeihilfen.

Neben diesen nationalen verfassungsrechtlichen Regelungen zur Begrenzung der Staatsverschuldung sowohl beim Bund als auch bei den Ländern sind zudem durch

---

[18] Siehe hierzu Sachverständigenrat zur Begutachtung der gesamtwirtschaftlichen Entwicklung, Staatsverschuldung wirksam begrenzen, a. a. O., S. 31 ff.; Wissenschaftlicher Beirat beim Bundesministerium für Wirtschaft und Technologie, Zur Begrenzung der Staatsverschuldung nach Art. 115 GG und zur Aufgabe des Stabilitäts- und Wachstumsgesetzes, Berlin 2008.
[19] Zur Umsetzung der Schuldenbremse in den Bundesländern siehe: Deutsche Bundesbank, Die Schuldenbremse in Deutschland – Wesentliche Inhalte und deren Umsetzung, Monatsbericht Oktober 2011, S. 15 ff.
[20] Siehe dazu Konrad, K. A., und Jochimsen, B., Hrsg., Finanzkrise im Bundesstaat, Frankfurt/Main u. a., 2006.

den **Europäischen Stabilitäts- und Wachstumspakt** im Rahmen der Europäischen Währungsunion der Kreditfinanzierung der staatlichen Haushalte in den sog. Euro-Ländern Grenzen gesetzt. Diese dürfen nur bei besonders schweren Rezessionen überschritten werden. In der konjunkturellen Normalsituation sind ausgeglichene Haushalte anzustreben; nur in Rezessionen kann eine **Defizitquote** von 3 % des BIP, im Fall einer schweren Rezession auch darüber hinaus, in Anspruch genommen werden. Außerdem soll der **Schuldenstand** 60 % des Bruttoinlandsprodukts nicht überschreiten. Beide Prozentsätze, die sog. **Maastricht-Kriterien**, beziehen sich auf die Gesamtheit der öffentlichen Haushalte eines Mitgliedstaates, also in Deutschland auf den Bund, die Länder, die Gemeinden und die Sozialversicherungen. In einem föderalen Staat wie Deutschland spielt somit auch die Aufteilung dieses Referenzwertes auf die Gebietskörperschaftsebenen eine Rolle, da es sich um eine Frage des Finanzausgleichs handelt.[21]

Allerdings leidet der Stabilitäts- und Wachstumspakt darunter, dass schon von Beginn an Verstöße, auch durch Deutschland (siehe Abb. 5.1), gegen die Kriterien stattfanden. So lag in den Jahren 2002 bis 2005 sowie 2008 und 2009 (Folge der Finanz- und Wirtschaftskrise) die gesamtstaatliche (also Bund, Länder, Gemeinden und Sozialversicherung umfassende) Defizitquote immer über dem 3%igen

*Abb. 5.1: Entwicklung der deutschen Schuldenstands- und Defizitquote*

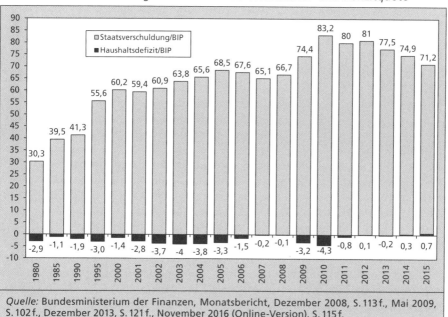

*Quelle:* Bundesministerium der Finanzen, Monatsbericht, Dezember 2008, S. 113 f., Mai 2009, S. 102 f., Dezember 2013, S. 121 f., November 2016 (Online-Version), S. 115 f.

---

[21] Die Verteilung etwaiger Sanktionszahlungen in Folge übermäßiger Defizite auf Bund und Länder sowie zwischen den Ländern regelt das Sanktionszahlungs-Aufteilungsgesetz (September 2006). Danach tragen der Bund 65 % und die Länder 35 % der Sanktionszahlungen. Zwischen den Ländern werden 35 % nach der Einwohnerzahl und 65 % nach dem jeweiligen Landesanteil am Länderfinanzierungsdefizit verteilt.

Referenzwert. Seit 2011 wird der Referenzwert in jedem Jahr erfüllt. Die Schuldenstandsquote hingegen liegt seit der Euro-Einführung im Jahr 2002 oberhalb des Referenzwertes von 60 % und hat sich durch die Finanz- und Wirtschaftskrise 2008/2009 auf einen Wert von über 83 % im Jahr 2010 erhöht. Seitdem sinkt sie (2015: 71,2 %). Dass diese Verstöße nicht geahndet wurden, lag u. a. am fehlenden Automatismus bei der Verhängung von Strafen. Regelgebundenheit ist aber notwendig, um für eigennutzmaximierende Politiker und Regierungen die Attraktivität der Kreditfinanzierung, z. B. von Wahlgeschenken, zu mindern. Die übermäßigen Defizite in den Ländern führten zu einer immer höheren Verschuldungsquote und namentlich im Falle Griechenlands zur Insolvenzgefahr. Die durch die Staatsschuldenkrise hervorgerufenen Gefahren sollen durch Eingriffe der Europäischen Zentralbank und mittels neu gegründeter Institutionen wie dem Europäischen Stabilitätsmechanismus (ESM) und dem sog. Europäischen Fiskalpakt bekämpft werden (siehe 9. Kapitel, Abschnitt D).

Um die Staatsverschuldung umfassend beurteilen zu können, wird zusätzlich zu der ausgewiesenen Verschuldung (**explizite Staatsverschuldung**) auch die erwähnte sog. **implizite Staatsverschuldung** herangezogen. Sie umfasst bereits bestehende und bei Fortgelten der geltenden rechtlichen Bestimmungen in der Zukunft anfallende, **nicht verbriefte** Zahlungsverpflichtungen des Staates. Darunter fallen in Deutschland vor allem die Ansprüche an die umlagefinanzierten Sozialversicherungssysteme sowie die Pensionsansprüche der Beamten. Die Betrachtung der impliziten Verschuldung gewinnt angesichts der alternden und schrumpfenden Bevölkerung[22] in vielen Industrieländern zunehmend an Bedeutung. Für die Bundesrepublik Deutschland hat der Sachverständigenrat zur Begutachtung der gesamtwirtschaftlichen Entwicklung für das Jahr 2002 eine implizite Staatsverschuldung von fast 270 % des nominalen Bruttoinlandsprodukts errechnet. Zusammen mit der expliziten Staatsverschuldung im gleichen Jahr in Höhe von 60,8 % ergab sich somit eine „Tragfähigkeitslücke" von etwa 330 % des nominalen Bruttoinlandprodukts.[23] Derartige Zahlen müssen allerdings zurückhaltend beurteilt werden: Einerseits basieren sie auf einer Reihe von Annahmen; etwa zur Bevölkerungsentwicklung, der Zinsentwicklung sowie dem zukünftigen Wirtschaftswachstum. Andererseits ist fraglich, inwieweit implizite und explizite Verbindlichkeiten gleichzusetzen sind, denn im Gegensatz zu der expliziten **verbrieften Verschuldung** hat der Staat etwa bei Renten und Pensionen zwar einen grundsätzlichen Zahlungsanspruch zu erfüllen, kann aber durch gesetzliche Änderungen die Höhe und Struktur der zukünftigen Zahlungen noch beeinflussen.[24] Hinzu kommt, dass zukünftig vorgenommene diskretionäre Maßnahmen des Staates in den Projektionen zwangsläufig unberücksichtigt bleiben. Dass diese Eingriffe sehr wohl gravierende Auswirkungen haben können, zeigen die Tragfähigkeitsberichte des Bundesministeriums der Finanzen. So hat etwa die Einführung

---

[22] Siehe hierzu Birg, H., Die demographische Zeitenwende – Der Bevölkerungsrückgang in Deutschland und Europa, 3. Aufl., Berlin 2003.

[23] Sachverständigenrat zur Begutachtung der gesamtwirtschaftlichen Entwicklung, Jahresgutachten 2003/04, Bundestagsdrucksache 15/2000 vom 14.11.2003, S. 435.

[24] Siehe Wissenschaftlicher Beirat beim Bundesministerium der Finanzen, Nachhaltigkeit in der Finanzpolitik. Konzepte für eine langfristige Orientierung öffentlicher Haushalte, Schriftenreihe des Bundesministeriums der Finanzen, Heft 71, Bonn 2001.

eines Nachhaltigkeitsfaktors in der Gesetzlichen Rentenversicherung sowie die Erhöhung des Renteneintrittsalters auf 67 Jahre die im ersten Tragfähigkeitsbericht ermittelte Tragfähigkeitslücke fast um die Hälfte verringert; dafür haben vor allem die Finanz- und Wirtschaftskrise und die zu ihrer Bekämpfung durchgeführten Maßnahmen die Tragfähigkeitslücke von 2,4% des BIP (zweiter Bericht) auf 3,8% des BIP (dritter Bericht) erhöht. Auch die Rente mit 63 wirkt sich erhöhend auf die Tragfähigkeitslücke aus.[25]

Zusätzlich zu den impliziten Staatsschulden lassen sich seit dem Jahre 2011 auch die wachsenden Verpflichtungen addieren, die im Rahmen der Stabilisierung der Eurozone auf die verschiedenen Mitgliedstaaten dieser Währungsunion zukommen. Hinzu treten die bereits erfolgten Einzahlungen in den Europäischen Stabilitätsmechanismus (ESM) und in die weiteren mit diesem Mechanismus verbundenen Institutionen (sog. „Rettungsschirme").[26] Die Mittel, die überschuldeten Euro-Staaten über Anleihen zur Verfügung gestellt wurden und werden, stellen einen weiteren erheblichen Teil von impliziten Schulden für die Geberländer dar, die bei Inanspruchnahme von Bürgschaften und Garantien und/oder einem Schuldenschnitt zu einer erheblichen expliziten Belastung der einzelnen Mitgliedstaaten der Währungsunion führen (siehe Kapitel 9, Abschnitt D).

---

[25] Bundesministerium der Finanzen, Zweiter Bericht zur Tragfähigkeit der öffentlichen Finanzen, Berlin 2008, S. 38, Dritter Bericht zur Tragfähigkeit der öffentlichen Finanzen, Berlin 2011, S. 58 sowie Vierter Bericht zur Tragfähigkeit der öffentlichen Finanzen, Berlin 2016, S. 20.
[26] Wissenschaftlicher Beirat beim Bundesministerium der Finanzen, Fiskalpolitische Institutionen in der Eurozone, Berlin 2012.

# D. Niedrigzinspolitik – Eine neue Sicht der öffentlichen Verschuldung?

## I. Die klassische stabilitätsorientierte Sicht der Geld- und Finanzpolitik

Um die Funktionsfähigkeit des Staates zu sichern, stellt sich im Zusammenhang mit der Kreditaufnahme immer auch die Frage, wieviel Staatsverschuldung langfristig tragfähig ist und in überschaubarer Zeit auf ein vertretbares Maß zurückgeführt werden kann, gemessen an den Maastricht-Kriterien. Parallel dazu soll sich die Geldpolitik der Zentralbank, früher die Deutsche Bundesbank und jetzt die Europäische Zentralbank, allein am Ziel der Geldwertstabilität orientieren und nicht die Finanzierung des Bundeshaushalts unterstützen, weder direkt noch indirekt.

Für das Wirtschaftswachstum bleibt vor allem der Unternehmenssektor verantwortlich, dessen Struktur daher in Richtung innovative Produkte und Prozesse durch die Wirtschaftspolitik unterstützt wird. Auch die Rahmenbedingungen im Arbeitsmarkt (Hartz-Reform) und in der Sozialversicherung (Rente erst mit 67) wurden wachstumsfreundlich gestaltet. Zwar gibt es im politischen System gelegentliche Rückschläge, aber aufs Ganze gesehen ist mit dieser **stabilitätsorientierten Sicht** der Geld- und Finanzpolitik das Erfolgsrezept beschrieben, das es Deutschland möglich machte, in Europa am besten aus der Finanz- und Wirtschaftskrise 2008–2009 herauszukommen. Dies geschah auch mittels eines Deficit Spending, das aber nach der Erholung sofort in eine Politik der Konsolidierung mündete.

## II. Eine Niedrigzinspolitik als Alternative?

Dieser stabilitätsorientierten Sicht steht seit einiger Zeit eine andere Sicht mehrerer großer Staaten gegenüber, beginnend mit Japan seit etwa 1990, zumindest teilweise gefolgt von USA und Großbritannien und neuerdings auch propagiert vom Internationalen Währungsfonds und der Europäischen Zentralbank[27].

---

[27] Zur Zielsetzung der Europäischen Zentralbank siehe neuerlich Winkler, A., Die Nullzinsdebatte, in: Wirtschaftsdienst, 96. Jg., 2016, S. 226 f.

Die Argumentation ist in groben Zügen wie folgt: Aus Sorge vor einer **säkularen Stagnation (secular stagnation**; schon A. H. Hansen 1938)[28], also einer Situation, in der die gesamtwirtschaftliche Nachfrage dauerhaft nicht ausreicht, um das Produktionspotenzial einer Volkswirtschaft auszuschöpfen und befriedigendes Wachstum zu sichern, wird längerfristige Arbeitslosigkeit befürchtet und eine Tendenz zur Deflation. Als Indiz gelten sehr geringe Inflationsraten und entsprechend negative Erwartungen.

Entsprechend diesem eher **neokeynesianischen Ansatz**[29] ist es Aufgabe einer extrem expansiven Geldpolitik, die Zinsen zu senken, um auf diese Weise Investitionen und Konsum zu stärken und durch diese zusätzliche Nachfrage die befürchtete Deflation zu vermeiden. Diese **Niedrigzinspolitik** wird gelegentlich auch als Nullzinspolitik bezeichnet und geht so weit, dass inzwischen (im Jahre 2016/2017) sogar negative Zinsen verlangt werden, d. h. wenn Geld angelegt (und nicht für Konsum und Investition ausgegeben) wird, muss der Anleger dafür Zinsen zahlen. Das betrifft die Banken, wenn sie bei der Notenbank Geld deponieren wollen, und den Anleihekäufer, wenn er Staatsanleihen kauft, also bisher noch nicht die „kleinen Sparer".

Die nicht absehbare Beendigung der gegenwärtigen Niedrigzinsphase berührt den Kapitalmarkt nachhaltig und damit die öffentlichen Budgets und die privaten Haushalte und Unternehmen[30]. Dabei geht es z. B. auch um die Auswirkungen der niedrigen Zinsen auf die betriebliche Altersversorgung. Wie gehen Unternehmen damit um, dass ihre zukünftig zu leistenden Zahlungen höhere Rücklagen zur Finanzierung von Betriebsrenten erfordern, sie aber gleichzeitig bei einer Finanzierung über Fremdkapital wegen der günstigen Zinsen Ersparnisse realisieren? – Es muss überdies berücksichtigt werden, dass die Bevölkerung nicht nur als Sparer von der Niedrigzinsphase belastet wird, sondern als Arbeitnehmer, Steuerzahler und Schuldner von dieser Situation auch profitieren kann.

Parallel zu dieser Niedrigzinspolitik als Instrument der Geldpolitik wird der Finanzpolitik von den Vertretern der Niedrigzinspolitik geraten, die Nachfrage zu stärken und zu dem Zweck zusätzliche Ausgaben zu tätigen, insbesondere für Verkehrsinfrastruktur und Bildung. Das wird auch dann empfohlen, wenn sich dadurch die staatliche Verschuldung erhöht, oft unter Zuhilfenahme des sehr günstigen Notenbankkredits. Eine solche Politik des Deficit Spending wird dadurch erleichtert, dass zu den Nebenwirkungen der beschriebenen Niedrigzinspolitik auch die Verbilligung der staatlichen Schuldaufnahme gehört[31], die

---

[28] Zur neueren Diskussion siehe die Beiträge von R. J. Gordon, L. H. Summers und B. Eichengreen im Teil „The economics of secular stagnation" in: American Economic Review, Bd. 105., Nr. 5, Mai 2015.

[29] Einen Aufsatz, der die beiden Sichtweisen gegenüberstellt, gibt es offenbar nicht. Die verschiedenen Positionen, etwa die von Lars P. Feld und P. Bofinger, finden sich in Bratsiotis, G., und Cobham, D., German macro: how it's different and why that matters, European Policy Centre 2016, E-Book, Link: www.epc.eu/documents/uploads/pub_6497_german_macro_how_it_s_different_and_why_that_matters.pdf

[30] Siehe hierzu Wissenschaftlicher Beirat beim Bundesministerium der Finanzen, Herausforderungen der Niedrigzinsphase für die Finanzpolitik, Berlin 2017.

[31] Es gibt aber auch eine belastende Nebenwirkung. Die Verfasser danken Hans-Werner Sinn für den Hinweis, dass nach seinen Berechnungen durch die sinkenden Ertragsraten

wiederum zu den aus dieser Sicht gewünschten öffentlichen Mehrausgaben in wünschenswertem Umfang beiträgt.

In Japan hat sich durch diese Politik der niedrigen Zinsen und erhöhten Staatsausgaben die Staatsverschuldung von 1990 mit unter 50 % des BIP auf über 250 % im Jahre 2016 erhöht[32] (zur Entwicklung seit 2000 siehe Abb. 5.2). Die zunehmende Staatsverschuldung durch eine solche Geldpolitik wird bei der Diskussion der jeweiligen Schritte, beispielsweise des nächsten „Zinsschritts" und des nächsten Ankaufs von Staatsanleihen, weitgehend ausgeblendet. Wie ein Staat von einer Verschuldung von mehreren hundert Prozent des Sozialprodukts jemals wieder in Richtung Tragfähigkeit herunterkommen soll, ist dabei völlig unklar.

*Abb. 5.2: Staatsschuldenquote Japans im Vergleich mit EU, USA sowie Deutschland und Griechenland, 2000 bis 2016*

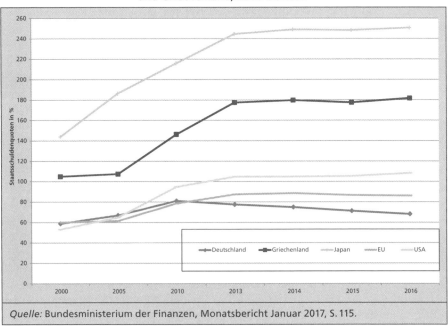

*Quelle:* Bundesministerium der Finanzen, Monatsbericht Januar 2017, S. 115.

Die Niedrigzinspolitik spielt innerhalb der Eurozone eine besondere Rolle. Dort geht es insbesondere um die unterschiedliche wirtschaftliche Lage in Nord- und Südeuropa und um die Weiterentwicklung des Euro-Systems mit so unterschiedlichen Zukunftsperspektiven wie einer Fiskal- oder gar einer Transferunion (siehe dazu Kapitel 9).

---

auf das deutsche (Netto-)Auslandsvermögen allein im Jahr 2015 Zinsverluste von € 91 Mrd. entstanden sind.

[32] Der Internationale Währungsfonds ging 2015 davon aus, dass 2030 der Prozentsatz ohne Änderung der Politik bis auf das Dreifache des Sozialprodukts steigen könnte (http://www.bloomberg.com/news/articles/2015-07-23/japan-s-debt-risks-surge-to-triple-gdp-without-change-imf-says).

## Fragen zum 5. Kapitel

1. Wodurch unterscheiden sich Kassenkredite von den übrigen Schuldarten?
2. Nennen Sie einige Besonderheiten der öffentlichen Verschuldung als Einnahmenart.
3. Warum stellt die Staatsverschuldung aus polit-ökonomischer Betrachtung für Politiker ein besonders interessantes Finanzierungsinstrument dar?
4. Welche Argumente für eine zeitlich befristete Schuldaufnahme kennen Sie?
5. Begründen Sie die These aus der Diskussion über die sog. zeitliche Lastverschiebung, dass Last als „Nutzeneinbuße" mit Hilfe der Schuldenaufnahme in die Zukunft verschoben werden kann.
6. Worin besteht der differentielle Wachstumseffekt, wenn man Last als Konsumverzicht interpretiert?
7. Welche Folgen hat das Argument der säkularen Stagnation für den Schuldenstand?
8. Nennen Sie die Käufer staatlicher Schuldtitel. Warum ist die Kenntnis der sog. Gläubigerstruktur finanzpolitisch bedeutsam?
9. Worin unterscheiden sich die Brutto- und die Nettokreditaufnahme? Welche der beiden Größen ist heranzuziehen, um die Folgen von Zinsänderungen auf den Staatshaushalt und die Staatsverschuldung zu ermitteln?
10. Welche Bedeutung haben „Neuverschuldungsquote" und „Zins-Steuer-Quote" für die Beurteilung des Schuldenstandes eines Landes?
11. Wie lauten die beiden Komponenten der Verschuldungsregel nach Art. 115 GG a. F.? Was sollte damit bezweckt werden? Warum gelang es nicht, die Staatsverschuldung im Zeitablauf zu begrenzen?
12. Wie lautet die Verschuldungsregel nach Art. 115 GG n. F.?
13. Was besagen die Maastricht-Kriterien, und wurden sie in Deutschland in den letzten Jahren eingehalten?
14. Was versteht man unter der impliziten Staatsverschuldung, und wodurch unterscheidet sie sich von der expliziten Staatsverschuldung?
15. Skizzieren Sie die stabilitätsorientierte Sicht der Finanz- und Geldpolitik
16. Was bedeutet eine Niedrigzinspolitik für die deutsche Finanzpolitik?

## Literatur zum 5. Kapitel

Afonso, A., Fiscal Sustainability: The Unpleasant European Case, in: Finanzarchiv, Bd. 61, 2005, S. 19 ff.

Bofinger, P., Franz, W., und Rürup, B., Staatsverschuldung wirksam begrenzen, Sachverständigenrat, Expertise im Auftrag des Bundesministers für Wirtschaft und Technologie, Wiesbaden, 2007.

Bundesministerium der Finanzen, Vierter Bericht zur Tragfähigkeit der öffentlichen Finanzen, Berlin 2016.

Deutsche Bundesbank, Die Schuldenbremse in Deutschland –Wesentliche Inhalte und deren Umsetzung, Monatsbericht Oktober 2011, S. 15 ff.

Feld, L. P., und Matsusaka, J. G., Budget Referendums and Government Spending: Evidence from Swiss Cantons, in: Journal of Public Economics, Bd. 87, 2003, S. 2703.

Henke, K.-D., Hrsg., Zur Zukunft der Staatsfinanzierung, Baden-Baden 1999.

Holtfrerich, C.-L., u. a., Staatsschulden: Ursachen, Wirkungen und Grenzen, Berlin 2015.

Huber, B. F., Milbrandt, B., und Runkel, M., Die Finanzkrise Berlins – Eine Analyse der Nachhaltigkeit der Berliner Finanzpolitik, in: Wirtschaftsdienst, 82 Jg., 2002, S. 395 ff.

Kerber, M. C., Der verdrängte Finanznotstand, Berlin 2002.

Kitterer, W., Indikatoren für eine nachhaltige Finanzpolitik, in: Wirtschaftsdienst, 82. Jg., 2002, S. 67 ff.

Konrad, K. A., und Jochimsen, B., Hrsg., Finanzkrise im Bundesstaat, Frankfurt/Main u. a., 2006.

Peffekoven, R., Härtere Verschuldungsregeln für die Bundesländer?, in: Wirtschaftsdienst, 86. Jg., 2006, S. 555 ff.

Porath, D., Fiskalische Beurteilung der Staatsverschuldung mit ökonometrischen Methoden: Eine empirische Studie für die Bundesrepublik Deutschland, Frankfurt a. M. 1999.

Reinhart, C. M., und Rogoff, K. S., This time is different. Eight centuries of financial folly, Princeton, N. J., 2009.

Richter, W. F., und Wiegard, W., Zwanzig Jahre „Neue Finanzwissenschaft", Teil II: Steuern und Staatsverschuldung, in: Zeitschrift für Wirtschafts- und Sozialwissenschaften, 113. Jg., 1993, S. 337 ff.

Sachverständigenrat zur Begutachtung der gesamtwirtschaftlichen Entwicklung, Staatsverschuldung wirksam begrenzen, Expertise im Auftrag des Bundesministers für Wirtschaft und Technologie, Wiesbaden 2007.

Weizsäcker, C. C. von, Europas Mitte, in: Perspektiven der Wirtschaftspolitik, Bd. 17, 2016, S. 383 ff.

Werding, M., und Kaltschütz, A., Modellrechnungen zur langfristigen Tragfähigkeit der öffentlichen Finanzen, Studie im Auftrag des Bundesministeriums der Finanzen, München 2005.

Wissenschaftlicher Beirat beim Bundesministerium der Finanzen, Nachhaltigkeit in der Finanzpolitik. Konzepte für eine langfristige Orientierung öffentlicher Haushalte, Schriftenreihe des Bundesministeriums der Finanzen, Heft 71, Bonn 2001.

Wissenschaftlicher Beirat beim Bundesministerium der Finanzen, Haushaltskrisen im Bundesstaat, Schriftenreihe des Bundesministeriums der Finanzen, Heft 78, Berlin 2005.

Wissenschaftlicher Beirat beim Bundesministerium der Finanzen, Herausforderungen der Niedrigzinsphase für die Finanzpolitik, Berlin 2017.

Wissenschaftlicher Beirat beim Bundesministerium für Wirtschaft, Gesamtwirtschaftliche Orientierung. Fragen bei drohender finanzieller Überforderung, Gutachten vom 11.7.1992.

Zimmermann, H., Ökonomische Rechtfertigung einer kontinuierlichen Staatsverschuldung?, in: Henke, K.-D., Hrsg., Zur Zukunft der Staatsfinanzierung, Baden-Baden 1999, S. 157 ff.

# 6. Kapitel:
# Zur Bestimmung der Einnahmen-
# struktur: Rückblick und Ausblick

# A. Wozu dieses Kapitel?

Übergreifend zu den vorangegangenen drei Kapiteln zur Staatsfinanzierung gibt es einige Fragestellungen, die nicht eindeutig der einen oder anderen Einnahmenart zugeordnet werden können. Dazu gehört beispielsweise die Entscheidung, ob eine öffentliche Aufgabe mit ihren Ausgaben durch Steuern oder über Entgelte finanziert werden soll.

Während die Alternative „Steuer oder Entgelt/Sozialabgabe?" längerfristiger Art ist und die Kontroverse „Bismarck versus Beveridge" einschließt, steht im Mittelpunkt der Frage nach der richtigen Einnahmenstruktur seit der Finanzkrise im Jahre 2008 die Entscheidung, in welchem Umfang öffentliche Aufgaben durch Schuldaufnahme finanziert werden sollen. Dies ist angesichts der international rasant steigenden Verschuldung die zentrale Fragestellung innerhalb der europäischen Währungsunion und der übrigen zur EU gehörenden Länder. Tilgung und Verzinsung der Staatsschuld bleiben dauerhaft auf der wirtschaftspolitischen Agenda und werden, wie im Kapitel zur Staatsverschuldung und zu den EU-Finanzen dargestellt, kontrovers diskutiert.

Schließlich muss auch geprüft werden, ob und inwieweit die Schattenwirtschaft und die sog. Pfennigabgaben einen Ausweg aus Finanzierungskrisen darstellen oder nicht nur zur Verschleierung der Staatsfinanzierung beitragen.

Alle hier angesprochenen Einnahmen wurden in den verschiedenen vorangehenden Kapiteln in einer Bestandsaufnahme in ihren Grundstrukturen erläutert und um ihre Besonderheiten ergänzt. Ihre gemeinsame strukturelle Zusammensetzung blieb dabei unberührt und ist Gegenstand der folgenden Überlegungen.

# B. Entgelte und Abgaben versus Steuerfinanzierung

## I. Äquivalenz oder Leistungsfähigkeit: Der methodische Hintergrund

Den methodischen Hintergrund dieser beiden Einnahmenarten bilden die zwei fundamentalen Grundsätze der Finanzierung: Das Leistungsfähigkeitsprinzip und das Äquivalenzprinzip. Während bei den Steuereinnahmen in aller Regel unklar ist, für welche Aufgaben bzw. Ausgaben sie eingesetzt werden (Haushaltsgrundsatz der Non-Affektation, siehe 7. Kapitel, Abschnitt B II b) ist es die Besonderheit aller Entgelte, dass sie ohne den Bezug zum Finanzierungsgegenstand gar nicht zum Einsatz kommen. Ganz offensichtlich ist dies bei den Erwerbseinkünften, für die die marktmäßige Äquivalenz (siehe 3. Kapitel) unterstellt werden kann. Sie stellen in erster Linie die Einnahmen aus erwerbswirtschaftlicher Tätigkeit des Staates dar, d.h. es handelt sich um Gewinne (und Verluste) öffentlicher Unternehmen, Einnahmen aus Grundstücksverkäufen, Verpachtungen etc. Der Zusammenhang zum Finanzierungsgegenstand gilt für die aus dem täglichen Leben bekannten Benutzungs- und Verwaltungsgebühren im kommunalen Bereich (kostenmäßige Äquivalenz), aber auch bei den umfangreichen Ausgaben und Leistungen der Sozialversicherung. Zu letzteren gehören die Renten-, Kranken-, Arbeitslosen- und Pflegeversicherung genauso wie die gesetzliche Unfallversicherung mit ihren jeweils spezifischen Finanzierungsformen. Sofern die Systeme der Sozialversicherung nicht durch die zweckgebundenen Beiträge ausreichend finanziert werden können, treten Bundeszuschüsse partiell hinzu. Sie werden aus allgemeinen Deckungsmitteln, also überwiegend aus Steuermitteln, aufgebracht. Angesichts der Höhe des Staatsanteils und des gestiegenen Anteils der Steuerfinanzierung kann man fragen, ob und ab wann die Steuerbelastung zum Steuerwiderstand führt.

Bei der Frage *Steuer- oder Entgeltfinanzierung* hatte sich gezeigt, dass zwar alle Staatsaufgaben steuerlich finanziert werden können, jedoch umgekehrt nicht alle öffentlichen Ausgaben bzw. Leistungen „entgeltfähig" sind. Technische Gründe, z.B. Eigenschaften öffentlicher Güter und in bestimmten Fällen auch politische Ziele, z.B. verteilungspolitischer Art, setzen der Entgeltfinanzierung der Gebietskörperschaften klare Grenzen. Damit sind allerdings nur technische Obergrenzen festgelegt; eine positive Regel, unter welchen Bedingungen ein wie großes Maß an Ausgaben entgeltlich finanziert werden soll, existiert damit nicht.

Die Möglichkeiten einer stärkeren Entgeltfinanzierung erscheinen in einem anderen Licht, wenn man die verschiedenen Zweige der Gesetzlichen Sozialversicherung bei der Analyse einbezieht. Dann ist zu klären, ob die Finanzierung der Staatsausgaben über Sozialausgaben und/oder mittels Steuern zu erfolgen hat. Bei der Steuerfinanzierung ist wiederum zu berücksichtigen, ob die Einkommens- oder Konsumbesteuerung im Vordergrund stehen soll und welche Rolle einer Vermögensbesteuerung, insbesondere der Erbschaftsteuer, gegebenenfalls zukommen soll.

## II. Steuern oder Sozialabgaben?

Wenn man nun mit Blick auf die Fakten die Sozialversicherungsbeiträge (Sozialabgaben), die international meist zusammen mit den Steuern als die beiden wichtigsten Einnahmenkategorien erfasst werden, separat und als eigene mehr oder minder äquivalenzbezogene Finanzierungsquelle betrachtet, so zeigt ein internationaler Vergleich ein völlig uneinheitliches Bild bezüglich der Abgabenfinanzierung staatlicher Leistungen (siehe Abb. 6.1). Während vor allem in Mitteleuropa der Anteil der Sozialversicherungsbeiträge hoch ist (Tschechien, Deutschland, die Niederlande und die Slowakei sowie Litauen mit jeweils rund 40%), spielt diese Finanzierungsform in den angelsächsisch geprägten Staaten sowie Dänemark und Schweden nur eine geringe Rolle. Dort werden die Sozialleistungen meist über Steuern finanziert. Bei Beurteilung einer Sozialbeitragsfinanzierung im Vergleich zur Steuerfinanzierung lassen sich auch die Interessen bzw. Ansprüche der Bürger thematisieren. In einem Fall entstehen Ansprüche als Steuerzahler und im anderen Fall einklagbare Ansprüche des Beitragszahlers aus seiner Mitgliedschaft in einem der verschiedenen Zweige der Sozialversicherung.

*Abb. 6.1: Anteil der direkten und indirekten Steuern sowie der Sozialabgaben am Gesamtaufkommen aus Steuern und Sozialabgaben, EU, 2014*

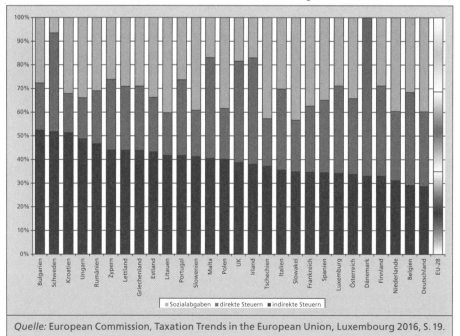

*Quelle:* European Commission, Taxation Trends in the European Union, Luxembourg 2016, S. 19.

Zur relativen Bedeutung der *Sozialabgaben im Einnahmenspektrum* ist keine eindeutige Empfehlung möglich. Ihre Besonderheit liegt in ihrer Zweckbindung für die Finanzierung der Sozialversicherungshaushalte. So kann der Bund beispielsweise bestimmte politisch erwünschte Leistungen über die Renten-, Kranken- oder Arbeitslosenversicherung wahrnehmen, d.h. er erfüllt Aufgaben, ohne sie aus seinem eigenen Haushalt finanzieren zu müssen und oft ohne den Sozialversicherungshaushalten die Kosten für die sog. versicherungsfremden Leistungen (z.B. Familienleistungsausgleich oder Arbeitsförderungsmaßnahmen) in voller Höhe zu erstatten[1]. Andererseits werden Beitragssatzsteigerungen, z.B. in der Gesetzlichen Rentenversicherung, durch Überweisungen, die aus Steuererhöhungen (z.B. „ökologische Steuerreform") finanziert werden, vermieden. Die Möglichkeit dieser Einnahmenverschiebungen und Ausgabenverlagerungen zeigt, dass eine Art *unsichtbarer Finanzausgleich* zwischen Gebietskörperschaften und Sozialversicherungshaushalten besteht und in der Praxis instrumentell eingesetzt werden kann (sog. Verschiebebahnhof), ohne dass in allen Fällen klare normative Vorgaben bestünden. Lediglich die Finanzstatistik dokumentiert diese Gesamtentwicklung durch die steigende Abgabenquote im Vergleich zur weitgehend konstanten Steuerquote (siehe auch 2. Kapitel, Tab. 2.2). Zusammenfassend erscheint das Prinzip der Äquivalenz von Leistung und Gegenleistung mit der damit verbundenen Transparenz der Steuerfinanzierung überlegen, da bei letzterer der Bezug zu einem Finanzierungsgegenstand in aller Regel fehlt[2].

---

[1] Der Sachverständigenrat kam in früheren Berechnungen zu einer Differenz zwischen den versicherungsfremden Leistungen und den Ausgleichszahlungen des Bundes in Höhe von € 65 bis € 70 Mrd. Sachverständigenrat zur Begutachtung der gesamtwirtschaftlichen Entwicklung, Jahresgutachten 2005/06, 2005, Tz. 561 und die Jahresrechnungen der gesetzlichen Krankenkassen. Zu den versicherungsfremden Leistungen in der GKV siehe aktuell: Henke, K.-D., in: Deutscher Bundestag, Öffentliche Anhörung zum Gesetzentwurf der Bundesregierung über den Entwurf eines Haushaltsbegleitgesetzes 2014 – BT-Drucksache 18/1050, Stenografisches Protokoll 18/12 vom 13.05.2014.

[2] Siehe in diesem Zusammenhang auch Wissenschaftlicher Beirat beim Bundesministerium der Finanzen, Nachhaltige Finanzierung der Renten- und Krankenversicherung, Gutachten des Wissenschaftlichen Beirats beim Bundesministerium der Finanzen, Band 77, Berlin 2004.

# C. Steuern oder Staatsverschuldung?

Soweit sich das Entgeltprinzip und die Sozialabgaben nicht zur Finanzierung öffentlicher Aufgaben und Ausgaben eignen, können die Einkommen-, Vermögen- und/oder Verbrauch*steuern* herangezogen werden. Auch hier kann also die Struktur der Einnahmen gestalterisch eingesetzt werden. Wird etwa das Ziel des Wirtschaftswachstums höher als das Verteilungsziel gewichtet, so spricht dies für einen höheren Anteil der als unmerklich geltenden indirekten Steuern (siehe 4. Kapitel, Abschnitt B II b), wie er in den wirtschaftlich eher schwachen EU-Staaten Bulgarien, Kroatien und Ungarn mit annähernd 50 % an den Einnahmen aus Steuern und Sozialabgaben auch gegeben ist (Abb. 6.1). Statt einer Steuerfinanzierung ist es jedoch auch möglich, die verbleibenden Staatsausgaben über *Verschuldung* zu finanzieren. Folglich stellt sich dann die **Finanzierungsalternative „Steuer oder Anleihe?"**. Ähnlich, wie bei der Diskussion „Entgelt oder Steuer?" die Entgeltfähigkeit öffentlicher Leistungen geprüft wurde, haben sich auch die Überlegungen zur Anleihefinanzierung lange Zeit an den öffentlichen Ausgaben als Finanzierungsgegenstand orientiert. Die sog. **Deckungsgrundsätze** sollten darüber Auskunft geben, welche öffentlichen Projekte über Schulden zu finanzieren wären. Im Rahmen einer derartigen **objekt- oder verwendungsbezogenen** Rechtfertigung der Schuldaufnahme sollte ein „außerordentlicher" Ausgabenbedarf ermittelt werden, der über Schuldaufnahme gedeckt werden konnte und der dem steuerfinanzierten Bedarf gegenüberzustellen war (**objektbezogene Schuldenpolitik**).

Auf dieser Unterscheidung in einen außerordentlichen und ordentlichen Bedarf beruhte die in der Bundesrepublik Deutschland bis zum Jahre 1969 übliche Einteilung des Haushalts in einen ordentlichen und einen außerordentlichen Teil. Im außerordentlichen Haushalt wurden Einnahmen aus der öffentlichen Schuld, neben denen es nur noch einige wenig bedeutende außerordentliche Einnahmen (z. B. aus Vermögensveräußerungen) gab, den sog. außerordentlichen Ausgaben gegenübergestellt.

Für die Abgrenzung der „außerordentlichen" Ausgaben und damit für die Begründbarkeit einer Schuldaufnahme wurden und werden verschiedene Kriterien herangezogen, von denen nur zwei angeführt seien. Das eine Kriterium war die *Periodizität* der Ausgaben. Nach dieser Trennung in regelmäßig und aperiodisch auftretende Ausgaben wurde gefordert, nur die letzteren über eine Schuldaufnahme zu finanzieren. Diese Einteilung ließ sich insofern nicht eindeutig vornehmen, als die Trennung der Ausgaben nach ihrer Regelmäßigkeit u. a. von der Größe der jeweiligen Gebietskörperschaft abhängig ist. Ein Schulneubau z. B. gehört in einer großen Gemeinde zum regelmäßig anfallenden Bedarf, während er in einer kleineren Gemeinde sehr viel seltener erforderlich ist. Heute ist zudem zu berücksichtigen, dass außergewöhnliche Investitionen in den Rahmen einer Mittelfristigen Finanzplanung (siehe 7. Kapitel, Abschnitt B II) einbezogen und damit kalkulierbarer gemacht werden können. Von anderer Dimension war freilich die Finanzierung der Deutschen Einheit, deren historische Einmaligkeit mit dazu beigetragen hat, die Staatsverschuldung zu erhöhen und mehrere Sonderfonds zu gründen.

Die *Rentabilität* öffentlicher Ausgaben wurde als eine zweite Rechtfertigung für die Schuldaufnahme angesehen; Investitionen für „werbende Zwecke" galten dem Gesetzgeber daher lange Zeit als bevorzugte Anlässe zur Schuldaufnahme. Dieser Objektbezug ist dann problematisch, wenn er in sehr allgemeiner Form hergestellt wird, wie dies mit den „werbenden

Zwecken" geschah, weil kaum eine öffentliche Ausgabe denkbar ist, die nicht in irgendeiner Form eine „Umwegsrentabilität" aufweist, sei es als „Wachstumsbeitrag" (z. B. Infrastruktur), als „Wohlstandsmehrung" (Sozialausgaben) oder als „Humankapital" (Bildung und Gesundheit). Wenn hingegen eine öffentliche Einrichtung mit kostendeckenden Entgelten arbeitet und eine größere Investition ansteht, ist gegen eine Schuldaufnahme nichts einzuwenden, solange gesichert ist, dass dies nicht zu einer Finanzierung eines öffentlichen Haushalts, etwa der Gemeinde, führt. Diese kostendeckenden Einrichtungen sind im Gemeindebereich besonders häufig. Soweit sie nicht, was vorzuziehen wäre, privatisiert wurden, können sie in Ausnahmefällen eine begrenzte Rechtfertigung für eine Schuldaufnahme darstellen.

Mit dem weitgehenden Wegfall der objektbezogenen Deckungsgrundsätze entfiel zugleich eine Hilfe für die Bestimmung der Einnahmenstruktur der öffentlichen Haushalte. Wird aber die Objektorientierung der Schuldaufnahme im beschriebenen Sinne abgelehnt, so erscheint die öffentliche Verschuldung als ein Einnahmeninstrument, das ebenso wie die Besteuerung nicht aus den Leistungen des Staates zu rechtfertigen ist, sondern vielmehr an den Kriterien orientiert und beurteilt wird, die sich aus den Zielen der Wirtschaftspolitik ergeben (sog. **situationsbezogene Schuldenpolitik**).

# D. Schattenwirtschaft und Pfennigabgaben als Ausweg?

Über die Fragen einer zweckmäßigen Struktur aller öffentlichen Einnahmen hinausgehend kann man untersuchen, ob nicht für das Volumen einzelner Steuern, für das Steueraufkommen und für die Beitragssätze der Sozialabgaben insgesamt, die Höhe der Kreditfinanzierung und schließlich für das gesamte Einnahmenvolumen **Grenzen der Einnahmenerzielung** bestehen. Die Höhe der gesamten Einnahmen deckt sich mit dem Ausgabenvolumen und dadurch mit dem Staatsanteil, so dass insoweit auf die Statistiken im 2. Kapitel verwiesen werden kann. Speziell für das Steuer- und Sozialabgabenaufkommen ist eine Grenze nicht leicht auszumachen, zumal in jedem Land immer wieder Erhöhungsspielräume für bestehende Steuern und steuerähnliche Abgaben bzw. die Erfindung neuer Steuern auszumachen sein dürften (z. B. in Deutschland die Luftverkehr- sowie die Kernbrennstoffsteuer). Jedoch hat es den Anschein, als ob eine bestimmte Gruppe von Steuern zusammen mit den Sozialabgaben (z. B. Rentenversicherungsbeiträge) inzwischen zu so starken politischen Gegenreaktionen geführt hat, dass man hier Grenzen vermuten kann. Es handelt sich um alle Abgaben, die in die individuelle Entscheidung, Arbeitsleistung oder Güter am Markt anzubieten, als Kosten eingehen, also Einkommen- und Körperschaftsteuer, Umsatzsteuer, Sozialabgaben, ggfs. spezielle Verbrauchsteuern usw. Sie bilden, zusammen mit anderen Faktoren, einen großen Anreiz, durch Vermeidung oder Hinterziehung (Schwarzarbeit, Geschäfte ohne Rechnung, Nachbarschaftshilfe) in die „**Schattenwirtschaft**" überzuwechseln und drücken insoweit **Steuerwiderstand** aus[3]. Darauf kann der staatliche Entscheidungsträger auf unterschiedliche Weise reagieren. Er kann mit härteren Strafen und höherem Kontrollaufwand wie in Schweden vorgehen, neuartige Einnahmen erfinden oder Steuersenkungen, wie sie im Jahr 2017 in den USA und Deutschland diskutiert werden, vornehmen.

Ein gern gewählter Ausweg besteht auch in der Einführung harmlos klingender und jeweils für sich genommen eher geringfügiger **gesonderter Abgaben**. Diese häufig als „**Pfennigabgaben**" (Kohlepfennig, Wasserpfennig, Ölpfennig) bezeichnete Finanzierung suggeriert eine minimale Belastung, um sie gegenüber dem Bürger leichter einführen zu können. Die Abgrenzung zu den herkömmlichen Zwangsabgaben – Steuern, Sozialabgaben, Gebühren und Beiträge – ist schwierig und jeweils nur im Einzelfall vorzunehmen. Zumeist werden diese Abgaben für spezielle Ausgaben zweckgebunden, insbesondere wenn sie die vom Bundesver-

---

[3] Siehe hierzu im Einzelnen Schneider, F., und Enste, D., Schattenwirtschaft und Schwarzarbeit: Umfang, Ursachen, Wirkungen und wirtschaftspolitische Empfehlungen, München u. a. O. 2000, Enste, D. H., und Schneider, F. (Hrsg), Jahrbuch Schattenwirtschaft 2010/2011: Schwarzarbeit, Steuerhinterziehung und Finanzkrise, Berlin 2011 sowie Schneider, F., und Bookmann, B., Die Größe der Schattenwirtschaft – Methodik und Berechnungen für das Jahr 2016, Linz und Tübingen 2016.

fassungsgericht entwickelte Rechtsform der **„Sonderabgabe"** einnehmen. Gegen diese Zweckbindung und die damit oft verbundene Auslagerung der Mittel aus dem allgemeinen Haushalt wird aus finanzwissenschaftlicher Sicht eingewendet, dass sie gegen die Haushaltsgrundsätze der Einheit und der Non-Affektation verstoßen. Bei diesen nichtsteuerlichen Abgaben handelt es sich zumeist um eine Belastung spezieller Güter, vergleichbar also mit speziellen Verbrauchsteuern wie der Mineralöl-, Branntwein-, Bier-, Schaumwein- oder Tabaksteuer. In diesem Zusammenhang kann auch auf den sog. Solidaritätszuschlag hingewiesen werden, der als Ergänzungsabgabe zur Einkommensteuer erhoben wird, und dessen Aufkommen – unbeachtet des bestehenden Non-Affektationsprinzips – politisch für den Aufbau Ost vorgesehen war, mittlerweile aber auch für andere Zwecke eingesetzt wird. Auch die Umlage zur Finanzierung der Energiewende (EEG-Umlage) stellt eine solche Finanzierungsart dar[4].

Über die genannten Abgaben hinaus ist noch auf die Diskussion um die PKW- und LKW-Maut zu verweisen und auf eine Vielzahl an Quasisteuern, deren Aufkommen nach Berechnungen des Bundes der Steuerzahler im Jahr 2014 knapp € 50 Milliarden ausmachen[5]. Sie sind wenig transparent und stehen außerhalb der öffentlichen Haushalte. Damit verstoßen sie gegen verschiedene Haushaltsgrundsätze (z. B. der Einheit und der Vollständigkeit sowie der Non-Affektation). Schließlich bedarf es auch ihrer wirtschaftspolitischen Einschätzung. Dadurch, dass z. B. die Subventionen für die Förderung der erneuerbaren Energien über die Stromrechnung und nicht über Steuern finanziert werden, kann die Steuerbelastung begrenzt und ein Anstieg der Steuerquote verhindert werden, was den Steuerwiderstand mindern kann. Verteilungspolitisch sind diese und viele andere Abgaben nicht unproblematisch. Zumindest die EEG-Umlage (€ 22 Mrd.) dürfte regressiver wirken als eine Finanzierung der Subventionen aus allgemeinen Deckungsmitteln, also überwiegend aus dem Steueraufkommen. Auch die Pflicht der Arbeitgeber zur Entgeltfortzahlung im Krankheitsfall und die Glücksspielabgaben gehören zu den Quasisteuern. Der **Rundfunkbeitrag** kann spätestens seit der Umstellung auf die Haushaltspauschale als Quasisteuer angesehen werden, und zwar in ihrer umstrittensten Form, der Kopfsteuer (siehe 4. Kapitel, Abschnitt A I), weil sie ohne Bezug zur Nutzung und finanziellen Leistungsfähigkeit von jedem Wohnungsinhaber gezahlt werden muss.

Zusammenfassend ergibt sich das Bild einer vielfältigen Steuer- und Abgabenbelastung in Deutschland, das mit seiner mangelhaften Transparenz und fehlenden Systematik selten thematisiert wird, was auch im Interesse eines stimmenmaximierenden Politikers sein dürfte. Latent steckt in diesem Kontext auch immer die Frage, inwieweit der Steuer- und Abgabenstaat in seiner Art, seiner Qualität und seinem Umfang wünschenswert ist und den Wohlstand der Bevölkerung nachhaltig verbessert. Schließlich liegen die steigenden Opportunitätskosten beim Steuer- und Beitragszahler, der bei steigender Steuer- und Abgabenlast immer weniger über sein Arbeitseinkommen frei verfügen kann. In einigen europäischen Ländern liegt der Staatsanteil und damit die Steuer- und Abgabenquote weit über 50 %.

---

[4] Siehe auch Nichtsteuerliche Abgaben – Sonderproblem Quasi-Steuern, Deutsches Steuerzahlerinstitut des Bundes der Steuerzahler, Schrift 4, Berlin 2016,
[5] Siehe ebenda, S. 46 ff.

# E. Vom Rückblick zum Ausblick

## I. Auf dem dornigen Weg zu einer höheren Programmeffizienz und administrativen Effizienz

Rückblickend hat sich gezeigt, dass angesichts der unausgewogenen und **wenig rationalen Struktur auf der Einnahmenseite** der öffentlichen Haushalte der Gebietskörperschaften und Sozialversicherungsträger der politische Handlungsdruck bei der Allokation der stets zu knappen Ressourcen zunimmt und aufgrund der demographischen Entwicklung noch an Bedeutung gewinnen wird.[6] Wenn dieser Eindruck zutrifft, steht die qualitative und quantitative Haushaltskonsolidierung mit **mehr Ziel- und Ergebnisorientierung weiter im Vordergrund**. Die Tragfähigkeitsberichte der Bundesregierung geben hier bereits eine Richtung vor. Schließlich schafft eine auszubauende langfristige Haushaltsberichterstattung die Voraussetzung für eine nachhaltige und tragfähige Finanzierung aller Staatsausgaben. Und nicht zuletzt unterstützt die neue verfassungsrechtliche Begrenzung der Staatsverschuldung dieses Ziel.

Neben die eingeforderte Programm- bzw. Ergebniseffizienz tritt noch eine **bessere Management- oder administrative Effizienz im öffentlichen Sektor,** wie sie der Bundesrechnungshof immer wieder einfordert, u.a. bei der Erfolgskontrolle des Bundes bei seinen Unternehmensbeteiligungen[7] sowie in der Energiepolitik. Dieser Aspekt wird in den folgenden Kapiteln 7–9 im Detail behandelt. Gelegentlich wird auch von einer innovativen Allokationsarchitektur übergreifend und innerhalb der öffentlichen Aufgabenbereiche gesprochen und eine effizientere Verwendung der öffentlichen Mittel eingefordert. Eine stärker evidenzbasierte Staatstätigkeit, z.B. im Rahmen der Gesundheitsversorgung[8] und im Kontext der Innovationsforschung, steht daher auf der finanzpolitischen Agenda der nächsten Jahre[9] (siehe 7. Kapitel).

Mit einer möglichen Hinwendung zu mehr (fiskalischer) Äquivalenz, wie wir sie mit den **plebiszitären Elementen in der parlamentarischen Demokratie** der Schweiz

---

[6] Fraunhofer Institut für Angewandte Informationstechnik und Prognos AG, Herausforderungen für das Steuerrecht durch die demografische Entwicklung in Deutschland – Analyse einer Problemstellung im Auftrag des Bundesministeriums der Finanzen, 2016.

[7] Unterrichtung durch den Bundesrechnungshof, Bemerkungen des Bundesrechnungshofes 2016 zur Haushalts- und Wirtschaftsführung des Bundes (einschließlich der Feststellungen zur Jahresrechnung 2015), Drucksache 18/10200 vom 10.11.2016, S. 22 ff. und 238 ff.

[8] Siehe dazu OECD, Caring for Quality in Health: Lessons Learnt from 15 Reviews of Health Care Quality, Paris 2016; www.oecd-ilibrary.org/social-issues-migration-health/caring-for-quality-in-health_9789264267787-en

[9] Mühlenkamp, H., Effizienzmessung und quantitative Instrumente zur Effizienzsteigerung im öffentlichen Sektor, in: Perspektiven der Wirtschaftspolitik, 17. Jg., Heft 2, 2016, S. 106–128.

vorfinden, stellt sich auch wieder die Frage nach dem Finanzierungsgegenstand und damit nach der wünschenswerten Höhe des allgemeinen Staatsanteils und der spezifischen Ausgabenquoten und ihrer Aussagekraft. Mögliche Konflikte zwischen dem Leistungsfähigkeits- und dem Äquivalenzprinzip gehören auf die Tagesordnung der Diskussion einer neuen verhaltenslenkenden Einnahmenstruktur der Staatsfinanzierung. Ob es in diesem Kontext dann zu einer **Stärkung des Äquivalenzprinzips** kommt und damit verbunden einer Stärkung des Beitragszahlers anstelle des Steuerzahlers ist schwer abzuschätzen, da **wichtige Fragen der Verteilung** bei der Anwendung des Äquivalenzprinzips **nicht übersehen** werden dürfen. Außerdem spielen Verteilungs- und Gerechtigkeitsfragen aktuell im politischen Raum eine große Rolle. Mit Fragen der Einkommensverteilung soll dieses Kapitel daher abgeschlossen werden.

## II. Ein Ausblick auf die Einkommensteuer aus verteilungspolitischer Sicht

Fragen der Einkommensverteilung stehen nicht nur im Wahljahr 2017 in Deutschland mit dem Schlagwort „Soziale Gerechtigkeit" im Vordergrund, sondern auch aufgrund vieler Studien, die den zumindest in der Vergangenheit feststellbaren Anstieg der Ungleichheit thematisieren. Daher schließt dieser Ausblick auf die künftige Einnahmenstruktur mit einem Blick auf die Einkommensteuer aus verteilungspolitischer Sicht.

Führt man sich die Möglichkeiten, die Einkommensteuer verteilungsorientiert zu gestalten, vor Augen, so ergibt sich zusammenfassend das in Schema 6.1 wiedergegebene Bild. Es soll verdeutlichen, auf welchen Stufen der Ermittlung des zu versteuernden Einkommens und der Steuerschuld Umverteilungsmaßnahmen eingebaut werden können. Dass bei Verfolgung des Umverteilungsziels das **Steuerrecht komplizierter** wird und die **Erhebungsbilligkeit sinkt**, wäre dann als **Preis für eine gleichmäßigere Einkommensverteilung** anzusehen. Vor allem aber müssen die fiskalischen Wirkungen in Form von Mindereinnahmen und negativen Wachstumsanreizen berücksichtigt werden. Besser wäre es daher, eine differenzierende Betrachtungsweise zugrunde zu legen, die den verteilungspolitisch wirkenden Einsatzmöglichkeiten deren negative Konsequenzen unter anderen Zielbezügen gegenüberstellt.

Die verteilungspolitischen Vorteile der Einkommensteuer, die vor allem darin bestehen, dass sie sich mittels Progression und Abzugsposten verteilungswirksam ausgestalten lässt, rühren daher, dass diese Steuer an persönliche Tatbestände anknüpft und die **individuelle Leistungsfähigkeit** zu erfassen versucht. Diese Vorteile müssen sich folglich vermindern, wenn die Besteuerung an der **Einkommensentstehung im Unternehmensbereich** anknüpft, wie z. B. im Falle der Körperschaftsteuer, Gewerbesteuer, Grundsteuer auf betrieblich genutzte Grundstücke usw. Diese Steuern gehen in die unternehmerische Kalkulation ein und werden je nach Konjunktursituation, unternehmensspezifischer Absatzsituation usw. – falls sie nicht von den Eigenkapitalgebern getragen werden – auf die Abnehmer der

*Schema 6.1: Ansatzpunkte einer verteilungspolitischen Ausgestaltung der Einkommensteuer*

| Ansatzpunkte bei der Ermittlung der festzusetzenden Einkommensteuer: | Beispiele für mögliche Umverteilungs- maßnahmen: |
|---|---|
| I. Ermittlung der Einkünfte aus den Einkunftsarten<br>a) Anerkennung von Betriebsausgaben<br>b) Abzug von Werbungskosten | – Steuerbefreiung bestimmter Einnahmen: z. B. Trinkgelder, Arbeitslosengeld I (aber Progressionsvorbehalt), mögliche Abzugsposten: beruflich genutzter PKW, AfA für Gebäude |
| II. Abzug von<br>a) Sonderausgaben<br>b) Außergewöhnlichen Belastungen usw.<br>c) Sonstigen Abzugsposten | – Mögliche Abzugsposten: Sozialversicherungsbeiträge, private Alters- und Gesundheitsvorsorge, Kosten einer schweren Krankheit |
| Aus I und II ergibt sich „zu versteuerndes Einkommen" | – Betrifft Abzugsmöglichkeiten insgesamt: Übergang von unbeschränktem Abzug zu prozentualem oder absolut begrenztem Abzug (u. U. mit Einkommensgrenze) |
| III. Steuertarif | – Progressionsverlauf, Ehegattensplitting, Höhe des Grundfreibetrags, zusätzliche Freibeträge und Steuerermäßigungen, z. B. Freibetrag für Alleinerziehende |
| IV. Steuerschuld | – Übergang vom Abzug von der Bemessungsgrundlage zum Abzug von der Steuerschuld (z. B. Parteispenden) |

verkauften Waren, auf die Zulieferer oder die Arbeitnehmer des Unternehmens abgewälzt.

Abschließend bleibt zur **Bestimmung der öffentlichen Einnahmenstruktur** festzuhalten, dass einerseits ihre gesamte Struktur **aus nationaler Sicht** hinterfragt werden kann und andererseits auch im internationalen, vor allem im europäischen Binnenmarkt. Ein Wettbewerb dieser Systeme und ihrer Strukturen gewinnt mittelfristig sicherlich europaweit an Bedeutung.

Im Kontext mit dem Finanzierungsgegenstand, also den Aufgaben und Leistungen des Staates, geht es um eine neu zu gestaltende Allokation der Ressourcen mit Hilfe der **Programmeffizienz** bzw. **Ergebniseffizienz** auf der einen Seite und einer besseren **administrativen Effizienz in der Organisation des Staates** mit seinen vielfältigen Aufgabenbereichen auf der anderen Seite. In beiden Fällen handelt es sich um dauerhafte Herausforderungen generell und speziell in der föderalen Vielfalt der Bundesrepublik Deutschland zwischen den Ländern und Gemeinden.

Schließlich darf nicht übersehen werden, dass der Staat mit seinen unterschiedlichen Einnahmen bestimmte Ziele auf verschiedenen Wegen zu verwirklichen versucht. Das gilt für Umweltabgaben, die Rolle der indirekten Steuern und die

Entwicklung der Staatsverschuldung. Hier wurden nur **beispielhaft Handlungsmöglichkeiten bei der Einkommensteuer aufgezeigt.**

## Fragen zum 6. Kapitel

1. Welches ist der Hauptunterschied zwischen einer Entgelt- und einer Steuerfinanzierung?
2. Was wird als unsichtbarer Finanzausgleich bezeichnet?
3. Kennzeichnen Sie die unterschiedliche Einnahmenstruktur der Staaten in der EU.
4. Inwieweit kann ein Zusammenhang zwischen der Steuerstruktur eines Landes und dem Erreichen der verschiedenen originären Ziele der Finanzwissenschaft unterstellt werden?
5. Gegen welche Steuern gibt es einen „Steuerwiderstand" und wie drückt er sich aus?
6. Was versteht man unter Quasi-Steuern?
7. Was verstand man unter einer objektbezogenen Schuldenpolitik?
8. Worin besteht der Unterschied zwischen der administrativen oder Management-Effizienz und der Programmeffizienz?
9. Nennen Sie Ansatzpunkte für eine Umverteilungspolitik mit Hilfe der Einkommensteuer

## Literatur zum 6. Kapitel

Bohley, P., Die Öffentliche Finanzierung – Steuern, Gebühren und öffentliche Kreditaufnahme, München 2003.

Bundesministerium der Finanzen, Die wichtigsten Steuern im internationalen Vergleich 2015, Berlin 2016.

Konrad, K. A.; Zschäpitz, H., Schulden ohne Sühne? – Warum der Absturz der Staatsfinanzen uns alle trifft, 2. Aufl., München 2010.

Lampert, H., Bossert, A., Die Wirtschafts- und Sozialordnung der Bundesrepublik Deutschland im Rahmen der Europäischen Union, 16. Aufl., München 2007.

Wissenschaftlicher Beirat beim Bundesministerium der Finanzen, Einkommensungleichheit und soziale Mobilität, Schriftenreihe des Bundesministeriums der Finanzen, Heft 1, Berlin 2017.

# Teil III
# Staatsinterne Organisation

# 7. Kapitel:
# Der öffentliche Haushalt –
# Planungs- und Handlungsgrundlagen
# für die öffentliche Finanzwirtschaft

Im Mittelpunkt der finanzwirtschaftlichen Staatstätigkeit steht der öffentliche Haushalt. Er umfasst die planvolle zahlenmäßige Zusammenstellung aller öffentlichen Ausgaben und Einnahmen für eine bestimmte Periode, stellt also das finanzielle Abbild des jeweiligen politischen Programms einer Gebietskörperschaft dar. Der zweckmäßigsten Art, den öffentlichen Haushalt zu planen, zu beraten, zu beschließen und zu kontrollieren, kommt mithin eine große Bedeutung zu. Nicht umsonst wurde der Haushaltsplan als das „zu Zahlen geronnene Schicksal der Nation" (K. Heinig) bezeichnet. Die Haushaltsdebatte wird in vielen Parlamenten daher als Anlass für eine politische Grundsatzdiskussion der jeweiligen Regierung genutzt.

Wenn dem Budget eine so grundlegende Bedeutung zukommt, muss in einem demokratischen Staatswesen die Frage interessieren, wie und durch wen über das Budget in seiner Höhe und Struktur entschieden wird. Ein Teilaspekt dieser Frage wurde im Kapitel 2 mit der wünschenswerten Höhe des Budgets bereits behandelt. Allerdings sind den eher wohlfahrtstheoretischen Ansätzen zur Bestimmung der Höhe des Budgets so enge Grenzen gesetzt, dass sie allenfalls einen geringen Bezug zu den praktischen Problemen der Haushaltsaufstellung aufweisen. Sie bedürfen der Ergänzung um positive Theorien, die sich mit den real abspielenden Prozessen der finanzpolitischen Willensbildung beschäftigen. Daher soll die politische Bestimmung des Budgets, d.h. der Einfluss von Wählern und Parlamenten, der Regierung, der Bürokratie und der Verbände, am Anfang stehen (Abschnitt A). An sie schließt sich eine Betrachtung der in der Praxis entwickelten Funktionen und Normen des haushaltspolitischen Handelns an (Abschnitt B I), aus denen sich Ansätze für eine Verbesserung von Budgetierung und Planung der öffentlichen Ausgaben und Einnahmen ableiten lassen (Abschnitte B II, III).

# A. Staatsbürger und öffentliche Finanzen: Zur politischen Bestimmung des öffentlichen Haushalts

## I. Die Bestimmung des Haushalts durch das Parlament

### a) Der Einfluss der Abgeordneten auf finanzpolitische Entscheidungen

Im Kapitel 2 wurde der Fall einer *direkten Demokratie* diskutiert, in der die stimmberechtigten Bürger über die einzelnen öffentlichen Güter oder Gütergruppen direkt abstimmen und damit ihre Präferenzen offenbaren. Strategisches Verhalten der Stimmberechtigten ließe sich nur vermeiden, wenn über die anzubietende Menge und die Finanzierung des Angebots simultan, d.h. im Sinne eines Modells der „freiwilligen Beiträge" abgestimmt würde (vgl. 2. Kapitel, Abschnitt B II a). Diesem

Modell sind aber bei vielen staatlich angebotenen Gütern wegen ihrer Nichttrivalität des Konsums und der fehlenden Anwendbarkeit des Ausschlussprinzips Grenzen gesetzt.

In der Realität dominiert das System der *indirekten*, d. h. repräsentativen *oder parlamentarischen Demokratie*. Hier sind zwei Varianten denkbar: Zum einen können die gewählten Abgeordneten als **weisungsgebundene Ausführende** den Wählerwillen durchsetzen, d. h. ihre Tätigkeit unterliegt einem **imperativen Mandat**. Zum anderen – und das ist durch Art. 38 GG in Deutschland der Fall – können Abgeordnete aber auch gewählt werden, ohne während der Wahlperiode an Aufträge oder Weisungen direkt gebunden zu sein. Dieser Fall, in dem **kein bindender Auftrag des Wählers** an den Abgeordneten vorliegt und dieser grundsätzlich nur seinem Gewissen unterworfen ist, entspricht den westlichen Verfassungen. Er schließt häufige Volksbefragungen, wie beispielsweise in der Schweiz, als *Elemente einer direkten Demokratie* nicht aus. Im Vordergrund steht jedoch der Fall, dass die Volksvertreter die Wünsche ihrer Wähler in aller Regel nicht unverändert durch den Gesetzgebungsgang bringen. Damit gewinnen Aussagen über die **Rolle der Entscheidungsträger** und die treibenden Kräfte im Prozess der finanzpolitischen Willensbildung eine besondere Bedeutung.

Bei der nachfolgenden Analyse der Auswirkungen einer indirekten Demokratie auf anstehende Entscheidungen ist danach zu unterscheiden, ob der politische Entscheidungsträger eigene Ziele verfolgt (siehe Abschnitt b) oder ausschließlich den ihm bekannten Wählerwillen umzusetzen versucht. Selbst wenn der Politiker bei Abstimmungen sein Eigeninteresse zurückstellt, kann die indirekte Demokratie aus Sicht der Wähler und der Wohlfahrtsökonomie zu unerwünschten Ergebnissen führen, wie nachfolgend an einem berühmten Beispiel nachgewiesen wird.

Es werden drei Wahlkreise betrachtet, in denen darüber zu entscheiden ist, welches von zwei möglichen Projekten (A und B) umgesetzt werden soll. Alle drei Wahlkreise haben je 100 stimmberechtigte Wähler. Bei einer direkten Abstimmung durch die Wähler würde Projekt B realisiert werden, da dieses 196 der möglichen 300 Stimmen erhalten würde. Da die Präferenzen der Bürger aber in einem Wahlkreis stark von denen der beiden anderen Wahlkreise abweichen, ergibt sich in einer indirekten Demokratie eine Mehrheit für Projekt A, da dieses von zwei der drei Abgeordneten vorgezogen wird. In diesem Fall wären die Wähler aus Wahlkreis 3 frustriert, da entgegen ihren stark ausgeprägten Präferenzen für das Projekt B entschieden worden wäre. Dieses Beispiel zeigt, dass selbst dann, wenn gewählte Vertreter keine Eigeninteressen verfolgen, die Präferenzen der Bürger nur begrenzt berücksichtigt werden können. Da die Präferenzen vielfach zwischen verschiedenen Wahlkreisen unterschiedlich ausgeprägt sind, kann dieses Beispiel auch als Begründung für einen föderativen Staatsaufbau herangezogen werden. Würden die Projekte A und B ohne Effizienzverluste auch lokal bereitgestellt werden, so könnten durch eine dezentrale Aufgabenerfüllung die Frustration in Wahlkreis 3 gesenkt und eine Wohlfahrtssteigerung erreicht werden (siehe 8. Kapitel, Abschnitt B I a).

| Abgeordnete | | Zahl der Wähler für Projekt A | Zahl der Wähler für Projekt B | Summe der Wähler |
|---|---|---|---|---|
| Wahlkreis | 1 | 51 | 49 | 100 |
| Wahlkreis | 2 | 51 | 49 | 100 |
| Wahlkreis | 3 | 2 | 98 | 100 |
| Summe | | 104 | 196 | 300 |

Innerhalb des gesamten Prozesses der politischen Willensbildung nimmt die Beratung und Beschlussfassung über die öffentliche Finanzwirtschaft eine besondere Stellung ein. Ihr ist im Grundgesetz ein besonderer Abschnitt gewidmet, der neben Bestimmungen über die Aufgaben- und Steuerverteilung auch Vorschriften über Zustandekommen, Durchführung und Kontrolle des Haushaltsplans enthält (Abschnitt X GG). – Im Folgenden wird vorwiegend am Beispiel des Bundeshaushalts argumentiert. In einer kleinen Gemeinde ist der Einfluss einzelner Abgeordneten deutlich größer.

Diese Sonderstellung des Budgetwesens liegt in der Bedeutung, die ihm bei der Entstehung des Parlamentarismus zukam. Am deutlichsten zeigt dies die englische Verfassungsgeschichte, in der das Parlament sich nach und nach die Budgetrechte in Auseinandersetzungen mit der Exekutive, der Krone, erkämpfte. Auf der Einnahmenseite erhielt das Parlament das Recht, über die Erhebung aller direkten Steuern mitzubefinden (1628, **Petition of Rights**), dem später die Ausweitung dieses Rechts auf alle Einnahmen folgte (1689, **Bill of Rights**). Auf der Ausgabenseite konnte es durchsetzen, dass alle Ausgaben nur für den vom Parlament bewilligten Zweck geleistet werden durften (1665, **Appropriationsklausel**), so dass das gesamte Budgetrecht im Laufe der Zeit in die Hände des Parlaments gelangte.

Mit dem steigenden Staatsanteil und der Zunahme der Aufgaben, die mittels Einnahmen und Ausgaben erfüllt werden sollen, kann das Budget nicht mehr in seiner Gesamtheit im Parlament selbst aufgestellt, ja nicht einmal mehr im Einzelnen beraten werden. Angesichts der zunehmenden Komplexität des Budgetwesens zeigt sich daher noch stärker als in anderen Bereichen der Gesetzgebung, dass die Idee von einem **einzelnen Abgeordneten als alleinigem Entscheidungsträger eine wirklichkeitsfremde Vorstellung** ist.

Insoweit hat das Parlament seine Funktion als gesamthaftes Forum der finanzpolitischen Willensbildung auf diesem Gebiet weitgehend verloren. Stattdessen haben sich formelle und informelle Gremien herausgebildet, die alle wichtigen budgetären Entscheidungen so vorstrukturieren, dass das Parlament als Ganzes nur noch in groben Zügen diskutieren kann und dann abstimmen muss. Zu nennen sind hier die **Arbeitskreise der Fraktionen**, in denen die jeweiligen Spezialisten Problemlösungen und Vorschläge erarbeiten, die dann, verstärkt durch einen informellen **Fraktionszwang**, das Abstimmungsverhalten der Mitglieder einer Fraktion stark beeinflussen. Bei den üblich gewordenen, von mehreren Parteien getragenen **Koalitionsregierungen** steht im Kontext des Koalitionsvertrages über allem noch der **Koalitionsausschuss**, dem sich die Willensbildung in den Fraktionen unterordnen muss.

Zugleich ist im Parlament selbst eine Funktionsverlagerung in die verschiedenen Fachausschüsse festzustellen und auch von der Sache her geboten, wobei dem **Haushaltsausschuss des Bundestages** besondere Bedeutung für die Haushaltsgestaltung auf Bundesebene zukommt[1]. Dieser Ausschuss hat die Aufgabe, die periodisch anfallenden Haushaltsberatungen inhaltlich vorzubereiten; zu diesem Zweck wird der Haushaltsplanentwurf nach der ersten Lesung des Haushalts an den Ausschuss überwiesen. In diesem Ausschuss werden aus den einzelnen Frak-

---

[1] Von finanzpolitischem Interesse ist ferner die Arbeit des **Finanzausschusses**, der sich hauptsächlich mit Fragen des Steuerrechts und nicht mit Fragen der Ausgabengestaltung befasst.

tionen Spezialisten entsandt[2], die dann jeden Haushaltsansatz diskutieren und als Ergebnis einen revidierten Entwurf an den Bundestag zur zweiten bzw. dritten Lesung zurückreichen. Hier spielt dann der einzelne Abgeordnete keine entscheidende Rolle mehr, da seine Kollegen im Ausschuss bereits Einfluss und Kompetenz geltend machten, um den Haushalt in dem von der Fraktion gewünschten politischen Sinne abzuändern.

Man kann diese **Entfunktionalisierung des Parlaments** im Sinne eines einheitlichen Diskussions- und Entscheidungsforums kritisieren; zu verkennen ist indessen nicht, dass ein sich ständig qualitativ wie quantitativ komplizierter werdendes Haushaltswesen zumindest eine Spezialisierung in der geschilderten Richtung unabdingbar macht. Den **Sachverstand eines Parlaments**, das sich weitgehend auf seine Ausschussvorlagen stützt, kann man daher vorwiegend an den Kenntnissen der Mitglieder desjenigen Ausschusses messen, dem ein solches Gesetz üblicherweise zur Bearbeitung überwiesen wird. Unabhängig von dieser Einschätzung kann überlegt werden, ob nicht die Funktion des Parlaments dadurch wieder aufgewertet würde, wenn im Parlament verstärkt die mittelfristige Aufgaben- und Finanzplanung und weniger das jährliche sog. Vollzugsbudget diskutiert würde (siehe Abschnitt B I).

Neben den Ausschüssen und Fraktionen gehören die **Parteien** selbst zu den Trägern der (finanz-)politischen Willensbildung. Die Parteien, die nach Art. 21 GG „bei der politischen Willensbildung des Volkes mitwirken", sind zwar in den formellen Ablauf des Gesetzgebungsverfahrens und somit auch der Budgetbestimmung nicht einbezogen. Dennoch zählen die Parlamentsfraktionen, denen die Abgeordneten angehören, und insbesondere die örtlichen, regionalen und überregionalen Gremien ihrer Partei ebenfalls zu den Trägern der Willensbildung. Gleichzeitig wird dort aber auch ihr Urteil geformt, ehe es zur parlamentarischen Beratung und Verabschiedung der Gesetze, in diesem Fall also des Budgets, kommt. Die Auffassungen von Parteien, Parlamentsfraktionen und deren Arbeitskreisen zur Budgetpolitik sind daher für die Analyse des finanzpolitischen Willensbildungsprozesses noch bedeutsamer als die Ansichten eines einzelnen Abgeordneten. Zwischen den Parlamentsausschüssen und den Fachgremien der Parteien bestehen enge Verbindungen, da die Fachleute, soweit sie Abgeordnete sind, in der Regel in mehreren dieser Gremien tätig sind. Innerhalb der genannten Gremien und auch in den Beziehungen zwischen ihnen spielt auch die informelle Willensbildung oft eine große Rolle vor politischen Entscheidungen.

### b) Stimmenmaximierung als Maßstab für die Budgetentscheidung

Die Analyse des Willensbildungsprozesses von Parteien und Abgeordneten und deren **Interessen** bildet einen der Schwerpunkte der „**ökonomischen Theorie der Politik**" (**Neue Politische Ökonomie, Public-Choice-Theorie**), die aus ökonomischer

---

[2] Der Haushaltsausschuss ist damit, ähnlich wie andere Bundestagsausschüsse, Spiegelbild der Kräfteverteilung im Plenum, da sich seine Besetzung an der Struktur der Gesamtsitzverteilung orientiert.

Sicht und mit Hilfe wirtschaftswissenschaftlicher Methoden u. a. die Entscheidung über Gesetze und insbesondere über das Budget zu erklären sucht[3]. Bei diesem Ansatz geht man davon aus, dass es letztlich die Wähler selbst sind, die die politischen Ziele und damit auch Aufgaben, Ausgaben und Einnahmen festlegen, und dass die in einer repräsentativen Demokratie **um politische Macht konkurrierenden Parteien** ihre Programme den Wählerpräferenzen anpassen.

Es liegt nahe, hier wie in anderen Bereichen der ökonomischen Theorie von der empirisch begründeten Annahme auszugehen, dass der zu einer Partei gehörige Politiker seinen Nutzen maximieren will und die Gesetzgebung, insbesondere die Budgetentscheidungen, zur Verwirklichung dieses Zieles verwendet. Da sein primäres Interesse in aller Regel die Wiederwahl ist, bietet sich die *Maximierung der Wählerstimmen als Zielvariable* an, eine Größe, die den Vorteil aufweist, messbar und skalierbar zu sein. Diese Überlegungen führten zu der Theorie der Stimmenmaximierung. Ihr Ursprung kann in **J. Schumpeters** Beobachtungen gesehen werden: „[…] der soziale Sinn oder die soziale Funktion der parlamentarischen Tätigkeit ist ohne Zweifel die, Gesetze und teilweise auch Verwaltungsmaßnahmen hervorzubringen. Aber um zu verstehen, wie die demokratische Politik diesem sozialen Ziele dient, müssen wir vom Konkurrenzkampf um Macht und Amt ausgehen und uns klar werden, dass die soziale Funktion, so wie die Dinge nun einmal liegen, nur nebenher erfüllt wird – im gleichen Sinne wie die Produktion nur eine Nebenerscheinung beim Erzielen von Profiten ist"[4]. Unter dieser Perspektive entwickelte **A. Downs** seine **Theorie der Stimmenmaximierung**.

Ihr liegt die Annahme zugrunde, dass die in Parteien organisierten Politiker nicht gemäß einer fiktiven sozialen Wohlfahrtsfunktion handeln, sondern dass Entscheidungen aus dem Berufsinteresse der Politiker, die nach Macht und Einkommen streben, gefällt werden: „Die politischen Parteien in einer Demokratie benutzen die Politik nur als Mittel, um Stimmen zu gewinnen. Sie trachten nicht danach, die Regierungsgewalt zu übernehmen, um vorher konzipierte politische Programme zu verwirklichen oder um bestimmten Interessengruppen zu dienen. Vielmehr konzipieren sie Programme und dienen Interessengruppen, um die Regierungsgeschäfte übernehmen zu können. Folglich wird ihre soziale Funktion – die darin besteht, Politiken zu entwerfen und aufgrund geeigneter Maßnahmen durchzuführen – erfüllt als Nebenprodukt ihrer privaten Motivation. Letztere ist gekennzeichnet durch den Wunsch, Einkommen, Macht und Prestige der Amtsausübung zu erlangen"[5].

Diese Vorstellung vom Wähler und Gewählten, die stark von amerikanischen Erfahrungen geprägt war, übertrug Downs in seine Theorie als die Verhaltensannahme, dass das Ziel des Politikers darin besteht, die größtmögliche Zahl von Wählerstimmen auf sich zu ziehen, um an der Macht zu bleiben bzw. sie zu erlangen. Das Ziel des Wählers ist demgegenüber, den Nettonutzen, den er aus haushalts- und finanzpolitischen Entscheidungen zieht, zu maximieren. Die Wähler werden ihre Stimmen demjenigen geben, von dem sie glauben, dass er ihre Interessen am bes-

---

[3] Siehe z. B. Cullis, J., und Jones, P., Public Finance and Public Choice, 3. Aufl., Oxford 2009; Bernholz, P., und Breyer, F., Grundlagen der Politischen Ökonomie, Bd. 2: Ökonomische Theorie der Politik, 3. Aufl., Tübingen 1994; Kirsch, G., Neue Politische Ökonomie, 5. Aufl., Stuttgart 2004.
[4] Schumpeter, J., Kapitalismus, Sozialismus und Demokratie, 2. Aufl., Bern 1950, S. 448.
[5] Downs, A., Eine ökonomische Theorie des politischen Handelns in einer Demokratie, in: Recktenwald, H. C., Hrsg., Finanzpolitik, Köln-Berlin 1969, S. 51.

ten vertritt. Und die Politiker werden Programme anbieten, die am ehesten den Interessen ihrer Stammwähler und potentiellen Neuwähler entsprechen.

Unter den folgenden Annahmen ergibt sich im sog. Medianwählermodell ein **stabiles politisches Gleichgewicht**, analog zu dem auf Güter- und Faktormärkten (vgl. Abb. 7.1):

– Der Inhalt der Parteiprogramme ist ein eindimensionales, auf der Abszisse abtragbares Anliegen, beispielsweise „linke" Politik und hohes Budget versus „rechte" Politik und niedriges Budget.
– Die Verteilung der Wählerstimmen bzw. -präferenzen ist „eingipflig", ausdrückbar in einer Kurve wie in Abb. 7.1.
– Es gibt nur zwei Parteien mit je einem Programm, etwa die Linkspartei und die Rechtspartei.
– Wähler und Gewählte sind vollständig informiert und drücken ihre Präferenzen in ständigen Wahlen mit einer Wahlbeteiligung von 100 % aus.

Unter den genannten Annahmen führt der Parteienwettbewerb zu praktisch gleichen Programmen, und der genau in der Mitte der aufgereihten Wählerschaft befindliche „Medianwähler" M entscheidet über den Wahlsieg. Würde eine Partei, etwa die Rechtspartei, ein Programm etwas näher zu ihrem Wählerschwerpunkt R hin und damit weg vom M verlegen und die Linkspartei bei M verharren, so würde die Linkspartei die Wahl gewinnen: Die Rechtspartei würde alle Stimmen rechts von R und einige zwischen M und R gewinnen. Die Linkspartei würde alle Stimmen links vom Median M (nicht nur links von L!) sowie einige Stimmen zwischen M und R und damit die Mehrheit gewinnen. Das Gleiche gilt umgekehrt, wenn die Linkspartei ein Programm links von M vorlegt. Jede der beiden Parteien tut also gut daran, sich zur Mitte zu bewegen. Dies hilft beispielsweise zu erklären, warum große Parteien gern als zur Mitte gehörig angesehen werden möchten.

Die Realität der politischen Willensbildung ist naturgemäß komplexer als in diesem einfachen Modell. Parteiprogramme lassen sich nicht eindimensional wie-

*Abb. 7.1: Das Medianwählermodell*

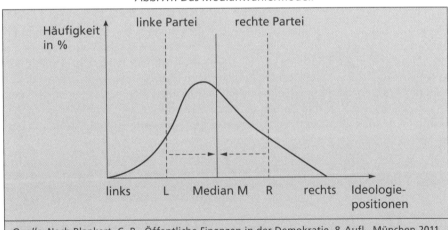

Quelle: Nach Blankart, C. B., Öffentliche Finanzen in der Demokratie, 8. Aufl., München 2011, S. 126.

dergeben. Wähler können mehrgipflige Präferenzen haben (siehe Abschnitt A I c), etwa weil sie zur Kernenergie, zur Gesundheits- oder Bildungsreform und zum Verteidigungshaushalt unterschiedliche Auffassungen vertreten. Schließlich gibt es meist mehr als zwei Parteien und dadurch oft eine Koalition von unterschiedlich ausgerichteten Parteien. Dies alles hat zu differenzierterer Theoriebildung geführt, die aber oft auf dem Grundmodell von Downs basiert.

Schon das Grundmodell erlaubt in seiner restriktiven Form eine erste *Aussage zur Haushaltspolitik*. Wenn große Parteien zur Mitte tendieren und man ihre grundsätzliche Orientierung zu „eher links" und „eher rechts" tendenziell gleichsetzt mit „eher größeres Budget" und „eher kleineres Budget", dann wird es kein extrem niedriges Budget, aber auch keine ständige Ausweitung des Staatsanteils geben. Dementsprechend übertrug Downs die Politik der Stimmenmaximierung wie folgt auf die Haushaltspolitik: „Die Ausgaben werden so lange gesteigert, bis der durch die letzte ausgegebene Geldeinheit erreichte Stimmengewinn dem Stimmenverlust gleich ist, der durch die letzte, aus den staatlichen Finanzquellen entnommene Geldeinheit verursacht wird"[6].

Mit Hilfe dieser idealtypischen Aussage lässt sich die Abb. 2.6 im zweiten Kapitel in der Weise darstellen, dass auf der Ordinate statt der Grenznutzen (aus der Sicht der Wähler) nunmehr die marginalen **Stimmengewinne** (aus der Sicht der Politiker) stehen, die durch angebotene zusätzliche Ausgabenprogramme zu erzielen sind, bzw. die Stimmenverluste, die aus den steigenden Staatseinnahmen resultieren.

Einen Anhaltspunkt dafür, dass die den Politikern in der ökonomischen Theorie der Politik unterstellte Verhaltensmaxime auch einen gewissen **Einfluss auf den Zeitpunkt des Einsatzes** einer – vielleicht ohnehin geplanten – Maßnahme ausübt, bietet die vor Wahlterminen zunehmende Verabschiedung von sozialen Gesetzesmaßnahmen. Rentenerhöhungen kurz vor einer Bundestagswahl lassen sich als Beispiel anführen. Die Theorie der Stimmenmaximierung ist daher auch als eine „**Theorie der Wahlgeschenke**" bezeichnet worden. Einen Unterfall stellt die **These vom politischen Konjunkturzyklus** dar. Sie geht von einem Trade-off zwischen Arbeitslosigkeit und Inflation aus und besagt, dass es für Politiker wahlstrategisch ratsam sein kann, unmittelbar vor Wahlterminen eine expansive Haushaltspolitik mit zusätzlichen Ausgaben zur Bekämpfung der Arbeitslosigkeit zu verfolgen und unmittelbar nach der Wahl auf eine restriktive Haushaltspolitik umzustellen, die am Ziel der Inflationsbekämpfung ausgerichtet ist[7]. Nach dieser These kommt es erst durch diese Politik zur Sicherung der Wiederwahl zu konjunkturellen Schwankungen und den damit verbundenen Wohlfahrtsverlusten, die sich aufgrund von Veränderungen bei Arbeitslosenquote und Inflationsrate ergeben. Ohne die politischen Maßnahmen hingegen wäre möglicherweise keine Veränderung bei diesen beiden wahlrelevanten Größen aufgetreten (Abb. 7.2). Soll die Möglichkeit der Regierung, einen politischen Konjunkturzyklus mittels Fiskal- und/oder Geldpolitik in Gang zu setzen, begrenzt werden, bietet es sich an, die gesetzlichen

---

[6] Downs, A., Ökonomische Theorie der Demokratie, Tübingen 1968, S. 50. Zu darauf aufbauenden Modellen siehe Bernholz, P., und Breyer, F., Grundlagen der Politischen Ökonomie, Bd. 2: Ökonomische Theorie der Politik, 3. Aufl., Tübingen 1994, S. 101 ff.
[7] Zur These und ihrer empirischen Evidenz vgl. Belke, A., Politische Konjunkturzyklen in Theorie und Empirie, Tübingen 1996.

*Abb. 7.2: Politischer Konjunkturzyklus (Nordhaus)*

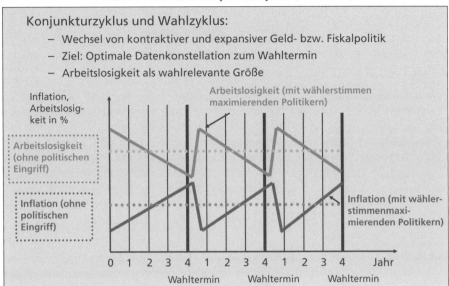

und institutionellen Rahmenbedingungen entsprechend zu gestalten. Eine unabhängige Zentralbank erschwert es der Regierung, eine expansive Geldpolitik mit dem Ziel zu betreiben, zum Wahlzeitpunkt die gewünschte und die Wiederwahl sichernde konjunkturelle Situation zu erreichen. Vor diesem Hintergrund ist auch die Unabhängigkeit der EZB in geldpolitischen Entscheidungen sehr wichtig. Verfassungsrechtliche Grenzen für die Staatsverschuldung wiederum können eine expansive Fiskalpolitik zur Stimulierung der konjunkturellen Entwicklung mit Blick auf den Wahltermin erschweren. In diesem Zusammenhang kann z. B. auf die im Grundgesetz verankerte deutsche Schuldenbremse (siehe 5. Kapitel, Abschnitt C) verwiesen werden, die einen politischen Konjunkturzyklus erschweren dürfte.

## c) Die Bedeutung des Abstimmungsprozesses und des Stimmentausches

Unter der Voraussetzung, dass staatliche Leistungen wie Güter auf privaten Märkten angeboten werden können, würde die individuelle Nachfrage Art, Umfang und Struktur der Staatstätigkeit bestimmen. Wie bereits ausgeführt (siehe 2. Kapitel, Abschnitt B II a), ist eine solche Lösung durch „freiwillige Beiträge" aufgrund der aus der Theorie der öffentlichen Güter bekannten Merkmale öffentlicher Leistungen nicht möglich. Daher muss durch einen anderen Abstimmungsmodus entschieden werden, für welche Art von Leistungen und in welchem Umfang staatlicherseits vorgesorgt werden soll.

Aus wohlfahrtstheoretischer Sicht ist zwar eigentlich die Einstimmigkeitsregel zu präferieren. Diese Regel garantiert aufgrund der Vetomöglichkeit des einzelnen Entscheiders, dass keine Person durch die zur Abstimmung stehende Maßnahme schlechter gestellt werden kann (Pareto-Effizienz), da andernfalls ein Veto eingelegt werden würde.

In demokratischen Gesellschaften wird heute für Kollektiventscheidungen aber in der Regel nicht die Einstimmigkeitsregel (anders in der EU) sondern die **Mehrheitsabstimmung** als das Mittel akzeptiert, um trotz voneinander abweichender Präferenzen der abstimmenden Personen Entscheidungen treffen zu können. **J.M. Buchanan** und **G. Tullock** haben gezeigt, weshalb es sinnvoll sein kann, von der Einstimmigkeitsregel, die die bestmögliche Berücksichtigung der individuellen Präferenzen garantieren würde, abzurücken (vgl. Abb. 7.3)[8]. Je höher der Anteil der Bürger ist, die bei einer Abstimmung zustimmen müssen, desto schwieriger ist es, eine Einigung herbeizuführen, insbesondere dann, wenn es sich um eine große Gruppe handelt. Die **Konsensfindungskosten** (K), die vor allem durch notwendige Verhandlungen entstehen, steigen mit dem Anteil der erforderlichen Zustimmung und sind maximal, wenn eine einstimmige Entscheidung herbeigeführt werden soll. Würde eine Person allein entscheiden, wären diese Kosten Null.

Allerdings wäre im zuletzt genannten Fall die Wahrscheinlichkeit sehr groß, dass die Präferenzen vieler Bürger nicht berücksichtigt werden. Es entstünden **externe Kosten** (E) in Form der Unzufriedenheit derjenigen, deren Vorstellungen sich nicht durchsetzen konnten. Je kleiner der Anteil der Bürger ist, die eine Entscheidung treffen können, desto höher sind die externen Kosten. Bei einer einstimmigen Entscheidung würden sie gänzlich vermieden.

Will man nun die optimale Entscheidungsregel im Sinne einer kostenminimalen Mehrheitsregel ermitteln, addiert man die Konsensfindungskosten und die externen Kosten. Im Minimum der Gesamtkostenkurve (E+K) liegt die **effiziente Zustimmungsquote** ($Z^{eff}$). Die so ermittelte Mehrheitsregel stellt aber nur eine zweitbeste Lösung dar, da sie im Gegensatz zur Einstimmigkeitsregel keine pareto-optimale Lösung garantiert. Die Kostenverläufe und das Niveau der Kosten hängen von der jeweils zu entscheidenden Frage ab. Gilt bei Abstimmungen etwa die absolute Mehrheit als Zustimmungserfordernis, so wird damit vermieden, dass einander sich widersprechende Vorschläge jeweils eine Mehrheit erhalten. Dies wäre hingegen sehr wohl möglich, wenn z. B. eine Zustimmungsquote von 40 % benötigt würde. Das Haushaltsgesetz wird in Deutschland auf Bundes-, Landes- und Gemeindeebene wie auch die meisten anderen Gesetze mit einfacher Mehrheit beschlossen. Für Änderungen des Grundgesetzes hingegen ist eine ⅔-Mehrheit in Bundestag und Bundesrat notwendig.

Für die Ausgestaltung des Budgets im Ganzen wie auch für jede einzelne seiner Positionen lassen sich zahlreiche Alternativen denken, die teils die zu bewilligende Summe, teils die Art der Ausgestaltung der Budgetposten betreffen, z. B. die Alternative „Subventionszahlung oder Steuervergünstigung", wenn es um die Unterstützung eines Wirtschaftszweiges geht. Eine demokratische Bestimmung des Budgets im Parlament könnte man sich nun so vorstellen, dass aus diesen **zahlreichen Alternativen** mit Hilfe **ebenso vieler Abstimmungen** die endgültige Form festgelegt wird.

---

[8] Buchanan, J. M., und Tullock, G., The Calculus of Consent. Logical Foundations of Constitutional Democracy, Ann Arbor 1962, S. 63 ff. Die Abb. 7.3 basiert auf ebenda S. 65 und 70 f.

Abb. 7.3: Entscheidungskosten und optimale Entscheidungsregel

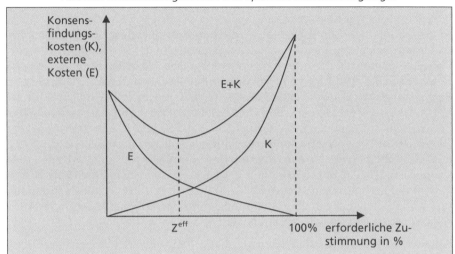

Abgesehen von dem damit verbundenen **technischen Aufwand** gibt es jedoch einen **grundsätzlichen Einwand** gegen dieses Vorgehen. In einem solchen System der Mehrheitsentscheidung kann schon bei wenigen abstimmenden Personen und wenigen entscheidungsbedürftigen Alternativen der Fall eintreten, dass eine eindeutige Mehrheit nicht zustande kommt bzw. ihr Zustandekommen zufallsbedingt ist. Dieser Sachverhalt ist als das sog. Abstimmungsparadoxon bekannt geworden.

Die Auseinandersetzung mit diesem schon früher beobachteten Problem ist durch eine Arbeit von **K. J. Arrow**[9] ausgelöst worden, in der er für den Fall einer direkten Demokratie den Nachweis erbrachte, dass auf der Basis der Mehrheitsentscheidung die Ableitung einer gesellschaftlichen Wohlfahrtsfunktion unmöglich ist (sog. **Unmöglichkeitstheorem**) bzw. dass auch in der Demokratie logisch widersprüchliche (haushalts-)politische Entscheidungen vorkommen können.

Zur Verdeutlichung dieses **Abstimmungsparadoxons, das auch für die repräsentative Demokratie gilt**, sei folgende Konstellation unterstellt: Es existieren drei Wähler oder, allgemein ausgedrückt, Entscheider (X, Y und Z), z. B. Bundestagsabgeordnete (die für bestimmte Wählergruppen stehen), und drei Budgetalternativen (A, B und C), über deren kollektive Präferenz abgestimmt werden soll. Zu diesem Zweck gibt jeder der drei Entscheider seine **individuelle Rangfolge der Alternativen** an, so dass aus dieser individuellen Rangfolgenbildung dann die gemeinschaftliche Rangfolge abgeleitet werden kann. Folgender positiver Fall ist denkbar:

Rangfolge der Budgetalternativen (Präferenzrangfolge)

| | |
|---|---|
| Entscheider X: | A > B > C |
| Entscheider Y: | B > C > A |
| Entscheider Z: | C > B > A |

Die kollektive Präferenzrangfolge ergibt sich aus der Kombination jeweils zweier Alternativen:

[9] Vgl. Arrow, K. J., Social Choice and Individual Values, 2. Aufl., New Haven-London 1963. – Als Übersichtsartikel zur Theorie sozialer Wahlhandlungen siehe Sen, A., The Possibility of Social Choice, in: American Economic Review, Bd. 89, 1999, S. 349 ff.

| Vergleich A–B: | B gewinnt 2:1, d. h. B wird zweimal A vorgezogen. |
| Vergleich B–C: | B gewinnt 2:1, d. h. B wird zweimal C vorgezogen. |
| Vergleich A–C: | C gewinnt 2:1, d. h. C wird zweimal A vorgezogen. |

Aus diesem Abstimmungsprozess ergibt sich eine mehrheitliche Präferenz für die Rangfolge B, C, A, die auch von einer Änderung der Abstimmungsfolge (B gegen C, C gegen A, A gegen B) unberührt bleibt.

Der zweite, negative und von Arrow hervorgehobene Fall tritt dann ein, wenn beispielsweise folgende Präferenzrangfolge vorliegt:

|  | Rangfolge der Budgetalternativen |
|---|---|
| Entscheider X: | A > B > C |
| Entscheider Y: | C > A > B |
| Entscheider Z: | B > C > A |

Dann folgt in Analogie zum ersten Fall:

| Vergleich A–B: | A gewinnt 2:1, d. h. A wird zweimal B vorgezogen |
| Vergleich B–C: | B gewinnt 2:1, d. h. B wird zweimal C vorgezogen |
| Vergleich A–C: | C gewinnt 2:1, d. h. C wird zweimal A vorgezogen. |

Nach den ersten beiden Vergleichen ergibt sich die Präferenzfolge A > B > C, die im Widerspruch steht zum Ergebnis des dritten Vergleichs (C > A). Eine **eindeutige kollektive Präferenzfolge ist nicht ableitbar**, da jede Alternative jeweils gleich stark den beiden anderen vorgezogen wird. Das System der Mehrheitswahl versagt also in diesem Fall. Das Wahlparadoxon ist ein Nachweis, dass im System der Mehrheitsentscheidung keine Garantie liegt, dass es bei gegebenen Präferenzen zu einer eindeutigen Entscheidung kommt. Bei bestimmten Konstellationen, wie im zweiten behandelten Fall, ist das Ergebnis insofern willkürlich, als die Wahl einer bestimmten Alternative von der Reihenfolge der einzelnen Wahlgänge abhängt.

Dieses Phänomen bezeichnet man als **Agenda Setting**, weil die Person, der die Festsetzung der Abstimmungsagenda obliegt, z. B. der Versammlungsleiter, das Ergebnis (mit-)bestimmen kann. Es kommt zu sogenannten **zyklischen Mehrheiten**, die ihren Ursprung darin haben, dass die Präferenzrangfolge eines jeden Wählers nicht mehr eindeutig ist. Man spricht dann auch davon, dass nicht nur „eingipflige“, sondern mehrgipflige Präferenzen vorliegen. Eingipfligkeit bedeutet dabei, dass, wie oben in Abb. 7.1, die Alternativen für jeden Wähler auf einer eindimensionalen Skala so angeordnet werden können, dass die Präferenzen, die sie dafür haben, ausgehend von der individuell besten Alternative nach beiden Seiten hin monoton abfallen. Gilt dies noch für Fall 1, trifft dies nicht mehr auf Fall 2 zu:

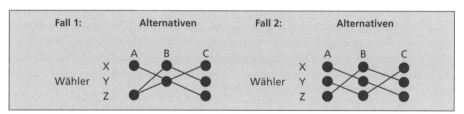

Gerade bei Entscheidungen über komplexe Tatbestände wie Budgetalternativen oder auch nur über einzelne Ausgabenprogramme kann es leicht zu solchen Konstellationen kommen, während bei einfacheren, auf einer Dimension liegenden Tatbeständen (z. B. einen Auftrag über 10, 100 oder 500 Flugzeuge zu erteilen) eher gleichgerichtete Präferenzen zu vermuten sind.

Als Ausweg aus diesem Wahldilemma ist vorgeschlagen worden, jedem Entscheidungsträger, in diesem Anwendungsfall jedem Parlamentsmitglied, die Möglichkeit einzuräumen, den Grad (die **Intensität**) **seiner Präferenz** für die eine oder andere Alternative auszudrücken. Zu diesem Zweck könnte etwa im System der **Punktwahl** jeder Person eine bestimmte Zahl von Punkten zur Verfügung gestellt werden, die sie auf die einzelnen Alternativen gemäß ihren Präferenzen verteilt. Abgesehen davon, dass dieses Verfahren technisch und administrativ ziemlich aufwendig wäre, ist auch hierbei nicht auszuschließen, dass der Arrow-Fall dann eintritt, wenn etwa alle Alternativen die gleichen Gesamtpunktzahlen auf sich vereinen, allerdings wird er dann für alle Beteiligten sichtbar.

Werden zum Beispiel im zuvor behandelten Fall 1 jeder der drei Personen 50 Punkte zugesprochen, so könnte sich für die drei zur Auswahl stehenden Budgets folgendes Bild ergeben:

| | | Budgetalternativen | | | Gesamte Punktzahl |
|---|---|---|---|---|---|
| | | A | B | C | |
| Personen | X | 47 | 2 | 1 | 50 |
| | Y | 14 | 20 | 16 | 50 |
| | Z | 12 | 17 | 21 | 50 |
| Gesamte Punktzahl | | 73 | 39 | 38 | 150 |

In diesem Beispiel wird das Budget A beschlossen, da ihm mit 73 die höchste Gesamtzahl an Punkten zugesprochen wird. Das Ergebnis weicht also von dem früheren Fall 1 ab, obwohl die Rangordnung, d. h. die Verteilung der ungewichteten Präferenzen, die gleiche ist (Person Y zieht B dem Budget C und C dem Budget A vor, usw.). Der Grund liegt darin, dass Person X das Budget A so intensiv bevorzugt, dass sie fast alle Punkte dorthin gibt, während die Präferenzen von Y und Z weit stärker streuen. – Das Ergebnis dieses Verfahrens ist allerdings durch das Weglassen oder Hinzufügen einer Alternative beeinflussbar, so dass es auch hier zum **Agenda Setting** kommen kann. Generell gilt: Je besser ein Abstimmungsmechanismus geeignet ist, die individuellen Präferenzordnungen zu berücksichtigen, desto anfälliger ist er für **strategisches Verhalten**.

Für die Erklärung der praktischen Haushaltspolitik dürfte eher ein Erklärungsansatz bedeutsam sein, der auf die Analyse von **Koalitionsbildungen** bzw. von Strategien des **Stimmentausches** abzielt. Sieht etwa eine Gruppe im Parlament (z. B. Landwirte), dass ein von ihr favorisiertes Programm keine Mehrheit erzielen wird, kann sie an eine andere Gruppe, die nicht unbedingt für dieses Programm eingenommen ist (z. B. Rentner), herantreten und diese um Zustimmung bitten. Als Gegenleistung wird dann in Aussicht gestellt, diese Gruppe ihrerseits dabei zu unterstützen, ein von ihr gewünschtes Programm durchzusetzen. Dieses sog. „**logrolling**" stellt häufig den einzigen Ausweg dar, um aus Sackgassen des Systems der Mehrheitsentscheidung herauszukommen[10].

Angenommen, drei verschiedene Projekte (A – C) stehen zur Abstimmung an. Jedes Projekt erhöht den gesellschaftlichen Nettonutzen um 5 Einheiten. Bei einer Abstimmung hingegen ergibt sich für jedes der drei Projekte eine Ablehnungsmehrheit von 2:1. Dieses gesellschaftlich ineffiziente Ergebnis kann durch „logrolling" vermieden werden. Unterstützen sich z. B.

---

[10] Neben dem „logrolling" als explizitem, vorgeplantem Stimmentausch kann Stimmentausch auch implizit erfolgen. Dann wird nicht, wie beim „logrolling", nur über eine Vorlage abgestimmt. Vielmehr wird eine höhere Zustimmungsrate dadurch erzielt, dass die Abstimmungsfolge mehrerer Vorlagen entsprechend gestaltet wird. Siehe dazu schon Tullock, G., Problems of Majority Voting, in: Journal of Political Economy, Bd. 67, 1959, S. 571 ff.

die Personen X und Y gegenseitig bei der Abstimmung, so werden die Projekte A und B realisiert. Der Gesamtnutzenzuwachs beträgt 10, der Zuwachs bei X 20 und derjenige bei Y 25. Allerdings kann dieser Stimmentausch auch dazu führen, dass Projekte realisiert werden, die insgesamt zu einer Verschlechterung der gesellschaftlichen Wohlfahrt führen. Gilt Z' statt Z, so führt jedes der Projekte bei isolierter Betrachtung zu einer Verschlechterung der Gesamtwohlfahrt und wäre daher abzulehnen. Durch „logrolling" zwischen den Personen X und Y können die Projekte A und B realisiert werden, da die beiden weiterhin daraus Nutzen ziehen, für die Gesamtgesellschaft ergibt sich aber ein Verlust.

| | | Nutzen der Projekte | | |
|---|---|---|---|---|
| | | A | B | C |
| Personen | X | 30 | – 10 | – 25 |
| | Y | – 10 | 35 | – 15 |
| | Z (Z') | – 15 (- 25) | – 20 (- 30) | 45 (– 10) |
| Gesamtnutzen X, Y, Z (X, Y, Z') | | 5 (– 5) | 5 (– 5) | 5 (– 50) |

Allerdings ist zu fragen, ob die auf solche Weise zustande gekommenen Programme überhaupt den Präferenzen der Bevölkerung und nicht nur denen einzelner Gruppen im Parlament entsprechen. Insbesondere sehr kleine Gruppen können sich oft nicht stark genug artikulieren und scheiden wegen ihrer zu geringen Größe als Partner für einen Stimmentausch bei Parlamentsentscheidungen aus. Hinzu kommt, dass der Stimmentausch bzw. die damit verbundenen Kompensationszahlungen die Staatsausgaben in die Höhe treiben. Dies lässt sich am Beispiel des Europäischen Haushalts zeigen.[11]

## II. Der zunehmende Einfluss der Exekutive auf die öffentlichen Finanzen

Für den Volksentscheid in der direkten Demokratie und für die Entscheidung der Abgeordneten in der repräsentativen Demokratie ist es erforderlich, dass die **Exekutive (Regierung)** Vorlagen eines in Ausgaben und Einnahmen ausgeglichenen Haushaltsentwurfs erstellt. In Deutschland erfolgt das auf der Bundesebene durch das Bundesfinanzministerium; diese Vorgehensweise hat den Vorteil, dass sich zunächst die Ressortminister einigen müssen, bevor das Parlament sich damit befasst (siehe im Einzelnen dazu Abschnitt B I).

Diese im Sinne einer höheren Sachgerechtigkeit der Budgetgestaltung positiv zu beurteilende Rolle der Exekutive stößt aus verfassungspolitischer Sicht gelegentlich auf Bedenken, weil die unkritische Übernahme der von der Regierung stammenden Vorlagen zu einer Entfunktionalisierung des Parlaments führen kann. Diese Kritik trifft in besonderem Maße für den komplizierten Bereich der Haushalts- und Steuerpolitik zu. Zu den Ursachen dieser Entwicklung zählt nicht nur die bereits

---

[11] Siehe hierzu im Einzelnen Neheider, S., Die Kompensationsfunktion der EU-Finanzen, Baden-Baden 2010.

beschriebene sachliche und zeitliche Überforderung des einzelnen Abgeordneten, sondern auch das Interesse der Exekutive selbst an einer verstärkten Einflussnahme und an dem damit verbundenen Machtzuwachs.

Mit Blick auf diese Machtverschiebung ist zunächst nur die Funktion der Exekutive im Rahmen der Gewaltenteilung angesprochen. Sie wird mit Hilfe einer umfangreichen **Verwaltung** ausgeübt, deren Einstellung und Verhaltensweise in der Theorie meist mit dem Begriff der **Bürokratie** versehen wird. Schon **M. Weber** schrieb hierzu: „In einem modernen Staat liegt die wirkliche Herrschaft ... notwendig und unvermeidlich in den Händen des Beamtentums"[12]. Die Vorstellung einer völlig uneigennützigen Verwaltung hat sich nicht halten lassen, so dass in der **ökonomischen Theorie der Bürokratie**, einem Teilbereich der ökonomischen Theorie der Politik, die **Eigeninteressen des Bürokraten** und ihre Wirkungen auf das Budget in den Vordergrund treten. Zu den sog. Bürokraten zählen vor allem leitende Beamte und Angestellte in den Behörden der Gebietskörperschaften, von denen Einfluss auf Art, Umfang und Struktur der Staatsausgaben und ihre Finanzierung ausgeht. In dieser Theorie wird angenommen, dass

– Bürokraten, beispielsweise Ministerialbeamte, ein überlegenes Fachwissen und damit einen Informationsvorsprung gegenüber den Politikern, dem Parlament und den Bürgern aufweisen. Insbesondere kennen sie am ehesten die Höhe der Ausgaben für das öffentliche Leistungsangebot;

– Bürokraten die aus ihrem Informationsvorsprung erwachsenden Entscheidungsspielräume für eigene Ziele nutzen; die Bürokratie wird somit zu einem eigenständigen Faktor und Instrument im Prozess der Erstellung und Abgabe öffentlicher Leistungen.

Im folgenden Modell werden hinsichtlich der von den Bürokraten verfolgten Interessen zwei Verhaltensannahmen zugrunde gelegt.

– Zum einen ist der Bürokrat an der **Maximierung des von ihm verwalteten Budgetvolumens** interessiert. Vom Umfang des Budgets werden annahmegemäß nicht nur sein Ansehen in der Verwaltung und die Höhe seines Einkommens bestimmt, sondern auch nicht-monetäre Einkommenselemente, wie ein Dienstwagen und ähnliche Annehmlichkeiten hängen davon ab. Zudem erleichtert ihm die Entscheidungsfreiheit über ein hohes Budget, die Wünsche derer, die ihn politisch unterstützen, zu erfüllen, was wiederum die eigenen Aufstiegschancen verbessert.

– Zum anderen ist dem Bürokraten auch daran gelegen, die positive Differenz zwischen dem von ihm zu verwaltenden Budgetvolumen und den Ausgaben, die für eine kostenminimale Produktion des gewünschten Outputs an öffentlichen Gütern erforderlich sind, möglichst groß zu halten. Diese Differenz aus Budgetansatz und den Ausgaben bei kostenminimaler Produktion, in der Theorie als **Budgetresiduum** (diskretionäres Budget) bezeichnet, eröffnet dem Bürokraten neben der Produktion der öffentlichen Güter, für die er zuständig ist, den finanziellen Spielraum auch für andere Ziele, beispielsweise die erwähnten nicht-monetären Einkommensbestandteile.

---

[12] Weber, M., Parlament und Regierung im neugeordneten Deutschland (1918), in: Winkelmann, J., Hrsg., Max Weber – Gesammelte Politische Schriften, 5. Aufl., Tübingen 1988, S. 320.

Die Konsequenzen bürokratischen Handelns je nach den unterstellten Präferenzen der Beamten lassen sich in Abb. 7.4 vergleichen[13]. Im mittleren Teil der Abbildung sind zum einen die Minimalkosten bei steigender Angebotsmenge $K(x)_{min}$ abgetragen; dieser Kurve liegen steigende Durchschnitts- und Grenzkosten zugrunde. Zum anderen findet sich dort die Budget-Output-Funktion $B(x)$. Sie gibt die Zahlungsbereitschaft der Politiker bzw. der Wähler in Abhängigkeit vom Output wieder. Diese Kurve $B(x)$ steigt mit zunehmendem Angebot des öffentlichen Gutes nur unterproportional an, weil unterstellt wird, dass der Nutzen des zusätzlichen Outputs für den Politiker (bzw. seine Wähler) und damit seine Bereitschaft, Budgetmittel bereitzustellen, sinkt. Die den beiden Kurven zugrunde liegende Grenzbetrachtung ist dem oberen Teil der Abb. 7.4 zu entnehmen. Dort zeigt der Schnittpunkt von Grenzkosten $GK_{min}$ und Grenznutzen GN über $X_{opt}$ die pareto-optimale Menge des öffentlichen Gutes.

Aus den angenommenen Kurvenverläufen ergibt sich, dass bis zur Menge $X^b_n$ das „bewilligungsfähige" Budgetvolumen $B(x)$ über den Minimalkosten $K(x)_{min}$ liegt, so dass ein budgetmaximierender Bürokrat den Output bis zu diesem Punkt, bei dem die Kosten gerade noch gedeckt sind (mittlerer Teil), ausdehnen wird. Die Situationen für einen Bürokraten, der sich an einem möglichst hohen Budgetresiduum orientiert, sind im unteren Teil der Abb. 7.4 ablesbar. Dort zeigt die Kurve 0PR die Differenz zwischen $B(x)$ und $K(x)_{min}$, also das Budgetresiduum. Der hieran interessierte Bürokrat wird im Extremfall das Maximum P und damit die Menge $X_{opt}$ des öffentlichen Gutes zu realisieren versuchen.

Wo das Optimum für den einzelnen Bürokraten liegt, hängt letztlich vom Verlauf seiner Indifferenzkurven ab (vgl. unterer Teil der Abb. 7.4). Der budgetmaximierende Bürokrat ($i_1$), der im Extremfall vertikale Indifferenzkurven aufweist, verwirklicht in horizontaler Richtung eine Erhöhung seines Nutzenniveaus, das in $X^b_n$ maximiert wird. Der das Budgetresiduum maximierende Bürokrat ($i_3$), der im Extremfall durch horizontal verlaufende Indifferenzkurven gekennzeichnet ist, orientiert sich am Maximum der (B–K)-Kurve und gelangt in vertikaler Richtung zu seiner günstigsten (höchsten) Indifferenzkurve mit $X_{opt}$ als Optimum. Dazwischen liegen „gemischte" Optimalpunkte, von denen im unteren Teil von Abb. 7.4 beispielhaft der Punkt S (für die Präferenz gemäß $i_2$) wiedergegeben ist.

Die durch die Punkte $X_{opt}$ und $X^b_n$ gekennzeichneten Lösungen haben unterschiedliche Eigenschaften. Der Punkt P entspricht der gesellschaftlich optimalen Outputmenge $X_{opt}$, weil Grenznutzen und Grenzkosten sich decken. In diesem Fall werden die öffentlichen Güter aber nicht zu den möglichen Minimalkosten angeboten, die nur der Bürokrat kennt, sondern zu der Zahlungsbereitschaft des Politikers. Da diese über den möglichen Minimalkosten liegt, also $B(x) > K(x)_{min}$ gilt, wird diese Situation insgesamt als **X-Ineffizienz** (technische Ineffizienz) umschrieben[14]. Aus der Differenz B–K kann der Bürokrat entsprechend seinen Präferenzen seinen Nutzen ziehen. Im Punkt R hingegen, einer X-effizienten Situation, weil X kostenminimal produziert wird, fällt die Outputmenge höher aus, als gemäß Marginalbedingung allokativ optimal ist ($GK_{min} > GN$). Jetzt zieht der Bürokrat aus dem relativ zu hohen Budgetvolumen seinen Nutzen.

Wenn man sich vorzustellen versucht, für welche Arten von Verwaltungen die beiden Typen des eigennützigen Bürokraten gelten, so dürfte die Budgetmaximierungshypothese für expansive Aufgabenbereiche typisch sein, in denen Bürokraten durch die Bewältigung neuer Aufgaben Anerkennung suchen und ihren Einfluss zu vergrößern trachten. Ein Maximum an diskretionärem Spielraum

---

[13] Zur Darstellung dieses Zusammenhangs wird nach wie vor zurückgegriffen auf die anschauliche Arbeit von Roppel, U., Ökonomische Theorie der Bürokratie, Freiburg 1979. Dort werden auch die zugrunde liegenden Annahmen aufgeführt, und die Abb. 7.4 basiert auf ebenda, S. 152 ff.

[14] Zum Überblick über Konzept und Anwendungsbereich der X-Ineffizienz vgl. Frantz, R. S., X-Efficiency: Theory, Evidence and Applications, Boston 1988. Zur ursprünglichen Konzeption siehe Leibenstein, H., General X-Efficiency. Theory and Economic Development, New York 1978.

*Abb. 7.4: Folgen bürokratischen Handelns für Volumen und Kosten öffentlicher Güter bei unterschiedlichen Interessen der Bürokraten*

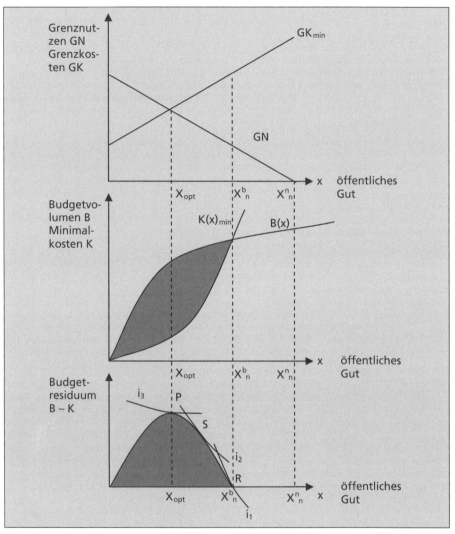

wird eher von Bürokraten angestrebt, die sich aufgrund vorhandener und die Verschwendung begünstigender Anreizstrukturen ein bequemes und konfliktfreies Leben machen wollen.

Fragt man nach dem Erklärungswert derartiger Bürokratiemodelle, so ist darauf zu verweisen, dass mit ihrer Hilfe die Konsequenzen veranschaulicht werden können, die sich aus den Handlungsspielräumen, die der Bürokratie bzw. Exekutive bei der Budgetfestlegung offen stehen, für den Output an öffentlichen Gütern und die Kosten ihrer Erstellung ergeben. Die unterschiedlichen Annahmen über die Motive der Bürokraten führen zu einem unterschiedlichen Volumen und zu abweichenden Kosten bei der Erbringung öffentlicher Leistungen. Inwieweit die unterstellten Verhaltensannahmen wirklichkeitsnah sind, hängt zunächst vom politischen Umfeld der Bürokraten ab. So ist zu vermuten, dass in den USA, wo die ökonomische Theorie der Bürokratie im Wesentlichen entwickelt wurde, wegen der weit geringeren Bedeutung des („preußischen") Berufsbeamtentums mit seinem spezifischen Ethos die Eigennutzorientierung häufiger ist als etwa in Deutschland. Außerdem ist anzunehmen, dass die entsprechenden Handlungsmöglichkeiten in der Leitung einer Verwaltung ausgeprägter sind als in den eher ausführenden unteren Rängen einer Behörde.

Zu berücksichtigen ist außerdem, dass die Nutzenfunktion eines Bürokraten oder eines leitenden Beamten Wandlungen unterworfen ist, so dass die Indifferenzkurven (siehe unterer Teil der Abb. 7.4) sich insgesamt verlagern können. So sind Bürokratien und Behörden keine monolithischen Gebilde. Sie konkurrieren als Teil einer Administration um Budgetanteile, und in dieser Konkurrenz kann je nach politischer Lage, z. B. im Gesundheitswesen, auch das Argument der effizienteren Bereitstellung der öffentlichen Güter eine besondere Rolle spielen. Das Argument erhält vor allem dann politisches Gewicht, wenn Politiker den Bürokratieabbau unter Wiederwahlgesichtspunkten aufgreifen, sich zusätzliche Informationen über die Effizienz der Verwaltung verschaffen und die Erhöhung dieser Effizienz in ihr Programm aufnehmen[15]. In Deutschland sind diese Vorgänge vor allem auf der kommunalen Ebene zu beobachten, wo unter dem Zwang der knappen Mittel und gefördert durch die interkommunale Konkurrenz die Effizienzerhöhung beim kommunalen Leistungsangebot intensiv verfolgt wird (siehe Abschnitt B II b).

Unabhängig von den genannten Grenzen und Erweiterungsmöglichkeiten von Bürokratiemodellen sind die Auswirkungen der Exekutive auf Art, Höhe und Struktur des Haushalts offenkundig. Es bleibt allerdings offen, wie sie ihre Interessen im Einzelnen durchsetzt. Hierzu wird darauf hingewiesen, dass Bürokraten bzw. leitende Beamte sich hinsichtlich der Budgetanforderungen grundsätzlich anders verhalten als Politiker, die sich der Wiederwahl stellen müssen. Außerdem kann die Bereitschaft des Parlaments, mehr als die unabdingbar erforderlichen Mittel zur Verfügung zu stellen, dadurch gefördert werden, dass seitens der Exekutive die wirklich notwendigen Kosten verschleiert und überhöhte Ausgaben gefordert werden. Schließlich kann aus der Bürokratie mit ihren Abteilungen heraus eine Tendenz bestehen, keine Alternativen zur Auswahl zu stellen, sondern nur eine ihr genehme Lösung vorzuschlagen.[16] Diese und andere Kritikpunkte führten zu Vorschlägen einer Budgetreform (siehe Abschnitt B II).

Die stärkste Wirkung zugunsten der Regierung (Exekutive) und ihrer Bürokratie übt sicherlich die außerordentliche Komplexität des Haushaltsentwurfs aus, an deren Reduktion die Verwaltung kaum ein Eigeninteresse haben dürfte. Darüber hinaus kann sie Mechanismen entwickeln, die es den Außenstehenden erschweren, interne Verwaltungsabläufe kontrollierend nachzuvollziehen, und die überdies bewirken, dass im Parlament auch tatsächlich die „richtigen", d. h. den Vorstellungen der Verwaltung entsprechenden, Entscheidungen getroffen werden. Dabei können

---

[15] Vgl. zu dieser Argumentation Breton, A., Competitive Governments: An Economic Theory of Politics and Public Finance, Cambridge, Mass. 1998, S. 167 ff.

[16] So steht in Deutschland in der in jedem Gesetzentwurf vorhandenen Rubrik „Alternativen" fast ausnahmslos das Wort „Keine".

sich die Verwaltungsbeamten verschiedener Taktiken bedienen, um ihre Auffassung durchzusetzen. Als eine sei genannt, Budgetanforderungen bewusst zu hoch anzusetzen, um unter Einrechnung der zu erwartenden Streichungen doch die gewünschte Höhe eines bestimmten Budgetpostens durchzusetzen. Zudem können mögliche, aber unerwünschte Alternativen aufgrund des vorhandenen Informationsvorsprungs dem Parlament verschwiegen werden.

Ein mit Hilfe dieser und ähnlicher Strategien zustande gekommener Haushalt kann dann treffend als „**Exekutivbudget**" bezeichnet werden, da er weitestgehend unter dem Einfluss und durch die Vorlagen der Exekutive mit ihren Behörden geprägt ist. Sieht man diese Situation zusammen mit dem beschriebenen Eigeninteresse der Bürokratie, so unterliegt die Haushaltspolitik der Gefahr der bloßen Routine, wenn es der Verwaltung gegenüber einem nicht mehr kritisch prüfenden Parlament möglich wird, bestehende Haushaltsansätze in bestimmten Zuwachsraten fortzuschreiben, ohne sie ernsthaft mit den angestrebten Ergebnissen rechtfertigen zu müssen („**budgetärer Inkrementalismus**")[17]. Angesichts dieser Kräfteverschiebung vom Parlament zur Exekutive muss ein Kompromiss gefunden werden zwischen

– der aus Gründen der Gewaltenteilung unverzichtbar starken Stellung der Legislative auf der einen Seite und
– dem zur effizienten Gestaltung der haushaltspolitischen Willensbildung unumgänglichen Einfluss der Exekutive auf der anderen Seite.

Durch das Vorhandensein und den Einfluss der vielen Verbände und Interessengruppen („Lobby") wird die zu analysierende finanzpolitische Willensbildung noch vielschichtiger und undurchsichtiger.

# III. Zum Einfluss der Verbände

Wähler, Abgeordnete und Exekutive sind kraft Gesetzes am Prozess der Bestimmung des Budgets beteiligt, so dass ihre Analyse zur Erklärung der Willensbildung zweifellos erforderlich ist. In Art. 9, Abs. 3, Satz 1 GG ist aber auch das Grundrecht verankert, Vereinigungen u. a. zur Wahrung und Förderung der Arbeits- und Wirtschaftsbedingungen zu bilden. Daher müssen Interessenverbände, z. B. Tarifpartner und Berufsverbände, aber auch Verbände, die bestimmte soziale Gruppen wie Alte oder Behinderte vertreten, in die Analyse einbezogen werden, wenn der finanzpolitische Willensbildungsprozess realistisch beschrieben und erklärt werden soll. Hier interessiert insbesondere, ob und inwieweit es spezifische **Auswirkungen der Verbandstätigkeit** auf die finanzwirtschaftliche Staatstätigkeit gibt. Unter allen Staatsleistungen kann man die identifizieren, die speziellen Gruppen in besonderem Maße zugutekommen, und auf diese richtet sich die Verbandstätigkeit. Es wird unterstellt, dass die von den Verbänden und Parteien favorisierten gruppenbezogenen Staatsleistungen **auf Kosten allgemeiner Staatsleistungen**, die allen Bürgern zugutekommen, zunehmen werden. Die Vor-

---

[17] Vgl. hierzu schon früh Wildavsky, A., The Politics of the Budgetary Process, Boston 1964.

teile müssen nicht geldlich und damit budgetwirksam sein, sondern können auch die Form der Verordnungstätigkeit zugunsten einer Gruppe annehmen (z. B. die sog. Mietpreisbremse).

In generalisierender Form hat **M. Olson** dann in seiner Theorie des kollektiven Handelns die grundsätzliche Frage aufgeworfen, unter welchen Bedingungen und zu welchen Zwecken sich Verbände bilden. Ein Verband muss sich vor seinen Mitgliedern legitimieren, d. h. die **Ratio des Verbandshandelns** erfordert, dass der Verband zumindest auch solche Leistungen für die Mitglieder erbringt, die diese einerseits nicht ebenso gut oder besser selbst erstellen können und die ihnen andererseits aber auch nicht bei (verbandsinterner) „free-rider"-Haltung zufließen dürfen, was z. B. der Fall bei durchgesetzten Lohnerhöhungen wäre, die auch Nichtmitgliedern der Gewerkschaften zugutekommen[18]. Wegen des **verbandsinternen Freifahrerproblems** haben es kleinere Gruppen (z. B. Landwirte) mit begrenzten Interessen leichter, sich zu organisieren, als größere Gruppen mit diffusen Zielsetzungen. Dies liegt u. a. daran, dass der Pro-Kopf-Vorteil einer Maßnahme (z. B. eine spezielle steuerliche Regelung für Landwirte) in der kleinen Gruppe spürbarer ist als der gleiche Betrag, der in Form einer allgemeinen Steuerentlastung allen Steuerzahlern zugutekommt. Entsprechend ist die Aktivierungschance in der kleinen Gruppe relativ groß, wenn entsprechende Maßnahmen (z. B. Mineralölsteuerbefreiung bei der Landwirtschaft) zurückgenommen werden sollen. Bezogen auf den öffentlichen Haushalt führt dies dazu, dass kleine und klar abgrenzbare Interessengruppen relativ zum Anteil an der Gesamtbevölkerung überproportional von bestimmten Staatsausgaben profitieren.

In diesem Zusammenhang ist noch auf mögliche Informationsvorteile hinzuweisen, die viele Verbände gegenüber der Exekutive haben und entsprechend einsetzen. Da es auf fachlicher sowie politischer Ebene Kontakte zwischen Verbänden und Ministerien gibt („Ressort-Kumpanei" z. B. zwischen Bauernverband und Landwirtschaftsministerium), kann auch indirekt Druck durch Informationsweitergabe aufgebaut werden. Dies gilt umso mehr, als es auch im Interesse der meisten Ministerien ist, sich zum einen die Arbeit zu erleichtern und zum anderen die eigenen Ausgaben zu erhöhen, da sich ihre Daseinsberechtigung auch über das Ausgabenvolumen ergibt, wie oben zur Bürokratietheorie ausgeführt wurde. Höchstens beim Finanzministerium ist ein Interesse an der Ausgabenbegrenzung ausgeprägt (siehe dazu Abschnitt B III).

Hat sich ein Verband konstituiert, so stellt sich die Frage, nach welchen Entscheidungskriterien er handelt. Hierzu entwickelte **G. S. Becker** sein Modell der *Lobby-Aktivitäten*[19]. Hiernach sind Art, Umfang und Struktur von Staatsausgaben und Steuern das Ergebnis des Wettbewerbs der Interessenverbände um politischen Einfluss. So können deren Aktivitäten etwa auf Transfers in Form vermehrter Subventionen oder auf ihren Interessen entgegenkommende Regulierungen gerichtet sein („**rent-seeking**"). Dies löst den Widerstand der dadurch steuerlich belasteten bzw. durch die Regulierung benachteiligten Gruppen aus. Unterstellt man einen abnehmenden Grenzertrag der gegeneinander gerichteten Verbandsaktivitäten, so

---

[18] Vgl. Olson, M., Die Logik des kollektiven Handelns, Tübingen , 5. Aufl., 2004.
[19] Vgl. Becker, G. S., A Theory of Competition among Pressure Groups for Political Influence, in: Quarterly Journal of Economics, Bd. 98, 1983, S. 371 ff.

ergibt sich ein politisches Gleichgewicht, wenn die Grenzkosten des Lobbying eines jeden Interessenverbandes dem jeweiligen Grenzertrag entsprechen (hier lässt sich Abb. 2.6 wiederum analog anwenden). Das Zustandekommen des öffentlichen Budgets ist somit in erheblichem Maße das Ergebnis von Druck und Gegendruck der Interessenverbände, die den Staatsapparat für sich zu instrumentalisieren suchen, um für ihre Mitglieder Vorteile zu erlangen.

Abschließend sei darauf verwiesen, dass die politische Bestimmung des Budgets nicht nur über die jeweils isolierte Analyse der Wähler und Abgeordneten, der Exekutive und Verbände erfasst werden kann. Vielmehr stehen die untersuchten Akteure auch in anderer vielfältiger Weise in Verbindung zueinander, und diese informelle Willensbildung stellt auch einen konstitutiven Bestandteil der finanzpolitischen Entscheidungsfindung dar. Schließlich gehört hierzu auch die stark zunehmende Bedeutung der verschiedenen **Medien** in einer parlamentarischen Demokratie. Ihnen obliegt prinzipiell die Aufgabe, eine politische Öffentlichkeit herzustellen, die die Grundlage für die Diskussion gesamtgesellschaftlicher Fragen darstellt. Allerdings besteht die Gefahr, dass sich der Einfluss der Verbände auch in der Arbeit der Medien widerspiegelt. Die Folge davon ist, dass es durch die Mediendemokratie zu einem Zerfall der politischen Öffentlichkeit in Partikularinteressen kommt und die nicht organisierten Interessen bzw. Präferenzen vernachlässigt werden.[20]

---

[20] Vgl. Kirsch, G., Neue Politische Ökonomie, 5. Aufl., Stuttgart 2004, S. 358 ff.

# B. Aufgabe und Gestaltung des öffentlichen Haushalts

## I. Das traditionelle Vollzugsbudget: Funktionen, Haushaltskreislauf, Haushaltsgrundsätze

### a) Funktionen des öffentlichen Haushalts

Unabhängig von der parlamentarischen Verfassung eines Landes und unabhängig von dem geltenden Regierungssystem muss ein Haushalt aufgestellt werden, um

(1) einen Überblick über Einnahmen und Ausgaben der zukünftigen Periode zu erhalten und festzustellen, ob sie zum Ausgleich kommen (**finanzwirtschaftliche Funktion**),

(2) das Gesamtbudget oder einzelne Finanzströme für wirtschafts- und sozialpolitische Zwecke einsetzen zu können (**wirtschafts- und sozialpolitische Funktion**) und um

(3) den einzelnen Verwaltungsstellen die vorgesehenen Ausgaben und die dazu erforderlichen Einnahmen zuzuteilen (**administrative Lenkungsfunktion**).

(4) In einer parlamentarischen Demokratie tritt die Aufgabe der Exekutive hinzu, das Budget dem Parlament in einer aussagekräftigen Form zur Beschlussfassung vorzulegen (**parlamentarische Funktion**).

Mit „traditionell" wird hier ein Haushalt bezeichnet, der, wie der des Bundes, auf der kameralistischen Buchführung beruht (zur Reform siehe Abschnitt II). Manche der im Folgenden angesprochenen Haushaltsfunktionen werden nach der Reform in veränderter Form berücksichtigt.

### 1 Die finanzwirtschaftliche Funktion

Die finanzwirtschaftliche Funktion des Haushalts, die mit dem fiskalischen Ziel bereits angesprochen worden ist (siehe 1. Kapitel, Abschnitt A), besteht darin, eine **Übereinstimmung von Ausgabenbedarf und Deckungsmitteln** herbeizuführen (Deckungsfunktion). Damit wird zugleich der Forderung entsprochen, die dem **Haushaltsgrundsatz der Ausgeglichenheit** zugrunde liegt, nämlich ein **Defizit** zu **vermeiden** und zu dem Zweck die Schuldaufnahme niedrig zu halten oder sogar einen Überschuss zu erwirtschaften. Die damit zusammenhängende **Begrenzung der Schuldaufnahme** steht im Mittelpunkt der Reform des Budgetwesens in Deutschland (Schuldengrenze im Grundgesetz) und vor allem in der Eurozone der EU. Darauf wird in den Kapiteln 5 und 9 im Detail eingegangen.

Um diese Funktion zu gewährleisten, gilt die Befolgung der **Haushaltsgrundsätze der Vollständigkeit** und der **Genauigkeit** als zweckmäßig. Der Grundsatz der

Vollständigkeit der Haushaltsaufstellung besagt, dass sämtliche Einnahmen und Ausgaben zum einen in voller Höhe und zum anderen getrennt voneinander zu veranschlagen sind (Bruttoprinzip der Budgetierung)[21]. Lediglich in Ausnahmefällen ist eine Saldierung von Ausgaben und Einnahmen zulässig (z. B. im Falle von öffentlichen Betrieben und Sondervermögen). Mit dem Grundsatz der Genauigkeit verbindet sich im traditionellen Haushalt die Forderung, dass Einnahmen und Ausgaben so genau wie möglich veranschlagt und ggf. geschätzt werden sollen. Dies fällt allerdings in der Praxis schwer, da zum einen unvorhergesehene Ausgaben anfallen können und zum anderen die Einnahmenentwicklung nur in Grenzen prognostizierbar ist. Insbesondere die Entwicklung des Steueraufkommens wird von vielen Unwägbarkeiten bestimmt. Die Prognose der gesamtwirtschaftlichen Entwicklung im Allgemeinen und der Bemessungsgrundlagen (Einkommen, Konsum usw.) im Speziellen stellt die Schätzung der Steuereinnahmen oft vor kaum lösbare Aufgaben, und Ähnliches gilt für die Schätzung der Sozialversicherungsbeiträge.

Die **Steuerschätzung** erfolgt in Deutschland[22] zweimal jährlich durch den Arbeitskreis „Steuerschätzungen" beim Bundesminister der Finanzen. In einem ersten Schritt wird die zukünftige Entwicklung der *Steuerbemessungsgrundlagen* geschätzt[23]. Dazu geht man für die Lohnsteuer von der zu erwartenden Entwicklung der Bruttolohn- und Gehaltssumme, für die Umsatzsteuer von den entsprechenden Bestandteilen des Sozialprodukts und für die speziellen Verbrauchsteuern vom Absatz der besteuerten Güter aus. In einem zweiten Schritt wird das für die Deckungsfunktion des öffentlichen Haushalts letztlich wichtige *kassenmäßige Steueraufkommen* geschätzt. Es weicht von der Entwicklung der Bemessungsgrundlagen insofern ab, als zum einen der Tarif berücksichtigt werden muss, durch den beispielsweise im Falle der Progression der Einkommensteuer die zunehmende Bemessungsgrundlage überproportional besteuert wird. Zum anderen kommt es bei veranlagten Steuern nicht sofort zu kassenmäßigen Einnahmen, weil die Veranlagung u. U. erst nach Jahren erfolgt und die Höhe der Vorauszahlungen für das zu schätzende Jahr auf den Bemessungsgrundlagen früherer Jahre basiert. Eine ständige Schwierigkeit für die Steuerschätzung bilden *Steuerrechtsänderungen*, die Bemessungsgrundlage, Tarif und Zahlungsweise ändern können und in ihren Wirkungen jeweils gesondert abzuschätzen sind. In gesonderten Arbeitsschritten wird durch den Arbeitskreis die Steuerschätzung für die Länder vorgenommen, und die einzelnen Länder liefern ihren Gemeinden daraufhin Hilfsgrößen für deren Steuerschätzung[24]. Vor den gleichen Schwierigkeiten wie die Steuerschätzung steht auch die Schätzung der Einnahmen der Sozialversicherungen, insbesondere der Kranken- und Rentenversicherung. So gibt es zur Gesetzlichen Krankenversicherung einen gesonderten Schätzerkreis[25].

---

[21] § 12 HGrG, § 15 Abs. 1 BHO.

[22] Zum System der Steuerschätzung in anderen Staaten siehe: Bundesministerium der Finanzen, Steuerschätzung im internationalen Vergleich, in: BMF-Monatsbericht, Juni 2008, S. 55 ff.

[23] Zum Überblick siehe Schoof, D., Artikel „Steuerschätzung", in: Lexikon des Rechts, Lieferung Juli 1999, Neuwied 1999, S. 1 ff.; vgl. auch Finanzbericht 2012, Berlin 2011, S. 130 ff. – Die Ergebnisse der Steuerschätzung werden periodisch in den Monatsberichten des Bundesfinanzministeriums veröffentlicht; siehe z. B. den Monatsbericht vom November 2016, S. 19–31, zu den Ergebnissen der Steuerschätzung vom 2.-4. November 2016.

[24] Zu Inhalt und Ablauf der Steuerschätzung zwischen den drei Ebenen siehe Zimmermann, H., Die Steuerschätzung in Deutschland als Mehr-Ebenen-Aufgabe, in: Wirtschaftsdienst, 88. Jg., 2008, S. 242 ff.

[25] Eine Übersicht über die Schätzung in der Rentenversicherung findet sich in: Viebrok, H., Aufgaben und Arbeitsweise des Schätzerkreises Rentenversicherung, RVaktuell 7/2009, S. 219 ff., und zur Krankenversicherung: Müller, J., und Maaz, W., Der Schätzerkreis in der

## 2    Die wirtschafts- und sozialpolitische Funktion

Die wirtschafts- und sozialpolitische Funktion wird erfüllt, wenn die öffentlichen Finanzen den entsprechenden Zielen dienen, also z. B. der **Konjunkturstabilisierung**, der Sicherung des **Wirtschaftswachstums**, der **Eindämmung von Umweltschäden oder** der **Einkommensumverteilung**.

## 3    Die administrative Lenkungsfunktion

Diese Funktion führt zur **Lenkung der finanzwirtschaftlich relevanten Tätigkeiten** durch die Exekutive. Die einzelne Verwaltungseinheit weiß mit Beschluss des Haushaltsplans, für welche Zwecke wieviele Mittel verwendet werden sollen. Zusätzliche Vorschriften, die sowohl das Gesamtbudget betreffen als auch für einzelne Behörden angewendet werden, regeln den zeitlichen Rhythmus der Verausgabung. Im traditionellen Haushaltsverfahren, das nach wie vor für den Bund gilt, werden die Bewilligungen in kleine Einzelposten aufgeteilt, die bis zur einzelnen Personalstelle, Bauausgabe usw. jeder Dienststelle reichen. Durch diese administrative Aufteilung wird es möglich, die politische Verantwortlichkeit genau zu bezeichnen und den Verwaltungsprozess präziser zu steuern, als es auf der Basis der Grobeinteilung des Budgets in Einzelhaushalte („Einzelpläne") der Fall wäre.

Mit dem **Haushaltsgrundsatz der Spezialität**, der ein Kernstück des traditionellen Haushaltsverfahrens bildet, werden zahlreiche Einzelvorschriften zum **Umfang** und zur **Art der Verausgabung** zusammengeführt. Er umfasst drei Formen:

– **Quantitative Spezialität**. Ausgaben dürfen nur in dem im Haushaltsplan vorgegebenen *Umfang* getätigt werden. Werden Haushaltsüberschreitungen erforderlich, d. h. werden im laufenden Haushalt zusätzliche Ausgaben bei einer vorhandenen Ausgabenposition notwendig („**überplanmäßige Ausgaben**") oder soll eine neue Ausgabenposition hinzugefügt werden („**außerplanmäßige Ausgaben**"), so muss der Finanzminister seine Zustimmung geben[26]; in gewichtigen Fällen ist sogar ein **Nachtragshaushalt** einzubringen[27]. Um der quantitativen Spezialität gerecht zu werden, bedarf es einer verfeinerten Ausgabengliederung, da andernfalls das Gebot nur auf die Gesamtsumme eines Einzelplans bezogen würde. Das aber verstieße gegen die

– **Qualitative (sachliche) Spezialität**[28]. Entsprechend dieser Forderung sollen Ausgaben nur für den vorgesehenen *Einzelzweck* (Personal, Bauvorhaben usw. einer einzelnen Dienststelle) verwendet werden. Ausnahmen müssen im Haushaltsplan ausdrücklich angegeben sein; solche Ausgaben, zwischen denen bei Bedarf ein Ausgleich erlaubt ist (**Deckungsklausel**), werden als „gegenseitig oder einseitig deckungsfähig" erklärt.

– **Temporäre Spezialität**. Mit dem Haushalt wird auch der zeitliche Ablauf der Verausgabung festgelegt. Ausgaben dürfen nur im vorgesehenen *Zeitraum* ver-

---

gesetzlichen Krankenversicherung – Expertengremium zur Prognose der Einnahmen- und Ausgabenentwicklung, In: Gesundheits- und Sozialpolitik, 2010, Heft 6, S. 20 ff.

[26] Art. 112 GG und § 37 BHO.

[27] Siehe z. B. Zweiter Nachtragshaushalt zum Bundeshaushaltsplan für das Haushaltsjahr 2015, Bundesgesetzblatt 25.11.2015.

[28] § 45 Abs. 1 (1) BHO.

wendet werden und binden die Ausführenden somit an die Haushaltsperiode[29]. Sollen nicht ausgenutzte Mittel am Ende der Periode nicht verfallen, müssen sie ausdrücklich als in die folgende Haushaltsperiode „**übertragbar**" gekennzeichnet werden. Ebenso wie Ausgaben in zukünftige Perioden „übertragen" werden können, ist als weitere Ausnahme vom Grundsatz der zeitlichen Spezialität ein „**Vorgriff**" auf zukünftige Haushaltsmittel möglich. Besondere „**Verpflichtungs-ermächtigungen**" müssen vorliegen, wenn in der laufenden Haushaltsperiode Ausgabenbeträge zu Lasten zukünftiger Haushalte zugesagt werden, z. B. Verträge über langfristige Bauvorhaben mit privaten Baufirmen abgeschlossen werden.

Die detaillierten Vorschriften zur Spezialität bestimmen den Haushaltsvollzug. Im Rahmen des als Einnahmen-Ausgaben-Rechnung konzipierten **traditionellen Budgets** – und der dahinter stehenden **kameralistischen Buchführung** – wird durch genaue Verwendungsvorschriften für jede Dienststelle ein Höchstmaß an Kontrolle und Rechenschaftspflicht über die Verwendung öffentlicher Mittel erreicht. An der Kameralistik wird jedoch zunehmend kritisiert, dass sie den Verantwortlichen keine Informationen über den wirtschaftlichen Erfolg ihrer Tätigkeit vermittelt, kein sachlogisches und zeitlich geschlossenes Kontensystem darstellt, keine integrierte Vermögensrechnung enthält und dennoch ein aufwendiges Buchungsverfahren erfordert. Vor allem sind aber innerhalb des kameralistischen Rechnungssystems keine materiellen Anreize für die verantwortlichen Akteure gegeben. Wechselt man von diesem Budgetkonzept zu globalen Ansätzen (z. B. Mehrjahreshaushalte) oder zu größeren Bereichen (ein Dezernat einer Stadt oder eine Universität) und zur **doppelten Buchführung** und **erfolgsorientierten Kostenrechnung**, so sind völlig **neue Anreizmechanismen** für die öffentliche Verwaltung **zu entwickeln**, die denen in einem privaten Unternehmen ähnlicher sind (siehe Abschnitt II b).

## 4 Die parlamentarische Funktion

Die parlamentarische Funktion kommt darin zum Ausdruck, dass die Regierung ihr **rechtsverbindliches** finanzpolitisches **Arbeitsprogramm dem Parlament zur Beschlussfassung vorzulegen** hat. Die für die parlamentarische Beschlussfassung vorgeschriebene Form des öffentlichen Haushalts (siehe 1. Kapitel, Abschnitt B II a) ist die bekannteste und meist gemeint, wenn ohne Zusatz von Haushalt oder Budget gesprochen wird. Zu den Formvorschriften gehört zunächst, dass die Zusammenstellung der Ausgaben und Einnahmen eine wiederkehrende und für die parlamentarische Beratung aussagekräftige Einteilung erfährt. Da dieses Budget der „Lenkung" der Exekutive durch die Legislative dienen soll, muss es in der Hauptsache nach Verantwortungsbereichen innerhalb der Exekutive gegliedert sein. Typische Einheiten innerhalb dieses nach dem „**Ressortprinzip**" aufgebauten Haushalts sind, am Beispiel des Bundeshaushalts, die Bundesministerien, aber auch das Amt des Bundespräsidenten und sonstige Institutionen, die nicht einem Ministerium zugeordnet sind[30]. Die Ressorteinteilung erleichtert es auch, nach Ablauf der Budgetperiode die Verantwortlichen für etwaige Abweichungen der

---

[29] Art. 110 Abs. 4 GG.

[30] Die mehr als 13.000 Gemeindehaushalte sind typischerweise nach dem **Funktional-prinzip** aufgebaut, was die Vergleichbarkeit zwischen Gemeinden erleichtert.

Budgetvorgabe zu ermitteln (**Kontrollfunktion**). Die Entgegennahme und Verabschiedung des Ergebnisses der Finanzkontrolle durch das Parlament ist in der Regel der letzte Akt im sog. **Haushaltskreislauf**.

## b) Der Haushaltskreislauf

Der **Haushaltskreislauf** ist der gesetzlich vorgeschriebene Gang des Haushalts in einem parlamentarischen System. Für den Haushalt des Bundes kann man drei Stufen unterscheiden:

(1) **Aufstellung des Haushaltsplans**
Auf Bundesebene wird seit 2012 ein „**Top-down**"-Verfahren für den Bundeshaushalt statt der bis dahin geltenden Planung von „unten nach oben" praktiziert. In Absprache mit dem Finanzministerium werden für die einzelnen Ministerien Einzelplanplafonds festgelegt, wobei als Ausgangspunkt für diese Absprache der mittelfristige Finanzplan (siehe Abschnitt B II a 1) herangezogen wird, der dadurch ein höheres Gewicht erhält. Damit steht nicht mehr der von den einzelnen Ressorts eingeforderte Bedarf im Vordergrund, sondern die Setzung politischer Schwerpunkte unter Einhaltung des finanzverfassungsrechtlich vorgegebenen Rahmens. Innerhalb dieser einzuhaltenden finanziellen Obergrenze können die Ressorts die finanziellen Mittel relativ eigenständig für die entsprechenden Aufgaben verwenden, so dass deren Eigenverantwortung gestärkt wird. Die so gebildeten Einzelpläne werden zu einem Haushaltsplanentwurf zusammenstellt und an das Kabinett gegeben. Das Kabinett als zentrales Organ der Exekutive berät den Entwurf und leitet ihn als **Gesetzesvorlage** an die Legislative, d. h. Bundesrat und Bundestag, zur ersten Lesung.

(2) **Parlamentarische Beratung und Verabschiedung**
Nach der ersten Lesung im Parlament geht die Haushaltsgesetzvorlage, u. U. versehen mit einer Stellungnahme des Bundesrates und einer Gegenäußerung der Bundesregierung, an den Haushaltsausschuss des Bundestages, wo sie ausführlich beraten wird. Anschließend wird sie in zweiter und dritter Lesung behandelt und verabschiedet. Genau genommen verabschiedet der Bundestag das nur wenige Seiten umfassende **Bundeshaushaltsgesetz**, zu dem der **Bundeshaushaltsplan**, auf den sich die Diskussion fast ausschließlich bezieht, die vorgeschriebene umfangreiche Anlage bildet.

(3) **Durchführung, Kontrolle und Entlastung**
Mit der Verabschiedung tritt der Haushalt in das Stadium der Durchführung (Vollzug) ein. Während der Durchführung durch die Ressorts erfolgt bereits eine „**mitschreitende Kontrolle**" der wesentlichen Vorgänge. Nach Ablauf des Haushaltsjahres wird die **Haushaltsrechnung** zusammengestellt, in der die „Soll-Zahlen" des Entwurfs mit den bei der Durchführung entstandenen „Ist-Zahlen" verglichen werden. Abschließend verfasst der **Bundesrechnungshof**[31] als zentrale Institution der **Finanzkontrolle** einen Prüfungsbericht über die abgelaufene Periode und leitet ihn an den Bundestag[32]. Dort erfolgen die parlamentarische Haushaltskontrolle und anschließend die gesetzlich erforderliche Entlastung.

---

[31] Dem Bundesrechnungshof entsprechen auf der Landesebene die **Landesrechnungshöfe**, und auch die kommunalen Haushalte unterliegen ebenso wie die **Haushalte der Sozialversicherungen** der Rechnungsprüfung. Daneben gibt es eine **Staatsaufsicht**, wofür die Vorweg-Prüfung der Kommunalhaushalte durch das Landesinnenministerium ein Beispiel ist. Zu dieser vgl. H. Zimmermann, Kommunalfinanzen, 3. Aufl., Berlin 2016, S. 205 und 266.

[32] Zur Unterrichtung des Parlaments durch den Bundesrechnungshof siehe die jeweiligen „Bemerkungen des Bundesrechnungshofes", z. B. für das Jahr 2016: Bemerkungen des Bundesrechnungshofes 2016 zur Haushalts- und Wirtschaftsführung des Bundes (einschließlich der Feststellungen zur Jahresrechnung 2015), Bundestags-Drucksache 18/10200 vom 14.11.2016.

Im Jahre 2017 würden die Arbeiten an den verschiedenen Budgets die folgenden Aufgaben umfassen:

- Entlastung des Haushalts 2015 aufgrund der Haushaltsrechnung
- Abrechnung des Haushalts 2016 (Erstellung der Haushaltsrechnung)
- Vollzug des Haushalts 2017 auf der Basis des Haushaltsplans
- Vorbereitung des Haushalts 2018 (Erstellung des Haushaltsplanentwurfs).

Das Budget unterscheidet sich von den Wirtschaftsplänen der privaten Haushalte und privaten Unternehmen durch seinen Gesetzescharakter und die damit verbundene **Vollzugsverbindlichkeit**. Regierung und Verwaltung sind an das vom Parlament beschlossene Haushaltsgesetz gebunden.

## c)    Haushaltsgrundsätze

Um zu gewährleisten, dass der Haushaltsplan einerseits dem Parlament in einer Weise vorgelegt wird, die eine Abschätzung der Regierungsabsichten erlaubt, und andererseits auch in der vom Parlament beschlossenen Form durchgeführt wird, sind neben den bereits genannten weitere **Haushaltsgrundsätze** entwickelt worden. Sie entstammen einer langen Parlamentstradition, in der immer wieder Versuche der Exekutive zu bekämpfen waren, das Recht des Parlaments auf detaillierte Bewilligung und Kontrolle des Haushaltsplans zu unterlaufen.

Die Haushaltsgrundsätze sind gesetzlich fixiert worden, im Fall der Bundesrepublik Deutschland sogar weitgehend im **Grundgesetz** (Art. 110 ff.). Die im Grundgesetz niedergelegten und die übrigen für den Bund geltenden Haushaltsgrundsätze sind in der **Bundeshaushaltsordnung** (BHO) aus dem Jahre 1969 zusammengefasst. Soweit sie auch für die Länder gelten (und nicht nur auf Landesrecht beruhen), finden sie sich in dem im gleichen Jahr erlassenen **Haushaltsgrundsätzegesetz** (HGrG).

Die in Schema 7.1 aufgeführten Haushaltsgrundsätze werden in diesem Abschnitt des Buches nicht geschlossen behandelt, da einige Probleme, zu deren Lösung solche Grundsätze entwickelt wurden, an anderen Stellen des Lehrbuches untersucht werden. Hier sollen nur die Grundsätze erläutert werden, deren Bedeutung sich besonders gut an der parlamentarischen Funktion des Haushalts zeigen lässt.

Das Budget kann seine parlamentarische Funktion nur erfüllen, wenn bereits für die zukünftige Periode festgelegt wird, wie viele Mittel die einzelnen Ressorts zugesprochen bekommen. Der *Haushaltsgrundsatz der Vorherigkeit* muss also erfüllt werden. Mit diesem Grundsatz wird gefordert, dass der **Haushaltsplan vor Beginn derjenigen Haushaltsperiode** vorzulegen und zu beschließen ist, für die er gelten soll[33]. Dieses Postulat ergibt sich aus dem Plancharakter des Budgets. Aus der Praxis sind zahlreiche Verstöße gegen dieses Prinzip bekannt; so sind seit Gründung der Bundesrepublik Bundeshaushalte häufig verspätet verabschiedet worden. Folglich musste ein **Nothaushaltsrecht** vorgesehen werden, nach dem die Exekutive vorgehen kann, wenn die Haushaltsfeststellung (Vorlage bzw. Beschluss) nicht rechtzeitig erfolgt[34].

---

[33] Art. 110 Abs. 2 (1) GG und § 30 BHO.
[34] Durch Art. 111 GG ist in diesem Falle „die Bundesregierung ermächtigt, alle Ausgaben zu leisten, die nötig sind", um ihren gesetzlichen Verpflichtungen nachkommen zu können.

*Schema 7.1: Wichtige Haushaltsgrundsätze im Überblick[35]*

> **I. Haushaltsgrundsätze, die die parlamentarische Funktion des Haushalts betreffen und sich daher an die Abgeordneten richten oder deren Arbeit erleichtern sollen**
> Haushaltsgrundsatz der Vorherigkeit (siehe folgende Ausführungen)
> Haushaltsgrundsatz der Öffentlichkeit (siehe folgende Ausführungen)
> Haushaltsgrundsatz der Klarheit (siehe folgende Ausführungen)
> Haushaltsgrundsatz der Einheit (1. Kapitel, Abschnitt B I)
>
> **II. Haushaltsgrundsätze, die die Struktur des zu beratenden Haushaltsplans festlegen und die Exekutive zur Offenlegung zwingen sollen**
> Haushaltsgrundsatz der Ausgeglichenheit (7. Kapitel, Abschnitt B I a 1 und 5. Kapitel, Abschnitt A I)
> Haushaltsgrundsatz der Nonaffektation (7. Kapitel, Abschnitt B II b)
> Haushaltsgrundsatz der Vollständigkeit (7. Kapitel, Abschnitt B I a 1)
>
> **III. Haushaltsgrundsätze, die die administrative Lenkungsfunktion des Haushalts betreffen**
> Haushaltsgrundsatz der Spezialität in seinen drei Varianten (7. Kapitel, Abschnitt B I a 3)
> Haushaltsgrundsatz der Genauigkeit (7. Kapitel, Abschnitt B I a 1)

Untrennbar mit der parlamentarischen Funktion des Budgets ist auch der *Haushaltsgrundsatz der Öffentlichkeit* verbunden, der die **Kontrolle des öffentlichen Finanzgebarens** erleichtern soll. Alle Stadien des Haushaltskreislaufs sollen sich im Lichte der Öffentlichkeit abspielen; einer Verschleierung der finanzwirtschaftlichen Staatstätigkeit wird dadurch entgegengewirkt.

Seine **Grenze** findet dieser Grundsatz an **Geheimhaltungsbedürfnissen**, die sich aus Gründen der Staatssicherheit ergeben oder aus dem Willen heraus, der Regierungsspitze eine bestimmte Summe an frei verfügbaren Mitteln zu gewähren. Voraussetzung ist in der parlamentarischen Demokratie allerdings, dass zumindest eine kleine Gruppe aus dem Parlament oder aus der vom Parlament bestätigten Rechnungskontrollbehörde die ordnungsmäßige Verausgabung dieser nicht öffentlich kontrollierten Gelder überprüft.

Die parlamentarische Bewilligung und Kontrolle wird durch eine **übersichtliche und systematische Gliederung** der Einnahmen und Ausgaben gefördert, die einhergehen soll mit einer klaren Bezeichnung der einzelnen Haushaltsposten, die die Herkunft und Zweckbestimmung der Mittel klar erkennen lässt[36]. Diese Forderungen führten zum *Haushaltsgrundsatz der Klarheit* des Haushaltsplans. Ebenfalls wichtig für die Erfüllung der parlamentarischen Funktion ist der *Haushaltsgrundsatz der Einheit* (siehe auch 1. Kapitel, Abschnitt B I), weil er der Zersplitterung des Budgets in Nebenhaushalte entgegenwirkt, die gelegentlich auch als „Flucht aus dem Budget" bezeichnet wurde[37] und in der Haushaltspraxis noch immer eine Rolle spielt.

Soweit bisher die konkrete Ausgestaltung und Behandlung des öffentlichen Haushalts untersucht wurden, handelte es sich um das jährliche Budget des Bundes als

---

[35] Die Einteilung in die drei Gruppen ist nicht sehr streng. Einzelne Grundsätze hätten mehrfach eingeordnet werden können, da sich mit ihnen nicht nur eine Zielsetzung verfolgen lässt.
[36] § 13 BHO.
[37] Siehe etwa Puhl, T., Budgetflucht und Haushaltsverfassung, Tübingen 1996.

der Zentralinstanz, das aus den Anforderungen der einzelnen Ministerien zusammengestellt, im Parlament beraten und dann von den Ministerien ausgeführt wurde. Dieser Ablauf ist ebenso wie eine bestimmte Gliederung des Budgets keineswegs selbstverständlich und unabdingbar. Es hat sich vielmehr in der **Haushaltspraxis eine Reihe von Mängeln** herausgestellt, zu deren Behebung andersartige **Planungstechniken** vorgeschlagen und stellenweise auch realisiert wurden. Vor allem sind es drei Unvollkommenheiten der bisher geltenden Haushaltstechnik, die zu Ergänzungsvorschlägen Anlass geben:

(1) Der Konflikt zwischen der Kurzfristigkeit des Vollzugsbudgets und dem Erfordernis längerfristiger Planung der Staatsfinanzen führte zur *Mittelfristigen Finanzplanung* und zu Konzepten, um die *Nachhaltigkeit in der Finanzpolitik*, also die langfristige Finanzierbarkeit des Budgets, zu überprüfen (sog. Tragfähigkeitsberichte; siehe Abschnitt B II a) 2).

(2) Der Wunsch, die parlamentarische bzw. politische Funktion des Haushalts zu stärken, d.h. staatliche Entscheidungen an höchster Stelle im Hinblick auf die erwünschten Ziele anhand alternativer Strategien treffen zu können, führte zu dem Vorschlag, auf die herkömmliche Budgetplanung zugunsten eines *Programmbudgets* (Planning-Programming-Budgeting System, PPBS) oder eines *Zero-Base-Budgeting Systems* (ZBBS) zu verzichten. Durch die Diskussion um die Einführung eines *Neuen Steuerungsmodells* in der öffentlichen Verwaltung haben diese Überlegungen in jüngerer Zeit erneut an Aktualität gewonnen (siehe Abschnitt B II b).

(3) Die Absicht, bei vorgegebener Zielsetzung die optimale Handlungsalternative zu ermitteln, d.h. eine höhere Rationalität der Mittelverwendung im öffentlichen Bereich zu erreichen, sowie der Wunsch nach besseren Entscheidungshilfen führten zur Anwendung von *Kosten-Nutzen-Analysen* und ihnen verwandten Techniken. Während die zuletzt genannten Analysen auch im traditionellen Haushaltsverfahren angewendet werden können, erfordern das PPBS, das ZBBS und das Neue Steuerungsmodell ein verändertes Budgetverfahren.

## II. Verbesserung des gesamten Budgetverfahrens

### a) Die Einbettung des kurzfristigen Vollzugsbudgets in längerfristige Planungen: Mittelfristige Finanzplanung und mehr Nachhaltigkeit

#### 1 Mittelfristige Finanzplanung

Einem besonders dringlichen Reformbedürfnis entsprach die Mittelfristige Finanzplanung, die das Vollzugsbudget ergänzen soll. Die *parlamentarische Funktion* und die *administrative Lenkungsfunktion* lassen es als wünschenswert erscheinen, die **Budgetperiode für das Vollzugsbudget** recht kurz zu halten. Die Jährlichkeit des Budgets, d.h. seine jährliche Bestimmung, ist seit der Finanz- und Haushaltsreform aus dem Jahre 1969 nicht mehr zwingend vorgeschrieben[38]. Aber ein Vollzugsbudget, das über die gesetzlich möglichen zwei Jahre hinausginge, würde eine realistische Steuerschätzung noch mehr erschweren, als es derzeit schon der Fall ist, und zusätzlich das Problem aufwerfen, dass die Exekutive mit Hinweis auf „überalterte" Ansätze in den letzten Jahren einer so langen Haushaltsperiode Nachforderungen stellen wird.

Hingegen ist zur Erfüllung der *finanzwirtschaftlichen Funktion* des Haushalts eine Abschätzung der zukünftigen Einnahmen und Ausgaben unverzichtbar. Hier liegt der Ansatzpunkt der Mittelfristigen Finanzplanung. Sie soll dazu beitragen, dass Folgekosten von Projekten oder innerhalb der Sozialversicherung, z. B. der Pensions- und Rentenzahlungen, aufgedeckt werden und auf gesetzlich bedingte überproportionale Ausgabensteigerungen frühzeitig, d. h. vor Verabschiedung der Gesetze, aufmerksam gemacht wird. Das ausschließliche Denken in jährlichen Haushalten führt dazu, Auswirkungen heutiger finanzpolitischer Maßnahmen auf die Entwicklung der öffentlichen Finanzen in späteren Haushaltsjahren weniger sorgfältig abzuschätzen. Diese Unterlassungen zeigen sich, wenn die **Folgebelastungen** (**Folgekosten**) vergangener Aktivität spürbar werden, wenn also frühere Investitionen, z. B. Schwimmbäder, Museen oder Theater, zu heutigem Erhaltungsaufwand führen. Da diese Ausgaben dann oft nicht reduzierbar sind, erfolgt ihre Finanzierung auf Kosten von Ausgaben, die zu dem späteren Zeitpunkt möglicherweise als dringlicher beurteilt werden. Insofern wird mit Hilfe einer längerfristigen Planperiode die Diskussion über die erforderliche Prioritätensetzung in der öffentlichen Finanzwirtschaft erleichtert.

Gleichzeitig mit der Zusammenstellung der geplanten Ausgaben muss eine Abschätzung der zu erwartenden Einnahmen erfolgen. Unter ihnen machen die Steuern und Sozialabgaben die mit Abstand größten Posten aus. Da die Abgabenschätzung (siehe Abschnitt B I a 1) aber schon über eine kurze Frist erheblich von der tatsächlichen Entwicklung abweichen kann, sind Angaben für mehrere Jahre im Voraus nur in überschlägiger Form möglich.

Für die Realisierung der *wirtschaftspolitischen Funktion* des Haushalts ist es wichtig zu wissen, welche Einflüsse vom öffentlichen Sektor einer Volkswirtschaft in den nächsten Jahren vermutlich ausgehen werden. Die Haushaltsprognose gibt dem Wirtschaftspolitiker Anhaltspunkte darüber, welchen Einfluss die öffentlichen Finanzen z. B. auf Wachstum und Beschäftigung ausüben. So kann er der Mittelfristigen Finanzplanung nicht nur entnehmen, welche Projekte im Falle einer Konjunkturabschwächung zeitlich vorgezogen werden könnten, sondern er kann sich

---

[38] § 12, Abs. 2 BHO und § 9 HGrG besagen, dass der Haushaltsplan in einen Verwaltungshaushalt und in einen Finanzhaushalt gegliedert werden kann; beide können jeweils für zwei Haushaltsjahre, nach Jahren getrennt, aufgestellt werden. Der **Finanzhaushalt**, manchmal auch Kapitalbudget und auf der Gemeindeebene Vermögenshaushalt genannt, enthält als Teil des Haushaltsplanes u. a. die Investitionsausgaben, also den Anteil des Budgets, der zur gesamtwirtschaftlichen Vermögensbildung beiträgt. Der **Verwaltungshaushalt** enthält die erwarteten Verwaltungseinnahmen, insbesondere Steuern, die voraussichtlichen Personalausgaben und sächlichen Verwaltungsausgaben und die voraussichtlich notwendigen Verpflichtungsermächtigungen (siehe Abschnitt B I a 3) zur Leistung von Verwaltungsausgaben. Der Bund macht von dieser Haushaltsunterteilung sowie von der Möglichkeit eines Doppelhaushaltes für zwei Jahre derzeit keinen Gebrauch.

auch über die längerfristige staatliche Aktivität, z. B. im Bereich der Infrastruktur, und über die Entwicklung des Staatsanteils informieren. Gleichzeitig bildet eine konsequent durchgeführte Mittelfristige Finanzplanung die Rahmenbedingungen ab, die für die längerfristigen Dispositionen der privaten Unternehmen und Haushalte eine unerlässliche **Entscheidungshilfe** darstellen.

Schließlich erfüllt die Mittelfristige Finanzplanung die *parlamentarische Funktion* des Haushalts dadurch, dass sie Doppelplanungen der einzelnen Ressorts vermeiden hilft und die Prioritäten der geplanten öffentlichen Aktivität offenlegt. Ohne eine solche vorausschauende Finanzplanung wird die Grenze der finanziellen Leistungsfähigkeit des Staates oft nicht sichtbar.

Die Mittelfristige Finanzplanung ergänzt das Vollzugsbudget[39]. Sie ist **nicht** wie das jährliche Budget **vollzugsverbindlich**, sondern stellt lediglich eine rechtlich unverbindliche **Absichtserklärung der Regierung** dar. In ihr werden alle voraussichtlichen Ausgaben und die zur Deckung vorgesehenen Einnahmen einer öffentlichen Körperschaft (Bund, Land oder Gemeinde) gegenübergestellt. Zu diesem Zweck wird im Rahmen der Haushaltsplanung zugleich die Finanzplanung vorgenommen.

*Schema 7.2: Mittelfristige Finanzplanung und Vollzugshaushalt (Stand Mitte 2017)*

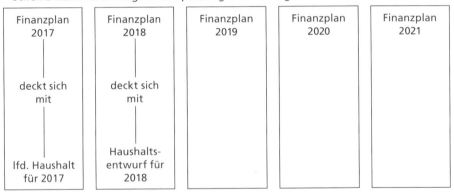

In der Bundesrepublik Deutschland beträgt die **Planungsperiode** formell fünf Jahre. Da aber das erste Jahr mit dem laufenden Haushaltsjahr zusammenfällt und die Zahlen für das zweite Jahr zugleich den Entwurf des Haushaltsplans für dieses zweite Jahr bilden (vgl. Schema 7.2), kann nur für die verbleibenden drei Jahre von einer über das Bisherige hinausgehenden Finanzplanung gesprochen werden[40].

Die **Aufstellung des Finanzplans** erfolgt ebenfalls auf Basis des seit 2012 für das jährliche Budget praktizierten „Top-down"-Verfahrens (siehe Abschnitt B I b). Nach weiteren Diskussionen im Finanzkabinett und im Finanzplanungsrat (zur Absprache mit den Finanzplanungen der Länder und Gemeinden) kommt es dann zu einer **Kabinettsvorlage** und zu einem Beschluss. Zusammen mit dem Haushaltsplan

---

[39] Sie ist in §§ 9, 10, 11, 14 StabG und §§ 50–52 HGrG gesetzlich festgelegt.

[40] Der fortgeschriebene Finanzplan wird jährlich veröffentlicht. Er findet sich in kurzer Form im jährlich erscheinenden „Finanzbericht des Bundesministeriums der Finanzen" sowie in gesonderten Broschüren, die ebenfalls vom Bundesfinanzministerium herausgegeben werden. Detaillierte Angaben finden sich in: Finanzplan des Bundes 2016 bis 2020, Bundestagsdrucksache 18/9201, vom 12.08.2016.

geht der Finanzplan an Bundesrat und Bundestag, allerdings nur zur Kenntnisnahme und nicht, wie der Haushaltsentwurf, zur parlamentarischen Behandlung. Bund, Länder und Gemeinden nehmen ihre eigenen Finanzplanungen vor. Ein öffentlicher Gesamtfinanzplan wird bisher nicht erstellt, so dass sich **in einem föderativen System** zahlreiche **Koordinationsprobleme** ergeben. Da auch der sog. Finanzplanungsrat keine haushaltspolitischen Entscheidungsbefugnisse besitzt, kommt es bisher nur zu unverbindlichen Absichtserklärungen in Hinblick auf eine auf alle Träger abgestimmte Finanzplanung[41]. Die derzeitige Unverbindlichkeit der Mittelfristigen Finanzplanung zeigt sich auch daran, dass sie in der parlamentarischen Behandlung noch immer eine nur sehr untergeordnete Rolle spielt.

Selbst mit einer politisch aufgewerteten Mittelfristigen Finanzplanung, die neben dem Vollzugsbudget aufgestellt wird, wären nicht alle Unvollkommenheiten der Budgetpraxis zu beseitigen. Beispielsweise zeigt die finanzpolitische Praxis, dass die Finanzplanung alljährlich modifiziert wird. Solche Korrekturen bei der Fortschreibung eines längerfristigen Plans sind unerlässlich, sofern die gesamtwirtschaftliche Lage, insbesondere der kurzfristige konjunkturpolitische Trend, die Basis der früheren Planung verändert hat. Dagegen ist die Korrektur bedenklich, wenn sie dazu dient, den Finanzplan an die kurzfristigen Haushaltsüberlegungen immer wieder anzupassen; dann wäre der Finanzplan am Haushalt orientiert und nicht, wie von der Sache her erforderlich, **der kurzfristige Haushalt am längerfristigen Finanzplan ausgerichtet.** Auch eine Kooperation zwischen der längerfristigen Finanzplanung der Gebietskörperschaften mit den Trägern der Sozialversicherung steckt noch in den Kinderschuhen. Dabei geht es um die finanziellen Beziehungen zwischen dem Bundeshaushalt und vor allem der gesetzlichen Renten- und Krankenversicherung (siehe 5. Kapitel, Abschnitt A.)

## 2 Nachhaltige Finanzierung

Um abzuschätzen, welche Auswirkungen die Haushaltspolitik über den Planungszeitraum der Mittelfristigen Finanzplanung hinausgehend hat, wurden verschiedene Konzepte zur Überprüfung der wünschenswerten **Nachhaltigkeit** („fiscal sustainability") der Finanzierung entwickelt. Insbesondere das hohe Niveau der Staatsverschuldung und die demographische Entwicklung machen es notwendig, die Folgen der Haushaltspolitik über einen Zeitraum von mehreren Jahrzehnten zu prognostizieren. Das *Konzept der OECD* untersucht die Einnahmen und Ausgaben über einen Zeitraum von beispielsweise 30 bis 40 Jahren unter der Annahme, dass die gegenwärtige Finanzpolitik fortgesetzt wird. Als nachhaltig wird die Finanzpolitik dann angesehen, wenn die Schuldenstandsquote am Ende des Betrachtungszeitraumes die heutige Höhe nicht übersteigt. Ist dies nicht der Fall, kann eine sog. Nachhaltigkeitslücke errechnet werden, die angibt, in welchem Umfang der Haushalt konsolidiert werden müsste, um Nachhaltigkeit wiederherzustellen. Die Bundesregierung hat – auch als Folge der sich abzeichnenden demographischen Entwicklung – mittlerweile schon ihren vierten Tragfähigkeitsbericht vorgelegt. Im Vergleich zum dritten Bericht aus dem Jahr 2011 fallen die Verschuldungsprojektionen günstiger aus.[42]

---

[41] Es gibt allerdings bereits ein gemeinsames Schema für Bund, Länder und Gemeinden. Vgl. Bundesministerium der Finanzen, Finanzbericht 2017, Berlin 2016, S. 340 ff.
[42] Vgl. Bundesministerium der Finanzen, Vierter Bericht zur Tragfähigkeit der öffentlichen Finanzen, Berlin 2016, S. 20.

Eine noch längerfristige Perspektive nimmt das Konzept der *Generationenbilanzierung* ein; auf ihrer Grundlage wird versucht, die Steuerzahlungen inklusive der Sozialversicherungsabgaben und die öffentlichen Ausgaben den einzelnen Generationen zuzurechnen. Aus dieser Zuteilung werden sogenannte Nettosteuerzahlungen aus der Differenz zwischen Steuerzahlungen und empfangenen Leistungen einer Generation ermittelt. Nachhaltigkeit ist nach diesem Konzept dann gegeben, wenn die Nettosteuerzahlungen aller Generationen ausreichen, um den Verpflichtungen aus der Staatsschuld nachkommen zu können. Empirische Ergebnisse weisen für Deutschland nach beiden Ansätzen auf erhebliche Nachhaltigkeitslücken hin. Es ist allerdings zu berücksichtigen, dass die Prognose der Einnahmen und Ausgaben über einen derart langen Zeitraum mit erheblichen Problemen behaftet ist.[43]

Mittelfristige Finanzplanung und nachhaltige Finanzierung reichen für die Planung der budgetwirksamen Staatstätigkeiten allerdings so lange nicht aus, wie sie nicht in den Anmeldungen der Einzelressorts und zwischen den Einzelressorts berücksichtigt werden. Zusätzlich führen neue Wege von der bisher überwiegenden Verwaltungsorientierung der öffentlichen Finanzen hin zu einer stärkeren Ausrichtung an ihren Ergebnissen.

## b)  Von der Verwaltungs- zu mehr Ergebnisorientierung

Die Tatsache, dass die traditionelle Budgetaufstellung aus den einzelnen Verwaltungen heraus, also „von unten nach oben", zumindest auf Bundesebene seit 2012 durch ein „Top-down"-Verfahren für den Bundeshaushalt ersetzt wurde, ändert nichts daran, dass das **Budget** letztlich aus einer **Summe von Einzelanforderungen** zusammengesetzt ist, über die großenteils untergeordnete, politisch nicht direkt verantwortliche Stellen befunden haben. Eine **ergebnis- bzw. zielbezogene Steuerung der Ressourcen** ist aus einer (ressort-)übergreifenden Perspektive kaum möglich.

Wünschenswert wäre es, dass die übergeordnete politische Entscheidungsinstanz, also zunächst der Minister, dann das Kabinett und nicht zuletzt das Parlament, die Möglichkeit erhält, eigene Vorstellungen über die politische und damit auch finanzpolitische Zukunft in den Budgetberatungen zu artikulieren. Dazu müssen jedoch **Entscheidungen anhand von Handlungsalternativen** getroffen werden.

Die Fülle der Optionen ist von vornherein eingeschränkt, wenn bestimmte öffentliche Einnahmen für bestimmte Ausgabenzwecke vorgesehen sind. Um bei der Aufstellung des Haushaltsplans die „Gleichwertigkeit der Staatszwecke" bei der **Bestimmung der Prioritäten innerhalb des Budgets** zu garantieren, wurde das Verbot einer Zweckbindung (**Haushaltsgrundsatz der Nonaffektation**) in das Haushaltsrecht aufgenommen[44]. In der finanzpolitischen Praxis gibt es eine Reihe von „Verstößen" gegen diesen Grundsatz[45]. So werden geringfügige Anteile des Mineralölsteueraufkommens aufgrund des Gemeindeverkehrsfinanzierungsgesetzes für Straßenbau und öffentlichen Personennahverkehr sowie das Aufkommen der Feuerschutzsteuer laut Feuerwehrgesetzen vieler Bundesländer in voller

---

[43] Vgl. hierzu Wissenschaftlicher Beirat beim Bundesministerium der Finanzen, Nachhaltigkeit in der Finanzpolitik – Konzepte für eine langfristige Orientierung öffentlicher Haushalte, Schriftenreihe des Bundesministeriums der Finanzen, Heft 71, Berlin 2001.

[44] Siehe § 8 BHO.

[45] § 8 BHO lässt Ausnahmen zu.

Höhe für Feuerschutzmaßnahmen zweckgebunden; auch die Bildung von **Sondervermögen der Gebietskörperschaften** kann als ein solcher Verstoß angesehen werden.

Die so praktizierte Planung „von unten nach oben" führt in aller Regel dazu, dass eine aus ökonomischer Sicht wünschenswerte Abwägung alternativer Strategien zur Lösung bestehender politischer Aufgaben nur in Ausnahmefällen stattfindet. Das Verfahren hat darüber hinaus die oft kritisierte Konsequenz, den einzelnen Entscheidungsträger zum **Denken in** „**Inputs**" (z. B. Personalmittel, Sachmittel usw.) zu erziehen, denn es sind die Inputs, die er jährlich im Wege der „Bedarfsanmeldung" nennen muss. Stattdessen sollten den öffentlichen Stellen im Rahmen der Haushaltsanmeldungen eine **Konkretisierung des** „**Outcome**" bzw. eines wünschenswerten Ergebnisses vorgeschrieben werden, das das anmeldende Ministerium zu erstellen beabsichtigt. Im Vordergrund steht dann die Diskussion um die Qualität öffentlicher Ausgaben, d. h. die Ziele des jeweiligen politischen Bereichs, die in Form von zu erstellenden Leistungen zu konkretisieren sind. Der Hilfscharakter der öffentlichen Finanzen träte dann nicht nur bei der Begründung der einzelnen Bedarfsanmeldung, sondern vor allem in der Budgetdebatte stärker hervor. Dieser **Wunsch nach mehr Ergebnisorientierung** gilt sowohl im Verhältnis der Legislative zur Exekutive als auch innerhalb eines Ressorts zwischen seiner Leitung und seinen Untereinheiten.

Eine höhere Rationalität des politischen Handelns ließe sich also erreichen, wenn im Rahmen eines *neuen Haushaltssystems*

- die Budgetanforderungen in stärkerem Maße mit den **angestrebten Ergebnissen** begründet und zugleich
- die wichtigen **Alternativen** zur Verwirklichung dieser Ergebnisse mit den jeweiligen Budgetanforderungen zur Entscheidung vorgelegt würden.

In den USA wurden früher mehrere, z. T. groß angelegte Versuche unternommen, das Budgetverfahren in diesem Sinne grundsätzlich zu verändern und aus der Privatwirtschaft geläufige Entscheidungsverfahren zu übernehmen. Den Anfang bildete im Jahre 1965 das *Planning-Programming-Budgeting System* (PPBS). Es unterschied im Planungs- und Budgetierungsprozess die folgenden drei Phasen:

(1) **Planning:** Zielbestimmung, d. h. Quantifizierung der Ziele der einzelnen Ressorts.
(2) **Programming:** Analyse der Realisierungsmöglichkeiten der aufgestellten Ziele unter Berücksichtigung von Alternativen (mittelfristige Projektplanung). Mit Hilfe von Kosten-Nutzen-Analysen wird die günstigste Programmalternative gewählt.
(3) **Budgeting:** Transformation der durchzuführenden Programme in Budgetanforderungen (kurzfristige Vollzugsbudgetplanung).

Dieses System, das in einigen Ministerien immer wieder ansatzweise versucht wurde, ließ sich nicht generell durchsetzen und wurde auch nicht übergreifend durchgehalten. Mit Blick auf den Sachverhalt, dass eine einmal als richtig erkannte Budgetentscheidung in den folgenden Budgetjahren sehr oft ungeprüft übernommen wird, wurde im *Zero-Base-Budgeting System* (ZBBS) versucht, die Budgetplanung immer wieder „am Nullpunkt" zu beginnen. Der Unterschied zum PPBS liegt somit vor allem in der Programmphase. Von der Idee her sollen neue und alte Aktivitäten vor ihrer Aufnahme in das Budget gleichermaßen kritisch durchleuchtet werden. Dieser Absicht entspricht auch der Gedanke einer sog. „**sunset legislation**", d. h. einer Gesetzgebung, z. B. für eine Subventionsvergabe, deren Geltungsdauer von vornherein zeitlich begrenzt ist.

Diese frühen Ansätze wurden, obwohl sie sich in der haushaltspolitischen Praxis in reiner Form bisher nicht durchgesetzt haben, noch immer erörtert, weil ihr **Anliegen** unverändert **fortbesteht**. Es bleibt also eine ständige Aufgabe, das Budgetverfahren effizienter zu gestalten. Die grundsätzliche Schwierigkeit wird deutlich, wenn man zum Vergleich die Erfolgsmessung **im privaten Unternehmen** heranzieht. Dort ist der **Erfolgsmaßstab der Gewinn**, und zwar auch der Gewinnbeitrag der einzelnen Abteilungen, an dem sich folglich die Entlohnung orientieren kann und die dem einzelnen Mitarbeiter den Anreiz bietet, effizient zu arbeiten. **Im öffentlichen Sektor** werden hingegen in der Hauptsache **nicht-marktgängige Güter produziert** (siehe 2. Kapitel) und folglich **keine „Gewinne" ausgewiesen**. Daher müssen ganz andere Anreize geschaffen werden, um eine effiziente Budgetierung und eine höhere Produktivität im öffentlichen Sektor zu bewirken, und Reformansätze müssen immer wieder von außen herangetragen werden.

Solche neueren Ansätze werden im öffentlichen Sektor, insbesondere den Kommunen, unter den Stichworten **Budgetierung**, **Globalhaushalt** und – in den Gemeinden – **Neues Steuerungsmodell** diskutiert und zum Teil schon praktiziert. Durch Rückgriff auf Steuerungsmethoden, die im erwerbswirtschaftlichen Sektor gebräuchlich sind, soll der Einfluss der politischen Entscheidungsebene gestärkt und die ausführende Verwaltung effizienter eingebunden und organisiert werden. Wenngleich die Konzepte ähnliche Zielrichtungen wie das PPBS und das ZBBS verfolgen, setzen sie doch etwas anders an.

Im *Neuen Steuerungsmodell*, das in der einen oder anderen Variante in vielen Gemeinden und einigen Bundesländern, z. B. Hessen, eingeführt worden ist, soll die Legislative bzw. die politische Entscheidungsebene **Zielvorgaben** als allgemeine Rahmenbedingungen formulieren, z. B. mit einem Schwerpunkt auf der längerfristigen (strategischen) Perspektive. Gleichzeitig soll eine allgemeine Erfolgskontrolle etwa anhand von Kennziffern oder durch die zu ermittelnde Bürgerakzeptanz erfolgen. Soweit sich dann Handlungsbedarf abzeichnet, sind Korrekturmaßnahmen einzuleiten. Das Verfahren setzt neben einer stärkeren Orientierung am Bürger als Nachfrager von Verwaltungsleistungen auch ein wirksames Kosten- und Qualitätsmanagement der Verwaltung selbst voraus. Bedingung ist die Einführung der **doppelten Buchführung** (**Doppik**) anstelle des kameralistischen Rechnungswesens.[46]

Der Verwaltung sind dabei im Rahmen einer Entscheidungsdelegation – nunmehr durchaus gewollt – **Handlungsspielräume** zu **gewähren**; kontrolliert wird vor allem der Erfolg der Maßnahmen, nicht der Weg dorthin. Ein solches Konzept bedingt mithin auch eine Neuorganisation innerhalb der Verwaltung, die Einführung neuer Anreizinstrumente und die Neugestaltung des Informationsflusses sowohl verwaltungsintern als auch zwischen politischer Entscheidungsebene und Verwaltung. Ein zentrales Element ist hierbei die dezentrale Ressourcenverantwortung der einzelnen fachlichen Bereiche der Verwaltung. Die traditionell zentrale Verwaltung der finanziellen Mittel und deren enge Sachbindung soll mithin zugunsten eines Systems der „**Budgetierung**" aufgelöst werden. Um unter den neuen Bedingungen dennoch die Rückkopplung zur Verwaltungsspitze und zum finanzpolitischen Entscheidungsträger zu gewährleisten, erfordert die Realisierung des Neuen

---

[46] Zu den Erfahrungen mit den ersten 10 Jahren bis 2007 siehe Bogumil, J., u. a., Zehn Jahre Neues Steuerungsmodell – eine Evaluation kommunaler Verwaltungsmodernisierung, Berlin 2007.

Steuerungsmodells ein zeitnahes Berichtswesen und durchgängiges Controlling, vergleichbar dem in privaten Unternehmen.

Ein Bereich, in dem jenseits der Gemeindeebene solche neuen Konzepte praktiziert werden, ist der Hochschulsektor. Grundsätzlich unterlagen Hochschulen in Deutschland dem kameralistischen Haushaltsrecht: Die Hochschulhaushalte sind zwar weiterhin Teil der Landeshaushalte, aber sie werden nicht mehr von den Landtagen Einzelposten für Einzelposten beschlossen, sondern mehr oder weniger als *Globalhaushalte* zugewiesen. Damit werden die Hochschulhaushalte flexibler, indem die Deckungsfähigkeit erweitert, die temporäre Spezialität weitgehend aufgehoben, die Rücklagenbildung durch die Hochschule erleichtert und die Einbehaltung von Mehreinnahmen eingeführt werden. In der Extremform wird den Hochschulen ein fixer Betrag (Globalsumme) zugewiesen, über deren Verwendung sie in einem festgelegten Zeitraum autonom entscheiden können. Bei der **formelgebundenen Mittelzuweisung** wird diese Summe durch automatisierte Zuweisungsprozesse bestimmt, bei denen Output-Indikatoren eine zentrale Rolle spielen. Damit wird bei der Ressourcenverteilung von einer Input- zu einer stärkeren Output-Orientierung übergegangen. Die staatliche Kontrolle beschränkt sich auf die Prüfung der Jahresabschlüsse und die **Einhaltung der Leistungskontrakte.**

In diesem Zusammenhang entstehen auch neue Formen der Zusammenarbeit zwischen dem öffentlichen Sektor und privaten Investoren in Form von **Öffentlich-Privaten Partnerschaften (Public Private Partnership)**. Dabei geht es nicht nur um die Mobilisierung privaten Kapitals, sondern auch um die beiderseitige Nutzung des jeweiligen Fachwissens. Insbesondere im Infrastrukturbereich (z. B. Verkehr, Energie) sind vielfältige Formen dieser Kooperation, nicht zuletzt im Rahmen der Wiedervereinigung, entstanden. Dabei werden Betreibermodelle, Leasing-Modelle und Konzessionsmodelle als Varianten der Finanzierung, des Baus und des Betreibens beim Ausbau von Infrastruktureinrichtungen eingesetzt.[47] Oft geht es dabei um eine möglichst weitgehende Eigenwirtschaftlichkeit der Projekte, z. B. über Mauteinnahmen oder andere Formen von Nutzungsgebühren. Eine größere Effizienz verspricht man sich durch die privatwirtschaftliche Ausrichtung bei Durchführung und Betreiben des Projekts. Um sie zu gewährleisten und die öffentlichen Belange zu sichern, haben Bund und das Land Nordrhein-Westfalen einen umfangreichen Vergaberechtsleitfaden für den Bereich des Hochbaus entwickelt.[48] Untersuchungen des Bundesrechnungshofs relativieren diesen erhofften Vorteil aber, da es zu Kostensteigerungen gegenüber der konventionellen Realisierung in Höhe von 1,9 Mrd. € gekommen ist.[49] Zusammenfassend kann man sagen, dass Öffentlich-Private Partnerschaften sowohl Chancen als auch Risiken beinhalten.[50]

Unabhängig davon, welche Wege zum besseren Budgetverfahren gewählt werden, von welchen Gebietskörperschaften und anhand welcher Handlungsfelder, sind Entscheidungshilfen erforderlich, die es den Trägern der Finanzpolitik erleichtern,

---

[47] Siehe hierzu im Einzelnen Nowotny, E., und Zagler, M., Der öffentliche Sektor, 5. Aufl., Berlin-Heidelberg 2009, S. 129 ff.

[48] Bundesministerium für Verkehr, Bau und Stadtentwicklung, PPP im Hochbau – Vergaberechtsleitfaden, Berlin 2007. – Darüber hinaus hat das Finanzministerium Nordrhein-Westfalen eine umfangreiche Online-Dokumentation zu den Projekten, auch im europäischen Ausland, aufgebaut (www.ppp-nrw.de), Hodge, G. A., und Greve, C., PPPs_ The Passage of Time Permits a Sober Reflection, in: Economic Affairs, March 2009, S. 33 ff. mit zahlreichen Evaluationen internationaler PPP-Projekte, siehe auch Sack, D., Eine Bestandsaufnahme der Verbreitung, Regelungen und Kooperationspfade vertraglicher PPP in Deutschland, in: Budäus, D., Hrsg., Kooperationsformen zwischen Staat und Markt, Theoretische Grundlagen und praktische Ausprägungen von Public Private Partnership, Baden-Baden 2006.

[49] Bundesrechnungshof, Bericht an den Haushaltsausschuss des deutschen Bundestages nach § 88 Abs. 2 BHO über Öffentlich Private Partnerschaften (ÖPP) als Beschaffungsvariante im Bundesfernstraßenbau, Ausschussdrucksache 18/0822.

[50] Vgl. Chancen und Risiken Öffentlich-Privater Partnerschaften, Gutachten des Wissenschaftlichen Beirats beim Bundesministerium der Finanzen, Berlin 2016.

unter den immer vorhandenen und miteinander konkurrierenden Handlungsalternativen die jeweils beste zu wählen.

## III. Entscheidungshilfen zur Planung einzelner staatlicher Programme

### a)  Kosten-Nutzen-Analyse

Schon in den 1930er Jahren waren Überlegungen angestellt worden, wie unter mehreren Alternativen für ein öffentliches Projekt die beste herausgefunden werden könne. Die Überlegungen sind denen eines Unternehmens ähnlich, das verschiedene Investitionsmöglichkeiten zur Erreichung desselben Ziels, dort in der Regel die Gewinnmaximierung, abwägt. Man versucht also, die für die Privatwirtschaft geltenden Investitionskriterien auf öffentliche Ausgaben, insbesondere Investitionsvorhaben, zu übertragen[51].

Dazu ist es erforderlich, die Vor- und Nachteile, die mit jeder Alternative verbunden sind, abzuwägen, um dann die Alternative mit dem **größten Nettovorteil** wählen zu können. Die Vorteile werden als Nutzen („benefits"), die Nachteile als Kosten bezeichnet. Zum Vergleich der Kosten und Nutzen wird häufig die aus der betriebswirtschaftlichen Investitionsrechnung bekannte Kapitalwertmethode benutzt, nach der diejenige Investition am lohnendsten ist, bei der die auf den Zeitpunkt der Investition abdiskontierten Erträge alle während der Laufzeit anfallenden, ebenfalls abdiskontierten Kosten am weitesten übersteigen. Die Differenz zwischen dem Barwert des Ertragsstroms und dem Barwert des Kostenstroms macht mithin den Kapitalwert der Investition aus. Mit der Wahl dieser Strategie soll eine **wirtschaftlichere Mittelverwendung in den verschiedenen Bereichen des öffentlichen Sektors** erreicht werden, als es ohne Einsatz dieser Entscheidungshilfe möglich gewesen wäre.

In der Realität sind es vor allem drei Fragen, die die Möglichkeiten und Grenzen der Anwendbarkeit einer Kosten-Nutzen-Analyse bestimmen:

– Welche Kosten und Nutzen werden der Analyse zugrunde gelegt?
– Wie werden diese Kosten und Nutzen bewertet?
– Welcher Zinssatz wird zu ihrer Abzinsung auf die Gegenwart angewendet?

Im Gegensatz zu privatwirtschaftlichen Investitionen sind die *Kosten und Nutzen* bei öffentlichen Ausgaben sehr viel weiter zu fassen. Dabei spielt eine wesentliche Rolle, von welchem **Zielsystem** ausgegangen wird. In einem Bewertungssystem, dem die Theorie der Stimmenmaximierung zugrunde liegt, wären als Kosten eines Projekts die hierdurch entgangenen und als Nutzen die gewonnenen Wählerstimmen anzusehen. Häufig (und den folgenden Ausführungen zugrunde liegend) dient die – enger oder weiter definierte – gesamtwirtschaftliche Wohlfahrt als das zu maximierende Ziel. Dazu kann man als eine operationale Maßgröße die Stei-

---

[51] Zu Theorie und Praxis von Kosten-Nutzen-Analysen vgl. etwa Hanusch, H., Nutzen-Kosten-Analyse, 3. Aufl., München 2011.

gerung des Inlandsprodukts (Nationaleinkommens), zu der es durch das jeweilige Projekt kommt, heranziehen und sich hierauf beschränken. In einzelnen Bereichen wie Bildung, Gesundheit oder Verkehr gilt es dann, das angestrebte Ziel weiter zu operationalisieren.

Kosten und Nutzen kann man zunächst nach ihrer Beziehung zum Projektziel in **direkte** und **indirekte Nutzen bzw. Kosten** gruppieren. Bei einem U-Bahn-Bau steht die Zeitersparnis für die Benutzer oder der geringere Parkplatzbedarf in der Innenstadt sicherlich im Zentrum der Planung. Dagegen wurden die verringerten Umweltbelastungen durch Autoabgase lange Zeit kaum in die Entscheidung einbezogen und hätten insoweit zu dem indirekten Nutzen gezählt.

Im Bereich der Kosten werden die Herstellungs- oder Baukosten zu den direkten Kosten gezählt, während indirekte Kosten im Beispiel des U-Bahn-Baus z. B. dadurch auftreten, dass während der oftmals langen Bauzeit beim Einzel- und Großhandel in der Innenstadt erhebliche Umsatzeinbußen und in deren Gefolge für die betreffende Gebietskörperschaft geringere Steuereinnahmen anfallen.

Als diejenigen Bestandteile einer Kosten-Nutzen-Analyse, die am wenigsten für eine Quantifizierung geeignet sind, werden oft **intangible Nutzen und Kosten** hervorgehoben. Im Beispiel des U-Bahn-Baus zählt dazu die höhere Attraktivität der Innenstadt, die man sich durch den Bau erhofft. Sie kann durchaus Projektziel und damit Bestandteil des direkten Nutzens sein, lässt sich aber nur schwer erfassen und erst recht kaum monetär bewerten. Dem steht die vergleichsweise sinkende Attraktivität der großstadtnahen Einkaufszentren als intangible Kostengröße gegenüber. Dass eine Quantifizierung derartiger Kosten und Nutzen in der Regel kaum möglich ist, zumal wenn sie nur subjektive Vorstellungen wiedergeben, bedeutet jedoch nicht, dass sie bei der Entscheidung über eine Strategie vernachlässigt werden können. Vielmehr sind sie bei einer Kosten-Nutzen-Analyse möglichst genau, wenn auch vielleicht nur verbal, zu beschreiben, damit auch sie in den politischen Entscheidungsprozess eingehen.

Um Kosten und Nutzen eines Projekts oder mehrerer Varianten eines Projekts vergleichbar zu machen, ist ihre *Bewertung* erforderlich. Dabei wird in erster Linie auf monetäre Größen hingearbeitet, und die Kosten-Nutzen-Analysen beschränken sich in aller Regel auf diese Dimension. Während auf der Kostenseite zumindest die Bau- und Unterhaltungskosten zu **Marktpreisen** ermittelt werden können, sind auf der Nutzenseite die Bewertungsprobleme meist größer. Kommt es zu **Kostenersparnissen**, so lassen sie sich noch relativ leicht in monetären Kategorien ausdrücken, obwohl beispielsweise Zeitersparnisse durch die U-Bahn-Strecke, soweit sie der Freizeit zuzurechnen sind, eine Entscheidung über den „Wert" einer Stunde Freizeit erfordern.

Neben der Frage der Bewertung zählt die Wahl des *Zinssatzes*, zu dem die während der gesamten Lebensdauer einer Investition anfallenden Kosten und Nutzen auf den Zeitpunkt der Erstellung zu diskontieren sind, zu den schwierigsten Problemen der Kosten-Nutzen-Analyse. Dieser Zins soll die „**Rate der sozialen Zeitpräferenzen**" („social rate of time preference") widerspiegeln, d. h. angeben, welches relative Gewicht die Gesellschaft bzw. die betroffene Gruppe dem Konsum eines Gutes zu verschiedenen Zeitpunkten beimisst.

Sucht man nach einem solchen Zinssatz, so liegt es nahe, in Analogie zur betriebswirtschaftlichen Investitionsrechnung als Diskontrate den Markt- und damit den Kalkulationszinsfuß privater Investitionen zu wählen oder mit dem Zins auf langfristige Staatsanleihen oder dem Durchschnitt aller Marktzinssätze zu operieren. Gegen alle diese Varianten können Einwände vorgebracht werden, z. B. der, dass nur ein geringer Teil der Projektmittel am Kapitalmarkt aufgenommen wird. Insofern muss dieser **Zinssatz** in der Regel **politisch festgesetzt** werden. Da die Höhe des Zinssatzes oft das Ergebnis bestimmt, sind Alternativrechnungen zweckmäßig.

Fragt man nach dem **Anwendungsbereich von Kosten-Nutzen-Analysen**, so fällt auf, dass, je technischer ein Entscheidungsbereich ist und je genauer Kosten und Nutzen zu bestimmen sind, es also zu keiner willkürlichen Ermittlung und Bewertung der Kosten und Nutzen kommt, desto eher führt eine Kosten-Nutzen-Analyse zu befriedigenden Ergebnissen. Doch auch in den anderen Bereichen wird man **besser eine unvollkommene als gar keine Kosten-Nutzen-Analyse** zu Rate ziehen, da sie immerhin einen Anlass zum Zusammentragen aller bedeutsamen Einflüsse, die von den verschiedenen Alternativen zur Lösung eines Problems ausgehen, bietet und damit größere Transparenz verschafft sowie vor allem einen wünschenswerten Argumentationszwang ausübt[52].

## b) Kosten-Wirksamkeits-Analyse

Entscheidungen über die Wahl zwischen verschiedenen Ausgabenprogrammen können nicht nur durch Kosten-Nutzen-Analysen vorbereitet werden; zur Ermittlung der Vorteilhaftigkeit unterschiedlicher Maßnahmen wird auch auf die Ergebnisse der an Bedeutung gewinnenden Kosten-Wirksamkeits-Analysen zurückgegriffen. Bei ihnen erfolgt keine in Geldeinheiten ausgedrückte Bewertung des Nutzens; statt ihrer werden **nicht-monetäre Indikatoren der Zielerreichung** zugrunde gelegt. Damit entfällt vor allem die aus der Kosten-Nutzen-Analyse als besonders schwierig bekannte Aufgabe, den Nutzen der Zielerreichung zu monetarisieren. Allerdings wird die Methode damit auf Anwendungsfälle eingeschränkt, in denen **das angestrebte Ziel feststeht** und nur der beste Weg zu seiner Erreichung zu finden ist. Es wird also lediglich die **differentielle Kostenwirksamkeit** alternativer Maßnahmen oder Handlungen untersucht.

Wenn beispielsweise im Rahmen der Gesundheitsversorgung das Ziel verfolgt wird, die gesunde Lebenserwartung der Bevölkerung durch verstärkte Prävention zu erhöhen, und nur der effizienteste Weg gesucht wird, so ist ein Kostenvergleich angebracht, aufgrund dessen dann bei gleichem Zielerreichungsgrad der kosten- bzw. ausgabengünstigste Weg auszuwählen wäre. Bei diesem gesundheitspolitisch aktuellen Beispiel geht es um die Wirtschaftlichkeit einer verstärkten **Prävention** in der Gesundheitsversorgung im Vergleich zu einer alternativen Verwendung der Gesundheitsausgaben, z. B. für **Krankenbehandlung** oder **Rehabilitation**. Einigt

---

[52] Zu Beispielen siehe Maennig, W., Kosten-Nutzen-Analyse Olympischer Spiele in Deutschland, in: List Forum für Wirtschafts- und Finanzpolitik, Bd. 17, 1991, S. 336 ff.; ders., Kosten-Nutzen-Analyse der Nato-Erweiterung, in: Ordo, Bd. 50, Stuttgart 1999, S. 285 ff.

man sich hinsichtlich des zu erreichenden Zieles beispielsweise auf ein zusätzliches gesundes Lebensjahr, so stellt sich die Frage, mit welcher Verwendung der Ressourcen dieses Ziel verwirklicht werden kann.

Um derartige Berechnungen vorzunehmen, benötigt man zunächst einen Rahmen zur qualitativen Bewertung der Kosten und Zielbeiträge einer verstärkten Prävention. Die Zielbeiträge in Form eines besseren Gesundheitsstandes und die Einsparungen im Vergleich zu den Kosten des Vorsorgeprogramms werden als Begründung für die **Effektivität (Zielerreichungsgrad)** und **Effizienz (kostengünstige Erreichung eines Ziels) der Prävention** herangezogen. Bei den Zielbeiträgen handelt es sich außer um weitere gesunde Lebensjahre etwa um die Vermeidung von Krankheiten, die Verhütung vorzeitiger Erkrankung oder auch nur um die Minderung des Risikos für das Auftreten einer Krankheit. Bei den Einsparungen durch das Präventionsprogramm können ganz unterschiedliche Ausgabenarten bei verschiedenen Ausgabenträgern betroffen sein (Behandlungskosten, Rentenzahlung, Lohnfortzahlung etc.). Schließlich sind bei gegebenem Zielindikator und errechneten Einsparungen die erforderlichen Kosten des Vorsorgeprogramms bzw. der alternativen Verwendungsmöglichkeiten zu ermitteln, um die differentielle Kostenwirksamkeit zu erhalten.

Bei einer Quantifizierung des Zielindikators sowie der Kosten- und Einsparungselemente treten erhebliche Probleme auf, so dass man sich auf der Zielebene meist auf die Zahl der gewonnenen Lebensjahre beschränkt und dann die Einsparungen und die direkten Kosten des Vorsorgeprogramms saldiert. Indirekte Kosten einer verstärkten Prävention (z. B. höhere

*Abb. 7.5: Kosten pro gewonnenem Lebensjahr als Zielgröße der Kosten-Wirksamkeits-Analyse*

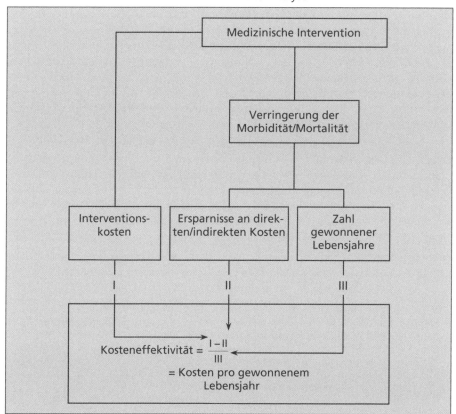

Ausgaben während der verlängerten Lebenszeit) und der weitere Nutzen eines Gewinns an Lebensjahren (z. B. der ökonomische und psychosoziale Wert des gewonnenen Humankapitals) bleiben in der quantitativen Analyse in der Regel ausgeklammert. Da die berücksichtigten Nutzen und Kosten zu unterschiedlichen Zeitpunkten auftreten, müssen sie, wie bei der Kosten-Nutzen-Analyse, auf einen Zeitpunkt abgezinst werden (siehe Abschnitt B III a). Der Abb. 7.5 lässt sich der methodische Weg zur Ermittlung der Kosten pro gewonnenem Lebensjahr als Zielgröße einer Kosten-Wirksamkeits-Analyse entnehmen. Interventionskosten und Reduktion des Krankheitsrisikos stehen sich gegenüber, wobei die beiden Effekte einer Verringerung des Erkrankungsrisikos in der Einsparung an Ausgaben und dem Gewinn an Lebenserwartung liegen. Ein positiver Kostenwirksamkeitsquotient zeigt die Höhe des Ressourcenverbrauchs, ein negativer gibt an, dass sich die Maßnahme selbst trägt[53].

In vorliegenden empirischen Arbeiten werden die Nettobeträge, die für ein Jahr an gesundem Leben erforderlich sind, anhand sog. **qualitätsbereinigter Lebensjahre (QALYs)** gemessen, bei denen sowohl Mortalitäts- als auch Morbiditätsfaktoren berücksichtigt werden. Eine höhere Zahl an QALYs kann also sowohl auf einer Lebensverlängerung als auch auf einer Erhöhung der Lebensqualität beruhen. Im Rahmen dieses als Kosten-Nutzwert-Analyse bezeichneten Verfahrens gelingt es, zwei Ziele innerhalb der einfachen Zieldimension, die bei Kosten-Wirksamkeits-Analysen nur zulässig ist, abzubilden.

Zieht man als Beispiel einmal den Vergleich von kurativen Krankenbehandlungen mit Präventionsprogrammen heran (Tab. 7.1), so zeigt sich, dass die Kosten-Nutzwert-Verhältnisse im präventiven Bereich günstiger ausfallen können. Darüber hinaus geht aus der Tabelle hervor, dass noch einmal unterschieden werden kann zwischen kostensparenden Eingriffen, nach denen die Kosten pro qualitätsbereinigtem Lebensjahr gegenüber bestehenden Interventionsalternativen gesenkt werden können, und Behandlungen, die zusätzliche Kosten verursachen, aber die Gesundheit verschlechtern. Ohne an dieser Stelle auf methodische Probleme einzugehen[54], sei darauf hingewiesen, dass bereits frühere Untersuchungen diesen Vergleich zwischen Präventionsprogrammen und Maßnahmen der kurativen Krankenbehandlung bestätigten[55].

Entsprechende „Hitlisten" können eine Hilfe bei der Setzung der Prioritäten im Gesundheitswesen darstellen, indem der Maßnahme, mit deren Hilfe sich ein qualitätsbereinigtes Lebensjahr zu den geringsten Kosten gewinnen lässt, die höchste Priorität zukommt. Andere Maßnahmen können durchaus in dem Sinne effektiv sein, dass sie Krankheiten verhüten bzw. hinausschieben; sie sind aber weniger kosteneffizient und taugen daher nicht als **Mittel der Kostendämpfung** im Rahmen einer ausgabensenkenden Gesundheitsversorgung.

Derartige Ergebnisse können den Trägern der Gesundheitspolitik, also Landes- und Bundesministerien sowie den Krankenkassen oder den kassenärztlichen Ver-

---

[53] Siehe im einzelnen Adam, H., und Henke, K.-D., Gewonnene Lebenserwartung durch Prävention. Eine Modellanalyse der Cholesterinreduktion durch medikamentöse Therapie, in: Jahrbücher für Nationalökonomie und Statistik, Bd. 208/6, 1991, S. 596 f. sowie Breyer., F., Zweifel, P. S., und Kifmann, M., Gesundheitsökonomik, 5. Aufl., Berlin u. a. O. 2005, S. 19 ff.

[54] Vgl. hierzu auch Schöffski, O., und Schulenburg, J.-M. Graf v. d., Hrsg., Gesundheitsökonomische Evaluationen, 3. Aufl., Berlin u. a. O., 2007, sowie Drummond, M. F., et al., Methods for the Economic Evaluation of Health Care Programmes, 3. Aufl., Oxford 2005.

[55] Siehe dazu Zimmermann, H., Henke, K.-D., Finanzwissenschaft – Eine Einführung in die Lehre von der öffentlichen Finanzwirtschaft, 9. Aufl., München, 2005, S. 107.

*Tab. 7.1: Gesundheitsausgaben pro gewonnenem qualitätsbereinigtem Lebensjahr für Präventionsmaßnahmen und Maßnahmen der kurativen Krankenbehandlung, in US-Dollar*

| Maßnahmen | Kosten-Nutzwert-Verhältnis |
|---|---|
| **I. Kurative Krankenbehandlung** | |
| Kognitive Verhaltenstherapie in der Familie für Alzheimer-Patienten | ≤ 0 $/QALY |
| Hörnerv-Implantate für hochgradig schwerhörige Kinder | ≤ 0 $/QALY |
| Kombinierte antiretrovirale Therapie für HIV-Patienten | 29.000 $/QALY |
| Lebertransplantation bei Patienten mit anfänglicher sklerosierender Gallengangsentzündung | 41.000 $/QALY |
| Implantierung eines Kardioverter-Defibrillators in angemessenen Stückzahlen, verglichen mit medizinischer Überwachung | 52.000 $/QALY |
| Linksherzunterstützungssystem, verglichen mit optimaler medizinischer Überwachung bei Patienten mit Herzinsuffizienz, die nicht für eine Herztransplantation geeignet sind | 900.000 $/QALY |
| Operation eines Prostatakarzinoms bei 70-jährigen Männern, verglichen mit genauer medizinischer Überwachung | verursacht zusätzliche Kosten und verschlechtert Gesundheit |
| **II. Präventionsprogramme** | |
| Haemophilus influenzae Typ B Impfung für Kleinkinder | ≤ 0 $/QALY |
| Einmalige Darmspiegelung für kolorektale Tumore bei Männern im Alter zwischen 60 und 64 | ≤ 0 $/QALY |
| Untersuchung Neugeborener bzgl. Medium-Chain Acyl-Coenzym A Dehydrogenase Mangel | 160 $/QALY |
| Intensives Raucherrückfallverhütungsprogramm, verglichen mit einem wenig intensiven Programm | 190 $/QALY |
| Intensives Rauchervorbeugungsprogramm für Kinder der 7. und 8. Klasse | 23.000 $/QALY |
| Untersuchung aller 65-Jährigen auf Diabetes, verglichen mit der Untersuchung aller von Bluthochdruck betroffenen 65-Jährigen auf Diabetes | 590.000 $/QALY |
| Antibiotische Vorsorge (Amoxicillin) für Kinder mit mittelschweren Herzfehlern, die bereits einer Harnwegskatheterisierung unterzogen werden | verursacht zusätzliche Kosten und verschlechtert Gesundheit |

*Quelle:* Eigene Zusammenstellung und Übersetzung nach Cohen, J. T. et al., Does preventive care save money? Health economics and the presidential candidates, in: New England Journal of Medicine, Jg. 358, H. 7, 2008, S. 663.

einigungen, als **Entscheidungsgrundlage** dienen. Die Vielfalt der Träger in diesem Aufgabenbereich wirft allerdings auch zusätzliche Probleme für die Umsetzung derartiger Programme auf. Fällt eine Einsparung nicht dort an, wo die Ausgaben für die effektivere und (mutmaßlich) effizientere Gesundheitsversorgung liegen, sind u. U. trägerübergreifende Lösungsansätze erforderlich. Bei einer volkswirtschaftlichen Betrachtung ist die Vorteilhaftigkeit in der Regel also nicht identisch mit der Vorteilhaftigkeit von mehr Prävention bei einzelnen Trägern der Gesundheitsversorgung, z. B. den Krankenkassen.

An diesen Beispielen zeigt sich, dass nicht jede der Maßnahmen zur Verbesserung der staatlichen Ausgabenentscheidung in allen Bereichen der öffentlichen Aufgaben- und Finanzplanung gleichermaßen genutzt werden kann. Nicht umsonst werden als Beispiele für Kosten-Nutzen-Analysen immer wieder die Investitionen im Bereich der **Verkehrs- oder Wasserwirtschaft** herangezogen und in besonderem Maße Beispiele aus dem Bereich der **Gesundheitsversorgung** angeführt, wenn Kosten-Wirksamkeits-Analysen diskutiert werden.

Insgesamt gesehen ist davon auszugehen, dass angesichts knapper Ressourcen in einzelnen Aufgabenbereichen und auf der Einnahmenseite des Staates die staatswirtschaftlichen Planungsinstrumente an Bedeutung gewinnen. Außerdem werden Fortschritte in den einzelnen Bewertungsmethoden es auf längere Sicht erlauben, auch in anderen als den oben genannten Aufgabenbereichen den Ablauf der öffentlichen Finanzwirtschaft besser zu beurteilen und effizienter zu gestalten. Dabei die rechte Balance zwischen Staatswirtschaft und Marktwirtschaft zu finden, bleibt eine zusätzliche und dauerhafte Herausforderung.[56]

## c)  Überprüfung bestehender Programme

Kosten-Nutzen-Analyse und Kosten-Wirksamkeits-Analyse sind etablierte Entscheidungshilfen, die vor allem vor Einführung größerer neuer Vorhaben eingesetzt werden. Daneben gibt es Verfahren, mittels derer bestehende Programme auf ihre Effektivität und Effizienz überprüft werden. Das ist wichtig, weil sonst einmal eingeführte Programme oft nicht mehr hinterfragt werden. Jedenfalls hat die Bürokratie hieran kaum Interesse, weil sie dann Gefahr läuft, Teile ihres Budgets zu verlieren. Einzelne Bundesprogramme werden ad hoc vom Präsidenten des Bundesrechnungshofes in seiner Funktion als Bundesbeauftragter für Wirtschaftlichkeit in der Verwaltung untersucht. So wurde 2014 das Verfahren der Personalauswahl in der Bundesverwaltung kritisch beleuchtet[57]. Daneben gibt es Verfahren zur laufenden Analyse von bestehenden Programmen. Hierzu wird im Folgenden zum einen ein neuer Ansatz im Bundeshaushalt vorgestellt, der laufend Einzelprogramme herausgreift. Zum anderen wird ein Verfahren auf

---

[56] Siehe beispielsweise Bungenstock, J. M., Innovative Arzneimittel in der Gesetzlichen Krankenversicherung – Eine normativ-ökonomische Analyse zu Versorgung und Finanzierung, Baden-Baden 2011

[57] Siehe dazu: Der Präsident des Bundesrechnungshofes als Bundesbeauftragter für Wirtschaftlichkeit in der Verwaltung, Gutachten zum Verfahren der internen und externen Personalauswahl in der Bundesverwaltung, Band 19, Bonn 2014.

kommunaler Ebene gezeigt, das sich des Vergleichs, in diesem Falle zwischen Kommunen, bedient.

Im Jahr 2016 veröffentlichte das Bundesfinanzministerium die ersten sog. Spending Reviews zum Bundeshaushalt[58]. Ziel dieser Analysen ist es, „das Haushaltsaufstellungsverfahren stärker inhaltlich auszurichten und somit die Wirkungsorientierung des Haushalts zu verbessern…. [Sie sollen] die Wirkung von Programmen und Maßnahmen einzelner Politikbereiche systematisch untersuchen". Im ersten Zyklus 2015/2016 wurden die Bereiche „kombinierter Verkehr" und "MobiPro-EU" analysiert. Der erste Bereich betraf die Förderung des Bundes für die Umschlaganlagen, an denen Container vom LKW auf Schiene oder Binnenwasserstraße umgeladen werden, um diese umweltfreundlichen Verkehrsträger zu fördern. Der zweite Bereich betraf das Programm zur Förderung der beruflichen Mobilität von Jugendlichen aus Europa, die an einer Ausbildung in Deutschland interessiert sind. Das erste Programm soll nach diesem Spending Review in reduzierter Form weitergeführt werden, das zweite hingegen soll, wie geplant, als Pilotprogramm auslaufen. Die beiden untersuchten Bereiche betreffen eher kleinere Haushaltspositionen und sollten wahrscheinlich als Testfälle für die Methode dienen. Dementsprechend sind für den Zyklus 2016/2017 die sehr viel umfangreicheren Politikfelder „Wohnungswesen" und „Energie und Klima" ausgewählt worden.

Das zweite Verfahren zur laufenden Analyse von bestehenden Programmen betrifft die kommunale Ebene. Der Hessische Rechnungshof erstellt seit vielen Jahren sog. „Vergleichende Prüfungen" für ausgewählte Aufgabenfelder der hessischen Kommunen. Sie betreffen beispielsweise übergreifende Fragestellungen wie die „Haushaltsstruktur 2015: Größere Gemeinden", gehen aber auch bis zum Vergleich der Effizienz und Effektivität von kommunaler Kinderbetreuung[59]. Diese Ergebnisse sind so gut, dass sie in gerichtsfester Form verwendet werden können, um Auflagen an hochverschuldete hessische Kommunen zu formulieren.

### Fragen zum 7. Kapitel

*Zu Teil A:*

1. Skizzieren Sie die Entwicklung des Budgetrechts in England.
2. Inwiefern reicht die Analyse des finanzpolitischen Sachverstands des einzelnen Abgeordneten zur Charakterisierung des finanzpolitischen Willensbildungsprozesses nicht aus?
3. Erläutern Sie die Theorie der Stimmenmaximierung, und schätzen Sie ihren Erklärungswert für die Bestimmung von Volumen und Struktur eines Budgets ein.
4. Zeigen Sie, wie aus den Konsensfindungskosten und den externen Kosten einer Entscheidung eine optimale Abstimmungsregel hergeleitet werden kann
5. Stellen Sie das Abstimmungsparadoxon dar und erklären Sie seine Bedeutung beim Zustandekommen von finanzpolitischen Entscheidungen.

---

[58] Bundesministerium der Finanzen, Monatsbericht des BMF, September 2016, S. 14–21.
[59] Hessischer Rechnungshof, Überörtliche Prüfung kommunaler Körperschaften, Kommunalbericht 2016, Wiesbaden 2016, Kapitel 5 und 8.

6. Wie könnte man die Intensität der Präferenzen für öffentliche Leistungen im Wahlverfahren berücksichtigen?
7. Was unterscheidet Budgetmaximierung und Budgetresiduum als Orientierungspunkte eines Bürokraten?
8. Bewerten Sie die Orientierung an der Budgetmaximierung unter den Aspekten der X-Effizienz und der gesellschaftlich wünschenswerten Outputmenge.
9. Inwiefern kann man in verschiedenen Ländern von einer Tendenz zum „Exekutivbudget" sprechen?
10. Was versteht man unter Stimmentausch und insbesondere dem sog. „logrolling"?
11. In welcher Weise wirken die Verbände auf Umfang und Struktur der öffentlichen Ausgaben ein?
12. Warum ist bei der Einstimmigkeitsregelung das Pareto-Kriterium erfüllt?
13. Warum können sich sehr große Gruppen zumeist schlechter organisieren als kleinere Gruppen?

*Zu Teil B:*

1. Wie kommt ein Haushaltsgesetz zustande?
2. In welchen Fällen wird gegen den Haushaltsgrundsatz der Öffentlichkeit verstoßen?
3. Erläutern Sie die administrative Lenkungsfunktion des Budgets.
4. Stellen Sie dar, inwiefern die drei Formen des Haushaltsgrundsatzes der Spezialität die administrative Lenkung der Exekutive erleichtern helfen.
5. Welche Mängel der traditionellen Haushaltsplanung sollen mit Hilfe der Mittelfristigen Finanzplanung behoben werden?
6. Inwiefern hilft die Mittelfristige Finanzplanung, die wirtschaftspolitische Funktion des Budgets zu erfüllen?
7. In welchem Verhältnis stehen Mittelfristige Finanzplanung und Haushaltsplan zueinander?
8. Was wird unter einer nachhaltigen Finanzierung verstanden?
9. Worin liegen die Mängel der traditionellen Haushaltsplanung, und wie könnten sie behoben werden?
10. Wie kann ermittelt werden, ob die Finanzpolitik nachhaltig ist?
11. Welche Schwierigkeiten standen einer Einführung des PPBS und des ZBBS entgegen?
12. Welcher Zusammenhang besteht zwischen PPBS und Kosten-Nutzen-Analyse?
13. Charakterisieren Sie Zweck und Struktur des Neuen Steuerungsmodells.
14. Welche Probleme treten bei der Erfassung und Bewertung der Kosten und Nutzen im Rahmen einer Kosten-Nutzen-Analyse auf?
15. Welche Hilfsgrößen kann man für die Abschätzung der „Rate der sozialen Zeitpräferenzen" heranziehen?
16. Wodurch ist eine Kosten-Wirksamkeits-Analyse gekennzeichnet?
17. Erläutern Sie am Beispiel der Prävention von Krankheiten die verschiedenen Kosten und Zielbeiträge, und treffen Sie ein Urteil über die Kostenwirksamkeit einer verstärkten Prävention.
18. Wie können bereits bestehende Programme überprüft werden?

# Literatur zum 7. Kapitel

*Zu Teil A:*

Behrends, S., Neue politische Ökonomie, München 2001.
Bernholz, P., und Breyer, F., Grundlagen der Politischen Ökonomie, Bd. 2: Ökonomische Theorie der Politik, 3. Aufl., Tübingen 1994.
Breton, A., Competitive Governments: An Economic Theory of Politics and Public Finance, Cambridge, Mass. 1998.
Buchanan, J. M., und Tullock, G., The Calculus of Consent. Logical Foundations of Constitutional Democracy, Ann Arbor 1962.
Cullis, J., und Johns, P., Public Finance and Public Choice, 3. Aufl., Oxford 2009.
Daumann, F., Interessenverbände im politischen Prozeß, Tübingen 1999.
Downs, A., Ökonomische Theorie der Demokratie, Tübingen 1968.
Kiefer, M. L., Medienökonomik – Einführung in eine ökonomische Theorie der Medien, 2. Aufl., München, Wien 2005.
Kirchgässner, G., Feld, L. P., und Savioz, M. R., Die direkte Demokratie, München 1999.
Kirsch, G., Neue Politische Ökonomie, 5. Aufl., Stuttgart 2004.
Mueller, D. C., Public Choice III, 3. Aufl., Cambridge 2005.
Olson, M., Die Logik des kollektiven Handelns, 5. Aufl., Tübingen 2004.
Thum. M., Phil Choi, J., Corruption and the Shadow Economy, in: International Economic Review, Bd. 46, 2005, Heft 3, S. 817 ff.
Zintl, R., Zur Reform des Verbändestaats, in: Freiburger Diskussionspapiere zur Ordnungsökonomik, Nr. 15, 2004.

*Zu Teil B:*

Brent, R. J., Applied Cost-Benefit-Analysis, 2. Aufl., Cheltenham, Lyme 2006.
Breyer, F., Zweifel, P. S., und Kifmann, M., Gesundheitsökonomik, 5. Aufl., Berlin u. a. O. 2005.
Bruijn, H. de, Managing Performance in the Public Sector, 2. Aufl., .London 2007.
Bundesministerium der Finanzen, Vierter Bericht zur Tragfähigkeit der öffentlichen Finanzen, Berlin 2016.
Drummond, M. F., u. a., Methods for the economic evaluation of health care programmes, 3. Aufl., Oxford, 2005.
Feld, L. P., Budgetary Procedures and Public Finance or: Quis custodiet ipsos custodes?, in: Journal of Institutional Innovation, Development and Transition, Nr. 6, 2002, S. 4 ff.
Gethmann, C. F., u. a., Gesundheit nach Maß?, Forschungsbericht der Interdisziplinären Arbeitsgruppen der Berlin-Brandenburgischen Akademie der Wissenschaften, Akademie Verlag, Berlin 2005, 1. Nachdruck der 1. Aufl. 2004.
Hanusch, H., Nutzen-Kosten-Analyse, 3. Aufl., München 2011.
Henke, K.-D., und Adam, H., Gesundheitsökonomie, in: Hurrelmann, K., und Razum, O., Hrsg., Handbuch Gesundheitswissenschaften, 5. Aufl., Weinheim und Basel 2012, S. 1083 ff.
Henke, K.-D., Assmann, G., und Schulte, H., Kosten-Wirksamkeits-Analyse einer Interventionsstrategie zur Prävention der koronaren Herzkrankheit in der Bundesrepublik Deutschland, in: Schwandt, P., Richter, W. O., und Parhofer, K. G. (Hrsg.), Handbuch der Fettstoffwechselstörungen, München 2001, S. 872 ff.
Henneke, H.-G., Öffentliches Finanzwesen, Finanzverfassung. Eine systematische Darstellung, 3. Aufl., Heidelberg 2010.
Martin, K., und Henke, K.-D., Gesundheitsökonomische Szenarien zur Prävention, Baden-Baden 2008.
Piduch, E. A., u. a., Bundeshaushaltsrecht, Kommentar zur Bundeshaushaltsordnung, Loseblattsammlung, Stand: Januar 2015 (wird regelmäßig ergänzt).
Reus, A., und Mühlhausen, P., Haushaltsrecht in Bund und Ländern, München 2014.
Schedler, K., und Proeller, I., New Public Management, 4. Aufl., Bern 2009.
Schöffski, O., Schulenburg, J.-M. Graf v. d., Gesundheitsökonomische Evaluationen. Grundlagen und Standortbestimmung, 3. Aufl., Berlin 2007.

Schumacher, H., Ökonomische Evaluationsverfahren im Gesundheitswesen, in: Das Wirtschaftsstudium, 24. Jg., 1995, S. 408 ff.

Wissenschaftlicher Beirat beim Bundesministerium der Finanzen, Nachhaltigkeit in der Finanzpolitik. Konzepte für eine langfristige Orientierung öffentlicher Haushalte, Schriftenreihe des Bundesministeriums der Finanzen, Heft 71, Berlin 2001.

# 8. Kapitel:
# Der Finanzausgleich
# im Bundesstaat

# A. Staatsaufbau und Finanzausgleich[1]

Die bisherigen Überlegungen zur Ausgestaltung der öffentlichen Einnahmen und Ausgaben könnten den Eindruck erwecken, dass nur ein einziger öffentlicher Haushalt besteht, in dem alle Teilbereiche der öffentlichen Finanzwirtschaft zusammengefasst werden. Außer in einigen Kleinstaaten ist die Wirklichkeit aber durch ein **dezentralisiertes System der Aufgabenerfüllung** gekennzeichnet. Damit ist allerdings noch nichts über die Entscheidungsbefugnis dieser Ebenen gesagt. Eine dezentrale Aufgabenerfüllung ist allein aus verwaltungsökonomischen Gründen sinnvoll, muss aber nicht unbedingt einen eigenen Entscheidungsspielraum der unteren Gebietskörperschaften bedeuten (z. B. Regierungsbezirke).

Bestehen neben der Zentralgewalt (Bund) weitere öffentliche Gebietskörperschaften (z. B. Länder, Gemeinden) mit autonomen Befugnissen bezüglich der Aufgabenwahrnehmung, der Ausgaben und der Einnahmen, wird von einem föderativen Staatsaufbau gesprochen. Der in diesem Zusammenhang oft verwendete **Begriff des föderativen Systems** wird zum einen, z. B. in der ökonomischen Theorie des Föderalismus, auf jeden Staatsaufbau angewendet, der auch untergeordnete Entscheidungsebenen mit Aufgaben- und Einnahmenautonomie umfasst. Der „föderative Gehalt" eines Staatsaufbaus wird demnach durch die Zentralität oder Dezentralität der Entscheidungskompetenzen und damit graduell bestimmt. Zum anderen wird der Begriff aber oft auf einen Staatsaufbau beschränkt, bei dem zwischen zentralstaatlicher und kommunaler Ebene eine selbstständige Gebietskörperschaftsebene besteht, z. B. die Länder in Deutschland oder die „states" in den USA. In diesem Sinne wird dann zwischen **föderativ aufgebauten Staaten** (oder kurz: **Föderationen**), die eine solche mittlere Ebene aufweisen, und **unitarischen Staaten**, bei denen sie fehlt, unterschieden.

Diese Interpretation steht im Folgenden im Vordergrund. Mit der Frage, wie in einem föderativen System die Befugnisse zur Erfüllung öffentlicher Aufgaben auf diese drei Ebenen von Gebietskörperschaften verteilt werden sollen, ist ein verfassungsrechtliches Problem angesprochen, das auch zum Gegenstand einer allgemeinen ökonomischen Theorie des Föderalismus geworden ist.

Bei der Zuordnung von Kompetenzen auf Ebenen der öffentlichen Finanzwirtschaft wäre es wenig sinnvoll, einer Ebene unterhalb der Zentralgewalt zwar Aufgaben zuzuweisen, ihr aber die Entscheidung über die Finanzierung und Art der Mittelverwendung zu entziehen. Diese Vorgehensweise würde für die untergeordnete Einheit nur dann Autonomie bedeuten, wenn zur Erfüllung der Aufgabe keine oder wenige Ausgaben und damit Einnahmen erforderlich sind (z. B. im

---

[1] In diesem Kapitel geht es vor allem um den Bund und um das Verhältnis von Bundes- zur Landesebene. Die Besonderheiten der kommunalen Ebene, also Gemeinden und Landkreise, werden nur gelegentlich erwähnt. Zur vertieften Behandlung der Probleme dieser Ebene siehe Zimmermann, H., Kommunalfinanzen, 3. Aufl., Berlin 2016.

Falle rechtlicher Regelungen). Je mehr finanzielle Mittel die Wahrnehmung einer Aufgabe jedoch erfordert, desto mehr gehört zur Autonomie der einzelnen Gebietskörperschaft auch das Recht, Ausgaben und Einnahmen selbstständig bestimmen zu dürfen. Damit wird sowohl die Finanzausstattung der einzelnen Gebietskörperschaften als auch die Aufgaben- und Ausgabenverteilung in einem föderativen Staatswesen zu einem lösungsbedürftigen Problem für die Finanzwissenschaft. Die Fragen, die sich daraus ergeben, dass für die verschiedenen Ebenen von Gebietskörperschaften eine Bestimmung ihrer Aufgaben, Ausgaben und Einnahmen erforderlich ist, lassen sich in zwei Gruppen unterteilen:

Zum einen müssen Aufgaben, Ausgaben und Einnahmen zwischen Gebietskörperschaften unterschiedlicher Ebenen zugeordnet werden. Genau genommen ergeben sich Gebietskörperschaften erst dadurch, dass es aus verschiedenen und noch zu erörternden Gründen zweckmäßig erscheint, öffentlich zu erfüllende Aufgaben nicht nur einem Träger zuzuweisen. Da solche Gebietskörperschaften dann üblicherweise in einem Verhältnis der Unter- bzw. Überordnung zueinander stehen, spricht man vom vertikalen Staatsaufbau und dem damit einhergehenden *vertikalen Finanzausgleich*.

Zum anderen rühren Probleme daher, dass es auf den entstehenden Ebenen unterhalb der Zentralgewalt mehrere gleichrangige Gebietskörperschaften gibt. Sobald, wie in Deutschland auf der Ebene der Bundesländer oder der Gemeinden, mehrere Gebietskörperschaften nebeneinander stehen,[2] ist zunächst zu klären, nach welchen Kriterien die Steuereinahmen der jeweiligen Ebene z. B. auf die einzelnen Bundesländer verteilt werden. Selbst wenn hier möglichst gut geeignete Kriterien verwendet werden, ist zu erwarten, dass die Ausgaben, die aus den zugewiesenen Aufgaben resultieren, sich mit den ebenfalls zugewiesenen Einnahmen nicht bei jeder Einheit gleich gut zur Deckung bringen lassen. Es fallen entweder höhere Ausgaben an (Funktion einer Bundeshauptstadt, starker Zuzug wegen wachsender Industrie usw.), oder die Entwicklung der Einnahmenbasis ist vergleichsweise ungünstig (schrumpfende Branchen, rückläufige regionale Wirtschaftsentwicklung und damit sinkende Bemessungsgrundlagen usw.), so dass die Berücksichtigung dieser Einzelumstände im vertikalen Finanzausgleich entweder unmöglich oder technisch zu aufwendig würde. Besteht aber der Wunsch, diese Finanzierungslücken durch Zuweisungen zu verringern, etwa unter Hinweis auf die im Grundgesetz angesprochene Wahrung einer „Gleichwertigkeit der Lebensverhältnisse",[3] so wird zusätzlich zum vertikalen ein *horizontaler Finanzausgleich* erforderlich.

In Deutschland werden meist alle Maßnahmen, die zur Verringerung der finanziellen Disparitäten zwischen den Ländern dienen, als Länderfinanzausgleich (LFA) i. w. S. bezeichnet, während die darin enthaltenen direkten Zahlungen zwischen den Ländern unter den Begriff des LFA i. e. S. subsumiert werden.

Soll nach diesem kurzen Überblick über den Gegenstand des Kapitels der Bereich des Finanzausgleichs genauer definiert werden, so ergeben sich unterschiedliche

---

[2] In Deutschland gab es 2015 16 Bundesländer, 11.092 Gemeinden und 402 kreisfreie Städte und Landkreise (Statistisches Jahrbuch 2016 für die Bundesrepublik Deutschland, Wiesbaden 2016, S. 29).

[3] Art. 72 Abs. 2 (3) GG. In Art. 106, Abs. 3, S. 2 GG heißt es „Einheitlichkeit der Lebensverhältnisse".

Möglichkeiten. Der Begriff „Finanzausgleich" ist unglücklich gewählt, weil der Ausdruck „Ausgleich" so verstanden werden könnte, als ob es sich ausschließlich um die Angleichung von Differenzen, z. B. zwischen Ausgabenverpflichtungen und Einnahmenmöglichkeiten, handele. Diese bilden aber nur einen Teilbereich des Fragenkomplexes, den man mit dem Begriff „Finanzausgleich" üblicherweise versieht. Am häufigsten wird von den „**finanziellen Beziehungen zwischen öffentlichen Körperschaften**" („intergovernmental fiscal relations") gesprochen. Bei einer solchen Abgrenzung ist die Aufgabenverteilung allerdings nur insoweit einbezogen, wie sie zu Ausgaben führt. Zweckmäßiger, wenn auch etwas umständlicher, ist es daher, – wie im Folgenden – von „Finanzausgleich" als der „**Zuordnung der öffentlichen Aufgaben, Ausgaben und Einnahmen auf die verschiedenen Gebietskörperschaften im Staatsaufbau**" zu sprechen[4].

Diese Aufgaben- und Begriffsbestimmungen sind nicht ausdrücklich nur auf den Finanzausgleich innerhalb eines Staates (**nationaler Finanzausgleich**) bezogen. Vielmehr kann man die Aufgaben-, Ausgaben- und Einnahmenverteilung auch zwischen Staaten betrachten (**internationaler Finanzausgleich**), wobei der Europäischen Union immer mehr Bedeutung zufällt (siehe 9. Kapitel).

Schließlich sei darauf hingewiesen, dass mit dieser Festlegung die Finanzbeziehungen zwischen den Gebietskörperschaften und den Parafisci, also insbesondere den verschiedenen Zweigen der **Sozialversicherung**, ausgeklammert bleiben. Sie betreffen in erster Linie Bundeszuschüsse an einzelne Träger der Sozialversicherung;[5] hier wird gelegentlich auch vom diagonalen Finanzausgleich gesprochen. Darüber hinaus kommt es zwischen den einzelnen Zweigen zu finanziellen Transfers von zum Teil erheblichem Umfang. Dies geschieht beispielsweise zwischen der Gesetzlichen Renten- und der Gesetzlichen Krankenversicherung, und auch innerhalb der einzelnen Zweige der Sozialversicherung, z. B. durch den Risikostrukturausgleich in der Gesetzlichen Krankenversicherung. Diese Fragen eines parafiskalischen Finanzausgleichs sind in einer – bisher wenig entwickelten – Theorie des „**parafiskalischen Föderalismus**" zu behandeln[6]. Sie sind besonders bedeutsam, wenn wie in Deutschland die Aufgaben der Daseinsvorsorge im Rahmen von Parafisci erfüllt werden (2. Kapitel). Sie treten in den Ländern zurück, in denen diese Aufgaben im allgemeinen Budget und damit über allgemeine Deckungsmittel finanziert werden (z. B. in England).

---

[4] In der Literatur wird gelegentlich auch zwischen aktivem und passivem Finanzausgleich unterschieden. Zum passiven Finanzausgleich gehört die vertikale Zuordnung der Aufgaben, während der oft im Vordergrund stehende aktive Finanzausgleich die vertikale Ausstattung mit Finanzmitteln und den horizontalen Einnahmenausgleich umfasst.

[5] Zu den mit einem diagonalen Finanzausgleich verbundenen Problemen für die GKV und die Finanzierung sog. versicherungsfremder Leistungen durch den Bund siehe: Henke, K.-D. in: Deutscher Bundestag, Öffentliche Anhörung zum Gesetzentwurf der Bundesregierung über den Entwurf eines Haushaltsbegleitgesetzes 2014 – BT-Drucksache 18/1050, Stenografisches Protokoll 18/12 vom 13.05.2014.

[6] Siehe dazu Henke, K.-D., Der parafiskalische Finanzausgleich, dargestellt am Beispiel der gesetzlichen Krankenversicherung, in: Henke, K.-D., und Schmähl, W., Hrsg., Finanzierungsverflechtung in der Sozialen Sicherung, Baden-Baden 2001, S. 77 ff.

# B. Ökonomische Begründung und Gestaltung eines föderativen Staatsaufbaus (vertikaler Finanzausgleich)

## I. Ziele und Kriterien für die Zuordnung von Aufgaben und Ausgaben auf unterschiedliche Ebenen

Fragen des Staatsaufbaus und der zweckmäßigen Ausgestaltung der ökonomischen Beziehungen zwischen den Gebietskörperschaften wurden bis in die 1960er Jahre vorwiegend im Staatsrecht und in der Politikwissenschaft diskutiert. Seither hat sich eine eigenständige **ökonomische Theorie des Föderalismus entwickelt**, deren Anliegen es ist, die Zuordnung von Aufgaben, Ausgaben und Einnahmen auf öffentliche Entscheidungsträger ökonomisch zu begründen. Dort wird häufig unter Verwendung der Begriffe Fiskalföderalismus, Finanzföderalismus und „fiscal federalism" diskutiert, welcher Aufbau der öffentlichen Finanzwirtschaft bestimmte ökonomische Kriterien am besten erfüllt und damit am zweckmäßigsten ist.

Die dazu erforderlichen Ziele und Kriterien lassen sich aus den Zielen der Finanzpolitik ableiten (siehe 1. Kapitel, Abschnitt A II), wobei vor allem das Allokationskriterium eine wichtige Rolle bei der Analyse einer ökonomisch zweckmäßigen Organisation der öffentlichen Finanzwirtschaft spielt (**siehe zur Vorgehensweise Schema 8.1**). Zudem spielen nicht-ökonomische Ziele, z. B. das politische Ziel, Machtmissbrauch zu vermeiden, eine besondere Rolle. Begründungen für oder gegen einen föderativen Staatsaufbau werden einerseits diskutiert, wenn **Verfassungen** geschaffen oder von Grund auf reformiert werden; in Deutschland fiel z. B. eine grundlegende Entscheidung mit der Einführung des Grundgesetzes vor mehr als 65 Jahren. Andererseits kommt es bei Abweichungen zwischen Verfassungsnorm und Verfassungswirklichkeit immer wieder zu Überlegungen, ob es nicht sinnvoll sei, die eine oder andere **Kompetenzverlagerung** im Aufgaben- und/oder Finanzierungsbereich vorzunehmen. Insbesondere werden in der historischen Entwicklung der Bundesrepublik Deutschland ab und an Zentralisierungstendenzen beobachtet, die es auch aus ökonomischer Sicht zu beurteilen gilt.

Zur Rechtfertigung eines föderativen Staatsaufbaus aus ökonomischer Sicht wird vor allem das Allokationsziel herangezogen. In einer eher statischen Variante liegt es der Theorie des Fiscal Federalism zugrunde, die von W. E. Oates begründet wurde. Die dynamische Variante findet sich in der neueren Theorie des Wettbewerbsföderalismus.

*Schema 8.1: Ökonomische Ziele und Kriterien für die Begründung und Ausgestaltung eines föderativen Staatsaufbaus*

| Ökonomische Ziele / Entscheidung über Zentralität der Zielerfüllung | Zielerfüllung eher zentral | Zielerfüllung eher dezentral |
|---|---|---|
| **Allokationsziele** | | |
| 1) Abstimmung des öffentlichen Angebots auf die individuellen Präferenzen | | |
| – Prinzip der fiskalischen Äquivalenz | | X |
| – Subsidiaritätsprinzip | | X |
| – Berücksichtigung von regionalen „spillovers" | | X |
| 2) Produktion zu geringstmöglichen Kosten (Berücksichtigung von Skalenerträgen und der Teilbarkeit öffentlicher Güter) | X | |
| **Distributionsziele** | X | |
| **Konjunkturziele** | X | |
| **Wachstumsziele** | X | |

## a) Das Allokationsziel als normative Grundlage

### 1 Berücksichtigung der Bürgerwünsche

Schon in den früheren theoretischen Denkansätzen zum vertikalen Finanzausgleich wird zur Frage, welche Gebietskörperschaftsebene welche öffentlichen Güter anbieten soll, vor allem die *Abstimmung der öffentlich abgegebenen Leistungen auf die Präferenzen der Staatsbürger* angeführt. Es wird unterstellt, dass es in einem größeren Staatsgebiet **regionale Unterschiede in den Präferenzen** für öffentliche Leistungen gibt, und zwar sowohl für das Niveau an öffentlichen Leistungen als auch für seine Struktur und die Ausgestaltung der einzelnen Leistungen. Wenn also etwa aus landsmannschaftlichen, religiösen, geographischen oder ähnlichen Gründen unterschiedliche Vorstellungen über das Bildungswesen, das Kulturleben, die innere Sicherheit usw. und damit über Art und Umfang der Staatstätigkeit in Teilgebieten des Staates bestehen, berücksichtigt ein regional differenziertes Angebot diese Unterschiede besser als eine einheitliche nationale Vorgabe.[7] Das folgende Beispiel sei zur Illustration herangezogen.

Es soll über die Bereitstellung einer Dienstleistung mittels eines Mehrheitsentscheids entschieden werden, z. B. über die Art der Schulen (Gesamtschule vs. Gymnasium). Das Land (Tab. 8.1) hat in diesem Beispiel 10 Mio. Einwohner. Davon wünschen sich 6 Mio. die Gesamtschule und 4 Mio. das Gymnasium als Weg zum Abitur (Spalte [a]). Bei zentralistischem Staatsaufbau wird es aufgrund des Mehrheitsentscheids nur Gesamtschulen geben. Die überstimmte Minderheit (hier: Präferenz für Gymnasien) von 4 Mio. oder 40 % der Gesamtbevölkerung wird frustriert sein (Frustrationskosten). Bei dezentralem Staatsaufbau gibt es zwei Bundesländer mit gleicher Einwohnerzahl, in denen die Bevölkerung eigenständig

---

[7] Dieser Ansatz kann auch auf die kommunale Ebene übertragen werden, wenn es um die Frage von Gebietsreformen geht. Siehe dazu: Broer, M., Möglichkeiten der Ermittlung der optimalen Größe bei Kreisgebietsreformen, in: Der Gemeindehaushalt, 117. Jg., 2016, H. 11, S. 239 ff.

*Tab. 8.1: Berücksichtigung individueller Präferenzen bei dezentraler und zentraler Bereitstellung*

| | Zentra-listischer Staatsaufbau: Entscheidung ohne Bundes-länder [a] | Dezentraler Staatsaufbau mit zwei Bundesländern (I und II) | | | |
|---|---|---|---|---|---|
| | | günstigster Fall [b₁] | | ungünstigster Fall [b₂] | |
| | | Bundes-land I | Bundes-land II | Bundes-land I | Bundes-land II |
| Gesamtschule wird präferiert von | 6 Mio. | 5 Mio. | 1 Mio. | 3 Mio. | 3 Mio. |
| Gymnasium wird präferiert von | 4 Mio. | 0 Mio. | 4 Mio. | 2 Mio. | 2 Mio. |
| Gesamteinwohner-zahl | 10 Mio. | 5 Mio. | 5 Mio. | 5 Mio. | 5 Mio. |
| überstimmte (frust-rierte) Wähler | 4 Mio. | 1 Mio. | | 4 Mio. | |

*Quelle:* Darstellung in Anlehnung an: Zimmermann, H.: Kommunalfinanzen, 3. Aufl., Baden-Baden, 2016, S. 14.

wiederum mittels Mehrheitsentscheid über die Art der Dienstleistung entscheiden darf. Dadurch kann die Zahl der frustrierten Wähler deutlich verringert werden. Im **günstigsten Fall** wird bei zwei Bundesländern die Zahl der frustrierten Wähler bei 1 Mio. liegen (Spalte [b₁]). Dies ist dann der Fall, wenn die Minderheit, welche Gymnasien präferiert, in einem Land versammelt ist und dort die Mehrheit stellt (Bundesland II). Im **ungünstigsten Fall** weisen die beiden Bundesländer die gleiche Verteilung bei den Präferenzen wie der Gesamtstaat auf. Dann ergibt sich bei föderalem Staatsaufbau mit 4 Mio. die gleiche Zahl frustrierter Wähler wie bei zentralistischem Staatsaufbau (Spalte [b₂]).

Ein regional differenziertes Angebot könnte zwar auch von einer zentralen Instanz ausgehen, wenn sie sich die Informationen über die regionalen Präferenzunterschiede und damit die regionalen Unterschiede in den anzubietenden Leistungen beschafft, beispielsweise durch Befragungen, Formen der direkten Demokratie oder über die regionalen Abgeordneten im Zentralparlament. Für den Fall, dass die individuellen Präferenzen ohne Berücksichtigung der entstehenden Kosten erhoben würden, müsste sich die zentrale Instanz allerdings auf eine sehr hohe Nachfrage nach öffentlichen Leistungen einstellen.

## 2   Die fiskalische Äquivalenz als zentrales Gestaltungskriterium

Der Sachverhalt, dass bei unvollständiger Anlastung der Kosten eine zu hohe Nachfrage artikuliert wird, ist aus Theorie und Praxis bekannt und auf Finanzierungsillusionen zurückzuführen. Werden die regionalen Entscheidungsfindungskosten berücksichtigt und die so ermittelten Wünsche gebündelt an die zentrale Ebene weitergegeben, verursacht die zentrale Ermittlung der regionalen Präferenzen hohe Transaktionskosten. Beiden Aspekten kann dadurch begegnet werden, dass jede Region außer über ihr **Leistungsangebot** auch über die damit verbundenen **Ausgaben** und die folglich erforderlichen **Einnahmen** selbst entscheidet, also die Abgabenlast durch die gleiche regionale Gruppe von Bürgern festgelegt wird, der auch der Ausgabenvorteil zufließt.

Erforderlich ist daher ein Abwägen darüber,

(1) ob ein öffentliches Angebot mit der entsprechenden Ausgabe, verglichen mit den notwendigen Einnahmen, überhaupt erwünscht ist oder ob die Summe nicht besser für die private Verwendung zur Verfügung stehen soll (Frage nach der **Höhe der regionalen Staatsquote**) und

(2) welche öffentlichen Leistungen, auch im Hinblick auf ihre unterschiedlichen Kosten, wichtiger sind als andere (Frage der **Struktur der regionalen Staatsquote**).

Der Kreis der Abstimmungsberechtigten sollte so gezogen werden, dass er sich mit dem regionalen Nutzerkreis und dem Kreis der Kostenträger deckt (**Grundsatz der „fiskalischen Äquivalenz"** von M. Olson). Diese fiskalische Eigenverantwortlichkeit soll Finanzierungsillusionen vermeiden und führt zur Forderung nach mehr Einnahmenautonomie der Regionen.

Im Fall regional begrenzter externer Effekte von öffentlichen Leistungen (lokale öffentliche Güter) wird man daher dezentrale Entscheidungskompetenzen begründen können, während mit der regionalen Ausdehnung der „benefits" öffentlicher Leistungen zweckmäßigerweise eine höhere Zentralität einhergeht (regionale öffentliche Güter), die sich allerdings nicht auf alle Aspekte der Aufgabenerfüllung, also Planung, Entscheidung, Durchführung und Kontrolle, gleichermaßen erstrecken muss. Vor allem muss nicht jeder Nutzen, der über die Grenzen einer kleinen Gebietskörperschaft hinausreicht (*„regionaler spillover"*, vgl. Schema 8.1), gleich zu einer Übertragung der Aufgabe an die nächst höhere Ebene führen. Es genügt eine gewisse Korrektur von dort aus, beispielsweise die Gewährung einer Zweckzuweisung, oder eine bilaterale Übereinkunft, um das Angebot genügend hoch zu halten. Handelt es sich bei dem Spillover-Effekt um ein Gut, welches gegen Entgelt angeboten wird, kann eine Internalisierung auch durch nach dem Wohnort differenzierte Preise erfolgen.

Wenn man diese allokativen Kriterien heranzieht, erscheint ein **mehrstufiger Aufbau des Staates aus ökonomischer Sicht sinnvoll**. Wenn auch das Kriterium der „fiskalischen Äquivalenz" im Falle einiger Aufgaben eine zentrale Zielerfüllung nahelegt (nationale oder europaweite Güter), erscheint in vielen anderen Fällen eine dezentrale bzw. regionale Zuständigkeit als zielgerechter.

Eine zusätzliche Begründung für einen dezentralen Staatsaufbau liefern **nicht-ökonomische Ziele**. In diesem Zusammenhang gehört die verfassungsrechtliche Argumentation, die neben der Trennung der staatlichen Gewalt in Gesetzgebung, Verwaltung und Rechtsprechung eine **vertikale Aufteilung der Gewalten** vorsehen kann. Ein weiterer Vorteil besteht darin, dass die Oppositionsparteien im Bundestag in den Bundesländern Regierungserfahrung sammeln können, so dass nach einem Regierungswechsel die neue Bundesregierung schon Verwaltungserfahrung gesammelt hat. Zudem fördert der Wettbewerb zwischen den Bundesländern die Suche nach immer besseren Lösungen (siehe unten B I a) 4).

In Deutschland können auf diese Weise die Länder als Gebietskörperschaften gerechtfertigt werden, denn die Gemeinden konnten nach dem Zweiten Weltkrieg schon wegen ihrer großen Anzahl kaum als Gegengewicht zur Macht des Bundes angesehen werden. Vor allem aus machtpolitischen Erwägungen wurde daher nach dem Zweiten Weltkrieg im Jahre 1949 von den alliierten Mächten die Schaffung der **Länder als Gegengewicht** zur zentralen Macht des Bundes gefordert. Dass die Länder heute ein großes Machtpotential bilden, das im Zuge der deutschen Einheit noch gewachsen ist, zeigt sich z. B. im Ablauf der Gesetzgebung, in der dem Bundesrat beim Beschluss über Bundesgesetze eine starke Stellung zukommt.

Die bisherigen Ausführungen legen nahe, dass die Bürger unter Allokationsgesichtspunkten dann am besten versorgt sind, wenn sie sich zur Erfüllung öffentlicher Aufgaben in möglichst vielen kleinen öffentlichen Körperschaften zusammenschließen (Gemeinden, Landkreise, Zweckverbände etc.), die im Extremfall immer genau auf den Nutzenkreis nur einer öffentlichen Aufgabe zugeschnitten sind („**single-function governments**"). Dem steht nicht nur entgegen, dass sich bei vielen öffentlich angebotenen Gütern der Kreis der möglichen Nutzer nicht auf eine kleine Region beschränkt. Vielmehr wird man sich, schon um z. B. die Zahl der mit Verwaltungen auszustattenden Ebenen sowie die damit verbundenen Wahlen zu den Entscheidungsgremien usw. nicht ausufern zu lassen, auf wenige Ebenen unter der Zentralinstanz beschränken müssen.

## 3 Produktion zu geringstmöglichen Kosten und Subsidiaritätsprinzip

Als zweite Komponente des Allokationsziels (Schema 8.1) sind produktionstechnische Argumente anzuführen, die für zentralere Zuständigkeiten sprechen können. So kann es vorkommen, dass sich bestimmte Güter technisch überhaupt nicht in kleinen Einheiten dezentral anbieten lassen (Unteilbarkeiten), oder, falls es doch möglich ist, die Lösung zu teuer würde. Zwischen Zentralität und der *Produktion zu geringstmöglichen Kosten* besteht daher ein zu berücksichtigender Zusammenhang, der eine dezentrale Aufgabenerfüllung in manchen Bereichen aus ökonomischer Sicht unzweckmäßig erscheinen lässt. Wenn eine Aufgabe, z. B. wegen der technisch erforderlichen Mindestgröße für eine Einrichtung, nicht voll von der einzelnen Gemeinde erfüllt werden kann, so kann die Gründung eines **Zweckverbands** mehrerer Gemeinden die ausreichende Größe bringen. So kann die Müllabfuhr Aufgabe der Einzelgemeinde bleiben, während die Müllverbrennungsanlage von mehreren Gemeinden gemeinsam betrieben werden kann.

Fragt man aus allokativer Sicht nunmehr nach der **konkreten Zuordnung von Aufgaben** in einem System mit mehreren Gebietskörperschaftsebenen (also z. B. Bund, Länder und Gemeinden[8]), so werden die Aufgaben am besten der Ebene von Gebietskörperschaften zugesprochen, auf der die einzelne öffentliche Körperschaft, also das Land oder die Gemeinde, zwei Kriterien erfüllt. Zum einen sollte sie klein genug sein, um eine gute Trennung der regionalen Präferenzen für dieses Gut zu gewährleisten; im Zweifelsfall sollte die unterste Ebene gewählt werden (**Subsidiaritätsprinzip**). Zum anderen sollte die öffentliche Körperschaft groß genug sein, um den regionalen Nutzerkreis zu enthalten und ausreichend niedrige Produktionskosten möglich zu machen. Nach diesen Kriterien würde

---

[8] Zur Europäischen Union siehe 9. Kapitel.

man dem **Zentralstaat**, also dem Bund, etwa Verteidigungsaufgaben und die Außenpolitik zuweisen, da die äußere und innere Sicherheit das Staatsgebiet als Ganzes betreffen. Den **Gemeinden** würden u. a. die Kompetenzen für die örtliche Ver- und Entsorgung (Gas, Wasser, Strom, Kanalisation, Müllabfuhr), den regionalen Feuerschutz, die innerörtlichen Straßen und viele Aufgaben im Schulwesen und im Aufgabenbereich Kultur und Erholung zufallen. Für die **Bundesländer** als mittlere Ebene ist eine Aufgabenzuordnung schwierig. Das Grundgesetz bestimmt in Art. 30 GG: „Die Ausübung der staatlichen Befugnisse und die Erfüllung der staatlichen Aufgaben ist Sache der Länder, soweit dieses Grundgesetz keine andere Regelung trifft oder zulässt".

## 4    Vom kooperativen Föderalismus zum Wettbewerbsföderalismus

Der sog. **kooperative Föderalismus** ist dadurch gekennzeichnet, dass sowohl Aufgaben und Ausgaben als auch Steuern nicht mehr allein einer Ebene zugeordnet werden, sondern dass zwei oder gar alle drei Ebenen gemeinschaftlich oder arbeitsteilig tätig werden. So obliegt die Gestaltung und Finanzierung der sog. **Gemeinschaftsaufgaben** (Art. 91a und b GG) Bund und Ländern gemeinsam. Sie umfassen

– die Verbesserung der regionalen Wirtschaftsstruktur und
– die Verbesserung der Agrarstruktur und des Küstenschutzes.

Die sog. **Mischfinanzierung,** zu der die Gemeinschaftsaufgaben ebenso zählen wie die **Finanzhilfen** des Bundes für bestimmte Investitionen der Länder und Gemeinden (Art. 104a, Abs. 4 GG), ist Ausdruck dafür, dass die exakte Zuordnung einer Aufgabe zum Bund oder zu den Ländern, wie sie den Vätern des Grundgesetzes vorschwebte, nicht durchzuhalten ist. Die gemeinschaftliche Aufgabenerfüllung durch mehrere Ebenen hat zu einer **Aufgaben- und Finanzierungsverflechtung** geführt, die insbesondere wegen der gegenseitigen Blockierung der Entscheidungsträger die Lösung der übertragenen Aufgaben hemmt und zu einer eher kritischen Bewertung dieser Verfassungskonstruktionen geführt hat. Zudem wurden die politischen Verantwortlichkeiten für sich einstellende Ergebnisse verwischt, so dass die Bürger bei Wahlen nicht über das ausschließliche Handeln der jeweiligen Regierung abzustimmen hatten. Auch aus diesem Grund wurden die Zuständigkeiten zwischen Bund und Ländern mittlerweile stärker entflochten, so dass der Bund nun bei der Gesetzgebung vielfach ohne Zustimmung des Bundesrates auskommt.

Die ökonomische Diskussion zur zweckmäßigen Ausgestaltung des Staatsaufbaus hat seit einigen Jahren eine neue Wendung unter der Bezeichnung „**Wettbewerbsföderalismus**" genommen. Dieser wird dem „kooperativen Föderalismus" gegenübergestellt (competitive versus cooperative federalism[9]).

Den Ausgangspunkt bildete die Kritik am Ansatz des Fiscal Federalism, der in mehrfacher Hinsicht als zu statisch angesehen wurde. Vor allem hatte er die *Möglichkeit der Wanderung* zwischen Gebietskörperschaften einer Ebene nicht explizit berücksichtigt. Tiebout betonte bereits im Jahre 1956, dass die Staatsbürger und

---

[9] Vgl. etwa Filippov, M., Ordeshook, P. C., und Shvetsova, O., Designing federalism, Cambridge, England 2004, Teil 1.

Unternehmen die Möglichkeit der „**Abstimmung mit den Füßen**" (voting by feet) haben und sich unter mehreren Gebietskörperschaften diejenige heraussuchen können, in der die Relation von angebotenen öffentlichen Leistungen zu finanziellen Beiträgen (Steuern, Entgelte) am günstigsten ist.[10] Diese Wanderungen sind deshalb wichtig, weil dadurch die Gebietskörperschaften einer Ebene miteinander in Wettbewerb um die kostengünstigsten und präferenzengerechtesten Angebote treten. Wanderungen wirken hier als Mechanismen zur *Präferenzenthüllung* bei privaten Haushalten. Für Unternehmen bieten sich ebenfalls zusätzliche Wahlmöglichkeiten bei Standortentscheidungen, die ihr Unternehmenswachstum und damit das *nationale Wachstum* beeinflussen.

Zugleich werden hierdurch der regionale *Staatsanteil* und in der Summe der nationale Staatsanteil tendenziell niedriger gehalten als ohne diesen Wettbewerb. Auch führt dieser zu verstärkten *Innovationen im öffentlichen Sektor*. Dies kann man z.B. an den zahlreichen Versuchen in deutschen Städten sehen, in der interkommunalen Konkurrenz durch bürgernähere und kostengünstigere Angebote Vorteile zu erlangen (siehe auch „**Neue Steuerungsmodelle**", 7. Kapitel, Abschnitt B II b). Dagegen haben sich die Bundesländer zunächst nicht darum bemüht, und beim Bund, der in dieser Hinsicht eine Art Monopolist ist, finden sich kaum innovative Ansätze dieser Art, z.B. in der öffentlichen Verwaltung, wenn man einmal von dem Einfluss des zunehmenden europaweiten Vergleichs (best practice etc.) absieht. Nicht zuletzt wird die oftmals starke Betonung der *regionalen externen Effekte* gerügt, die zu einer unnötigen Zentralisierung führen kann. Diese Effekte bestehen in allen finanzwirtschaftlichen Bereichen, und viele ließen sich durch horizontale Koordinationsmechanismen (Zweckverbände, Umlandverbände, horizontale Absprachen usw.) auffangen bzw. vermeiden.

Im Wettbewerbsföderalismus gilt es, die Autonomie der einzelnen Bundesländer und Gemeinden zu stärken. Dazu gehören Aufgaben, die möglichst vollständig in der Autonomie nur einer gebietskörperschaftlichen Ebene liegen, und Steuern, für die diese Ebene zumindest das Recht der Festlegung des Steuersatzes hat. Für einige Steuern sollte die Gebietskörperschaft auch über Einführung, Abschaffung und Gestaltung der Bemessungsgrundlage bestimmen dürfen (siehe Abschnitt B I a) 4)[11].

In der Tab. 8.2 ist für jede der drei Gebietskörperschaftsebenen in Deutschland jeweils die Aufteilung der Steuereinnahmen auf Steuern ohne Einnahmenautonomie, Steuern mit lediglich Steuersatzautonomie und Steuern mit Objekt- und Gestaltungshoheit dargestellt. Im internationalen Vergleich der Föderationen ist auffällig, dass die deutschen Bundesländer nur bei der Grunderwerbsteuer den Steuersatz festlegen können (4,2% der Steuereinnahmen). Hingegen dürfen die Gemeinden die Steuersätze der Gewerbe- und Grundsteuer über den Hebesatz selbst bestimmen (55,6% der Steuereinnahmen) und bei den lokalen Aufwand- und Verbrauchsteuern (z.B. Hunde-, Vergnügungsteuer) weitgehend frei über den Steu-

---

[10] Tiebout, C. M., A pure theory of local expenditures, in: Journal of Political Economy, Bd. 64, 1956, S. 416 ff.

[11] Im deutschen Föderalismus ist noch zu beachten, dass der Ausgleichsgrad im horizontalen Finanzausgleich auf Länder- und Gemeindeebene deutlich gesenkt werden muss, weil sonst ein Großteil der (zusätzlich) erwirtschafteten Steuereinnahmen durch Anrechnung im Finanzausgleich wieder verloren geht (Abschnitt C III).

*Tab. 8.2: Steuern mit unterschiedlicher Einnahmenautonomie – Aufkommen und Anteil an den gesamten Steuereinnahmen der jeweiligen Gebietskörperschaftsebene in Mrd. €, 2015[12]*

| | keine Steuer-autonomie[a)] | | nur Steuersatz-autonomie[b)] | | mit Steuerobjekt- und -gestaltungshoheit[c)] | | Summe |
|---|---|---|---|---|---|---|---|
| Bund | 177,4 | 63,00 % | 15,9 | 5,66 % | 88,3 | 31,35 % | 281,6 |
| Länder | 256,7 | 95,80 % | 11,2 | 4,20 % | 0,0 | 0,00 % | 267,9 |
| Gemeinden | 39,8 | 42,90 % | 51,5 | 55,56 % | 1,4 | 1,54 % | 92,8 |
| Insgesamt | 473,9 | 73,78 % | 78,7 | 12,26 % | 89,7 | 13,97 % | 642,3 |

[a)] Gemeinschaftsteuern sowie z. B. Erbschaftsteuer und Biersteuer bei den Ländern.
[b)] Solidaritätszuschlag (Bund), Grunderwerbsteuer (Länder), Gewerbe- und Grundsteuer (Gemeinden).
[c)] Alle weiteren Bundessteuern (z. B. Stromsteuer) sowie die lokalen Verbrauch- und Aufwandsteuern (Gemeinden).

*Quelle:* Eigene Berechnung auf Basis: Bundesministerium der Finanzen, Finanzbericht 2017, Berlin 2016, S. 316 und 327.

ersatz und die Bemessungsgrundlage, ja sogar über Einführung und Abschaffung entscheiden (sog. **Steuererfindungsrecht**).

Mehr Wettbewerbsföderalismus führt zu stärkeren **regionalen Unterschieden** in der Wirtschaftskraft und den Lebensverhältnissen, im Vergleich zu einem Föderalismus, in dem die oben erwähnte „Gleichwertigkeit der Lebensverhältnisse" und damit ein *regionales Distributionsziel* im Vordergrund steht. Es wird allerdings argumentiert, dass die dezentral festlegbaren Steuersätze zu einem „race to the bottom" führen, so dass die gewünschten (oder aus einer meritorischen Sicht „von oben" wünschenswerten) öffentlichen Leistungen nicht mehr ausreichend angeboten werden können. Das Argument lässt sich zwar aus der Konkurrenz zwischen Staaten[13] ableiten, hat sich aber mit Blick auf schon länger bestehende Föderationen mit dezentraler Steuerhoheit, wie beispielsweise die Schweiz oder die USA, nicht bestätigt.

Für Deutschland kann diese angedeutete Tendenz weder für die Gewerbe- noch für die Grundsteuer gezeigt werden. Der gewogene bundesdurchschnittliche Hebesatz hat sich bei der Grundsteuer von 381 % im Jahr 2003 auf 455 % im Jahr 2015 erhöht und ist bei der Gewerbesteuer im gleichen Zeitraum von 387 % auf 399 % gestiegen.[14]

Aufs Ganze gesehen gibt es einen Tradeoff zwischen den Zielen, wie größere Präferenzengerechtigkeit, mehr Innovation und Wachstum, die durch den Wettbewerbsföderalismus stärker gefördert werden, und dem regionalen Distributions-

---

[12] Um die Zahlungen des Bundes an die EU in Höhe von € 30,9 Mrd. sind hier die Gesamtsteuereinnahmen vermindert worden.
[13] Siehe etwa Sinn, H.-W., Deutschland im Steuerwettbewerb, in: Jahrbücher für Nationalökonomie und Statistik, Bd. 216, 1997, S. 627 ff.
[14] Statistisches Bundesamt, Realsteuervergleich – Realsteuern und kommunale Einkommen- und Umsatzsteuerbeteiligungen – 2015, Wiesbaden 2016, Tab. 1.

bzw. Ausgleichsziel. Dies ist letztlich die regionale Variante der Problematik, vor welcher der Wohlfahrtsstaat steht: Ein Mehr an Effizienz und Wachstum, also Wohlstand, wird möglicherweise zumindest am Anfang durch ein Weniger an Umverteilung erkauft[15]. Diese Überlegungen führen zugleich zu weiteren Zielen, die bei der ökonomisch zweckmäßigen Gestaltung des Staatsaufbaus zu berücksichtigen sind.

## b) Distributions-, Konjunktur- und Wachstumsziele im föderativen Staatsaufbau

Neben allokative Kriterien treten weitere Überlegungen bei der Entscheidung über die wünschenswerte Zentralität bzw. Dezentralität in der Aufgabenerfüllung eines Staates. Für das *Distributionsziel* könnte man eine – eingeschränkte – dezentrale Aufgabenerfüllung erwarten. Die unmittelbare Nachbarschaft bedürftiger Bürger, vielleicht auch die Sorge vor negativen Auswirkungen extremer Armut und vor einer Zunahme der Verbrechensrate, führen häufig zu kommunalen Maßnahmen der Einkommens- und Sozialpolitik.

Zu einer weitgehenden Umverteilung und zur sozialen Absicherung der Lebensrisiken, wie sie derzeit in vielen westlichen Hocheinkommensländern politisch für richtig erachtet werden, würde es bei dezentraler Aufgabenerfüllung, etwa auf Gemeindeebene, aber kaum kommen. Die hochbesteuerten Bürger könnten sich durch **„Abstimmung mit den Füßen"** in separaten Gemeinden zusammenschließen, in denen sie dann über Wahlen für niedrige Steuersätze sorgen, weil sie wenige Sozialleistungen zu finanzieren haben und viele andernorts öffentlich angebotene Leistungen eher privat erstellen. In den Gemeinden mit vorwiegend einkommensschwachen Bevölkerungsgruppen ist das Steueraufkommen gering, und zugleich ist der Ausgabenbedarf besonders hoch; gewähren sie besonders hohe soziale Hilfen für den Einzelnen, so hätten sie überdies den Zuzug sozial schwacher Bevölkerungsteile zu erwarten (**welfare magnets**). Nicht zuletzt wegen dieser **Segregationstendenzen** erfolgt ein Großteil der Absicherung von Lebensrisiken durch zentrale Vorgaben und größere Teile der Umverteilungspolitik in der Regel auf höheren Gebietskörperschaftsebenen (Schema 8.1), die sich dazu in vielen Ländern Europas auch der Parafisci, insbesondere der Sozialversicherung mit ihren unterschiedlichen Zweigen, bedienen.

Auch bei der Erfüllung des *Konjunkturziels* kann ein – wiederum nur begrenztes – Interesse der Gemeinden unterstellt werden. Es rührt daher, dass ein konjunktureller Rückschlag Einnahmenausfälle bei den gemeindlichen Steuern und zusätzlichen Bedarf für Sozialhilfeausgaben mit sich bringt. Daher kann eine Gemeinde, insbesondere wenn sie bei einem differenzierten Konjunkturbild überproportional negative Auswirkungen verspürt, lokale kreditfinanzierte Arbeitsbeschaffungsmaßnahmen auf den ersten Blick für angezeigt halten. Die Verwendung dieser Mittel kommt ihr selbst aber nur zum Teil zugute. Zum vielleicht größeren Teil profitieren die umliegenden Regionen (**räumliche externe Effekte**) davon, und

---

[15] Zimmermann, H., Wohlfahrtsstaat zwischen Wachstum und Verteilung, München 1996, insbesondere Kapitel 7.

soweit die gesamtwirtschaftlichen Stabilisierungsziele erreicht werden, profitiert davon die gesamte Volkswirtschaft. Die Kosten der Stabilisierung jedoch fallen allein in der Gemeinde an.[16] Daher ist der Anreiz zu solch einer antizyklischen Konjunkturpolitik begrenzt, und in einer Boomphase fehlt er völlig, da die einzelne Gemeinde dann für sich genommen nur positive Effekte der Konjunktur verspürt, die Preisniveausteigerung als nationales Phänomen auffasst und keinen Anlass hat, Gegenmaßnahmen zu ergreifen.

Gemeinden verhalten sich also im Hinblick auf den Konjunkturverlauf weitgehend wie private Wirtschaftssubjekte und verfolgen tendenziell eine einnahmenorientierte Ausgabenpolitik. Folglich wird das Gut „Konjunkturstabilisierung" nicht zu einer lokalen oder regionalen Aufgabe, sondern zu einer zentralen Aufgabe (Schema 8.1). Nationale konjunkturpolitische Maßnahmen der Finanzpolitik kommen, wenn sie erfolgreich sind, dem Politiker in Form von Wählerstimmen auf der nationalen Ebene zugute. Er kann dann über entsprechende Programme, z. B. zur Erweiterung der gemeindlichen Investitionstätigkeit, auch die unteren Gebietskörperschaftsebenen zu konjunkturpolitisch angemessenem Verhalten anhalten. Dazu besteht in einem föderativen System dann Anlass, wenn Länder und Gemeinden, soweit sie autonom über Ausgaben und Einnahmen entscheiden können, bei konjunkturpolitisch verursachtem Absinken der Einnahmen die Ausgaben kürzen und in Boomzeiten die vermehrten Einnahmen zu erhöhten Ausgaben verwenden (sog. **Parallelpolitik**). Es besteht also ein **Zielkonflikt** zwischen dem föderativen Staatsaufbau und einer effizienten Konjunkturpolitik. Insbesondere in einer Boomphase ist mit Blick auf die Instrumente primär die Zentralinstanz angesprochen. Im Fall der Geldpolitik ist die Zentralinstanz nicht einmal eine deutsche Institution, sondern die Europäische Zentralbank in Frankfurt/Main, also eine unabhängige Institution der Europäischen Union als Ebene oberhalb des Bundes (siehe 9. Kapitel, Abschnitt D I c).

Auch das *Wachstumsziel* weist Bezüge zum föderativen Staatsaufbau auf (Schema 8.1). Zwar sind zahlreiche **Wachstumsvoraussetzungen** nur national zu schaffen, wie beispielsweise der angemessene Rechtsrahmen oder die Sicherung des Geldwertes. Gesamtwirtschaftliches Wachstum ist aber zugleich die Summe unendlich vieler regionaler Wachstumsvorgänge. Daher ist es wichtig, dass das einzelne Bundesland und die einzelne Gemeinde auf die Änderungs- und Erweiterungsbedürfnisse der regionalen Unternehmen, die Fortbildungswünsche der Bevölkerung, auf fehlende Verkehrsanbindungen der Unternehmen usf. mit entsprechenden Maßnahmen reagiert. Ein Anreiz dazu ist dadurch gegeben, dass regionales Wachstum auch wachsende Bemessungsgrundlagen für Landes- und Gemeindesteuern induziert. Vor allem aber wird Wachstum durch den erwähnten **Wettbewerb zwischen Bundesländern und zwischen Gemeinden** angeregt.

---

[16] So nahm etwa das Land Berlin im Verfahren vor dem Landesverfassungsgericht seinen angeblichen Beitrag zur Konjunktur- und Wachstumsstabilisierung zur Rechtfertigung seiner Staatsverschuldung. Vgl. hierzu auch Kloepfer, M., und Rossi, M., Die Verschuldung der Bundesländer im Verfassungs- und Gemeinschaftsrecht, in: Verwaltungs-Archiv, Bd. 94, 2003, S. 319 ff.

## c)    Die Zusammenführung von Aufgaben, Ausgaben und ihrer Finanzierung: Das Konnexitätsprinzip

Bei der Zuordnung von Aufgaben auf Gebietskörperschaftsebenen wurde angenommen, dass mit der Zuweisung einer **Aufgabe** zugleich auch die Finanzmittel für die zur Erfüllung erforderlichen **Ausgaben** zur Verfügung gestellt werden (Grundsatz der **Konnexität**). Diese Zuständigkeiten sind aber keineswegs immer identisch. Wenn einer zentralen Körperschaft die Gesetzgebung zugesprochen wird, die Ausführung (insbesondere die Verausgabung der Mittel und deren Finanzierung) aber Sache nachgeordneter Körperschaften ist, so decken sich die beiden verantwortlichen Trägerebenen nicht mehr.

Eine Folge dieses Auseinanderfallens von Aufgabe, Ausgabe und Finanzierung bildet der sog. „**unsichtbare Finanzausgleich**". Er ergibt sich daraus, dass eine Gebietskörperschaft Regelungen erlässt, also die Erfüllung einer Aufgabe vorsieht, dabei aber, gewollt oder ungewollt, andere Gebietskörperschaften finanziell be- oder entlastet und damit deren Autonomiespielraum einengt oder erweitert.

Ein gewichtiges Beispiel waren Erhöhungen der von den Gemeinden zu leistenden Sozialhilfezahlungen im Rahmen des früheren Bundessozialhilfegesetzes, die bis 2004 zu wesentlichen Teilen die Gemeinden aus ihren Einnahmen zu finanzieren hatten. Dass ein „unsichtbarer Finanzausgleich" auch auf Steuervorschriften beruhen kann, zeigen die zeitweiligen grundsteuerlichen Erleichterungen für Wohnungsneubauten in den neuen Bundesländern, die im Bundesgesetz festgelegt wurden, aber bei den Gemeinden zu Steuerausfällen führten.

Weitere Beispiele können den Politikbereichen der Europäischen Union entnommen werden. So erweitert die europäische Zentralebene ständig den „gemeinsamen Besitzstand", den „acquis communautaire", der EU. Seine Umsetzung erfolgt jedoch auf nationalstaatlicher Ebene, in der Regel ohne dass den Nationalstaaten die dadurch entstehenden Kosten ersetzt würden. Als Beispiel können Verbraucherschutzmaßnahmen, die von der EU beschlossen wurden, angeführt werden.

In all diesen Fällen können **Konnexitätsklauseln** helfen, die es einer gesetzgebenden Körperschaft vorschreiben, für die finanziellen Folgen ihrer Gesetzgebung entweder selbst aufzukommen oder zumindest die entstehenden Kosten zu decken.[17] Da der Bund seit der Föderalismusreform I im Jahr 2006 nicht mehr befugt ist, den Gemeinden Aufgaben zu übertragen, hat sich das bis dahin bestehende kommunale Problem einer fehlenden Konnexitätsklausel zwischen Bund und kommunaler Ebene weitestgehend gelöst. Im Verhältnis von Land zu Gemeinde haben die meisten Länder eigene Konnexitätsklauseln beschlossen.[18]

Über diesen Zusammenhang von staatlichen Aufgaben zu Ausgaben und deren Finanzierung sowie über das Verhältnis der Gebietskörperschaftsebenen zueinander ist die Behauptung aufgestellt worden, dass die zentrale Instanz dazu neige, ihre

---

[17] Vgl. dazu z.B. Art.106, Abs.8 GG und die Konnexitätsklauseln in den Verfassungen der Bundesländer.
[18] Zur neueren Diskussion siehe Bunzel, A., und Hanke S., Hrsg., Wer zahlt die Zeche? – Das Konnexitätsprinzip – richtig angewandt, Deutsches Institut für Urbanistik, DIFU-Impulse, Bd.7, Berlin 2011.

Kompetenzen und ihr Finanzvolumen in Relation zu den anderen Gebietskörperschaften zu vergrößern. Dieses sog. **Popitzsche Gesetz von der Anziehungskraft des zentralen Etats** bzw. des Zentralstaates[19] wurde damit begründet, dass der Zentralstaat Aufgaben an sich ziehe, denen dann die Zentralisierung der Ausgaben folge, oder dass er von den unteren Ebenen um Finanzierung gebeten wurde und daraufhin später die Einnahmenkompetenz an sich zog.

## II. Die vertikale Zuordnung der Einnahmen

### a) Elemente der Steuerhoheit

Die Zuordnung der Einnahmen lässt sich erst nach der Entscheidung über die Aufgaben und die daraus resultierenden Ausgaben bestimmen, denn, wie dargelegt, sollte bei jeder Gebietskörperschaft das Recht (und die Pflicht) liegen, die Einnahmen für diejenigen Ausgaben selbst zu beschaffen, die sich aus den zugewiesenen eigenverantwortlich zu erfüllenden Aufgaben ergeben (fiskalische Äquivalenz). Da die Steuern den größten Teil der Staatseinnahmen ausmachen, ist in besonderem Maße die **Zuordnung der** von der jeweiligen Gebietskörperschaft zu erhebenden bzw. ihr zufließenden **Steuer entscheidungsbedürftig.** Mit dieser Entscheidung wird ein zentrales Element der **Finanzautonomie** der betreffenden Gebietskörperschaft festgelegt.

Die *Zuordnung* der sog. *Steuerhoheit* umfasst drei Elemente:

- **Ertrags- oder Aufkommenshoheit** (Festlegung, welcher Ebene von Gebietskörperschaften das Steueraufkommen zufließen soll),
- **Durchführungs- oder Verwaltungshoheit** (Festlegung, durch wessen Verwaltung die Steuer eingezogen werden soll) und
- **Gesetzgebungshoheit** (Festlegung der Objekthoheit und der Gestaltungshoheit).

Im Rahmen des **Steuerfindungsrechts** (auch Steuererfindungsrecht genannt) geht es u. a. um die Einführung oder Abschaffung von Steuern (Objekthoheit), während zur Gestaltungshoheit unterschiedliche Elemente, wie die Abgrenzung der Bemessungsgrundlage, der Umfang der Steuerpflicht sowie die Bestimmung des Steuertarifs, gehören.

Soll ein Land oder eine Gemeinde die zugewiesenen Aufgaben und die damit verbundenen Ausgaben der Höhe nach variieren können, so muss Gesetzgebungshoheit bei den Steuern gewährt werden. Würden nur Erträge aus Steuern zugewiesen, über deren grundsätzliche Erhebung und insbesondere die Höhe des Steuersatzes auf einer anderen Ebene entschieden wird, so müssen die Ausgaben allein an den zu erwartenden Einnahmenzuflüssen ausgerichtet werden; ihre Höhe kann also nur durch eine Politik zur Vermehrung der Bemessungsgrundlage, beispielsweise durch die Ansiedlung von Gewerbebetrieben, beeinflusst werden. Man wird daher unter den Gesichtspunkten der fiskalischen Äquivalenz und des

---

[19] Popitz, J., Der Finanzausgleich, in: Handbuch der Finanzwissenschaft, 2. Bd., 1. Aufl., Tübingen 1927, S. 348 ff.

Subsidiaritätsprinzips bemüht sein, unteren Ebenen eine erhebliche Steuerautonomie einzuräumen, wobei das Minimum in einer Steuersatzautonomie besteht.

In der Analyse des Föderalismus werden verschiedene **Systeme der Zuordnung von steuerlichen Kompetenzen** unterschieden, die die Gesetzgebungs- und Ertragshoheit in unterschiedlicher Weise den Gebietskörperschaften zuordnen (siehe Schema 8.2). Die Praxis des Föderalismus sieht in der Regel allerdings so aus, dass analytisch unterscheidbare vertikale Einnahmenausgleichssysteme nebeneinander bestehen. Auch in Deutschland ist der vertikale Einnahmenausgleich in diesem Sinne ein **Mischsystem**. Die Gesetzgebungs- und Ertragshoheit der einzelnen deutschen Steuern ist dem Anhang dieses Buches zu entnehmen.

Die Zuweisung der Verwaltungshoheit in einem föderalen Staat wird häufig bei Betrachtungen ausgeblendet. Sie ist aber dann relevant, wenn die Verwaltungs- und die Ertragshoheit auseinanderfallen, wie etwa in Deutschland bei den Gemeinschaftsteuern, deren Aufkommen sich Bund und Länder teilen, während die Verwaltung der Steuern allein den Ländern obliegt.

## b) Systeme der Zuordnung von Steuerkompetenzen

### 1 Trennsysteme

Wenn den einzelnen Gemeinden, Ländern usw., d.h. den einzelnen Gebietskörperschaften auf den Ebenen unterhalb der Zentralgewalt, ein hohes Maß an Einnahmenautonomie überlassen werden soll, ist eine Form des sog. Trennsystems angebracht. Das Trennsystem sieht vor, dass der **volle Ertrag einer Steuerart einer Körperschaft zusteht.** In seiner extremen Form, dem sog. *Konkurrenzsystem* oder *ungebundenen (freien) Trennsystem,* kann jede Gliedkörperschaft sowohl die **Art der Steuer** (z. B. Einkommensteuer oder Umsatzsteuer) als auch ihre **Höhe** autonom bestimmen. Entsprechende Regelungen gibt es z. B. in den USA, wo neben den Bundesstaaten auch die zentrale Ebene eine Erbschaftsteuer erhebt, oder in der Schweiz, wo es neben der Bundes- noch eine Kantons- und eine Gemeindeeinkommensteuer gibt. Der Vorteil dieses Systems besteht darin, dass jede Ebene an der Pflege der eigenen Steuerquelle interessiert ist. Da zudem die einzelnen Steuern unterschiedlich von konjunkturellen Entwicklungen betroffen sind, können die Einnahmen an den Finanzbedarf angepasst werden.

Wegen der möglichen negativen Auswirkungen – übermäßige Beanspruchung einer Steuerquelle durch den kumulierten Steuerzugriff mehrerer Ebenen – findet man in der Praxis häufig stärker koordinierte Systeme, vor allem Elemente eines gemilderten Trennsystems *(gebundene Trennsysteme).* Bei dieser Art sind für die unteren Gebietskörperschaftsebenen die Steuern der Art nach durch den Oberverband festgelegt, d.h. bei ihm liegt die Objekthoheit, und den Unterverbänden steht der Ertrag dieser Steuern zu. Mehrere Ausprägungen sind denkbar.

Bei einer **ersten Form des gebundenen Trennsystems** ist für eine Gebietskörperschaftsebene die Steuer, die sie erheben kann, nur der Art nach eingegrenzt. Die Eingrenzung kann sich auf eine Gruppe von Steuern beziehen oder eine spezielle Steuer bezeichnen. Ob die Steuer erhoben wird und ggf. in welcher Ausgestaltung und insbesondere mit welchem Steuersatz, ist der Gebietskörperschaftsebene,

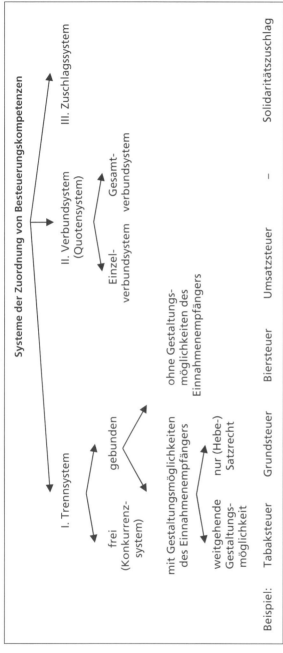

Schema 8.2: Mögliche Zuordnung von Steuern auf Gebietskörperschaftsebenen

der die Ertragshoheit zugesprochen ist, dann freigestellt. Insoweit fällt dem Einnahmenberechtigten eine weitgehende Gestaltungsmöglichkeit zu. So steht in Deutschland dem Bund nach Art. 106, Abs. 1 GG das Aufkommen aus „den Verbrauchsteuern" als einer Gruppe von Steuern (beispielsweise aus der Tabaksteuer)[20] und aus der Versicherungsteuer als einer eng definierten Abgabe zu.

Bei einer **zweiten Form des gebundenen Trennsystems** kann die zur Ertragshoheit berechtigte Gebietskörperschaftsebene lediglich den Satz der Steuer variieren, während die Gesetzgebungshoheit im Übrigen einer anderen Ebene zugewiesen ist. Die Gestaltungshoheit beschränkt sich also nur auf das Satzrecht. Ein solcher Fall liegt in Deutschland bei der Grundsteuer vor (bei Gewerbe- und Grundsteuer als **Hebesatzrecht** bezeichnet). Die Gesetzgebung liegt beim Bund. Die Gemeinden erhalten das volle Aufkommen aus dieser Steuer und können die Hebesätze selbst bestimmen.

Schließlich gibt es den Fall, dass dem Einnahmenempfänger überhaupt keine Gestaltungshoheit eingeräumt wird, d. h. er ist ohne Einfluss auf Art und Höhe „seiner" Steuer. Bei dieser **dritten Form des gebundenen Trennsystems** kann man so lange noch vom Trennsystem sprechen, wie das gesamte Aufkommen einer Steuer bei einer Gebietskörperschaft verbleibt. In diesem Falle ist die Autonomie der Gebietskörperschaft allerdings weiter eingeschränkt. So liegt in Deutschland die Gesetzgebungshoheit für die Biersteuer und die Feuerschutzsteuer hinsichtlich der Bestimmung von Art und Ausgestaltung der Steuer beim Bund, während das Aufkommen dieser Steuern allein den Ländern zufließt.

Alle Formen des gebundenen Trennsystems weisen den Nachteil auf, dass bei grundsätzlicher Änderung der Entwicklung der Bemessungsgrundlage einer Steuer die damit verbundenen Einnahmenauswirkungen allein bei einer Ebene anfallen. Insgesamt ist das Trennsystem im deutschen Finanzausgleich wenig ausgeprägt. Im Vordergrund stehen die Verbundsysteme.

## 2 Verbund- und Zuschlagssysteme

Beim *Verbundsystem (Quotensystem, Steuerverbund)* teilen sich mehrere Gebietskörperschaftsebenen **das Aufkommen einer oder mehrerer Steuern**, d. h. sie müssen sich über Anteile an dem Steueraufkommen einigen. Dabei kann nochmals danach getrennt werden, ob die Quote auf die Gesamtheit der gemeinschaftlichen Steuern bezogen wird (**Gesamtverbundsystem**) oder ob sie für jede Steuer gesondert festgelegt wird (**Einzelverbundsystem**). Um Erhebungskosten zu sparen, wird in der Regel nur eine Gebietskörperschaftsebene diese Steuern erheben und dann die festgelegte Quote an die andere überweisen. Für den Einzelsteuerverbund gibt es in Deutschland unter der Bezeichnung „**Gemeinschaftsteuern**"[21] mehrere Beispiele, die, ergänzt um die Gewerbesteuer, an der Bund und Länder über die Gewerbesteuerumlage partizipieren, aus der Tab. 8.3 zu ersehen sind. Die Ertragshoheit

---

[20] In Art. 106, Abs. 1, Nr. 2 GG wird auf wenige Ausnahmen hingewiesen.

[21] Vgl. die Aufzählung in Art. 106, Abs. 3 GG. Wenn innerhalb der EU von Gemeinschaftsteuern (community taxes) gesprochen wird, so handelt es sich primär um eigene Steuern der EU (Europasteuern), die es bislang nicht gibt. Die in der Diskussion befindlichen Vorschläge zur Finanzierung des EU-Haushalts (z. B. Finanztransaktion-, Zigaretten-, Benzin- oder Alkoholsteuern) führen entweder zu einem Einzelverbund oder zu einem Zuweisungssystem.

Tab. 8.3: Steuern mit geteilter Ertragshoheit; Anteile von Bund, Ländern und Gemeinden am Kassenaufkommen 2015, in %

| Steuerarten | Bund | Länder | Gemeinden[1] |
|---|---|---|---|
| 1. Lohnsteuer und veranlagte Einkommensteuer[2] | 42,5 | 42,5 | 15,0 |
| 2. Abgeltungsteuer auf Zinsen und Veräußerungserträge | 44,0 | 44,0 | 12,0 |
| 3. Körperschaftsteuer und nicht veranlagte Steuern vom Ertrag | 50,0 | 50,0 | – |
| 4. Steuern vom Umsatz[3] | 52,3 | 45,5 | 2,2 |
| 5. Gewerbesteuer[3] | 3,6 | 12,6[4] | 83,8 |

[1] Einschl. Gewerbesteuer der Stadtstaaten.
[2] Ohne Solidaritätszuschlag.
[3] Die Anteile sind nicht im GG festgelegt, sondern ergeben sich empirisch. Die Gewerbesteuer fällt auch nicht unter die in Art. 106, Abs. 3 GG definierten Gemeinschaftsteuern.
[4] Einschließlich erhöhter Gewerbesteuerumlage.

Quelle: Eigene Berechnung auf Basis: Bundesministerium der Finanzen, Finanzbericht 2017, Berlin 2016, S. 316 und 327.

und die Gesetzgebungshoheit der Einzelsteuern ist dem Anhang zu diesem Buch zu entnehmen.

Durch ein Verbundsystem werden die beteiligten Ebenen gemeinsam von Schwankungen im Aufkommen dieser Steuern betroffen. Weisen diese Steuern jeweils unterschiedliche Grade an Konjunkturabhängigkeit auf, so kommt es gegenüber einem Trennsystem zu einer Stabilisierung des Steueraufkommens. Weiterhin wird eine Anpassung an veränderte Finanzbedarfe über sog. Revisionsklauseln ermöglicht, mit denen die Anteile geändert werden können, so z. B. in Deutschland für die Umsatzsteuer laut Art. 106, Abs. 3 GG. Gegen das umfangreiche Verbundsystem bzw. die Gemeinschaftsteuern sprechen die mangelnde Autonomie der beteiligten Gebietskörperschaften und die geringe Beachtung der fiskalischen Äquivalenz insofern, als die einzelne Gebietskörperschaft ihre Einnahmen nicht den gewünschten aus den Aufgaben resultierenden Ausgaben anpassen kann. Der Anreiz zur Pflege und Ausschöpfung ist geringer als bei eigenen Steuerquellen, und Probleme der Aufteilung, etwa des Länderanteils am Steueraufkommen auf die einzelnen Bundesländer, treten hinzu (sog. **Steuerzerlegung**, siehe Abschnitt C I).

In Deutschland dominiert das Verbundsystem. Der Anteil des Aufkommens aus den Gemeinschaftsteuern und der kommunalen Gewerbesteuer, an der Bund und Länder über die Gewerbesteuerumlage partizipieren, am gesamten Steueraufkommen liegt im Jahre 2015 bei 78,5 v. H. Reine Bundessteuern belaufen sich im selben Jahr auf 15,5 v. H., und Länder- bzw. Gemeindesteuern (ohne Gewerbesteuer) liegen bei 3,0 bzw. 2,2 v. H.[22]

Beim *Zuschlagssystem* besitzt eine Gebietskörperschaftsebene die Gesetzgebungshoheit, während durch eine andere Gebietskörperschaftsebene autonom ein Zuschlag erhoben werden kann. Beide Gebietskörperschaftsebenen erhalten

---

[22] Eigene Berechnungen nach: Bundesministerium der Finanzen, Finanzbericht 2017, Berlin 2016, S. 316.

also Erträge aus dieser Steuer. Der Vorteil dieses Systems liegt darin, dass die Zuschläge dem Finanzbedarf angepasst werden können; nachteilig ist wiederum, dass dieselbe Steuerquelle mehrfach belastet wird.

In Deutschland kann der Solidaritätszuschlag des Bundes auf die Einkommensteuerschuld als Beispiel für das Zuschlagssystem gelten. Er wurde zur Finanzierung der Kosten der Deutschen Einheit eingeführt.

Zwischen Verbund- und Zuschlagssystem gibt es Verbindungen. So kann man sich vorstellen, dass die Bundesländer[23] und die Gemeinden auf ihren Einkommensteueranteil im Verbundsystem gesonderte Zuschläge erheben. Die Bemessungsgrundlage der Steuer wird dann für alle Ebenen einheitlich festgesetzt, was für den Steuerzahler einfach ist. Nur die Sätze variieren, möglicherweise im Rahmen bundeseinheitlicher Ober- und Untergrenzen, von Land zu Land und von Gemeinde zu Gemeinde, wie man dies etwa aus der Schweiz und den USA kennt.

## c) Zuweisungssysteme

### 1 Die Besonderheiten von Zuweisungssystemen

Soll einer Gebietskörperschaftsebene anderen Ebenen gegenüber eine eher schwache Stellung eingeräumt werden, so wird ihre Finanzausstattung zu einem großen Anteil aus Zuweisungen bestehen. Der Autonomiegrad des Empfängers ist bei entsprechender Ausgestaltung besonders gering, und das Zuweisungssystem stellt insofern einen Gegenpol zum Trennsystem dar. Das Kennzeichen von Zuweisungssystemen ist also darin zu sehen, dass eine Ebene von Gebietskörperschaften aus ihrem Einnahmenvolumen eine andere Ebene „alimentiert" und selbst über den Umfang der Zuweisungen bestimmt. Zu diesem Einnahmenvolumen können neben dem Steueraufkommen auch andere Einnahmenarten (Kredite, Erwerbseinkünfte usf.) gehören. Unter den Zuweisungssystemen lassen sich zwei Varianten unterscheiden.

Im einen Falle bestimmt die übergeordnete Gebietskörperschaft über die *Zuweisungen von „oben nach unten"*, wobei ein Verteilungskriterium für diese „Zuweisung" gefunden werden muss. In Deutschland wird das Verteilungssystem zwischen Land und Gemeinden (kommunaler Finanzausgleich) größtenteils im Wege von Zuweisungen der Länder an die Gemeinden geregelt. Außerdem gibt es einige Zuweisungen des Bundes an die Länder in Form von sog. Bundesergänzungszuweisungen (siehe Abschnitt C IV).

Im anderen Falle haben die unteren Gebietskörperschaften die Verfügung über die Mittelverwendung. Sie geben dann *Zuweisungen von „unten nach oben"* (**Umlagen**) an die höhere Ebene, z. B. den Zentralstaat, damit dieser seine Aufgaben erfüllen kann. Ein bekannter Fall dieser Art waren die sog. **Matrikularbeiträge** der Länder für den Deutschen Bund und das Deutsche Reich im 19. und 20. Jahrhundert. Die

---

[23] Näheres zu diesem Vorschlag findet sich in: Wissenschaftlicher Beirat beim Bundesministerium der Finanzen, Gutachten zum Länderfinanzausgleich in der Bundesrepublik Deutschland, Schriftenreihe des Bundesministeriums der Finanzen, Heft 47, Bonn 1993, S. 93 ff.

mit diesem System verbundene Verteilung der finanzpolitischen Macht zeigt sich darin, dass in dieser Zeit das Reich häufig „Kostgänger der Länder" genannt wurde. Ein neuerer Fall sind die **Finanzbeiträge** der Mitgliedstaaten der EU für das Budget der Europäischen Union, wobei das der EU zur Verfügung gestellte Gesamtvolumen von allen Mitgliedstaaten gemeinsam und nicht von der EU autonom bestimmt wird (siehe 9. Kapitel, Abschnitt B II b). Gewichtigstes Beispiel im heutigen Deutschland sind die **Kreisumlagen** der Gemeinden für die Landkreise, die über 80 v. H. der Kreiseinnahmen ausmachen[24]. Allerdings fließen zwar auch sie von unten nach oben, aber entschieden wird über sie oben auf der Kreisebene.

## 2 Zuweisungsformen und ihre Wirkungen

In der Praxis eines föderativen Systems verfolgen die Zuweisungsgeber mit der gewährten Zuweisung vielfältige Ziele. Zu diesem Zweck werden die Zuweisungen in besonderer Weise ausgestaltet (siehe Schema 8.3). Sie lassen sich nach ihren Merkmalen und der dazugehörigen Ausprägung kennzeichnen

(1) Wenn der Geber auf die Ausgabentätigkeit des Empfängers Einfluss nehmen will, etwa weil er mehr Sportanlagen wünscht oder aus konjunkturpolitischen Zielen zusätzliche Investitionen bewirken will, wird er eine engere (Sportstätten) oder weitere (Investitionen) Form der Zweckbindung wählen (**Zweckzuweisungen, spezielle Finanzzuweisungen**). Andernfalls gewährt er ungebundene Zuweisungen (**Schlüsselzuweisungen, allgemeine Finanzzuweisungen**). Mit Zweckzuweisungen greift er in die Präferenzen des Empfängers, wie sie sich bei ungebunden zugewiesenen Mitteln in dessen Ausgabenstruktur ausgedrückt hätten, ein und erhöht seinen eigenen Autonomiespielraum auf Kosten des Empfängers. Eine Ausnahme bildet der Extremfall, dass der Empfänger ohnehin genau diese Verwendungsabsicht hatte und folglich die Zuweisung lediglich „mitnimmt" (sog. **Mitnahmeeffekt**).

(2) Zweckgebundene Zuweisungen sind oft zusätzlich durch eine **Mitfinanzierungspflicht** gekennzeichnet, d.h. die empfangende Gebietskörperschaft erhält den Betrag nur, wenn sie selbst einen festen oder variablen Prozentsatz zuschießt. Damit entlastet sich der Geber fiskalisch, da er für den erstrebten Ausgabenzweck nur einen Teil der erforderlichen Mittel aufbringen muss. Zugleich greift er in die Präferenzen des Empfängers ein, weil dieser nunmehr aus anderen sich beabsichtigten Verwendungen noch Mittel abziehen muss, wenn das bezuschusste Vorhaben zustande kommen soll (sog. **goldener Zügel**). Durch eine solche Mitfinanzierungspflicht werden – abhängig von der konkreten Ausgestaltung – die finanzstärkeren Empfänger bevorteilt, da es ihnen leichter fällt, die **Mitfinanzierungsquote** aufzubringen.

(3) Ebenfalls der finanziellen Entlastung des Gebers dient die Möglichkeit, das **Gesamtvolumen** des Zuweisungsprogramms zu **begrenzen**. Die Zuteilung der knappen Mittel kann dann nach Prioritäten erfolgen; dies ist vor allem bei Schlüsselzuweisungen üblich, da das Gesamtvolumen in aller Regel vorab festgelegt wird. Die Zuteilung kann aber auch der Reihenfolge der Anmeldung überlassen bleiben (sog. **Windhundverfahren**); dieses Vorgehen findet sich häu-

---

[24] Zimmermann, H., Kommunalfinanzen, 3. Aufl., Berlin 2016, Tabelle 4.1.

*Schema 8.3: Merkmale von Zuweisungen*

| Merkmal | Ausprägung |
|---|---|
| 1) Zweckbindung | ungebunden (Schlüsselzuweisung oder allgemeine Finanzzuweisung)<br>an weit definierte Verwendung gebunden (z. B. „für Investitionen")<br>an eng definierte Verwendung gebunden (Zweckzuweisung oder spezielle Finanzzuweisung; z. B. für Sportstättenbau) |
| 2) Mitfinanzierung | ohne oder mit (konstanter, variabler) Mitfinanzierungspflicht der empfangenden Gebietskörperschaft |
| 3) Gesamtvolumenbegrenzung | mit oder ohne Begrenzung des Gesamtvolumens für das Zuweisungsprogramm |
| 4) Finanzkraftgewichtung | mit oder ohne Berücksichtigung der Finanzkraft des Empfängers |
| 5) Zuteilungsmodus | automatisch oder auf Antrag |

fig bei Zweckzuweisungen und bei konjunkturpolitischen Zuweisungen, bei denen es auf schnelle Vergabe ankommt.

(4) Wenn erreicht werden soll, dass finanzschwächere Empfänger mehr Mittel als finanzstärkere erhalten sollen, gewichtet der Geber die Zuweisung nach der **Finanzkraft** des Empfängers (in Abwägung mit dessen **Finanzbedarf**). Dieses Verfahren ist bei Zweckzuweisungen möglich und wird bei Schlüsselzuweisungen, die das wichtigste Element des kommunalen Finanzausgleichs darstellen, fast immer angewendet.

(5) Schließlich kann der **Zuteilungsmodus** zwischen den Zuweisungsprogrammen variieren. Während Schlüsselzuweisungen in der Regel **automatisch** gewährt werden und in Grenzen auf einem Rechtsanspruch beruhen, werden viele Zweckzuweisungen nur **auf Antrag** vergeben.

Wenn man die Zuweisungsmerkmale kombiniert, so liegt die für den Empfänger vorteilhafteste Kombination in der Schlüsselzuweisung; sie ist ohnehin nicht mit einer Mitfinanzierungspflicht denkbar, weil sonst der Empfänger die ihm zugedachte Summe teilweise selbst finanzieren würde. Umgekehrt ist die Autonomie des Empfängers am stärksten eingeschränkt, wenn eine auf ein eng definiertes Vorhaben beschränkte Zweckzuweisung auf Antrag gewährt und zugleich eine hohe Mitfinanzierung vorgeschrieben wird. Ob die Gewichtung mit der Finanzkraft (durch Vergleich mit dem Finanzbedarf) als positiv angesehen wird, hängt von der Einschätzung des verteilungs- bzw. regionalpolitischen Ziels im gegebenen föderativen System ab.

Das **Zuweisungssystem** ist ein Finanzausgleichssystem mit **geringem föderativem Gehalt**. Das zeigt sich daran, dass nur eine Ebene am Wachstum der Steuerquellen bzw. allgemeinen Deckungsmittel beteiligt ist, während der „Zuweisungsempfänger" in der Regel lediglich absolute, nicht anteilig festgesetzte Beträge erhält.

Beim kommunalen Finanzausgleich in Deutschland sieht die Situation anders aus, da die Gemeinden nicht in Form von Festbeträgen, sondern zumeist in Form eines im jeweiligen Finanzausgleichsgesetz festgelegten Prozentsatzes an den Steuereinnahmen des Landes beteiligt sind. Veränderungen der Steuereinnahmen des Landes, etwa als Folge konjunktureller Schwankungen, wirken sich somit automatisch auch auf die Zuweisungen aus. Um zumindest diese konjunkturell bedingten Schwankungen zu vermeiden und damit die Einnahmen der Kommunen zu stabilisieren, gibt es verschiedene Ansätze bzw. Vorschläge.[25] Allerdings ändern die Länder von sich auch manchmal die Beteiligungssätze mit Hinweis auf die schlechte Finanzlage bzw. Einnahmensituation des Landes.[26]

## III. Zentralisierung und Verflechtung als Probleme des vertikalen Finanzausgleichs

Die Aufgaben- und Einnahmenverteilung in Deutschland, wie sie innerhalb der Möglichkeiten der vertikalen Aufgaben- und Einnahmenzuordnung beschrieben wurde, ist seit 1949 durch zwei Entwicklungen gekennzeichnet. So hat der Einfluss der jeweils höheren Gebietskörperschaftsebene, also des Landes auf die Gemeinden und des Bundes auf die Länder und die Gemeinden, zugenommen. Zusätzlich zu dieser Zentralisierung gab es eine erhebliche, im Grundgesetz ursprünglich nicht vorgesehene Verflechtung der Gebietskörperschaftsebenen bei der Aufgabenerfüllung und -finanzierung, die sich auch im Begriff des **kooperativen Föderalismus** widerspiegelt.

Diese beiden Entwicklungen schwächen die Fähigkeit des einzelnen Bundeslandes oder der einzelnen Gemeinde, selbstverantwortlich entsprechend der Präferenzen der Bürger darüber zu befinden, welche Aufgaben in Abwägung mit den erforderlichen Einnahmen erfüllt werden sollen. Dadurch kommt es wahrscheinlich zu Verstößen gegen die allokativen Ziele eines kostenminimalen und an den Präferenzen der Bürger orientierten Finanzausgleichs.

Neben den Allokationszielen werden vor allem auch Verteilungsziele von der Entwicklung des Finanzausgleichs berührt. So schien der – damals so genannten – Einheitlichkeit der Lebensverhältnisse eine vorherrschende Bedeutung bei der Beurteilung des Finanzausgleichs in Deutschland zuzukommen. Damit kam dem Aufgaben- und Finanzierungsverbund sowie der stärkeren Zentralisierung in den Zuständigkeiten innerhalb des Staatsaufbaus die Aufgabe zu, die Unterschiede in der regionalen Wirtschaftskraft, Einkommensentwicklung und Finanzausstattung zu verringern. Dadurch entsteht ein Konflikt, da für die untergeordneten Gebietskörperschaften die Möglichkeit und das Interesse eingeschränkt werden,

---

[25] Broer, M., Der Kommunale Finanzausgleich als Instrument zur Stabilisierung der kommunalen Einnahmen – Eine empirische Untersuchung am Beispiel Niedersachsens, in: Zeitschrift für Kommunalfinanzen, 66. Jg., 2016, S. 25 ff., sowie ders., Kommunaler Finanzausgleich und Konjunkturpolitik – Verstetigung der Kommunalfinanzen mittels Fondslösung, in: Kommunale Steuer-Zeitschrift, 65. Jg., 2016, S. 121 ff.

[26] Broer, M., Der kommunale Finanzausgleich in Hessen. Historische Darstellung und ökonomische Analyse unter besonderer Berücksichtigung der Schlüsselzuweisungen, Frankfurt u. a. O. 2001, S. 50 ff.

sich zur Erfüllung ihrer eigenen Aufgaben eigene Einnahmen in der von ihnen gewünschten Höhe und Art eigenverantwortlich zu beschaffen.

Wenn vor dem Hintergrund der Ziele und Beurteilungskriterien (siehe Schema 8.1) dem Prinzip der fiskalischen Äquivalenz und dem Subsidiaritätsprinzip wieder mehr Raum geschaffen werden soll, ist also nach Wegen der Dezentralisierung und Entflechtung zu suchen. Dazu bieten die abgehandelten Gestaltungsmöglichkeiten des vertikalen Finanzausgleichs die organisatorisch-technischen Voraussetzungen und Rahmenbedingungen. So kann sich eine beobachtete Zentralisierung, d. h. die Verlagerung der Kompetenzen von einer Gebietskörperschaftsebene zu einer höheren, auf Aufgaben (und ihre Ausgaben) oder Einnahmen und die damit jeweils verbundenen Planungserfordernisse erstrecken. Dementsprechend knüpft ein Bemühen um *Dezentralisierung* auch an diesen Zuständigkeiten an.

Der deutlichste Fall einer dezentralen *Aufgabenerfüllung* liegt vor, wenn die Entscheidung über Art und Umfang ihrer Wahrnehmung sowie die Finanzierung voll in die Zuständigkeit der unteren Gebietskörperschaft fallen. Dieser Zustand wäre unter dem Ziel der weitestgehenden Dezentralisierung und aus allokativer Sicht für alle Aufgaben anzustreben, deren Nutzerkreis regional begrenzt ist und deren Erfüllung der untergeordneten Ebene völlig anheimgestellt werden soll. Abgesehen von diesem Fall der vollständigen Dezentralisierung einer Aufgabe lassen sich alle Vorgänge, die die jeweils untergeordneten Gebietskörperschaften in ihrer Autonomie stärken, als regionale oder **räumliche Dezentralisierung** kennzeichnen, wobei nach den einzelnen Zuständigkeiten unterschieden werden kann. So lassen sich auch einzelne Elemente von Aufgaben dezentralisieren:

(1) Von den Elementen der *Gesetzgebungshoheit* kann die obere Ebene nur allgemeine Vorschriften für sich behalten.

(2) Gesetzgebung und Vollzug seitens der oberen Ebene können mit starken *Mitwirkungsrechten* der unteren Ebene, im Extremfall mit einem Vetorecht, versehen sein (Beispiel: zustimmungspflichtige Gesetze im Bundesrat).

(3) Der *Vollzug* einer Maßnahme kann ganz oder teilweise der unteren Ebene überlassen bleiben (Beispiel: bestimmte Sozialleistungen). Wenn dabei allerdings Art und Umfang der zu erfüllenden Aufgabe weitgehend vorgeschrieben sind, sollten ihr auch die entstehenden Ausgaben erstattet werden.

Bei der *Zuordnung von Einnahmen* auf Gebietskörperschaftsebenen ergeben sich dezentralere Lösungen dann, wenn Verbundsysteme und Trennsysteme ohne Gestaltungshoheit zugunsten von Systemen reformiert werden, die die Gestaltungsmöglichkeiten der betroffenen Gebietskörperschaften stärken. Für die Bundesrepublik Deutschland ist hier insbesondere an Rechte der Länder und Gemeinden zu denken, Zu- und Abschläge auf ihre Anteile an den Gemeinschaftsteuern zu beschließen. Die analogen Möglichkeiten im Falle von Zuweisungssystemen liegen vor, wenn Zuweisungen zugunsten einer direkten Beteiligung am Steueraufkommen abgebaut, Zweckzuweisungen durch allgemeine Zuweisungen ersetzt und Selbstbeteiligungsregelungen vermieden werden.

Die genannten Möglichkeiten der partiellen Dezentralisierung im Aufgaben- und Einnahmenbereich stärken die unter allokativen Zielen gewünschte fiskalische Äquivalenz und tragen zu einem kostengünstigeren und bedarfsgerechteren Angebot an öffentlichen Gütern bei.

Der erhebliche Verbund von Aufgaben und Einnahmen führt seit längerem zu dem Wunsch nach *Entflechtung*. Im Vordergrund stand lange der Abbau der Mischfinanzierung, insbesondere in Form der Gemeinschaftsaufgaben (siehe Abschnitt B I a 4). Inzwischen ist die Fragestellung ausgeweitet worden, und es wird mehr Unabhängigkeit für die Entscheidung der einzelnen Gebietskörperschaft gefordert, und zwar sowohl für die Aufgabenerfüllung als auch für die Finanzierung. Aufgaben- und Finanzierungsverflechtungen schwächen die Entscheidungsfähigkeit aller beteiligten Gebietskörperschaftsebenen und lassen die finanzpolitische Verantwortlichkeit verschwimmen. Wenn aus diesen Gründen eine Entflechtung angezeigt erscheint, so ist gesondert zu entscheiden, welcher Ebene die Aufgaben, Ausgaben und Einnahmen zugeordnet werden sollen. Dabei kann ein Wunsch nach Dezentralisierung eine Entscheidungshilfe bieten, d. h. die Zuordnung erfolgt wiederum „nach unten"; dafür spricht nicht zuletzt die Tatsache, dass die verflochtenen Aufgaben häufig Aufgaben der unteren Ebene gewesen waren.

Im Rahmen der im August 2006 verabschiedeten Gesetze zur Föderalismusreform wurden erste Schritte zur Stärkung der Länderautonomie und zur Trennung der (finanziellen) Verflechtungen der Ebenen unternommen.[27] So wurde z. B. die sog. Rahmengesetzgebung des Bundes nach Art. 75 GG abgeschafft, die es dem Bund erlaubte, wesentliche Grundzüge zu bestimmen (z. B. im Hochschulwesen), während die Länder Detailregelungen erlassen haben. Die dort geregelten Sachverhalte wurden auf Bund und Länder verteilt. Dadurch wurde auch die Autonomie der Länder erhöht. Zudem wurden die Gemeinschaftsaufgaben nach Art. 91a und b GG reformiert (z. B. durch Herausnahme des Hochschulbaus). Beide Maßnahmen haben den Wettbewerbsföderalismus auf Kosten des kooperativen Föderalismus gestärkt, da nun den Ländern größere Eigenständigkeit zugestanden wird und somit ein Wettbewerb für ihre Politik besteht. Auch haben die Länder seit 2006 die Möglichkeit, bei einer eigenen Steuer, nämlich der eher geringfügigen Grunderwerbsteuer, den Steuersatz festzulegen.[28] Von dieser Möglichkeit haben bisher die meisten Länder Gebrauch gemacht; der Steuersatz liegt zwischen 3,5 % und 6,5 %. Diese Maßnahmen können aber – vor allem im Bereich der Einnahmenautonomie der Länder – nur als ein erster Reformschritt angesehen werden, dem eigentlich weitere folgen sollten, etwa in Form von Zu- und Abschlägen auf die Körperschaft- und die Einkommensteuer durch Länder und Gemeinden.[29] Leider zeigt die Reform des Länderfinanzausgleichs für die Zeit nach 2019 (siehe unten C V) in die andere Richtung. Im Austausch für einen höheren Bundeszuschuss hat sich der Bund zusätzliche Rechte verschafft, etwa bei den Fernstraßen oder den Prüfungsrechten für vom Bund gewährte Zahlungen.

---

[27] Gesetz zur Änderung des Grundgesetzes vom 28. August 2006, BGBl. I, S. 2034–2038, sowie das Föderalismus-Begleitgesetz vom 5. September 2006, BGBl. I, S. 2098 ff.

[28] Bundesministerium der Finanzen, Die Föderalismusreform, BMF-Monatsbericht, August 2006, S. 85 ff.

[29] Wissenschaftlicher Beirat beim Bundesministerium der Finanzen, Reform des bundesstaatlichen Finanzausgleichs, Bundesministerium der Finanzen, Berlin 2015, S. 37 ff., sowie Sachverständigenrat zur Begutachtung der gesamtwirtschaftlichen Entwicklung, Jahresgutachten 2006/07, Wiesbaden 2007, Tz. 456 ff.

# C. Ökonomische Begründung und Ausgestaltung eines horizontalen Finanzausgleichs

Die Argumente, die für die Notwendigkeit eines horizontalen Einnahmenausgleichs angeführt werden, unterscheiden sich von denen für einen vertikalen Einnahmenausgleich. Während bei der Zuordnung der Aufgaben, Ausgaben und Einnahmen auf „über"- und „unter-"geordnete Ebenen von Gebietskörperschaften die Frage der zweckmäßigen Zentralität der Aufgabenerfüllung und Finanzierung im Vordergrund stand, geht es beim horizontalen Finanzausgleich vor allem um die Finanzausstattung von Gebietskörperschaften gleicher Ebene.

Dabei sind zwei Stufen zu unterscheiden. Zunächst muss geklärt werden, wie das Aufkommen einer Steuer den einzelnen Gebietskörperschaften einer Ebene zugeordnet werden soll. Allgemein gilt als Verteilungsmaßstab das örtliche Aufkommen. Wenn aber z. B. die Körperschaftsteuer von mehreren Betriebsstätten, die in verschiedenen Bundesländern liegen, stammt, ist eine Zerlegung der Steuersumme erforderlich. Nachdem auf diese Weise alle Steuern verteilt sind, kann die zweite Stufe einsetzen. Es wird reiche Länder und arme Länder geben, und das Gleiche gilt für Gemeinden. Reich ist eine Gebietskörperschaft, wenn, wie noch zu zeigen sein wird, ihre Finanzkraft deutlich höher als ihr Finanzbedarf ist, und das Umgekehrte gilt für eine arme Gebietskörperschaft. Dann kann es politisch gewollt sein, dass zwischen armen und reichen Gebietskörperschaften ein gewisser Ausgleich herbeigeführt wird. Das geschieht dann im Länderfinanzausgleich und in den Flächenländern im jeweiligen kommunalen Finanzausgleich. – Soweit die folgenden Ausführungen auf den deutschen horizontalen Finanzausgleich Bezug nehmen, gelten ab 2020 deutlich andere Regeln (siehe C. V).

## I. Horizontale Aufteilung des Steueraufkommens

Während die vertikale Zuweisung der Ertragshoheit auf die Ebenen Bund, Länder und Gemeinden in Art. 106 GG geregelt ist, erfolgt die **horizontale Zuweisung der Steuereinnahmen, also die erwähnte erste Stufe,** auf die einzelnen Länder nach Art. 107 Abs. 1 GG. Allgemein gilt als Verteilungsmaßstab das örtliche Aufkommen, wobei dieses im Gegensatz zu den reinen Landessteuern (etwa Erbschaft- und Grunderwerbsteuer) bei den Gemeinschaftsteuern modifiziert wird. Bei letzteren kommt es zur horizontalen Aufteilung der Steuereinnahmen, auch **Zerlegung** genannt. Dies gehört zum Länderfinanzausgleich i. w. S. Die Einnahmen der **Körperschaftsteuer** werden, ebenso wie die der Gewerbesteuer, nach dem Betriebsstättenprinzip und die der Einkommen-/Lohnsteuer nach dem Wohnsitzprinzip verteilt. Mit diesem Verfahren soll verhindert werden, dass z. B. die Steuerzahlungen eines Unternehmens, das in vielen Bundesländern Betriebs- und Produktionsstätten aufweist (wie etwa Warenhausketten), nur im Land der Zentrale anfallen, wo sie allein aus verwaltungstechnischen Gründen an das dortige Finanzamt abgeführt werden. Um das Aufkommen auf die einzelnen Betriebsstätten zu verteilen, wird z. B. die Lohnsumme verwendet. Bei der Einkommen-/Lohnsteuer tritt zusätzlich der Effekt auf, dass Wohnsitz und Betriebsstätte des Steuerpflichtigen in unterschiedlichen Gemeinden und Bundesländern liegen können. In diesem Fall wird die Steuer zwar an das Betriebsstättenfinanzamt gezahlt, die Einnahmen fließen aber der Gemeinde bzw. dem Bundesland zu, in dem der Steuerpflichtige seinen Wohnsitz hat. Von diesem Pendlereffekt sind vor allem die Stadtstaaten und die sie umgebenden Flächenländer betroffen.[30]

Für die Umsatzsteuer musste notgedrungen ein anderes Verfahren gewählt werden, denn eine Umsatzsteuer als Wertschöpfungsteuer kann man nicht nach dem örtlichen Aufkommen verteilen. Andernfalls wäre ein Bundesland oder eine Stadt mit hohem Importanteil reich, weil ihr die Einfuhrumsatzsteuer zustünde, und das Umgekehrte gilt für eine Situation mit hohem Exportanteil, weil dann die Umsatzsteuererstattung auf Exporte zu tragen wäre. Die Verteilung der auf die Ländergesamtheit entfallenden Einnahmen erfolgt nach zwei Schlüsseln: Finanzkraft und Einwohnerzahl. Maximal 25 % des Umsatzsteueraufkommens fließen als sog. Ergänzungsanteile an die Länder, deren Finanzkraft unter den durchschnittlichen Steuereinnahmen je Einwohner liegt, wobei hier das Aufkommen aus den Landessteuern, der Einkommen- und Körperschaftsteuer sowie der Gewerbesteuerumlage berücksichtigt wird. Der marginale Auffüllungssatz bei Ländern, deren Einnahmen unter 97 % des Länderdurchschnitts liegen, beträgt 95 %, bei einer geringeren Differenz zum Länderdurchschnitt sinkt der marginale Ausgleichssatz bis auf 60 %. Somit werden die vor der Verteilung der Umsatzsteuerergänzungsanteile vorgefundenen Finanzkraftunterschiede stark verringert, so dass die Länder noch einen – wenn auch äußerst geringen – finanziellen Anreiz haben, ihre eigenen Steuerquellen zu pflegen. Reicht der 25 %ige Ergänzungsanteil nicht aus, werden die jedem Land zustehenden Beträge proportional gekürzt. Wird nicht der gesamte 25 %ige Anteil benötigt, so wird der verbleibende Rest zusammen mit den übrigen 75 % des Umsatzsteueraufkommens nach der Einwohnerzahl verteilt, was in den letzten Jahren der übliche Fall war. Im Jahr 2015 führt die dargestellte Art der Umsatzsteuerverteilung dazu, dass die „Verlierer"-Länder gegenüber der Verteilung nach der reinen Einwohnerzahl etwa € 7,9 Mrd. Mindereinnahmen erleiden. Der höchste Betrag ergibt sich dabei mit € 2,1 Mrd. für Bayern und Nordrhein-Westfalen. Umgekehrt ist die Situation bei den „Gewinner"-Ländern, wo Sachsen bei einer reinen Verteilung nach der Einwohnerzahl Mindereinnahmen von € 2,3 Mrd. erleiden würde (Tab. 8.4).[31]

---

[30] Weiß, R., und Münzenmeier, W., Lohnsteuerzerlegung: Bedeutung zentraler Lohnsteuerabführung multiregionaler Unternehmen und Auswirkungen einer arbeitsortbezogenen Verteilung des Lohnsteueraufkommens auf die Länder, in: Junkernheinrich, M. u. a., Hrsg., Verhandlungen zum Finanzausgleich, Berlin 2016, S. 256 ff.

[31] Bundesministerium der Finanzen, Ergebnisse des Länderfinanzausgleichs 2015, BMF-Monatsbericht, März 2016, S. 24.

*Tab. 8.4: Verlierer und Gewinner der Umsatzsteuerergänzungsanteile im Länderfinanzausgleich i. w. S., 2015, €*

| „Verlierer" | | | „Gewinner" | | |
|---|---|---|---|---|---|
| **Bundesland** | **Absolut (in Mio. €)** | **je Ein-wohner** | **Bundesland** | **Absolut (in Mio. €)** | **je Ein-wohner** |
| Bayern | -2.082 | -163 | Sachsen | 2.332 | 575 |
| Nordrhein-W. | -2.083 | -118 | Sachsen-A. | 1.396 | 626 |
| Baden-W. | -1.760 | -163 | Thüringen | 1.327 | 616 |
| Hessen | -999 | -163 | Mecklenb.-V. | 934 | 584 |
| Berlin | -433 | -124 | Brandenburg | 913 | 371 |
| Rheinland-Pf. | -104 | -26 | Niedersachsen | 721 | 92 |
| Hamburg | -289 | -163 | Saarland | 250 | 252 |
| Schleswig-H. | -149 | -52 | Bremen | 26 | 40 |

*Quelle:* Bundesministerium der Finanzen, Vorläufige Abrechnung des Länderfinanzausgleichs für das Jahr 2015, http://www.bundesfinanzministerium.de/Web/DE/Themen/Oeffentliche_Finanzen/Foederale_Finanzbeziehungen/Laenderfinanzausgleich/laenderfinanzausgleich.html und eigene Berechnungen.

## II.  Notwendigkeit eines horizontalen Finanzausgleichs

Es zeigt sich, dass **nach der vertikalen und der horizontalen Verteilung** der Steuern und übrigen Einnahmen in der Regel erhebliche **Unterschiede verbleiben.** Werden diese **Unterschiede als unangemessen angesehen,** so gilt es, sie durch einen **horizontal wirkenden Finanzausgleich (i. e. S.) zu verringern.** Die Unterschiede entstehen zwischen den – durch die übernommenen Aufgaben bedingten – Ausgaben einerseits und den aus den zugewiesenen Einnahmenquellen, insbesondere den Steuern, fließenden Einnahmen andererseits. Der **Zielbezug** des horizontal wirkenden Finanzausgleichs (i. e. S.) ist damit vergleichsweise einfach. Im Vordergrund steht ein Unterfall des **Distributionsziels**, nämlich die Absicht, die regionalen Unterschiede zu verringern. Allerdings ist die Frage schwieriger zu beantworten, wie diese regionalen Unterschiede festgestellt werden können und inwieweit sie verringert werden sollen. Diese Schwierigkeiten beginnen damit, dass die Differenz zwischen dem Ausgabenbedarf und der Finanzkraft verschiedene Gründe haben kann.

Zum einen kann es zu einer Differenz dadurch kommen, dass sich das Aufkommen der den einzelnen Ländern oder Gemeinden im Rahmen des vertikalen Einnahmenausgleichs zugewiesenen *Steuern im Zeitablauf unterschiedlich entwickelt.* So ist z. B. im Vergleich etwa zu den Ruhrgebietsstädten der Stadt Wolfsburg durch die Expansion des dort ansässigen Volkswagenwerkes im Zeitablauf ein überdurchschnittliches Pro-Kopf-Aufkommen aus der Gewerbesteuer zugeflossen.

Eine Erhöhung des Steueraufkommens, die sich im Vergleich zu anderen Körperschaften derselben Ebene ergibt, führt aber nicht zwangsläufig zu einer Änderung des Finanzausgleichs. So kann beispielsweise das hohe Pro-Kopf-Aufkommen an Gewerbesteuer in Wolfsburg überkompensiert werden durch einen hohen Ausgabenbedarf, wie er sich z. B. in Anforderungen an das Schulwesen, Krankenhauswesen, den Straßenbau usw. dieser Stadt niederschlägt.

Zum anderen können unterschiedliche Finanzsituationen auch von der Aufgabenseite her und damit durch die *Entwicklung der Ausgaben* bestimmt werden. Wenn z. B. im Rahmen der Umweltpolitik bundeseinheitliche Qualitätsstandards vorgegeben werden, sind zu ihrer Realisierung in den Ländern oder Gemeinden, die besonders stark unter Umweltschäden leiden, verstärkte Aktivitäten erforderlich, die zu zusätzlichen Ausgaben führen können. Doch auch ein verstärkter Ausgabenbedarf, der sich für eine Gemeinde oder ein Land ergibt, erfordert nicht automatisch eine Änderung des Finanzausgleichs. Häufig sind z. B. die Umweltschäden gerade in den Gebieten groß, die durch hohen Industriebesatz und damit ein hohes Steueraufkommen gekennzeichnet sind.

Erst wenn sich nach *Abwägen von Ausgabenbedarf und Finanzausstattung* zwischen den Körperschaften derselben Ebene **nachhaltige Unterschiede** ergeben, die nicht hingenommen werden sollen, ist ein horizontal wirkender Finanzausgleich erforderlich. Zunächst kann gefragt werden, ob der gesamten Ebene von Gebietskörperschaften Aufgaben (und damit Ausgaben) und Einnahmen zugewiesen werden sollen, die regional weniger stark streuen. Man kann also den vertikalen Finanzausgleich ändern, was einen horizontal wirkenden Finanzausgleich in seinem Umfang niedrig hält.

Eine völlig andere Möglichkeit, eine sich abzeichnende Notwendigkeit oder Ausdehnung des horizontal wirkenden Finanzausgleichs zu vermeiden, besteht in der **Neuabgrenzung der Verwaltungseinheiten** einer Gebietskörperschaftsebene. Man könnte zu diesem Zweck z. B. die Länder des Bundesgebietes so abgrenzen, dass ein horizontal wirkender Ausgleich überflüssig wird oder sein Ausmaß verringert werden kann (Art. 29 GG). Eine bessere Bündelung finanzschwacher und finanzstarker Teilgebiete zu neuen Bundesländern ist eines der Anliegen der Vorschläge zur **Neugliederung des Bundesgebiets**. Hierzu zählt vor allem eine Zusammenlegung zu größeren Einheiten (z. B. ein norddeutscher Raum oder die Zusammenlegung von Berlin und Brandenburg). Auch im Gemeindebereich kann eine Zusammenfassung bisher selbstständiger Gemeinden zu größeren Einheiten den kommunalen Finanzausgleich entlasten. Von 1970 bis 1982 wurde durch eine **kommunale Gebietsreform** die Zahl der Gemeinden in der damaligen Bundesrepublik Deutschland von 22.550 auf 8.505 verringert. Diese Zahl ist mit 8.422 für das Jahr 2015 so gut wie konstant geblieben. Auch in den neuen Bundesländern (inkl. Berlin) ist die Zahl der Gemeinden verringert worden; allein von 2004 auf 2015 sank die Zahl um rd. 32 % auf 2.670.[32]

Solche Neuabgrenzungen der Länder und Gemeinden stellen als Maßnahmen zur Einschränkung des horizontal wirkenden Finanzausgleichs eher eine am Rande

---

[32] Statistisches Jahrbuch für die Bundesrepublik Deutschland 1971, Stuttgart und Mainz 1971, S. 34, 1983, S. 52 f., 2005, S. 36 sowie 2016, S. 29.

liegende Möglichkeit dar, da sie nur in großen Zeitabständen vorgenommen werden können und meist auf erheblichen politischen Widerstand stoßen.[33] Häufige Änderungen im vertikalen Finanzausgleich vermögen auch nicht alle Unterschiede zwischen Körperschaften auf einer Ebene zu beseitigen. Ob bei gegebener Aufgaben- und Steuerverteilung ein laufender Ausgleich der Einnahmen unter den Ländern und unter den Gemeinden erforderlich ist, bedarf einer gesonderten Entscheidung. Wenn dieser Ausgleich gewünscht wird, kann er auf zweierlei Weise erfolgen:

(1) Die „reichen" Körperschaften zahlen an die „armen" der gleichen Ebene. Dies ist der **horizontale Finanzausgleich in reiner Form**.

(2) In den vertikalen Finanzausgleich wird eine Vorschrift eingebaut, dass „arme" Körperschaften der unteren Ebene mehr erhalten als „reiche". Dadurch übt die vertikale Zuführung der Finanzmittel (in der Form von Zuweisungen; siehe Abschnitt B II c: Zuweisungssystem) einen nivellierenden Effekt auf die Finanzausstattung der unteren Körperschaften aus. In diesem Fall spricht man vom **vertikalen Finanzausgleich mit horizontalem Effekt**.

Auch eine Kombination der beiden Ansätze ist möglich. In manchen Ländern wird im Kommunalen Finanzausgleich von den finanzstarken Gemeinden eine Umlage erhoben, deren Aufkommen zusammen mit den vom Land bereitgestellten finanziellen Mitteln in Form horizontal differenzierter Zuweisungen an die Gemeinden fließt.[34]

## III. Die Schritte eines horizontalen Finanzausgleichs

### a) Ermittlung von Finanzausgleichsmasse und Finanzkraft

Bei beiden genannten Verfahren muss ein **Verteilungsschlüssel** entwickelt werden, mit dessen Hilfe ermittelt werden kann, **welche Körperschaft** einer Ebene **Zahlungen in welcher Höhe leisten bzw. empfangen soll**. Zur Ermittlung dieses Schlüssels sind vier Aufgaben zu lösen:

(1) Zunächst ist das zu verteilende **Einnahmenvolumen** zu bestimmen (Finanzausgleichsmasse).

(2) Es muss die **Finanzkraft** jeder einzelnen Gebietskörperschaft erfasst werden.

(3) Zugleich muss deren **Finanzbedarf** ermittelt werden.

(4) Dann ist eine Entscheidung darüber notwendig, in welcher Höhe eine etwaige positive (negative) Differenz von Finanzbedarf und Finanzkraft ausgeglichen (abgeschöpft) werden soll (**Maß des Ausgleichs**).

---

[33] Zu den mit einer Länderfusion verbundenen Problemen für den Kommunalen Finanzausgleich siehe: Broer, M., Verteilungseffekte im kommunalen Finanzausgleich als Folge einer Länderfusion am Beispiel der Kommunen in den Ländern Bremen und Niedersachsen, in: Die Gemeindekasse, 68. Jg., 2017, Heft 1, S. 1 ff.

[34] Broer, M., Lohnen sich Steuermehreinnahmen für Kommunen? – Untersuchung der durch Finanzausgleichsgesetze verursachten Entzugseffekte am Beispiel Niedersachsens, in: Kommunale Steuer-Zeitschrift, 61. Jg., 2012, Heft 9, S. 161 ff. sowie Heft 10, S. 181 ff.

Zur Bestimmung der *Finanzausgleichsmasse,* also des zu verteilenden *Einnahmenvolumens,* kann entweder vorab ein Volumen festgelegt werden, wie es im kommunalen Finanzausgleich eines jeden Bundeslandes der Fall ist, oder man lässt das Volumen als Ergebnis des gesamten Berechnungsprozesses entstehen, wie im deutschen Länderfinanzausgleich (i. e. S.). Wird das Volumen vorab bestimmt, so ist bei der Bestimmung der drei übrigen Größen das Volumen als Nebenbedingung zu beachten. Dies erfolgt etwa im kommunalen Finanzausgleich in Deutschland dadurch, dass der Bedarf vom zu verteilenden Einnahmenvolumen abhängig ist, also endogen bestimmt wird.

Bei der Ermittlung der Finanzkraft beschränkt man sich in der Regel darauf, die Steuereinnahmen einer Körperschaft, u. U. einschließlich der Steuern ihrer nachgeordneten Haushalte, zusammenzufassen. Kann die Körperschaft den Satz einer Steuer variieren, so wird man nicht den tatsächlichen, sondern einen normierten Satz zugrunde legen, beispielsweise den Durchschnittssteuersatz. Sonst erschiene eine Körperschaft, die ihre Steuerkraft nicht ausnutzt, als zu arm und lebte u. U. auf Kosten der übrigen, die ihr im Wege des Finanzausgleichs Mittel zukommen lassen müssen.

In Deutschland wird beim Länderfinanzausgleich für die einzelnen Länder eine „Finanzkraftmesszahl" aus der Summe der jeweils normierten Steuereinnahmen des Landes (100 %ige Berücksichtigung) und der Gemeinden (64 %ige Berücksichtigung) ermittelt.[35] Die Einnahmen der Kommunen werden einbezogen, weil sie ein Bestandteil der Länder sind. Eine solche Normierung müsste auch erfolgen, sollten die Länder ein Hebesatzrecht bei der Erbschaft-, der Einkommen- und der Körperschaftsteuer erhalten.[36] Die Autonomie würde sich zudem auf die Kommunalfinanzen auswirken, da die Gemeinden über den Kommunalen Finanzausgleich an den Steuereinnahmen der Länder partizipieren.[37]

Sowohl das Bundesverfassungsgericht als auch der Sachverständigenrat zur Begutachtung der gesamtwirtschaftlichen Entwicklung haben gefordert, neben den Steuereinnahmen der Gemeinden auch die sog. **Konzessionsabgaben** in die Finanzkraftberechnung einzubeziehen.[38] Bei diesen Abgaben handelt es sich um Zahlungen von Versorgungsunternehmen vor allem an Kommunen für das Recht, Leitungen u. ä. auf deren Gebiet zu verlegen. Das Aufkommen betrug im Jahr 2013 rund € 3,5 Mrd., von denen 60 v. H. auf die Elektrizitätsversorgung entfielen[39]. Handelt es sich bei den Versorgungsunternehmen um öffentliche Betriebe, so kann z. B. die jeweilige Eigentümergemeinde wählen, ob sie vom Unternehmen Konzessionsabgaben erhebt, wodurch sich die Dividendenzahlungen verringern, oder Dividenden erhält, die wiederum versteuert werden müssen. Da derzeit die Konzessionsab-

---

[35] Die Normierung bei der Gewerbe-, der Grunderwerb- und der Grundsteuer erfolgt, indem zunächst für jede Gebietskörperschaft bei den relevanten Steuern das Steueraufkommen durch den Steuersatz dividiert wird, um den sog. Grundbetrag zu ermitteln. Dieser wird mit dem gewogenen Durchschnittssteuersatz multipliziert.

[36] Broer, M., Wirkungen einer Ausweitung der Steuersatzautonomie der Länder, in: Wirtschaftsdienst, 95. Jg., 2015, S. 135 ff.

[37] Broer, M., Wirkung einer erhöhten Ländersteuerautonomie auf die Kommunalfinanzen, in: Die Gemeindekasse, 66. Jg., 2015, S. 129 ff.

[38] Sachverständigenrat zur Begutachtung der gesamtwirtschaftlichen Entwicklung, Jahresgutachten 2001/2002, Wiesbaden 2001, S. 327, Bundesverfassungsgericht, Urteil vom 11.11.1999, Tz. 316.

[39] Zimmermann, H., Kommunalfinanzen, 3. Aufl., Berlin 2016, Tabelle 4.5.

gaben nicht in den Finanzausgleichssystemen berücksichtigt werden, besteht ein finanzieller Anreiz, Konzessionsabgaben zu erheben, um so eine geringere Finanzkraft auszuweisen.[40]

## b) Ermittlung des Finanzbedarfs

Der Finanzkraft ist der *Finanzbedarf* gegenüberzustellen. Er müsste aus den Ausgaben einer Körperschaft bzw. aus den ihr überwiesenen Aufgaben abgeleitet werden. Die großen Schwierigkeiten, den **„zulässigen" Ausgabenbedarf** zu ermitteln, legen es nahe, auf **Hilfsgrößen** auszuweichen, die als Indikator für eine Vielzahl von Ausgabenarten stehen.

Im derzeitigen deutschen *Länderfinanzausgleich (i. e. S.)* weicht man auf die Messung der durchschnittlichen Einnahmen aus, weist also jedem Land eine Finanzausstattung zu, die ihm eine durchschnittliche Ausgabenpolitik ermöglichen soll. Zur Ermittlung des **Finanzbedarfs, der aus einer Landes- und einer Gemeindekomponente besteht,** wird eine „Ausgleichsmesszahl" errechnet, eine Art „Steuerkraftsollzahl", die angibt, wie hoch die Steuerkraft des Landes im Bundesdurchschnitt sein müsste. Beide Komponenten ergeben sich aus dem Produkt des durchschnittlichen Pro-Kopf-Steueraufkommens der erfassten Steuereinnahmen aller Länder bzw. aller Gemeinden und der Einwohnerzahl des Landes. Dabei wird allerdings nicht die tatsächliche Einwohnerzahl herangezogen, sondern eine Größe, welche den Ländern bzw. den Gemeinden entstehende Kosten berücksichtigt (sog. abstrakter Mehrbedarf). Dieser abstrakte Mehrbedarf entsteht sowohl in besonders dicht besiedelten Gebieten[41] (z. B. Stadtstaaten) als auch in dünn besiedelten Gebieten[42] (z. B. Brandenburg, Mecklenburg-Vorpommern).

Im *kommunalen Finanzausgleich,* dessen Ausgestaltung Sache jedes einzelnen Bundeslandes ist, wird ebenfalls mit einem **normierten Bedarf** gearbeitet. Im Vordergrund steht die Einwohnerzahl, weil man mit A. Brecht annimmt, dass die Pro-Kopf-Ausgaben der öffentlichen Hand mit zunehmender Einwohnerzahl steigen (siehe 2. Kapitel, Abschnitt A III c). Die tatsächliche Einwohnerzahl wird daher mit einem Faktor multipliziert, dessen Wert positiv mit der Einwohnerzahl korreliert. Die so **„veredelte" Bevölkerungszahl** wird dann um spezielle Bedarfe erhöht, z. B. aufgrund der Alterszusammensetzung oder der Zahl der Schüler, wobei diese Bedarfe wiederum in Einwohner umgerechnet werden.[43]

---

[40] Broer, M., Konzessionsabgaben und Länderfinanzausgleich. Probleme und Lösungsansätze der Einbeziehung der kommunalen Konzessionsabgaben in den Länderfinanzausgleich am Beispiel der Stadtstaaten, in: Jahrbuch für Regionalwissenschaften, 2009, S. 121 ff.

[41] Brecht, A., Internationaler Vergleich der öffentlichen Ausgaben, Leipzig, Berlin, 1932, sowie Popitz, J., Der künftige Finanzausgleich zwischen Reich, Ländern und Gemeinden, Berlin 1932.

[42] Eltges, M., Zarth, M., Jakubowski, P., und Bergmann, E., Abstrakte Mehrbedarfe im Länderfinanzausgleich, in: Schriftenreihe des Bundesministeriums der Finanzen, Heft 72, Bonn 2002, sowie Seitz, H., Der Einfluss der Bevölkerungsdichte auf die Kosten der öffentlichen Leistungserstellung, Gutachten im Auftrag der Finanzministerien der Länder Mecklenburg-Vorpommern und Brandenburg, Frankfurt/Oder 2000.

[43] Beispielhaft für ein Bundesland: Broer, M., Der kommunale Finanzausgleich in Hessen. Historische Darstellung und ökonomische Analyse unter besonderer Berücksichtigung der Schlüsselzuweisungen, Frankfurt u. a. O. 2001.

## c) Ausgleich von Finanzbedarf und Finanzkraft

Der *Vergleich von Finanzkraft und Finanzbedarf* wird zumeist eine (positive oder negative) Differenz ergeben. Die Ausgleichsmaßnahmen selbst können dann die erwähnten beiden Formen bzw. eine Kombination annehmen. Wie weit die Differenz ausgeglichen werden soll, hängt vom Ziel des Finanzausgleichs ab. Soll die **Eigeninitiative der Gebietskörperschaften** zur Hebung ihrer Finanzkraft und zur sparsamen Mittelverwendung gestärkt werden, wird man den **Unterschied bei weitem nicht voll ausgleichen** und nur einen sog. Spitzenausgleich vornehmen.

Beim deutschen Länderfinanzausgleich i.e.S. handelt es sich um einen horizontalen Finanzausgleich, es kommt also zu direkten Zahlungen zwischen den Ländern. Übersteigt die Ausgleichsmesszahl eines Landes die Finanzkraftmesszahl, so erhält das Land Zuweisungen (Empfängerland). Im umgekehrten Fall handelt es sich um ein Zahlerland. Die positive (negative) Differenz zwischen Ausgleichs- und Finanzkraftmesszahl wird entsprechend eines im Finanzausgleichsgesetz (FAG) geregelten Tarifs ausgeglichen (abgeschöpft). Je nach prozentualer Abweichung zwischen den beiden Größen Finanzkraft- und Ausgleichsmesszahl erfolgt der Ausgleich in einem unterschiedlichen Umfang (Grenzzuweisungs- bzw. Grenzabschöpfungssatz). Der marginale Ausgleich beträgt maximal 75 % der Differenz, wenn die Finanzkraftmesszahl kleiner als 80 % der Ausgleichsmesszahl ist, und sinkt linear auf 44 %. Bei einer Finanzkraft über 120 % der Ausgleichsmesszahl beträgt die marginale Abschöpfung 75 % des über der Ausgleichsmesszahl liegenden Wertes und sinkt ebenfalls linear auf 44 %.[44]

Wie die Tab. 8.5 zeigt, leisten 2015 nur vier Bundesländer Zahlungen in Höhe von rund € 9,6 Mrd. (Umverteilungsvolumen) an zwölf Empfängerländer. Werden allein die ostdeutschen Bundesländer und Berlin betrachtet, so entfallen rd. 71 % der Zahlungen auf diese Ländergruppe. Die Relation zwischen zwölf Empfänger- und vier Zahlerländern kann als Indiz dafür angesehen werden, dass eine Länderneugestaltung angebracht ist.

Die alleinige Betrachtung der tariflichen Abschöpfungssätze im Länderfinanzausgleich i.e.S. reicht nicht aus, um den gesamten Umverteilungseffekt zu erfassen. Hierzu müssen auch noch die Umsatzsteuerergänzungsanteile einbezogen werden. Dieser zweistufige Ausgleich wird wegen der damit verbundenen Intransparenz und dem immer noch hohen Ausgleichsgrad kritisiert. Vor allem Letzterer schwächt den fiskalischen Anreiz, sich um zusätzliche Steuereinnahmen selbst zu bemühen und dazu die regionale Wirtschaft zu fördern, sehr stark. So zeigen Berechnungen, dass von einer Erhöhung der Lohnsteuereinnahmen eines Landes um € 1 Mio. nach Länderfinanzausgleich je nach Bundesland nur zwischen 5 % und 40 % im Land (unter Einbeziehung der Gemeinden) verbleiben.[45] Der LFA in seiner derzeitigen Ausgestaltung ist somit den langfristigen Anstrengungen der Bundesländer für ein höheres Wirtschaftswachstum abträglich.

---

[44] Die genauen Regelungen (etwa die Formeln zur Berechnung der Abschöpfungen/Zuweisungen) finden sich im Solidarpaktfortführungsgesetz vom 20.12.2001, das auch die Regelungen zur Neuordnung des Finanzausgleichs enthält (BGBl. I, Nr. 74, S. 3955 ff.).

[45] Kitterer, W., und Plachta, R. C., Reform des Bund-Länder-Finanzausgleichs als Kernelement einer Modernisierung des deutschen Föderalismus, Baden-Baden 2008, S. 30 ff.

*Tab. 8.5: Geber- und Nehmerländer im Länderfinanzausgleich i. e. S., 2015*

| | Absolut (in Mio. €) | Euro pro Einwohner |
|---|---|---|
| **Geberländer („ausgleichspflichtig")** | | |
| Bayern | 5.449 | 428 |
| Baden-Württemberg | 2.313 | 215 |
| Hessen | 1.720 | 281 |
| Hamburg | 112 | 63 |
| | | |
| **Nehmerländer („ausgleichsberechtigt")** | | |
| Berlin | 3.613 | 1.037 |
| Sachsen | 1.023 | 252 |
| Nordrhein-Westfalen | 1.021 | 58 |
| Bremen | 626 | 943 |
| Sachsen-Anhalt | 597 | 267 |
| Thüringen | 581 | 269 |
| Brandenburg | 495 | 201 |
| Mecklenburg-Vorpommern | 473 | 295 |
| Niedersachsen | 418 | 53 |
| Rheinland-Pfalz | 349 | 87 |
| Schleswig-Holstein | 248 | 87 |
| Saarland | 152 | 153 |

*Quelle:* Bundesministerium der Finanzen, Vorläufige Abrechnung des Länderfinanzausgleichs für das Jahr 2015, http://www.bundesfinanzministerium.de/Web/DE/Themen/Oeffentliche_Finanzen/ Foederale_Finanzbeziehungen/Laenderfinanzausgleich/laenderfinanzausgleich.html und eigene Berechnungen.

Die Ergebnisse zeigen, dass der **Länderfinanzausgleich i. e. S.** von seiner Konstruktion her nicht als Instrument zum Ausgleich unterschiedlicher Wirtschaftskraft im Bundesgebiet gedacht ist und sich erst recht nicht zur Herstellung gleichwertiger Lebensverhältnisse in Ost und West eignet. Seine eigentliche Aufgabe liegt in einem **„Spitzenausgleich".** Daher kommt es in Folge der noch immer sehr großen finanziellen Disparitäten vor allem zwischen den neuen und den alten Ländern zu einer Überbeanspruchung des Systems und damit auch zu unbefriedigenden Ergebnissen. Das Ausmaß des horizontalen Finanzausgleichs sollte daher grundsätzlich gering bleiben, um das Länderinteresse an eigener Steuerkraft und verbesserter Wirtschaftsstruktur weder bei den zahlenden noch bei den empfangenden Ländern zu mindern. Zum Abbau der finanziellen Disparitäten zwischen Ost und West eignen sich eher die sog. Bundesergänzungszuweisungen, die einem vertikalen Finanzausgleich mit horizontalem Effekt entsprechen (siehe Abschnitt IV).

Während der LFA überwiegend horizontal erfolgt (ausgleichspflichtige Bundesländer leisten an ausgleichsberechtigte Bundesländer; vgl. Tab. 8.5), nimmt der kommunale Finanzausgleich in den Bundesländern die Form des vertikalen Finanzausgleichs mit horizontalem Effekt an, denn das einzelne Bundesland gewährt seinen Gemeinden umfangreiche Schlüsselzuweisungen (siehe Abschnitt B II c 2), deren Verteilung auf dem Vergleich von Finanzkraft und Finanzbedarf der Gemeinden beruht[46]. In den landesspezifischen Regelungen zum kommunalen Fi-

---

[46] Zu Einzelheiten s. Zimmermann, H., Kommunalfinanzen, 3. Aufl., Berlin 2016, 5. Kapitel.

nanzausgleich finden sich unterschiedliche Ausgleichsregeln. Für die meisten Bundesländer gilt ein Ausgleichssatz zwischen Finanzbedarf und Finanzkraft zwischen 50% und 75%, wobei oft noch eine Mindestfinanzkraft (z.B. von 80% des Finanzbedarfs) gesichert wird (sog. Sockelgarantie). Eine so ausgestaltete Sockelgarantie führt bei einem Ausgleichssatz von 50% dazu, dass eine Gemeinde mit einer Finanzkraft von unter 60% des Finanzbedarfs rein finanziell betrachtet kein Interesse an zusätzlichen Steuereinnahmen hat. Jede Erhöhung der Steuereinnahmen würde zunächst zu einer Verringerung der Zuweisungen im gleichen Umfang führen.

Aufs Ganze gesehen kann die grundsätzliche Konstruktion des Finanzausgleichs in Deutschland in seiner vertikalen wie horizontalen Ausprägung als geeignet für die Ziele angesehen werden, insbesondere die Verminderung der originären Einnahmenunterschiede. Der Anspruch wird aber nicht überall erfüllt, sondern es gibt in einigen Details erheblichen Korrekturbedarf. So ist die Steuerautonomie vor allem bei den Ländern zu erhöhen. Es sollte ihnen und auch den Gemeinden die Möglichkeit eingeräumt werden, auf ihre Anteile an den Gemeinschaftsteuern, insbesondere der Einkommensteuer, eigene Hebesätze festzulegen. Andernfalls kann die fiskalische Äquivalenz, das Hauptkriterium für einen guten föderativen Staatsaufbau, nicht voll wirksam werden. Weiterhin ist das derzeitige zweistufige Umverteilungsverfahren zwischen den Ländern (Umsatzsteuerverteilung und Länderfinanzausgleich i.e. S.) intransparent. Im horizontalen Finanzausgleich zwischen den Ländern, aber auch im kommunalen Finanzausgleich, ist das Maß des Ausgleichs zu hoch und sollte bei den nächsten Reformen gesenkt werden. Andernfalls besteht die Gefahr, dass der Anreiz finanzschwacher Länder (z.B. Bremen und das Saarland) eigene Einnahmen zu erzielen, auch zukünftig gering bleibt, da die Mehreinnahmen zu einer Minderung der Zuweisungen in fast gleicher Höhe führen.

## IV. Vertikaler Einnahmenausgleich mit horizontalem Effekt – Bundesergänzungszuweisungen

Vor dem Hintergrund der großen Disparitäten zwischen den Bundesländern erklärt es sich, dass der Bund einen Teil der Ausgleichslasten übernommen hat, die sich bei Einbeziehung der neuen Länder in den gesamtstaatlichen LFA (i.e. S.) ergeben haben.[47] Zur Beteiligung des Bundes eignet sich das grundgesetzlich vorgesehene Instrument der **Bundesergänzungszuweisungen (BEZ)**, d.h. vertikale Zuweisungen des Bundes mit horizontalem Ausgleichseffekt unter den Ländern. Diese Zuweisungen erhalten aber nicht nur die neuen Bundesländer, sondern auch alte Bundesländer. Bei letzteren hat die Einbeziehung der neuen Länder in den LFA i.e. S. zu Mindereinnahmen bzw. Mehrbelastungen geführt, da sich nur

---

[47] Wiegard, W., und Gottfried, P., Finanzausgleich nach der Vereinigung: Gewinner sind die alten Länder, in Wirtschaftsdienst, Heft 9, 1991, S. 453 ff.

ihre relative Finanzausstattung[48] verbesserte, weshalb auch finanzschwache alte Länder BEZ erhalten.

Der bis Ende 2019 geltende **Solidarpakt II**[49] enthält Regelungen über die BEZ. Zwei dieser Zuweisungstypen kommen grundsätzlich sowohl den neuen als auch den alten Bundesländern zugute. Dabei handelt es sich um **allgemeine BEZ zur Stärkung der Finanzkraft**[50] sowie um **BEZ wegen überdurchschnittlich hoher Kosten der politischen Führung**. Darüber hinaus stehen allein den neuen Bundesländern (inkl. Berlin) weitere Zuweisungen zur **Deckung von teilungsbedingten Sonderlasten** zu. Sie dienen zum einen dem Abbau teilungsbedingter Sonderlasten aus dem bestehenden starken Nachholbedarf im Bereich der Infrastruktur. Zum anderen werden sie für den Ausgleich der unterdurchschnittlichen kommunalen Finanzkraft in den neuen Ländern gewährt; die Bundesländer sind ihrerseits für eine angemessene Finanzausstattung ihrer Kommunen verantwortlich.

Tab. 8.6 zeigt für 2015, wie sich die Umverteilungsstufen Umsatzsteuerverteilung, LFA i. e. S. sowie allgemeine BEZ (zur Stärkung der Finanzkraft) auf die Finanzkraft der Länder auswirkt. Durch die Umsatzsteuerverteilung werden die Finanzunterschiede zwischen den Ländern stark vermindert, und es kommt zu einer Veränderung der Reihenfolge, da z. B. Hamburg von Position 1 auf Position 4 fällt. Durch die folgenden Stufen werden die Unterschiede zwischen der Finanzkraft eines Landes und dem jeweiligen Finanzbedarf immer geringer, die Reihenfolge wird aber nicht verändert. Letztlich erreicht jedes Land infolge der BEZ eine Finanzkraft, die mindestens bei 97,6 % (Berlin) des Finanzbedarfs liegt.

Für den gezielten **Abbau der Infrastrukturrückstände** und für die Förderung des Wachstums in den neuen Ländern und Berlin sind **zweckgebundene Zuweisungen mit Eigenbeteiligung** das gebotene Instrument. Durch die Zweckbindung wird politischem Druck zur konsumtiven Verwendung begegnet. Die Zweckbindung sollte aber nicht zu eng sein, um Raum für eine auf regionale Präferenzen gegründete Selbstgestaltung der Infrastruktur durch die Länder zu lassen. Die Eigenbeteiligung soll dabei eine sorgfältige Auswahl und Kontrolle der Projekte durch die Länder gewährleisten. Auch eine zeitliche Begrenzung dieser Transferleistungen ist geboten. Nach Ablauf der vorgesehenen Zeit muss neu bestimmt werden, wie hoch und wie lange diese Art von Mitteltransfer aufrechterhalten werden soll. Dies verstärkt die Kontrolle der Mittelverwendung und verhindert Gewöhnungseffekte.

---

[48] Diese relative Verbesserung führte dazu, dass Schleswig-Holstein in den Jahren 1995, 1997 und 1998 sogar zu einem Zahlerland wurde.

[49] Solidarpaktfortführungsgesetz vom 20.12.2001 (BGBl. I, Nr. 74, S. 3955 ff.). Solidarpakt I ist die spätere Bezeichnung für das Föderale Konsolidierungsprogramm von 1993, das den gesamtdeutschen Finanzausgleich von 1995 bis 2004 regelte.

[50] Bundesministerium der Finanzen, Ergebnisse des Länderfinanzausgleichs 2015, BMF-Monatsbericht, März 2016, S. 24, und eigene Berechnungen.

Tab. 8.6: Finanzkraft in % der Ausgleichsmesszahl (2015)[51]

| Bundes-land | vor Umsatz-steuerverteilung | nach Umsatz-steuerverteilung | nach LFA (i. e. S) | Nach LFA (i. e. S.) und allgemeinen BEZ |
|---|---|---|---|---|
| HH | 155,8 | 102,7 | 101,4 | 101,4 |
| BY | 130,5 | 118,2 | 106,5 | 106,5 |
| HE | 119,4 | 112,5 | 104,9 | 104,9 |
| BW | 116,5 | 109,9 | 104,1 | 104,1 |
| BE | 97,2 | 70,0 | 90,9 | 97,6 |
| NW | 96,9 | 96,8 | 98,4 | 99,3 |
| SH | 93,1 | 95,5 | 97,8 | 99,1 |
| RP | 91,6 | 95,5 | 97,9 | 99,1 |
| HB | 87,9 | 72,5 | 91,5 | 97,7 |
| NI | 84,9 | 97,1 | 98,5 | 99,3 |
| SL | 75,8 | 92,7 | 96,9 | 98,9 |
| BB | 69,1 | 90,9 | 96,4 | 98,8 |
| SN | 57,5 | 88,9 | 95,8 | 98,7 |
| MV | 57,0 | 87,4 | 95,4 | 98,6 |
| TH | 55,2 | 88,3 | 95,6 | 98,6 |
| ST | 54,6 | 88,4 | 95,6 | 98,6 |

*Quelle:* Bundesministerium der Finanzen, Vorläufige Abrechnung des Länderfinanz-ausgleichs für das Jahr 2015, http://www.bundesfinanzministerium.de/Web/DE/The-men/Oeffentliche_Finanzen/Foederale_Finanzbeziehungen/Laenderfinanzausgleich/laenderfinanzausgleich.html und eigene Berechnungen.

Der gesamtstaatliche Länderfinanzausgleich erfüllt diese Anforderungen nur bedingt. Zwar ist die zeitliche Begrenzung durch die Laufzeit bis 2019 gesichert, und die Sonderbedarfs-BEZ zur Deckung von teilungsbedingten Sonderlasten in Höhe von insgesamt € 105 Mrd. sind über die 15 Jahre Laufzeit degressiv gestaffelt und werden 2019 ausgelaufen sein (2015: € 5,0 Mrd.), aber die für Investitionen vorgesehenen Mittel fließen weiterhin ohne Zweckbindung zu. Insofern waren von vornherein konsumtive Verwendungen zu erwarten. Im Jahr 2015 wurden zwischen 76 % und 97 % der Mittel gemäß dem Solidarpakt verwendet, was auf

---

[51] Zu beachten ist, dass bei der Ermittlung der Ausgleichsmesszahl im LFA (i. e. S.) bei einigen Ländern eine Veränderung der Einwohnergewichtung vorgenommen wird. So werden z. B. die Einwohner der Stadtstaaten mit 135 % gewichtet.

Fehlverwendungen zwischen 3 % und 24 % der für investive Zwecke vorgesehenen Mittel hinweist.[52]

Kritisch zu beurteilen sind zudem die allgemeinen BEZ mit einem jährlichen einstelligen Milliardenvolumen (2015 rd. € 3,8 Mrd. an zwölf Länder). Da diese Zuweisungen weder befristet noch degressiv ausgestaltet sind, können sie als ein Indiz für eine unangemessene vertikale Einnahmenverteilung zwischen Bund und Ländern (zu Ungunsten der Länder) angesehen werden. In diesem Fall sollte eine Anpassung z. B. durch eine gesetzliche Veränderung der Umsatzsteueranteile erfolgen.[53] Eine entsprechende Regelung ist in Art. 106, Abs. 3 GG vorgesehen. Handelt es sich hingegen nicht um eine dauerhafte Entwicklung, so sollten diese BEZ ebenfalls befristet und degressiv ausgestaltet werden.

Sollte hingegen die vertikale Einnahmenverteilung als angemessen angesehen werden, so stellt sich – zumindest vor dem Hintergrund der Bundesergänzungszuweisungen wegen überdurchschnittlich hoher Kosten der politischen Führung (2015: € 0,5 Mrd. an zehn Länder) – die Frage nach einer Länderfusion. Sind Länder allein aufgrund der Größe dauerhaft nicht in der Lage, ihre Aufgaben zu erfüllen, sollte ihr Bestand hinterfragt werden. Da derzeit zehn Länder diese Zuweisungen erhalten, kann ein entsprechendes Potential für Zusammenschlüsse unterstellt werden.

## V. Ausblick auf die föderalen Finanzbeziehungen ab 2020

Die zuvor beschriebenen Regelungen über den Länderfinanzausgleich (i. e. S.) und die Bundesergänzungszuweisungen laufen 2019 mit dem Ende des Solidarpaktes II aus. Im Oktober 2016 haben sich die Bundesländer und der Bund auf ein neues Regelwerk geeinigt, wobei dieses weitestgehend identisch ist mit einem Vorschlag der Länder aus dem Dezember 2015. Danach entfällt das zweistufige Verfahren, bestehend aus den Umsatzsteuerergänzungsanteilen und dem Länderfinanzausgleich (i. e. S.). Stattdessen wird zunächst das Umsatzsteueraufkommen nach der tatsächlichen Einwohnerzahl auf die Länder aufgeteilt. Im Anschluss daran wird für jedes Land die Finanzkraft nach den bisherigen Maßstäben ermittelt, indem die Einnahmen des Landes und der Gemeinden addiert werden. Letztere werden zukünftig zu 75 % statt aktuell zu 64 % einbezogen, während bei der bergrechtlichen Förderabgabe nur noch 33 % statt aktuell 100 % bei den Ländern berücksichtigt werden. Der Ausgleichstarif wird linear sein und einen Ausgleichssatz von 63 % aufweisen. Die Änderungen im Länderfinanzausgleich wirken sich auch auf den sog. „Königsteiner Schlüssel" aus, der verwendet wird, um Lasten, die von allen Ländern gemeinsam zu tragen sind, auf die einzelnen Länder aufzuteilen.[54]

---

[52] Bundesministerium der Finanzen, Stellungnahme der Bundesregierung zu den Fortschrittsberichten „Aufbau Ost" der Länder Berlin, Brandenburg, Mecklenburg-Vorpommern, Sachsen, Sachsen-Anhalt und Thüringen, Berichtsjahr 2015, Berlin 2016, S. 9.

[53] Woisin, M., Das eingerostete Scharnier: Umsatzsteuerverteilung zwischen Bund und Ländern, in: Wirtschaftsdienst, Heft 7, 2008, S. 44 ff.

[54] Broer, M., Der Vorschlag der Ministerpräsidentenkonferenz zu den föderalen Finanzbeziehungen und die damit verbundenen Auswirkungen auf den sog. Königsteiner Schlüssel, in: Die Gemeindekasse, 67. Jg., 2016, Heft 11, S. 335 ff.

Neben diesen Änderungen in den Finanzbeziehungen zwischen den Ländern soll es auch Änderungen in den Bund-Länder-Finanzbeziehungen geben. Die Länder sollen zusätzliche Umsatzsteuereinnahmen in Höhe von € 4,02 Mrd. auf Kosten des Bundes erhalten. Zudem sollen die bisherigen allgemeinen Bundesergänzungszuweisungen (BEZ), mit deren Hilfe die allgemeine Finanzschwäche ausgeglichen werden soll, ausgebaut[55] und neue Sonder-Bundesergänzungszuweisungen (SoBEZ) eingeführt werden. So soll der Bund den Ländern BEZ zahlen (ca. € 1,5 Mrd.), die eine unterdurchschnittliche kommunale Finanzkraft haben. Vorgesehen ist auch, dass Bremen und das Saarland ergänzende Konsolidierungshilfen jeweils in Höhe von insgesamt € 0,8 Mrd. erhalten. Zudem soll das Land Brandenburg zusätzlich € 11 Mio. als Ausgleich für die Kosten der politischen Führung erhalten, und es soll eine BEZ im Bereich der Forschungsförderung geben. Durch die vom Bund bereitgestellten zusätzlichen € 4,02 Mrd. und die anderen Maßnahmen wird erreicht, dass sich die finanzielle Position aller Bundesländer verbessert, wodurch die Einigung erst ermöglicht wird. Effekte dieser Reform ergeben sich auch für die Kommunen, denn an der Erhöhung der Einnahmen der Länder aus der Umsatzsteuer partizipieren sie aufgrund des obligatorischen Steuerverbunds über den kommunalen Finanzausgleich.[56]

Dieser Reformansatz weist Vor- und Nachteile auf. Positiv zu beurteilen ist, dass das zweistufige Umverteilungsverfahren (Umsatzsteuerergänzungszuweisungen und Länderfinanzausgleich (i. e. S.)) durch ein einstufiges Verfahren ersetzt wird. Dadurch und durch Verwendung eines linearen statt des bisherigen progressiven Ausgleichssatzes wird die Transparenz des Ausgleichssystems erhöht. Negativ einzuschätzen ist, dass das System der BEZ ausgeweitet wird, obwohl diese Art der Zuweisungen eigentlich nur ergänzenden Charakter haben soll. Zudem ergibt sich bei den Realsteuern das Problem, dass ein Anstieg der Einnahmen in Folge eines Bemessungsgrundlagenwachstums insgesamt zu Mindereinnahmen führen kann; die Abschöpfungsquote kann also Werte über 100 % erreichen[57]. Aus verfassungsrechtlicher Sicht problematisch ist, dass die geplante Reform der Rechtsprechung des Verfassungsgerichts widerspricht. So hat das Bundesverfassungsgericht in seinem Finanzausgleichs-Urteil aus dem Jahr 1986 bestimmt, dass die bergrechtliche Förderabgabe wie alle Steuern der Bundesländer zu 100 % einzubeziehen ist.[58] Dass die genannte Regelung trotzdem eingeführt wurde, ist ein Indiz dafür, dass bei Finanzausgleichsfragen die politische Kompromissfindung Vorrang vor systematischen Überlegungen hat. Denn ohne diese Sonderbehandlung der bergrechtlichen Förderabgabe hätten die Länder Niedersachsen und Schleswig-

---

[55] Statt wie bisher die Differenz zwischen dem jeweiligen Landeswert und 99,5 % des Durchschnitts zu 77,5 % ausgleichen, soll nun die Differenz zwischen dem jeweiligen Landeswert und 99,75 % des Durchschnitts zu 80 % ausgeglichen werden.

[56] Broer, M., Mögliche Folgen des Beschlusses der Ministerpräsidenten zu den bundesstaatlichen Finanzbeziehungen für die kommunalen Finanzen, in: Junkernheinrich, M. u. a., Hrsg., Verhandlungen zum Finanzausgleich, Berlin 2016, S. 157 ff.

[57] Vgl. dazu Büttner, T., und Görbert, T., Neuregelung des bundesstaatlichen Finanzausgleichs: Umverteilungs- und Verbleibseffekte, in: Wirtschaftsdienst, Heft 11, 2016, S. 818 ff.

[58] Bundesverfassungsgericht: Urteil vom 24.06.1986, in: Entscheidungen des Bundesverfassungsgerichts, Bd. 72, Tübingen 1987, Abschnitt D II 2.

Holstein dem Reformansatz nicht zustimmen können, da sich ihre finanzielle Situation verschlechtert hätte.[59]

## Fragen zum 8. Kapitel

*Zu Teil A:*

1. Unterscheiden Sie verschiedene Begriffe des föderativen Systems.
2. Wodurch unterscheidet sich der gebietskörperschaftliche vom parafiskalischen Finanzausgleich?

*Zu Teil B:*

1. Welche allokationspolitischen Gründe sprechen für gemeindliche Zuständigkeiten für bestimmte Aufgaben?
2. Welchen Beitrag liefern nicht-ökonomische Ziele zur Begründung eines föderativen Staatsaufbaus?
3. Welche Probleme ergäben sich, wenn die Zuständigkeit für die Einkommensumverteilung ausschließlich den Gemeinden zugewiesen werden würde?
4. Welches Interesse hat der Bund an der Konjunkturstabilisierung, und welches Interesse haben die einzelnen Gemeinden?
5. Worin unterscheidet sich die Zuordnung der Aufgaben von der Zuordnung der Ausgaben im föderativen System?
6. Welche Aufgaben erfüllen Gesetzgebungs-, Ertrags- und Verwaltungshoheit im Rahmen der Steuerverteilung?
7. Welche Einwände lassen sich gegen ein ungebundenes Trennsystem vorbringen?
8. Zu welchem System der Einnahmenverteilung gehören die folgenden Fälle: Die Länder erheben eine Steuer und
   a) überweisen die Hälfte aus eigenem Antrieb an den Bund, um mit ihm gemeinsam eine Aufgabe zu finanzieren,
   b) überweisen die Hälfte auf Grund einer grundgesetzlichen Regelung an den Bund,
   c) die Gemeinden erheben auf diesen Steuerbescheid nochmals 50 % Steuer?
9. Welche Probleme können auftreten, wenn die Verwaltungs- und die Ertragshoheit einer Steuer unterschiedlichen Gebietskörperschaftsebenen zugeordnet sind?

*Zu Teil C:*

1. Woher rührt die Notwendigkeit eines horizontalen Finanzausgleichs?
2. Inwiefern kann die Neuabgrenzung von Verwaltungseinheiten den horizontalen Finanzausgleich entlasten?
3. Inwiefern kann ein vertikaler Finanzausgleich horizontale Effekte aufweisen?

---

[59] Zu einer detaillierten Untersuchung dieses Sachverhalts siehe: Broer, M., Die bergrechtliche Förderabgabe und der Ländervorschlag zur Reform der bundesstaatlichen Finanzbeziehungen – verfassungsrechtliche Probleme und finanzielle Wirkungen auf Länder und Kommunen, in: Der Gemeindehaushalt, 117. Jg., 2016, S. 82.

4. Wie erfolgt in Deutschland die Verteilung der Einnahmen aus den Gemeinschaftsteuern auf der Ebene der Bundesländer?
5. Warum kann ein hoher Ausgleichsgrad zwischen den ermittelten Größen Finanzkraft und Finanzbedarf sich langfristig negativ auf die Entwicklung eines Landes auswirken?
6. Wie lassen sich die bestehenden regionalen Disparitäten zwischen alten und neuen Bundesländern verringern?
7. Wie beurteilen Sie die Ausgestaltung der seit 2005 geltenden Bundesergänzungszuweisungen an die neuen Länder?
8. Welche Vor- und Nachteile weist die für 2020 vorgesehene Neuregelung der föderalen Finanzbeziehungen auf?

## Literatur zum 8. Kapitel

Apolte, T., Die ökonomische Konstitution eines föderativen Systems, Tübingen 1999.

Boadway, R., und Shah, A., Fiscal Federalism, Cambridge u. a. O. 2009.

Broer, M., Wirkungen einer Feiertagsbereinigung des Länderfinanzausgleichs – eine empirische Analyse des deutschen Finanzausgleichs, in: Zeitschrift für Wirtschaftspolitik, 58. Jg., 2009, S. 157 ff.

Broer, M., Konzessionsabgaben und Länderfinanzausgleich. Probleme und Lösungsansätze der Einbeziehung der kommunalen Konzessionsabgaben in den Länderfinanzausgleich am Beispiel der Stadtstaaten, in: Jahrbuch für Regionalwissenschaften, 2009, S. 121 ff.

Broer, M., Lohnen sich Steuermehreinnahmen für Kommunen? – Untersuchung der durch Finanzausgleichsgesetze verursachten Entzugseffekte am Beispiel Niedersachsens, in: Kommunale Steuer-Zeitschrift, 61. Jg., 2012, Heft 9, S. 161 ff. sowie Heft 10, S. 181 ff.

Broer, M., Wirkungen einer Ausweitung der Steuersatzautonomie der Länder, in: Wirtschaftsdienst, 95. Jg., 2015, S. 135 ff.

Broer, M., Wirkung einer erhöhten Ländersteuerautonomie auf die Kommunalfinanzen, in: Die Gemeindekasse, 66. Jg., 2015, S. 129 ff.

Broer, M., Der Kommunale Finanzausgleich als Instrument zur Stabilisierung der kommunalen Einnahmen – Eine empirische Untersuchung am Beispiel Niedersachsens, in: Zeitschrift für Kommunalfinanzen, 66. Jg., 2016, Heft 7, S. 25 ff.

Broer, M., Kommunaler Finanzausgleich und Konjunkturpolitik – Verstetigung der Kommunalfinanzen mittels Fondslösung, in: Kommunale Steuer-Zeitschrift, 65. Jg., 2016, S. 121 ff.

Broer, M., Mögliche Folgen des Beschlusses der Ministerpräsidenten zu den bundesstaatlichen Finanzbeziehungen für die kommunalen Finanzen, in: Junkernheinrich, M., u. a., Hrsg., Verhandlungen zum Finanzausgleich, Berlin 2016, S. 157 ff.

Broer, M., Die bergrechtliche Förderabgabe und der Ländervorschlag zur Reform der bundesstaatlichen Finanzbeziehungen – verfassungsrechtliche Probleme und finanzielle Wirkungen auf Länder und Kommunen, in: Der Gemeindehaushalt, 117. Jg., 2016, S. 82 ff.

Broer, M., Möglichkeiten der Ermittlung der optimalen Größe bei Kreisgebietsreformen, in: Der Gemeindehaushalt, 117. Jg., 2016, Heft 11, S. 239 ff.

Broer, M., Der Vorschlag der Ministerpräsidentenkonferenz zu den föderalen Finanzbeziehungen und die damit verbundenen Auswirkungen auf den sog. Königsteiner Schlüssel, in: Die Gemeindekasse, 67. Jg., 2016, Heft 11, S. 335 ff.

Broer, M., Verteilungseffekte im kommunalen Finanzausgleich als Folge einer Länderfusion am Beispiel der Kommunen in den Ländern Bremen und Niedersachsen, in: Die Gemeindekasse, 68. Jg., 2017, Heft 1, S. 1 ff.

Bundesministerium der Finanzen, Hrsg., Bund-Länder Finanzbeziehungen auf der Grundlage der geltenden Finanzverfassungsordnung, Ausgabe 2008.

Büttner, T., Hrsg., Finanzverfassung und Föderalismus in Deutschland und Europa, ZEW Wirtschaftsanalysen, Bd. 49, Baden-Baden 2000.

Büttner, T., Steuerwettbewerb und Finanzausgleich, in: ifo Schnelldienst, 59, 2006, S. 12 ff.

Büttner, T., und Görbert, T., Neuregelung des bundesstaatlichen Finanzausgleichs ab 2020: Richtung und Ausmaß der Umverteilung gemäß des Beschlusses der Regierungskonferenz, in: Wirtschaftsdienst, 96. Jg., 2016, S. 818 ff.

Deutsche Bundesbank, Gemeindefinanzen: Entwicklung und ausgewählte Aspekte, Monatsbericht Oktober 2016, S. 13 ff.

Döring, T., Feld, L. P., und Zimmermann, H., Föderalismus, Dezentralität und Wirtschaftswachstum, in: Vierteljahreshefte zur Wirtschaftsforschung des Deutschen Instituts für Wirtschaftsforschung, Bd. 72, 2003, S. 361 ff.

Feld, L. P., Steuerwettbewerb und seine Auswirkungen auf Allokation und Distribution – Ein Überblick und eine empirische Analyse für die Schweiz, Beiträge zur Finanzwissenschaft 10, Tübingen 2000.

Feld, L. P., und Schaltegger, C., Wähler, Interessengruppen und Finanzausgleich: Die Politische Ökonomie vertikaler Finanztransfers, in: Konjunkturpolitik, Bd. 48, 2002, S. 93 ff.

Filippov, M., Ordeshook, P.C., und Shvetsova, O., Designing Federalism, Cambridge u. a. O. 2004.

Fuest, C., Steuerwettbewerb unter Bundesländern – wären die finanzschwachen Länder die Verlierer?, in: Konrad, K. A., und Jochimsen, B., Hrsg., Föderalimuskommission II: Neuordnung von Autonomie und Verantwortung, Frankfurt u. a.O. 2008, S. 119 ff.

Henke, K.-D., Der parafiskalische Finanzausgleich, dargestellt am Beispiel der Gesetzlichen Krankenversicherung, in: Henke, K.-D., und Schmähl, W., Hrsg., Finanzierungsverflechtung in der Sozialen Sicherung, Europäische Schriften zu Staat und Wirtschaft, Bd. 9, Baden-Baden 2001, S. 77 ff.

Henke, K.-D., und Schuppert, G. F., Rechtliche und finanzwissenschaftliche Probleme der Neuordnung der Finanzbeziehungen von Bund und Ländern im vereinten Deutschland, Baden-Baden 1993.

Kerber, W., Wettbewerbsföderalismus als Integrationskonzept für die Europäische Union, in: Perspektiven der Wirtschaftspolitik, Bd. 4, 2003, S. 43 ff.

Kitterer, W., Nachhaltige Finanz- und Investitionspolitik der Bundesländer, in: Perspektiven der Wirtschaftspolitik, Bd. 8, 2007, S. 53 ff.

Konrad, K., und Jochimsen, B., Hrsg., Finanzkrise im Bundesstaat, 2. Aufl., Frankfurt 2008.

Konrad, K., und Jochimsen, B., Hrsg., Föderalismuskommission II: Neuordnung von Autonomie und Verantwortung, Frankfurt 2008.

Konrad, K., Kessing, S., und Kotsogiannis, C., Federal tax autonomy and the limits of cooperation, in: Journal of Urban Economics, Bd. 59, 2006, S. 317 ff.

Oates, W. E., Fiscal and Regulatory Competition: Theory and Evidence, in: Perspektiven der Wirtschaftspolitik, Bd. 3, 2002, S. 377 ff.

Oates, W. E., Fiscal Federalism, New York 1972.

Olson, M., Das Prinzip „fiskalischer Gleichheit": Die Aufteilung der Verantwortung zwischen verschiedenen Regierungsebenen, in: Kirsch, G., Hrsg., Föderalismus, Stuttgart und New York 1977, S. 66 ff.

Petersen, H.-G., Anton, S., und Bork, C., Mischfinanzierungen im deutschen Länderfinanzausgleich, Aachen 2001.

Popitz, J., Der Finanzausgleich, in: Handbuch der Finanzwissenschaft, 2. Bd., 1. Aufl., Tübingen 1927, S. 348 ff.

Sachverständigenrat für die konzertierte Aktion im Gesundheitswesen, Jahresgutachten 1991, Das Gesundheitswesen im vereinten Deutschland, Baden-Baden 1991.

Schmidt-Trenz, H.-J., und Fonger, M., Hrsg., Bürgerföderalismus. Zukunftsfähige Maßstäbe für den bundesdeutschen Finanzausgleich, Baden-Baden 2000.

Weiß, R., und Münzenmeier, W., Lohnsteuerzerlegung: Bedeutung zentraler Lohnsteuerabführung multiregionaler Unternehmen und Auswirkungen einer arbeitsortbezogenen Verteilung des Lohnsteueraufkommens auf die Länder, in: Junkernheinrich, M., u. a., Hrsg., Verhandlungen zum Finanzausgleich, Berlin 2016, S. 241 ff.

Wellisch, D., Theory of Public Finance in a Federal State, Cambridge 2000.

Wissenschaftlicher Beirat beim Bundesministerium der Finanzen, Gutachten zum Länderfinanzausgleich in der Bundesrepublik Deutschland, Schriftenreihe des Bundesministeriums der Finanzen, Heft 47, Bonn 1992.

Wissenschaftlicher Beirat beim Bundesministerium der Finanzen, Reform des bundesstaatlichen Finanzausgleichs, Bundesministerium der Finanzen, Berlin 2015.

Zimmermann, H., Allgemeine Probleme und Methoden des Finanzausgleichs, in: Handbuch der Finanzwissenschaft, 4. Bd., 3. Aufl., Tübingen 1982, S. 1 ff.

Zimmermann, H., Kommunalfinanzen. Eine Einführung in die finanzwissenschaftliche Analyse der kommunalen Finanzwirtschaft, 3. Aufl., Baden-Baden 2016.

# 9. Kapitel:
## Die Finanzen der
## Europäischen Union (EU)

# A. Die Finanzen der EU als Gegenstand der Finanzwissenschaft

Aufgrund der Besonderheiten der EU als internationaler Organisation sind ihre Aufgaben, Ausgaben und Einnahmen mit dem dazugehörigen Finanzausgleich ein an Bedeutung gewinnender Gegenstand der Finanzwissenschaft. Zu diesem Komplex der Finanzen der EU gehört zum einen der EU-Haushalt mit seinem mehrjährigen Finanzrahmen. Zum anderen sind in jüngster Zeit durch die hohe Staatsverschuldung in den Haushalten einiger Mitgliedstaaten große Finanzprobleme aufgetreten. Der EU-Haushalt mit seinem Reformbedarf unter Einbeziehung des mehrjährigen Finanzrahmens bis 2020 und die Erklärung und Bekämpfung der Staatsschuldenkrise im Euro-Raum lassen angesichts der unsicheren Zukunft der europäischen Integration ein gesondertes Kapitel angebracht erscheinen.

Die Finanzlage Europas wird mit dem EU-Haushalt und dem mehrjährigen Finanzrahmen unzureichend erfasst. Mit der Herausforderung der europäischen Staatsschuldenkrise müssen Wege aus der übermäßigen Verschuldung aufgezeigt werden. In diesem Zusammenhang stellt sich vor allem die Frage, warum es sich bei den Problemen, die ein Land aufgrund seiner hohen Staatsverschuldung bekommt, nicht um allein nationale Angelegenheiten handelt, die angesichts der formal geltenden **No-Bailout-Regel** (siehe Abschnitt D I b) eigenverantwortlich, also national, geregelt werden. Durch die ungewöhnlich hohe Verschuldung in vielen der 28 Mitgliedstaaten der EU (bis zum britischen Austritt) und insbesondere unter den 19 Nationen (im Jahre 2017), die der Europäischen Wirtschafts- und Währungsunion angehören und den Euro als einheitliche Währung führen, hat sich eine ungewöhnlich schwierige finanzielle Situation für Europa ergeben. Die damit verbundenen Herausforderungen stehen seit der Finanzkrise dauerhaft und weit oben auf der wirtschaftspolitischen Agenda.

Bei den Maßnahmen gegen diese übermäßigen Staatsschulden wird die kurzfristige Bekämpfung diskutiert und den Möglichkeiten einer langfristigen Verhinderung künftiger Krisen gegenübergestellt. Für die EU bedeutet die Schuldenkrise eine große Belastung, nicht zuletzt weil in diesem Zusammenhang auch der Euro selbst immer wieder zur Diskussion steht und sein Zusammenbruch unabsehbare Folgen für die wirtschaftliche und finanzielle Leistungsfähigkeit der Mitgliedstaaten haben würde. Dieses Kapitel zeigt daher zugleich die Bedeutung der europäischen Integration aus wirtschafts- und haushaltspolitischer sowie aus fiskalischer und fiskalpolitischer Sicht auf.

# B. Finanzausgleichsbeziehungen in der Europäischen Union[1]

## I. Die EU als präföderative Ebene

Die im Jahr 1958 gegründete **Europäische Wirtschaftsgemeinschaft** (EWG) stellte zunächst eine Organisation zur wirtschaftlichen Integration dar. Diese beruhte vor allem auf dem gemeinsamen Außenzoll als dem charakteristischen Merkmal einer Zollunion. Sie bedeutete eine stärkere Integration als bei einer Freihandelszone wie der im Jahr 1960 gegründeten European Free Trade Area (EFTA), die die Zölle nur zwischen den Mitgliedstaaten vereinheitlicht, gegenüber Drittländern aber unterschiedlich lässt. Eine weitergehende politische Annäherung drückte sich in der Folgezeit darin aus, dass schon die EWG begann, selbst Zollpolitik zu betreiben, gesetzgeberisch tätig zu werden und einen eigenen Haushalt aufzubauen. Die EU hat sich zu einer Ebene mit erheblichem Gewicht für den politischen Aufbau des EU-Raumes entwickelt[2]. Sie wird in Deutschland gelegentlich als „vierte Ebene" im Staatsaufbau und damit auch in der öffentlichen Finanzwirtschaft charakterisiert.

Eine Betrachtung des Haushalts der EU zeigt, dass es sich hier – haushaltswirtschaftlich betrachtet – um eine quantitativ noch wenig bedeutsame Ebene handelt. Ihre Ausgaben betrugen im Jahre 2014 nur 2,1 % der Ausgaben der Haushalte und 1,0 % des BNE aller EU-Staaten (Tab. 9.1). Demgegenüber liegen für die einzelnen Mitgliedstaaten z. B. die öffentlichen Ausgaben zwischen 40 % und über 50 % des BIP (siehe 2. Kapitel, Tab. 2.1 und 2.2.). In ihren haushaltspolitischen Entscheidungen ist die EU weiterhin vom Wohlwollen der einzelnen Mitgliedstaaten abhängig, die nicht nur über den Ministerrat, sondern auch über den **Europäischen Rat der Staats- und Regierungschefs** letztlich die Entscheidungen treffen. Von einer voll mit dem Bund vergleichbaren Ebene kann daher nicht gesprochen werden. Die Folgen für Ausgaben- und Einnahmenautonomie der EU, aber auch für die Durchführung eines horizontalen Finanzausgleichs zwischen den Staaten der EU werden in den folgenden Abschnitten sichtbar. Dass die EU keine zusätzliche föderale Ebene darstellt, zeigt sich nicht nur in der Haushaltswirtschaft, sondern auch darin, dass der **Europäische Gerichtshof**, der für die vertragsgemäße Auslegung des Gemeinschaftsrechts zuständig ist, sich immer nur an einen Mitgliedstaat wendet, nicht aber an die Bürger, anders als in Deutschland. Die Einhaltung der Gerichtsentscheidungen durch die Mitgliedstaaten wird durch die Europäische

---

[1] Wir danken Herrn Daniel Bachmann für die Überprüfung und Aktualisierung der Statistiken sowie einige inhaltliche Anregungen zum Teil B dieses Kapitels.
[2] Das Europäische Parlament ist mittlerweile am Großteil der Gesetzgebung beteiligt: Zum Asylbereich: Die EU macht zwar seit Beginn der Flüchtlingskrise deutlich mehr im Migrationsbereich (z. B. gemeinsamer Grenz- und Küstenschutz), aber die Aufnahme und Unterbringung von Asylbewerbern bleibt eine nationale Aufgabe.

*Tab. 9.1: Entwicklung von Ausgabenquoten des Haushalts der Europäischen Union*

|  | 1980 | 1990 | 2000 | 2010 | 2014 |
|---|---|---|---|---|---|
| Gemeinschaftsausgaben in % der öffentlichen Ausgaben aller Mitgliedstaaten | 1,7 | 2,0 | 2,0 | 2,1 | 2,1 |
| Ausgaben in % des BNE der Gemeinschaft | 0,8 | 1,0 | 1,0 | 0,9 | 1,0 |
| Pro-Kopf-Ausgaben (in Euro) | 124,0 | 174,8 | 217,7 | 219,9 | 278,4 |

*Quellen:* Europäische Kommission (2008), Gesamthaushaltsplan der Europäischen Union für das Haushaltsjahr 2008, Europäische Kommission (2009), Gesamthaushaltsplan der Europäischen Union für das Haushaltsjahr 2009, Europäische Kommission (2010), EU-Haushalt 2010 – Finanzbericht, eigene Berechnung.

*Quelle für die Berechnung 2014:* (Eurostat – Daten zu Bevölkerungsentwicklung und Gesamtausgaben der EU 28- Staaten, Stand: 30.11.2016 und EU- Haushalt 2014 – Finanzbericht (Europäische Kommission 2015), Basiswert MfZ in laufenden Preisen

Kommission zwar überwacht, die insofern aber keine Urteile der europäischen Gerichte selbständig vollstrecken kann.

Mit der Einführung des Europäischen Binnenmarktes und der damit einhergehenden Verwirklichung der vier Grundfreiheiten (freier Verkehr von Gütern, Dienstleistungen, Kapital und Personen) hat die EU am 1.1.1993 einen weiteren Schritt der wirtschaftlichen Integration vollzogen. Über den Binnenmarkt hinausgehend wurde bereits im Jahre 1992 im Vertrag von Maastricht eine Wirtschafts- und Währungsunion vereinbart, die zum 1.1.1999 begann. Zum 1.1.2015 haben 19 der 28 EU-Staaten den Euro als gesetzliches Zahlungsmittel eingeführt. Der mit der Vereinheitlichung der Währung einhergehende geldpolitische Souveränitätsverlust führte zunächst zu keinen fiskalischen Konsequenzen. Doch soll der 1997 geschlossene **Stabilitäts- und Wachstumspakt** die Einhaltung der fiskalischen Konvergenzkriterien (u.a. maximal 3 % **Nettoneuverschuldung** im laufenden Haushalt und 60 % Obergrenze für den **Schuldenstand**) auch nach Eintritt in die Währungsunion sichern, was die Verschuldungsmöglichkeiten der Mitgliedstaaten begrenzt und insoweit Konsolidierungsbemühungen veranlasst. Bei Nichteinhaltung der Kriterien waren von Beginn an Strafen vorgesehen. Allerdings bedurften diese Strafen zunächst der Zustimmung einer Mehrheit des Ministerrats. Da diese Mehrheiten oft nicht zustande kamen, wurde die Wirkung des Paktes deutlich geschwächt, so dass die Verschuldung der Mitgliedstaaten nicht ausreichend begrenzt wurde. Als Konsequenz aus der Schuldenkrise im Euro-Raum wurde eine Verschärfung vorgenommen. Diese umfasst auch früher einsetzende finanzielle Strafen, deren Verhängung politisch weniger als bisher beeinflusst werden kann. Der Ministerrat kann von der Kommission vorgeschlagene Sanktionen seit Dezember 2011 nur noch verhindern, wenn sich eine qualifizierte Mehrheit gegen die Sanktionen ausspricht. Vorher musste eine Mehrheit des Ministerrats Sanktionen annehmen, um sie verhängen zu können. Auch wurden die Eingriffsrechte der EU in die nationalen Haushalte ausgeweitet, um sich abzeichnende Haushaltsprobleme möglichst frühzeitig bekämpfen zu können.

Für föderale Euro-Staaten wie Belgien, Deutschland und Österreich ergibt sich bei etwaigen Strafzahlungen zusätzlich die Frage, wie diese auf die verschiedenen föderalen Ebenen aufzuteilen sind. In Deutschland sieht das entsprechende „Sanktionszahlungs-Aufteilungsgesetz" vor, dass der Bund 65 % der Strafzahlungen zu leisten hat. Die von den Ländern zu tragenden restlichen 35 % verteilen sich zu 35 % nach der Einwohnerzahl und zu 65 % nach dem Anteil des einzelnen Landes an der Summe der Finanzierungsdefizite aller Länder.

## II. Der vertikale Finanzausgleich in der EU

### a) Aufgaben und Ausgaben der EU

Die Existenzberechtigung einer föderativen Ebene muss aus der Sicht der ökonomischen Theorie des Föderalismus aus den Aufgaben hervorgehen, die diese Ebene besser als die bereits bestehenden Gebietskörperschaftsebenen oder der private Sektor erfüllen kann. Nach dem Prinzip der fiskalischen Äquivalenz soll sie zur Erfüllung dieser Aufgaben die entsprechenden Ausgaben tätigen dürfen und von den betroffenen Bürgern die erforderlichen Einnahmen erheben müssen. Im Einklang mit dem Prinzip der Subsidiarität, das im Vertrag von Maastricht verankert wurde und daher auch auf EU-Ebene beachtet werden muss, bleibt immer wieder zu prüfen, inwieweit die Aufgaben nicht ganz oder zum Teil auf der Ebene des Mitgliedstaates besser erfüllt werden können.

Wenn die Aufgabenverteilung innerhalb eines Bundesstaates, z. B. in Deutschland, im Großen und Ganzen als effizient gilt, was an dieser Stelle nicht weiter untersucht wird, und eine entsprechend verbesserte Aufgabenverteilung für eine um die EU-Ebene erweiterte Struktur angestrebt wird, so müssten die **Aufgaben mit europaweitem Nutzerkreis** in die Zuständigkeit der EU fallen. Der Sachverständigenrat für die Begutachtung der gesamtwirtschaftlichen Entwicklung schlägt bei strenger Anwendung des Subsidiaritätsprinzips folgende Aufgaben vor, bei denen die EU „ein gewisses Ausmaß an Kompetenzen haben sollte".[3]

– Außenpolitik und Verteidigung
– Migration und Asyl
– Öffentliche Sicherheit und Strafverfolgung
– Binnenmarkt, Wettbewerbspolitik, Außenwirtschaftspolitik
– Finanzmarktaufsicht
– Kapitalmarktunion und Klimapolitik.

Die Fiskalpolitik, die Arbeitsmarkt- und Sozialpolitik sollten seiner Ansicht nach eher im nationalen Aufgabenbereich bleiben[4]. Interessanterweise geht das im März 2017 erschienene Weißbuch der Kommission in eine ähnliche Richtung[5]. Es

---

[3] Sachverständigenrat zur Begutachtung der gesamtwirtschaftlichen Entwicklung, Jahresgutachten 2016/17, Wiesbaden 2016, Tz 336.
[4] Ebenda, Tz 337.
[5] Das Weißbuch findet sich unter: http://europa.eu/rapid/attachment/IP-17-385/de/whitepaper-future-of-europe_de.pdf

hält weniger europäische Zuständigkeit in der Regional-, Gesundheits-, Beschäftigungs- und Verbraucherschutzpolitik und mehr europäische Zuständigkeit in der Außen-, Sicherheits- und Verteidigungspolitik für sinnvoll[6]. Damit nähert sich die EU der Arbeitsteilung, die im Fiscal Federalism seit langem vorgezeichnet ist (siehe dazu 8. Kapitel, Abschnitt B I).[7]

Ein Blick auf die Positionen des EU-Haushalts (Tab. 9.2) zeigt, dass nur wenige dieser Aufgaben und diese dann nur mit fiskalisch eher kleinen Positionen dort auftauchen.

Tab. 9.2: Tatsächliche Ausgaben der Europäischen Union im Jahre 2015[1]

| Ausgabenbereiche | in Mio. Euro | | in % der Gesamtausgaben |
|---|---|---|---|
| **Verwaltungsmittel** <br> davon Verwaltungsausgaben der Organe | 9.076 | 7.351 | 5,6 |
| **Intelligentes und integratives Wachstum** <br> Wirtschaftlicher, sozialer und territorialer Zusammenhalt <br> Wettbewerbsfähigkeit für Wachstum und Beschäftigung *(z. B. Forschung, Verkehrsnetze)* | 77.986 | 60.320 <br><br> 17.666 | 47,9 |
| **Bewahrung und Bewirtschaftung der natürlichen Ressourcen** *(Agrarpolitik)* <br> davon Marktbezogene Ausgaben und Direktzahlungen | 64.692 | 44.190 | 39,7 |
| **Sicherheit und Unionsbürgerschaft** | 2.456 | | 1,5 |
| **Europa in der Welt** *(außenpolitische Maßnahmen, z. B. Gemeinsame Außen- und Sicherheitspolitik, Entwicklungspolitik, Heranführungshilfe für Beitrittskandidaten)* | 8.749 | | 5,4 |
| **Gesamtausgaben** | 162.959 | | **100,0**[2] |

[1]  Mittel für Verpflichtungen
[2]  Aufgrund von Rundungen kann es zu minimalen rechnerischen Differenzen kommen.
*Quelle:* EU-Kommission. Eigene Darstellung.

Seit einer Umbenennung im Jahr 2007 sind die ursprünglichen Ausgabenrubriken des EU-Haushalts mit wohlklingenden, jedoch nicht immer klaren Bezeichnungen versehen (z. B. „Bewahrung und Bewirtschaftung der natürlichen Ressourcen" und „Sicherheit und Unionsbürgerschaft"). Die kursiven Erläuterungen in Tab. 9.2 sollen helfen, die Bezeichnungen zu dechiffrieren. Im Bereich „Wettbewerbsfähigkeit für Wachstum und Beschäftigung" werden größere europäische Forschungsvor-

---

[6] Siehe dazu Mussler, W., Junckers Optionen, in: Frankfurter Allgemeine Zeitung, 9.3.2017, S. 1.

[7] Eine solche Entwicklung der Aufgabenwahrnehmung wurde auch in der Vergangenheit, allerdings ohne Folgen, angekündigt. Siehe dazu Broer, M., Der Europäische Haushalt bis 2020: Anspruch und Wirklichkeit, in: Wirtschaftsdienst, 93. Jg., H. 1, 2013.

haben sowie grenzüberschreitende Verkehrsnetze gefördert, die durchaus den Charakter einer übernationalen Aufgabe haben und folglich für die EU-Ebene „richtig" sind. Unter den Bereich „Europa in der Welt", rd. 5,4 % des Budgets, wird die Gemeinsame Außen- und Sicherheitspolitik (GASP) mit weiteren außenpolitischen Maßnahmen, beispielsweise Entwicklungshilfe, subsumiert.

Beim Vergleich mit den Budgets der Zentralregierungen souveräner Staaten sticht noch immer der hohe Anteil von rd. 40 % der EU-Ausgaben für **Agrarpolitik** („Bewahrung und Bewirtschaftung der natürlichen Ressourcen") hervor. Die fiskalische Bedeutung dieses Politikbereiches ist auf das Verhandlungsergebnis der sechs Gründungsmitglieder des europäischen Einigungsprozesses zurückzuführen, die europäischen Bauern finanziell zu unterstützen. Diese Unterstützung erfolgte überwiegend durch administrativ und damit künstlich hochgehaltene Erzeugerpreise. Will eine solche Politik einen gemeinsamen Markt für Agrarprodukte herstellen, müssen zum einen diese Preise EU-einheitlich festgesetzt werden, und zum anderen müssen die unabweisbaren Stützungskäufe, die sich daraus ergebenden Lagerhaltungskosten und die Subventionen, die zur Vermarktung auf dem Weltmarkt zu den dort niedrigeren Preisen erforderlich sind, EU-übergreifend finanziert werden. Daher standen im EU-Haushalt der Agrarsektor und die damit verbundene Verteilungspolitik von Anfang an im Vordergrund. Mittlerweiler rücken Einkommenshilfen und die Förderung des ländlichen Raums in den Mittelpunkt, d.h. ein Übergang von der Preisstützung zu direkten Einkommenshilfen wurde eingeleitet[8]. Dadurch reduzieren sich die vorherigen hohen Kosten der Preisstützung.

Mit Blick auf diese insgesamt eigenartige Ausgabenstruktur der Zentralebene der EU muss der „europäische Mehrwert" aller dieser Ausgaben immer wieder hinterfragt werden. Kritiker weisen darauf hin, dass er bezogen auf alle Ausgaben noch wenig ausgeprägt sei.[9]

Würde man zur Charakterisierung des Einflusses der EU lediglich den Haushalt heranziehen, entstünde ein schiefes Bild, denn wie der Tabelle 9.1 entnommen werden kann, betragen die Ausgaben in % des BNE der Gemeinschaft seit Jahrzehnten nur knapp 1,0 %. Mehr noch als die Zentralstaaten der Mitgliedstaaten definiert sich die EU aber über Aufgaben mit geringer Ausgabenintensität. Aufgabenbereiche wie das Wettbewerbsrecht, die Umwelt- und Klimapolitik, die Verwirklichung des Binnenmarktes oder die Zusammenarbeit im Migrationsbereich schlagen sich im EU-Haushalt überwiegend nur bei den Verwaltungsausgaben nieder (die im Übrigen auch aus den unvermeidlichen Übersetzungskosten resultieren), nicht aber bei den „operationellen" Mitteln. Daher ist es bei der EU noch weniger als bei

---

[8] Siehe zur Agrarpolitik European Parliament Directorate General for Internal Policies, Policy Department B: Structural and Cohesion Policies, Agriculture and rural Development,: Direct Payments in the Common Agricultural Policy (CAP) post 2013, Note, January 2011 und Tangermann, S., CAP 2020: Is Europe losing touch with reality? In: Agra Europe, November 2011, S: 24 f.

[9] Siehe Blankart, C., Kirchner, C., (2003), The Deadlock of the EU budget: An Economic Analysis of Ways In and Ways Out, CESIFO Working Paper No. 989, S: 2; dort wird ein europäischer Mehrwert höchstens bei 20 % der Ausgaben vermutet. Und im Rahmen einer empirischen Studie haben Kauppi und Widgren (2007) nachgewiesen, dass nahezu 90 % der Verteilung der EU-Ausgaben auf die Mitgliedstaaten durch die Stimmengewichte im Ministerrat erklärt werden können.

den Mitgliedstaaten zulässig, aus dem erwähnten **niedrigen „Staatsanteil" der EU** auf einen entsprechend geringen Einfluss dieser Ebene auf die Mitgliedstaaten zu schließen (vgl. 2. Kapitel, Abschnitt A I b). Die **Verordnungstätigkeit** der EU wird immer stärker, und die Überlegungen, ob „Brüssel" in die Mitgliedstaaten zu stark hineinregiert, haben ihren Ursprung weniger in den finanzwirtschaftlichen Aktivitäten als vielmehr in den zahllosen Richtlinien, Verordnungen und sonstigen Beschlüssen der EU.

Die überhandnehmende Verordnungstätigkeit bewirkt zugleich eine gewisse **Anpassung der Aufgaben und Ausgaben** in den Mitgliedstaaten. Wenn die EU eine Richtlinie erlässt, die von den Mitgliedstaaten in einer gewissen Frist in nationales Recht umzusetzen ist, so wird damit eine bestimmte Aufgabe im Sinne der Richtlinie „harmonisiert". So musste beispielsweise als Folge des Erlasses der „Produkthaftungsrichtlinie" die Produkthaftung in allen Mitgliedstaaten in nationales Recht aufgenommen werden, was zu weitreichenden haftungsrechtlichen und somit auch ökonomischen Konsequenzen dieser Vereinheitlichung führte. Die Kosten dieser Anpassung gehören dann auch zu den Kosten, die von der EU induziert werden.

## b) Einnahmen der EU

Nach dem Prinzip der fiskalischen Äquivalenz soll eine föderative Ebene ihre Ausgaben durch eigene, selbst zu verantwortende Einnahmen, die sie von ihren Bürgern und Unternehmen erhebt, finanzieren. Ähnlich wie für die Aufgaben kann man auch bei ihrer Finanzierung fragen, welche Einnahmenarten nach den Erfahrungen föderativ aufgebauter Staaten auf der obersten Ebene zweckmäßig sind. Dem gegenüber steht die Finanzierung internationaler Organisationen, die üblicherweise über Finanzbeiträge erfolgt. Die EU ist einerseits dem Stadium einer herkömmlichen internationalen Organisation längst entwachsen, andererseits kann sie nicht als eigenständige föderative Ebene eingeordnet werden. Für eine zweckmäßige Ausgestaltung der Finanzierung ihrer Aufgaben gibt es deshalb keine Blaupause[10].

Zunächst einmal gibt es eine traditionelle Einnahmenart für eine Wirtschaftsgemeinschaft mit einem gemeinsamen Außenzoll, die *Zolleinnahmen*. Sie fallen wegen der gemeinsamen Zollpolitik an und werden an den sich im Laufe der Zeit herausbildenden hauptsächlichen Importpunkten der EU (z. B. die Seehäfen Rotterdam, Antwerpen und Hamburg) vereinnahmt. Sie können nicht den Staaten, in denen diese Orte liegen, als Einnahmen zugerechnet werden. Es lag daher nahe, die Zölle dem EU-Haushalt zuzuweisen[11]. Sie machten 2015 knapp 13 % der Einnahmen aus (Tab. 9.3). Die Kategorie „Übrige Einnahmen" beinhaltet u. a. Zahlungen von Nicht-EU-Staaten sowie Strafzahlungen von Unternehmen, die für Verstöße gegen die Wettbewerbsregeln verhängt werden.

---

[10] Siehe in diesem Zusammenhang Reform der EU-Finanzierung: Subsidiarität und Transparenz stärken, Gutachten des Wissenschaftlichen Beirats beim Bundesministerium der Finanzen, Berlin 01/2016, insb. S: 18 ff.

[11] Agrarzölle machen nur noch einen sehr kleinen Teil aus und Zuckerabgaben laufen aus.

*Tab. 9.3: Die Einnahmen der Europäischen Union im Jahre 2015[1]*

| Einnahmenarten | in Mio. Euro | in % der Gesamteinnahmen |
|---|---|---|
| Mehrwertsteuer-Eigenmittel | 18.087,0 | 12,4 |
| BNE-Eigenmittel | 100.960,4 | 68,8 |
| Zölle | 18.730,4 | 12,8 |
| Übrige Einnahmen | 8.692,8 | 6,0 |
| **Gesamteinnahmen** | **146.024,4** | **100,0[2]** |

[1]  Mittel für Verpflichtungen in laufenden Preisen.
[2]  Aufgrund von Rundungen kann es zu minimalen rechnerischen Differenzen kommen.
*Quelle:* EU-Kommission. Eigene Darstellung.

Die Suche nach einer eigenen Steuerquelle der EU führte zur Umsatzsteuer, die in Föderationen üblicherweise auf der Zentralebene erhoben wird. Die EU hatte sich früh bemüht, die Bemessungsgrundlagen dieser Steuer soweit wie möglich zu harmonisieren, nicht zuletzt, um eine der Voraussetzungen für eine eigene EU-Mehrwertsteuer zu schaffen. Was allerdings als *„Mehrwertsteuer-Eigenmittel"* im EU-Haushalt erscheint, ist keine Mehrwertsteuer bzw. Umsatzsteuer der EU selbst. Vielmehr wird in allen Mitgliedstaaten nach dem gleichen Rechenverfahren eine für den Mitgliedstaat geltende Bemessungsgrundlage fiktiv errechnet. Auf der Grundlage dieser Bemessungsgrundlage wird im Wege des EU-einheitlich verabredeten Satzes die Summe ermittelt, die der EU, beispielsweise aus Deutschland, zusteht. Dieser Betrag wird der EU vom Bund aus dessen allgemeinen Deckungs- bzw. Haushaltsmitteln überwiesen, stellt also in den Kategorien des Finanzausgleichs eine Zuweisung „von unten nach oben" dar.

Wollte man – in Analogie zur Aufteilung des Umsatzsteueraufkommens auf Bund und Länder in Deutschland – die EU mit einem eigenen Anteil im jeweiligen nationalen Steuerverbund beteiligen, so würde dies zunächst voll harmonisierte Bemessungsgrundlagen voraussetzen. Diese Bemessungsgrundlage müsste zudem in jedem Land durch die dortige Steuerverwaltung gleich gut ausgeschöpft werden, weil sonst die EU aus dem einen Land mehr und aus dem anderen weniger Steuereinnahmen erhielte, beispielsweise wegen niedrigerer oder höherer Steuerhinterziehung. Schließlich müssten auch die Steuersätze harmonisiert werden. Unterstellt man einmal, dies alles könnte gelingen, so könnte die EU von den *jeweiligen Steuerverwaltungen* der Mitgliedstaaten im Rahmen des Finanzausgleichs ihren Anteil **im Rahmen eines Einzelverbundsystems** direkt überwiesen bekommen.

In Tab. 9.3 findet sich als weitere Einnahmenart der Posten *„BNE-Eigenmittel"*. Dabei handelt es sich nicht um die bereits genannten Finanzbeiträge, die bis Ende der siebziger Jahre dominierten. Vielmehr sind sie das Ergebnis eines 1988 geänderten und seitdem modifizierten Regelwerks zur Ermittlung der gesamten EU-Einnahmen und ihrer Aufteilung auf die Mitgliedstaaten:

Diese Regelungen sehen derzeit Folgendes vor:

(1) Die Bemessungsgrundlage der „Mehrwertsteuer-Eigenmittel" wird nur bis maximal 50 % des nationalen BNE zu deren Ermittlung herangezogen. Die durch die Mitgliedstaaten zu entrichtenden Mittel errechnen sich dann – vereinfacht gesagt – anhand eines Abrufsatzes, der auf die Bemessungsgrundlage ange-

wendet wird. Der Grund für die Kappung liegt darin, dass sich die erwähnte Bemessungsgrundlage für die „Mehrwertsteuer-Eigenmittel" zwischen den Mitgliedstaaten anders verteilt als deren BNE. Man möchte aber letztlich die Belastung am BNE des Mitgliedstaates zugrunde legen, um seine Leistungsfähigkeit stärker zu berücksichtigen und regressive Wirkungen der Beitragsberechnung, die auf der genannten fiktiven Mehrwertsteuerbemessungsgrundlage basieren, zu vermeiden.

(2) Die gesamten Eigenmittel der EU (Mittel für Zahlungen) sollen 1,24 % des BNE der EU nicht überschreiten. Eigenmittel in der Sprache der EU sind alle genannten Einnahmenarten in Tab. 9.3, wobei Zölle als „traditionelle Eigenmittel" bezeichnet werden. Die „BNE-Eigenmittel" wurden ursprünglich als Restfinanzierungsquelle eingeführt, um den durch „traditionelle Eigenmittel" und „Mehrwertsteuer-Eigenmittel" nicht gedeckten Teil der geplanten Ausgaben zu bestreiten. Inzwischen haben sie sich zur Haupteinnahme entwickelt. Bemessungsgrundlage für die Verteilung auf die Mitgliedstaaten ist deren BNE. Während diese Aufteilung auf die Mitgliedstaaten wiederum auf das BNE als Leistungsfähigkeitsindikator abzielt, ist der Plafond von 1,24 % des BNE der Gesamt-EU nicht als Orientierung an einem Wohlstandsmaß, sondern als „Deckel" auf die Einnahmen der EU und damit als Maßnahme einer einnahmenseitigen Haushaltsbegrenzung anzusehen.

Besondere Fragen wirft die *Schuldaufnahme* durch die EU auf. Bisher gilt für den EU-Haushalt ein Verschuldungsverbot. Es ist also nicht gestattet, in die Haushaltsplanung eine Schuldaufnahme einzukalkulieren, so wie es in den Mitgliedstaaten der Fall ist.[12] Nur die Europäische Investitionsbank als Institution der EU ist zur Schuldaufnahme berechtigt, um spezielle EU-Projekte zu finanzieren. Die Rechtfertigung der Schuldaufnahme orientiert sich hierbei am Objekt der Finanzierung (siehe 5. Kapitel).

# III. Horizontale Finanzausgleichsbeziehungen in der EU

In der EU entstehen auch horizontale Beziehungen zwischen den Mitgliedstaaten. Sie betreffen zum einen die Frage, wie die Mitgliedstaaten unterschiedlich vom EU-Haushalt betroffen werden, und zum anderen die Frage, inwieweit Steuern, Ausgaben und die Budgetpolitik der Mitgliedstaaten im Zuge des Integrationsprozesses aufeinander abzustimmen sind.

In der EU ist von Anfang an ermittelt worden, welcher Mitgliedstaat wieviel zu den Einnahmen des EU-Haushalts beiträgt und wieviel er von den Ausgaben *für* die einzelnen Länder zurückbekommt. Bei den Einnahmen werden die Mitgliedstaaten unterschiedlich betroffen, je nachdem, ob das Bruttonationaleinkommen

---

[12] Siehe Kommission der EG, Bericht der Sachverständigengruppe zur Untersuchung der Rolle der öffentlichen Finanzen bei der Europäischen Integration (McDougall-Bericht), Bd. I, Brüssel 1977, S. 14 einerseits und andererseits Vgl. Sapir, A., P. Aghion, G. Bertola, M. Hellwig, J. Pisani-Ferry, D. Rosati, and J. Vinals (2004). An Agenda for a Growing Europe, Oxford University Press, Oxford.

oder die Mehrwertsteuer als Bemessungsgrundlage für die Aufbringung der Mittel gewählt wird. Komplizierter ist die Zurechnung von Zöllen angesichts ihrer regionalen Inzidenz. Der in Rotterdam erhobene Zoll betrifft auch Güter, die nicht für die Niederlande bestimmt sind, und importierte Agrarprodukte, die über die Abschöpfungen zu EU-Agrareinnahmen in den Niederlanden führen, werden über den Agrarhandel in andere Mitgliedstaaten verkauft.

Auf der Ausgabenseite werden die „Vorteile" der Agrarausgaben dem produzierenden Land zugerechnet, weil seine Landwirte hiervon profitieren, unabhängig davon, wo die subventionierten Agrarprodukte konsumiert werden. Die Regionalausgaben etc. rechnet man dem Land zu, in dem die Mittel verausgabt wurden. Ausgaben für Drittstaaten, beispielsweise im Rahmen der entwicklungspolitischen Aktivitäten der EU, sind keinem Mitgliedstaat direkt zurechenbar.

Aus der Gegenüberstellung der Ergebnisse dieser Einnahmen- und Ausgabenzurechnung ergeben sich vermeintliche Nettovorteile bzw. Nettonachteile für einen Mitgliedstaat. Diese sog. **„Zahlmeister"-Rechnungen** können dann zu Forderungen der Länder mit negativem Saldo (**Nettozahlerländer**, d. h. die Einzahlungen an die EU überwiegen die Auszahlungen aus der EU) gegen die Union führen. Bereits im Jahre 1984 vereinbarte der Europäische Rat, dass „jedem Mitgliedstaat, der gemessen an seinem relativen Wohlstand eine zu große Haushaltslast trägt, zu gegebener Zeit Korrekturen zugestanden werden können". Demzufolge existiert heute eine Vielzahl von Rabatten für einzelne Mitgliedstaaten, was zur Intransparenz beiträgt.

Bei den Gegenüberstellungen wird leicht übersehen, dass die Nettopositionen nur die Ergebnisse der direkten finanziellen Zahlungsströme widerspiegeln[13]. Andere und oft viel wichtigere Vorteile im Rahmen des Europäischen Binnenmarktes, wie beispielsweise durch die Handelsschaffung durch Erschließung neuer Märkte oder im Rahmen der Außen- und Verteidigungspolitik, die in den verschiedenen Mitgliedstaaten unterschiedlich hohe Vorteile hervorrufen können, bleiben dabei unberücksichtigt.

Aufschlussreich ist in diesem Kontext die Abbildung 9.1. Ihr ist das Verhältnis aus dem Finanzierungsbeitrag und dem Anteil am BNE für das Jahr 2013 für die Mitgliedstaaten zu entnehmen. Für alle Länder mit einem Wert unter 1,0 ist der Finanzierungsbeitrag kleiner als der Anteil am BNE. Es zeigt sich, dass einige der ärmeren Länder, z. B. Litauen und die Slowakei, relativ mehr zahlen als beispielsweise Schweden oder Deutschland.

Der zweite Fragenkreis, der innerhalb der EU das Verhältnis der Mitgliedstaaten zueinander betrifft, ist mit der *Harmonisierung von Steuern, von Ausgaben und der Budgetpolitik* gekennzeichnet. Hierbei ist die **Steuerharmonisierung** am wichtigsten. In der EU war sie von Anfang an ein Weg, auf dem mit Hilfe von Gutachten, großen Plänen und gelegentlichen kleinen politischen Schritten die Integration unter den Mitgliedstaaten vorangebracht werden sollte. Der größte Erfolg war zweifellos die Annäherung der Umsatzsteuersysteme der Mitgliedstaaten, teils weil die früheren Umsatzsteuersysteme konzentrationsfördernd waren (siehe

---

[13] Siehe hierzu Willeke, F.-U., (2011) Deutschland, Zahlmeister der EU – Abrechnung mit einer ungerechten Lastenverteilung, München.

Abb. 9.1: Verhältnis aus Finanzierungsbeitrag und BNE-Anteil, 2013

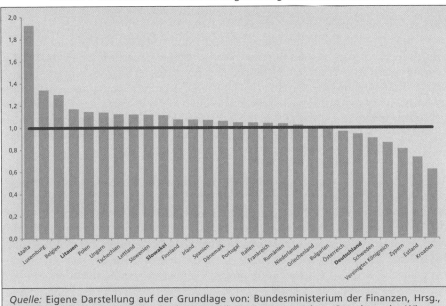

Quelle: Eigene Darstellung auf der Grundlage von: Bundesministerium der Finanzen, Hrsg., Reform der EU-Finanzierung: Subsidiarität und Transparenz stärken, Gutachten des Wissenschaftlichen Beirats beim Bundesministerium der Finanzen, 01/2016, S. 19.

4. Kapitel, Abschnitt B I b), teils weil auf diese Weise die einheitliche Mehrwertsteuer-Bemessungsgrundlage entwickelt werden konnte, die dann Basis für die Berechnung einer EU-Einnahme wurde.

Ein großer Schritt war erforderlich, als der Binnenmarkt für 1993 vereinbart wurde. Weil die physischen Grenzen zwischen den Mitgliedstaaten wegfielen, konnten die Grenzkontrollen, die mit dem sog. **Bestimmungslandprinzip** (siehe 4. Kapitel, Abschnitt B IV b) verbunden waren, nicht mehr vorgenommen werden. Im Verhältnis zu Drittstaaten besteht das Prinzip nach wie vor. Es besagt, dass beim Export von Gütern und Dienstleistungen an der Grenze die inländische Umsatzsteuer heruntergenommen und die ausländische auferlegt wird. Beim **Ursprungslandprinzip**, das für Steuern auf Einkommen gilt, bleibt die inländische Besteuerung auch im Ausland erhalten. In der EU gilt derzeit bei Gütern eine Mischung aus Ursprungs- und Bestimmungslandprinzip.

Bei den direkten Steuern hat sich bis in die jüngste Zeit nicht viel verändert. Im Jahr 2001 veröffentlichte die EU-Kommission eine Studie zur Wirkung der Unternehmensbesteuerung auf den gemeinsamen Markt.[14] Die dabei auftretenden unterschiedlichen Steuerbelastungen, auch eine Folge unterschiedlicher Besteuerungssysteme, wurden genau wie die Bürokratiekosten bzw. Steuerbefolgungskosten der Unternehmen als problematisch angesehen. Auch aus diesem Grund gibt es Bestrebungen der EU, bei der Besteuerung von Körperschaften eine Reform in Rich-

---

[14] Commission of the European Communities, Company Taxation in the Internal Market, Commission Staff Working Paper, SEC 2001.

tung einer gemeinsamen, konsolidierten Körperschaftsteuerbemessungsgrundlage vorzunehmen.[15] In einem solchen System sollen die Gewinne von Kapitalgesellschaften nach einem einheitlichen Maßstab ermittelt und über die Staatsgrenzen hinweg verrechnet (konsolidiert) und schließlich nach vorab festgelegten Maßstäben auf die einzelnen EU-Staaten verteilt werden. Diese Aufteilungsmechanismen sind strittig. Gleiches gilt für die Frage, ob die Steuersatzautonomie der einzelnen Staaten durch einen Mindeststeuersatz begrenzt wird.[16] Die EU-Kommission hat nach 2011 einen zweiten Anlauf für eine gemeinsame, konsolidierte Körperschaftsteuerbemessungsgrundlage unternommen, wobei das Nahziel die gemeinsame Bemessungsgrundlage ist.[17] Da für diesen Entscheidungsbereich weiterhin in der EU Einstimmigkeit benötigt wird, ist allerdings nicht mit schnellen Fortschritten zu rechnen.

Verglichen mit den Steuern findet auf der **Ausgabenseite** der Budgets der Mitgliedstaaten wenig Harmonisierung statt. Der Einfluss auf die Erfüllung öffentlicher Aufgaben in den Mitgliedstaaten nimmt überwiegend den erwähnten Weg über die Verordnungspolitik der EU-Ebene, z. B. im Bereich des Verbraucherschutzes oder des betrieblichen und umweltbezogenen Gesundheitsschutzes[18]. Einen eher indirekten Einfluss übt die EU durch die verschiedenen Formen der Koordinierung auf die einzelstaatliche Politik aus.[19] Unabhängig von der Einnahmen- und Ausgabenseite ist darauf hinzuweisen, dass **Ausschreibungen** für größere nationale öffentliche Aufträge europaweit veröffentlicht werden, so dass private Unternehmer sich überall beteiligen können. Und schließlich kann auf die erheblichen Unterschiede in der sozialen Sicherung der Mitgliedstaaten hingewiesen werden; auch hier ergeben sich Fragen einer möglichen Annäherung, z. B. bei der Absicherung der Lebensrisiken, im Zuge der Methode der „offenen Koordinierung".[20]

---

[15] Commission of the European Communities, Implementing the Community Programme for improved growth and employment and the enhanced competitiveness of EU business: Further Progress during 2006 and next steps towards a proposal on the Common Consolidated Corporate Tax Base (CCCTB), COM(2007) 223 final.

[16] Zu den Aspekten einer gemeinsamen Körperschaftsteuerbemessungsgrundlage vgl. auch Wissenschaftlicher Beirat beim Bundesministerium der Finanzen, Einheitliche Bemessungsgrundlage der Körperschaftsteuer in der Europäischen Union, Schriftenreihe des Bundesministeriums der Finanzen, Heft 81, Berlin 2008. In der Literatur gibt es mittlerweile eine Reihe von Arbeiten, die sich speziell mit der Frage beschäftigen, ob die Einführung einer gemeinsamen Körperschaftsteuerbemessungsgrundlage den schädlichen Steuerwettbewerb zwischen den Mitgliedstaaten abschwächt, vgl. beispielsweise Eichner und Runkel (2011). Einen partiellen Überblick über diese Literatur gibt Runkel (2012).

[17] Commission of the European Communities, Proposal for a COUNCIL DIRECTIVE on a Common Consolidated Corporate Tax Base (CCCTB), {SWD(2016) 341 final}{SWD(2016) 342 final} COM(2016) 683 final.

[18] Siehe Gesundheitswesen – Die Europäische Union erklärt, Bessere Gesundheit für alle EU-Bürger, Luxemburg 2016.

[19] Zu den verschiedenen Formen der Koordinierung vgl. am Beispiel der antizyklischen Finanzpolitik: Wissenschaftlicher Beirat beim Bundesministerium der Finanzen, Stellungnahme: Verstärkte Koordinierung der antizyklischen Finanzpolitik in Europa, in: Bundesministerium der Finanzen, Monatsbericht, August 2002, und im Zuge der Wirtschafts- und Finanzkrisen ders. Fiskalpolitische Institutionen in der Eurozone, herausgegeben vom Bundesministerium der Finanzen, Berlin 2012.

[20] Siehe hierzu auch Wissenschaftlicher Beirat beim Bundesministerium der Finanzen, Freizügigkeit und soziale Sicherung in Europa, Schriftenreihe des Bundesministeriums der Finanzen, Heft 69, Berlin 2000, und von Maydell, B., Hrsg., Enabling Social Europe, Berlin 2006.

# C. Der mehrjährige Finanzrahmen 2014 bis 2020 der EU

## I. Die Bedeutung des Mehrjährigen Finanzrahmens für die EU-Haushaltspolitik

Bei der Diskussion des jährlichen Haushalts der Europäischen Union wird oft übersehen, dass dieser im Zusammenhang mit dem jeweils gültigen Mehrjährigen Finanzrahmen (MFR) zu sehen ist. Anders als in Deutschland, wo eher der jeweils nächste politisch geplante Haushalt die Fortschreibung der mittelfristigen Finanzplanung bestimmt (siehe 7. Kapitel, Abschnitt B II a 1), leitet sich der für das nächste Jahr aufzustellende EU-Haushalt sehr stark aus dem Zahlenbild des MFR für die nächsten Jahre ab, und der wird für jeweils sieben Jahre im Voraus politisch entschieden. Der Mehrjährige Finanzrahmen der EU ist im Gegensatz zur mittelfristigen Finanzplanung in Deutschland also nahezu vollzugsverbindlich. Das bedeutet, dass mit dem Beschluss über den EU-Finanzrahmen zugleich das Niveau und die Struktur der jährlichen Haushalte weitestgehend mit beschlossen werden.[21] Allerdings gibt es zur Mitte der jeweils sieben Jahre dauernden Haushaltsperiode einen Bericht zu einer möglichen Revision der EU-Haushaltspolitik. Im Jahre 2016 war diese Revision gekennzeichnet durch die Flüchtlings- und Asylpolitik und die Sicherheitspolitik. Natürlich spielt auch der Brexit im haushaltspolitischen Zusammenhang eine große Rolle, da mit Großbritannien ein Staat mit wirtschaftlich hohem Gewicht die EU verlassen will.

## II. Die Ausgabenseite

Der MFR 2014–2020 schließt im Aufbau an vorherige EU-Haushalte an[22]. Es wurden im Wesentlichen nur zusätzliche gut klingende und am gewünschten Wachstum orientierte Begriffe hinzugefügt. Hingegen haben sich die Gewichte zwischen den großen Ausgabenblöcken, wie die prozentuale Verteilung in Tab. 9.4 in der Gegenüberstellung zu den Zahlen aus Tab. 9.2 zeigt, allenfalls geringfügig verschoben.

---

[21] Zu einer Übersicht über den MFR und das jährliche EU-Budget siehe: Kranen, D. H.; Leuvering, M., Haushalt und Finanzen der Europäischen Union, in: Gatzer, W.; Schweisfurth, T. (Hrsg.): Öffentliche Finanzwirtschaft in der Staatspraxis, 1. Aufl., Berlin 2015, S. 419 ff.

[22] Siehe unter VERORDNUNG (EU, EURATOM) Nr. 1311/2013 DES RATES vom 2. Dezember 2013 zur Festlegung des mehrjährigen Finanzrahmens für die Jahre 2014–2020, L 347/884, Amtsblatt der Europäischen Union vom 20.12.2013 und Wissenschaftlicher Beirat beim Bundesministerium der Finanzen „Ein Haushalt für Europa" Stellungnahme zum neuen mehrjährigen Finanzrahmen der EU 2014–2020 die Anhangtabellen 1 und 2 zum Finanzrahmen und die Anhangtabellen 3 und 4 zu den Ausgaben außerhalb des Finanzrahmens.

Tab. 9.4: Gegenüberstellung des zweiten Jahres des Mehrjährigen Finanzrahmens 2014–2020 mit dem EU-Haushalt für 2010 in laufenden Preisen (Mittel für Verpflichtungen)

| Mehrjähriger Finanzrahmen | Jahr 2015 Mrd. Euro | % | Zum Vergleich: EU-Haushalt 2010 | Mrd. Euro | % |
|---|---|---|---|---|---|
| Intelligentes und integratives Wachstum | 78,0 | 47,9 | Nachhaltiges Wachstum | 63,6 | 45,4 |
| Nachhaltiges Wachstum: Natürliche Ressourcen | 64,7 | 39,7 | Bewahrung und Bewirtschaftung der natürlichen Ressourcen | 60,0 | 42,1 |
| dar. Marktbezogene Ausgaben und Direktzahlungen | 44,2 | 27,1 | dar. Marktbezogene Ausgaben und Direktzahlungen | 47,1 | 33,4 |
| Sicherheit und Unionsbürgerschaft | 2,5 | 1,5 | Unionsbürgerschaft, Freiheit, Sicherheit und Recht | 1,7 | 1,2 |
| Europa in der Welt | 8,7 | 5,3 | Die EU als globaler Partner | 7,9 | 5,7 |
| Verwaltung | 9,1 | 5,6 | Verwaltung | 7,9 | 5,6 |
| **Mittel insgesamt** | **163,0** | **100,0** | **Mittel insgesamt** | **141,0** | **100,0** |

Quelle: EU-Kommission. Eigene Darstellung. Abweichungen in den Zahlen durch Rundungen.

Als Ziel wird von der EU-Kommission der schwer zu definierende aber immer wieder geforderte europäische Mehrwert der Ausgaben in den Vordergrund gestellt.

Unter den Ausgabenposten hat die Agrarpolitik nach wie vor einen hohen Anteil[23], obwohl ihr Gewicht über die Zeit deutlich reduziert worden ist. Dennoch kann man ihr auch beim jetzigen Stand nicht den Charakter eines „europaweiten öffentlichen Gutes" zusprechen, der aber nach der ökonomischen Theorie des Föderalismus für das „Hochziehen" einer Aufgabe auf die europäische Ebene die Voraussetzung wäre. Für einige andere Aufgabenbereiche gilt dieser Charakter des übergreifenden europaweiten öffentlichen Gutes schon eher.

# III. Die Einnahmenseite

Das Einnahmenspektrum im MFR 2014–2020 hat sich im Zeitablauf nur wenig verändert. Die Einnahmen der EU bestehen weiterhin aus den *traditionellen Eigenmitteln* (Zölle) und den *Mehrwertsteuer-Eigenmitteln* sowie den *BNE-Eigenmitteln*. Wie schon dargelegt kommt den *„BNE-Eigenmittel"* eine Auffüllfunktion zu. Ihre Höhe

---

[23] Sie verbirgt sich hinter der in beiden Dokumenten gleichen Bezeichnung „Marktbezogene Ausgaben und Direktzahlungen".

*Abb. 9.2: Entwicklung der Anteile der verschiedenen Einnahmenkategorien der EU*

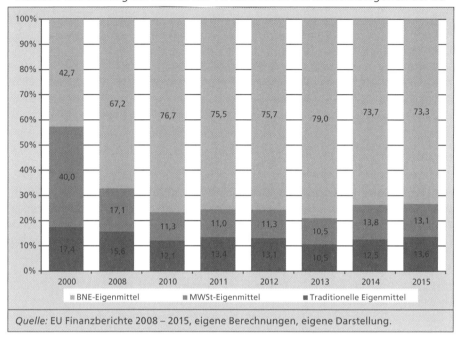

*Quelle:* EU Finanzberichte 2008 – 2015, eigene Berechnungen, eigene Darstellung.

orientiert sich somit an der Differenz zwischen den traditionellen Eigenmitteln und den Mehrwertsteuer-Eigenmitteln einerseits und den Ausgaben andererseits. Damit bleibt es auch beim Grundprinzip, dass der EU-Haushalt immer ausgeglichen ist und somit keine Schuldaufnahme erforderlich ist. Im Zeitablauf hat sich der Anteil der „BNE-Eigenmittel" an den gesamten EU-Einnahmen deutlich erhöht, so dass nicht mehr wie ursprünglich gedacht von einer Restfinanzierungsquelle gesprochen werden kann.

Die EU-Kommission hatte für den MFR 2014–2020 Änderungen auf der Einnahmenseite und neue Einnahmequellen vorgeschlagen. Hierzu gehörten eine EU-Finanztransaktionssteuer, die Modifizierung der Mehrwertsteuer-Eigenmittel und eine Reform der Rabatte bei den Beitragszahlungen.[24] Der Vorschlag der EU-Kommission konnte sich in den Verhandlungen jedoch nicht durchsetzen. Als Kompromiss hatten das Europäische Parlament, der Rat und die Kommission eine Hochrangige Arbeitsgruppe unter dem Vorsitz des früheren italienischen Premierministers und ehemaligen EU-Kommissars Mario Monti Eigenmittel eingesetzt. Ziel der Arbeitsgruppe war eine Überprüfung des EU-Finanzierungssystems. Die Arbeitsgruppe würdigt in ihrem Bericht die Vorteile des bestehenden Eigenmittelsystems und fordert Reformen sowohl der Einnahmen- als auch der Ausgabenseite des EU-Haushalts. Bei den Einnahmen sind Optionen für die Einführung steuerbasierter Eigenmittel vorgesehen. Diese sollen sich an den politischen Zielen der

---

[24] Europäische Kommission, Vorschlag für einen Beschluss des Rates über das Eigenmittelsystem der Europäischen Union, KOM (2011) 510 endgültig, S. 6.

EU-Politiken orientieren, weshalb z. B. eine EU-Körperschaftsteuer (gemeinsamer Binnenmarkt) und eine Stromsteuer (Energie/Umwelt) vorgeschlagen werden.[25]

Inwieweit die Europäische Kommission die Ergebnisse des Abschlussberichts der Hochrangingen Arbeitsgruppe für ihren Vorschlag für einen neuen Eigenmittelbeschluss berücksichtigen wird, bleibt abzuwarten. Einen nicht unerheblichen Einfluss auf diesen Vorschlag dürfte auch der Austritt des Vereinigten Königreichs aus der Europäischen Union haben.

## IV. Weitere Entwicklung des EU-Haushalts

Vor dem Hintergrund der finanzwissenschaftlichen Kritik an der traditionellen inputorientierten Budgetaufstellung ergibt sich die Forderung nach mehr Ergebnisorientierung und Nachhaltigkeit der staatlichen und damit auch der europäischen Haushaltswirtschaft. Dieser Wunsch bezieht sich auf die Qualität der öffentlichen Ausgaben, wie sie an der Zielerreichung kontrolliert werden kann. Im Zusammenhang mit der Zielorientierung der Ausgaben sei auf das Zero-Base-Budgeting-System verwiesen, in dem versucht wird, die Budgetplanung von Periode zu Periode immer wieder „am Nullpunkt" zu beginnen, wodurch bezogen auf die EU ein fehlender Mehrwert identifiziert und der entsprechende Ausgabenposten gestrichen werden kann. Dieser Absicht entspricht auch der Gedanke einer sog. "sunset legislation", d. h. einer Gesetzgebung, deren Geltungsdauer von vornherein zeitlich begrenzt ist, wodurch sich ein öffentlicher Rechtfertigungszwang bei geplanten Gesetzes- bzw. Programmverlängerungen ergibt. Von diesen Forderungen ist allerdings die Haushaltspolitik der EU derzeit noch weit entfernt. Am ehesten nähern sich die Vorschläge zur Reform der EU-Ausgaben und der Haushaltspolitik dem „Planning Programming Budgeting"-System an (siehe 7. Kapitel, Abschnitt B II b). Fairerweise muss allerdings darauf hingewiesen werden, dass diese Ansätze auch auf der Bundesebene in Deutschland und in anderen Mitgliedstaaten nur in Ansätzen angewendet werden.

Zunächst bleibt abzuwarten, welche Änderungen an diesem MFR anhand der für 2016/2017 vorgesehenen, aber noch nicht abgeschlossenen Revision noch vorgenommen bzw. welche Teile dann von der EU-Kommission wirklich umgesetzt werden. Generell soll jedenfalls nach Auffassung von Parlament und Kommission der Spielraum für einen flexibleren Einsatz des EU-Haushalts in den kommenden Jahren gesteigert werden[26]. Für den zukünftigen MFR und den EU-Haushalt hat der Austritt Großbritanniens aus der EU sehr große Bedeutung, da hierdurch im EU-Haushalt jährlich über 10 Mrd. € fehlen könnten. Die weitere Entwicklung des EU-Haushalts dürfte außerdem maßgeblich davon abhängen, inwieweit die Europäischen Institutionen für den nächsten Mehrjährigen Finanzrahmen 2021–2027 die Ergebnisse der Hochrangigen Arbeitsgruppe Eigenmittel berücksichtigen

---

[25] Future Financing of the EU, Final report and recommendations of the High Level Group on Own Resources, December 2016, S. 46–49.
[26] Siehe European Parliament, (2016) Mid-Term Review/Revision of the MFF 2014–2020, Briefing, PE572.679.

werden. Erste Hinweise hierauf dürften die Vorschläge der Europäischen Kommission für einen neuen Mehrjährigen Finanzrahmen und einen neuen Eigenmittelbeschluss enthalten, zumal die Europäische Union mit dem wohl anstehenden Austritt des Vereinigten Königreichs den zweitgrößten Nettozahler (in absoluten Größen) verlieren wird.

# D. Die europäische Staatsschuldenkrise als neue Herausforderung

## I. Die Entstehung der Staatsschuldenkrise im Euro-Währungsverbund

### a) Die Staatsschuldenkrise in der Eurozone

Die Finanz- und Wirtschaftskrise 2008/09 wurde von Deutschland und vielen anderen Staaten der Eurozone mittels kreditfinanzierter Ausgabenprogramme (**deficit spending**) bekämpft. Diese keynesianischen Maßnahmen führten zu einem Anstieg der bis dahin schon hohen Staatsschuldenquoten. Hinzu kamen die in vielen Euro-Staaten unterlassenen Strukturreformen, etwa auf dem Arbeitsmarkt oder in der öffentlichen Verwaltung. Die damit verbundenen Probleme wurden in der konjunkturellen Hochphase vor der Finanzkrise verdeckt, traten dann im Verlauf der Krise aber umso stärker hervor.[27] Dass das, was als europäische **Staatsschuldenkrise** bezeichnet wird, dann in Griechenland ausbrach, ist nicht ohne Grund gewesen, da dort die angesprochenen strukturellen Probleme besonders ausgeprägt waren. Auch ein Blick auf die Staatsschuldenquoten einiger Länder der Eurozone zeigt die besondere Situation Griechenlands (Abb. 9.3). Die fünf Länder, die insbesondere im Zusammenhang mit dieser Krise genannt werden, unterscheiden sich auch danach, welchen Schuldenstand sie in „normalen" Zeiten hatten. Schuldenstände, die innerhalb der 60%-Regel des **Stabilitäts- und Wachstumspaktes** lagen, wies Spanien noch 2010 auf. Für Irland ergab sich 2005 noch eine Quote von unter 30%; Portugal lag damals noch in der Nähe der 60%-Marke. Griechenland und Italien hingegen lagen schon im Jahr 2000 über 100%.

Nach der Einführung des Euro 1999 gingen die Anleger über lange Zeit davon aus, dass alle auf Euro lautenden Staatsanleihen absolut sicher seien. Da auch die **Ratingagenturen** kaum Bonitätsunterschiede auswiesen, war eine Zinserhöhung für die Staatsanleihen der hier genannten südeuropäischen Staaten nicht erforderlich. Es war sogar so, dass trotz stark divergierender Entwicklungen bei den Staatsschuldenquoten es mit der Festlegung der Euro-Paritäten am 1.1.1999[28] zu

---

[27] Brüderle, R., Ist eine europäische Wirtschaftsregierung eine sinnvolle Option? in: Ifo-Schnelldienst, 63. Jg., 2010, S. 4.

[28] Wichtig für die gleiche Behandlung aller Euro-Länder durch die Kapitalmärkte war nicht die Einführung des Euro als Bargeld (am 1.1.2002), sondern die drei Jahre vorher erfolgte Festlegung der Austauschverhältnisse der bisherigen Währungen zum Euro (vgl. http://www.ecb.int/euro/intro/html/index.en.html). Die derzeit 19 Staaten der Eurozone sind Belgien, Deutschland, Estland, Finnland, Frankreich, Griechenland, Irland, Italien, Lettland, Litauen, Luxemburg, Malta, die Niederlande, Österreich, Portugal, die Slowakei, Slowenien, Spanien und die Republik Zypern.

*Abb. 9.3: Staatsschuldenquoten in ausgewählten Euro-Staaten (in % des BIP) und ausgewählten Jahren*

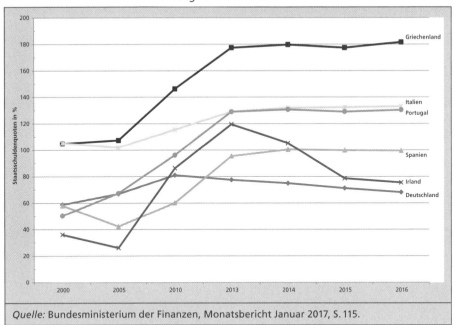

*Quelle:* Bundesministerium der Finanzen, Monatsbericht Januar 2017, S. 115.

einer sehr schnellen **Konvergenz** bei den Zinsen für Staatsanleihen kam. Hingegen waren etwa noch Mitte der 1990er Jahre die Zinsen für Staatsanleihen in den hier betrachteten südlichen EU-Staaten deutlich höher als in Deutschland und Irland; in Griechenland betrugen sie sogar das Doppelte der deutschen Zinsen (siehe die entsprechenden Jahre 1994 bis 1997 in Abb. 9.4).

Spätestens im Frühjahr 2010 jedoch waren, bezogen auf Griechenland, deutliche Zweifel an der Bonität des Landes und damit auch an der Sicherheit der griechischen Staatsanleihen spürbar geworden, weil die **Staatsschuldenquoten** zuvor nie bekannte Dimensionen erreichten (Abb. 9.3). Als eine Reaktion darauf stiegen die Zinssätze z. B. für neu ausgegebene griechische Staatsanleihen aufgrund von Risikozuschlägen massiv an (Abb. 9.4). Griechenland beantragte daher, um eine Insolvenz zu vermeiden, im April 2010 offiziell Hilfe von der EU. Daraufhin wurden im April 2010 und Juli 2011 durch die EU und den *Internationalen Währungsfonds (IWF)* Rettungspakete geschnürt und beschlossen. Die erforderlichen Mittel wurden von den Mitgliedstaaten der EU und dem IWF bereitgestellt. Im Jahr 2015 wurden weitere finanzielle Hilfen für Griechenland in Höhe von 86 Mrd. € für die Jahre 2016 bis 2018 verabschiedet, die über den Europäischen Stabilitätsmechanismus (ESM) finanziert und von den Euro-Mitgliedstaaten garantiert werden. Hilfen sollen nur dann ausgezahlt werden, wenn Strukturreformen (z. B. eine glaubwürdige Privatisierungsstrategie und eine nachhaltige Rentenreform) durchgeführt werden. Ein Ausschluss Griechenlands aus der Währungsunion oder sogar aus der EU wurde zwar diskutiert, aber schließlich auch aufgrund eines mangelnden Insolvenzrechts der EU politisch verworfen.

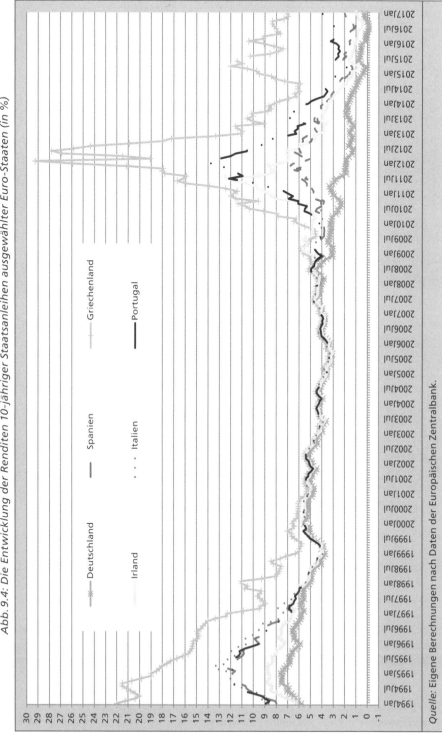

Abb. 9.4: Die Entwicklung der Renditen 10-jähriger Staatsanleihen ausgewählter Euro-Staaten (in %)

Quelle: Eigene Berechnungen nach Daten der Europäischen Zentralbank.

## b) Wirkung steigender Staatsschulden in einem Staat ohne Währungsverbund

Wird über Grenzen der **Staatsverschuldung** gesprochen, so beziehen sich die Überlegungen in aller Regel auf einen Staat, der ohne Einbindung in einen Währungsverbund eigenständig handeln kann und dem somit neben der Fiskal- auch die Geldpolitik als wirtschaftspolitisches Instrumentarium zur autonomen Verfügung steht. Diese für die meisten Staaten selbstverständliche Situation soll hier knapp erläutert werden, um zu zeigen, was sich in einem Währungsverbund, in diesem Fall mit der Einführung des Euro, verändert und die heutigen Schwierigkeiten heraufbeschworen hat.

Wenn ein Staat kontinuierlich den Staatshaushalt im großen Umfang über Kredite finanziert, führt dieses Vorhaben bei **funktionierenden Geld- und Kapitalmärkten** automatisch zu Veränderungen bei den Zinssätzen für die auszugebenden Staatsanleihen. So sinkt ceteris paribus mit zunehmender Staatsverschuldung bzw. mit einer steigenden Staatsschuldenquote und einer damit einhergehenden kritischen Bewertung der Finanzlage einer Nation durch die Finanzmärkte die Nachfrage nach Staatsanleihen dieses Landes. Um weiterhin genügend Kredite zu erhalten bzw. ausreichend Staatsanleihen am Markt platzieren zu können, muss der Staat die neuen Staatsanleihen zu einem höheren Zinssatz anbieten. Der beschriebene Vorgang ist in Abb. 9.5 zu erkennen. Die Nachfrage des Staates nach Krediten ist aus unterschiedlichen Gründen weitgehend zinsunelastisch, etwa auch deshalb, weil die erforderliche Haushaltskonsolidierung politisch nicht durchsetzbar ist. Das private Kreditangebot ist hingegen **zinsreagibel**.

Ausgehend vom Gleichgewicht der Kreditnachfrage des Staates und des Kreditangebots im privaten Sektor ($N^{Staat}$ und $A_1 Privat$) mit dem Kreditvolumen $K_1$ zum Zinssatz $i_1$, verschlechtert sich die Einschätzung des Marktes bei zunehmender

*Abb. 9.5: Wirkung einer Verschlechterung der Bonitätseinschätzung auf den Zinssatz für Staatsanleihen*

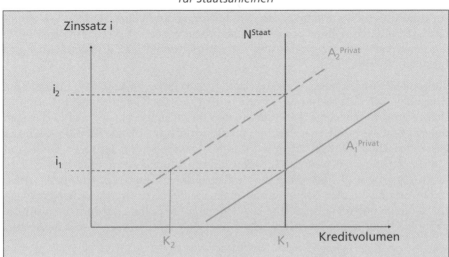

Verschuldung bezüglich der Bonität des betrachteten Landes. Werden weiterhin Anleihen nur zum Zinssatz $i_1$ ausgegeben, so kann der Staat nicht das gewünschte Kreditvolumen realisieren ($K_2$ statt $K_1$). Durch Ausgabe höherverzinslicher Staatsanleihen ($i_2$ statt $i_1$) ist es nun möglich, wieder das gewünschte Kreditvolumen $K_1$ am Markt zu realisieren.

Durch die beschriebene Entwicklung steigt ceteris paribus die Belastung zukünftiger Haushalte durch die erhöhten Zinszahlungen und damit durch den Schuldendienst insgesamt. Die **haushaltspolitische Flexibilität** nimmt mit Blick auf die erforderliche Aufgabenerfüllung und die damit verbundenen Ausgaben in aller Regel entsprechend deutlich ab.

Die beschriebenen Vorgänge spielen sich innerhalb eines Landes ab. Sie haben dementsprechend unmittelbare Folgen nur für den nationalen Haushalt und die nationale Wirtschaft. Wichtig ist, dass einem zu hoch verschuldeten Staat in dieser Situation keine anderen Staaten zu Hilfe kommen, weil es zwischen Staaten ohne Währungsverbund typischerweise eine (implizite) **Nichtbeistands-Klausel** (No-Bailout-Regel) gibt. Der hoch verschuldete Staat muss das Problem eigenständig lösen, etwa durch **Spar- und Konsolidierungsprogramme** bei den Staatsausgaben, durch Steuererhöhungen und durch die **Abwertung** der eigenen Währung. Gerade die zuletzt genannte Maßnahme schafft in der Regel die Voraussetzungen für eine Stärkung der internationalen Wettbewerbsfähigkeit der betroffenen Länder und damit auch ihrer Exporte.

Helfen diese Strategien nicht, droht eine **Insolvenz** oder es kommt zu einem Schuldenschnitt; so gibt es für die betroffenen Länder internationale Rahmenbedingungen, innerhalb derer unter bestimmten Bedingungen die Schulden reduziert werden können. So haben sich im **Londoner Club** bzw. im **Pariser Club**[29] private Banken bzw. Gläubigerstaaten zusammengeschlossen, um sich in Verhandlungen mit Schuldnerstaaten abzustimmen und nach Lösungen zu suchen, in deren Folge die Gläubiger auf einen Teil ihrer Forderungen (Zinszahlungen und/oder Rückzahlung) verzichten, aber ein andernfalls zu erwartender Totalausfall vermieden wird. Auch der **IWF** ist an solchen Lösungen häufig beteiligt und hat vor allem die Aufgabe, durch Programme zur **Restrukturierung** des Budgets und der Wirtschaft das Land wieder in einen besseren Zustand zu bringen und seine internationale Wettbewerbsfähigkeit zu verbessern und dadurch einen Schuldenschnitt oder eine Insolvenz zu vermeiden.

Steigende Zinsen, aber auch die mit der ausgeweiteten Staatsschuld finanzierten Ausgaben („Deficit spending") bergen überdies die Gefahr einer Inflation in sich. Wenn die jeweilige Zentralbank des betrachteten Staates nichts dagegen unternimmt, vermindern sich zwar real die zurückzuzahlende Schuld und die zu leistenden Zinszahlungen, aber neu aufzunehmende Schulden sind am Geld- und Kapitalmarkt nur zu weiter steigenden Zinsen zu bekommen, und diese Situation erhöht erneut die Belastung durch die Schuldendienstverpflichtungen. Auch diese Vorgänge spielen sich innerhalb eines Landes ab. Sie haben nicht nur Folgen für den nationalen Haushalt und die nationale Wirtschaft, sondern auch für die nationale Einkommensverteilung. Nur über den Wechselkurs, also eine Abwer-

---

[29] Zur Arbeit z. B. des Pariser Club siehe: Paris Club, Annual Report 2010, Paris 2011.

tung, gibt es unmittelbare Auswirkungen auf andere Staaten. Dadurch werden die exportierten Waren billiger und die importierten Waren teurer, so dass sich das Leistungsbilanzdefizit vermindert.

## c)  Wirkung steigender Staatsschulden in einem Staat mit Währungsverbund

Für einen Staat, der einem **Währungsverbund** angehört, etwa der Eurozone, können sich, bezogen auf die beschriebene Wirkung steigender Staatsschulden, gravierende Unterschiede gegenüber der zuvor beschriebenen Situation ergeben. Dies ist dann der Fall, wenn „die Märkte" aufgrund des Währungsverbunds den Staat nicht allein auf Basis seiner individuellen Wirtschaftslage, sondern unter Einbeziehung der Lage in den übrigen Staaten des Währungsverbunds beurteilen, wie es für die Euro-Staaten zumindest für den Zeitraum zwischen 2000 und 2008 der Fall gewesen ist (siehe Abb. 9.4). In dieser Zeitspanne differierten die Zinsen für Staatsanleihen trotz gravierender Unterschiede der wirtschaftlichen Strukturen sowie der Staatsschuldenquoten der betrachteten Euro-Staaten kaum. Der zu zahlende Zinssatz für die aufgenommenen Kredite des einzelnen Mitgliedstaates blieb auch dann, wenn sich – wie im Falle Griechenlands – dieser Mitgliedstaat zunehmend verschuldete, wegen der einheitlichen Währung und den damit vergleichsweise geringen **Zinsunterschieden** niedriger, als die Zinssätze ohne Währungsverbund gewesen wären. Eine weitere Erklärung für die geringen Zinsdifferenzen könnte darin liegen, dass ein sich verschuldender Staat und damit auch seine Gläubiger davon ausgehen konnten, dass es im Gegensatz zu zuvor abgegebenen Erklärungen zu einem finanziellen Beistand (bailout) durch die anderen Staaten kommt. Die genannten Aspekte können dazu führen, dass der Zinssatz die beschriebene Wirkung nicht entfalten kann, die zuvor für einen Staat galt, der keinem Währungsverbund angehört; der Zinssatz fällt daher als **Korrektiv** für die Höhe der Staatsverschuldung aus.

Zu dem finanziellen Beistand kommt es in der Regel, weil ein möglicher **Staatsbankrott** die **gemeinsame Währung** und damit auch andere Staaten des Währungsverbunds bedrohen kann. So wird etwa eine Ansteckung für andere Staaten befürchtet, wenn ein Staat eine Insolvenz oder einen Schuldenschnitt ankündigen muss. Wie von den Finanz- und Wirtschaftskrisen in den Jahren 1929 ff. und 2008/2009 bekannt[30], breiten sich die beschriebenen Ansteckungseffekte schnell aus. Ist die auf diese Weise hervorgerufene neue Finanzkrise groß genug, kann sie auf die reale Wirtschaft auch unbeteiligter Länder übergreifen und damit eine Wirtschaftskrise größeren Ausmaßes hervorrufen. Insofern ist zu erwarten, dass dem hoch verschuldeten Land finanziell geholfen wird, um die Ansteckung und die damit verbundenen **systemischen Risiken** zu vermeiden.

Die beschriebenen Zusammenhänge verleiten Politiker eines Landes, das einem Währungsverbund angehört, häufig zu einer höheren Verschuldung, verglichen mit der Situation eines Landes, das keinem solchen Währungsverbund angehört.

---

[30] Siehe hierzu z. B. Reinhart, C., Rogoff, K., Dieses Mal ist alles anders: Acht Jahrhunderte Finanzkrisen, München 2010.

Es handelt sich um eine typische **Free-rider-Position**, die erst durch die Existenz des Währungsverbundes geschaffen wird. Somit zeigt sich, dass bei den erörterten Tatbeständen (Zinserhöhungen, Beistand und Möglichkeit der Abwertung) gravierende Unterschiede für die Staaten auftreten können, wenn sie einer Währungsunion wie der Eurozone angehören[31].

Diese Free-rider-Position verstärkt sich noch, wenn die Staaten eines Währungsverbunds **gemeinsame Staatsanleihen** ausgeben. Eine solche gemeinsame Verschuldung hätte eine Vermischung der (Ausfall-)Risiken zur Folge, was sich entsprechend auch beim Anleihezinssatz zeigen würde. Dieser würde für die Staaten mit bester Bonität höher und für die Staaten mit schlechter Bonität geringer liegen als es ihrem Risiko, etwa aus Sicht der Ratingagenturen, entspricht. Durch ein solches Vorgehen sinkt der Druck in den hochverschuldeten Staaten, die Staatsfinanzen durch eine **strengere Konsolidierungspolitik** zu ordnen. Staaten mit bester Bonität hingegen hätten höhere Zinsen zu zahlen als ohne diese gemeinsamen Staatsanleihen.[32] Im Zusammenhang mit der Staatsschuldenkrise einiger Euro-Staaten wurde überlegt, gemeinsame Staatsanleihen von Euro-Staaten in Euro aufzulegen (**Eurobonds**). Durch solche gemeinsame Anleihen würde sich der gerade beschriebene negative Anreizeffekt auf die Sparbemühungen bei den hoch verschuldeten Staaten ergeben[33].

Die **Zentralbank** nimmt in einem Währungsverbund eine besonders herausgehobene Stellung ein, denn sie hat die Geldpolitik der Zentralbanken der einzelnen Mitgliedstaaten übernommen und muss nunmehr eine über das gesamte Währungsgebiet **einheitliche Geldpolitik** betreiben. Wenn sie, wie die **Europäische Zentralbank** (EZB), in erster Linie der Geldwertstabilität verpflichtet ist, muss sie beobachten, inwieweit z. B. die Inflation, die Wirtschaftsentwicklung, aber auch die Verschuldung in einem Land dieses Ziel gefährdet. Insofern kann man von einer **Gesamthaftung** aller Länder des Währungsverbunds für die Stabilität der Gemeinschaftswährung sprechen, weil der Staatsbankrott eines Landes innerhalb des Währungsverbundes möglicherweise über die besprochenen **Ansteckungseffekte** den Euro als solchen gefährdet. Allerdings liegt auch in dieser Gesamthaftung wiederum ein Free-rider-Problem. Wenn durch die exzessive Verschuldung eines Landes das Risiko einer Inflation bzw. des Verlustes des Außenwertes der Währung steigt, so fallen die Folgen eben nicht nur auf dieses Land zurück, sondern betreffen aufgrund der einheitlichen Währung alle Mitglieder des Währungsverbundes. Aus diesem Grunde wird von Fachleuten verständlicherweise sehr genau darauf geachtet, wie sich die Zentralbank im Falle der Überschuldung eines Landes verhält. Derzeit betreibt die EZB, ebenso wie Japan oder die USA und unterstützt durch Empfehlungen des IWF, eine Politik äußerst niedriger Zinsen. Zu den Wirkungen einer solchen Niedrigzinspolitik der EZB siehe 5. Kapitel.

---

[31] Siehe in diesem Zusammenhang die Empfehlungen des Wissenschaftlichen Beirats beim Bundesministerium der Finanzen zur Reform der Eurozone, Fiskalpolitische Institutionen in der Eurozone, 02/2012. Im Vordergrund der Empfehlungen steht die Beachtung der No-Bailout-Regel, siehe insbesondere S. 43 ff.

[32] Blankart, C. B., Fasten, E.: Wer soll für die Schulden im Bundesstaat haften? Eine vernachlässigte Frage der Föderalismusreform II, in: Perspektiven der Wirtschaftspolitik, H 1, 2009, S. 39–59.

[33] Siehe hierzu jedoch die Auffassung des Sachverständigenrates zur Begutachtung der gesamtwirtschaftlichen Entwicklung: Jahresgutachten 2011/12, Wiesbaden 2011, Tz. 214 f.

## II. Maßnahmen gegen übermäßige Staatsschulden in der EU

### a) Die Griechenlandkrise und die systemische Gefahr für den Euro

Die Frage, warum für Griechenland die bekannten umfangreichen **Rettungspakete** geschnürt wurden (siehe Abschnitt D I), hängt mit der schon angeführten befürchteten Ansteckung anderer Länder zusammen. So hielten im Falle Griechenlands nicht nur die griechischen Banken, sondern vor allem zahlreiche Banken aus anderen Euro-Staaten griechische Staatsschuldenpapiere in hohem Umfang. Aufgrund dieser einseitigen Gläubigerstruktur barg eine Insolvenz Griechenlands hohe systemische Risiken, die die übrigen europäischen Regierungen nicht einzugehen bereit waren. Eine Insolvenz Griechenlands hätte zudem möglicherweise einen allgemeinen Vertrauensverlust und damit verbunden eine unkontrollierte Ansteckung anderer Länder und anderer Märkte (Interbankenmarkt, Geldmarkt allgemein, Unternehmensanleihen etc.) zur Folge. Ein **Schuldenschnitt** Griechenlands im Jahr 2010 oder 2011 in Form eines weitgehenden oder gar vollständigen Forderungsverlusts der Gläubiger(-banken) hätte dazu geführt, dass der **Bankensektor** in vielen Euro-Staaten davon besonders negativ betroffen worden wäre. Es hätte somit eine Insolvenzgefahr auch bei den Banken bestanden, und deren vorherrschendes Geschäftsfeld der Kreditvergabe wäre dadurch stark eingeschränkt worden. Dies hätte wiederum negative Auswirkungen auf die Realwirtschaft gehabt. Bei einer ausgewogeneren Gläubigerstruktur, die beispielsweise auch Unternehmen, Pensionsfonds, Versicherungen und private Haushalte umfasst, hätte sich ein Schuldenschnitt in 2010 oder 2011 hingegen leichter durchsetzen bzw. verkraften lassen können.

Vor dem Hintergrund der Ansteckungsgefahren und systemischen Risiken begann in der **Eurozone** nach 2010 eine intensive Diskussion, welche Instrumente kurz- oder langfristig anzuwenden oder zu entwickeln seien, um die Ansteckungseffekte und Risiken zu vermeiden. Dabei galt es für die Wirtschafts- und Finanzpolitik, sich zwischen zwei Ansätzen zu entscheiden.[34] Einerseits könnte man ein Land insolvent werden lassen und gleichzeitig nur denjenigen Banken helfen, die durch den erwähnten Wertverlust ihrer Anleihen in große Gefahr geraten. Andererseits könnte man versuchen, durch die großzügige Bereitstellung finanzieller Mittel eine Insolvenz zu vermeiden.

### b) Die kurzfristige Bekämpfung der Krise im Euro-System im Gefolge der Finanz- und Wirtschaftskrise 2008/09

Um schnell auf die Staatsschuldenkrise reagieren zu können, wurden Krisenfonds wie der *European Financial Stabilisation Mechanism (EFSM)* und die *European*

---

[34] Zu dieser Abwägung vgl. Wissenschaftlicher Beirat beim Bundesministerium der Finanzen, Finanzpolitische Institutionen in der Eurozone, Berlin 2012, Teil 4.1.1.

*Financial Stability Facility (EFSF)* gebildet, die umgangssprachlich als „Euro-Rettungsschirm" bezeichnet werden. Diese z. T. sehr kurzfristig beschlossenen Rettungsmaßnahmen führten zu der Überlegung, ein längerfristig wirksames und ausreichend ausgestattetes Instrument zu schaffen. Der daraufhin entstandene *Europäische Stabilitätsmechanismus (European Stability Mechanism, ESM)* soll die Stabilität der Eurozone sichern und die negativen Folgen einer eingetretenen Überschuldung einzelner Mitgliedstaaten für die Währungsunion abwenden helfen.[35] Zahlungsunfähige Mitgliedstaaten der Eurozone können unter bestimmten Bedingungen Notkredite zu subventionierten Konditionen (**günstige Zinssätze**) bekommen. Darüber hinaus kann der ESM Anleihen von Ländern mit Zahlungsschwierigkeiten auf dem Primär- oder Sekundärmarkt für Staatsanleihen kaufen. Zu den zu erfüllenden Bedingungen zählt ein makroökonomisches Anpassungsprogramm, das in enger Kooperation mit dem *IWF* umgesetzt werden muss. Diese Unterstützungsmaßnahmen waren mit dem Vertrag von Maastricht (mit dem die Währungsunion 1992 beschlossen wurde) und dem damit verbundenen Stabilitäts- und Wachstumspakt durch die No-Bailout-Klausel eigentlich ausgeschlossen worden (siehe Abschnitt D I b). Diese Klausel sollte die wünschenswerte fiskalpolitische Eigenverantwortlichkeit der einzelnen Staaten sicherstellen: Die sog. **Moral-hazard-Effekte** sollten vermieden werden, die darin bestehen, dass Mitgliedstaaten in der Erwartung, Hilfe zu bekommen, ihre Eigenanstrengungen bei erforderlichen Konsolidierungsmaßnahmen und Wachstumsanstrengungen vernachlässigen.

Eine besondere und nicht unumstrittene Rolle nimmt bei der Bekämpfung der Staatsschuldenkrise die **Europäische Zentralbank** ein. Sie begann im Mai 2010, griechische Staatsanleihen aufzukaufen, allerdings nicht unmittelbar beim griechischen Staat, sondern am Sekundärmarkt, also etwa bei Banken. Für die Geldversorgung und damit die Inflationsgefahr ist das allerdings das Gleiche: Es wird zunächst **zusätzliches Zentralbankgeld** geschaffen und die Geldmenge erhöht. Die EZB versucht, zugleich den Geldmengenanstieg durch Wertpapierverkäufe zu kontrollieren, wobei nicht klar ist, ob dies immer im gewünschten Umfang gelingt. Probleme können sich durch den Wertpapierankauf durch die Zentralbank für den Fall gegeben, dass die Zentralbank selbst in Folge eines möglichen (vollständigen) Wertverlustes dieser Staatsanleihen in Schwierigkeiten kommt. In diesem Fall haften deren Anteilseigner mit ihren Budgets, also Deutschland und die anderen Mitgliedstaaten der Wirtschafts- und Währungsunion, anteilig, und Deutschland mit 27 %[36]. Bisher sind allerdings die von der EZB gehaltenen griechischen Staatsanleihen vom Schuldenschnitt ausgenommen, so dass der entsprechende Wertverlust ausblieb.[37] Unklar ist, ob diese rechtliche Sonderstellung Bestand haben wird.

---

[35] Bundesministerium der Finanzen, Der Europäische Stabilitätsmechanismus (ESM), in: BMF-Monatsbericht 2012, S. 31 ff.

[36] Siehe unter http://www.handelsblatt.com/politik/konjunktur/ezb-anleihekaeufe-muss-deutschland-fuer-noch-mehr-schulden-haften/7106218-4.html.

[37] Ruhkamp, S., EZB entzieht sich der Umschuldung, in: Frankfurter Allgemeine Zeitung vom 16.2.2012, http://www.faz.net/aktuell/wirtschaft/griechenland-ezb-entzieht-sich-der-umschuldung-11652286.html.

Daneben ergeben sich zusätzliche Haftungsprobleme durch die sog. **Target2-Salden**[38] in der Europäischen Zentralbank.[39] Target2 ist seit November 2007 eine Art Clearingstelle für die gesamte Euro-Zone. Diese Clearingstelle wird bei der Europäischen Zentralbank geführt und dient dem täglichen Transfer von Geldern zwischen den angeschlossenen privaten Kreditinstituten[40] einschließlich der nationalen Zentralbanken. An sich sollten dabei entstehende Salden nur von kurzer Dauer sein, wie etwa in den USA. Dort, wo ein ähnliches System zum **Saldenausgleich** verwendet wird, ist ein solches unbegrenztes Anwachsen der Salden nicht möglich, weil in den USA, im Unterschied zu den europäischen Vereinbarungen, die neu entstandenen Target-Schulden jährlich durch Übergabe von sicheren Wertpapieren ausgeglichen werden müssen.[41] Im europäischen System aber haben sich erhebliche Risiken durch nicht ausgeglichene Salden gebildet. Die Deutsche Bundesbank hatte Ende 2015 Forderungen in der Höhe von rd. 600 Mrd. Euro, während die südeuropäischen Zentralbanken entsprechende Verbindlichkeiten aufweisen, allein Griechenland rd. 100 Mrd. €.[42] Träte nun ein Land tatsächlich aus der Währungsunion aus, ist nicht klar, ob die Forderungen gegenüber der Zentralbank dieses Landes noch eingetrieben werden können. Somit sind Abschreibungen bei den Gläubiger-Zentralbanken denkbar, die dadurch ihrerseits in Schwierigkeiten kommen können. Zudem haften wiederum im Falle einer **drohenden Zahlungsunfähigkeit** der Europäischen Zentralbank die Mitgliedstaaten; für Deutschland wird von einer anteiligen Haftungssumme von rd. € 300 Mrd. Euro gesprochen.[43]

## c) Zur langfristigen Verhinderung zukünftiger Krisen im Euro-System

Die Stabilisierungsaufgabe, zu der man auch die Sicherung der Gemeinschaftswährung zählen kann, wird aus der Sicht der ökonomischen Theorie des Föderalismus (siehe 8. Kapitel, Abschnitt B) in der Regel einer Zentralebene zugesprochen. Da die Verantwortung für die Sicherung des Euro in der Eurozone einer europäischen Zentralinstanz obliegen sollte, wurde mit der *Europäischen Zentralbank* die Verantwortung für die **Geldpolitik** auf die **supranationale Ebene** verlegt. Die **Fiskalpolitik (fiscal policy)** hingegen blieb zunächst in der Verantwortung der **einzelnen Mitgliedstaaten**, wobei für die Stabilität noch einmal unterschieden werden muss zwischen allen 28 (nach dem Austritt Großbritanniens 27) Mitgliedstaaten der EU und den hier im Vordergrund stehenden 19 Ländern der Europäischen Währungsunion.

---

[38] Trans-European Automated Real-time Gross Settlement Express Transfer System.

[39] Zum Überblick siehe Weidmann, J., Was steckt hinter den Target2-Salden?, in: Deutsche Bundesbank, Auszüge aus Presseartikeln, Nr. 12, 14. 3. 2012, S. 3 f.

[40] Vgl. http://www.bundesbank.de/target2/target2_teilnehmer.php.

[41] Sinn, H.-W., Fed versus EZB: Wie man Target-Schulden senkt, in: Frankfurter Allgemeine Zeitung, 27.2.2012, S. 14.

[42] Deutsche Bundesbank, Zu den Auswirkungen der Wertpapierkäufe des Eurosystems auf die TARGET2-Salden, in: Monatsbericht März 2016, S. 58.

[43] Homburg, S., Anmerkungen zum Target2-Streit, in: Ifo-Schnelldienst, 64. Jg., 2011, S. 46.

Im Rahmen der längerfristigen Stabilisierung der Eurozone erfolgte eine Reihe von Maßnahmen von langfristiger fiskalpolitischer Bedeutung auf der europäischen Ebene. Im Vertrag von Amsterdam aus dem Jahre 1997 wurde der **Stabilitäts- und Wachstumspakt** geschlossen, der u. a. die beiden Kriterien für die Obergrenze der Staatsverschuldung eines Mitgliedstaates (3 % **Nettoneuverschuldung** im laufenden Haushalt und 60 % Obergrenze für den **Schuldenstand**) festschrieb und damit die fehlende zentrale Koordinierung der Fiskalpolitik teilweise hätte ersetzen können. Diese Regeln wurden aber aufgrund **fehlender Automatismen** nicht so strikt angewendet wie eigentlich notwendig. Daher wurde im Rahmen der längerfristigen Bekämpfung der Staatsschuldenkrise eine Verschärfung als erforderlich angesehen und von den Staaten der EU beschlossen.[44] Darüber hinaus wurde ein neues Verfahren zur Überwachung und Korrektur makroökonomischer Ungleichgewichte eingeführt. Dieses Verfahren nimmt neben den haushaltspolitischen Regeln des Stabilitäts- und Wachstumspakts auch realwirtschaftliche Entwicklungen in den Blick.

Mit dem **Europäischen Fiskalpakt** wurden von den EU-Staaten (mit Ausnahme Englands und Tschechiens) noch einmal strengere Regeln zur Haushaltsdisziplin und Haushaltskonsolidierung beschlossen.[45] Hierbei handelt es sich um ein völkerrechtliches Abkommen, das außerhalb der europäischen Verträge geschlossen wurde. Beim Europäischen Fiskalpakt (Vertrag über Stabilität, Koordinierung und Steuerung in der Wirtschafts- und Währungsunion (SKS-Vertrag)) einigten sich alle Euro-Staaten und weitere EU-Staaten auf strenge Obergrenzen für die Staatsverschuldung. Das strukturelle Defizit darf 0,5 % der Wirtschaftsleistung nicht mehr überschreiten. Verstöße führen zu einem **Sanktionsverfahren**, welches sich nur umgehen lässt, wenn eine qualifizierte Mehrheit der Mitgliedstaaten dies wünscht. Durch diese Neuregelung wird es den **Defizitsündern** erschwert, wie in der Vergangenheit durch das Schmieden von Koalitionen Sanktionen zu vermeiden. Mit dem Fiskalpakt wurde die Möglichkeit geschaffen, ein Euroland, welches keine Schuldenbremse einführt, vor dem Europäischen Gerichtshof durch die EU-Mitgliedstaaten, die die „Dreier-Präsidentschaft"[46] innehaben, zu verklagen.[47] Der **Europäische Gerichtshof** kann ein **Zwangsgeld** verfügen; diese Strafe darf 0,1 % des BIP des jeweiligen Landes nicht übersteigen. Die so erzielten Mittel fließen dem Europäischen Stabilitätsmechanismus (ESM) zu. Mittel aus dem ESM gibt es nur, wenn vom betreffenden Staat der Fiskalpakt auch eingehalten wird.[48] Allerdings ist es bisher nicht zu einem solchen Zwangsgeld gekommen.

---

[44] http://europa.eu/rapid/pressReleasesAction.do?reference=MEMO/11/898.

[45] Wissenschaftlicher Beirat beim Bundesministerium der Finanzen, Finanzpolitische Institutionen in der Eurozone, Berlin 2012, Teil 2.

[46] Hierbei handelt es sich um die drei Länder, die im Zeitraum von 18 Monaten die EU-Präsidentschaft nacheinander innehaben.

[47] Bundesministerium der Finanzen, Fragen und Antworten zum Fiskalvertrag und zum Europäischen Stabilitätsmechanismus (ESM), http://www.bundesfinanzministerium. de/nn_1270/DE/Wirtschaft__und__Verwaltung/Europa/Der__Euro/Stabilitaet/Stabilisierung-des-Euro/28-03-2012-Fiskalvertrag-und-ESM-FAQ.html#7.

[48] Siehe hierzu im Einzelnen Grimm, O., Fiskalpakt führt neue Geldstrafe ein, in: Die Presse vom 20. Januar 2012.

## III. Auf dem Wege zur Fiskalunion?

Ohne auf weitere Einzelheiten des dauerhaften Stabilisierungsmechanismus mit seiner Finanzierung einzugehen[49], stellt sich die Frage, ob sich die Währungsunion und die europäische Finanzwirtschaft vor dem beschriebenen Hintergrund zu einer **Fiskalunion** entwickeln werden. Zu einer solchen Union zählt wohl eine Fiskalpolitik mit den dazugehörigen gemeinsamen Institutionen. Und in ihrer reinen Form würde sie einhergehen mit dem Budgetrecht des Europäischen Parlaments und einer damit verbundenen europäischen Steuer- und Verschuldungsautonomie. Beides lassen die Verträge derzeit nicht zu, und auch im Mehrjährigen Finanzrahmen mit dem EU-Haushalt bis zum Jahre 2020 ist weder das eine noch das andere möglich und auch von der EU-Kommission nicht direkt geplant (siehe Abschnitt C IV). Dennoch werden der Fiskalpakt und der Europäische Stabilisierungsmechanismus im politischen Raum gelegentlich als erste Elemente einer sog. Fiskalunion bezeichnet[50].

Aus der im Rahmen der Wirtschafts- und Währungsunion neu sich entwickelnden und geschaffenen Aufteilung und Zuordnung von Trägern und Instrumenten der Geld- und Fiskalpolitik ergibt sich ein latentes **Konfliktpotential**, etwa wenn eine von der EZB auf europäischer Ebene als sinnvoll erachtete expansive Geldpolitik durch nationale finanzpolitische Maßnahmen konterkariert wird. Dieses Konfliktpotential zwischen einer stärker auf Geldwertstabilität ausgerichteten Geldpolitik und einer eher auf Beschäftigungssicherung zugeschnittenen Fiskalpolitik, das früher auch schon innerhalb eines Landes bestand, hat durch die Währungsunion weiter zugenommen. Dadurch, dass die nationalen Wechselkurskompetenzen im Rahmen der Währungsunion für deren Mitgliedstaaten entfallen sind und durch die niedrigen Zinsen gewinnt die nationale Fiskalpolitik noch mehr an Bedeutung bei der Bewältigung zukünftiger wirtschaftlicher Krisen bzw. **externer Schocks**. Der Einsatz anderer Anpassungsinstrumente, wie beispielsweise mehr Preis- und Lohnflexibilität oder eine größere Arbeitsmobilität, gewinnen an Bedeutung und würden die Wirksamkeit nationaler Fiskalpolitik verstärken.[51]

---

[49] Siehe dazu im Einzelnen die Website des BMF und der EZB.

[50] Siehe hierzu die „Blaupause" für eine „perfektere Union" mit mehr „Haushaltskapazität", einem EU-Finanzminister, einer Europäischen Währungsunion und weniger Einfluss der Mitgliedstaaten (Europäisches Parlament 2014–2019, Angenommene Texte, P8_TA-PROV(2017)0050 und P8_TA-PROV(2017)00-48). Diesen Vorstellungen, die aus dem Umfeld des Europäischen Parlaments stammen, steht das am 1. März 2017 erschienene Weißbuch der Kommission gegenüber, siehe http://europa.eu/rapid/attachment/IP-17-385/de/white-paper-future-of-europe_de.pdf.

[51] Damit sind zugleich zwei der Kriterien für die Abgrenzung eines optimalen Währungsgebietes genannt. Die traditionelle Theorie der optimalen Währungsräume, die in den sechziger Jahren von Mundell, McKinnon und Kenen entwickelt wurde, hatte sich mit den notwendigen Rahmenbedingungen beschäftigt, die vorliegen müssen, damit sich eine Währungsunion vorteilhaft auswirkt. Neben der hohen Faktormobilität kommen als Kriterien noch die Offenheit eines Landes und der Grad an Produktdiversifikation hinzu. Oftmals wird auch als zusätzliches Kriterium genannt, dass auftretende Schocks sich möglichst symmetrisch auswirken sollten. Zur Theorie des optimalen Währungsraumes siehe Mundell, R. A., A Theory of Optimum Currency Areas, in: American Economic Review, Bd. 51, 1961, S. 657 ff.; McKinnon, R., Optimum Currency Areas, in: American Economic Re-

## Fragen zum 9. Kapitel

1. Begründen Sie die zunehmende finanzwissenschaftliche Bedeutung der EU.
2. Vergleichen Sie die Ausgabenquote der EU und Deutschlands. Kann aus den Zahlen gefolgert werden, dass der wirtschaftliche Einfluss der EU gering ist?
3. Welche Aufgaben sind sinnvollerweise der zentralen europäischen Ebene zuzuordnen? Spiegeln sich diese Aufgaben in den Ausgaben des EU-Budgets wider?
4. Welche Aufgaben hat der Stabilitäts- und Wachstumspakt von 1997? Warum wurden die in ihn gesteckten Erwartungen nicht erfüllt?
5. Diskutieren Sie Schwerpunkte einer zukünftigen Ausgabengestaltung im EU-Haushalt.
6. Beschreiben Sie die Harmonisierungstendenzen der EU im Bereich der Besteuerung.
7. Warum sind die „Mehrwertsteuer-Eigenmittel" der EU als Zuweisungen der Mitgliedstaaten anzusehen?
8. Stellen Sie die Zahlmeistertheorie dar und beurteilen Sie ihre Aussagekraft.
9. Wodurch unterscheiden sich die mittelfristige Finanzplanung der öffentlichen Gebietskörperschaften in Deutschland und der mehrjährige Finanzrahmen der EU?
10. Diskutieren Sie die Möglichkeiten einer Europäischen Transaktionsteuer.
11. Gibt es auch Elemente des mehrjährigen Finanzrahmens der EU, die von den Mitgliedstaaten übernommen werden sollten?
12. Welchen tendenziellen Zusammenhang gibt es zwischen der Verzinsung von Staatsanleihen und der Staatsverschuldung bzw. der Staatsschuldenquote bei einem Staat mit eigener Währung?
13. Wie kann sich die Situation für den Fall eines Staates in einem Währungsverbund ändern?
14. Inwieweit können von den Euro-Staaten gemeinsam ausgegebene Anleihen zu einem Free-rider-Verhalten führen?
15. Erörtern Sie die Funktionen des europäischen Fiskalpakts.
16. Welche Gestalt könnte eine europäische Fiskalunion annehmen?

## Literatur zum 9. Kapitel

*Zu Teil A, B und C*

Alesina, A., I. Angeloni, and L. Schuknecht,What does the European Union do? Public Choice, 123, 2005, 275 ff.

Asatryan, Zareh, Friedrich Heinemann, Mustafa Yeter, Eulalia Rubio, David Rinaldi und Fabian Zuleeg (2016), Public sector reform: How the EU budget is used to encourage it, Study, IP/D/ALL/FWC/2015-001/LOT2, 31/08/2016, Directorate-General for Internal Policies, Policy Department D Budgetary Affairs, European Parliament, Brussels

Begg, I., H. Enderlein, J. Le Cacheux, and M. Mrak: Financing of the EU Budget. Report for the European Commission, 2008.

---

view, Bd. 53, 1963, S. 717 ff.; Kenen, P., The Theory of Optimum Areas: An Eclectic View, in: Mundell, R. A., und Swoboda, A. K., Hrsg.: Monetary Problems of the International Economy, Chicago 1969, S. 41 ff.; siehe auch Mankiw, N. G., und Taylor, M. P., Economics, London 2006, Kapitel 36, S. 767 ff.

Blankart, C., und Kirchner, C., The Deadlock of the EU Budget: An Economic Analysis of Ways In and Ways Out, CESIFO Working Paper No. 989, München 2003.

BertelsmannStiftung, The European Added Value of EU Spending: Can the EU Help its Member States to Save Money? Exploratory Study, Gütersloh., O. J.

Broer, M., Der Europäische Haushalt bis 2020: Anspruch und Wirklichkeit, in: Wirtschaftsdienst, 93. Jg., H. 1, 2013.

Bundesministerium der Finanzen, Die Politik der Gemeinschaft in Zahlen: Der Haushalt der Europäischen Union, Berlin 2005

Bundesministerium der Finanzen, Auf den Punkt. Haushaltspolitische Überwachung der EU, Berlin 2015

Bundesministerium der Finanzen, Auf den Punkt. Europäischer Stabilitätsmechanismus, Berlin 2015

Bundesministerium der Finanzen, Der Staat als privilegierter Schuldner – Ansatzpunkte für eine Neuordnung der öffentlichen Verschuldung in der Europäischen Währungsunion, Berlin 2014

Bundesministerium der Finanzen, Themenheft Auf den Punkt, EU-Haushalt, April 2016

Cernigliani, F. and L. Pagani. The European Union and the Member States: An empirical analysis of Europeans' preferences for competences allocation, CESifo Economic Studies, 55, 1, 2009, 197 ff.

Deutsche Bundesbank, Weltweite Organisationen und Gremien im Bereich von Währung und Wirtschaft, Frankfurt am Main 2003.

Deutsche Bundesbank, Europäische Organisationen und Gremien im Bereich von Währung und Wirtschaft, Frankfurt am Main 1997.

Eichner, T., and M. Runkel, "Corporate Income Taxation in a General Equilibrium Model", Journal of Public Economics 95, 2011, S. 723 ff.

EU Budget at a glance, Publications Office of the Europen Union, Luxemburg 2015

Europäische Kommission, Mitteilung der Kommission an das Europäische Parlament, den Rat, den Europäischen Wirtschafts- und Sozialausschuss und den Ausschuss der Regionen: Ein Haushalt für „Europe 2020" KOM(2011) 500 endg.; Ratsdok. 12475/11 vom 29. Juni 2011.

Europäische Kommission, Gesamthaushaltsplan der Europäischen Union für das Haushaltsjahr 2008, Luxemburg 2008.

Europäische Kommission, Haushaltsvademekum 2000, Luxemburg 2000.

Europäische Kommission, Die Europäische Unition erklärt. Haushalt, Brüssel 2014

European Commission. Providing value for the money, The European Union explained. Budget 2014

European Commission, Taxation Papers, The Impact of Tax Planning on the Forward-Looking Effective Tax Rates, Working Papter Nr. 64 – 2016

Feld, L. P. und S. Necker, Fiskalföderalismus in der EU: Herausforderungen für die Reform der Finanzverfassung der EU, Brüssel o. J.

Hemmelgarn, Th., Steuern und Abgaben im Finanzsektor, Abgabenrechtliche Regulierung und neue Finanzmarktsteuern in der Europäischen Union, Institut für Finanzen und Steuern IFSt-Schrift Nr. 468, Bonn 2011.

Henke, K.-Braucht Europa einen „subsidarity watchdog"? In: Adam, K.G., Franz, W. (Hrsg.): Instrumente der Finanzpolitik, Grundlagen, Staatsaufgaben, Reformvorschläge, Frankfurter Allgemeine Buch, F.A.Z.-Institut, Frankfurt a. M., . 2003, S. 133–145

Henke, K.-D., und Milbrandt, B., Die künftige finanzielle Lastverteilung in der EU, in: Caesar, R. und Scharrer, H.-E., Hrsg., Die Zukunft Europas im Lichte der Agenda 2000, Veröffentlichungen des Hamburger Welt-Wirtschafts-Archivs (HWWA), Bd. 56, Baden-Baden 2000, S. 119 ff.

Huber, B., und Runkel, M., Optimal Design of Intergovernmental Grants under Asymmetric Information, in: International Tax and Public Finance, Bd. 13, 2006, S. 25 ff.

Kitterer, W., und Wiese, J. A., Wege zu soliden Staatsfinanzen in der Europäischen Union, in: Orientierungen zur Wirtschafts- und Gesellschaftspolitik, Bd. 78, H. 4, 1998, S. 39 ff.

Kranen, D. H.; Leuvering, M., Haushalt und Finanzen der Europäischen Union, in: Gatzer, W.; Schweisfurth, T. (Hrsg.): Öffentliche Finanzwirtschaft in der Staatspraxis, 1. Aufl., Berlin 2015, S. 419 ff.

Messal, R., Das Eigenmittelsystem der Europäischen Gemeinschaft, Schriftenreihe Europäisches Recht, Politik und Wirtschaft, Bd. 141, Baden-Baden 1991.

Neheider, S., Horse-trading over the EU budget, Diskussionspapier 2007/7 der Wirtschaftswissenschaftlichen Dokumentation der TU Berlin, Berlin 2007.

Neheider, S., Die Kompensationsfunktion der Finanzen der Europäischen Union, Diss. Berlin 2009.

Peffekoven, R., Die Finanzen der Europäischen Union, Mannheim 1994.

Reinhart, C., Rogoff, K., Dieses Mal ist alles anders: Acht Jahrhunderte Finanzkrisen, München 2010

Runkel, M., In Favor of Formulary Apportionment: A Comment on Kroppen/Dawid/Schmidtke, in: Schön, W. und K.A. Konrad (Hrsg.), Fundamentals of International Transfer Pricing in Law and Economics, Heidelberg u. a., 2012, 295 ff.

Santos, I., und Neheider, S., Reframing the EU budget decision-making process, in: Journal of Common Market Studies, Bd. 49 (3), 2011, S. 631 ff.

Sapir, A., P.Aghion, G.Bertola, M. Hellwig, J. Pisani-Ferry, D. Rosati, and J.Vinals. An Agenda for a Growing Europe, Oxford University Press, Oxford 2004.

Sachverständigenrat zur Begutachtung der gesamtwirtschaftlichen Entwicklung, Jahresgutachten 2016/17, Wiesbaden 2016.

Tabellini, G., The Assignment of Tasks in an Evolving European Union, CEPS Policy Brief No. 10, Januar 2002.

Tarschys, D., Hrsg., The EU Budget: What Should Go In? What Should Go Out?, Swedish Institute for European Policy Studies (SIEGS), Report No. 3, May 2011.

Weichenrieder, O., und Busch, O., Delayed Integration as a possible Remedy for the Race to the Bottom, in: Journal of Urban Economics, Bd. 61, 2007, S. 565 ff.

Willeke, F.-U., Strategien zur Identifizierung von Nettozahlern und Nettoempfängern in der EU, in: Jahrbücher für Nationalökonomie und Statistik, Bd. 225, 2005, S. 96 ff.

Willeke, F.U., Deutschland, Zahlmeister der EU – Abrechnung mit einer ungerechten Lastenverteilung, München 2011.

Wissenschaftlicher Beirat beim Bundesministerium der Finanzen, Freizügigkeit und soziale Sicherung in Europa, Schriftenreihe des Bundesministeriums der Finanzen, Heft 69, Bonn 2000.

Wissenschaftlicher Beirat beim Bundesministerium der Finanzen, Stellungnahme zur aktuellen Entwicklung der Europäischen Bankenunion, Plädoyer für ein glaubwürdiges Bail-in, Stellungnahme des Wiss. Beirats beim BMF, Berlin, Januar 2014

Wissenschaftlicher Dienst des Europäischen Parlament, Zuordnung der Kosten des Nicht-Europas 2014-19, 2. Aufl. Juli 2014

ZEW, Hrsg., Optimale Aufgabenverteilung zwischen EU und Mitgliedstaaten: Wer kann was besser?

*Zu Teil D*

Adam, H., Mayer, P., Europäische Integration, 2. Aufl., ntb.; Konstanz und München 2016

Blankart, C. B., Fasten, E.: Wer soll für die Schulden im Bundesstaat haften? Eine vernachlässigte Frage der Föderalismusreform II, in: Perspektiven der Wirtschaftspolitik, H 1, 2009, S. 39 ff.

Brüderle, R., Ist eine europäische Wirtschaftsregierung eine sinnvolle Option? in: Ifo-Schnelldienst, 63. Jg., 2010, S. 3 ff.

Bundesministerium der Finanzen, Der Europäische Stabilitätsmechanismus (ESM), in: BMF-Monatsbericht 2012, S. 31 ff.

Bundesministerium der Finanzen, Fiskalpolitische Institutionen in der Eurozone, Berlin 2012

Bundesministerium der Finanzen, Ein Haushalt für Europa, Berlin 2012

Feld, Lars P., Necker, S., Fiskalföderalismus in der Europäischen Union: Herausforderungen für die Reform der Finanzverfassung der EU, Brüssel o.J., Funktionswandel der EZB?, Zeitgespräch im Wirtschaftsdienst, Heft 2, 2012-03-31.

Homburg, St., Anmerkungen zum Target2-Streit, in: in: Ifo-Schnelldienst, 64. Jg., 2011, S. 46 ff.

Konrad, Kai A., Zschäpitz, Schulden ohne Sühne? Warum der Absturz der Staatsfinanzen uns alle trifft, 2. Aufl. München 2010.

Peffekoven, R., Der Stabilitäts- und Wachstumspakt im Rahmen der EU – Beibehaltung oder Flexibilisierung?, in: Zeitschrift für Staats- und Europawissenschaften, 1. Jg., Nr. 2, 2003, S. 220 ff.

Sachverständigenrat zur Begutachtung der gesamtwirtschaftlichen Entwicklung, Der Europäische Schuldentilgungspakt – Fragen und Antworten, Arbeitspapier 01/2012.

Sinn, H.-W., Rescuing Europe, CESifo Forum, Volume 11, München 2010.

The EEAG Report on the European Economy, Eleventh Annual Report 2012 – The EURO Crisis, München 2012.

Wissenschaftlicher Beirat beim Bundesministerium der Finanzen, Fiskalpolitische Institutionen in der Eurozone, Bundesministerium der Finanzen, Berlin 2012.

Wissenschaftlicher Beirat beim Bundesministerium der Finanzen, Stellungnahme: Verstärkte Koordinierung der antizyklischen Finanzpolitik in Europa, in: BMF- Monatsbericht, August 2002, S. 5 ff.

Wissenschaftlicher Beirat des Bundesministeriums für Wirtschaft und Technologie, Überschuldung und Staatsinsolvenz in der Europäischen Union, Gutachten 01/11.

Zimmermann, H., Finanz-, Wirtschafts- und Staatsschuldenkrise: ihre Bedeutung für den öffentlichen Haushalt, Wirtschaftsdienst, 92. Jg., 2012, S. 101 ff.

# Glossar finanzwissenschaftlicher Ausdrücke

Das Glossar soll der Wiederholung und Überprüfung des Wissens dienen. Auf die Angabe von Seitenzahlen wurde verzichtet, da sie über das Sachverzeichnis erschlossen werden können.

Für die alphabetische Einordnung von zusammengesetzten Begriffen ist das erste Substantiv entscheidend; so findet sich beispielsweise „fiskalische Äquivalenz" unter „Äquivalenz, fiskalische". Zu allen deutschen Einzelsteuern siehe Tabelle im Anhang.

*Abgaben, steuerähnliche*
Unter diesem Begriff der Finanzstatistik werden neben kleinen Posten wie Münzeinnahmen und Spielbankabgaben vor allem die umfangreichen Sozialversicherungsbeiträge zusammengefasst.

*Abgeltungssteuer*
Eine im Rahmen des Quellenabzugsverfahrens auf eine Einkunftsquelle (-art) erhobene Steuer. Durch ihre Abführung an das Finanzamt entfällt für den Steuerpflichtigen die Deklarierungspflicht in der Einkommensteuer.

*Abzugsfähigkeit*
Von Abzugsfähigkeit wird gesprochen, wenn ein Posten (Freibetrag, tatsächliche Ausgabe) von der Bemessungsgrundlage einer Steuer abgezogen werden kann. Die Minderung der Steuerschuld ergibt sich nach Maßgabe des Steuersatzes beim Abzug von der Bemessungsgrundlage (vgl. Anrechnungsfähigkeit).

*Adverse Selektion*
Informationsmängel führen zu Fehlverhalten auf Versicherungsmärkten. Versicherungsgeber können oft nicht zwischen guten und schlechten Risiken unterscheiden, so dass bei gleichen Beitragszahlungen mit Risikoselektion zu rechnen ist. Die guten Risiken werden ihre Versicherungsnachfrage zu Lasten der schlechten Risiken einschränken.

*Äquivalenzprinzip*
Bei einer Finanzierung öffentlicher Leistungen nach dem Äquivalenzprinzip werden bei denjenigen Staatsbürgern Abgaben erhoben, die aus diesen Leistungen Vorteile empfangen. Während bei der marktmäßigen Äquivalenz die Leistungen analog zum Preismechanismus auf privaten Märkten abgegolten werden, soll bei der kostenmäßigen Äquivalenz die Abgabe an den Kosten der genutzten Staatsleistungen ausgerichtet sein.

*Äquivalenz, fiskalische*
Begriff aus der Föderalismustheorie. Sind Entscheider, Kostenträger und Nutznießer einer öffentlich bereitgestellten Leistung identisch, so ist fiskalische Äquivalenz gegeben. Es wird dadurch eine Übernachfrage verhindert, da die Betroffenen Kosten und Nutzen der Leistung abwägen (können).

*Allmendegüter*
→ Quasi-Kollektivgut

*Allokationsfunktion*
Diese Zielsetzung des öffentlichen Haushaltes betrifft die Aufteilung der volkswirtschaftlichen Ressourcen auf den privaten und öffentlichen Bereich sowie innerhalb des öffentlichen Sektors auf Art und Umfang der einzelnen öffentlichen Aufgaben bzw. Ausgaben.

*Anrechnungsfähigkeit*
Von Anrechnungsfähigkeit wird gesprochen, wenn ein Posten von der Steuerschuld einer Steuer abgezogen werden kann (vgl. Abzugsfähigkeit).

*Arrow-Paradoxon*
Wenn sich bei einer Abstimmung durch mehrere Wähler für die verschiedenen zur Wahl stehenden Alternativen eine jeweils unterschiedliche Rangfolge bildet, kann das Ergebnis einer Mehrheitswahl durch die Reihenfolge bestimmt sein, in der die Alternativen zur Abstimmung gelangen. Diese Zufallskomponente in der Entscheidung wird als Arrow-Paradoxon (Wahlparadoxon) bezeichnet.

*Ausgabenintensität*
Ausgabenintensiv ist diejenige Staatstätigkeit, die in erster Linie durch den Einsatz der öffentlichen Ausgaben zur Verwirklichung staatlicher Ziele beiträgt, z. B. durch Finanzhilfen.

*Ausgabensteuer, persönliche*
Bei der Idee einer Ausgabensteuer (Konsumausgabensteuer) handelt es sich um ein Besteuerungskonzept, in dem die Konsumausgaben der privaten Haushalte als Bemessungsgrundlage herangezogen werden.

*Ausschlussprinzip*
Mit dem Ausschlussprinzip können Güter und Dienstleistungen gekennzeichnet werden, deren Angebot privat möglich ist: Wer ihren Kaufpreis nicht zahlt, bleibt vom Konsum ausgeschlossen.

*Bailout*
Wenn ein Akteur (Staat, Wirtschaftssubjekt) einem anderen aus einer schwierigen Situation heraushilft, spricht man von Bailout. Wird dies etwa durch einen Staatsvertrag ausgeschlossen, spricht man von einer No-Bailout-Klausel. In der → Staatsschuldenkrise der EU helfen Mitglieder mit guter Finanzlage einigen Mitgliedern mit zu hoher Verschuldung durch Rettungspakete (→ EFSF und ESM).

*Beiträge*
Beiträge werden zur Finanzierung öffentlicher Aufgaben (z. B. Erschließungsinvestitionen in Gemeinden) von den Wirtschaftssubjekten erhoben, die als Benutzer angesehen werden können (siehe auch Sozialabgaben).

*Beitragsbemessungsgrenze*
Grenze, bis zu der das versicherungspflichtige Arbeitseinkommen zur Berechnung des Beitrages für einen Zweig der Sozialversicherung herangezogen werden kann.

*Belastungsprogression*
Wenn die steuerliche Belastung der Steuerträger, ausgedrückt als Anteil des Steuerbetrages am Einkommen, mit steigendem Einkommen zunimmt, spricht man von Belastungsprogression.

*Besteuerung, optimale*
Mit optimaler Besteuerung (optimal taxation) wird eine theoretische Richtung der Finanzwissenschaft bezeichnet, in der unter strengen Annahmen Aussagen darüber getroffen werden, welche Steuern und Besteuerungsmerkmale vergleichsweise weniger Effizienzverluste aufweisen (→ Zusatzlast) und wie Um-

verteilung mittels Steuern mit dem geringsten Effizienzverlust erfolgen kann.

*Besteuerungseinheit*
Unter Besteuerungseinheit wird die Einheit der Steuerbemessungsgrundlage verstanden, die in der jeweiligen Messdimension (z. B. Euro, kg) festgelegt ist und auf die sich der → Steuersatz bzw. -betrag bezieht.

*Bestimmungslandprinzip*
Das Bestimmungslandprinzip stellt die Form der Besteuerung des grenzüberschreitenden Güter- und Dienstleistungsverkehrs dar, nach der das Ausfuhrland auf die Erhebung von Umsatz- und Verbrauchsteuern verzichtet und das Einfuhrland (Bestimmungsland) diese Steuern erhebt (siehe Ursprungslandprinzip).

*Brechtsches Gesetz*
Mit dem von Arnold Brecht aufgestellten „Gesetz" wird behauptet, dass mit zunehmender räumlicher Bevölkerungskonzentration die öffentlichen Ausgaben pro Kopf der Bevölkerung zunehmen.

*BNE-Eigenmittel*
Als BNE-Eigenmittel bezeichnet man den Teil der Einnahmen des Europäischen Haushalts, der aus denjenigen Zuweisungen der Mitgliedsländer besteht, die auf der Basis der BNE-Bemessungsgrundlage berechnet werden.

*Budget*
→ Haushaltsplan, öffentlicher

*Budget, optimales*
Aus wohlfahrtstheoretischer Sicht ist ein optimales Budget dann erreicht, wenn gesamtwirtschaftlich gesehen der positive Grenznutzen der staatlichen Ausgabentätigkeit gleich dem negativen Grenznutzen infolge der Besteuerung ist.

*Bundesergänzungszuweisungen (BEZ)*
Zahlungen des Bundes an einige Länder, um damit deren auch nach dem Länderfinanzausgleich i. e. S. bestehende Nachteile gegenüber anderen Bundesländern auszugleichen. Als solche Nachteile gelten die teilungsbedingten Infrastrukturnachteile, überdurchschnittliche Kosten der politischen Führung oder eine zu geringe allgemeine Finanzkraft.

*Clubgüter*
Clubgüter sind durch Ausschließbarkeit vom Konsum und fehlende Rivalität im Konsum (zumindest bis zur Kapazitätsgrenze) gekennzeichnet (z. B. Kino, Theater, Museum, Sport-

verein). Da die Grenzkosten für einen weiteren Konsumenten Null sind, kann die Preisbestimmungsregel „Preis = Grenzkosten" nicht angewendet werden.

*Coase-Theorem*
Nach dem Coase-Theorem ist unter bestimmten Voraussetzungen allein die Setzung von Eigentumsrechten notwendig, um durch externe Effekte hervorgerufene Probleme zu lösen. Dabei spielt es für das Maß der Umweltverschmutzung keine Rolle, ob Schädiger oder Geschädigter über die Eigentumsrechte verfügt.

*Debt Management*
Debt Management bezeichnet die Umstrukturierung der Staatsverschuldung, z. B. hinsichtlich der Laufzeit, bei gegebenem Schuldenstand.

*Deckungsgrundsätze*
Im Rahmen der Schuldenpolitik wird anhand der sog. Deckungsgrundsätze (z. B. Schuldaufnahme bei Rentabilität des finanzierten Projekts) versucht, Rechtfertigungen und Begrenzungen für die staatliche Schuldaufnahme abzuleiten.

*Defizit*
Als Defizit werden zum einen unvorhergesehene Fehlbeträge bezeichnet, die im Rahmen des Haushaltsvollzuges auftreten. Zum anderen und überwiegend wird der Begriff im Sinne von eingeplanten Defiziten verwendet. Dabei wird von Defiziten gesprochen, wenn Teile des Haushalts durch eine → Nettoverschuldung am Kapitalmarkt finanziert werden.

*Defizitfinanzierung*
Beim Einsatz der → Fiskalpolitik zur Rezessionsbekämpfung kommt es infolge von Steuererleichterungen und/oder Mehrausgaben häufig zu einer Finanzierungslücke; sie wird in der Regel durch Schuldaufnahme am Geld- und Kapitalmarkt gedeckt (deficit spending).

*Deficit spending*
→ Defizitfinanzierung

*Displacement Effect*
Mit dem Displacement Effect wird der langfristige Anstieg der Staatsausgaben in der Weise erklärt, dass sich in Krisenzeiten der → Steuerwiderstand abbauen lässt und damit die → Steuerquote und folglich auch der Umfang der Staatsausgaben erhöhen lassen. Da sich die Bürger nach Überwindung der Krise an diese höheren Niveaus oft gewöhnt haben, sinken Steuern und Ausgaben nicht wieder auf die Werte vor der Krise ab. In der Bundesrepub-

lik hat sich diese Wirkung nach dem Zweiten Weltkrieg allerdings nicht ergeben.

*Distributionsfunktion*
Die Distributionsfunktion des öffentlichen Haushalts besteht darin, die primäre Einkommensverteilung durch den Einsatz von öffentlichen Einnahmen und Ausgaben zu verändern. Dieser führt zur Sekundärverteilung.

*Doppelbesteuerungsabkommen (DBA)*
Um die mehrfache Besteuerung eines steuerlichen Tatbestandes in verschiedenen Staaten und damit möglicherweise verbundene unerwünschte räumliche Anpassungen zu vermeiden, werden zwischen den Staaten Abkommen zur Vermeidung der Doppelbesteuerung geschlossen. Die Doppelbesteuerung wird durch das Anrechnungsverfahren oder das Freistellungsverfahren vermieden. Beim letzteren sind alle im Ausland erzielten Gewinne und Verluste irrelevant für die inländische Besteuerung. Beim Anrechnungsverfahren wird im Inland die Steuer auf das Welteinkommen ermittelt, und die schon im Ausland gezahlte Steuer mindert dabei die inländische Steuerschuld (siehe Anrechnungsfähigkeit).

*Durchschnittssteuersatz*
Der Durchschnittssteuersatz gibt das Verhältnis von zu zahlendem Steuerbetrag zur Höhe der → Steuerbemessungsgrundlage an.

*Effekte, externe*
Externe Effekte sind gegeben, wenn die Wohlfahrt wirtschaftlicher Einheiten von Aktionen anderer wirtschaftlicher Einheiten beeinflusst wird, ohne dass Gegenleistungen (Bezahlung, Entschädigung) erfolgen. Entscheidend für das Vorliegen externer Effekte ist, dass diese Wirkungen nicht im Preissystem berücksichtigt werden. Bekanntestes Beispiel sind die externen Effekte von Emissionen in die Umwelt.

*European Financial Stability Facility (EFSF)*
Die European Financial Stability Facility (EFSF) wurde 2010 durch die Euroländer gegründet. Sie kann Ländern in finanziellen Schwierigkeiten und angeschlagenen Finanzinstituten durch Kredite an deren Länder helfen, und sie kann Anleihen aufkaufen, wenn die EZB dies für angemessen hält. Der European Stability Mechanism (ESM) hat den EFSF abgelöst.

*European Stability Mechanism (ESM)*
Der European Stability Mechanism (ESM) hat im Oktober 2012 seine auf Dauer angelegt Arbeit aufgenommen und den EFSF ersetzt. Er beruht auf einem völkerrechtlichen Abkommen zwischen Euro-Staaten und ist damit kein

EU-Vertrag. Er unterstützt Staaten durch Kredite und darf mit Einschränkung auch Staatsanleihen direkt beim Schuldnerstaat kaufen. Voraussetzung ist immer ein Programm zur Behebung der Krise.

*Eingangssteuersatz*
Der Steuersatz, mit dem der erste Euro des zu versteuernden Einkommens oberhalb des Grundfreibetrags belastet wird.

*Einheitlichkeit der Lebensverhältnisse*
Im Grundgesetz wird in Art. 106 Abs. 3 [2] die Hilfsnorm „Einheitlichkeit der Lebensverhältnisse" verwendet. Vgl. dazu → Gleichwertigkeit der Lebensverhältnisse.

*Einkommen, zu versteuerndes*
Das zu versteuernde Einkommen ist der Einkommensbetrag, auf den der Einkommensteuertarif angewendet wird, um die → Steuerschuld zu ermitteln. Es wird bestimmt, indem die einzelnen Einkunftsarten addiert und bestimmte Abzugsposten (z. B. Sonderausgaben, außergewöhnliche Belastungen) subtrahiert werden.

*Einkommenseffekt der Besteuerung*
Der Einkommenseffekt der Besteuerung bezeichnet die Einkommenseinbuße, die der Steuerzahler durch die Besteuerung erleidet.

*Einkommensteuer, synthetische und analytische*
Bei der synthetischen Einkommensteuer werden alle Arten von Einkünften (z. B. Mieteinnahmen, Löhne, Gewinne) zusammengefasst und einem einheitlichen Tarif unterworfen. Bei der analytischen Einkommensteuer hingegen werden für einzelne Arten von Einkünften unterschiedliche Steuertarife angewendet.

*Einkommensteuer, duale*
Bei der dualen Einkommensteuer handelt es sich um eine besondere Form der → analytischen Einkommensteuer. Kapitaleinkünfte (Zinsen, Dividenden und Gewinne) werden in diesem System mit einem proportionalen Steuersatz belastet, der geringer ist als der maximale Grenzsteuersatz des für die übrigen Einkünfte (vor allem Löhne) geltenden progressiven Tarifs. Diese tendenziell geringere Besteuerung der Kapitaleinkünfte wird damit begründet, dass das Kapital mobiler ist als beispielsweise der Faktor Arbeit und bei zu hoher Besteuerung ins Ausland abwandern würde.

*Einkunftsarten*
In Deutschland werden nur die Zuflüsse im Rahmen der Einkommensteuer besteuert, die einer der sieben Einkunftsarten zuzuordnen sind (Einkünfte aus selbstständiger Arbeit, aus unselbstständiger Arbeit, aus Gewerbebetrieb, aus Vermietung und Verpachtung, aus Kapitalvermögen, aus Land- und Forstwirtschaft sowie sonstige Einkünfte).

*Entrichtungsbilligkeit*
Der Grundsatz der Entrichtungsbilligkeit der Besteuerung beinhaltet die Forderung, den Aufwand für den Besteuerten im Zuge der Ermittlung und Bezahlung der Steuerschuld möglichst gering zu halten.

*Erhebungsbilligkeit*
Der Grundsatz der Erhebungsbilligkeit verlangt, dass der Aufwand für den Staat im Zuge der Steuererhebung möglichst gering, die sog. Nettoergiebigkeit (Bruttoaufkommen/Erhebungskosten) also möglichst hoch ist.

*Ertragshoheit*
Mit der Bestimmung der Ertragshoheit einer Steuer wird im Rahmen des Finanzausgleichs festgelegt, welcher Gebietskörperschaftsebene die Steuereinnahmen zur Verwendung zufließen.

*Erwerbseinkünfte*
Die Erwerbseinkünfte stellen im Wesentlichen die Einnahmen aus erwerbswirtschaftlicher Tätigkeit des Staates dar, zum Beispiel aus Gewinnen öffentlicher Unternehmen, aus Grundstücksverkäufen oder Verpachtungen.

*Excess burden*
→ Zusatzlast

*Familienleistungsausgleich oder Familienlastenausgleich*
Unter Familienleistungsausgleich versteht man verschiedene, die Familie betreffende Regelungen und Leistungen, die den Mehraufwand durch Kinder gegenüber kinderlosen Steuerpflichtigen ausgleichen sollen. Steuersystematisch handelt es sich um die am Individuum ausgerichtete Besteuerung nach der Leistungsfähigkeit, wenn mehrere Personen (Ehepartner, Kinder) einen Haushalt bilden.

*Finanzausgleich, vertikaler und horizontaler*
Als Finanzausgleich werden in einem föderativen Staatswesen die Regelungen zur Aufgaben-, Ausgaben- und Einnahmenverteilung auf die Gebietskörperschaftsebenen bezeichnet. Dabei wird die Zuordnung der Kompetenzen auf Gebietskörperschaften verschiedener Ebenen als vertikaler, auf solche gleicher Ebene als horizontaler Finanzausgleich bezeichnet. In einer engeren Definition werden damit nur

die Finanzströme bezeichnet. In diesem Sinne bedeutet ein horizontaler Finanzausgleich Zahlungen zwischen Gebietskörperschaften der gleichen Ebene (z. B. zwischen den Bundesländern); ein vertikaler Finanzausgleich mit horizontalem Effekt meint (finanzkraft-)differenzierte Zahlungen einer übergeordneten Ebene an nachgeordnete Ebenen (z. b. der kommunale Finanzausgleich in den einzelnen Bundesländern).

*Finanzautonomie*
Finanzautonomie einer Gebietskörperschaft liegt vor, wenn diese zur Erfüllung ihrer Aufgaben öffentliche Einnahmen und Ausgaben nach eigener Entscheidung einsetzen kann.

*Finanzbedarf*
Der Finanzbedarf einer Gebietskörperschaft ergibt sich aus den Ausgaben, die aus der Verpflichtung zur Aufgabenerfüllung resultieren.

*Finanzföderalismus*
→ Fiskalföderalismus

*Finanzierungssaldo*
Der Finanzierungssaldo eines öffentlichen Haushalts der Bundesrepublik Deutschland setzt sich nach den bestehenden Vorschriften (§ 13 BHO) zusammen aus der Nettoneuverschuldung (Nettotilgung) am Kreditmarkt, dem Saldo der kassenmäßigen Überschüsse bzw. Defizite, dem Saldo der Rücklagenbewegung und den Münzeinnahmen. Er soll u. a. dazu dienen, die konjunkturelle Wirkung des öffentlichen Haushalts zu beurteilen.

*Finanzplanung, mittelfristige*
Die mittelfristige Finanzplanung stellt als Absichtserklärung der Regierung eine Gegenüberstellung der vorgesehenen Ausgaben und der voraussichtlichen Einnahmen für jeweils fünf Jahre dar (s. § 9 StabG).

*Finanzplanungsrat*
Der Finanzplanungsrat ist ein bei der Bundesregierung zu bildendes finanzpolitisches Beratungsgremium (§ 51 HGrG). Ihm gehören die Bundesminister der Finanzen und für Wirtschaft sowie die für die Finanzen zuständigen Minister der Länder und vier Vertreter der Gemeinden und Gemeindeverbände an; die Deutsche Bundesbank hat das Recht, an den Beratungen teilzunehmen. Aufgabe des Finanzplanungsrates ist es, einheitliche volks- und finanzwirtschaftliche Annahmen für die Finanzplanung der Gebietskörperschaften zu erarbeiten und Empfehlungen für die Koordinierung der Finanzplanung zwischen den Gebietskörperschaften zu geben (→ Finanzplanung, mittelfristige).

*Finanzrahmen der EU, Mehrjähriger*
Die EU-Kommission stellt für jeweils sieben Jahre den Mehrjährigen Finanzrahmen auf. An ihm richten sich die Jahreshaushalte der EU ziemlich eng aus.

*Finanzverfassung*
Die Finanzverfassung umfasst die Gesamtheit aller rechtlichen Regelungen und Maßnahmen des staatlichen Finanzwesens, die auf die finanzwirtschaftlichen Rahmendaten einwirken. Innerhalb dieser Rahmendaten vollzieht sich der Einsatz finanzpolitischer Instrumente zur Erreichung der staatlichen Ziele.

*Finanzzuweisungen*
→ Zuweisungen

*Fiscal illusion*
→ Schuldenillusion,

*Fiscal federalism*
→ Fiskalföderalismus

*Fiscal policy*
→ Fiskalpolitik

*Fiskalföderalismus*
Mit Fiskalföderalismus bezeichnet man die Struktur des föderativen Staatsaufbaues (→ Föderalismus) unter ökonomischen Aspekten (auch: Finanzföderalismus, fiscal federalism).

*Fiskalpakt*
Im „Vertrag über Stabilität, Koordinierung und Steuerung in der Wirtschafts- und Währungsunion" (SKS-Vertrag) einigten sich 2012 die Euroländer auf enge Obergrenzen für die Staatsverschuldung und auf strengere Sanktionen bei der Überschreitung, als sie im Stabilitäts- und Wachstumspakt enthalten sind.

*Fiskalpolitik*
Den Einsatz der öffentlichen Finanzen im Dienste der Konjunkturpolitik nennt man Fiskalpolitik (auch: fiscal policy). Gelegentlich wird der Begriff auch weiter gefasst und bezieht vor allem die Wachstumspolitik ein.

*Fiskalunion*
Zu einer Fiskalunion zählt eine gemeinsame Fiskalpolitik mit den dazu gehörigen gemeinsamen Institutionen. Und in ihrer reinen Form würde sie einhergehen mit dem Budgetrecht des Europäischen Parlaments und einer damit verbundenen Steuer- und Verschuldungsautonomie.

*Flat Tax*
→ Progression, indirekte

*Föderalismus*
Mit Föderalismus bezeichnet man häufig eine Staatsorganisation („föderalistisches System"), bei der zwischen der zentralen Ebene (z. B. der Bundesebene) und der unteren Ebene (Gemeinden) noch eine weitere Ebene (z. B. Bundesländer) besteht und diese Ebenen jeweils mit originären Hoheitsfunktionen ausgestattet sind. Fehlt eine solche mittlere Ebene, wird von einem unitarischen System gesprochen. Der Begriff des föderativen Systems wird aber auch graduell verwendet und bezeichnet dann den Grad an Zentralität bzw. Dezentralität innerhalb eines Staatsaufbaues.

*Föderalismus, kooperativer*
Er ist dadurch gekennzeichnet, dass sowohl Aufgaben und Ausgaben als auch Steuern nicht allein einer Ebene zugeordnet werden, sondern dass zwei oder gar alle drei Ebenen von Gebietskörperschaften gemeinschaftlich und arbeitsteilig tätig werden.

*Free-rider-Haltung*
Das Versagen des → Ausschlussprinzips führt zu einem Verhalten, nach dem niemand, der seinen individuellen Nutzen zu maximieren trachtet, seine Präferenzen für ein öffentliches Gut (→ Güter, öffentliche) kundtut, von dem er glaubt, es werde auch ohne seine artikulierte Nachfrage produziert und finanziert (auch Schwarzfahrerhaltung, Trittbrettfahrerhaltung).

*Freibetrag*
Freibeträge mindern die Steuerschuld. Sie können offen die Bemessungsgrundlage mindern (z. B. Kinderfreibetrag bei der ESt) und in Höhe des Grenzsteuersatzes zu einer Entlastung führen, oder sie können in den Tarif eingearbeitet sein (Grundfreibetrag bei der ESt) und zu einer einkommensunabhängigen Entlastung führen.

*Freigrenze*
Bleiben Teile der Bemessungsgrundlage so lange steuerfrei, bis ein Höchstbetrag überschritten ist, so wird dieser Betrag als Freigrenze bezeichnet. Bezieher höherer Einkommen haben keinen steuerlichen Vorteil durch Freigrenzen bei der ESt.

*Funktionalprinzip*
Als Funktionalprinzip bezeichnet man das Gliederungsprinzip für öffentliche Ausgaben, das nach der Zweckbestimmung der öffentlichen Ausgaben vorgeht.

*Gebietskörperschaft*
Eine Gebietskörperschaft übt auf ihrem Teil des Staatsgebietes die Gebietshoheit aus. In Deutschland sind Bund, Länder und Gemeinden (einschl. Gemeindeverbänden) jeweils Gebietskörperschaften.

*Gebühren*
Gebühren sind vom Staat einseitig festgesetzte Abgaben, die bei Inanspruchnahme bestimmter staatlicher Leistungen erhoben werden. Nach der Art der öffentlichen Leistungen lassen sich preisähnliche Benutzungsgebühren (z. B. Müllabfuhr) und steuerähnliche Verwaltungsgebühren (z. B. Gerichtsgebühren) unterscheiden.

*Gemeinschaftsaufgaben*
Gemeinschaftsaufgaben sind zwei im Grundgesetz (Art. 91a) definierte Aufgabenbereiche, deren Gestaltung und Finanzierung Bund und Ländern im Rahmen des vertikalen → Finanzausgleichs gemeinsam obliegen. Die Gemeinschaftsaufgaben nach Art. 91a GG umfassen die Verbesserung der regionalen Wirtschaftsstruktur sowie die Verbesserung der Agrarstruktur und des Küstenschutzes.

*Gemeinschaftsteuer*
Von Gemeinschaftsteuern spricht man in der Bundesrepublik Deutschland bei bestimmten Steuern (Einkommen-, Körperschaft- und Umsatzsteuer), deren Aufkommen mehr als einer Gebietskörperschaftsebene zufließt (geteilte Ertragshoheit, vgl. Art. 106 Abs. 3 GG). Innerhalb der EU wird sie gelegentlich als Steuer bezeichnet, deren Aufkommen oder ein Teil daraus der EU zusteht.

*Generationenbilanzierung*
Die in den 1990er Jahren entwickelte Methodik der Generationenbilanzierung (Generational Accounting) ist ein Ansatz, um die intertemporalen Budgetwirkungen empirisch zu messen.

*Gesetzgebungshoheit*
Die Präzisierung der → Steuerhoheit erfordert die Festlegung der Gesetzgebungshoheit, d. h. eine Entscheidung darüber, welche Körperschaft befugt sein soll, Art und Höhe der Steuer gesetzlich zu fixieren.

*Gleichwertigkeit der Lebensverhältnisse*
Im Grundgesetz wird in Artikel 72 Absatz 2 die Hilfsnorm „Herstellung gleichwertiger Lebensverhältnisse im Bundesgebiet" verwendet. Mit dem Hinweis darauf, dass eine solche Norm auch für sich genommen wünschenswert sei, wird hieraus gelegentlich die Forderung nach einer möglichst gleichwertigen

Versorgung mit öffentlichen Einrichtungen in allen Regionen der Bundesrepublik Deutschland abgeleitet.

*Grenzsteuersatz*
Der Grenzsteuersatz wird definiert als erste Ableitung der Steuerbetragsfunktion (auch: marginaler Steuersatz). Er gibt das Verhältnis zwischen marginaler Veränderung der Steuerbemessungsgrundlage und dadurch ausgelöster marginaler Veränderung des Steuerbetrages an.

*Güter, meritorische*
Die Notwendigkeit einer Korrektur der individuellen Präferenzen und damit eines Eingriffs in die Konsumentensouveränität veranlasst den Staat, öffentliche Leistungen anzubieten, weil bei einer rein privatwirtschaftlichen Regelung eine als unzureichend angesehene Versorgung mit diesen Leistungen zustande käme.

*Güter, öffentliche*
Öffentliche Güter (Kollektivgüter) sind nach der in der Finanztheorie üblichen Definition solche Güter, die durch die Nichtrivalität im Konsum (→ Konsum, rivalisierender) charakterisiert sind. Als zweites Definitionsmerkmal wird häufig die Nichtanwendbarkeit des → Ausschlussprinzips hinzugenommen.

*Haushaltsfunktionen*
Der öffentliche Haushalt als zentrale Grundlage der öffentlichen Finanzwirtschaft erfüllt mehrere Funktionen: Neben seiner finanzwirtschaftlichen Funktion, eine Übereinstimmung von Ausgabenbedarf und Deckungsmitteln herbeizuführen, soll der Haushalt im Rahmen der wirtschaftspolitischen Funktion zur Realisierung von wirtschaftspolitischen Zielsetzungen beitragen. Er bildet ferner die gesetzliche Grundlage, durch die die staatliche Haushaltsführung und die Verwaltung auf die im Haushalt festgelegten, prinzipiell vollzugsverbindlichen Etatansätze verpflichtet werden (administrative Lenkungsfunktion). Die parlamentarische Funktion kommt darin zum Ausdruck, dass der Haushaltsplan dem Parlament zur Beschlussfassung vorgelegt werden muss.

*Haushaltsgrundsätze*
Die Haushaltsgrundsätze stellen von Wissenschaft und Praxis in langer Parlamentstradition entwickelte Anforderungen an das Budget dar, durch deren Einhaltung die verschiedenen → Haushaltsfunktionen weitgehend erfüllt werden können. Die für die Bundesrepublik Deutschland geltenden Haushaltsgrundsätze sind im Grundgesetz, in der Bundeshaushalts-

ordnung und im Haushaltsgrundsätzegesetz fixiert. Siehe auch → Nonaffektationsprinzip.

*Haushaltskonsolidierung*
Haushaltskonsolidierung ist ein Sammelbegriff für finanzpolitische Maßnahmen, die auf die Rückführung einer als überhöht empfundenen Nettokreditaufnahme (quantitative Konsolidierung) oder auf die Änderung der Struktur der öffentlichen Einnahmen und/oder Ausgaben (qualitative Konsolidierung) gerichtet sind.

*Haushaltskreislauf*
Der Haushaltskreislauf ist der in einem parlamentarischen System gesetzlich vorgeschriebene Gang der Haushaltsplanung, der folgende Phasen umfasst: Aufstellung des Entwurfs, parlamentarische Beratung und Verabschiedung, Durchführung sowie nachträgliche Kontrolle.

*Haushaltsplan, öffentlicher*
Die öffentlichen Haushaltspläne umfassen zahlenmäßige Übersichten über die öffentlichen Einnahmen und Ausgaben der Haushaltsperiode. Sie sind ein Planungsinstrument, mit dem Umfang und Struktur der budgetwirksamen Staatstätigkeit festgelegt wird. Als Gesetz verabschiedet, sind sie vollzugsverbindlich. Die dazu gehörige Mittelfristige Finanzplanung ist nicht vollzugsverbindlich.

*Informationsasymmetrien*
Informationsasymmetrien, d. h. die ungleiche Verteilung von Informationen zwischen Anbietern und Nachfragern, können Probleme → adverser Selektion und → moral hazard, d. h. moralisches Fehlverhalten, auslösen.

*Infrastruktur*
Als Infrastruktur bezeichnet man (meist öffentliche) Einrichtungen, die Voraussetzungen wirtschaftlicher Aktivität sind, z. B. Verkehrs- und Kommunikationseinrichtungen, Ausbildungsstätten, Freizeiteinrichtungen usw. Neben diesem engen Infrastrukturbegriff, der Investitionen in das Sachkapital beschreibt, umfasst ein weiter Infrastrukturbegriff auch Investitionen in das Humankapital, d. h. in das menschliche Intelligenz- und Entwicklungspotential, etwa durch bessere Ausbildung und Gesundheit. Allen Infrastrukturbereichen ist gemeinsam, dass Investitionen in sie getätigt werden, deren Nutzung sich über einen längeren Zeitraum erstreckt. Je nachdem, ob die Leistungsabgabe eher Haushalten oder eher Unternehmen zugutekommt, spricht man von

haushaltsorientierter oder unternehmensorientierter Infrastruktur.

*Inzidenz*
Mit dem Begriff der Inzidenz wird allgemein umschrieben, wer durch die Wirkungen finanzpolitischer Regelungen und Instrumente Vor- oder Nachteile erfährt. In einer engeren Definition beschreibt der Begriff Änderungen der Einkommensverteilung, die sich durch Veränderungen der Budgetpolitik ergeben. Die Einkommensverteilung kann mit Blick auf Produktionsfaktoren, Personen, Regionen oder Sektoren, aber auch nach verschiedenen Generationen analysiert werden, und man kann dann jeweils von der entsprechenden Inzidenz sprechen.

*Kassenkredit*
Bei einem Kassenkredit handelt es sich um einen kurzfristigen Überbrückungskredit der öffentlichen Hand. Er wird aufgenommen, wenn die Zahlungsmitteleingänge kurzfristig nicht zur Deckung der Zahlungsverpflichtungen ausreichen. Bis 1993 durfte die Deutsche Bundesbank Kassenkredite an Bund und Länder geben.

*Kassenobligationen*
Dies sind Wertpapiere des Bundes mit einer Laufzeit bis zu fünf Jahren.

*Kollektivgüter*
→ Güter, öffentliche

*Konjunkturzyklus, politischer*
Beschreibt Schwankungen der Wirtschaftslage, die auf politische Ursachen zurückzuführen sind. Sie treten auf, wenn eine Regierung versucht, ihre Chancen auf Wiederwahl zu erhöhen, indem sie jeweils kurz vor einer Wahl eine expansive Fiskalpolitik betreibt, nach der Wahl die Staatsausgaben und Steuern wieder auf ein gemäßigtes Niveau zurückführt und sich der Vorgang am Ende der Wahlperiode wiederholt.

*Konkurrenzsystem*
Beim Konkurrenzsystem (auch: ungebundenes Trennsystem, freies Trennsystem) handelt es sich um ein System der Einnahmeverteilung innerhalb des → Finanzausgleichs, bei dem jede Gebietskörperschaft sowohl die Art der Steuer als auch deren Höhe autonom bestimmen kann. Dem Vorteil einer Autonomie der Gebietskörperschaften steht der Nachteil einer möglichen Mehrfachbelastung der gleichen Steuerquellen gegenüber.

*Konnexität(sklausel)*
Unter Konnexität versteht man den Tatbestand, dass eine Gebietskörperschaft, die einer anderen die Erfüllung einer Aufgabe vorschreibt, für die finanziellen Folgen dieser Gesetzgebung entweder selbst aufkommt oder zumindest die entstehenden Folgen deckt. Eine Konnexitätsklausel, etwa in der Verfassung, schreibt diese Ausgleichspflicht vor.

*Konsum, rivalisierender*
Von rivalisierendem Konsum spricht man, wenn die Nutzung eines Gutes durch ein Individuum dessen Nutzung durch ein anderes Individuum ausschließt. Im strengen Sinne des Begriffs dürfen also keine externen Effekte bzw. Interdependenzen in den Konsumfunktionen auftreten (→ Güter, öffentliche).

*Konsumausgabensteuer*
→ Ausgabensteuer, persönliche

*Kopfsteuer*
Bei einer Kopfsteuer haben alle Bürger den gleichen absoluten Betrag zu zahlen. Diese auch als Pauschalsteuer (Lump-sum tax) bezeichnete Steuer gewinnt ihre analytische Bedeutung dadurch, dass durch sie keine wohlfahrtsmindernden → Substitutionseffekte ausgelöst werden (→ Zusatzlast).

*Kosten-Nutzen-Analyse*
Bei der Kosten-Nutzen-Analyse handelt es sich um eine Gegenüberstellung sämtlicher Kosten und Nutzen eines öffentlichen Programms. Sie wird vorgenommen, um die Vorteilhaftigkeit eines geplanten Projekts zu ermitteln bzw. eine Auswahl unter mehreren Handlungsmöglichkeiten zu treffen.

*Kosten-Wirksamkeits-Analyse*
Bei Kosten-Wirksamkeits-Analysen wird im Gegensatz zu → Kosten-Nutzen-Analysen auf eine Bewertung des Nutzens in Geldeinheiten verzichtet, und an deren Stelle werden nicht-monetäre Indikatoren der Zielverwirklichung verwendet. Vor dem Hintergrund des festgelegten Zieles wird die differentielle Kostenwirksamkeit alternativer Maßnahmen ermittelt.

*Kreditfinanzierungsquote*
Mit dieser Quote wird die öffentliche Nettokreditaufnahme zu den öffentlichen Gesamtausgaben in Beziehung gesetzt.

*Lastverschiebung, zeitliche*
Die Diskussion um die Möglichkeit einer zeitlichen Verschiebung der Last öffentlicher Ausgaben beinhaltet die Frage, ob es möglich

ist, zukünftige Generationen durch vermehrte staatliche Schuldaufnahme (anstelle von Steuern) an der Finanzierung heute zu leistender Infrastrukturausgaben (→ Infrastruktur) zu beteiligen (→ Pay-as-you-use Prinzip).

*Laufzeitstruktur der öffentlichen Schuld*
Eine Auffächerung der staatlichen Schuldtitel nach ihrer Restlaufzeit gibt die Laufzeitstruktur der öffentlichen Schuld an; ihre Veränderung wird durch Ausgabe von Titeln mit unterschiedlicher Laufzeit erreicht und ist ein Instrument des → Debt Management.

*Leistungsentgelte*
→ Transformationsausgaben

*Leistungsfähigkeitsprinzip*
Bei der Anwendung des Leistungsfähigkeitsprinzips soll die Abgabenerhebung nach Maßgabe der individuellen Leistungsfähigkeit erfolgen. Als Maßstab wird meist die am Einkommen gemessene ökonomisch-finanzielle Leistungsfähigkeit herangezogen.

*Lindahl-Preis*
Der Lindahl-Preis (Steuerpreis) ist nach dem schwedischen Ökonomen E. R. Lindahl benannt und gibt an, wieviel ein Bürger für eine öffentliche Leistung zu zahlen bereit wäre (Zahlungsbereitschaft).

*Lump-sum tax*
→ Kopfsteuer

*Mehrwertsteuer-Eigenmittel (MwSt-Eigenmittel)*
Als Mehrwertsteuer-Eigenmittel bezeichnet man den Teil der Einnahmen des Europäischen Haushalts, der aus denjenigen Zuweisungen der Mitgliedsländer besteht, die auf der Basis der harmonisierten Mehrwertsteuerbemessungsgrundlage berechnet werden.

*Mengensteuer*
Mengensteuern werden auf die physische Einheit eines Gutes erhoben, z. B. als Betrag je Mengeneinheit.

*Ministerialprinzip*
Dieses Gliederungsprinzip der öffentlichen Ausgaben, auch Ressortprinzip genannt, geht nach der ministeriellen Zuständigkeit (Ressort, politische Verantwortlichkeit) für die öffentlichen Ausgaben vor. Nach ihm ist beispielsweise der Bundeshaushalt gegliedert.

*Mitnahmeeffekt*
Er liegt vor, wenn der Empfänger einer Transferzahlung für die Verwendung der erhaltenen Mittel die gleiche Absicht wie der Transfergeber hatte. Dann hat der Transfernehmer die Zahlung lediglich „mitgenommen", und der Lenkungseffekt der Zahlung entfällt.

*Moral Hazard*
Durch individuelles Fehlverhalten nimmt die Schadenswahrscheinlichkeit zu (Ex-ante moral hazard). Ex-post moral hazard tritt nach Eintritt des Versicherungsfalles auf, wenn der Schaden nicht kostenminimal beseitigt wird.

*Nachhaltigkeitslücke*
Sie zeigt an, in welchem Umfang die öffentlichen Haushalte konsolidiert werden müssen, um eine gleichmäßigere Lastverteilung zwischen den Generationen zu sichern.

*Nettobudgetierung*
Die Nettobudgetierung ist eine nur begrenzt zulässige Budgetierungsmethode, bei der Einnahmen und Ausgaben nicht gesondert, sondern lediglich saldiert ausgewiesen werden.

*Neokeynesianismus*
→ Niedrigzinspolitik

*Nettokreditaufnahme*
→ Nettoverschuldung

*Nettoneuverschuldung*
→ Nettoverschuldung

*Nettoverschuldung*
Die Nettoverschuldung (auch: Nettoneuverschuldung, Nettokreditaufnahme) ergibt sich aus den in einem Jahr aufgenommenen Krediten (Bruttoverschuldung), abzüglich der im gleichen Jahr vorgenommenen Tilgungszahlungen.

*Neues Steuerungsmodell*
Statt für einen Zweig der öffentlichen Verwaltung die Ausgaben detailliert aufgegliedert vorzugeben, werden mit ihm Ziele vereinbart und ihm die Mittel eher global zugewiesen. Voraussetzung ist die Einführung der doppelten anstatt der kameralistischen Buchführung.

*Neuverschuldungsquote*
Mit dieser Quote wird die öffentliche Nettokreditaufnahme zum Bruttoinlandsprodukt in Beziehung gesetzt.

*Niedrigzinspolitik*
Geldpolitische Strategie, die einen sehr niedrigen Zins bis hin zum Nullzins (Nullzinspolitik) mit einer erhöhten Staatsverschuldung verbindet, um eine mögliche Deflation zu verhindern und das Wachstum zu sichern. Sie wird auch als neokeynesianisch bezeichnet.

*Nonaffektationsprinzip*

Das Nonaffektationsprinzip bzw. der aus ihm abgeleitete Haushaltsgrundsatz (→ Haushaltsgrundsätze) der Nonaffektation besagt, dass einzelne Einnahmen der Gebietskörperschaften nicht im Wege einer Zweckbindung für bestimmte Ausgaben reserviert werden sollen (Verbot einer Zweckbindung).

*No-bailout-Klausel*
→ Bailout

*Nulltarif*

Bei der Abgabe öffentlicher Leistungen spricht man von einem Nulltarif, wenn der Preis für diese Leistungen „null" ist. Die entstehenden Herstell- und Bereitstellungskosten müssen dann aus Steuern oder Schuldaufnahme aufgebracht werden.

*Nullzinspolitik*
→ Niedrigzinspolitik

*Optimalbudget*
→ Budget, optimales

*Parafisci*

Bei Parafisci handelt es sich um Körperschaften zwischen dem privaten und öffentlichen Bereich. Zur Abgrenzung von privaten Institutionen kann die Wahrnehmung öffentlicher Aufgaben und die Verfügung über eigene Finanzquellen mit Zwangscharakter herangezogen werden. Häufig sind eine beamtenähnliche Stellung ihrer Beschäftigten und eine selbstständige Rechnungslegung zusätzliche Merkmale dieser Körperschaften.

*Pauschalsteuer*
→ Kopfsteuer

*Pay-as-you-use Prinzip*

Nach diesem Prinzip sollen Aufwendungen für staatliche Leistungen, die über mehrere Generationen nutzbar sind, über Kredite finanziert und im Zuge der Rückzahlung auf die Generationen verteilt werden. Dahinter steht die Vorstellung, dass der → Schuldendienst von den zukünftigen Generationen über Steuern aufgebracht werden muss und diese Steuererhebung eine Belastung darstellt, die den Nutzen aus der Inanspruchnahme der in Vorperioden erstellten staatlichen Leistungen entspricht (→ Lastverschiebung, zeitliche).

*Pigou-Steuer*

Bei der Pigou-Steuer (benannt nach dem englischen Ökonomen Arthur Cecil Pigou) handelt es sich um den Vorschlag einer Steuer auf diejenigen Aktivitäten, die für die Entstehung negativer → externer Effekte verantwortlich sind. Mit ihr soll eine Internalisierung der externen Effekte erreicht werden. Das Konzept spielt eine wichtige Rolle in der Theorie der Umweltpolitik.

*Popitzsches Gesetz*

Johannes Popitz stellte das „Gesetz" von der Anziehungskraft des zentralen Etats auf. Aus verschiedenen Gründen unterstellte er, dass in einem föderativen System (→ Föderalismus) Aufgabenhoheit und Finanzvolumen der zentralen Instanz in Relation zu denen anderer Gebietskörperschaftsebenen im Zeitablauf zunehmen. Auch wenn die EU keine Gebietskörperschaft darstellt, kann sie in diesem Kontext gesehen werden.

*Programmbudget*

Der Begriff Programmbudget wird vorwiegend für das Planning-Programming-Budgeting System verwendet, in dem

– eine Quantifizierung der einzelnen Ressortziele vorgenommen wird,
– alternative Wege zur Zielerreichung vorgeschlagen und
– die durchzuführenden Programme in Budgetanforderungen transformiert werden.

*Progression*

Von einer Progression spricht man, wenn die durchschnittliche Belastung einer Bemessungsgrundlage mit deren zunehmendem Umfang wächst. Dieses Wachstum kann sich linear, unterproportional oder überproportional vollziehen, so dass von einer linearen, verzögerten oder beschleunigten Progression gesprochen werden kann.

*Progression, direkte*

Ist die Zunahme des → Durchschnittssteuersatzes verbunden mit einer Zunahme des marginalen Steuersatzes (→ Grenzsteuersatz), so spricht man von direkter Progression.

*Progression, indirekte*

Die indirekte Progression ist dadurch gekennzeichnet, dass bei konstantem → Grenzsteuersatz eine Zunahme des → Durchschnittssteuersatzes durch den Einbau eines Freibetrages in den Tarif erreicht wird. Ein Steuertarif mit nur einem Grenzsteuersatz und einem Freibetrag wird als Flat Tax bezeichnet.

*Progression, kalte*

Die kalte Progression kann nur bei progressiv ausgestalteten Tarifen auftreten. Erhöhungen der nominalen Bemessungsgrundlage – bei realer Konstanz – führen aufgrund des progressiven Tarifs zu einem Anstieg der realen Grenz- und Durchschnittssteuerbelastung und damit auch des Durchschnittssteuersatzes.

*Progressionsvorbehalt in der Einkommensteuer*
Bestimmte Einkünfte (z.B. Arbeitslosengeld I, Elterngeld) sind nicht steuerpflichtig, doch soll deren Nichtbesteuerung nicht dazu führen, dass die übrigen Einkünfte einer geringeren Progression unterliegen. Die steuerfreien Einkünfte werden dann verwendet, um den Durchschnittssteuersatz zu ermitteln, sie unterliegen dem Progressionsvorbehalt. Dieser Durchschnittssteuersatz wird dann wiederum nur auf die steuerpflichtigen Einkünfte angewendet.

*Public-Private-Partnership*
Mit Public-Private-Partnership (PPP) werden neue Formen der Zusammenarbeit zwischen öffentlichem Sektor und privaten Unternehmen bezeichnet. Sie finden sich insbesondere im Infrastrukturbereich (z.B. Verkehr, Energie). Dabei werden Betreibermodelle, Leasing-Modelle und Konzessionsmodelle als Varianten der Finanzierung, des Baues und des Betreibens beim Ausbau von Infrastruktureinrichtungen eingesetzt.

*Qualität der öffentlichen Ausgaben*
Die Ausgaben werden – bei gegebenem Volumen – darauf untersucht, wieweit (Effektivität) und zu welchen Kosten (Effizienz) sie ihre Ziele erreichen.

*Quasi-Kollektivgüter*
Güter mit → Rivalität im Konsum und Nichtanwendbarkeit des → Ausschlussprinzips werden auch als Allmende- oder Quasi-Kollektivgüter bezeichnet. Es besteht die Gefahr der Übernutzung bei diesen Gütern. Fischbestände in internationalen Gewässern gelten als Beispiel.

*Quellenabzugsverfahren*
Beim Quellenabzugsverfahren wird eine Steuer nicht beim → Steuerdestinatar erhoben, sondern es wird für die Abführung der Steuer aus Gründen der Erhebungsbilligkeit eine „Inkassostelle" zwischengeschaltet, z.B. der Arbeitgeber bei der Lohnsteuer und den Sozialversicherungsbeiträgen.

*Quellentheorie*
Nach diesem Ansatz unterliegen im Gegensatz zur → Reinvermögenszugangstheorie Zuflüsse nur dann der Einkommensteuer, wenn sie aus regelmäßigen Quellen stammen (→ Einkunftsarten).

*Quotensystem*
Beim Quotensystem (Verbundsystem) teilen sich mehrere Gebietskörperschaftsebenen das Aufkommen einer Steuer nach vorher vereinbarten Quoten. Es ist dabei zu unterscheiden, ob sich die Quote auf die Gesamtheit der gemeinschaftlichen Steuern bezieht (Gesamtverbundsystem) oder ob sie für jede Steuer im Einzelnen festgelegt wird (Einzelverbundsystem).

*Realausgaben*
→ Transformationsausgaben

*Realtransfers*
Als Realtransfers bezeichnet man vom Staat kostenlos oder zu nicht kostendeckenden Preisen zur Verfügung gestellte nicht-monetäre Leistungen in Form von Gütern und Dienstleistungen.

*Regression*
Sinkt mit wachsender Bemessungsgrundlage der durchschnittliche Belastungssatz, so spricht man in Analogie zur → Progression von einer Regression, die ebenfalls linear, verzögert oder beschleunigt verlaufen kann.

*Reinvermögenszugangstheorie*
Nach diesem Ansatz unterliegen im Gegensatz zur → Quellentheorie alle Zuflüsse der Einkommensteuer, die unter Berücksichtigung der dafür notwendigen Aufwendungen das Reinvermögen des Steuerpflichtigen erhöhen. Dieser Ansatz, nach dem auch Lotteriegewinne einkommensteuerpflichtig wären, gilt nur teilweise für die deutsche Einkommensteuer (→ Einkunftsarten).

*Ressortprinzip*
→ Ministerialprinzip

*Rivalität des Konsums*
→ Konsum, rivalisierender

*Rückwälzung*
→ Steuerüberwälzung

*Sachausgaben*
Mit Sachausgaben werden solche Ausgaben bezeichnet, die vom Staat an Gütermärkten vorgenommen werden.

*Schlüsselzuweisungen*
→ Zuweisungen

*Schuldenbremse*
Vorschrift in der Verfassung, die sicherstellen soll, dass die konjunkturell bedingte Verschuldung nach der Krise auch wieder zurückgeführt wird und die Verschuldung insgesamt eine bestimmte Höhe nicht überschreitet.

*Schuldendienst*
Unter Schuldendienst werden Ausgaben zur Verzinsung und zur Tilgung aufgenommener Schulden verstanden.

*Schuldendienstfähigkeit*
Schuldendienstfähigkeit ist die Fähigkeit eines Schuldners, die Ausgaben für Verzinsung und Tilgung aufgenommener Schulden aufzubringen.

*Schuldenillusion*
Wähler und Politiker unterliegen einer Schuldenillusion (fiscal illusion), wenn sie bei der Beschlussfassung über eine Schuldaufnahme nicht berücksichtigen, dass der Schuldendienst zu einem späteren Zeitpunkt aus anderen, von allen Bürgern zu tragenden Einnahmen, im Wesentlichen aus Steuereinnahmen, geleistet werden muss.

*Schuldenkrise*
→ Staatsschuldenkrise

*Schuldenquote*
Die Schuldenquote ist das Verhältnis von Schuldenstand zu einer Sozialproduktgröße.

*Schwarzfahrerhaltung*
→ Free-rider-Haltung

*Sozialabgaben*
Sozialabgaben sind in der Bundesrepublik Deutschland überwiegend lohnabhängige Sozialversicherungsbeiträge, die zweckgebunden für die Finanzierung der sozialen Sicherung (z. B. Kranken-, Rentenversicherung) eingesetzt und durch Arbeitgeber und Arbeitnehmer je nach Versicherungszweig zu unterschiedlichen Teilen aufgebracht werden.

*Sozialausgaben*
→ Transferausgaben

*Sozialversicherungsbeiträge*
→ Sozialabgaben

*Spillover-Effekte, regionale*
In der Theorie des Finanzausgleichs bezeichnen regionale Spillover-Effekte Kosten- oder Nutzenwirkungen, die von der öffentlichen Aktivität einer Gebietskörperschaft in eine andere Gebietskörperschaft hineinwirken.

*Spitzensteuersatz*
Der Spitzensteuersatz bezeichnet in einem Steuertarif den höchsten → Grenzsteuersatz am oberen Ende des Tarifs.

*Splitting*
Beim Splitting, einer Maßnahme des → Familienlastenausgleichs in der Einkommensteuer, wird das zu versteuernde Einkommen eines Haushalts auf die einzelnen Personen des Haushalts (Vollsplitting) oder auf die Ehegatten (Ehegattensplitting) aufgeteilt und dann individuell besteuert. Bei progressivem Steuertarif ergibt sich damit eine niedrigere Steuerbelastung.

*Staatsquote*
Staatsquoten dienen der Messung des budgetwirksamen Staatsanteils. Von einer allgemeinen Staatsquote wird gesprochen, wenn alle öffentlichen Ausgaben auf eine Sozialproduktgröße bezogen werden. Eine spezielle Staatsquote liegt vor, wenn einzelne Finanzströme, z. B. die Personalausgaben oder Gesundheitsausgaben, als Anteil an einer Sozialproduktgröße ausgedrückt werden. Auch einnahmenseitige Staatsquoten (z. B. Steuerquote) spiegeln die Staatstätigkeit wider.

*Staatsschuldenkrise*
Seit 2008/09 im Raum der Euro-Staaten ausgebrochene Schuldenkrise. Es besteht die Gefahr, dass die sehr hohen Schuldenstände einiger Südländer die Stabilität der Währungsunion bedrohen, weshalb umfangreiche Rettungsschirme entstanden sind. → EFSF und ESM

*Staatsverschuldung, implizite*
Sie umfasst im Gegensatz zur expliziten Staatsverschuldung die nicht verbrieften, aber dennoch bereits bestehenden und zukünftig anfallenden Zahlungsverpflichtungen des Staates. Darunter fallen insbesondere die Ansprüche an die Gesetzliche Rentenversicherung sowie die Pensionsansprüche der Beamten. Die implizite Staatsverschuldung erhöht sich durch Erweiterung des Kreises der Versicherten, durch höhere Renten- bzw. Pensionsansprüche oder durch eine Erhöhung der Lebenserwartung.

*Stabilisierungsfunktion*
Diese → Haushaltsfunktion umfasst vor allem Konjunkturziele. Im Rahmen der → Fiskalpolitik ergeben sich automatische Stabilisierungswirkungen, die zur Erreichung des wirtschaftlichen Gleichgewichts beitragen. Durch diskretionäre Veränderungen der öffentlichen Einnahmen und Ausgaben wird ebenfalls eine die Konjunktur und das Wachstum beeinflussende Steuerung versucht.

*Steuer*
Als Steuern bezeichnet man öffentliche Abgaben ohne rechtlichen Anspruch auf Gegenleistung.

*Steueranstoß*
Der sog. Steueranstoß löst bei den Besteuerten Verhaltensänderungen in Form der → Steuerausweichung, → Steuerüberwälzung i. e. S. und/oder → Steuereinholung aus.

*Steuerausweichung*
Von Steuerausweichung (Steuervermeidung) wird gesprochen, wenn Wirtschaftssubjekte einer sie treffenden Steuererhöhung aus dem Wege zu gehen versuchen, indem sie besteuerte Aktivitäten durch sachliche, zeitliche oder räumliche Anpassung vermeiden.

*Steuerbemessungsgrundlage*
Als Steuerbemessungsgrundlage wird die der Besteuerung zugrundeliegende mengen- oder wertmäßige Größe des → Steuergegenstandes bezeichnet.

*Steuerbetragstarif*
Im Steuerbetragstarif wird die → Steuerschuld in absoluten Geldbeträgen auf die Besteuerungseinheit bezogen.

*Steuerdestinatar*
Das Wirtschaftssubjekt, das die Steuer nach dem Willen des Gesetzgebers tragen soll, heißt Steuerdestinatar.

*Steuereinholung*
Eine erhöhte Anstrengung des Steuerpflichtigen, die Belastung durch eine bestehende oder neu eingeführte Steuer durch Mehrarbeit (Haushalte) oder Kostensenkung (Unternehmen) auszugleichen, wird als Steuereinholung bezeichnet.

*Steuergegenstand*
Die Sache, die Geldsumme, die wirtschaftliche Handlung oder die rechtlich-ökonomische Transaktion, an die die Besteuerung im konkreten Falle anknüpft, wird als Steuergegenstand (auch: Steuerobjekt) bezeichnet.

*Steuergläubiger*
Die Gebiets- oder Funktionskörperschaft, zu deren Gunsten Steuern erhoben werden, bezeichnet man als Steuergläubiger (Steuersubjekt). Siehe auch → Ertragshoheit.

*Steuergrundsätze*
Steuergrundsätze werden aus den Zielen der Besteuerung abgeleitet und dienen als Kriterien für die Beurteilung einzelner Steuern oder eines Steuersystems.

*Steuerhinterziehung*
Mit Steuerhinterziehung bezeichnet man illegale → Steuerausweichung (Steuervermeidung). Sie liegt z. B. beim Verschweigen steuerpflichtiger Gewinn- oder Einkommensteile (z. B. im Ausland) oder bei geheimem Transfer von Einkommensbestandteilen in Gebiete außerhalb der Jurisdiktion der Steuerbehörden vor.

*Steuerhoheit*
Durch die Steuerhoheit wird bestimmt, welche öffentliche Körperschaft das Recht auf eine Steuer erhalten soll. Dabei wird zwischen der → Gesetzgebungshoheit, → Ertragshoheit und → Verwaltungshoheit (Zuordnung des Steuereinzugs) unterschieden.

*Steuern, direkte*
Wenn eine Steuer so erhoben wird, dass → Steuerschuldner und → Steuerdestinatar identisch sind, bezeichnet man sie als direkte Steuer.

*Steuern, indirekte*
Indirekte Steuern werden bei → Steuerschuldnern erhoben, die nach dem Willen des Gesetzgebers nicht mit den → Steuerträgern identisch sind.

*Steuerobjekt*
→ Steuergegenstand

*Steuerpflichtiger*
→ Steuersubjekt

*Steuerpreis*
→ Lindahl-Preis

*Steuerquelle*
Als Steuerquelle bezeichnet man den Güter- bzw. Geldstrom oder -bestand, dem die Steuerleistung entnommen wird.

*Steuerquote*
Diese Relation setzt die Steuerschuld zu einer anderen monetären Größe in Beziehung, um die relative Belastung durch die Besteuerung darzustellen. Man unterscheidet eine gesamtwirtschaftliche Steuerquote (z. B. Anteil der Steuern am Bruttoinlandsprodukt) und eine individuelle Steuerquote (z. B. Anteil der gezahlten oder getragenen Steuern am Bruttoeinkommen eines Steuerzahlers).

*Steuersatz*
Der Steuersatz ist der – als absolute oder prozentuale Größe ausgedrückte – Betrag, der auf eine Einheit der → Steuerbemessungsgrundlage entfällt.

*Steuersatz, durchschnittlicher*
→ Durchschnittssteuersatz

*Steuersatz, marginaler*
→ Grenzsteuersatz

*Steuersatztarif*
In einem Steuersatztarif wird die → Steuerschuld auf die Besteuerungseinheit in Prozent bezogen.

*Steuerschuld*
Die Steuerschuld ist der Betrag, der sich bei Anwendung des Steuersatzes auf die Bemessungsgrundlage ergibt und an das Finanzamt abzuführen ist.

*Steuerschuldner*
→ Steuersubjekt

*Steuersubjekt*
Die natürliche oder juristische Person, auf die der gesetzlich fixierte Steuerverpflichtungsgrund zutrifft, bezeichnet man als Steuersubjekt (auch: Steuerpflichtiger, Steuerschuldner).

*Steuertarif*
Der Steuertarif ist die gesetzlich festgelegte funktionale Beziehung zwischen → Steuerbemessungsgrundlage bzw. Besteuerungseinheit und der Steuerschuld. Der Tarif kann als → Steuersatztarif oder als → Steuerbetragstarif ausgestaltet werden. Der Tarifverlauf kann proportional, progressiv oder regressiv sein. Bei progressivem Tarif (→ Progression) steigt die Steuerschuld mit wachsender Bemessungsgrundlage überproportional, bei regressivem Tarif (→ Regression) unterproportional und bei proportionalem Tarif proportional an.

*Steuerträger*
Steuerträger ist die Person, die die ökonomische Last einer Steuer nach Abschluss aller Überwälzungsvorgänge letztlich trägt.

*Steuerüberwälzung (i. e. S.)*
Mit Steuerüberwälzung im engeren Sinne wird in der Regel die Weitergabe der Steuerbelastung durch Steuerpflichtige an Nachfrager durch Erhöhung der Güterpreise (Vorwälzung) oder an Anbieter durch Herabsetzung der Faktorpreise (Rückwälzung) bezeichnet.

*Steuerüberwälzung (i. w. S.)*
Mit der Steuerüberwälzung im weiteren Sinne werden in der Regel alle durch den → Steueranstoß hervorgerufenen Anpassungen bezeichnet. Hierzu zählen die → Steuerausweichung, die → Steuerüberwälzung i. e. S. und die → Steuereinholung.

*Steuerverbund*
→ Verbundsystem

*Steuervermeidung*
→ Steuerausweichung

*Steuerwiderstand*
Eine Abwehr der Steuerlast durch legales oder illegales Verhalten (→ Steuervermeidung, → Steuerhinterziehung) oder auch durch Einfluss auf die finanzpolitische Willensbildung.

*Steuerzahler*
Die natürliche oder juristische Person, die verpflichtet ist, die Steuerschuld abzuführen, wird als Steuerzahler bezeichnet (auch: Steuerzahlungsschuldner, Steuerentrichtungspflichtiger).

*Steuerzahlungsschuldner*
→ Steuerzahler

*Subsidiaritätsprinzip*
Gemäß dem Subsidiaritätsprinzip soll die Kompetenz für zu lösende Aufgaben zunächst grundsätzlich auf der unteren Ebene der Gebietskörperschaften liegen. Die nächsthöhere Ebene ist erst dann legitimiert, wenn der Nachweis geführt wird, dass sie die Aufgabe besser erfüllen kann.

*Substitutionseffekt der Besteuerung*
Dieser Effekt tritt ein, wenn durch die Besteuerung eines Gutes dieses relativ teurer wird und von dem → Steuerpflichtigen deshalb durch relativ billigere (nicht oder weniger besteuerte) Güter oder Tatbestände z. T. oder ganz ersetzt wird.

*Subventionen*
→ Transferausgaben

*Sunset Legislation*
Eine Gesetzgebung, deren Geltungsdauer bereits zu Beginn einer neuen parlamentarischen Entscheidung zeitlich begrenzt ist.

*Tenderverfahren*
→ Kassenobligation

*Transferansatz*
Dieser Ansatz aus der Theorie der öffentlichen Schuld behauptet, dass durch die öffentliche Verschuldung am Kapitalmarkt bei einer tendenziell regressiven Steuerlastverteilung und einer tendenziell progressiven Verteilung der öffentlichen Schuldtitel die Einkommens- und Vermögenskonzentration zunimmt.

*Transferausgaben*
Transferausgaben (Transfers, Transferzahlungen) sind Geldleistungen der öffentlichen Hand an private Haushalte (z. B. Sozialtransfers, Sozialausgaben) oder an Unternehmen (Subventionen) ohne marktliche Gegenleistung.

*Transferunion*
Im weitesten Sinne die Übertragung der Prinzipien des deutschen Länderfinanzausgleichs i. e. S. auf die Staaten der EU mit entsprechenden Zahlungen der „reicheren" an die „ärmeren" Staaten.

*Transformationsausgaben*
Transformationsausgaben (Leistungsentgelte, Realausgaben) sind Zahlungen der öffentlichen Hand für Käufe von Gütern und Dienstleistungen (Personal- und Sachausgaben).

*Trennsystem*
Im Gegensatz zum ungebundenen (freien) Trennsystem (→ Konkurrenzsystem) ist im gebundenen Trennsystem entweder die Art der Steuer von der übergeordneten Körperschaft festgelegt und es besteht nur eine Hoheit über die Steuersätze, oder Art und Sätze der Steuer werden durch den Oberverband festgelegt, so dass nur die Ertragshoheit verbleibt.

*Trittbrettfahrerhaltung*
→ Free-rider-Haltung

*Ursprungslandprinzip*
Das Ursprungslandprinzip stellt die Form der Besteuerung des grenzüberschreitenden Güter- und Dienstleistungsverkehrs dar, nach der das Einfuhrland auf die Umsatz- und Verbrauchsbesteuerung verzichtet und die Ware folglich mit der Steuer des Ausfuhrlandes (Ursprungslandes) belastet ist (siehe Bestimmungslandprinzip).

*Verbundsystem*
→ Quotensystem

*Verpflichtungsermächtigung*
Durch die Verpflichtungsermächtigung ist es möglich, zu Lasten zukünftiger Haushalte Ausgabenbeträge schon in der Gegenwart festzulegen (z. B. bei Bauvorhaben oder Rüstungsaufträgen, deren Finanzierung über mehrere Jahre läuft). Der Vorteil der Verpflichtungsermächtigung liegt in der Kenntlichmachung der Belastung zukünftiger Haushalte, ein Nachteil kann in der Einschränkung zukünftiger Handlungsspielräume gesehen werden.

*Verwaltungshoheit*
Durch die Verwaltungshoheit wird bestimmt, welche öffentliche Körperschaft eine Steuer einzieht.

*Vorwälzung*
→ Steuerüberwälzung

*Wagnersches Gesetz*
Das von Adolph Wagner aufgestellte „Gesetz" der wachsenden Staatstätigkeit besagt, dass im modernen Rechts- und Wohlfahrtsstaat die Aufgaben des Staates nach Art und Umfang langfristig zunehmen und damit der vom Staat beanspruchte Anteil am Sozialprodukt wächst.

*Wahlparadoxon*
→ Arrow-Paradoxon

*Wertsteuer*
Wertsteuern sind auf den Wert oder Erlös eines Gutes gerichtet, z. B. als Prozentsatz auf den Verkaufswert.

*Wertzuwachssteuer*
Mit der Wertzuwachssteuer sollen nicht realisierte Wertzuwächse des Vermögens (z. B. bei Grundstücken) im Rahmen der Vermögensbesteuerung erfasst werden.

*Wettbewerbsföderalismus*
Im Wettbewerbsföderalismus sollen die Gebietskörperschaften einer Ebene in die Lage versetzt werden, untereinander in Wettbewerb, insbesondere um Produktionsfaktoren, zu treten. Dazu müssen sie über möglichst wenig eingeschränkte Kompetenzen in der Aufgabenerfüllung und Besteuerung verfügen.

*Zensit*
→ Steuerzahler

*Zins-Ausgaben-Quote*
Mit dieser Quote werden die öffentlichen Zinsausgaben zu den öffentlichen Gesamtausgaben in Beziehung gesetzt.

*Zins-Steuer-Quote*
Mit dieser Quote werden die öffentlichen Zinsausgaben zum Steueraufkommen in Beziehung gesetzt.

*Zusatzlast*
Die Zusatzlast (excess burden) finanzpolitischer Maßnahmen besteht darin, dass es durch den Einsatz finanzpolitischer Instrumente (z. B. Steuererhöhung) nicht nur zur Belastung durch den Einkommensentzug (→ Einkommenseffekt), sondern durch darüber hinausgehende → Substitutionseffekte kommen kann, die zu Wohlfahrtsverlusten führen.

*Zuschlagssystem*

Ein Besteuerungssystem, bei dem im Rahmen des → Finanzausgleichs eine Körperschaft die → Ertragshoheit für eine Steuer besitzt und eine andere (i. d. R. eine untergeordnete) Körperschaft Zuschläge auf diese Steuer erheben darf. Dabei können diese Zuschläge nach Art und Höhe von der über- oder untergeordneten Körperschaft festgelegt werden.

*Zuweisungen*

Bei Zuweisungen handelt es sich um Zahlungen einer Gebietskörperschaftsebene an eine andere (→ Zuweisungssystem). Sie können mit einer Zweckbindung versehen sein (Zweckzuweisung oder spezielle Finanzzuweisung) oder ungebunden vergeben werden (Schlüsselzuweisung oder allgemeine Finanzzuweisung).

*Zuweisungssystem*

Beim Zuweisungssystem handelt es sich um ein Finanzausgleichssystem (→ Finanzausgleich), bei dem eine Gebietskörperschaftsebene aus ihren Einnahmen → Zuweisungen an über- oder untergeordnete Gebietskörperschaftsebenen leistet.

*Zwangsanleihe*

Eine Zwangsanleihe stellt eine öffentliche Schuldaufnahme durch zwangsweisen Kauf von Staatspapieren dar. Ihre Rückzahlungs- und Zinsbedingungen sind meist unvorteilhafter für die Gläubiger als eine Kreditvergabe auf dem freien Markt. Zwangsanleihen weisen steuerähnliche Merkmale auf.

*Zweckbindungsverbot*
→ Nonaffektationsprinzip

*Zweckzuweisungen*
→ Zuweisungen

# Anhang: Die Steuern in Deutschland im Überblick, Rechtsstand 1.1.2017

Mit dieser Tabelle wird ein Überblick über die Steuern in der Bundesrepublik Deutschland gegeben. Diese Darstellung bietet vor dem Hintergrund der denkbaren Anknüpfungspunkte der Besteuerung eine erste Information über die Charakteristika des deutschen Steuersystems. Die Erläuterungen zu den einzelnen Steuern können keineswegs vollständig sein. Dies betrifft insbesondere die Anmerkungen zu Bemessungsgrundlagen und Steuersätzen der Einzelsteuern.

| Name der Steuer | Steuerbemessungsgrundlage[2] | Steuersatz | Steuerzahler | Aufkommen[1] 2015 Mio. € | Anteil | Ertragshoheit | Gesetzgebungshoheit |
|---|---|---|---|---|---|---|---|
| **A. Steuern auf das Einkommen und Vermögen** | | | | | | | |
| 1. Einkommensteuer<br>a) veranlagte Einkommensteuer | Einkünfte aus 7 Einkunftsarten[3]<br>./. Werbungskosten bzw. Betriebsausgaben<br>./. Sonderausgaben<br>./. außergewöhnliche Belastungen<br>= zu versteuerndes Einkommen | 1. 0 – 8.820 € Grundfreibetrag<br>2. 8.821 – 13.769 € 14 % – 23,97 %<br>3. 13.770 – 54.057 € 23,97 % – 42 %<br>4. 54.058 € – 256.303 € 42 %<br>5. 256.304 € und mehr 45 % | Natürliche Personen | 48.580 | 7,28 % | „Gemeinschaftsteuer":<br>Bund 42,5 %,<br>Länder 42,5 %,<br>Gemeinden 15 % | Bundestag und Bundesrat |
| b) Lohnsteuer | Einkünfte aus nichtselbstständiger Arbeit<br>./. Werbungskosten<br>./. Sonderausgaben<br>./. außergewöhnliche Belastungen<br>= zu versteuerndes Einkommen | wie oben | Arbeitgeber (Arbeitnehmer = Steuerschuldner) | 178.891 | 26,81 % | wie oben | Bundestag und Bundesrat |
| c) Steuern auf Kapitalerträge<br>– Abgeltungsteuer auf Zinsen und Veräußerungserträge<br>– Nicht veranl. Steuern vom Ertrag (v. a. Steuern auf Dividenden) | Bruttoertrag aus Kapitalvermögen oder tatsächlich ausgezahlter Betrag | 25 % (Sparer-Pauschbetrag: 801 €) | Zahler des Kapitaltalertrags (Empfänger = Steuerschuldner) | 8.259<br><br>17.945 | 1,24 %<br><br>2,69 % | „Gemeinschaftsteuer":<br>– Bund 44 %, Länder 44 %, Gemeinden 12 %<br>– Bund und Länder jeweils 50 % | Bundestag und Bundesrat |
| 2. Körperschaftsteuer | Steuerbilanzergebnis<br>+ Zuzählungen<br>./. Abzüge<br>= zu versteuerndes Einkommen | 15 % auf einbehaltene und ausgeschüttete Gewinne (25 %ige Abgeltungsteuer auf Dividenden) | Juristische Personen | 19.583 | 2,93 % | „Gemeinschaftsteuer":<br>Bund 50 %,<br>Länder 50 % | Bundestag und Bundesrat |

| Name der Steuer | Steuerbemessungsgrundlage | Steuersatz | Steuerzahler | Aufkommen[1] 2015 Mio. € | Anteil | Ertragshoheit | Gesetzgebungshoheit |
|---|---|---|---|---|---|---|---|
| 3. Solidaritätszuschlag | festgesetzte Einkommen- und Körperschaftsteuer | Günstigerprüfung zwischen X · 5,5 % und (X − € 972) · 20 % mit X als Bemessungsgrundlage | Natürliche und juristische Personen | 15.930 | 2,39 % | Bund | Bundestag |
| 4. Grundsteuer (A und B) | Einheitswert der land- und forstwirtschaftlichen Betriebe (Grundsteuer A) und der außerlandwirtschaftlichen bebauten und unbebauten Grundstücke (Grundsteuer B) lt. Bewertungsgesetz | tatsächl. Steuersatz ermittelt sich aus Produkt: Steuermesszahl (je nach Art und Lage zwischen 2,6 v. T. und 10 v. T.) • Hebesatz (gewogener Bundesdurchschnitt 2015 bei Typ A 327 % und bei Typ B 455 %) | Eigentümer | A: 394 B: 12.821 | 0,06 % 1,92 % | Gemeinden | Bundestag und Bundesrat (Hebesatzautonomie der Gemeinden) |
| 5. Gewerbesteuer | Gewerbeertrag (Steuer-Bilanzgewinn + Hinzurechnungen ./. Kürzungen) | tatsächl. Steuersatz aus: Steuermesszahl • Hebesatz (Freibetrag für Personenunternehmen: 24.500 €, einheitl. Steuermesszahl: 3,5 %; Hebesatz (gewogener Bundesdurchschnitt 2015): 399 %) | Gewerbebetrieb | 45.737 | 6,85 % | Gemeinden, Gewerbesteuerumlage an Bund und Länder | Bundestag und Bundesrat (Hebesatzautonomie der Gemeinden) |
| **B. Steuern auf Vermögensverkehr[2]** | | | | | | | |
| 6. Erbschaftsteuer/ Schenkungsteuer | Wert der Erbschaft/ Schenkung | (1) 7 %–50 % nach Höhe d. Erbschaft/Schenkung u. Verwandtschaftsgrad (2) Freibeträge nach Verwandtschaftsgrad zw. 20.000 € und 500.000 €. Für Betriebsvermögen gelten Vergünstigungen | Erbe, Beschenkter; bei Schenkungen daneben Schenker | 6.290 | 0,94 % | Länder | Bundestag und Bundesrat |

| Name der Steuer | Steuerbemessungsgrundlage | Steuersatz | Steuerzahler | Aufkommen[1] 2015 Mio. € | Anteil | Ertragshoheit | Gesetzgebungshoheit |
|---|---|---|---|---|---|---|---|
| 7. Grunderwerbsteuer | Veräußerungspreis bzw. Grundbesitzwert | Steuersatz liegt je nach Bundesland zwischen 3,5 % und 6,5 %) | i.d.R. Erwerber (Steuerschuldner aber prinzipiell Erwerber und Veräußerer) | 11.249 | 1,69 % | Länder | Bundestag und Bundesrat (Steuersatzautonomie der Länder) |
| **C. Steuern auf die Einkommensverwendung[2]** | | | | | | | |
| 8. Umsatzsteuer (einschl. Einfuhrumsatzsteuer) | Entgelt für: – Lieferungen u. Leistungen – unentgeltliche Wertabgabe – Einfuhr – innergemeinschaftl. Erwerb | Allgemeiner Satz (19 %) und ermäßigter Satz (7 %) sowie verschiedene Durchschnittssätze | Unternehmer | 209.921 | 31,46 % | „Gemeinschaftsteuer": Bund 52,25 %, Länder ca. 45,51 % Gemeinden 2,23 % (Anteile variabel) | Bundestag und Bundesrat |
| 9. Energiesteuer[4] | a) Kraftstoffe – unverbleites, schwefelfreies Benzin – schwefelfreier Dieselkraftstoff | 654,50 €/1.000 l; 470,40 €/1.000 l | Produzent oder Importeur | 39.594 | 5,93 % | Bund | Bundestag |
| | b) Flüssiggase, Erdgase | 180,32 €/1.000 kg Flüssiggas | | | | | |
| | c) Heizöle und Heizgase – leichtes Heizöl – Flüssiggas – Erdgas | 61,35 €/1.000 l; 60,60 €/1.000 kg; 5,50 €/MWh | | | | | |
| | d) Kohle und Koks | 0,33 € je Gigajoule | | | | | |
| 10. Versicherungsteuer | (1) Versicherungsentgelt oder (2) Versicherungssumme (Hagelversicherung) | (1) i.d.R. 19 %, sonst je nach Versicherungsart 3 %–22 % (2) 0,03 % (Hagelversicherung) | Versicherer (bei außerhalb der EU/des EWR niedergelassenen Versicherer der Versicherte) | 12.419 | 1,86 % | Bund | Bundestag |

| Name der Steuer | Steuerbemessungs-grundlage | Steuersatz | Steuerzahler | Aufkommen[1] 2015 Mio. € | Aufkommen[1] 2015 Anteil | Ertragshoheit | Gesetzge-bungshoheit |
|---|---|---|---|---|---|---|---|
| 11. Feuerschutzsteuer | Entgelt für Feuerversicherung (Prämie, Beiträge) | 19 bzw. 22 % | Versicherer | 413 | 0,06 % | Länder | Bundestag und Bundesrat |
| 12. Stromsteuer | Stromverbrauch | 20,50 €/MWh | Versorger/Produzent | 6.593 | 0,99 % | Bund | Bundestag |
| 13. Kraftfahrzeugsteuer | (1) a) Kraftrad b) PKW (erstmalige Zulassung ab 1. Januar 2014) | (1) a) 1,84 €/25 cm³ b) pro 100 cm³: Diesel 9,5 €, Benziner 2 €; zzgl. 2 € je Gramm $CO_2$/km für Werte über 95 g/km | Halter des Fahrzeuges | 8.805 | 1,32 % | Bund | Bundestag |
| | (2) übrige Fahrzeuge sowie Anhänger | (2) Steuersätze je angefangene 200 kg verkehrsrechtlich zulässiges Gesamtgewicht, differenziert teilweise nach Schadstoffklassen | | | | | |
| 14. Tabaksteuer | Tabakwaren (Menge und Kleinverkaufspreis) | Je nach Erzeugnis gestaffelt nach Menge und Kleinverkaufspreis (z. B. 9,82 Cent je Zigarette + 21,69 % des Preises) | Produzent oder Importeur | 14.921 | 2,24 % | Bund | Bundestag |
| 15. Branntweinsteuer | reiner Alkohol (Menge) für: (1) Trinkzwecke (2) andere Zwecke | (1) 1.303 €/hl Alkohol (2) für bestimmte Verwendungen Steuerfreiheit (bzw. Steuer wird vergütet) | Branntweinmonopolverwaltung bzw. Produzent oder Importeur | 2.070 | 0,31 % | Bund | Bundestag |
| 16. Alkopopsteuer | reiner Alkohol (Menge) | 5.550 €/hl Alkohol | Produzent oder Importeur | 2 | 0,00 % | Bund | Bundestag |

| Name der Steuer | Steuerbemessungsgrundlage | Steuersatz | Steuerzahler | Aufkommen[1] 2015 Mio. € | Anteil | Ertragshoheit | Gesetzgebungshoheit |
|---|---|---|---|---|---|---|---|
| 17. Schaumweinsteuer | Schaumwein | (1) < 6 % Vol.: 51 €/hl (2) ≥ 6 % Vol.: 136 €/hl | Produzent oder Importeur | 429 | 0,06 % | Bund | Bundestag |
| 18. Zwischenerzeugnissteuer | Getränke m. Alkoholgehalt zw. 1,2 u. 22 % Vol., die nicht als Schaumwein o. Bier zu besteuern sind | (1) ≤ 15 % Vol.: 102 €/hl (2) > 15 % Vol.: 153 €/hl (3) Schaumweinstopfen/Überdruck: 136 €/hl | Produzent oder Importeur | 14 | 0,00 % | Bund | Bundestag |
| 19. Biersteuer | Bier (Menge) | (1) pro Hektoliter 0,787 € je Grad Plato (Stammwürzegehalt) (2) erm. Steuersätze bei Gesamterzeugung < 200.000 hl | Produzent oder Importeur | 676 | 0,10 % | Länder | Bundestag und Bundesrat |
| 20. Kaffeesteuer | Kaffee (Menge) | (1) Röstkaffee: 2,19 €/Kg (2) Lösl. Kaffee: 4,78 €/Kg | Importeur bzw. Ersterwerber | 1.032 | 0,15 % | Bund | Bundestag |
| 21. Rennwett- und Lotteriesteuer | (1) Wetteinsätze (2) planmäßiger Preis sämtlicher Lose | 16 2/3 % | Veranstalter (Wettbüro, Totalisator usw.) | 1.712 | 0,26 % | Länder | Bundestag und Bundesrat |
| 22. Luftverkehrsteuer | Pauschalierte Entfernung zum Zielflughafen | 7,38 € bis 41,49 € | Luftverkehrsunternehmen | 1.023 | 0,15 % | Bund | Bund |
| 24. Sonstige Verbrauch- und Aufwandsteuern im Gemeindebereich[5] | | | | 1.429 | 0,21 % | Gemeinden | Land/Gde. |
| Summe der aufgeführten Steuern[6] Summe aller kassenmäßig vereinnahmten Steuern[6] | | | | 666.730 (668.102) | 100 % (100,00 %) | | |

| Name der Steuer | Steuerbemessungs- grundlage | Steuersatz | Steuerzahler | Aufkommen[1] 2015 | | Ertragshoheit | Gesetzge- bungshoheit |
|---|---|---|---|---|---|---|---|
| | | | | Mio. € | Anteil | | |

Anmerkungen zu Tab. A.1:

[1] Bundesministerium der Finanzen, Finanzbericht 2017, Berlin 2016.

[2] Die Einteilung in A, B und C folgt den Übersichten im Finanzbericht (vgl. Finanzbericht 2017, a.a.O., z.B. S. 155), so dass neuere Ergebnisse mit den Angaben in dieser Liste verglichen werden können. Eine Einteilung in die im Text (siehe 4. Kapitel Abschnitt B II) gewählten Gruppierungen ist nicht ratsam, insbesondere weil bei vielen der im betrieblichen Bereich erhobenen Steuern die Zuordnung zur Einkommensentstehung bzw. -verwendung nicht befriedigend lösbar ist.

[3] Bei gewerblichen Einkünften: ermäßigte Einkommensteuer gemäß § 35 Abs. 1 Nr. 1, 2 EStG.

[4] Steuertarife für am meisten verwendete Energieerzeugnisse und übliche Verwendungszwecke. Es gibt weitere von der Eigenschaft (z. B. verbleit, ver- schwefelt) und vom Verwendungszweck (z. B. gewerblicher Einsatz) abhängige Steuertarife.

[5] Getränkesteuer, Vergnügung- einschl. Kinosteuer, Hundesteuer, Jagd- und Fischereisteuer, Schankerlaubnissteuer usw. (Nicht gesondert ausgewiesen, aber im Gesamtaufkommen aller Steuern enthalten).

[6] Beträge jeweils ohne Zolleinnahmen i.H.v. € 5.159 Mio. Die Addition der aufgeführten Steuern (absolut und in %) ergibt eine geringere als die Summe aller vereinnahmten Steuern. Die Differenz wird hauptsächlich dadurch hervorgerufen, dass in den letzten Jahren Steuern aufgehoben wurden und folglich in der Liste nicht mehr erscheinen, die aber, beispielsweise durch späte Veranlagung oder Nachzahlung, noch kassenmäßige Einnahmen erbringen.

*Quelle:* Bundesministerium der Finanzen, Hrsg., Steuern von A bis Z, Berlin 2016

# Personenverzeichnis

Die drei Autoren sind in diesem Verzeichnis nicht aufgeführt.

# Sachwortverzeichnis

Bei den fettgedruckten Seitenzahlen handelt es sich um Hinweise auf Stichwörter im Glossar.